KB234446

종교다원주의 사회 속의
기독교 선교

종교다원주의 사회 속의
기독교 선교

노윤식 지음

한국학술정보㈜

머리말

한국 선교의 방향성은 어디를 향하고 있는가? 한국 교회는 복음의 빚진 자라는 심정으로 해외 선교 활동에 주력하였다. 1세기 예루살렘에서 시작된 성령의 불길은 동·서방 교회를 통하여 한국에까지 불이 붙었고, 한국 교회는 지난 20세기의 반세기 동안 가까운 이웃인 일본과 중국에 흩어져 살고 있는 재일교포와 조선족에게 복음을 전하여 이들을 통해 현지 일본인과 중국인 선교에 힘을 모아왔다. 그리고 구소련 지역과 북남미 지역에 흩어져 살고 있는 고려인과 재 북남미 교포들을 복음화하여 현지인들에게 복음을 전하고 있다. 또한 한국 교회는 불교 힌두권역인 인도와 동남아시아, 그리고 서남아시아에 선교사를 파송하여 그리스도의 복음을 전하고 있으며, 북아프리카와 중동 이슬람권역에도 선교 활동을 지속적으로 하고 있다.

그런데 21세기를 맞이하여 선교의 본부 기지인 한국 교회는 세속화와 다문화주의로 인하여 점차 그 역량을 잃어가며 이와 동시에 선교의 동력이 상실되어 가고 있는 실정이다. 이제 6대륙 선교의 개념에 따라 한국 교회도 복음의 정수를 회복해야 하는 선교지로 파악되고 있다. 신천지를 비롯한 수많은 이단들이 교회를 비판하고 나섰으며 사회 언론과 타종교에서 세속화된 교회에 도전장을 내밀고 있다. 이러한 한국 교회의 위기에 대하여 저자는 지난 15년간 성결대학교 선교신학 교수로 재직하면서 그 해답을 기도하며 연구하였다. 어떻게 하면 포스트모던 시대를 맞이하여 다문화, 다인종, 다종교 사회에서 한국 교회가 그리스도의 복음의 의미를 현장에 맞게 분석하고 해석하여 전달할 수 있을까? 라는 연구 주제였다. 본 저서에 포함된 저술들은 한국복음주의신학회, 한국복음주의선교신학회, 한국개혁신학회, 한국성결선교학회, 한국기독교학회, 한국선교신학회, 성결신학연구소, 성결교회와 역사연구소, 기타 교회성장 포럼, 세계 선교 대회 등에서 학술 논문으로 발표된 것을 종합한 결과물이다.

제1부 "종교다원주의 사회 속의 기독교 선교"는 총 여섯 개의 장으로 구분되어 있다. 제1

장 "한국 토착종교와 기독교 선교"는 2006년 한국복음주의선교신학회와 한국선교신학회의 공동 학술대회 주제발표 논문으로 한국 교회의 선교신학적 토착화 시도를 제안한 글이다. 제2장 "미국의 다문화주의, 대중종교, 시민종교의 이해"는 2002년 한국선교신학회 학술지에 발표된 논문으로 기독교 중심의 미국 사회가 다문화주의, 대중종교, 시민종교의 도전에 어떻게 응전했는가를 선교신학적으로 고찰하였다. 이 시도는 한국 사회가 다문화 사회, 대중종교, 시민종교 사회로 나아갈 때에, 한국 교회가 어떻게 대응할 것인가에 대한 논의의 출발점이 될 것이라고 생각한다. 제3장 "유사 기독교와 기독교 선교"는 성결신학연구소 발표 논문으로 이단에 대한 정의, 연구방법론, 그리고 선교 전략을 제시하고 있다. 제4장 "영적 전쟁과 기독교 선교"는 2001년 한국 세계 선교 대회 주제발표 논문으로 영적 전쟁의 실제 사례들을 소개하고 영적 전쟁의 3가지 차원과 현장 사역자 양성화 방안을 제안하고 있다. 제5장 "땅 밟기 기도에 대한 선교신학적 평가"는 2010년 10월 한국복음주의선교신학회의 의뢰를 받아 당시 사회적 지탄을 받았던 "봉은사 땅 밟기"에 대한 선교신학적 평가를 내린 글이다. 이 논문이 학술대회에서 발표되자 선교단체와 보수적 기독교회에서는 적극적으로 지지하였고, 불교계와 진보 기독교에서는 강력하게 반발하기도 하였다. 제6장 "종교다원주의로 인한 사회 문화적 가치 변동에 따른 선교 전략"은 2010년 6월 1910년 에든버러 세계 선교사대회 100주년 기념 2010 한국대회에서 저자가 분과장을 맡은 제8분과 문화와 사회변동 분과에서 발표된 논문이다. 이 글에서 종교다원주의의 세계, 즉 불교 힌두권, 이슬람권, 유교권, 샤머니즘권에 복음의 정수를 전달하기 위해서 현장에 적합한 선교 전략이 제안되었다.

제2부 "포스트모던 사회 속의 기독교 선교"는 총 여섯 개의 장으로 구성되어 있다. 제7장 "포스트모던 사람들을 위한 선교적 목회 전략"은 한국복음주의 선교신학회 제51차 정기논문 발표회에서 주제 발표되었던 "현대 사회 문화와 선교"를 기초로 확장하여 작성되었고, 2011년 가을학기 성결대 성결신학연구소 학술세미나에서 발표되었다. 제8장 "포스트모던 세속화 시대에 대응하는 기독교 선교 전략"은 2001년 영암국제학술대회에서 발표된 논문으로 세속화 사회에 성결교회의 선교적 역할의 중요성이 제시되었다. 제9장 "포스트모던 시대의 한국 사회 '문화 굴절 상황'과 선교적 과제"는 2007년 한국선교신학회 및 한국복음주의신학회 공동 학술대회에서 발표된 논문으로 삼위일체론적 선교신학이 제안되었다. 제10장 "포스트모던 시대의 노인 복지를 통한 선교적 접근"은 2008년 한국복음주의신학회 학술지에 발표된 논문으

로 저출산 고령화 사회에 맞는 기독교 선교 전략이 강구되었다. 제11장 "포스트모던 시대의 성결 선교 윤리"는 2007년 성결신학연구소 연구논집에 발표된 논문으로 선교 윤리의 기준 설정을 성결교회의 성결론에서 찾아야 한다는 주장이 제기되었다. 제12장 "포스트모던 시대의 성결의 영성과 선교 교육"은 2005년 한국개혁신학회 학술지 발표 논문으로 선교 교육에 있어서 성결의 영성이 중요함이 역설되었고 영성과 지성이 겸비된 선교 교육자의 필요성이 제기되었다.

제3부 "한국성결교회와 기독교 선교"는 총 여섯 개의 장으로 구성되어 있다. 제13장 "존 웨슬리와 영혼구원 선교"는 2005년 한국개혁신학회 학술대회의 주제 발표 논문으로 웨슬리의 영혼 구원 선교의 우선적 강조에 대하여 추적하고 있다. 제14장 "복음주의 선교학의 정체성과 과제"는 2007년 한국복음주의신학회 학술대회 주제발표로 칼빈주의, 웨슬리주의, 오순절주의, 세대주의 등 각 신학 전통들이 선교 목적성을 회복할 때에 비로소 복음주의로 하나 될 수 있다고 주장되었다. 제15장 "영암 김응조 박사의 사중복음 선교"는 2001년 성결교회와 역사 연구소에 발표된 논문으로 성결교회의 영적 거목인 영암 김응조 박사의 생애와 사상을 사중복음 신학과 선교의 관점에서 재해석한 것이다. 제16장 "활석 노태철 박사와 세계 선교" 역시 예성의 원로이자 영적 지도자인 활석 노태철 박사의 선교 사상을 찾아 선교적 관점에서 해석한 것이다. 제17장 "예수교 대한성결교회 선교 방향성"은 2003년 성결신학연구소 학술지에 발표된 논문으로, 예성의 지도력이 선교 지향적으로 변혁되어야 한다고 주장하였다. 제18장 "한국 성결교회 100주년과 동북아 선교 전략"은 2006년 성결신학연구소에 발표된 논문으로, 한국 성결교회 100주년을 앞두고 동북아 시대에 걸맞은 동북아 선교의 필요성과 중요성이 제안되었다.

제4부 "기독교 선교 역사와 선교 연구 방법론"은 총 다섯 개의 장으로 구성되었다. 제19장 "초기 아시아 기독교 선교 역사"는 2009년 성결신학연구소 학술지에 발표되었는데, 서구 일변도의 선교 역사 연구에서 아시아 교회 중심의 선교 역사 방법론이 제시되고 있다. 제20장 "사도적 선교 실천가 허드슨 테일러"는 2000년 호남신학대학교 종교개혁강좌에서 발표된 논문으로 허드슨 테일러의 영혼 구원 선교의 열정과 사상이 서술되어 있다. 제21장 "20세기 부흥운동과 선교"는 2007년 한국선교신학회 학술지에 발표된 논문으로 20세기 선교는 부흥운동의 결과임이 선교 역사적으로 증명되었다. 제22장 "기독교 선교 영적 전쟁 연구방법론"은

2009년 성결신학연구소 학술지에 발표된 논문으로 영적 전쟁에 대한 다양한 관점의 연구방법론이 소개되고 있다. 제23장 "기독교 북한 선교 연구방법론"은 2004년 한국선교신학회 학술대회에서 주제 발표된 논문으로 내부자적 혹은 외부자적 연구방법론을 넘어서 제3의 통전적 연구방법론이 제시되었다.

제5부에는 "선교 특강 및 논평"이 실렸는데, 예성 해외선교위원회 선교훈련원, 한국기독교 의료선교회, 한국기독교부흥협의회, 한영신대·한세대·서울신대·백석대·전주대·총신대·장신대 등 여러 대학 등에서 특강 혹은 세미나, 각 학회 정기 학술대회 논평, 각종 국제대회 논평 등이 실려 있다. 각 장을 살펴보면, 제24장 "한국 교회 부흥운동의 5가지 토착적 형태", 제25장 "예수교 대한성결교회 선교신학", 제26장 "예수교 대한성결교회 선교 정책과 전략", 제27장 "선교사회복지 실천의 사중복음 신학적 근거", 제28장 "성결의 복음을 전하는 성결 문화 전도 시스템", 제29장 "선교 논평 및 기사" 등이 있다.

그리고 제6부 "선교 영어 논문"에는 2010 에든버러 100주년 한국기념대회 발표문인 제33장을 제외하고는 주로 성결신학연구소와 성결대학교 교내논문집에 발표한 것이다. 이 논문들은 선교에 있어서 경건주의의 중요성을 역설한 제30장 "Rethinking Pietism", 한국 교회 부흥운동의 효시인 1907년 평양대부흥운동을 선교적 관점에서 해석한 제31장 "The Great *Pyung-Yang* Revival 1907", 복음주의 선교사의 사역에 대하여 서술한 제32장 "Evangelical Missionary Work", 종교다원주의 사회에서 복음의 진리를 전달하는 방법론을 제시한 제33장 "A Missional Strategy toward the Cultural Changes of the Social Values Generated by the Religious Pluralism", 무슬림 선교를 위한 쿠란과 성경 비교 연구인 제34장 "Comparison Between the Qur'an and the Bible on Moses(Musa)", 힌두교·불교·이슬람에 대한 선교 전략을 강구한 제35장 "A Christian Witness to Other Religious People", 그리고 복음주의, 로마 가톨릭, 에큐메니칼 교회의 타종교와의 대화 태도에 대하여 연구한 제36장 "Attitudes of Dialogue with Other Religions among the WCC, Evangelicals, and Roman Catholics" 등이 있다.

마지막으로 저자의 바람이 있다면, 이 글을 읽는 선교학도와 후학들이 본 저서를 통하여 한국 교회의 선교 방향성을 바르게 설정하였으면 하는 것이다. 21세기 한국 교회는 위기의 시기를 맞고 있다. 1950~60년대 교회 개척의 시대에서 1970~80년대 교회 부흥과 성장의 시대를 거쳐 1990~2000년대 교회 정체와 갱신의 시대를 보내었다. 이제 향후 21세기에는 한국 교회가 교회의 생존을 위해 선교적 교회로 변혁되지 않으면 살아갈 수 없는 시대를 맞이하고 있다. 이러한 시대에 한국 교회는 지난 2000년 동안 축적된 서구 기독교의 역사와 자료에서만 그 해결책을 찾기 위하여 매달리지 말고, 속히 선교 현장의 목소리와 상황을 신속히 파악하고 선교 전략을 세워야 할 것이다. 본 저서는 그 첫 걸음이자 서론이라고 생각한다. 저자는 한국 교회의 선교적 과제를 깊이 인식하고 올해부터 대학의 정년보장 교수직을 내려놓고 목회 사역의 길로 들어선다. 저자는 목회 현장에서 선교적 교회론의 실천을 통해 주님이 가신 십자가의 길을 따라가며 한국 교회의 생존을 위해 힘겨운 투쟁을 하며 나아갈 것이다. 앞으로 한국 교회의 생존과 또 다른 제2의 부흥을 기대하며 머리말을 맺는다.

2012년 4월

노 윤 식

목 차

제1부

종교다원주의 사회 속의
기독교 선교

제1장 한국 토착종교와 기독교 선교

기독교가 서구로부터 선교된 지 벌써 1세기와 또 다른 사반세기가 지났다. 동북아시아 질서 재편의 시기인 19세기 말, 20세기 초 한국 땅에 기독교가 들어올 때에는 제국주의 열강들의 동아시아 패권 경쟁의 시대였다. 당시 한국의 국운은 불행하게도 기울었고, 한국은 서구 열강들에게 경제적 이권을 강제적으로 빼앗겼으며, 결국 일본 제국주의에 의해 합병되었다.[1] 이러한 시기에 서구로부터 전달된 기독교는 의료, 교육, 구호 사업 등의 간접 선교활동을 통하여 한국에서 그 기반을 다졌고, 일반에게 기독교는 서구 문명의 대변자요, 문명 개화론의 선두주자로 인식되었다.[2] 이것은 당시 한국에 전파되었던 기독교가 서구 근대 계몽주의의 영향을 받은 서구 기독교였기 때문이었다.[3]

새롭게 대두되는 21세기 동북아시아 질서 재편의 시대에 한국 기독교는 그 정체성에 혼돈을 갖기 시작했다. 한국 기독교는 지난 1세기 이상을 미국의 지원과 보호 아래 성장, 발전했으며, 한국 기독교인에 의한 노력과 성령의 능력으로 부흥 성장하였다. 더욱이 한국 교회는 미국의 강력한 지지자로 일반에 알려져 있다. 구한말 한국 선교 상황에서부터 해방 후 미군정을 지나 이승만 자유당 시절, 그리고 6·25전쟁 복구와 구호 개발, 1970~80년대 경제 지원

---

1) 최문형, 『한국을 둘러싼 제국주의 열강의 각축』(서울: 지식산업사, 2002), 63-72. 열강들의 이권침탈에 대하여 구체적으로 살펴보면, 일본은 경부 및 경인 철도 부설권, 평양탄광 석탄 전매권, 충남 직산 금광 채굴권, 경기, 충청, 황해, 평안도 연해 어업권, 인삼 독점 수출권 등을 독점했다. 미국은 평북 운산 금광 채굴권, 서울 전기 수도 시설권, 서울 전차 부설권 등을 가졌고, 러시아는 함북 경원, 종성 금광 채굴권, 압록강 유역, 울릉도 산림 벌채권, 동해안 포경권, 인천 월미도, 부산 절영도 저탄소 설치권 등을 독점했다. 그 밖에 영국과 프랑스 독일은 각기 평남 은산 금광, 평북 창성 금광, 강원도 당현 금광 채굴권을 가졌다. 특히, 평북 운산 금광의 경우, 미국은 고종에게 낸 사례금 20만 원과 매월 4,100원을 내고 차지한 이 금광에서 1902년에서 1915년까지 4,950만 원의 금을 생산했다. 당시 조선의 세입 총액이 600여만 원이었고, 일본에게 진 빚이 1,300여만 원인 것을 생각해보면, 이권 침탈이 얼마나 극심한 것이었는지 알 수 있다.

2) 신광철, 「한국 종교문화의 지역성과 세계성」, 새천년준비위원회 편. 『동북아시아 문화의 지역성과 세계성』(서울: 범신사, 2000), 115-131.

3) 한규무, 「1900년대 서울지역 기독교회와 민족 운동의 동향」, 한국민족운동사연구회 편. 『한국민족운동과 종교』(서울: 국학자료원, 1998), 5-18. 구한말 조선에서 서구 근대성 수용의 흐름의 주류로서 그 역할을 감당했던 기독교는 서구 물질문명과 계몽주의 사상의 대변자로서 당시 몰락하던 대한제국의 민족 청년들에게 독립의식을 고취시켰다. 그러나 그것은 서구 선교사들의 기독교의 비정치화라는 선교 정책에 따라 항일 투쟁으로 연결되지 못하였고, 민중을 전통 사회에서 근대사회로 적응시키기 위한 계몽 사역에 머무르게 할 뿐이었다.

등 미국의 지원은 간접적으로 한국의 기독교의 위상을 높여주었고, 기독교는 일반에 미국의 종교라는 등식을 성립하게 만드는 데 기여하였다. 실상, 한국 기독교의 3대 교단인 장로교·감리교·성결교, 그 밖의 침례교, 나사렛, 하나님의 성회 등의 교단은 모두 미국의 교단들과 연결되어 있고, 그들은 한국 기독교 발전에 크게 기여한 바 있다.

문제는 21세기 들어서면서 동북아시아 질서 재편의 과정에서, 미국 일변도의 세계화, 자유 시장 경제 강화, 미군부대 평택 이동, 미군 장갑차 사건, 미군 6·25 당시 민간인 살상 공개 등이 보도되면서, 한국 지식인들의 미국에 대한 재인식이 사회 전반에 확산되고 있다. 미국이 진정한 우방인가에서부터 시작하여 미국을 비롯한 서구 물질문명에 대한 회의와 그리고 서구 문명의 사상적 근간인 기독교에 대한 비판이 시작되었다. 이로 인해 미국의 가치인 자유, 평등, 개인 인권 등 서구 계몽주의 사상에 대한 비판적 고찰과 더불어 미국의 대변자인 한국 기독교에 대한 윤리적 비판도 일반적으로 폭넓게 진행되었다. 서구 계몽주의 사상과 그것의 담지자인 기독교는 과거 근대화의 과정에서 서구 문명의 대변자로 역할을 하지 않았다고 말할 수 없으나, 새로운 21세기 동북아 지역의 화해와 공존을 위해서는 별반 필요가 없다고 일반에게 여겨지는 것이다. 이제 서구 문명의 대변자로 한국 사회 발전에 공헌했다고 자처했던 기독교가 아이러니하게도 일반적인 한국 사회의 비판의 대상이 되고 있다.[4]

특히, 한국 역사학자들이나 종교학자들은 민족 주체성이라는 역사적 관점으로부터 한국 기독교를 재평가하고 있다. 이들은 기독교가 서구 물질문명의 경제적인 지원과 제국주의의 정치 군사적인 후원을 받지 않았다면, 정신 사상적 측면이나 종교 영성의 측면에서 전통 종교가 기독교에 밀리지 않았을 것이라고 지적한다.[5] 또한 근대 기독교의 유입에 대하여 기독교가 제국주의 침략의 교두보 역할을 했다는 주장이 대두되고 있다. 그 이유는 한국에 기독교가 제국주의와 동시에 전파되면서 전통 사회의 정신문화를 파괴하여 현지 사람들의 저항력을 무

---

4) 해방 이후 미군정 기간과 자유당 시절에 기독교는 미국의 한국 통치 이데올로기인 자유 민주주의와 반공 이데올로기와의 결합으로 한국 정치에 우익으로 깊숙이 개입하였고, 당시 기독교는 미국의 원조를 받아 공급하는 사회사업 기관으로서의 역할을 감당하였다. 1960~80년대 경제 개발의 시대에 한국 기독교는 미국의 경제적인 도움아래 긍정적 사고(positive thinking), 건강과 부의 복음(health and wealth gospel) 등의 미국적 신앙 양태를 답습함으로써, 당시 경제적인 부를 추구하였던 한국 사회에 영향력을 미쳤고 그 결과 교회가 성장하였다. 그러나 미국이 한국에 경제 보호 장벽을 거두고, 1990년대 세계화 정책과 자유 시장 경제 체제를 가동하자, 한국 기독교는 정체 현상을 보이다가 IMF 이후 마이너스 성장으로 가고 있다. IMF 이후 무조건적인 후원자로 보였던 미국에 대하여 그들의 자국 이기주의를 인식한 한국 정부와 국민들은 더 이상 미국의 온정주의에 매달리지 않고 민족 주체성을 강조하게 되면서, 미국의 후원 세력으로 비쳐진 기독교는 각종 언론과 여론의 표적이 되어 비판받고 있다.
5) 조동걸, 『한국 근현대사의 탐구』(서울: 경인 문화사, 2003), 175~179. 조동걸은 경북 영양 출신으로 안동대 교수와 국민대 교수를 역임하고 박물관장, 한국독립운동사 연구소장, 한국국학진흥원장을 역임했다. 그는 기독교가 초기 전파될 때에 토착 사회의 양심을 파괴하고 민족 기력을 무력하게 만들었다고 본다.

력하게 만들었다는 것이다.6) 이러한 분석들은 일면 타당성을 지나나, 실제로 생명과 평화의 복음을 전하는 기독교 선교사들이 살인과 전쟁을 일삼는 제국주의의 앞잡이라고 단순 규정하는 것은 환원주의(reductionism)의 오류에 해당된다고 본다.

물론, 기독교의 유입이 서구 계몽주의와 물질문명 그리고 제국주의와 간접적으로 연결되어 있었던 것은 사실이다. 그리고 자유와 평등 그리고 인권과 독립에 대한 계몽주의 사상이 서구 근대 기독교의 준거 틀(a frame of reference)로서 한국의 독립과 경제 성장에 주요한 사상체계를 제공하였던 것도 어느 정도 사실이다. 그런데 문제는 이러한 서구 계몽주의의 근대 기독교 준거 틀이 더 이상 21세기 한국 사회를 이끌어가는 선교적 준거 틀(a missional frame of reference)이 될 수 없다는 점이다. 한국 사회는 이제 서구 사회를 능가하는 물질주의 문명을 이룩하였고, 미국 경제에 일방적으로 의존하던 시기를 벗어나 중국을 비롯한 동아시아 경제 권역의 중심으로 도약하고 있기 때문이다.7)

이제 한국 기독교가 지난 세기의 근대화 과정에서 담당했던 서구 물질주의 문명의 대변자로서의 역할은 다시 한 번 심사숙고해 보아야 한다. 이와 동시에 서구 계몽주의 근대 문명의 가치, 즉 자유, 평등, 독립, 개인, 진보, 정복 등의 가치의 수호자였던 기독교도 그 역할을 다른 측면에서 재고해 보아야 한다. 이제 누구도 한국 사회에서 서구 물질주의와 서구 계몽주의 수호자로서의 역할을 한국 기독교에 기대하지 않는다.8) 한국 사회는 한국 기독교에 새로운 역할을 기대하고 있다. 그것은 극도로 물질문명화된 한국 사회에서 새롭게 제기되고 있는 영

---

6) 조동걸, 『한국 근현대사의 탐구』, 556~557. 기독교는 제국주의의 길라잡이로 식민지에 먼저 들어와서 사람들의 정신세계를 혼미하게 하여 저항과 독립의식을 무시킨다는 것이다. 이것은 극단적인 견해로, 북한의 신천 박물관의 사례가 그 예이다. 그곳은 6·25전쟁 시 미군 해리슨 부대에 의해 학살된 민간인 35,353명의 죽음을 기리는 곳으로, 16개 전시실에 당시 참상의 전개 과정과 읍면별 참상, 계층별 참상, 학살 도구 등이 전시되어 있다. 북한은 미군의 잔혹한 살상을 미국에 대한 증오심으로 표출하였고, 그것을 미국을 통해 전파된 개신교에 대하여 증폭시켰던 것이다. 무고한 북한 양민 학살의 원흉은 미국이고 기독교가 미국에서 들어왔으니 기독교는 미 제국주의의 앞잡이라는 단순한 등식이다. 이러한 분석은 미국의 정치, 군사, 경제, 종교의 다양성을 인식하지 못하고 단순 논리로 사안을 평가한 것으로 오류가 있다. 그리고 미군의 6·25전쟁 시 양민학살은 구한말 기독교의 유입과정과 전혀 상관이 없다. 이 주장을 하는 조동걸은 2003년 2월 18~25일까지 남북한 역사학자 평양 학술대회에 참석하여 일제 조선인 강제연행에 대한 학술 발표와 연구를 진행하였고, 북한의 유적지를 답사하였다. 그중에 신천박물관을 관람하였고, 6·25전쟁 당시 미군의 만행을 근거로 북한의 미국과 기독교에 대한 적대감을 그대로 수용하고 있는 것 같다.

7) 김승일, 이은우, 『한반도와 동아시아 세계』(서울: 지식마당, 2002), 331~332. 21세기 중국과 한국이 경제적으로 급부상하는 시대를 맞이하여, 미국에 의존했던 기형적인 동북아 질서는 동북아시아 평화 공존을 위한 중국과 한국 주도의 동북아 질서의 재편이 요구되고 있는 실정이다.

8) 신광영, 『동아시아 산업화와 민주화』(서울: 문학과 지성사, 1999), 8~9. 이러한 시류에 유교 근본주의자들은 자신들의 목소리를 내기 시작했다. 특히, 유교 연구가 도올 김용옥은 공중파에 유교를 공공연히 전파하며 기독교를 비판하였고 민족 공조 사상을 일반에게 전파하였다. 이들은 소위 "아시아의 가치" 신화에 매달려 동북아시아의 경제 성장의 원인을 동북아시아 사회들이 공유한 전통적인 유교적 가치에서 찾아내고 있다. 이것은 싱가포르의 리콴유나 말레이시아의 마하티르 같은 독재자들에 의해 제기된 견해로서 서구적 가치에 대한 아시아 보수 정치인들의 정치적 반발에서 비롯되었는데, 문제는 전혀 사회과학적 근거에 기초한 이론이 아닌 데도 불구하고, 동북아시아의 유교 근본주의자들에게 하나의 동아시아 문화담론처럼 받아들여지고 있다는 점이다. 그 이유는 이들이 동북아시아 근대화가 지니고 있고 반동적 근대화에 대한 철저한 성찰 없이, 20세기 후반 경제 성장을 이룬 경제 개발 국가의 열등감을 보상하고 자존심을 되살리는 수구적 이데올로기에 집착하고 있기 때문이다.

성적 위기를 해결해 달라는 것이다. 한국 기독교가 과거의 서구 물질문명과 계몽주의 근대화의 대변자의 모습에서 벗어나기 위하여 환골탈태의 노력을 경주하지 않는 한, 한국 기독교는 서구 물질문명의 영성적 위기와 연계되어 그 몰락이 예견될 뿐이다. 그러므로 한국 기독교는 물질문명의 영성적 위기를 극복하는 선교적 대안(a missional substitute)을 내놓아야 하고, 한국 사회의 영성을 책임지는 참된 복음(the authentic gospel)으로서의 역할을 감당해야 할 것이다.

이에 한국의 영성을 찾기 위한 한국의 토착종교에 대한 연구의 필요성이 제기된다. 반만년 역사를 가진 한민족에게 외래종교로 불교와 도교, 유교와 기독교가 유입되었는데, 이들 외래종교 중 불교와 유교는 한민족의 토착종교의 영성과 혼합되어 한국적인 종교로 자리매김하였다. 그러나 한국의 일부 기독교는 미국을 비롯한 서구문명의 대변자로 유입되었기에 한국의 토착종교성을 철저히 배격하였고, 서구 기독교의 교리와 행태(western Christian dogma and practices)를 답습하는 경향이 있었다.

사실, 한국의 교계 일부에서 기존의 서구 신학적 도그마에서 벗어난 이론들은 이단사설로 정죄되었고, 서구 경건주의 및 개혁주의 전통에서 벗어난 예배 의식들은 비판되었다. 이제 21세기를 맞이하여 서구의 영성 위기론이 대두되면서, 기독교의 영성 부재에 대한 신학적 대안으로 동방 교부들의 영성이나 수도원 영성에서 그 위기를 모면하려는 고육책이 나오고 있다. 한 예로 웨슬리의 신인협동설의 교리는 자유의지론과 더불어 19~20세기 자유주의와 인본주의 사상으로 발전하여 그 영성이 사라지자, 서구 웨슬리 학자들은 앞다투어 동방 교부들의 수도원 영성과 웨슬리를 엮으려고 힘겨운 노력을 하고 있다.9)

문제는 서구의 기독교가 아니라 한국의 기독교이다. 서구 기독교의 몰락은 이미 기정사실화되었고, 이에 따라 한국 기독교의 양상도 별반 다르지 않게 되었다. 한국 기독교는 "한국인의 주체성을 살리면서 기독교의 영성을 어떻게 확립할 것인가?"라는 선교적 과제를 안고 있다. 본 장에서는 이러한 질문에 대한 하나의 응답으로 한국인의 정체성과 기독교의 영성을 만나게 하는 중간 매개체를 찾기 위하여 하일러(Friedrich Heiler)의 종교현상학적 방법론을 사용하여 한국의 토착종교성을 연구하고자 한다. 이를 위해 먼저, 토착종교성에 대한 정의와

---

9) Howard A. Snyder, "The Babylonian Captivity of Wesleyan Theology," *Wesleyan Theological Journal* vol. 39 no. 1 (Spring, 2004): 7–34. 이에 대하여 스나이더는 웨슬리안 신학이 동방 교부 영성의 엘리트시즘에 빠져 있다면서 여기에서 빠져나와야 한다고 비판적으로 분석하고 있다.

한국 토착종교의 현상(the religious phenomena)과 그 종교적 특징(the religious distinctions)들을 고찰해보고자 한다. 그 이후 토착종교의 특징들이 한국 기독교의 정체성과 영성의 확립을 위해 기여할 수 있는 방안을 선교 전략적 측면에서 제안해보고자 한다. 혹 이러한 선교 전략적 제안이 한국 기독교의 전통적인 우려인 "토착종교의 유입으로 인한 한국 기독교 정체성의 훼손"이라는 우려를 증폭시킬 수도 있다. 그러나 향후 21세기 동북아 시대를 맞이하여 기독교의 한국적 정통성을 견지해야 하는 선교 전략적 입장에서 볼 때, 본 장에서 제시되는 선교 전략적 제안들이 한국 선교학계의 진지한 논의와 검증을 거쳐 실용적 상용화로 이어지기를 바라며, 향후 깊이 있는 토론의 장을 열어놓고자 한다.

1. 한국의 토착종교성에 대한 정의와 연구 과정

1) 한국의 토착종교성에 대한 정의

한국의 토착종교는 한민족의 역사와 문화 속에 깊이 뿌리내리고 지금까지 맥을 이어오고 있는 전통 종교이다. 즉, 그것은 한민족의 심성과 무의식, 그리고 민족성에 뿌리를 내린 토착적 종교이다.[10] 이러한 토착종교는 영문으로는 indigenous religion으로서 한민족에게 외래종교들이 유입되기 전부터 한민족의 문화와 관습에 뿌리내리고 있는 종교 전통(religious traditions)의 총체를 말한다. 한국의 토착종교를 세계 여러 나라의 전통 종교(traditional religion)와 비교하여 정의한다면, 최고신 개념, 토템 숭배, 조상 숭배 예식을 가진 원시종교(primitive religion) 혹은 시원종교(primal religion)로 분류할 수도 있다. 그리고 한국의 토착종교는 외래 종교와 차별성을 나타내기에, 고유 신앙(original faith) 혹은 재래 신앙(traditional faith)이라고 정의할 수도 있다. 또한 한국의 토착종교는 민간의 신앙 형성에 영향을 미쳤기에 민간 신앙이나 민속 종교(folk religion)라고도 정의할 수도 있다. 그러므로 한국의 토착종교는 외래 종교 유입 이전에 한민족의 전통과 문화 관습에 뿌리내린 토착적 전통 종교로서, 종교사적으로 시원

---

10) 서영대, 「한국 고대종교 연구사」, 한국종교학회 편, 『해방 후 50년 한국 종교 연구사』(서울: 도서출판 창, 1997), 223. 예를 들어 천신이나 최고신 개념의 "하나님"이나 화합이나 대동단결을 의미하는 "상생" 등의 개념은 한민족의 주요한 민족적 특성으로 볼 수 있다.

적 종교(primal religion) 전통에 포함되는 한국의 고유 민간 신앙 및 민속 종교라고 정의할 수 있다.

본 장에서는 한국의 토착종교가 한민족의 역사와 전통 문화에 뿌리내릴 뿐 아니라, 현재까지 지속적으로 영향을 주고 있는 하나의 종교임을 강조하려고 한다. 그래서 토착종교를 논할 때에 민간 신앙이나 재래 신앙 혹은 고유 신앙이라는 명칭은 토착종교를 하나의 신앙의 차원으로 협소하게 다루게 하는 경향이 있으므로 부적절하여 사용하지 않으려고 한다. 그리고 원시 종교나 시원 종교의 명칭은 전 세계적 종교현상을 가리키는 용어로서 한민족의 독특한 영성을 표하는 데에 너무 보편적인 용어라서 본 논문에서 사용하기에 부적절하다고 본다. 그러므로 본 논문에서는 한국 토착종교(indigenous religion)라는 용어를 대표적으로 사용하고자 한다.

이제 토착종교성에 대하여 정의하고자 한다. '종교성(religiosity)'이라는 용어는 세계 종교인 불교, 유교, 힌두교, 기독교 등의 기존 종교가 독점할 수 있는 용어가 아니다. 민간 신앙으로 분류되는 토착종교에도 그들의 종교성, 즉 종교사회학적인 학문용어로 '토착종교성'을 가지고 있다고 본다. 즉, '종교성'이라는 용어는 세계 종교만이 사용하는 독점적 용어가 아니라, '종교성(religiosity)' 혹은 '종교현상(religious phenomena)'을 표현하는 용어로서 토착종교에도 사용 가능하다는 것이다. 그러므로 본 장에서는 어느 특정 종교집단이 행하는 일련의 종교행태를 가리키는 종교사회학의 용어로서 '종교성'을 한국의 토착종교에 적용하여 사용하고자 한다.11)

2) 한국의 토착종교에 대한 연구 과정

한국의 토착종교에 대한 연구는 18~19세기 조선의 근대화의 과정에서 시작되었다. 이는 조선의 근대적 자주 국가 이상의 실현과정에서 봉건적 시대 질서를 극복하고 외세의 침략을 막아내는 데, 한민족 고유 종교의 필요성이 대두되었고, 중국 사대주의에서 벗어나기 위해서는 우리 민족 고유의 토착종교가 필요했고, 외적으로 항일 독립운동의 사상적 기반이 필요했기 때문이었다.

---

11) Spittler, Russell P. "The Pentecostal View," In *Christian Spirituality*, Donald L. Alexander, ed. (Downers Grove, IL: InterVasity, 1988), 140.

토착종교에 대한 최초의 연구는 이종휘(1731~1797)로서 그는 「神事志」라는 사서에서 환웅시대부터 고구려에 이르기까지 제사의례에 대한 토착종교적 사실들을 정리하였다. 19세기에는 蘭谷이 무교의 기원을 고대 토착종교로 밝히는 『巫黨來歷』을 저술하였고, 저자 미상의 『성주푸리굿절차』가 발간되었다. 18~19세기의 토착종교 연구는 자료의 나열이나 논거가 부족한 소박한 것이었지만, 20세기 들어서면서 김교헌, 박은식, 신채호 등에 의하여 神敎, 仙敎, 首頭敎 등의 연구가 체계적으로 되었으며, 이들은 모두 한국에 외래 종교가 들어오기 전에 이미 토착적 민족 종교가 있었으며 그것은 단군에서 비롯되어 제천의례를 중시했다고 결론을 맺었다.[12]

이후 이능화와 최남선은 삼국유사의 단군신화에 주목하고 무속에 관심을 집중하였으며, 특히 최남선은 『단군고기 잔역』(1954)에서 문화인류학과 신화학의 분석틀로 단군신화를 하나의 역사적 종교 실체로 밝혀냈다. 그는 한민족의 토착종교의 실체가 광명숭배에 있으며 나아가 광명숭배를 중심으로 한 不咸文化論을 주장하였다.[13] 그러나 그의 주장은 오늘날 오류로 판명된 문화진화론의 입장을 분석틀로 사용했다는 오점이 있다. 그리고 광명숭배의 보편성을 주장함으로써 당시 식민지 시대의 항일 의식을 약화시켰다는 단점이 있다.

이와는 다르게 손진태는 토착종교의 구체적이고 실제적인 자료중심의 연구를 진행하여 「조선상고문화의 연구」를 발표했다. 그는 민속학적 입장에서 토착종교현상의 다양성을 그가 직접 채취한 민속자료를 통하여 분석하였고, 한민족 기층문화의 원류를 이해하려고 노력하였다.[14]

1960년대 이후 한국 사회에 토착화 논의가 활발하게 진행되었는데, 이는 한국 문화의 총체적 이해를 위해 도착종교현상에 대한 연구가 필요했기 때문이었다. 최길성은 「한국 민간신앙의 연구」에서 사회인류학적 연구의 방법론을 사용하여 한국의 토착종교를 샤머니즘의 좁은 틀에서 이해할 수 없다고 주장하였다. 그는 엘리아데의 샤머니즘의 정의인 '엑스터시의 기술'이라는 개념으로 무교를 이해했고, 그것이 한국의 토착종교의 본체는 아니라고 보았다. 이는 샤머니즘은 약 3세기경 시베리아에서 유입되었고, 그 이전의 한민족은 제천의식 등 엑스터시 없는 종교의식을 가지고 있었다고 주장하였다.[15]

---

12) 서영대, 『한국 고대종교 연구사』, 224~225.
13) 최남선, 「단군고기잔역」, 『사상계』, 1954년 2월호.
14) 손진태, 『조선상고문화의 연구』(서울: 태학가, 1981), 이 밖에 김영진의 『한국 자연신앙 연구』(청주: 청주대, 1985), 김정숙의 『신관의 토착화』(서울: 한국 천주교중앙의회, 1995), 문경현의 『신라인의 산악숭배와 산신』(서울: 신라문화선양회, 1991), 장수근의 『한국신화의 민속학적 연구』(서울: 집문당, 1995) 등이 있다.
15) 최길성, 『한국 민간신앙의 연구』(대구: 계명대출판부, 1989), 손진태는 샤머니즘을 악령숭배의 종교라고 분석한 데 비해, 최길성은 엑스터시의 종교라는 엘리아데의 개념으로 보다 객관적으로 종교학적인 분석을 했다.

기독교 계통에서도 1960년대 초반 윤성범, 박봉랑, 전경연 등의 기독교 복음의 토착화 문제에 대하여 『사상계』와 『기독교사상』에서 단군신화 논쟁이 있었으나, 민간신앙에 대한 이해 부족과 고대신화의 양면성, 곧 역사성과 종교성에 대한 분석이 부족하였다. 한편, 유동식은 종교현상의 특수성을 이해하려는 종교학적인 입장에서 『한국무교의 구조와 역사』를 저술하였고, 그는 한국 종교의 원형으로 동북아시아 일대의 보편적인 신앙인 무교를 선택했다. 그는 한국 무교의 근원적인 형태는 천신신앙, 지모신앙, 신인융합의 지향으로 이루어져 있으며, 신라시대 이후 천신신앙은 시조제, 산천제, 기우제로 지모신앙은 용신신앙으로 변모 전개되었고, 외래 사상과의 복합으로 화랑도와 팔관회가 만들어졌다고 주장하였다. 그리고 신라 下代 사회의 사회 동요와 불안으로 무교는 개인적인 무격신앙으로 변모하였고, 현대에까지 민간 신앙으로 남아있는 종교현상이라고 주장했다.16)

유동식은 한국의 토착종교 연구에 있어서, 상고시대로부터 현대 민간 신앙에 이르기까지 무교의 전개 과정을 폭넓게 정리하여 체계화시켰다는 데 공헌을 하였다. 그러나 그의 주장은 무교의 개념을 너무 모호하게 만들었다는 약점이 있다. 즉, 그는 무교를 엑스터시의 샤머니즘의 기술과 천신, 지모신 신앙 등을 무리하게 무교라는 범주로 모두 묶어 정리하려고 했는데, 그것은 무교의 개념을 더욱 모호하게 만드는 결과를 낳았다. 그리고 개인적 무격신앙이 신라하대 이후에 나타났다고 보는 것은 무교의 개인적 신앙 양태를 무시하려는 측면이 강하다는 문제점을 내포하고 있다.

이제 토착종교에 대한 연구는 무교의 지평을 넘어서 단군 신화와 초기 건국신화를 비롯한 한국의 신화 연구로 확장되고 있고, 다양한 민간자료를 보강하여 민간 신앙과 풍속에까지 그 폭을 매우 넓혀 가고 있다.17) 그리고 한국의 토착종교 연구는 한국을 넘어서 주변의 문화권과 비교하여 연구하는 비교문화연구로 그 범위가 넓어지고 있기도 하다.18)

---

16) 유동식, 『한국 무교의 역사와 구조』(서울: 대한 기독교 서회, 1975).
17) 장수근은 『한국의 신화』에서 敍事巫歌 본풀이를 고대 건국신화와 연결시켜 해설하였고, 김태곤은 『한국 무속의 역사』에서 단군신화와 무교의 상관관계를 구명하기도 했다.
18) 김열규는 한국 신화를 동북아시아 문화권의 샤머니즘의 맥락에서 이해하려야 한다고 주장하는 반면, 장수근은 한국 신화를 남방문화권과 연결시켜 분석하기도 하였다.

2. 한국의 토착종교의 특징적 종교성

종교현상학자 하일러(Friedrich Heiler)의 종교현상을 기술하는 범주(category)를 이용하여 한국 토착종교의 특징적 종교성을 분석해 보자.[19] 본 장에서는 하일러의 전체 범주를 적용하여 한국 토착종교현상을 설명하기 보다는 한국 기독교 정체성과 영성의 확립에 도움이 될 수 있는 부분, 즉 1) 한국 토착종교의 성스러운 시간과 공간, 2) 한국 토착종교의 성스러운 행위, 3) 한국 토착종교의 성스러운 말과 글 그리고 성스러운 사람, 4) 한국 토착종교의 신령과 화해 개념 등의 범주로 한정하고자 한다.

1) 한국 토착종교의 성스러운 시간과 공간

한국의 토착종교에서 시간은 다 같은 시간이 아니라, 일반적인 시간이 있고 좀 더 성스러운 시간(sacred time)이 있다. 그것들은 일 년의 첫날인 설날, 일 년 중 가장 빛이 강한 단오, 곡식 추수로 조상과 신령에 감사하는 추석 등이다. 이러한 성스러운 날에 한국의 토착종교는 개인이나 가문 혹은 민족의 번영을 위해 종교 의식을 벌인다.[20] 그리고 이들에게 특별하게 성스러운 때는 이른 아침이나 새벽, 하루, 3일 밤낮, 7일 밤낮, 21일 밤낮, 40일 밤낮, 100일 밤낮 등이 있다. 이러한 성스러운 시간에 토착종교인들은 자신들의 신령에게 기도하여 영력을 받고 그것을 새롭게 갱신한다.[21]

한국의 토착종교의 성스러운 장소(sacred space)는 산이나 동굴 혹은 특별한 장소로서의 신당이나 성황당 그리고 굿당이 있다. 근대화가 되기 전까지 한국의 일반 가정집은 모두 거룩한 곳이어서, 벽이나 집안 울타리 안에 거룩한 대상물이 있었다. 그러나 현대에는 만신의 가정집에 제단을 모시고 있는 특별한 방이 있어서, 그곳에서 신도들을 만나고 불을 밝히고 기도를 올리며 점을 쳐주는 등 종교 행위가 일어난다. 그리고 점과 부적 등으로 부족한 경우 서울

---

19) Friedrich Heiler, *Erscheinungsformen und Wesen der Religion*, vol. 1, Christel Matthias Schroeder, ed. *Die Religionen der Menschheit*(Stuttgart: W. Kohlhammer Verlag, 1961), v–xiii, 128. 종교현상학자 Heiler는 종교현상의 범주들을 유형별로 세분하였는데, 이는 (1) 거룩한 사물이나 인공물, 거룩한 시간과 공간, 거룩한 행동과 언어, 거룩한 사람과 공동체 등의 종교현상의 세계; (2) 신, 화해, 죄, 구원, 영생 등의 종교 개념의 세계; (3) 경외감, 신비, 두려움, 기쁨, 의미, 평화, 환상, 환청, 엑스터시 등 종교 경험의 세계 등이다.
20) 서정범, 『무녀별곡2』, 13.
21) 서정범, 『무녀별곡3』, 77–78.

근교 인왕산, 관악산, 북한산, 남산 등지의 굿당에서 굿판을 통한 종교 행위가 일어난다.

2) 한국 토착종교의 성스러운 행위

다양한 한국 토착종교의 종교 행위는 부정한 것을 씻는 행위인 정화(purification), 신께 바치는 행위인 희생(sacrifice), 그리고 신과의 합일의 행위인 통합(unification) 등의 3가지로 분류될 수 있다.[22]

정화 행위는 물, 불, 악기류 등을 사용하여 일어난다. 물이나 불이 더러운 것을 씻어내고 죄악된 것을 태워버리는 데 사용된다면, 향은 부정하거나 악한 영들을 내몰고 제단을 정화하는 데 사용된다. 특히, 악령을 내쫓는 데 북이나 방울이 사용되고, 제금이나 징 등은 뇌성처럼 악령을 내쫓고 의식을 정화시키는 데 사용된다.

희생적 바침의 경우, 꽃, 술, 과일, 곡식류, 다과 등이 제단 위에 바쳐진다.[23] 제단에 바쳐진 제물들은 공동체의 공동 식사에 제공되거나 그것이 잔치로 연결되기도 한다.

신령과의 합일로서 통합(unification or communion with the spirits)은 토착종교인 후보자나 신도가 춤이나 기도를 통하여 꿈이나 환상 혹은 환청을 경험하고 신령의 능력을 받거나 신령 자체와 통합되는 종교현상이다. 통합의 과정에서 신령과의 사랑의 엑스터시가 경험되고, 그 경험은 공수, 즉 말로 표현된다. 토착종교인들은 남녀 불문하고 신부의 역할을 하고, 신령은 언제나 신랑의 역할을 하게 된다.[24]

3) 한국 토착종교의 성스러운 말과 글 그리고 성스러운 사람

한국의 토착종교에서 말(sacred words)은 매우 중요하다. 성스러운 말에는 주문, 기도, 독송, 공수 등이 있는데, 이것들은 특별한 형태의 노래 가락에 맞추어 행해지거나 일반적인 목소리로, 혹은 말을 주는 신령의 연령에 맞는 목소리로 전해지기도 한다.[25] 특히, 성스러운 글

---

22) Heiler, 186, 204, 230..
23) 서정범, 『무녀별곡2』, 106~107.
24) 서정범, 『무녀별곡2』, 118~119. 무당 조철래는 남무임에도 화장을 하고 여성처럼 옷을 입는다. 그리고 그의 꿈에 그는 여성이 되어서 신령과 성적 결합을 통해 엑스터시를 경험한다.
25) 서정범, 『무녀별곡1』, 301. 원래 shaman의 어원인 sam은 만주어와 퉁구스어로 "말"이라는 뜻이 있으므로, 샤먼, 즉 무당은 신과

(sacred writings)에는 부적이나 전통 경전 등 서책 등이 있는데, 이것들은 일반적인 책이 아니라 악과 질병으로부터 보호해 주는 신령한 서책이나 글로 여겨진다.

한국의 토착종교에서 성스러운 사람(sacred person)들은 일반인이나 세속적인 사람들이 아니라, 엄밀한 의미에서 성스러움을 경험하고 전하는 일을 하는 토착종교의 종교적 사제들이다. 이들이 믿기로는, 자신들의 영력은 자신의 이득을 위해 이용되는 것이 아니라, 가난하고 병든 사람들을 치료하고 돌보며, 국가와 민족을 위해 사용되어야 한다고 생각한다. 사람들과 신령들 사이에서 신도들을 위해 기도해 주고 돌보아 주는 사명을 지닌 이들은 자신들이 영적인 힘을 신령들로부터 받았기에 치료하고 예언하는 능력이 있다고 믿고 있다.[26]

4) 한국 토착종교의 신령과 화해 개념

한국의 토착종교에는 대략 273가지 이상의 다양한 신령들이 존재한다.[27] 즉, 천신, 해신, 달신, 칠성신, 산신, 거리신, 수신, 화주신, 풍신, 석신, 목신, 오방신, 오곡신 등 자연신 계통과 전통적인 영웅이나 장군, 조상들이 속하는 인신계통이 있고, 타종교, 특히 불교나 도교에서 숭배되는 신들을 포함하고 있다. 이 신령들은 정신(the good spirits)으로 모든 인간사에 간여하고 복을 내린다. 잡귀잡신의 경우 억울하고 원통하게 죽은 자의 영혼들로서 이승에서 쉼을 얻지 못하고 떠돌며 질병이나 해를 그 가족들에게 끼친다고 믿고 있다.[28]

한국의 토착종교에서는 화해(reconciliation) 개념이 그 신앙의 핵심을 이루고 있다. 이들은 억울하게 죽은 영혼들의 한을 풀어 저승에 가도록 죽은 자와 산자 사이의 화해를 시도한다. 이들은 모든 병과 재난이 신령한 세계의 부조화에서 비롯되었다고 보고, 그 관계를 회복하기 위해 치성을 드리거나 그것이 모자라면 굿 의식을 통해 신령과의 사랑의 관계(loving fellowship with their spirits)를 회복한다.[29] 이들은 죽음 이후의 삶을 믿는데, 죽음은 혼령이 육체를 벗어나는 것이며 다른 세계로 가게 되는데, 그곳을 저승(the other world)이라 부른다.

인간 사이의 중재자로 해석될 수 있다.
26) 서정범, 『무녀별곡1』, 261-2.
27) 김태곤, 『한국 무속 연구』(서울: 집문당, 1995), 286-288.
28) 조흥윤, 『무와 민족문화』(서울: 민족문화사, 1994), 64.
29) 서정범, 『무녀별곡3』, 250-252. 대종교의 경우 모든 것을 포괄하고 협동하고 조화시키는 三而一, 즉 "하나"의 사상이 있어 상생과 상극의 역사를 통일 지향하여 화합과 상생의 이화세계를 목적으로 한다. 대순진리회의 경우, 전 세계의 평화와 전 인류의 화평을 주장하는 해원상생의 사상이 있다. 무격의 해원과 비슷하지만 보은상생, 대동단결의 도덕사회 건설을 목적으로 한다. 참고. 김은수, 『비교종교학개론』(서울: 대한기독교서회, 2006), 302-303, 324.

그곳을 가기 위해서 시왕지옥을 49일간 지나가야 하는데, 이 세상에서 행한 업보대로 벌을 받게 된다.[30] 그 이후 하늘나라의 왕과 조상들이 사는 곳, 생명수(living water)가 흐르고 생명나무(living tree)가 있으며 꽃이 만발한 곳에서 살게 된다고 믿는다.[31]

3. 한국 기독교의 정체성과 영성확립을 위한 선교 전략

한국에 몇몇 신학자나 지도자들은 토착종교의 종교 형태가 조금이라도 교회 안에 나타나면 그것을 정죄하고 교회 안에서 그것을 축출하여 교회의 순수성을 지키려고 한다. 그러나 그것이 한국 기독교를 서구의 것과 분명하게 구별 지우는, 즉 한국적 기독교로 정체성을 강화시키는 중요한 요소라면 그것들을 "그리스도의 보혈의 피로 깨끗하게 씻어" 다시 한 번 사용해야 함을 심사숙고해 보아야 한다. 이러한 적극적 대응을 통하여 한국 교회의 한국적 정체성과 영성이 더욱 심화되고, 오히려 한국의 토착종교의 도전에 대응하는 바람직한 선교 전략이 도출될 수 있는 것이다. 이를 위해 한국 기독교는 토착종교의 종교현상에서 한국 기독교 정체성과 영성 강화를 위한 바람직한 요소를 찾아내어 그것들을 "그리스도의 보혈의 피로 깨끗하게 씻어" 기독교적으로 변혁(transformation)시킴으로써, 기독교의 진리를 한국의 기독교인들에게 좀 더 효과적으로 전달할 수 있는 선교 전략을 강구해야 할 것이다. 다음은 토착종교성에 대응하는 기독교 선교 전략의 예이다.

1) 거룩한 시간과 거룩한 장소를 강화하라

한국인에게 시간은 다 같은 시간이 아니다. 성스러운 시간인 3일, 21일, 40일, 100일, 새벽,

---

30) 최래옥, 『한국 문화와 기독교』(서울: 한양대출판부, 1994), 161–163. 한국 토착종교는 불교에 시왕지옥의 영향을 미쳤다. 인간이 죽으면 저승사자 셋에 이끌려 북망산을 넘어 가서 생사부 앞에 본인임을 조사당하고, 제1지옥 진광대왕 앞에서 일차심사를 받는다. 제2지옥(초강대왕)은 가마솥지옥으로 남의 속에 불나게 한 사람이 들어간다. 제3지옥 얼음지옥(송제대왕)에는 부모 속을 얼린 사람이 들어가고, 제4지옥 검산지옥(오관대왕)에는 위급한 처지의 사람을 도와주지 않은 자가 들어간다. 제5지옥 발설지옥(염라대왕)에는 혀로 거짓말, 이간질, 상스런 말, 일구이언을 한 자들이 들어가고, 제6지옥 독사지옥(변성대왕)에는 독사 같은 짓을 한 자들이 들어간다. 제7지옥 거해지옥(태산대왕)은 시체를 쇠꼬챙이로 꺾어서 휘두르는 곳으로, 상거래에서 속인 자들이 들어가고, 제8지옥 철상지옥(평등대왕)에서는 간음한 남녀가 그 급소에 못을 박히거나 톱으로 가랭이를 썰리는 벌을 받는다. 제9지옥 풍도 지옥(도시대왕)에는 사람의 도리를 다 하지 못한 죄인들이 바람이 드센 곳에서 벌을 받고, 제10지옥 흑암지옥(전륜대왕)에서는 자식을 낳아야 될 사람이 낳지 않았을 경우 생명을 흑암 중에 방치했기에 그도 그 같은 벌을 받는다.
31) 서정범, 『무녀별곡 3』, 124–130.

밤, 그리고 설날, 추석, 단오 등을 한국 교회가 전통적인 부정적 영성을 "그리스도의 보혈의 피로 제거한 후" 그 형태를 빌려 와 특별기도회 형태로 한국 기독교인들의 영성을 강화하는 데 사용해 왔는데, 앞으로 계속해서 그것을 더욱 강화해서 사용하면 한국 교회 정체성과 영성 회복에 유용할 것이다. 특히 설날과 추석은 한국 교회에서 추수감사절과 송구영신 예배로 한국적 기독교 예전으로 변혁되었지만, 일 년 중 가장 빛이 강한 단오는 한국 교회에 성령강림 절과 비슷한 시기인데도 "성령강림절에 대한 강조점"이 덜한 것은 선교 전략상 재고해 보아 야 할 것이다.

한국인에게 단오절은 일 년 중 가장 빛이 많고 강한 날이다. 그러나 이날은 전통적인 부정 적 영성을 깊이 간직한 날이기도 하다. 그래서 이날에 전통 종교인들은 단오 강릉제를 비롯하 여 전국적인 단위로 초등학교 운동장에서 구청이나 지방자치단체의 협조하에 무속인 대회 및 굿이 공식행사로 자리 잡아 가고 있다. 이러한 전통 종교의 도전에 대하여 기독교는 아무런 선교 전략도 내놓지 못하고 속수무책으로 손을 놓고 있다.

기독교는 이에 대하여 선교 전략적으로 접근해야 한다. 참 빛으로 오신 예수 그리스도를 믿는 한국 교회는 전통적인 단오절로부터 부정적인 종교성을 "그리스도의 보혈의 피"로 제거 하여야 한다. 그리고 단오절이 있는 5월에는 그동안 상대적으로 약화되어 왔던 성령강림절 행사를(물론, 단오절이 성령강림절이 될 수는 없다) 전국적으로 진행하면 좋을 것이다. 이미 순복음교회 계통에서는 5~6월에 성령강림절 행사를 대대적으로 치르고 있다. 그리고 6월(음 력 5월)에 나라와 민족을 위한 공동제적 예배를 구상하고 강화시키면 전통 종교의 도전에 대 한 시의적절한 한국적 기독교 선교 전략이 될 것이다.

한국인에게 성스러운 장소가 의미 있듯이, 한국 교회에서 그 틀을 "그리스도의 보혈의 피 로 깨끗하게 씻어낸 후" 사용하여, 하나님께 기도처로서의 산, 교회 예배 의식의 장소인 예배 당, 신자들을 개인적으로 상담하는 목사의 사무실 등을 의미 있게 활용해야 한다. 특히, 산이 나 예배당은 거룩한 장소로서 인식되고 있으나, 목사의 사무실은 거룩한 장소라기보다 사무 적인 서재에 중점을 두고 있다. 목사의 사무실이 세속적인, 혹은 사무적인 곳으로만 한국 기 독교인들에게 인상이 남지 않도록, 기독교적 상징, 즉 십자가, 성구, 성화 병풍 등으로 영성화 (spiritualization)시키는 것이 중요하다고 본다.

물론 이러한 상징물들이 성스럽기 때문에 사무실이 성스러워진다는 것은 아니다. 그곳에 예수 그리스도의 성령이 함께할 때에 그곳이 성스러운 곳으로 되는 것이므로, 상징물의 무리한 숭배는 배격되어야 한다. 이러한 선교 전략적 방안이 이장호의 지적대로 "목사의 신격화 경향이 위험 수위에 이르고 있는 한국 교회의 상황"에서 비추어볼 때, 매우 염려스러운 점이 없는 것은 아니다.[32] 그러나 오히려 한국의 목사직이 또 다른 형태의 샤먼 혹은 샐러리맨 등 종교직업군으로 전문화되어 가고 있는 한국 교회의 현실을 볼 때에, 영성화의 단점은 최소화하고 영성 강화의 장점을 최대화하는 입장에서 비판적으로 적용되어야 할 것이다.

2) 거룩한 신앙 행위인 정화, 희생, 통합 예식을 강화하라

한국인에게 의미 있는 거룩한 상징인 물은 "그리스도의 보혈의 피"로 그 부정적인 전통 종교성은 제거되고, 기독교의 세례의식이나 신앙생활에 실제적으로 사용되고 있고, 불의 경우, 실제적인 불의 사용보다는 성령의 불이라는 표현으로 대체되고 있다. 거룩한 상징인 불의 형태는 전통 종교의 부정적인 종교성을 그리스도의 보혈로 제거하고 적극적으로 기독교에 수용되어 죄의 목록을 태우는 정화 행위나 촛불을 켜는 희생 예식 등으로 적용할 필요가 있다. 그리고 정화 의식에 매우 중요한 역할을 하는 음악의 경우, 한국인의 정서와 영성에 맞도록 좀 더 다양한 음악의 장르가 계발되어 기독교 예전에 적용되어야 할 것이다. 특히, 악기의 경우, 한국인에게 전통 문화로 평가받는 북이나 장구, 해금이나 태평소 그리고 징 등을 기독교 예배의식에 사용하는 것을 긍정적으로 검토해 보아야 한다. 그러나 아직 토착종교의 의미가 남아있는 방울이나 부채 그리고 향 등은 아직 기독교 예식에 사용은 부정적으로 보인다.

희생적 바침의 경우, 꽃은 이미 기독교 강단 꽃꽂이에 적극적으로 사용되고 있다. 과일이나 곡식 등은 추석을 전후로 한 추수감사절에 강단 주변에 놓아 하나님의 풍요로운 복을 감사하는 데 적극적으로 사용되고 있다. 그런데 한국 교회에서는 제물을 하나님께 바침으로써 끝나는 경우가 많이 있다. 이것은 한국인의 영성에 맞지 않는 일이다. 한국인의 영성적 특징의 차원에서 볼 때에, 그리고 레위기의 화목제의 특성과 연결하면, 하나님께 바쳐진 제물은 공동 식사로서 제공되어야 그 의미가 있다. 한국 교회는 교회에서 잔치를 벌이면서 독거노인이나 소년소녀 가장 그리고 소외된 이웃들에게 하나님께 바쳐진 제물들을 나누는 일을 성실하게

---

32) 이장호, 「한국 토착종교와 기독교 선교 전략에 대한 논찬」, 『2006년 제2차 한국복음주의선교신학회 한국선교신학회 공동학술세미나 논문집』, 2006년 8월 19일, 72.

수행하여야 할 것이다. 그러므로 한국인의 영성에 부합되는 잔치 문화를 더욱 계발하여 한국 기독교의 정체성을 강화하여야 할 것이다.

춤이나, 엑스터시, 환상 등의 신인 통합의 형태는 무조건 미개한 미신행위로 경멸되거나 무시될 필요가 없다. 한국 기독교에도 입신이나 환상, 성령 충만 등의 현상은 인정되고 있다. 그것이 성령에 의한 신인 통합 현상일 경우, 한국 기독교의 정체성 확립과 영성 강화에 필요할 것이다. 그리고 신인 통합에 사용되는 춤의 계발은 한국 기독교의 영적 정체성을 강화하는 데 매우 필요한 부분이라 생각된다. 한국 기독교는 유교의 체면 문화, 기독교의 경건주의, 불교의 운명론의 과도한 영향을 받아 한민족의 정체성인 "통합을 통한 영성 강화"에 매우 미진한 상태이다. 그러므로 향후 신인 통합 현상에 대하여 긍정적 검토가 필요하다. 그것이 한국 기독교에 적용될 경우, 전통적 종교성의 부정적인 부분은 "그리스도의 보혈로 제거되고" 기독교 성령의 충만으로 강화되어야 할 것이다.

3) 거룩한 말과 글을 강화하고, 거룩한 사람을 훈련하고 양육하라

한국인에게 성스러운 말과 글이 중요하듯이, 한국 기독교 정체성과 영성 강화를 위해 기독교에서는 성경 구절의 활용을 통하여 하나님의 뜻과 말씀을 성도들 개개인에게 전달해야 한다. 이 방법은 성스러운 시간인 일 년의 마지막이나 새해 첫날, 혹은 각종 통과의례인 백일, 돌, 입학, 졸업, 성년식, 군입내, 해외 유학, 취직, 결혼, 이사, 회갑, 칠순, 임종, 장례 등의 예배에 적용될 수 있다. 목사는 성도 개개인에게 주시는 하나님의 말씀을 말이나 글로 전달할 필요가 있다. 성경말씀이 기록된 액자나 족자 혹은 휴대폰을 이용한 소형 메모, 음성 메시지나 DMB 휴대폰의 영상 혹은 음성 기도 등의 활용 방법도 고려할 필요가 있다. 그러나 여기에 주의를 요할 것은 말과 글 그 자체가 성스러운 것이 아니라, 예수 그리스도의 말씀과 글이기에 성스럽다는 인식이 요구된다는 것이다. 말과 글 그 자체를 숭배하는 또 다른 우상숭배를 배격하여야 한다.

한국인에게 종교인은 성스러움의 전문가(religious specialist)로 성스러움을 대변한다. 한국 기독교의 정체성과 영성 확립을 위해서는 목사직이 신학대학원 교육을 받은 사회 엘리트층의 지적 전문가이기보다는 기독교의 영성, 즉 하나님의 신적인 능력을 매개하는 영적 전문가로서 재평가되어야 할 것이다. 이를 위해서 목회 후보자들의 교육 과정에 영성 강화 훈련과 양육 시스템이 첨가되고 강화되어야 한다. 목회는 오늘날의 그것처럼 성경공부 혹은 설교 중심의 지적 활동이 아니라, 영적인 성장, 즉 개인적 성결(Holiness)의 추구, 완전한 사랑(Perfect Love) 혹은 그리스도를 본받는 삶을 위한 친밀한 친교, 간증, 권면, 격려의 활동이 되어야 할 것이다. 그리고 중요한 것은 목사직이 그리스도의 종이기에 성스러운 것이지, 그 자체가 성스럽다는 것이 아님을 인식해야 한다.

4) 하나님의 다양한 속성을 표현하는 명칭 사용 강화와 십자가의 화해의 영성을 실천하자

한국 기독교의 정체성과 영성 강화를 위해 성경에 나오는 다양한 하나님의 속성에 대한 명칭의 사용을 장려해야 할 것이다. 성경에 예수 그리스도에 대한 명칭이 300여 회 이상 나타나고 있는데, 예를 들어, 대언자(요일 2:1), 전능자(계 1:8), 아멘(계 3:14), 임마누엘(마 1:23), 창조자(골 1:16) 등 그리스도에 대한 칭호는 매우 풍부하다. 또한 하나님의 명칭 또한 그 상황에 맞게 에벤에셀, 엘로힘, 아도나이, 여호와 라파, 여호와 닛시 등 다양하다. 그리고 성령의 칭호도 보혜사, 위로자, 말할 수 없는 탄식으로 함께 기도하는 영, 깨닫게 하는 영, 거룩하게 하는 영, 생기를 불어넣으시는 영 등 다양하다. 이러한 다양한 신 명칭을 성경에서 찾아내어 신자들의 실제 생활에 영향력을 줄 수 있도록 적용시켜야 할 것이다.

한국 기독교에서는 정체성과 영성 강화를 위해 "화해"라고 하는 한국적 영성의 틀을 과거 부정적인 전통 종교성을 그리스도의 보혈의 피로 제거하고 십자가에 달리신 예수 그리스도와 연결시켜 적용할 수 있다.[33] 예수 그리스도의 십자가의 화해는 한국적 영성의 본질인 사람 사이의 화해뿐만 아니라, 새터민들을 비롯한 북한 동포들의 민족의 한을 푸는 민족통일의 화해로, 해외에서 디아스포라 고난의 삶을 사는 해외 동포들과의 화해로, 무분별한 개발로 인해 피폐해진 자연과의 화해로, 자유 경쟁으로 낙오된 실업자와 사회 약자인 소외계층과의 화해로, 향락과 오락으로 삶의 가치를 잃은 청소년들과의 화해로, 그리고 질병과 상처로 고통받고

---

33) Andrew Sung Park, *The Wounded Heart of God*(Nashville, TN: Abingdon Press, 1993), 174-176. 한국 토착종교에서 가장 기본적으로 대두되는 종교경험은 "한"이라는 복합적인 인간 감정에서부터 비롯된다. "한"은 인간이 억압받고 부당한 처지에서 억눌림을 당할 때 느끼게 되는 인간 고통의 가장 깊은 면을 서술하는 용어로 좌절, 고통, 될 대로 되라(letting go)의 느낌, 분하고 원통함(resentful bitterness), 후회, 회한, 분노, 공포, 고독, 슬픔, 공허감 등의 표현들을 모두 합해 놓은 억압받는 인간의 복합 감정 상태이다.

있는 이주노동자들과의 화해로 실천되어야 할 것이다. 또한 한민족을 넘어서 세계 1/3세계와 2/3세계와의 화해와 협력으로 나아가야 할 것이다.

4. 상호 문화적 해석 공동체의 활성화

지금까지 한국의 특징적인 토착종교성을 찾아내어, 과거 전통 종교의 부정적인 우상 숭배적 요소를 제거하고, 그것들을 "십자가의 보혈의 피로 씻어" 한국 기독교의 정체성과 영성 확립을 위해 매개체로 사용해야 할 것을 제안하였다. 이를 위해 종교현상학자인 하일러의 종교현상학 범주를 분석틀로 이용하여 한국 토착종교의 다양한 종교현상들을 분석하였고, 그 과정에서 찾아낸 특징적 토착종교성을 실제적이고 활용 가능하도록 선교 전략적 방안들을 제시하였다. 또한 이러한 선교 전략적 방안들이 선교현장에서 구체적으로 실천될 수 있도록, 히버트(Paul Hiebert)의 지적대로 한국 민중 기독교인 대표, 한국 교회지도자 대표, 타문화권 교회 지도자 대표 등으로 구성되는 "상호 문화적 해석 공동체(intercultural hermeneutic community)"의 활성화를 통해 비판적 상황화가 실천되어야 할 것이다.[34]

마지막으로 제안하고 싶은 것은, 앞으로 본 장에서 제시된 선교 전략적 방안들 외에도 한국의 선교학자들은 한국 기독교의 정체성과 영성 강화를 위해 여러 다양한 방안들을 한국 교계에 지속적으로 내놓아야 할 것이란 점이다. 만일 한국의 기독교가 한국인의 정체성과 한국인의 영성을 강화하지 못하고 상실하게 된다면, 향후 21세기 재편성되는 동북아 세계질서에 적절한 대응력을 발휘하지 못하고, 한국 사회에서 낙오될 수 도 있을 것이다. 또한 자유 경쟁의 경제체제의 양극화 현상에서 소외된 한국인들에게 참 위로와 안식을 제공하기 위하여, 한국 기독교는 한민족의 정체성인 "화해"의 영성적 특징을 그리스도의 십자가의 화해 정신의 한국적 실천을 통하여 한국 사회에 기여해야 할 것이다.

---

34) 이장호. 72.

제2장 미국의 다문화주의, 대중종교, 시민종교의 이해

　　냉전체제의 붕괴 후에 전 지구적 자본주의로 인하여 국가와 민족 간에 탈 경계화가 급속도로 진행되고 있다. 전 지구적인 것과 지역적인 것 사이에 경계선이 약화되어 상호침투가 이루어지고 있고, 환경운동, 인권 운동 등이 활발하게 진행되고 있으며, 성, 계급, 인종 차별 등이 타파되고 인간 존중 사상의 영향으로 세계가 하나의 공동체로 묶여가고 있다. 이제 맹목적 민족주의, 종족차별주의, 엘리트주의, 성차별주의, 문화패권주의는 힘을 잃어가고 있고, 소외되었던 역동적인 문화 지역들과 소수민족 문화가 부상하고 있으며, 중심/주변, 도시/지방, 서구/비서구 문화 간 상호 의존성이 강조되고 있다.[35]

　　이러한 전 지구적인 변화와 더불어 문화는 다극화 다중심화 경향을 띠게 된다. 이제 세계는 과거처럼 제국주의와 패권주의로 통합되는 것이 아니라, 민족과 문화의 자유로운 상호 교류를 통하여 다양한 문화가 유기적으로 연계되는 식으로 하나의 공동체를 지향하고 있다. 이러한 세계화 추세에 미국은 도시/자연, 여성/남성, 인디언/백인 등 미국 자본주의 사회의 모든 억압과 차별을 합리화한 이분법적 대립을 청산하고 다민족 다인종 국가로서 문화의 상호 의존성을 인정하고 다문화 창출에 나서고 있다. 본 장에서는 미국의 최근 문화 현상인 다문화주의와 미국 문화의 변화에 따라 생성된 대중종교와 시민종교현상을 미국 문화의 이해라는 차원에서 살펴보고 기독교 선교의 입장에서 평가하고자 한다.

---

35) 태혜숙, 『미국 문화의 이해』(서울: 중명, 1997), 15.

1. 다문화주의(Multiculturalism)

1990년대 정보화 시대에 들어서면서 세계화(globalization)의 물결은 인간과 문물의 신속한 이동과 문화의 자유로운 교류를 더욱 빠르게 진척시켰다. 이로 인해 온 세계가 서구 중심의 제국주의적인 근대화의 틀에서 벗어나 자국 문화와 이국 문화가 혼합되는 다문화사회로 이동하고 있다. 이제 세계의 어느 문화도 단일하거나 순수하다고 주장할 수 없게 되었으며, 필연적으로 모든 문화는 다양하고 다층적인 면이 있음을 부정할 수 없게 되었다. 이제 문화권마다 자신들의 고유한 정체성을 잃지 않으면서도 타문화에 다가가 그것을 수용하여 문화의 발전과 확장을 시도하고 있다.

이러한 세계적인 변화의 추세에 가장 민감하게 대응하는 나라는 아마도 미국이 아닐까 한다. 미국은 이민으로 형성된 국가이고, 다민족 다문화가 실제적인 사회의 현상으로 존재하는 나라이기 때문이다. 1990년대를 전후하여 미국은 다문화시대를 이끌고 나가기 위하여, 소수 민족의 문제를 기존의 미국 주류 문화에로의 동화(assimilation)로 풀지 않고 오히려 다양성의 문제로 인식하였다. 이러한 새로운 인식의 변화는 건전한 문화는 다양한 신념체계와 실천체계를 지닌 서로 다른 다양한 사람들로 구성되어야 한다는 다문화주의로 표출되었다.[36] 이에 따라, 미국의 교육기관들은 다문화주의를 공식 커리큘럼에 적용시키고 다문화 주의의 이상을 실현하려고 노력하고 있다.[37] 대학 내에서는 1980년대 후반과 1990년대 초반이후 다문화주의의 내두로 인하여 내학 캠퍼스 내 인종이나 문화의 자이를 다문화주의로 풀어야 한다고 강조하고 있다.[38] 또한 미국의 주류 기독교에서도 다문화주의에 맞는 새로운 다민족 다문화 목회를 연구하고 실천하고 있다.[39]

---

36) Neil Campbell & Alasdair Kean, 『미국문화의 이해』, 정정호 외 5인 공역(서울: 학문사, 2002), 30.
37) Michael Olnect, "Can Multicultural Education Change What Counts as Cultural Capital?" *American Educational Research Journal*, Summer 2000, 37(2): 317-348.
38) Lawrence Blum, "Multiculturalism, Racial Justice, and Community," In *Contemporary Philosophical Perspective on Pluralism and Multiculturalism*, edited by Lawrence Foster & Patricia Herzog(Boston: Amherst University of Massachusetts Press, 1994). 로렌스 브름은 인종주의에 대항하여 대학 사회가 다문화 공동체로서 서로의 문화를 이해하고 자신의 영역을 넓혀가야 함을 역설하고 있다. 1998년 스탠퍼드 대학의 "서양문화" 강좌 커리큘럼에서 인문학 교수들은 44명 중 39명이 강좌 명칭을 "문화, 관념, 그리고 가치"로 바꾸는 데에, 그리고 그 내용에서 비유럽 문화권, 여성, 흑인, 라틴계, 아시아계, 토착 원주민의 작품들을 추가하는 데에 찬성하였다.
39) Stephen A. Rhodes, *Where the Nations Meet: The Church in a Multicultural World* (Downers Grove, IL: InterVarsity Press, 1998). 스테판 로드는 미국의 가장 다양한 United Methodist Church의 목사로서 다민족 다문화 목회를 20년 이상하고 있다. 그는 자신의 교회 신도 중 40%가 앵글로 색슨, 30%가 필리핀인, 15%가 아프리칸, 10%가 라틴 아메리칸, 5%가 자메이칸, 캄보디안, 한국인, 인도네시아인, 인도인들이라고 한다. 그는 한 분이신 예수 그리스도 중심으로 서로의 문화를 이해하고 존중하며 다민족, 다언어, 다문화 예배 및 상담을 통해 목회하고 있다.

다문화주의에 대하여 정의해 본다며, 그것은 우선 각 문화 자체의 고유 유산의 가치를 이해하고 문화다원주의의 이상을 실현하기 위하여 타문화에 대하여 적극적인 이해와 관심 그리고 포용하려는 모든 활동을 의미한다.[40] 다문화주의는 자민족 우월주의(ethnocentrism)와 정반대의 입장으로서 타문화를 열등하거나 지배해야 할 대상으로 보지 아니하고 오히려 존중받고 가치롭게 여겨야 될 대상으로 인정하는 태도이다.

미국의 다문화주의의 경우, 그것은 그 성격상 보수적, 자유적, 좌파 자유주의적, 그리고 비판적 다문화주의로 구별된다.[41] 보수적 다문화주의는 백인우월주의의 기반으로 소수문화의 다양성을 인정해주지만, 그 목적은 소수 문화가 통제 불능으로 발전하지 못하도록 미연에 그 힘을 통제하고 관리할 뿐만 아니라 소수 문화를 상품화하여 경제적인 이익을 얻으려는 데 있다. 이것은 겉으로만 다문화주의이지 내용은 단일 문화주의의 또 다른 표현일 뿐이다. 자유주의적 다문화주의는 보수적 다문화주의보다 진일보하여 평등주의에 근거하여 소수민족의 문화에 관용과 이해, 감정이입과 권력 분배를 목적으로 하지만, 아직도 백인 중심적 다문화주의는 자유주의적 문화 다원주의자들처럼 자유와 평등을 내세우지 않고, 문화의 차별성을 강조하지만, 문화의 차별성이 본질로서 강조됨으로 구체적인 역사나 정치적 상황을 소홀히 하는 경향이 있다. 즉, 차별을 위한 차별일 뿐 구체적인 역사 발전에 기여하지 못하는 약점이 있다. 마지막으로 비판적 다문화주의는 자유와 평등을 기반으로 지배문화의 권력을 변형시켜, 정치변혁과 사회정의를 추구하는 데 구체적인 목적이 있다. 이는 문화적 차별성을 강조하되 차별성만을 강조하지 않고, 그것을 역사, 문화, 정치, 권력과 분리시켜 본질화하려고 하지 않는다. 즉, 비판적 문화 다원주의는 참다운 차별성으로서 관계를 중요시한다. 바로 소수 문화나 백인의 지배 문화 의 차별성은 모두 공동의 발전과 풍부를 위한 상호 관계 속에서 평가된다. 무조건적으로 백인문화라 거부되어야 하고, 소수민족 문화라 하여 채택되는 것이 아니라, 문화 차별성의 기준이 비판적으로 검토되어야 한다는 것이다. 비판적 다문화주의는 무조건적인 문화 차별성보다는 반목과 긴장 그리고 갈등 속에서도 상호 발전을 위해서 관계의 폭을 넓히는 비판적 과정을 중요하게 생각한다.

앞에서 살펴본 여러 형태의 다문화주의가 존재하는 미국에서 한 가지 공통된 점은 다문화

---

40) Lawrence Blum, op. cit., 181.
41) Peter McLaren, "White Terror and Oppositional Agency: Towards a Critical Multiculturalism," in *Multiculturalism: A Critical Reader*, edited by David Theo Goldberg (Oxford: Basil Blackwell, 1994), 45-74. cited in 김동욱, 「다문화주의의 도전과 응전」, 『미국학 논집』 제30집 1호(1998): 29-49.

주의를 통하여 미국 내의 소수민족의 문화를 대하는 입장이나 태도가 점차 변화하고 있다는 사실이다. 즉, 미국 사회는 소수민족의 문화적 특성을 억지로 전체 주류 문화에 동화시키기보다는 오히려 그것의 다양성을 살려 전체 문화에 기여할 수 있는 방법을 모색하고 있다. 다문화주의는 소수민족의 선택적 권리, 즉 미국 내에서 자신들이 원하는 문화를 선택해서 살 권리를 옹호하는데, 이는 개인의 기본 권리와 존엄성을 인정하는 민주주의의 기본 정신에도 위배되지 않는다고 보여진다.[42]

한편, 다문화주의에 대한 비판도 없지는 않다. 미국의 보수주의자들은 다문화주의가 진리, 보편성, 객관성, 사심 없는 탐구를 잃어버린 정치적이요, 당파적인 이론이라고 낙인을 찍는다. 또한 그들은 다문화주의가 미국의 동화주의와 동일성을 위협하는 반미적인 인종적 반란이라고 폄하한다.[43] 그러나 보편성과 동일성을 중시하며 소수 문화를 억압하는 단일 문화주의 역시 보수 우파 성향의 정치적 색채를 띤다는 점에서 다문화주의를 정치적이라고 비판하는 것은 합당하지 않다. 물론, 소수민족의 문화에 속했다는 이유 하나만으로 상위평가를 받는 경우나, 적절한 판단 기준 없이 너도 좋고, 나도 좋다는 극단적 문화 상대주의는 문제의 여지가 많다. 그럼에도 불구하고, 다문화주의는 문화 간에 상호 합의된 판단 기준을 마련하는 한, 극단적 상대주의나 독단적 단일주의가 가지는 한계를 극복하는 데 하나의 좋은 방안이 될 것이다.

이러한 다문화주의는 기독교 선교에 많은 도전을 준다. 만일, 다양한 문화의 조화로운 공존이라는 다문화주의 현상에 기독교 선교가 너무 안이하게 대처할 경우, 정치·경제적 착취보다 더욱 교묘하게 이루어지는 문화 습합과 혼합을 간과할 수 있다. 기독교 선교는 모든 것을 흡수하되 자기 것을 지킬 수 있는 중심의 창의성을 도모해야 할 것이다. 기독교 선교는 제국주의적이지 않으면서도 다양한 문화 교류를 통해서 기독교 자신의 영역을 확장하도록 해야 할 것이다.[44]

사실, 소수민족의 문화적 권리를 대변하는 다문화주의는 소수민족의 정체성을 마련해 줄 고유 전통 종교의 회복과 부흥이라는 고리와 만나게 된다. 기독교는 미국의 주류 종교로서 이들에게 제국주의적인 면모를 풍기고 있기 때문에, 기독교 선교는 기독교의 비서구화와 각

---

42) 최병헌 외 2인, 『미국문화와 사회』(서울: 대우출판사, 2000), 149.
43) 김욱동, op. cit., 42-44
44) George Hunsberger, *Bearing the Witness of the Spirit: Lesslie Newbigin's Theology of Cultural Plurality*(Grand Rapids, MI: Eerdmans Publishing Company, 1998). 조지 훈스버거는 다문화적인 상황에 대응할 기독교 선교의 가능성을 레슬리 뉴비긴의 "문화의 다양성의 신학"에서 찾는다. 그는 북미에서 일고 있는 다문화, 다민족, 다인종으로 대변되는 문화적 다양성 속에서 교회의 세상을 향한 선교 과제를 발견하고, 교차 문화적 관점에서 학제 간 연구의 필요성을 촉구한다.

민족 전통과의 비판적인 조우를 통해 복음적 토착화와 현대 다문화 속에서의 복음의 상황화의 필요성에 응답하여야 할 것이다. 기독교 선교는 다양하고 다층적인 소수민족의 문화에 다가가서 복잡하고 다양한 다원화 사회에 유연하게 대응할 수 있는 다양한 선교 전략을 세워야 할 것이다.

2. 대중종교(Popular Religion)

이제 다문화주의와 더불어 살펴볼 미국의 문화현상은 대중종교이다. 대중종교는 근세 기독교와 전통 종교와의 만남, 습합, 융합, 공존, 변형 등의 종교현상, 더욱이 과학기술, 정보통신의 발달, 근대화로 인한 급격한 세속화 현상에 대응하여 나타났다. 급격한 근대화와 과학의 발달로 인하여 1960년대 일련의 자유주의 신학자들에게서 예견되었던 "신의 죽음" 혹은 "종교의 불필요성"은 미국에서는 빗나갔고, 오히려 대중종교의 확산을 초래했다. 빌리 그래함의 대중 집회는 수십 년간 계속 수많은 사람들을 불러 모아 '거듭난(born-again)' 기독교인들을 탄생시키고 있으며, 로버트 슐러의 적극적 사고방식(positive thinking)은 미국인의 삶에 영향을 미치고 있다.[45] 대형 슈퍼마켓이나 쇼핑센터에서는 꿈 해석, 천사 및 신앙 치유, 초월적 명상, 점성술, 절대자와의 화합을 유도하는 소책자들이 판매되고 있다. 인쇄 매체는 물론, 텔레비전을 비롯한 매스미디어, 디지털 시대의 동영상, 전 세계적 컴퓨터 웹 망을 통해 미국의 대중종교는 기존의 교파에 얽매이지 아니하고 그 사상을 전파하고 있다. 미국의 대중종교는 비정규적인 조직이지만, 일반 대중의 종교적인 삶에 미치는 영향력은 대단하다.

미국의 대중종교의 특징은 공식적인 기존의 교회나 조직 기관들의 통제로부터 자유롭게 벗어날 수 있다는 점이다. 즉, 대중종교의 지도자들은 카리스마를 가진 자들(charismatic leaders)로서 매우 느슨해진 조직 구조의 상황하에서 출현하여, 교회나 공식적인 종교 기관의 틀에 얽매이지 아니하고 직접 자신들의 종교 경험을 대중에게 호소한다. 이들은 컴퓨터와 텔레비전, 우편망 혹은 서점을 통해 그들의 교리를 전파하는데, 특히 이들은 인간사에 개입하는 초자연적인 기적과 자신들의 초자연과의 의사소통 능력에 대하여 강조하고 있다. 이들에게 에

---

45) 최병현 외 2인, *op. cit.*, 243.

이즈는 죄에 대한 천형이고, 기적적인 치유를 믿으며, 임박한 세계의 종말을 고대하며, 구소련은 악의 왕국이 된다. 이들은 과학적인 세속적 세계관보다는 신의 섭리의 관점에서 세계를 설명하고 심지어 하나님의 뜻이라면 허리케인까지도 조정할 수 있다고 믿는다. 대중종교는 보통 1) 공식적인 교회 구조의 외부에 존재하며, 2) 이러한 구조에 의해 설립된 의사소통 기관이나 교육 기관 밖에서 전파되며, 3) 세속화된 세계의 한복판에서 초자연의 구체적인 나타남에 대하여 관여한다.[46)]

대중종교가 뚜렷한 공식 기관이 없고 대변하는 장치가 없기 때문에 항상 그것은 공식적인 언론과 종교 기관으로부터 비현실적이고 비과학적인 신앙으로 혹세무민한다는 오명을 가지게 되었다. 학문적으로 19세기 이후 프로이드, 마르크스, 타일러, 프레이저, 베버, 뒤르켕 등은 원초적인 종교 경험에 대하여 부정적인 입장을 표명하였다. 특히, 미국 지성인의 영국이나 유럽에 대한 문화적 열등 콤플렉스(cultural inferiority complex)는 학자들로 하여금 소위 대중 문화보다는 고급문화에 관심을 가지도록 하였다.[47)] 또한 미국의 신학자들이나 종교 학자들도 신정통주의의 영향으로 기독교의 역사와 정치 참여에 대한 연구에 더 많은 관심을 두었을 뿐, 대중종교의 주요 신도들인 빈자나 약자들의 문화이해나 종교 문화의 변혁 등의 주제는 언제나 주변으로 밀려나 있는 형편이었다.

최근에 대중종교에 대한 연구는 점차적으로 기독교 선교를 위한 주요 연구 주제로 대두되었는데, 이는 대중종교에 대한 이해가 바로 문화 변동, 문화 갈등, 문화 해체 등과 긴밀한 관련이 있고, 복음을 수용하는 사람들의 종교 경험의 변화 과정을 좀 더 정확하게 파악할 수 있도록 돕기 때문이다. 이러한 점은 최근의 문화인류학의 발전과 연관이 깊다. 최근 문화인류학은 문화 발전론을 넘어서 문화 상대주의로 그 자리매김을 하고 있는데, 이는 문화의 다양성과 각기 문화의 고유성을 인정하고 존중해주자는 것이다. 문화인류학의 발전을 통해 문화의 고유성은 그 문화의 특정 종교와 깊이 관련되어 있고, 종교적 활동이나 신화나 상징 등은 특정 사회의 문화 통합에 기여하고 있음이 밝혀졌다. 그러므로 문화와 종교는 각기 영역이 다르다고 여겨지지만, 문화와 종교 사이에는 종교는 문화의 내용으로서 긴밀한 관계성이 있다. 인간의 삶 속에서 어떠한 영역도 독립적으로 존재할 수 없고 서로 연관되어 있기에 종교

---

46) Peter Williams, *Popular Religion in America: Symbolic Change and the Modernization Process in Historical Perspective* (Chicago: University of Illinois Press, 1989), xi.

47) Ralph Waldo Emerson, "The American Scholar," in Robert E. Spiller, ed., *The American Literary Revolution, 1783–1837* (Garden City, New York: Doubleday Anchor, 1967), cited in Peter Williams, 6.

적 상징이나 의례, 교리 등은 당대의 문화와 깊이 연결되어 있는 것이다.[48] 또한 종교는 문화 변동의 시기에 시간, 장소, 사물, 사람 등에 나타나는 성현(hierophany)을 통하여 인간의 삶에 의미를 부여하고, 혼돈에서 질서를 찾게 만드는 데 기여한다.[49]

대중종교의 출현은 미국의 문화 변동(cultural change), 문화 갈등(conflicts), 문화 해체(disintegration)의 시기와 깊은 관련이 있다.[50] 미국인, 혹은 미국인이 되려고 하는 사람들은 전 세계로부터 몰려들어 오고 있고, 이는 앞에서 살펴보았듯이 다문화주의를 만들어 냈다. 다문화주의의 상황은 미국에 이민자로 사는 모든 민족에게 자신들의 전통적인 종교문화와 미국의 근대화된 생활 문화 사이에서 새로운 제3의 종교적 경험을 이끌어 낸다. 또한 미국 문화에 동화된 미국인이라 할지라도, 하루가 다르게 변화하는 정보화 사회에서 정치, 경제, 사회, 문화, 기술의 급격한 변화 속에서 개인과 집단, 자아와 우주, 과거와 현재, 현실과 이상 사이의 의미 있는 통합을 이루도록 돕는 새로운 종교 방식을 추구한다. 다문화주의 상황에서 살아야 하는 미국인이 자신들의 각기 다양한 전통적인 종교 공동체에서 맞이하게 되는 혼돈(chaos)과 그것을 새로운 종교 경험을 통해 해결하여 질서(order)를 찾은 경험은 대중종교의 기반이 되고, 기존의 엘리트 중심의 우주와 인간에 대한 추상적이고 이론적인 설명 방식보다는 대중에 어필하는 직접적이고 체험적인 것이 된다. 대중종교는 특정 기관에서 교육으로 되는 것이 아니라 일반적인 대중의 삶 속에서 체험되는 종교 경험의 총체로서 발전하게 된다.

미국 사회는 1960년대 이후 급격한 문화 변동을 경험하게 되는데, 이를 통하여 기존의 전통적 문화의 파괴와 더불어 대중종교의 출현이 발생한다. 미국의 1960년대 종교적 좌익으로 대표되는 마틴 루터 킹(Martin Luther King, Jr.)과 예일 대학교의 교목인 카핀(William Sloane Coffin)은 베트남전 참전 반대 시위를 주도했고, 미국의 교회들의 참여를 독려하였다. 이것을 기점으로 1970~80년대 페미니즘과 게이 권리 찾기 운동, 워터게이트 스캔들, 아랍 오일 보이콧, 이란의 미국인 인질 억류 등 미국의 전통적인 문화에 대한 파괴 현상이 나타났다.[51] 이러

---

48) Louis J. Luzbetak, S. V. D. *The Church and Culture: New Perspective in Missiological Anthropology* (Maryknoll, NY: Orbis, 1995), 263–265.

49) 노윤식, 『종교현상학 이론과 실제』(서울: 한울림, 2000), 37–124.

50) Peter Williams, *op. cit.*, 4.

51) *Ibid.*, xii. 독립 침례교 소속인 제리 파렐(Jerry Falwell)는 반교파주의와 침례교식 교회론의 근본주의를 주장하며 "신 종교 우익"(New Religious Right)에 합세하였다. 지미 스와거트(Jimmy Swaggart)와 테미 베이커(Tammy Baker)는 주요 오순절 교단인 하나님의 성회에 소속되었으나 교단법이나 지도에 따르지 아니하고 독립적으로 활동하고 있다. 오랄 로버츠(Oral Roberts) 역시 주요 교단인 연합감리교와 협력하고 있으나 죽은 자를 살린다든지, 그의 "믿음의 도시" 메디컬센터 기금 마련을 위해 하나님의 부르심의 작정하심을 그 수단으로 사용하고 있다. 흥미로운 것은 허리케인의 진로를 하나님의 간섭으로 돌이킬 수 있다는 팻 로벗슨(Pat Robertson)의 주장은 미국의 보수적 개신교 공동체에서 나타나는 개인적인 신앙의 자유와 교단의 구조와의 갈등 관계를 잘 나타내 주고 있다. 대체적

한 급속한 문화 변동기간을 지나며 미국의 개신교 근본주의자들 가운데 도덕적 무정부 상태를 우려하는 목소리가 높아졌다. 특별히 이들은 도덕 가치의 절대성에 대한 강조와 예수 그리스도의 재림의 임박성을 주장하였는데, 이것은 전통적인 남 침례 교단이나 하나님의 성회에서 비롯된 것이 아니라, 은사주의 TV 설교가들에게서 강조되었다. 이들은 텔레비전과 컴퓨터화된 모금망을 이용하여 그들의 사상을 전파시켰고, 결국 미국 정치를 보수적인 방향으로 선회시키는 데 기여를 하여 레이건 당선에 영향을 미치기도 하였다.[52]

가톨릭의 경우, 제2 바티칸 공의회를 전후로 하여 대중종교의 출현이 가시화되었고, 특히 유고슬라비아의 메주고레(Medjugorje) 지방에 1981년 성모 마리아의 환영이 나타났다는 보고는 가톨릭계의 주목을 받았다. 주교단들은 이러한 현상의 진정성에 대하여 회의적이었고, 교구 사제들은 진전한 기적은 신비 현상이 아니라, 이 사건을 통해 신앙의 갱신이 일어났다는 점에 실제적인 강조점을 두었다. 눈물을 흘리는 마돈나가 시카고의 로마 가톨릭 교회와 알바니아 정교회에서, 그리고 캘리포니아 손턴(Thornton) 지역에서 나타났다는 보고가 있었다. 거대한 예수의 모습이 오하이오 포스토리아(Fostoria) 지역의 기름 탱크에서 발견되었다는 보고와 텍사스의 루복(Lubbock)에서는 성모 마리아가 교구 신도들에게 신탁을 했다는 보고가 있었다. 이러한 일련의 보고들은 미국 가톨릭계에서 초자연적이고 기적적인 것에 대한 갈망이 남아 있음을 보여준다.[53]

미국의 대중종교는 가톨릭이나 보수적인 개신교뿐만 아니라 뉴 에이지 그룹에도 나타나고 있다. 뉴 에이지 그룹은 침술에서부터 채널링, 그리고 환경, 여성운동에 이르기까지 그 영역이 매우 다양하고, 대부분 예일대학교의 시드니 알스트롬(Sydney Ahlstrom)에 의해 정립된

으로 주요 교단의 중앙 집중적이고 관료적인 구조는 도시 중산층의 문화적 경향성을 대변하는 것으로서. 성령의 역사하심에 대한 강조나 초자연적인 기적에 대하여 만족할 만하게 대변하지 못한다. 초자연성에 있어서 악평보다는 신뢰를 기대하는 복음주의자들에게 지미 스와거트의 역동적인 무대 활동들은 실망을 안겨줄 뿐이다.

52) *Ibid.*, xiv~xv. 보수적 개신교의 배경에서 나타난 대중종교에 대한 학문적인 연구는 Leonard Sweet의 *The Evangelical Tradition in America*, George Marsden의 *Fundamentalism and American Culture*, 전천년적 예수 재림을 강조한 Timothy Weber의 *Living in the Shadow of the Second Coming*, James Davison Hunter의 *American Evangelicalism*, David Edwin Harrell 의 오랄 로버츠와 팻 로버트슨에 대한 연구. 이 외에도 보수적 개신교에서 발생한 대중종교의 배경에 대하여 Charles H. Lippy and Peter W. Williams가 편집한 *Encyclopedia of the American Religious Experience* 등이 있다. 대중종교의 지리적, 사회적, 문화적 발생 배경에 대한 연구는 Stephen Marini의 *Radical Sects of Revolutionary New England*와 D. Michael Quinn의 *Early Mormonism and the Magic World View*, 그리고 Paul E. Johnson의 *A Shopkeeper's Millennium* 등이 있다.

53) *Ibid.*, xv. 로마 가톨릭 전통에서 발생한 대중종교에 대한 학문적 연구는 중세 유럽 대륙의 대중종교에 대하여 Rosalind and Christopher Brooke의 *Popular Religion in the Middle Ages*, William A. Christian, Jr.의 *Local Religion in Sixteenth-Century Spain*과 *Apparitions in Late Medieval and Renaissance Spain*, 미국의 19세기 대중종교에 대하여 Colleen McDannell의 *The Christian Home in Victorian America 1840-1900*, 그리고 최근 Robert Anthony Orsi의 *The Madonna of 115th Street*, 가톨릭 영향을 받은 아프로 카라비안 혼합 사교에 대하여 Joseph Murphy의 *Santeria*와 Wade Davis의 *The Serpent and the Rainbow* 등이 있다.

조화를 이루는 종교적인 삶을 추구한다. 크리스천 사이언스나 신지식(New Thought) 등이 여기에 속한다.

또한 미국의 흑인이나 원주민들의 경우, 문화 변혁의 상황에서 대부분 미국 주류의 문화에 적응하였고, 로마 가톨릭, 침례교, 감리교, 오순절 교단에 소속되었다. 이외에 미국의 아메리칸 인디언들의 갱신 운동(revitalization movements) 중 하나인 고스트 댄스(the Ghost Dance)는 급변하는 문화 변동에 대처하는 아메리칸 원주민들의 종교적 대응 방식이라고 볼 수 있다. 서구의 근대화로 인한 급격한 사회 변화는 이들에게 문화 위기로 다가왔고, 이들은 전통 종교의 회복과 자신들의 부족의 승리에 대한 예언과 계시 환상 등을 기대하며 "고스트 댄스"라는 종교적 상징 행위로서 표현하였던 것이다. 이들은 서구 문화의 실용주의와 자신들의 초월주의 문화를 결합시켜 19세기 백인대항 군사 집단운동으로 결사하기도 하였다. 이들은 서구 문화와 근대화로 인하여 전통적인 도덕이나 윤리가 해체되는 문화 위기를 맞이하여 자신들의 전통적인 초자연적 힘을 불러내어 전통을 복구하고 서구 물질문명을 극복해 보려고 하였던 것이다. 이 밖에도 하이티안 부족 종교의 미국 뉴욕 문화의 중심에서 변형된 부두교 같은 것도 대중종교의 한 단면을 잘 표현해주고 있다고 본다.[54]

위에서 살펴본 대로, 미국의 대중종교는 개신교, 가톨릭, 뉴 에이지, 소수민족 종교들에 있어 다양하게 나타나고 있음을 알 수 있다. 대중종교에 대한 평가는 정통 신학자들의 경우 정통 기독교 진리를 훼손하는 이방인의 혼합주의로밖에 안 보일 것이다. 그러나 기독교 선교의 입장에서 대중종교를 평가한다면, 기독교 선교의 동반자인 대중들의 삶의 이해를 위해 크게 도움이 된다는 점이다. 서구 근대화로 야기된 전통 종교의 훼손과 자신들이 믿고 있던 초자연성의 세속화 등에 맞서서 인간과 초월 사이의 의미를 부여하였던 대중종교는 새로운 다문화주의의 상황 변화 속에서 대중이 어떻게 자신들의 삶에 의미를 부여하여 혼돈을 질서로 바꾸어 갔는가에 대하여 하나의 지침을 제공할 수 있다. 그리고 기독교 선교의 입장에서 본다면, 근대화, 세속화, 비신화화의 문화 변동기에 종교적 자유주의자들은 종교를 더욱 이론적이고 합리적이며 윤리적으로 만들었지만, 대중들은 자신들이 믿고 있었던 신적 초월성, 초자연적인 기적, 하나님의 인간사 개입 등을 포기하지 않았다는 점은 높이 평가되어야 한다.[55] 또한 대

---

54) *Ibid.*, 38-41.

55) *Ibid.*, 12-13. 개신교 자유주의자들은 예수 그리스도의 초자연적인 동정녀 탄생, 기적, 부활, 재림 등의 교리를 기독교에서 제거하였고, 기독교를 합리적이고 이성적이며 윤리적인 종교로 바꾸었다. 이로 인해 기독교는 중산층의 종교로 탈바꿈하였으며, 빈자들과 대중들의 고난의 삶에 의미부여의 역할을 하였던 하나님의 신적 개입, 즉 신적 치유, 성령 세례, 성령 충만, 임박한 재림 등의 체험적 교리들은

중종교는 문화적 혼돈 속에서 초월적 신적 경험의 상징화를 통하여 기존 전통 문화와 세속 문화 사이의 갭을 최소화하여 사회 통합적인 기능을 수행하였음에 대하여 기독교 선교의 입장에서 적극적인 평가가 이루어져야 할 것이다.

3. 시민종교(Civil Religion)

이번에는 다문화주의와 대중종교에 이어 미국의 애국주의와 기독교 정신의 만남을 통해 조성된 시민종교에 대하여 살펴보자. 시민종교는 미국만의 독특한 종교현상으로만 규정할 수 없는 전 세계적인 것이다. 한 국가의 시민들은 국가나 민족의 창시자들을 종교 영웅들(religious heros)로 숭배하고, 애국심을 고취시키는 여러 가지 상징들(symbols)을 이용하여 의례들(rituals)을 지키며, 자신들의 신념들과 가치 체계(system of beliefs and values)를 교육 기관을 통해 후대에 전수하며 매스 미디어를 통해 전파한다. 이러한 특징적인 면모를 가지고 있는 시민종교는 특별히 미국에서 일반적으로 확산되어 왔기에, 미국 문화를 이해하기 위해서는 미국의 시민종교에 대하여 고찰할 필요가 있다.

본 장에서는 미국의 문화를 다루고 있는데, 시민종교는 미국 문화의 가장 특징적인 일면을 보여주고 있다. 미국 문화의 특징은 다원주의(pluralism)로서 앞에서 다문화주의(multiculturalism)에서 살펴보았다. 즉, 미국 문화의 다원주의적 특징은 미국의 이상과 현실의 복합체로서 다양성을 유지하면서도 그와 동시에 사회 통합적인 하나의 일치된 합중국을 형성하는 데 기여하였다는 점에 있다. 초기 미합중국의 건설 과정에서 조심스럽게 고려되었던 것은 유럽에서 몰려든 다양한 기독교 종파들의 다양성을 유지하면서도 영국의 국교회(Anglican Church)의 종교 지배에서 벗어나려고 했다는 점이다. 초기 미국은 영국의 식민 통치를 두려워하였고, 영국이 종교적으로 미국을 지배하기 위해서 영국 국교회의 주교를 대서양을 건너 신대륙에 파송하는 것을 원하지 않았다.[56] 초기 미국 사회의 영국 국교회의 종교 지배에 대한 거부감은 기독교의 여러 종파의 다양성과 자유를 신장시키는 데 기여하였으나, 미국 사회의 새로운 질서

개신교 주류 교단에서 새롭게 자생하는 그룹들에게로 전이되었다.

56) Peter Williams, op. cit., 168.

와 통합을 이루어 내지 못하는 위험성에 직면하게 되었다. 즉, 미국 사회는 공식적인 국교회의 지도 아래 있지 않음으로 인하여 종교의 사회 통합적 기능을 상실하게 되었고, 미국 사회는 새로운 시대의 질서(novus ordo seclorum; the new order of the ages)에 맞는 통합적인 종교 형태를 찾게 되었다.[57]

초기 미국의 다원주의 특성이 영국 국교회의 자유 침해 우려와 만나 미국 특유의 시민종교가 발생하게 되었다. 시민종교는 미국 시민의 가치와 덕목들을 숭상하고 국가에 대하여 종교적일 정도로 애국적 헌신을 요구한다. 제퍼슨과 프랭클린(Jefferson and Franklin)은 새로운 합중국의 통합을 위하여 구약의 출애굽 모티브를 이용하여 청교도주의(puritanism)의 이상을 해석하고 하나님과의 국가적인 계약(covenant)을 기치로 내걸었다.[58] 추수감사절은 국가기념일이 되었고, 성조기에 대한 경례, 국가에 대한 맹세, 게티즈버그 연설문(Gettysburg Address)의 암송 등 시민종교는 점차 종교적 색채로 흠씬 물들여졌다. 모든 스포츠 경기 시작 전에 사람들은 국가를 부르며 국기에 경의를 표하는 등 매우 종교적인 의식(ritual)이 거행되었다.

이러한 미국의 시민종교의 핵심에는 19세기와 20세기에 흥왕했던 복음주의(evangelicalism)의 덕목들이 깊이 자리 잡고 있다. 물론, 복음주의자들은 공개적으로 예정이나 삼위일체 혹은 예수 그리스도에 대하여 대사회적으로 가르치지 않았다. 이들은 교파적이고 신앙 고백적인 대 사회적 장벽들을 극복하고, 기독교적인 가치들을 일반화하여 시민들의 애국주의와 연결시켰다. 미국은 하나님이 선택한 나라이고, 미국 시민들은 노동과 직업의 신성함을 인식하여 사유 재산을 형성하고 국가를 위하여 봉사하여야 한다는 것이다. 이러한 복음주의자들의 비공식적인 선교 전략은 미국의 시민종교 형성에 매우 지대한 영향을 미치었고, 미국인의 삶의 방식(American Way of Life)을 형성시켰다. 대다수의 미국인들의 공통된 신념체계에는 1) 노동과 직업, 그리고 사유재산의 신성함, 2) 개인적 책임과 판단, 그리고 애국, 3) 이와 함께 복음주의자들의 강조점인 금주(temperance)와 주일성수(Sabbatarianism)가 포함되었다.[59]

이상에서 살펴본 대로, 미국의 시민종교는 애국주의와 긴밀하게 연결되어 있어, 결국 '개신교 연합 부족주의(an ecumenical Protestant tribalism)'로 귀결된다. 그 극단적인 예는 미국인의 국가 영웅인 링컨(Lincoln)이나 워싱턴(Washington) 숭배 행위이다. 미국의 정치인, 교사,

---

57) *Ibid.*
58) *Ibid.*, 169.
59) *Ibid.*, 170.

공직자들은 이러한 시민종교의 열심당원들이고, 미국의 대다수 시민들은 시민종교의 평신도들이 된다. 일련의 노인학교(senior class) 수학여행이 워싱턴으로 향해지고, 링컨의 순교일이 기념되며, 링컨의 생가인 흙집이 기념공원화되고, 링컨의 묘소가 성역화된다. 이들은 회중교회 신자인 프란시스 키(Francis Scott Key)가 작곡한 '애국가(national anthem)'를 장엄하게 부르며, 침례교 목사인 스미스(Samuel F. Smith)가 작곡한 '아메리카'를 경건하게 부르며, 영문학 교수인 Wellesley가 쓴 '아름다운 미국(America the Beautiful)'을 부르며 감격한다.[60]

이러한 미국의 애국적 부족주의의 단면으로서 시민종교는 1차 세계대전과 2차 세계대전, 한국전쟁과 베트남전쟁을 거치면서, 앵글로색슨 중심의 개신교 복음주의 전통의 부족주의를 뛰어넘게 된다. 1차 대전의 발발로 독일계 미국인들이 미국 사회에서 속죄양이 되었고, 결국 그들은 독일 민족성을 지키려는 노력보다는 미국 문화에 동화되려는 데 노력을 기울였다. 예를 들어, 소금에 절인 양배추를 의미하는 '자우어 크라우트(Sauer Kraut)'는 독일계 미국인들에 의해서 미국식으로 '자유 배추(liberty cabbage)'가 되었을 정도였다. 2차 세계대전의 발발로 미국 내의 일본계 미국인들 역시 미국 사회에서 속죄양이 되어 격리 수용되었다.[61] 이들은 자신의 일본 민족성을 버리고 미국화되려고 하였다. 특히 일본계 2세들인 니세이들은 '442연대 전투 팀(442nd Regimental Combat Team)'에 자원입대하여 안전장치나 무기배급 없이 유럽의 최전방 전쟁터로 출전하였고, 적군으로 오인되어 총알 세례를 받으며 희생자를 많이 내면서도 가장 많은 전공을 세우기도 하였다.[62] 한국전쟁 역시 1950년대 멕카시의 적색 미끼(the McCarthyite red baiting) 상황에서 빌빌하였고, 한민족은 남북으로 분단되었다. 한국전과 베트남전을 통하여 미국은 애국적인 부족주의(tribalism)와 전 세계의 자유를 수호해야 한다는 사해동포주의(cosmopolitanism)가 뒤섞이게 되었고, 초기 전통과 인종에 기초한 부족주의는 점차 그 힘을 잃게 되었다. 새로운 이민 물결과 더불어 미국은 다민족, 다문화 사회가 되었고, 시민종교 역시 새로운 변화에 맞추어 변화해나가고 있다.[63]

시민종교의 변화에도 불구하고, 기독교 선교의 입장에서 시민종교에 대한 평가를 내리자면, 그것은 매우 부정적이 될 수밖에 없다. 물론 최근에 다문화주의로 인하여 앵글로색슨 중

60) *Ibid.*, 171-176.
61) 이진, 『나는 미국이 딱 절반만 좋다』(서울: 북 & 월드, 2001), 301-305.
62) *Ibid.*, 306-307.
63) Peter Williams, *op. cit.*, 172-174.

심의 개신교 복음주의 중심을 넘어서려는 노력이 보이지만, 시민종교는 그 특성상 미국 백인의 지배 문화를 대변하였을 뿐, 소수민족 혹은 현지인의 문화를 말살하는 정책과 언제나 연결되어 왔다. 특히, 시민종교의 근간을 이루는 미국의 청교도주의에 대하여 초기 미국 역사를 회고해 보면, 그것은 미국의 팽창주의와 부족주의를 합리화시키는 근저 사상이었으며 신세계 개척을 위한 새로운 신학이었다. 물론, 미국 뉴잉글랜드 지역의 선교활동을 분석해보면, 로저 윌리엄스나 허친슨 부인 등과 같이 순수한 기독교적 사랑과 원주민 문화 존중에 근거한 선교 활동을 한 헌신적인 선교사들도 많이 있었지만, 대체적으로 청교도 선교 활동은 순수한 선교 활동보다는 이들이 의도했든, 하지 않았든 원주민들에 대해 헤게모니를 장악하기 위한 정치적 행위에 도움이 되었다는 점이 점차 밝혀지고 있다.[64] 이러한 부정적인 평가에 따르면, 식민지 개척 당시 뉴잉글랜드에 하나님의 왕국을 건설하려던 청교도주의는 그들의 신학적 사상으로 인하여 미국의 정복주의와 팽창주의를 지지할 수밖에 없었다고 한다. 이들은 하나님의 왕국을 세우기 위해서 북미 대륙에 파송된 하나님의 백성들이었고, 이들이 그 사명을 완수하기 위해서는 현지 원주민들의 사탄의 후예로서 기독교의 성경 말씀과 은총에 따라 개종되고 문명화되어야 할 대상으로 여겼다. 이러한 신학에 근거한 선교활동은 당시 개종한 현지인들에게 개인적 혹은 집단적 과거와 문화를 포기하도록 만들었고, 급기야 그들에게 완전히 낯선 문화를 수용하게 하여 문화적 자살을 강요하게 되었다.[65]

이제 기독교 선교의 입장에서 시민종교의 나아갈 방향성을 제시하고자 한다. 21세기 미국은 실제적인 다민족국가로서의 변화의 물결이 왕성해질 것이고, 이러한 때에 시민종교는 정치적 극우파에 의하여 잘못된 패권주의로 이용당할 수 있을 것이다. 그러나 미국의 시민종교는 더 이상 타문화와 소수민족을 억압하는 제국주의적 팽창주의의 일환으로 이용당해서는 안 될 것이다. 미국의 시민종교는 모든 종교의 특징적인 면모인 원형(prototype)을 찾아 결속과 통합을 이루어 내려고 하는 시도를 21세기 다원주의, 다문화주의, 다민족사회에서 실행해야 할 것이다. 이를 위해서 미국의 시민종교는 건국 초기부터 중심적인 역할을 하였던 앵글로색슨 계열의 인종적 순수성이나 청교도 전통과 개신교 정신에서 벗어나야만 한다. 물론, 미국 자체가 전통과 유산의 뿌리가 매우 한정되기 때문에 본래의 순수(original purity), 즉 원형을

---

64) 태혜숙, 『미국 문화의 이해』(서울: 중명, 1997), 36-37.
65) 이진, op. cit.,287-288. 미국 서부 인디언들의 상징인 버팔로 토종 들소들은 인디언들의 주식, 주거천막, 의복, 부기, 가정용품, 신발 등으로 사용되었다. 인디언들은 필요한 만큼 사냥하여 버팔로와 평화를 공존하였다. 그러나 1840년경 서부 개척에 나선 백인들은 인디언들의 땅을 빼앗아 사유화하는 가장 간단한 방법으로 그들의 생계수단인 버팔로를 대 살육하여 말살시켜 버렸다.

찾아 과거와 현재, 신과 인간, 우주와 자아와의 통합성을 이루려고 하는 종교적인 시도는 다문화적인 현 미국의 상황에서 볼 때에 매우 어려운 일이 될 수밖에 없다. 그럼에도 불구하고 미국의 시민종교는 자국 이기주의를 넘어서서 전 세계 시민을 위한 사해동포주의로 확대되어야 할 것이다. 21세기 미국의 시민종교는 점차 보편적인 미국의 상징과 가치, 즉 자유와 민주의 수호자로서의 상징성을 강화해야 하고, 그 상징성을 미국의 다원주의 사회에서 원형으로 삼고 다문화 시대에 세계 모든 문화에 모범이 되어야 할 것이다.

제3장 유사 기독교와 기독교 선교

유사 기독교에 대하여 우리는 어떠한 생각을 가지고 있는가? 시한부 종말론, 통일교, 여호와의 증인, 몰몬교, 안식교, 가정파괴, 성적유린, 재산도피, 비윤리적 종교, 비상식적 집단, 해괴한 사이비, 사회병리적 현상 등등 여러 가지 단어들이 떠오를 것이다. 그러나 유사 기독교 집단 중에는 사회에 해악을 끼치는 비도덕적인 집단보다는 생각보다 상식적이고 도덕적이며 사회 윤리적인 단체들이 많이 있다. 유사 기독교 집단인 몰몬교의 경우 미국에서 텔레비전 광고를 통해 자신들이 이웃에게 봉사하는 친근한 기독교회임을 선전하고 있다. 또한 통일교의 경우 참가정연합이라는 또 다른 명칭으로 사람들에게 다가가고 있다. 만일 유사 기독교에 대한 정확한 정의와 연구가 이루어지지 않는다면 정통 기독교회의 면모는 손상될 수밖에 없다. 기독교에 대하여 문외한인 사람들에게는 정통 기독교나 유사 기독교나 별 차이가 없기 때문이다. 따라서 '무엇이 유사 기독교인가?'에 대한 분명한 판단 기준이 필요하다. 그러므로 본 장에서는 유사 기독교 집단에 대하여 우선적으로 용어를 정의하고 연구 방법과 성서, 하나님, 죽음 등에 대하여 구체적 내용을 살펴보고자 한다.

1. 유사 기독교의 정의 및 연구 방법

1) 유사 기독교의 정의

유사 기독교는 사이비 종교, 사교, 이단 종교 등으로 알려져 왔다. 일반에게 유사 기독교는 광의적으로 부정적인 이미지로만 비쳐진 것이 사실이다. 즉, 기성 종교와 달리 신도들에게 심리적·경제적·신체적인 피해를 주는 것은 곧 유사 기독교라는 등식이 성립되어 있는 듯하다. 그러나 사이비나 사교로 불리는 종교들이 다 유사 기독교에 분류될 수는 없다. 이들 중에는 종교로 가장한 사기 집단이나 정치 집단이 있을 수 있기 때문이다.[66] 또한 유사 기독교를 사이비나 사교의 틀 안에서만 연구될 수 없다. 왜냐하면 다음의 정의에서 다룰 것이지만, 유사 기독교는 사이비나 사교라는 범주로만 국한시킬 수 없다. 그래서 종교학에서는 유사 기독교를 신흥 종교 운동(New Religious Movements)의 한 부분으로 부르기도 한다. 그러므로 유사 기독교의 체계적 이해를 위해서, 먼저 유사 기독교의 정의와 분류 그리고 범위를 규명해야 한다. 이를 위해 사이비와 사교 등을 정의해 보자.

사이비 종교(pseudo-religion)는 종교처럼 보이지만 사실은 종교가 아닌 가짜종교이다. 즉, 윤리적인 평가에 의해 참 종교가 아닌 사이비 종교는 종교의 이름으로 재산을 갈취하고 여성을 성폭력하며 인간 생명을 살해하기까지 한다. 유사 기독교 중에서 사이비 종교에 해당되는 경우는 많이 있지만, 유사 기독교를 곧 사이비 종교로 규정할 수는 없다. 유사 기독교 중에는 윤리적인 기준을 높게 두고 있는 경우도 많기 때문이다. 최근 몰몬교는 미국의 TV 광고에서 자신들은 비윤리적인 사이비가 아님을 선전하고 있다. 그 광고의 내용은 다음과 같다. 금발의 한 젊은 몰몬교 여성이 아침에 조깅을 하다가 외로운 할머니가 홀로 사는 집을 지나가게 된다. 그런데 그녀는 그 집 화단 앞에 던져진 조간신문을 보게 되고 곧 그 신문을 집어서 할머니 문 앞에까지 가져다주고 그 할머니로부터 고마움을 받는다는 내용이다. 이처럼 유사 기독교 집단들은 자신들이 외로운 이웃들의 동반자가 되고 있음을 강조하며 사이비가 아님을 일반에게 인식시키고 있다.

사교(cult)는 '사악한 종교'라는 말로 사회에 해악을 끼치는 종교로, cult에 대한 번역이다. 본래 cult는 종교 의례, 예배를 뜻하는 말이지만, 서양 언론에 의해 소규모 신흥 종교 단체의 열광적인 신앙 형태나 병리적 일탈 문화를 지칭하는 말로 사용되었다.[67] 물론 유사 기독교 중에서 이러한 열광적인 신앙 형태를 지닌 사교가 많은 것은 사실이다. 그러나 모든 유사 기독교가 사교적인 사회 병리적인 일탈문화를 가지고 있는 것은 아니다. 통일교의 경우, 자신들만이 아는 비밀 의식을 행하는 것이 아니라, 현대식으로 지어진 교회 건물에서 기성 교인들이

---

66) Hugo Stamm, 『사이비 종교』, 송순섭 역(서울: 홍성사, 1997), 7-9.
67) Ronald Enroth, *Evangelizing the Cults*(Ann Arbor, MI: Servent Publications, 1990), 11.

하듯 찬송가를 부르고 그들의 목사로부터 설교를 듣고 헌금을 한다. 그리고 가정의 중요성을 더욱 강조하기까지 한다. 사교가 유사 기독교일 수도 있으나, 유사 기독교가 곧 사교라고 말할 수는 없다.

유사 기독교를 정의할 때에는 유사 종교라는 말의 출처를 먼저 살펴보아야 한다. 사실, 유사 종교(quasi-religion)는 일제 식민지시대 정교분리원칙을 따르지 않는 일부 종교를 탄압하기 위해 일제가 만들어 낸 용어임을 기억해야 한다.[68] 즉, 일제는 독립 운동을 소멸하기 위해 민족 지향적 종교인 동학이나 천도교를 가장한 정치운동, 곧 유사 종교로 구별하여 탄압하였던 것이다. 해방 후 유사 종교에 속한 단체들은 민족종교라는 명칭을 고수하였다. 여기에서 말하는 유사 기독교는 이러한 유사 종교의 맥락이 아니다. 유사 기독교는 표면적으로 기독교의 옷을 입고 있고 기독교의 경전인 성경을 자신들의 경전으로 인정하고 있으며, 예배 의식에 있어서도 표면적으로는 기독교와 유사한 의식과 절차를 가지고 있다. 그러나 이들은 기독교의 정통 교리인 삼위일체 교리와 이신칭의 교리를 부정하고, 인간의 신격화를 주장하며, 현대 과학주의 혹은 과거 전통주의에 의존하여 기독교의 교리를 인간의 이성 혹은 전통에 맞도록 재해석하고 있다. 그래서 일반 현대인들 혹은 전통주의자들에게 유사 기독교는 매우 매혹적으로 다가가서 정통 교회가 가르쳐주지 않는 소위 영성 혹은 과학성 등을 주장하고 있다.[69]

유사 기독교는 이단 종교의 범주 내에서 이해할 수 있다. 이단(heresy)이란 '다른 무리'라는 뜻으로 조선시대 유교의 양반이 도교 불교를 '거짓 가르침으로 혹세무민'하는 것으로 비난하여 사용한 용어였다. 즉, 조선시대 국교인 유교가 왜래 종교를 이단이라고 부른 것이다. 그런데 이 용어가 기독교가 들어오면서 기독교의 정통교리에서 벗어난 집단이나 분파를 의미하는 Heresy를 번역하는 데 사용되었다. Heresy는 어원이 헬라어 Hairesis, 즉 "논쟁, 불화, 종파, 이단"이란 뜻으로, 고대 그리스 철학계에서 "특정 가르침을 따르는 집단"으로 종파나 분파로 사용되어 온 것을, 성경에서는 부정적인 의미로 사용하여 교회의 분열을 가져오는 편당을 지적하는 데 이 용어를 사용하였다. 즉, 성경에는 "거짓 선지자(벧후 2:1), 흉악한 이리(행 20:29), 그리스도를 부인하는 적그리스도(요일 2:28), "택하신 자들도 미혹하는 자들(마 24:24)" 등으로 표현되고 있다.[70] 그러므로 기독교의 이단인 유사 기독교를 정의하자면, "기

68) 한국종교연구회, 『종교 다시 읽기』(서울: 청년사, 1999), 22.
69) 대뉴욕지구 한인교역자회 신학윤리위원회, 『이단 사이비 자료집』, 1996년 10월.
70) Robert M. Bowman, Jr. *Orthodoxy and Heresy: A Biblical Guide to Doctrinal Discernment* (Grand Rapids, MI: Baker Book

독교 신학 정통에서 벗어난 잘못된 분파"라고 부정적 의미로 볼 수 있겠다. 해방 후 기독교 세력이 커지면서 기독교 주류는 기독교에서 파생된 신흥종교들을 이단으로 정죄하여 사회 전반에 이단에 대한 부정적 인식이 확산되었다. 이러한 기독교 유사 집단에 대한 정의는 기독교 내 정통교리에서 벗어난 분파라고 볼 수 있다.

유사 기독교를 정의함에 있어서, 우리는 유사 기독교도 종교 경험을 가진 종교의 영역에 속함을 인정해야 한다. 유사 기독교는 종교의 형태인 성스러움의 경험, 초월적 지식, 영적 조명(spiritual illumination), 신조나 교리, 경전, 공동체 등을 가지고 구성원들에게 기본적인 질문들에 답변을 주고 있다. 그래서 유사 기독교를 중립적인 용어로 신흥종교운동의 범주에서 이해하기도 한다.[71] 만일 유사 기독교를 종교 경험을 가진 신흥종교운동의 범주에서 이해할 때에, 3가지 특징적인 영역, 즉 심리적, 사회적, 신학적인 영역에서 다음과 같이 정의할 수 있겠다.

우선, 심리적인 측면에서 유사 기독교 집단은 수십 혹은 수백, 수천 명에 이르는 사람들로 구성된 카리스마적인 그룹(a charismatic group)으로서 (1) 공유된 신념 체계(a shared belief system), (2) 전체주의적 방식과 사회적 결속(social cohesiveness), (3) 무조건적인 충성 및 행동 규범(behavioral norms), (4) 지도자나 공동체가 카리스마적 능력을 소유하고 있는 특징을 가지고 있다.[72] 특히, 유사 기독교 집단 중에서 파괴적인 사교(a destructive cult)인 경우에는, 구성원들을 때때로 육체적으로 혹은 심리적으로 상처를 주거나 학대하는 매우 조작적인(manipulative) 그룹으로 다음과 같은 특징을 갖는다: ① 구성원의 사고, 느낌, 행동 등을 독재적으로 명령한다. ② 지도자를 특별히 격상시킨다(인류를 구원하기 위해). ③ 구성원을 심리적으로, 경제적으로, 육체적으로 착취한다. ④ 최면술(mind-control) 같은 조작적인 방법을 사용하며, 특히 독자적인 비판적 사고를 제한하고 복종적이고 충성하게 만든다.[73]

사회적인 측면에서는, 유사 기독교는 대체종교(alternative religion) 혹은 비전통 종교(non-traditional religion)라는 용어를 선호하는데, 이들은 종교 신념들에 대하여 특히 기독교 그룹에서 정통 신념에서 벗어나는 비정상적인 사회적 특징들을 가지고 있다. 이들은 주류 문화에

House, 1993), 9-21.

71) John A. Saliba, *Understanding New Religious Movements* (Grand Rapids, MI: William B. Eerdmans Publishing Company, 1995), 1-36.

72) Marc Galanter, *Cults: Faith, Healing and Coercion* (New York and Oxford: Oxford University Press, 1989), 5.

73) Lawrence J. Gesy, *Today's Destructive Cults and Movements* (Huntington, IN: Our Sunday Visitor Publishing Division, Our Sunday Visitor, Inc., 1993), 14.

반하는 신념이나 실천을 가진 집단으로 하위문화에 역시 반대가 될 수 있다. 이들은 비교적 적은 집단으로, 과격한(radical) 지도자를 따르고, 크게는 사회 전반적인 문화적 규범들과 기본 가치들을 위협하는 새로운 종교적 신념들과 신앙실천을 가지고 있다. 대체적으로 유사 기독교 집단에 소속된 사람들은 반사회적(anti-social)이고 신경증적(neurotic)이다.[74]

신학적으로 유사 기독교 집단은 전통적인 정통 기독교의 주장에 반대하는 그룹들을 말한다.[75] 이들은 삼위일체나 그리스도의 성육신과 신성 등을 부인하고, 일반적인 의미로 고전적인 기독교에 대한 반동으로 성서에 권위를 두지 않고 다른 사람이나 다른 어떤 것에 권위를 두며 행위로 구원받음을 주장한다.[76] 특히, 이들은 성경에서 가르치는 기독교 교리를 부정하는 고립된 지도자의 세계관을 그들의 신념으로 받아들이는 사람들의 집단을 말한다. 이들은 고립된 지도자(isolated leadership), 또 다른 성경(additional scripture), 대체 성경(altering the bible), 예언, 기적과 이사(signs and wonders), 교리적 차이(삼위일체, 그리스도론, 성령론, 구원론 등), 해석의 차이 등을 가지고 있다.[77] 결론적으로 유사 기독교 집단은 성경에 대한 다른 해석을 극단적으로 따르는 사람들로서 기독교의 주요 교리인 삼위일체, 이신칭의, 성육신 등에 대하여 잘못된 견해를 가지고 있다. 그러면, 유사 기독교를 연구하는 방법론에 대하여 고찰해 보도록 하자.

2) 유사 기독교를 연구하는 방법

(1) 정통 권위주의적 연구 방법

이 방법은 유사 기독교를 연구하는 목적이 이단으로 정죄하여 교회의 정통 교리를 수호하기 위함이다. 정통을 자처하는 기독교 주류 교단들은 각 교단 총회와 한국기독교총연합회 내에 이단사이비대책위원회를 총회 안에 만들고 이곳에서 다른 유사 기독교 소종파들의 이단성 여부를 심리하고 있다. 이러한 심리 과정에서 주류 교단들은 소수의 신흥 기독교 집단이나 비주류 교회의 교리나 신앙 실천 양태를 오랜 기간 신학적으로 진지하게 논의하지 않은 채

---

74) George A. Mather and Larry A. Nichols, *Dictionary of Cults, Sects, Religions and the Occult* (Grand Rapids, MI: Zondervan, 1993), 86.
75) William Watson, *A Concise Dictionary of Cults and Religions*(Chicago: Moody Press, 1991), 12.
76) Josh McDowell and Don Stewart, *The Deceivers*(San Bernardino, CA: Here's Life Publications, 1992) 14.
77) Walter Martin, *The Kingdom of Cults*(Minneapolis, MI: Bethany House, 1996), 1-17.

단 시일 내에 이단으로 정죄하는 잘못을 범하기도 하였다.

사실, 어느 종교가 시대와 국가별로 전파되는 과정에서 토착적 사상들과 만나 하나의 새로운 토척적 형태들이 될 수가 있는데, 그 토착적 형태를 무조건적으로 이단이라 정죄하는 경향이 많았다. 신유와 축복을 강조하는 여의도순복음교회가 장로교 통합 측에 의해 이단으로 정죄된 것이나, 교단 교리인 신유와 재림 등 사중복음을 강조하는 성결교회가 지방에서 비공식적으로 이단 취급을 받는 것은 그 예라고 할 수 있다.

이러한 정통 권위주의 연구 방법의 약점은 이단 판별 기준이 일반적인 전체 기독교회의 합의된 기준이 아니라, 자신들의 정통교리에 기반을 둔 지극히 편파적인 것이라는 데 있다. 한국에서 주류 교단인 장로교 측은 교리적으로 칼빈주의와 청교도주의를 따른다. 그리고 병을 고치는 신유의 역사와 성령 충만, 그리고 천년왕국에 대한 기다림과 예수 재림에 대하여 소극적이다. 이들은 자신들의 교리와 신앙 양태, 즉 정적인 예배형태와 예수 재림이 아닌 사회 참여적인 하나님 나라 확장 등의 교리로 신유, 재림, 성령 충만, 축복을 강조하는 단체나 교단들을 이단시비하는 것이다.[78]

이렇게 어떤 특정 교단이 자신들의 교리와 신앙 특징들을 가지고 다른 종교현상을 이단 시하는 것은 문제가 있다. 만일 특정 교회가 교리를 내세워 여신도를 성폭행하거나 재산을 갈취한다거나 살인과 폭행 등 명백한 범법행위를 한다면 이것은 명백한 파괴적 사교(destructive cult)이지만, 그렇지 않고 열심 있는 신앙을 표현하는 신앙 실천이 이단시된다는 것은 대교단의 횡포인 것이다.

(2) 시사 폭로성 고발식 연구 방법

이 방법은 언론의 태도로서 특집 기사 만들어 내기 식의 태도이다. 언론은 지나치게 시청률이나 구독률을 중요시한다. 그래서 이들은 이단이라고 정죄된 유사 기독교 단체의 비윤리적이고 반사회적인 모습을 들추어내서 일반에 공개한다. 이들에게 시한부 종말론자들은 피해 망상 속에서 현실을 도피하려는 광신자들로 보일 뿐이다. 신유를 강조한 교회의 목사를 종교를 빙자한 사기꾼 가짜목사라고 그 증거를 조목조목 제시한다. 목사가 교회 건축 비용을 마련하기 위해 슬롯머신을 했다는 둥, 교인들에게 은행 차용을 통해 헌금을 강요했다는 둥, 그리

---

78) 심창섭외 3인, 『기독교의 이단들』(서울: 대한예수교장로회총회출판부, 1993), 378-413. 이 책에서 이단 비판의 주요 근거는 장로교 개혁주의 교리에 근거한 것이다.

고 병이 낫지도 않았는데 병이 낫다고 거짓말을 했다는 것을 폭로하였다.[79]

이들의 시사 폭로성 고발식 태도는 이단 종교를 윤리적인 잣대로만 평가하여 그 판단이 매우 편파적이라는 약점이 있다. 종교는 이성과 윤리로 다 이해될 수 없는 것이다. 이단이라고 판정받은 유사 기독교에서도 비윤리적인 측면 외에도, 새로운 기성 종교를 넘어서려는 변혁 의지와 기성 종교가 주지 못하는 종교의 본질과 경험, 즉 종교성을 발견할 수 있다. 물론 종교에 윤리적인 관점이 없어도 된다고 주장하는 윤리상대주의나 도덕폐기론을 펴자는 것은 아니다. 그러나 윤리가 종교의 전부가 아닌 것이다. 언론의 폭로 고발성 태도는 이단 종교의 부정적인 것만 추적하여 편파적으로 보도한다는 데 그 문제점이 있다.

또 한 가지의 약점은, 이들이 유사 기독교의 비윤리성을 폭로하고 비꼬는 고발성으로 인하여 일반인들에게 기독교 일반에 대하여 부정적인 인식을 갖게 만든다는 것이다. 유사 기독교 계통의 이단을 소개할 경우, 목사, 장로, 집사 등의 명칭 사용과, 집단적으로 앉아서 박수를 치며 찬송 부르는 모습, 그리고 손을 들고 큰 소리로 기도하는 모습 등이 카메라에 잡혀 소개되고 있다. 기독교인들이 아닌 경우, 정통이나 이단이나 모두 한 종교의 분파 정도로 인식하기 때문에, 일반적인 교회에서 토착적인 신앙 실천 형태인 통성기도나 박수치는 모습, 그리고 정설로 받아들여지고 있는 신유나 예수 재림에 대한 교리 등이 부정적으로 비칠 수 있다는 점이다.

(3) 판단 중지(epoche)의 이해의 연구 방법

이 방법은 종교현상학적 태도로서, 유사 기독교에 대한 연구에 있어서 가장 필요한 방법론이다. 이 방법은 첫째, 그동안의 편견을 제거하는 데에서 출발한다. 유사 기독교는 성적으로 타락하고, 돈에 비리가 많아 비윤리적이고, 무조건 나쁘다는 식의 태도를 일단 유보시켜야 한다. 이러한 편견을 버리지 않으면 유사 기독교에 대한 연구가 객관적으로 진행될 수 없게 된다.

둘째, 유사 기독교의 종교 실천의 모습만을 가지고 판단하려는 자세를 지양해야 한다. 토요일을 안식일로 지킨다든지, 합동결혼식을 올린다든지, 국기에 대한 경례를 안 한다든지 등의 외적 요소만으로 성급히 속단해서는 안 된다. 이러한 것은 성호를 긋는다든지 기도하거나 절하는 것과 같이 하나의 종교 실천이기 때문이다. 그 종교 실천의 의미파악을 안 한 상태에서

---

79) "MBC 폭력사태" 조선일보 1999년 5월 13일.

피상적인 편견으로 속단해서는 안 된다. 초대 기독교 역사에서도 떡과 포도주로 주님의 죽으심과 부활을 기념하는 교회 공동체가 식인 집단으로 오해되어 박해받은 것은 그 좋은 예인 것이다.

셋째, 유사 기독교에 빠져 있는 사람들에 대하여 공감적인 이해가 선행되어야 한다. 따뜻한 마음과 진지한 관심을 가지고, 왜 이들이 열광적으로 참여하게 되었는가에 대하여 이해하려고 할 때 유사 기독교의 본질을 알 수 있을 것이다. 물론, 상식과 윤리에 벗어나는 일들이 많이 있지만, 왜 이들이 상식과 윤리에서 벗어났는가에 대해서도 따뜻한 마음으로 이해하려는 자세로 연구에 들어가야 할 것이다.

넷째, 유사 기독교를 연구하면서, 우리 기성 정통 기독교가 경각심을 가지고 반성하는 자세를 가져야 한다. 이들을 하나의 호기심으로 혹은 이해할 가치도 없는 비정상적인 사회 병리적인 집단으로만 보아서는 안 된다. 유사 기독교 연구를 통해 기존의 기독교가 교인들을 영적으로 충족시키지 못한 부분에 대하여 자각하고 그 분야를 더욱 강화해야 할 것이다. 기독교 선교는 전도와 사회참여를 통해 하나님의 나라를 확장시키는 것뿐만 아니라 신자들을 유사 기독교에 빼앗기는 일을 막고 그들을 되찾는 일도 포함되는 것이다. 이제 다음으로 유사 기독교의 특징적인 면모를 살펴보도록 하자.

2. 유사 기독교의 특징

미국의 유사 기독교 연구가인 Mary Farrell Bednarowski 박사는 몰몬교, 통일교, 크리스천 사이언스, 뉴 에이지 등을 연구하면서, 결론짓기를 유사 기독교 집단들은 19~20세기 미국 문화의 세계관과 가치관과 결합한 신학적 상상력(theological imagination)의 산물이라고 하였다.[80] 미국의 뉴 프런티어(New Frontier) 정신, 하늘은 스스로 돕는 자를 돕는다는 자주 자립 정신, 합리주의, 과학주의 등 인간의 존엄성과 책임성, 그리고 과학과 합리주의를 신봉하는 현대인의 세계관과 가치관에 유사 기독교의 교리들은 잘 부합되는 특징이 있다. 그래서 이들의 논리는 기존 기독교의 교리를 현대인들이 이해할 수 있도록 과학과 합리주의로 무리하게

---

80) Mary F. Bednarowski, *New Religions: The Theological Imagination in America* (Bloomington and Indianapolis: Indiana University Press, 1989), 1-18.

설명하는 데 문제가 생긴다. 예를 들어, 성경에 나오는 성부, 성자, 성령의 삼위일체를 여호와의 증인은 거부한다. 통일교는 예수 그리스도의 십자가 사건을 영적 구원으로만 해석하고 육체의 구원은 합동결혼식의 예식(복귀예식)을 통해 된다고 본다. 몰몬교는 하나님이 엘로힘으로 육체를 입은 인간과 같은 분이라고 보았다. 이렇듯 유사 기독교 집단들은 성경의 내용들을 과학과 합리주의로 재해석하고 왜곡시키는 것이다. 이들이 주장하는 성서, 하나님, 인간, 죽음 등에 대하여 살펴보자.

1) 성서에 대하여

유사 기독교 집단들은 기독교의 구약 39권 신약 27권 모두 66권으로 되어 있는 성경을 하나님의 말씀으로 인정하지만, 더 나아가 자신들의 정경을 덧붙인다. 통일교는 성경을 진리 자체라기보다 진리를 가르쳐 주는 교과서로 보고 시대와 환경이 바뀌면 새로운 진리, 즉 원리강론이 필요하다고 믿는다. 이들은 성경 외에도 성약성서라는 원리강론을 가지고 있다. 원리강론은 문선명의 교리를 유효원 씨가 초안하였고, 통일교 학자인 김영운에 의해 영어로 번역, 소개되었다. 그런데 원리강론이 한국 초대교회 신비주의 이단인 김백문의 "기독교 근본원리"와 구조와 용어에 있어서 유사성이 발견되고 있다. 그 내용은 "창조원리, 타락원리, 복귀원리"이다. 창조원리는 무에서 유로의 창조를 말하며, 타락 원리는 타락한 천사와의 관계로 인한 타락이고, 복귀 원리는 예수 그리스도에 의한 구원이 아니고 자신의 노력에 의한 복귀, 타락의 역행으로 가능하다고 보았다. 특히, 하나님을 인간과 자연의 음양원리로 설명한다든지, 인간의 타락이 사탄과 혈연적 관계로 시작되었다는 점, 그리고 역사가 구약, 신약, 성약시대로 귀일한다는 점이다. 문선명이 김백문의 문하생으로 영향을 받은 것이 밝혀지고 있다.[81]

우리 일반 기독교에서는 성경이 하나님의 감동으로 된 것(딤후 3:16; 벧후 1:20~21)으로 믿으며, 하나님의 특별 계시는 예수 그리스도로 완료되었고 이에 대해 성경이 증거한다고 믿고 있다(히 1:1). 그래서 정통 기독교에서는 계시와 영감은 그리스도와 성경으로 완료되었다고 말한다. 물론 성경을 읽을 때 깨닫게 하는 성령의 조명은 정통 기독교에서 인정된다. 그러나 유사 기독교에서는 계시의 계속성을 주장하는데, 이는 요한계시록 22:18~19절의 말씀에 위배

---

81) Ruth A. Tucker, *Another Gospel: Cults, Alternative Religions and the New Age Movement* (Grand Rapids, MI: Zondervan, 1989), 245–266.

된다. 즉, "내가 이 책의 예언의 말씀을 듣는 각인에게 증거하노니, 만일 누구든지 이것들 외에 더하면, 하나님이 이 책에 기록된 재앙들을 그에게 더하실 것이요 만일 누구든지 이 책에 기록된 생명나무와 및 거룩한 성에 참여함을 제하여 버리시리라" 했다.

몰몬교 역시 성경에다 몰몬경을 자신들의 성서로 믿고 있다. 몰몬교의 신앙개조 8항에 보면, "우리는 성경이 정확하게 번역된 하나님의 말씀임을 믿고, 또한 몰몬경도 하나님의 말씀임을 믿는다"라고 했다. 몰몬경은 모로나이 천사가 환상 중에 요셉 스미스 2세에게 뉴욕 맨체스터 부근 언덕에 감추어진 금속판을 가르쳐 주어 그가 1830년에 그것을 발굴하여 번역한 것이라고 한다. 몰몬경에 따르면, 미국에 두 개의 서로 다른 민족, 바벨탑 사선 이후에 이주한 야렛 족속과 B.C. 600년경 예루살렘에서 이주한 요셉 족속이 있다고 한다. 4세기 말경에 전쟁이 있었고 그 잔류자들이 인디언이 되었다고 한다. 미국 대륙의 동부에 구세주가 나타나 사도, 예언자, 전도자들을 가지고 복음을 전했고, 제사장, 성찬식, 능력, 축복이 있었다고 한다.[82]

혹자가 몰몬교 선교사에게 전도하다가 계시록 22:18~19절 말씀을 전할 경우, 그들은 다음과 같이 대답할 것이다. 몰몬경에 기록된 "많은 이방인들이 이렇게 말할 것이다. 우리에게 성경이 있으니 이외에 다른 성경이 더 있을 수 없다. 그러나 주님은 이렇게 말씀하신다. … 너희가 내 말을 더 받아야 한다고 왜 불평을 말하는가? …"라는 구절을 읽어주며 반박하는 것이다. 몰몬경 외에도 이들은 교리와 성약, 값진 진주 등을 경전으로 갖고 있다.

여호와의 증인은 성경 외에 다른 경전을 가지고 있지 않다. 그러나 이들은 성경을 자신들의 세세관으로 1961닌 번역 완료한 『새세계번역성경』을 가지고 있다. 이들은 자신의 번역이 정역이고, 다른 성경 번역들은 기독교의 전통과 사상에 의한 오역이라 주장한다. 그런데 이들의 번역 중 요한복음 1장 1절 이하 "이 말씀이 하나님이시니라(kai Theos en ho logos)"를 "이 말씀이 하나의 신이었다(Word was a god)"로 잘못 번역하고 있다. 이들은 테오스가 정관사가 없기에 하나의 신이라고 주장하는데, 요한복음 1장 18절까지 테오스가 정관사 없이 사용된 예가 무려 6회나 나오며 모두 여호와 하나님을 칭한다. 이외에도 골로새서 1장 15~17절에 '다른'이라는 단어를 4번이나 삽입하고, 마태복음 27장 50절, 빌립보서 1장 21절, 2장 5~8절, 로마서 10장 9~10절, 디도서 2장 13절, 베드로후서 1장 1절 등 자신의 교리를 정당화하기 위해서 성경을 가감했고 고쳐 번역하였다.

---

82) Ruth A. Tucker, *Another Gospel*, 49–57.

이 밖에도 창시자 찰스 러셀(1852, 피츠버그 주변 출생)이 장로교회의 예정론과 최후 심판론에 회의를 품고 성경을 연구, 『예수 재림의 목적과 방법』을 펴내 5만 부 판매한 이후 그를 추종하는 자들과 1914년 세상의 종말을 예언하며 재림운동을 전개하며(1876), 1879년 파수대(Watch Tower)라는 잡지를 출간하였는데, 이들은 이 파수대를 "하나님이 땅 위에 있는 인간들에게 성경의 진리를 흘려 내보내주시기 위한 유일한 집합적 통로"라고 믿고 있다. 이들은 세계 선교에 헌신하여 54개국에 집회단을 결성, 200여 개국에서 활동하고 있다.[83]

2) 하나님은 누구이고 무엇과 같은가?

이단 종교의 특징은 "하나님"을 자신들의 경험에 의하여 정의하려고 한다는 점이다. 이단 종교의 창시자들이나 교주들은 신의 본성(nature of deity)이나 궁극적인 존재에 대하여 궁금해했다. 신은 어떠한 모습을 가지고 있고 그 성격은 어떠한가? 신은 초월적인가, 내재적인가? 신은 인격적인가, 그렇지 않은가(personal or impersonal)? 신은 정의로운가, 은혜로운가? 신은 제한적인가 전능하신가(limited or omnipotent)? 신은 변하는가, 변치 않는가(changing or immutable)?

몰몬교와 통일교에서는 우리 인간이 신이신 하나님을 신의 계시가 없이는 알 수 없다고 말한다. 그런데 이들은 하나님을 설명하는 데, 하나의 인간처럼 해석한다. 통일교에서는 하나님을 모든 창조의 제1원인으로서 시공을 초월하시고, 모든 진리와 선과 미의 근원이시고, 인간과 우주의 창조자이시며 보존자이신 인격체로 믿는다. 그런데 여기에 머무르지 아니하고 하나님을 여성성(feminity)인 음과 남성성(masculinity)인 양의 상호 관계를 통해 존재하는 결합체로 보기도 한다. 이들은 하나님과 하나님이 창조하신 모든 존재는 내성적인 성상과 외향적인 형상으로 남성적인 양성과 여성적인 음성으로 존재한다고 믿는다. 창조의 결과, 모든 존재가 이성성상으로 되어 있으므로 이를 창조하신 하나님도 이성성상의 본체로 계심을 알 수 있다고 한다. 이러한 주장은 동양의 음양사상과 주역의 태극원리를 성서의 하나님과 억지로 연결시키는 무리한 논리이다.

몰몬교에서는 하나님이 성부, 성자, 성령으로 영원한 한 분이심을 믿는다. 그런데 이들은

---

83) Ruth A. Tucker, *Another Gospel*, 117-148.

하나님을 인간처럼 살과 뼈가 있는, 육체가 있는 유기체라서 진보하고 영원히 번식할 수 있는 능력을 가지고 있다고 주장한다. 그래서 신들도 하나나 여럿의 부인들에게서 자식을 낳기도 한다. 성경에 나오는 성부 엘로힘은 한때 인간이었고 여러 신들 중에 하나로서 신들의 각료회의에서 지구로 가도록 임명받았고, 우주의 다른 것들에게 영체를 주시기로 작정하신 때에 첫 번째로 예수께서 나셨다고 주장한다.[84]

여호와의 증인은 여호와 하나님이 천지를 창조했고, 사탄이라고 불리는 루시퍼(Lucifer)가 하나님께 대적하여 정치 경제적인 조직을 통해 이 세상을 점점 지배해가고 있다고 주장한다. 이들은 예수님을 여호와의 아들이므로 피조물이고 천사장 미가엘(Michael)과 동일시하고 있다. 이들은 예수님이 하나님이심을 부인하고 삼위일체의 진리를 믿지 않고 있다. 이들은 요한복음 14장 28절에 "아버지는 나보다 크심이니라"는 말씀과 계시록 3장 14절의 "하나님의 창조의 근본"이라는 표현으로 예수님을 하나님의 피조물로 주장하는데, 이는 각기 예수님이 자신의 구속 사역을 위해 하나님께 스스로 낮추어 복종한다는 의미와 하나님의 창조사역의 주관자라는 사실로 해석되어야 할 것이다. 성경은 예수 그리스도를 하나님과 본체시라고 말한다(요 1:1, 10:30; 빌 2:1~11). 그러므로 이들이 말한 대로 삼위일체론이 초대 교회가 인도나 애굽의 삼신론의 영향으로 만들어낸 교리가 아니라 성경의 말씀을 종합한 교리인 것이다.[85]

크리스천 사이언스와 Scientology는 하나님은 물질이 아니라 모든 공간을 채우시는 절대 정신(Mind)과 영(Spirit)으로서 사랑이라고 주장한다. 하나님은 육체를 갖지 아니한 거룩하고 위대한 무한한 지성(the only intelligence of the universe)이며, 영이며, 원리이며, 생명이며, 진리이며, 사랑이라 한다. 생명·진리·사랑은 하나님의 3위로서, 아버지이며 동시에 어머니인 하나님, 자녀 됨의 영적인 이상인 그리스도, 그리고 신의 과학(Divine Science)이 보혜사라 한다. Theosopy와 New Age는 하나님은 존재하는 모든 것, 물질-비물질, 생물-무생물, 인간-비인간, 모두에 존재한다고 주장한다. 이들은 우리 인간 안에 신적인 본성(divine reality)이 거함으로 인간은 본래 신성을 가지고 있음을 주장한다. 그래서 이들에게 모든 사람의 마음속에 있는 신성을 깨닫는 것이 중요하다.[86]

그러나 성서에서 하나님은 영이시고 사랑이며 사람들과 인격적인 교제를 나누시는 인격체

---

84) Mary F. Bednarowski, New Religions, 21-27.
85) Ronald Enroth, *Evangelizing the Cults*, 126-127.
86) Mary F. Bednarowski, *New Religions*, 27-35.

라고 말한다. 또한 몰몬교처럼 육체를 가졌다고 아니하며, 크리스천 사이언스처럼 정신이나 원리라고 하지 않는다. 성서는 인간 안에 성령이 거한다고 하지만 인간이 신은 아니라 한다. 하나님은 인간을 창조하신 분이고 우리 인간은 피조물인 것이다. 그러므로 우리 인간이 신이 아닌 것이다. 하나님 역시 보편 원리나 지성으로 우리와 상관없는 분이 아니라 우리가 기도하면 인격적으로 만나주시는 인격신이시다. 그렇다고 우리와 같은 육체를 가지신 분은 아닌 것이다. 하나님은 초월적이면서 자신을 낮추시어 우리와 만나주시는 인격자이시다.

성경은 하나님과 인간의 불연속성을 말한다. 물론 성경도 우리 안에 그리스도가 계시고 성령의 전이라 말한다(고전 6:19; 고후 13:5). 그렇다고 우리가 하나님이 되는 것은 아니다. 태평천국의 난을 일으킨 홍수전이 꿈에서 예수를 만나 사명을 받아 자신을 동생이라 했는데, 예수만이 하나님의 아들이지 우리는 하나님의 양자임을 그는 분별하지 못하였다(요한 1:12; 3:16). 우리는 하나님에 의해(by God) 창조되었지, 하나님으로부터(from God) 나온 것이 아니다. 하나님으로부터 나온 자는 예수뿐이시다. 그분만이 신성을 가지고 있지 우리 안에는 어떠한 신성이 없다. 우리는 구세주가 필요한 인간이지 신이 아닌 것이다.

3) 인간은 책임 있는 존재

유사 기독교의 특징은 악과 고통에 대하여 인간이 책임이 있음을 강조한다. 이들은 인간의 본성을 매우 높이 평가하는 교리와 그에 따른 인간의 무거운 의무를 강조한다. 이러한 인간의 책임에 대한 강조는 사회 정의를 찾는 젊은이들과 지성인들에게 매력적이 될 수 있다. 그런데 사회에서 인간의 책임은 좋은 일이나, 구원도 인간의 힘으로 이루어질 수 있다고 보는 것은 문제가 있다. 이들은 인간 자신이 인간을 구원하고 더 나아가 지구 전체까지 구원할 책임이 있다고 본다.

몰몬교나 통일교에서는 영(spirit)이 인간 존재에서 영원히 계속해서 남는 것이라고 본다. 몰몬교에서 주장하기를, 이 세상에서 우리가 가진 육체가 그대로 영화되어서 천상에서 영적인 몸(spirit body)으로 재결합될 것이라 한다. 통일교에서도, 육체는 지상에서의 삶 가운데 성취해야 될 일을 위한 도구로서 죽으면 썩어 없어지고, 영원한 세계에서는 그와 같은 영체(spirit body)가 지속될 것이라 한다.[87]

여호와의 증인은 구원의 대상을 선택된 자들(기름 부은자들)과 다른 양들로 두 부류로 나누고, 이 두 부류에 속하지 않는 자들은 죽어서 무로 돌아가 없어져 버린다고 한다. 이들은 하나님의 공의와 사랑에 모순되고, 비이성적이고 비성서적이라 지옥을 거부한다. 이들은 요한일서 4장 8절의 사랑의 하나님을 인용하면서 죄인을 지옥에서 영원히 고초당하도록 하지 않는다고 주장한다. 인간은 스올 혹은 하데스에서 거기서 쉬면서 부활을 기다리는데, 요한계시록 20장 10절의 "불 못"은 상징적인 표현으로 하데스나 스올을 말한다고 한다.

이들은 선택된 자들인 요한계시록 7장의 144,000명의 존재를 받아들이고, 이들 외에 호별방문하는 신자들은 다른 양들이라 부르는데, 이들은 구원을 얻기 위해 144,000명과는 다르게 열심히 일을 해야 한다고 한다. 여기에서 인간의 노력을 강조하는 행위 구원이 나온다. 만일 개인이 자진하여 배교하면 결코 속죄받지 못하는 둘째 사망으로 부활하지 못하게 된다고 한다. 이들은 아마겟돈 전쟁, 즉 사탄과 하나님과의 전쟁이 일어나, 모든 기독교인들과 세상 사람들이 죽고 여호와의 증인들만 살아남아 천년왕국에서 144,000명이 통치하게 된다고 믿고 있다. 다른 양들은 영생에 들어가기 위해 대 심판을 준비하고 이 시기를 잘 넘기면 에덴과 같은 땅에서 영생을 누리게 된다고 한다. 이들은 1914년 그리스도의 재림으로 영적인 하나님의 왕국이 시작되었고, 1975년이 인류역사상 제7번째의 1000년이 끝나는 해로 아마겟돈의 해로 간주한다. 그리고 이로부터 100년 후 2075년을 종말로 여기며 사람들이 심판을 받게 된다고 한다.[88]

그리스천 사이언스나 뉴 에이지에서는, 육체는 존재의 본질이 아니다. 인간은 물질이 아니고 정신(mind)이며, 영이지 육체가 아니다. 그래서 이들은 인간을 육체이상의 육체를 초월하는 영속하는 영(spirit) 혹은 영혼(soul)이나 고차원적인 의식(higher consciousness)으로 보고 있다.[89]

이들의 주장은 인간 본성에 대하여 지극히 낙관적으로 본다는 데 문제가 있다. 인간의 본성의 제한성과 약점에 대하여 간과하고 있다. 몰몬교의 경우 청소년기에 자살률이 높은데, 자신이 성년이 될 즈음 인간적인 모습에 실망을 느껴서 그렇다고 한다. 너무 완벽주의인 것이다. 성경은 인간의 본성에 대하여 죄로 인해 구원받을 존재라고 말하고 있다. 인간은 죄로

---

87) Mary F. Bednarowski, *New Religions*, 46-55.
88) Ronald Enroth, *Evangelizing the Cults*, 124-134.
89) Mary F. Bednarowski, *New Religions*, 55-64.

인해 죽을 수밖에 없지만 회개할 때 성령으로 인해 새사람이 될 수 있다(행 2:38, 롬 3:23, 엡 2:1, 고후 5:21). 회개한 이후 장성한 신앙을 갖게 되고 자신을 헌신하는 성결의 은혜를 받게 된다(살전 5:23). 장성한 신자는 성령 충만하여 죄와 악에 대하여 책임 있는 신앙생활을 하게 된다. 그런데 여기에서 자기 노력(self-help)적인 측면이 강조되면 이단 시비에 걸릴 수가 있다. 우리 성결교회의 성결은 자력 구원이 아니라, 성령의 은혜를 통한 "사랑으로 역사하는 믿음"(갈 5:6)이다. 내가 하는 것이 아니라, 내 안에 계신 성령님께 복종하는 것이다. 여기에 우리 성결교회가 따르고 있는 웨슬리 신학의 하나님의 은총과 인간의 책임이라는 교리가 필요하다.

성결의 은혜 역시 완전한 사람이나 죄를 못 짓는 천사가 되는 것이 아니라, 연약성을 가진 죄를 안 짓는 사람이 된다는 것이다. 성결한 이후에도 하나님과 같은 성결이 아니라 인간의 연약성을 가진 성결이다. 즉, 분노, 근심, 걱정, 슬픔, 유혹, 고민 등이 올 수 있다. 근심의 경우, 세상 근심이 있고 하나님의 뜻대로 하는 근심(고후 7:10)이 있다. 바울과 예수님도 분노하며 화를 내셨다. 이를 거룩한 분노라 한다(고후 7:11; 마태 23:13, 33). 예수님은 나사로의 무덤가에서 심령에 통분히 여기시고 민망히 여기사 슬픔을 참지 못하고 우시기도 하였고(요한 11:33~35), 겟세마네 동산에서 기도하실 때, 심히 놀라시며 슬퍼하셨고, 죽음에 대하여 심히 고민하셨던 것이다(막 14:33~34).

4) 죽음에 대하여

이단들은 죽음의 의미에 대하여 관심을 보인다. 죽음이란 두려워할 것이 아니다. 몰몬교에서는 죽는다는 것이 다시 태어나는 것으로 영이 육체를 떠나는 것이다. 죽음이 없다면 영적인 부활도 없는 것이다. 그런데 이들은 '죽은 자를 위한 세례', '천상 결혼' 등의 교리를 주장하여 죽은 자를 위하여 산 자가 대신 세례를 받음으로써 자손들의 마음이 조상에게로 향하게 하기도 한다. 이들은 성경 고린도전서 15장 29절을 인용하는데, "죽은 자들을 위하여 세례받는 자들이 무엇을 하겠느냐 어찌하여 저희를 위하여 세례를 받느뇨"라는 구절에서 바울이 기독교인들이 죽은 자를 위한 세례를 받는다는 것이 아니라 당시 이방인들의 풍습을 인용한 것을 몰몬교는 오히려 자신들의 교리를 위한 성경구절로 아전인수 격으로 이용하는 것이다. 이들에 따르면, 천상 결혼은 영원한 결혼이고, 신적 권위 없이 맺어지는 결혼은 죽음에 의해 해소된다고 본다. 복음에 의해 순종한 결혼은 땅에서 인이 쳐진 것처럼 하늘에서도 효력이 있다. 그리고 고전 7장 15절의 말씀 "믿지 아니하는 남편이 그 아내로 인하여 거룩하게 되고 믿지 아니하는 아내가 그 남편으로 인하여 거룩하게 되나니, 그렇지 아니하면 너희 자녀도 깨끗하게 되지 못하리라"를 인용하여 자신들의 교리를 증명한다. 그러나 이 말씀은 믿는 자로 인하여 남편이나 아내 자녀들이 자동적으로 거룩하게 된다는 의미가 아닌 것이다. 성경은 본인이 회개하고 예수를 믿음으로 거룩하게 될 수 있다고 말하지 육체적인 혈연관계로 거룩해지지 않음을 말하고 있다. 요한 3:6절에서 육으로 난 것은 육이요, 성령으로 난 것은 영이기 때문이다. 하나님나라는 혈연으로 가는 것이 아니다.[90]

통일교에서는 죽음이란 물질적인 세계에서 영적인 세계로 이주하는 것으로 보고 있다. 통일교나 몰몬교 모두 인간의 육체적 죽음 이후 자기 정체성을 그대로 유지하여 영적인 몸으로 변화되어 먼저 죽은 사랑하는 자들과 만난다고 보고 있다. 이러한 이들의 교리는 죽음을 쉽게 받아들이는 데 기여하고 있다. 뉴 에이지는 환생을 믿고 죽음은 또 다른 삶의 연속을 이해하고 있다. 여호와의 증인은 사람이 죽으면 영혼이 죽는다고 주장한다. 창세기 1장 20절과 30절에 하나님이 산 영혼을 창조하셨는데, 이는 곧 사람이 산 영혼이고 죽으면 영혼도 죽게 되어 있다고 한다. 영은 생명력으로 범죄로 인해 죽는데, 이를 에스겔 18장 4절과 20절 내용으로 인용한다. 즉, "범죄 하는 영혼은 죽으리라"는 것이다. 그러나 이 내용은 아비의 죄로 인해 아들까지 죽이는 전통을 거부하는 구절로 그 죄를 지은 그 자만 죽게 된디는 것이지, 범죄하면 영혼이 죽는다는 것으로 해석할 수 없다. 이들은 착한 사람이나 나쁜 사람이나 다 같이 하데스 혹은 스올이라는 곳에 가서 쉬고 있다가 부활함을 믿고 있으나, 하나님의 뜻을 알고 난 후에 고의적으로 악을 행하는 자들은 부활하지 못한다고 믿는다. 예를 들어 가룟 유다는 고의적으로 악을 행함으로 "멸망의 자식"이라고 불렸으므로(요 17:12), 하나님께서 자기 성령을 거스르는 자를 부활시키지 않을 것이라 한다. 그러나 하나님의 뜻을 지상에서 배울 기회를 갖도록 하기 위해서 악인을 부활시키는 경우도 있다 한다. 이들은 성경을 자신들의 교리를 중심으로 왜곡하여 해석하는 것이 문제이다.

---

90) Mary F. Bednarowski, *New Religions*, 76-77.

3. 올바른 성경해석과 목회적 돌봄의 필요성

지금까지 유사 기독교의 정의와 연구방법론 그리고 그 교리적인 특징들을 성서론, 신론, 인간론, 죽음관 등에 대하여 살펴보았다. 특징적인 점은 이들은 성경에서 말하고 있지 않은 것들을 덧붙여 말하고, 기독교회에서 잘 가르쳐 주지 않는 것을 가르쳐 주고 있다. 인간의 영혼의 죽음문제, 하나님의 육체 문제, 예수의 피조성 등 성경에서 명확히 설명하지 않은 것을 그대로 놔두지 않고 그것을 억지로 풀다가 멸망으로 가게 된다는 것을 알 수 있다.

바울 사도는 그의 사랑하는 동역자 디모데에게 "때가 이르리니 사람이 바른 교훈을 받지 아니하고 귀가 가려워서 자기의 사욕을 좇을 스승을 많이 두고 또 그 귀를 진리에서 돌이켜 허탄한 이야기를 좇으리라(딤후 3:4)"고 말하며, 이단 사설이 난무하는 시대에 "모든 일에 근신하여 고난을 받으며, 전도인의 일을 하며, 네 직무를 다하라"(딤후 4:5) 권하고 있다.

바울 사도는 전도인의 일을 다 하기 위해 "여러 사람에게 여러 모양으로(all things to all men)" 선교 방법의 다양성을 실천하였다. 유대인에게 유대인처럼 이방인에게 이방인처럼 되었다. 그러나 복음에 있어서는 한 발자국도 양보함이 없었다. "우리나 혹 하늘로부터 온 천사라도 우리가 너희에게 전한 복음 외에 다른 복음을 받으면 저주를 받을지어다"(갈 6:8)라고 했다. 우리가 이들을 대할 때, 같은 한국 사람으로 대하고 외양으로 사랑을 가지고 이해하는 마음으로 대하여야 할 것이나, 복음에 대해서는 단호해야 한다. 아무리 시대가 바뀌어도 예수 그리스도만이 유일한 구원자이시기 때문이다. "다른 이로서는 구원받을 수 없나니 천하 인간에 구원을 얻을 만한 이름을 우리에게 주신 일"이 없는 것이다(행 4:12).

마지막으로, 이들 유사 기독교의 특징은 기존 기독교가 타락하고 영성이 없고 힘이 없을 때에 발생한다. 교회가 바르게 성경을 해석해 주지 아니하고 교인들을 돌보지 않을 때 유사 기독교는 성도들을 미혹하게 되므로, 교회는 목회적 돌봄과 올바른 성경해석을 통하여 내부 선교적 역량을 강화하여야 할 것이다.

제4장 영적 전쟁과 기독교 선교

2000년 세계 선교 대회 선교 전략회의 자료인 "한국 선교사 현장 사역 보고서"를 분석해 보면, 한국 선교사들의 사역은 주로 학원 선교, 문서 선교, 성경 번역 배포 사역, 의료 선교, 구호 개발을 통한 선교, 현지인 교회 지도자 혹은 제자 양육, 교회 개척, 성경학교 혹은 신학교 사역, 스포츠 선교, 관계망을 통한 전도, 예수 영화 사역, 문화 이해를 통한 전도 등을 중심으로 이루어지는 것을 볼 수 있다. 이러한 세계 선교 사역 보고에서 "영적 전쟁"에 대한 예는 140여 명의 선교사들 중에 다음 8명의 예를 찾아볼 수 있었다.[91]

일본에서 선교하는 선교사 한 분은 일본의 800만 우상과 잡신과의 영적 전쟁에서 승리할 수 있도록 중보기도 요청이 있었다. 그는 일본의 경제, 사회, 문화, 종교 전반의 영역에서 악령이 역사한다고 믿고 있었다. 그는 미국 선교사들이 사용하는 영어 공부, 요리 교실, 성경 공부 등을 통한 선교는 피상적이라고 평가하고 일본인들의 깊이 있는 영적 배고픔을 영적 체험을 통한 만족시켜 주어야 한다고 주장했다. 필리핀의 한 선교사는 앉은뱅이가 일어나고 암 환자가 기도로 나았다고 보고했다. 태국의 한 선교사는 태국 북부의 귀신들을 정성으로 섬기느라 빚을 지고 있는 미전도 종족들을 소개하고 있다. 캄보디아의 한 선교사는 현지인 목회자를 통한 신유의 역사와 이로 인한 교회 부흥, 그리고 마을의 점쟁이와 사찰로부터의 핍박 등에 대하여 성령 충만을 극복한 영적 전쟁에 대하여 보고하였다. 몽골의 한 선교사는 불치병 환자를 예수 이름으로 치유한 사건, 한 장애인을 합심기도와 안수기도를 통해 휠체어에서 일어나게 한 사건을 보고하였다. 탄자니아의 한 선교사는 주술사로부터 치료를 받아 부작용과 악화로 인해 죽어 가지만 별 수 없이 주술의 노예가 되어 살아가는 사람들에 대하여 보고하였다. 우간다의 한 선교사는 악령과 무당들의 세력이 가장 강한 마신디 지역에서 유치원과 진료

---

91) "한국선교사 현장사역보고서", 한국세계 선교협의회, 2001.

소, 시범 농장, 교회 개척에 대하여 보고하였다. 마지막으로, 아르헨티나의 한 선교사는 시골 마을에 마법사가 악령의 역사로 병자들을 고치며 예언도 하여 기독교 선교에 장애를 주고 있음을 보고하였다.

이들의 보고 외의 현지 선교 현장 사역은 대부분 땅을 사서 학교나 교회, 병원 등 건물을 짓는 문제, 후원자 확보를 위한 문제, 현지인을 지도자로 교육시키는 문제 등에 집중되어 있었다. 그러면 왜 선교 현장에서 영적 전쟁에 대한 사역이 소외되는 것일까? 영적 전쟁은 초대교회에서만 발생했던 것으로 현재 21세기 선교지에서는 더 이상 일어나지 않기 때문인가? 아니면 영적 전쟁은 일어나지만 보고가 되지 않는 것일까? 혹 선교사들이 영적 전쟁에 대하여 무지하기 때문일까?

2001년 10월에 국제신학자대회가 성결대와 숭실대에서 열렸다. 저자가 논평을 맡아 참여하였는데, 두 가지 상반된 견해를 만나게 되었다. 우선 영적 전쟁에 대한 실제성을 보고한 경우이다. 성결대에서 열린 국제 복음주의 신학자 대회에서 네팔에서 온 반다리 박사가 주장하기를 자신의 나라 네팔에서는 기독교가 핍박당하고 있지만 교인은 매년 증가하여 1,000여 개의 교회와 50만 이상의 기독교인들이 있다고 한다. 그런데 그들이 핍박을 감내하고 예수를 믿는 것은 영적 전쟁에서 예수님이 승리하는 것을 직접 체험하기 때문이라고 한다. 반다리 박사 자신도 매주 귀신을 쫓아내고 있으며, 방식은 안수 기도, 어깨에 손 얹고 기도, 아니면 그저 쳐다보기만 해도 귀신들이 나간다는 것이다. 그런데 숭실대에서 어느 교수는 귀신의 존재는 없는 것이라고 주장하기도 하였다. 그가 주장하기를 포스트모던 사회에서 더 이상 귀신의 존재에 대하여 두려워 할 필요가 없다는 것이다.

그러나 우리는 영적 전쟁에 대하여 많은 부분 실제 현장에서 부딪치고 있다. 귀신은 악의 인격화에 불과한 것인가? "Who goes there?"라는 미국의 다큐멘터리에 보면, 한 귀신들린 여인이 등장하는데, 그녀가 말하는 언어는 일반인이 못 알아듣는 말로서, 언어학자들에게 의뢰한 결과 2,000년 전 그리스에서 사용되던 코이네 헬라어였다고 한다. 이 여인은 전혀 그 언어를 접촉할 기회가 없었는데, 이 경우 어떻게 설명이 되겠는가? 러시아 선교 현장에서, 기독교로 개종한 여인의 어린 자식이 갑자기 앓다가 죽었는데, 그럼에도 불구하고 그 여인은 가족들의 반대를 무릅쓰고 계속해서 신앙을 지켰다고 한다. 이러한 경우, 그 아이의 돌연사에 대하여 납득할 만한 설명은 무엇인가? 친척들의 주장대로 정말로 그 여인이 기독교로 개종하였기에 저주를 받아 그 아이가 죽은 것인가? 한국에서도 이런 경우가 많이 일어나고 있다. 기독교 가정에서 자라 불교 집안으로 시집간 어느 여인이 시댁 식구들로부터 불교로 개종을 요구받았는데, 그 이유는 그녀의 아이가 이름 모를 경기에 시달리기 때문이라고 한다. 그녀가 개종을 하지 아니하면 이혼을 당하게 되어 있다. 그녀에게 어떻게 설명할 것인가? 어느 여 집사의 시동생이 갑자기 아파 집안이 기독교인데 무당을 찾아가 굿을 했다고 한다. 그런데, 그 이후 자기 남편 어깨가 아프기 시작했다고 한다. 여 집사 생각에 자기가 굿을 허락했기 때문에 그런 것이 아닌가? 라고 묻는 것이다. 과연 그런 것인가? 볼리비아 선교지에서 가져온 토속 기념품으로 인하여 한 선교사의 가정에 잦은 불화와 악재가 일어났다고 한다. 그런데 그 토속품에 귀신이 깃들어 있기 때문에 불태워 버려야 한다는 한 선교학자의 주장에 대하여 우리는 어떻게 이해해야 하는가?

영적 전쟁, 귀신의 존재 여부와 힘겨루기 등은 꾸준히 다루어져 오는 주제이고, 이에 대한 명쾌한 해답을 기존의 정통 기독교에서는 내려주고 있지 않다. 답을 내자면 그저 하나님의 뜻이고 섭리이니 기도로 신앙을 지키며 극복하라고 할 뿐이다. 아니면 고난에도 하나님의 사랑과 훈련이 있으니, 이를 잘 통과하라고 한다. 정통 기독교에서는 영적 전쟁에 대하여 신자들에게 속 시원하게 대답을 해 주지 않고 있다. 그래서 그런지 신자들은 신앙이 깊어지면 고난과 훈련이 강해질 것으로 미리 겁을 먹고 신앙생활을 적당히 하려고 한다. 그리고 질병이나 가정의 문제가 생기면, 민간 종교의 특성대로 영력 있고 성스러운 사람에게 자신의 문제를 의탁하여 해결하려고 한다. 이들은 급한 대로 무당을 찾아가기도 한다. 아니면, 기독교 내에서 기도원에 가거나, 소위 영성 전문가들, 이초석의 축귀 사역, 미국의 경우 Word Faith Movement, 빈야드, 알파 코스, 프라미스 키퍼, 레마 선교회 등 영적 전쟁을 강조하는 곳으로 몰려가고 있다. 멕시코의 경우 축귀 사역을 위한 성직자들이 성업을 이루고 있다고 한다.

우리는 이러한 영적 전쟁에 대한 문제를 다루기 우해서 먼저, 종교학에서 이야기하는 민간 종교(popular religion), 특히, 민간 종교의 한 부분인 귀신, 부적, 초혼, 주술, 영매 등에 대하여 기본적인 지식이 필요하다고 본다.

1. 영적 전쟁에 대한 이해

영적 전쟁의 개념은 하나님의 전신갑주를 입은 성도들과 정사와 권세와 어둠의 세상 주관자인 악한 영들과의 영적인 싸움을 가리키는 성서적인 개념이다. 바울 사도는 고린도후서 10:3~4절에 "… 우리의 싸우는 병기는 육체에 속한 것이 아니요 오직 하나님 앞에서 견고한 진을 파하는 강력이라" 했으며, 에베소서 6장 11~12절에 "마귀의 궤계를 능히 대적하기 위하여 하나님의 전신갑주를 입으라. 우리의 씨름은 혈과 육에 대한 것이 아니요 정사와 권세와 이 어두움의 세상 주관자들과 하늘에 있는 악의 영들에게 대함이라" 했다.

영적 전쟁에 대하여 최초로 언급한 선교학자는 Alan Tippet이었다. 그는 남태평양 제도에서의 집단개종운동을 설명하면서, "능력 대결(power encounter)"이라는 용어를 처음으로 사용하였다. 그는 우상들과 영들의 힘을 의지하지 아니하고 기도로써 살아 계신 하나님의 힘을 의지하는 "능력 대결(power encounter)"을 통하여 현지인들이 변화를 받아 집단으로 개종하였음을 주장하였다.[92] 이 개념은 여러 선교학자들을 통해 보강되었고, 1974년 세계복음화를 위한 로잔위원회에서 "능력 대결을 통한 악한 영으로부터의 구원"이라는 영적 전쟁 개념이 채택되어졌다.[93] Timothy Warner는 영적 전쟁 개념을 전도와 연결시켜 현존하는 하나님의 능력이 인간을 사탄의 능력으로부터 벗어나게 하는 하나님의 능력의 현실성을 강조하였고, Neil Anderson은 상담을 통하여 진리에 대한 영적 각성의 결과 발생하는 악한 영으로부터의 해방을 강조하였다.[94] Ed Murphy는 영적 전쟁과 능력 대결을 구분하였는데, 영적 전쟁은 악한 영과 사탄과의 직접적인 "능력 대결"을 포함할 뿐만 아니라, 그리스도인이 자신의 육체적 욕망과 세상의 잘못된 구조와 싸우는 것 모두를 포함하는 포괄적인 전쟁(multidimensional warfare)임을 주장하였다.[95]

---

92) Alan Tippett, *Solomon Island Christianity* (New York: Friendship, 1967); Alan Tippet, *People Movements in Southern Polynesia* (Chicago: Moody, 1971); Alan Tippet, "Evangelization Among Animists," in *Let the Earth Hear His Voice* (Minneapolis, MI: Worldwide, 1975).

93) "The Lausanne Covenant," edited by James A. Scherer and Stephen B. Bevans, *New Directions in Mission and Evangelism: Basic Statements 1974-1991* (Maryknoll, NY: Orbis, 1992), 258.

94) Timothy Warner, "Power Encounter with the Demonic," in *Evangelism on the Cutting Edge*, edited by Robert Coleman (Old Tappan, NJ: Revell, 1988), 90; Neil Anderson, *The Bondage Breaker* (Eugene, OR: Harvest, 1990).

95) Ed Murphy, *The Handbook for Spiritual Warfare* (Nashville, TN: Thomas Nelson, 1992), 341-342. 능력 대결은 그리스도인의 삶과 전도, 그리고 기적과 이사와 동일어가 아니다. 능력대결은 악한 영과의 직접적인 대결로서, 그 영역이 분명하게 한정되어야 한다. 악한 영들과의 직접적인 능력 대결 없이 그리스도인은 거룩한 삶을 영위할 수 있고, 전도할 수 있으며, 혹 기적과 이사와 권능이 나타날 수 있다. 모든 것을 악한 영과 연결시켜 해석하는 것은 환원주의(reductionism)의 오류에 빠지기 쉽다. John Wimber는 하나님의 왕국과 세상 왕국의 모든 싸움이 능력 대결이라고 보았는데, 이러한 견해는 능력 대결이 아니라, 더 넓은 개념인 영적 전쟁에 맞는

이러한 영적 전쟁, 혹은 능력 대결에 대한 선교학적 강조는 1980년대 이후 선교학계의 동향과 오순절운동과 왕국신학 등의 영향과 관련이 깊다. 사실, 1970년대 선교학의 경향은 Donald McGavran이 이끄는 교회성장학파의 대두로, 사회과학적 방법론이 채택되고 이로 인한 과학주의적 접근 방식이 강화되었다. 이에 대한 대응으로 영성과 영적 능력에 대한 강조가 1980년대 이후 Timothy Warner를 비롯한 미국의 선교학자들에게서 시작되었다.[96] 영적 능력과 세계를 강조하는 새로운 선교학적 조류는 당시 축귀 방언 이적을 강조하는 오순절 부흥운동과 Michael Green, Peter Wagner, Charles Kraft, John Wimber 등의 하나님의 능력과 현존 통치를 강조하는 왕국 신학(Kingdom Theology)과 맞물리면서 더욱 발전하였다.[97] 결국, "능력 대결" 혹은 "영적 전쟁"은 선교 준비를 위한 필수 과목으로 선교대학원의 하나의 교과목으로 받아들여졌다.

1990년대 꾸준하게 영적 전쟁에 대한 주의 깊은 연구가 발표되었고, 2000년대에 그동안에 대한 연구에 대한 비평이 조심스럽게 나타나고 있다.[98] 특히, Paul Hiebert는 기존의 영적 전쟁에 대한 이론들이 성서적 세계관의 관점보다는 지역 종족 세계관(tribal worldview)의 관점에서 진행되었다고 주장했다. 그는 영적 전쟁이 성서적 세계관과 다양한 문화적 세계관의 상관관계 안에서 상호 보완적인 선교신학적 해석이 필요하다고 보았다.[99]

본 장에서는 Ed Murphy의 영적 전쟁에 대한 포괄적인 정의에 입각하여, 먼저 축귀 사역을 통한 영적 전쟁에 대하여, 그리고 성적 범죄에 대한 영적 전쟁에 대하여, 마지막으로 세상 문화에 대한 영적 전쟁에 대하여 선교신학적 관점에서 살펴보고, 그 이후에 영적 전쟁에 대한 통전적(holistic)이고, 실제적인 선교신학적 제언을 하고자 한다.

정의일 것이다. cf. Tim Stafford, "Testing the Wine from John Wimber's Vineyard," *Christianity Today*, August 8, 1986: 18–19.

96) Timothy Warner, "Power Encounter with the Demonic," in *Evangelism on the Cutting Edge*, edited by Robert Coleman (Old Tappan, NJ: Revell, 1988); Timothy Warner, *Spiritual Warfare: Victory Over the Powers of the Dark World* (Wheaton, IL: Crossway, 1991).

97) 왕국 신학은 기존의 회심 신학(conversion theology)에 머무르지 아니한다. 즉, 왕국신학은 구원의 개인적인 관점에서 하나님의 왕국이라는 전체적인 관점으로의 대전환을 요구한다. 구원은 개인에게 국한된 것이 아니라 하나님의 왕국으로 지평이 넓어지며, 미래적인 나라에서 현재적인 하나님의 능력 현존으로 실제화된다. 하나님은 지금 여기에서 악한 영을 통제하시고 하나님의 능력으로 하나님의 나라를 이룩하시며 우주를 통치하신다.

98) Neil Anderson, *The Bondage Breaker* (Eugene, OR: Harvest, 1990); Charles Kraft, "What Kind of Encounters Do We Need in Out Christian Witness?" *Evangelical Missions Quarterly* 27(7): 258; C. Peter Wagner, *Engaging the Enemy: How to Fight and Defeat Territorial Spirits* (Ventura, CA: Regal, 1991); Peter Wagner ed., *Territorial Spirits* (Chichester, England: Sovereign World Limited, 1991); Peter Wagner, *Warfare Prayer* (Ventura, CA: Regal, 1992).

99) Paul Hiebert, "Spiritual Warfare and Worldview," edited by William D. Taylor, *Global Missiology for the 21st Century* (Grand Rapids, MI: WEF, 2000), 165–166.

2. 축귀 사역을 통한 영적 전쟁

영적 전쟁의 개념은 비록 이 개념이 성서적이라고 하지만, 선교 현장에서 일어나는 다양한 영적 사건과 관련하여, 쉽사리 비성서적 혹은 성서에 부합하지 아니하는 잘못된 개념으로 사용될 수가 있다. 그래서 성서적 축귀 사역을 선교 사역의 현장에 그대로 적용하기는 매우 어렵다. 왜냐하면, 성서의 영적 실재에 대한 성서 신학적 평가는 선교 지역마다 발견되는 다양한 영적 실재에 대한 전 세계 문화적 조망이 결여되어 있어, 그 영적 대상에 대한 깊은 이해가 부족할 수 있다. 그러므로 영적 전쟁에 대한 성서적 가르침과 문화권마다 다양한 영적 이해에 대하여 선교신학적인 조망이 필요하다고 본다.[100)

영적 전쟁에 대한 선교신학적 조망은 하나님의 주권과 능력을 인정하는 성서적 세계관과 특정 문화의 세계관의 영적 존재에 대한 깊은 이해를 포함한다. 그리고 이것은 성서적 진리를 특정 문화와 상화 속에 적합하게 적용하는 일이며, 그 목적은 언제나 하나님의 주권 선포와 하나님의 나라 확장, 그리고 하나님의 영광이 온 세계에 전파되는 하나님의 선교를 위함이다. 만일, 영적 전쟁이 하나님의 주권과 나라, 그리고 하나님의 영광을 위한 하나님의 선교를 위함이 아닐 경우, 즉 하나님의 이름이 훼손되거나 인간의 이름이 높임 받을 경우 그것은 결국 영적 전쟁의 승리를 가장한 교회와 선교의 심각한 패배가 될 것이다. 그러므로 축귀 사역의 영적 전쟁에서 가장 중요한 점은 영적 전쟁이 하나님의 능력과 영광을 높이기 위한 사역이어야 한다는 점과 영적 전쟁에 있어 성서적인 세계관에 따라 실행되어야 한다는 것이다. 영적 전쟁은 하나의 종교적 전문가의 영적 힘에 의해서라기보다는 그 이면에 예수 그리스도의 권세와 하나님의 능력에 의해서임이 확실하게 드러나야 할 것이다.

축귀를 통해 영적 전쟁을 수행하는 자들은 귀신들림과 정신병의 차이를 분명하게 인식하고, 성경 구절과 기도를 이용하여 귀신을 쫓아내야 한다. 미국의 덴버에서 축귀 사역을 하고 있는 한 복음주의 목사인 Bob Larson은 전국에 40여 명의 축귀 사역자 팀을 가지고 있다. 그는 시카고와 로스앤젤레스의 호텔에서 축귀 세미나를 개최하였다. 특히, 로스앤젤레스 힐튼호텔에서 42세의 병원 행정가인 Karen Ward라는 여인에게서 대중이 보는 앞에서 귀신을 쫓아내었다. 이 여인은 자신의 10대 조상들의 저주를 퍼부었고, 라슨 목사는 그녀에게 "하나

---

100) Hiebert, 166.

님의 진노를 받고 무덤으로 가라" 명하였는데, 결국 그 여인은 정상을 되찾았다. 그녀는 라슨 목사를 포옹하고 고쳐주신 예수께 감사를 드렸다.[101]

이러한 종류의 축귀 사역 기관은 "귀신 밟기(Demon Stompers)"를 비롯하여 미국에 수백 개에 이르고 인터넷 상담이나 무료 전화 상담 등 현대 기술력을 동원하여 축귀 사역을 진행하고 있다. 축귀 사역은 인간의 문명의 역사와 같이하는데, 지난 200여 년간 서구에서 약화되었다가 1970년대부터 다시 홍왕하기 시작했다. 가톨릭에서는 바티칸을 중심으로 국제 축귀 사역자 연합(An International Exorcism Association)을 이루고 1993년에 그 첫 회의를 가졌고 200여 명이 참석하였다. 개신교에서는 오순절주의 혹은 복음주의자들 가운데 축귀 사역자들이 존재하고 있다.

이러한 선교 현장에서의 축귀 사역은 영적 전쟁에 있어서 부차적으로 따라올 수밖에 없는 심각한 위험성이 나타나고 있다. 그것은 귀신들림 현상이 나타나는 사람들의 인권이 쉽게 유린되고, 구타나 정신적인 침해가 보호 관찰의 관점에서 잔혹하게 가해지며, 심지어 신체의 상해는 물론 살해당하는 일까지 확대된다는 사실이다. 1996년 로스앤젤레스에서 6시간 동안의 축귀 사역 도중 숨진 한 한국 여인의 경우처럼, 축귀 사역 중에 구타당하거나 살해당하기도 하며 정신적으로 학대받기도 한다. 2000년도에 멕시코 중앙 지역에서는 한 신부가 어린 소녀에게서 귀신을 쫓다가 화상을 입게 만들었고, 무당에 의해서 7명의 사람들이 밀폐된 방에서 향에 질식하여 죽음을 당하기도 하였다.[102]

축귀 사역을 통한 영직 전쟁의 또 다른 위험성은 사회적 혼란기니 개인의 실패로부터 일시적으로 나타나는 정치, 경제, 사회, 종교, 정신적 충격 현상들을 입신이나 귀신들림 현상으로 잘못 오인하는 경우에 많이 나타난다. 축귀 사역에 대한 영적 전쟁의 개념이 현대 의학이 미칠 수 없는 귀신들림의 현상에만 정확하게 사용되어야 하지만, 실제로는 전문적인 의료진과 신학자의 부족으로 정신병과 귀신들림의 구분은 매우 어려운 현실이다.

멕시코의 Alvarez 목사는 멕시코의 유명한 축귀 사역자 중 한 사람으로서 멕시코시티의 노동자 계층이 사는 지역에서 18년 동안 '하나님의 해방 구원 사역(Divine Saviour Ministry of Liberation)'을 통하여 5,000명 이상의 사람들로부터 귀신을 쫓아냈다고 주장하였다. 그는 말

---

101) "Exorcism Flourishing Once Again," *Los Angeles Times*, Oct. 31, 2000.
102) "Exorcists in demand to purge Mexico's demons," *The Guardian* (England), Feb. 15, 2001.

하기를 귀신의 현존은 더욱 증가하여 자신의 사역이 더욱 필요하다고 하였지만, 전문가들의 객관적인 증거는 매우 부족하다고 볼 수 있다. 멕시코의 Alberto 신부에 따르면, 매주 그를 찾아오는 10여 명의 사람들이 모두 귀신들렸다고 보기는 어렵다고 했으며, 청바지 차림에다 소매 걷고 사탄을 쫓아내는 개신교 목사의 축귀보다는 로마 가톨릭의 전통적인 축귀 의식이 더욱 인기 있다고 말하였다.[103]

2001년 영국에서는 저체온증(hypothermia)으로 죽은 8살배기 Anna Climbie의 살인 혐의를 지난 1970년대 브라질에서 복음적인 세계 교회로 시작했던 하나님의 왕국 세계 교회(the Universal Church of the Kingdom of God)에 두고 있다. 북부 런던의 핀스베리 팍(Finsbury Park)의 레인보우 극장에서 모이는 이 교회의 주 신자들은 아프리카 혹은 아프로-카라비안 배경을 가진 하층 계급의 사람들로서, 월요일에는 재정 혹은 이민 문제 해결을 위한 예배, 화요일은 건강을 위한 예배, 목요일은 가정 문제를 위한 예배, 그리고 토요일에는 번영, 축복의 기도 집회를 가지고 있다. 특히, 이들은 부두교(voodoo), 흑색 주술(black magic), 마술(witchcraft)로부터 해를 막기 위해 '구출 예배(deliverance service)'를 시도하고 있다. 이 구출 예배에서 중앙에 한 여인을 세워 놓고 "어떠한 악한 영들이 너를 괴롭히느냐?"고 사회자가 물으면, 그 여인은 크게 "주여 악한 영들을 태우도록 불을 보내소서" 외쳐야 한다. 이때에 예배자들은 발을 구르며 "태워라, 태워라"를 외치고, 사회자는 여인의 목을 누르고 악한 영들에게 빠져나올 것을 명령한다. 그 여인은 더욱 광란하고 주먹으로 치며 소리를 계속해서 내고, 결국 조용히 바닥에 누이고, 물 한 컵이 부어지며 성스러운 삼위일체의 이름으로 축복을 받는다. 세계 교회(the Universal Church)는 두통, 좌절, 두려움, 외로움, 불운, 질병 등 모두가 귀신들에 의해 발생하였다고 공식적으로 주장하고 "구출 예배"에 사람들을 초청하고 있다.[104] 그러나 영국에 이민 와서 정착에 갈등을 겪고 있는 아프리카 혹은 아프로-카라비안 하층 계층의 사람들의 정신적 고통은 모두 귀신에 의해 발생했다고 볼 수 없으며, 이들에 대한 선교는 영적 전쟁에 대한 보다 정치, 경제, 종교, 심리적인 통전적 접근방식(holistic approach)이 필요하다고 보인다.

이 밖에도, 축귀사역의 영적 전쟁으로부터 올 수 있는 위험성은 뉴 에이지 운동이나 타종

---

103) *The Guardian* (England), Feb. 15, 2001.
104) "Exorcists," *The Guardian* (England), Jan. 15, 2001.

교의 영성에서 사용하는 비성서적인 가르침과 실천 방식을 무비판적으로 따르기 쉽다는 데 있다. 멕시코에는 자신들이 귀신들렸다고 믿는 사람들이 가톨릭 사제들이나 개신교 목사들, 혹은 신앙 치료사들을 찾아가는데, 축귀를 하는 이들은 악한 영들을 쫓아내기 위해서 이방 의식이나 전통들을 차용한다고 한다. 그것들 중에는 히스패닉 이전의 마술, 흑색 주술, 점술, 영매, 진혼 그리고 신앙 치유들이 혼합되어 만들어진 것들이 많이 있다고 한다.[105]

뉴질랜드에서 피부 색소 문제를 가지고 있던 한 한국 여인이 축귀 사역 후에 숨진 사건이 발생하였다. 부패한 37세 된 여인의 사체는 오크랜드 경찰에 의해 2000년 12월 15일에 발견되었다. 오크랜드의 '만유의 주(Lord of All)'라는 종교 그룹의 이 목사는 그녀의 죽음이 하나님의 뜻이고, 기적이라고 말했는데, 이 목사는 흰 옷을 입고, 그의 목에 은 호루라기를 걸고, 공중에 있다고 믿는 귀신들을 호루라기를 불어 쫓아냈다고 한다. 한편, 방에서 하는 축귀 의식의 경우, 여인을 눕혀 놓고 하게 되는데, 그 과정에서 여인이 질식사 한 것으로 추정되고 있다. 이 목사는 하나님이 자신에게 말하기를 이 여인이 죽은 것은 하나님의 뜻이고, 이 여인에게 하나님이 천국을 구경시켜주고 다시 부활하게 할 것인데, 이는 뉴질랜드에 예수를 믿지 않는 사람들에게 하나님의 살아 계심을 보여주기 위한 것이라고 했다. 이들은 여인의 시체가 싸늘해지고 호흡이 없어지자 관계 당국에 신고하지 않고, 여인이 다시 살아나기를 위해 기도하고 기다렸다가 신고에 의해 구속되었던 것이다. 이 교회에는 20여 명의 한국인들과 몇 명의 마오리족과 미얀마인들이 소속되어 있다고 한다.[106] 이렇듯, 축귀 사역을 통한 영적 전쟁은 많은 위험성을 안고 있어서, 그 실행에 있어 심각한 주의를 요힌다.

요약하자면, 영적 전쟁으로서 축귀 사역을 할 경우에 몇 가지 심각하게 고려할 점이 있다. 첫째, 자신이 축귀의 은사를 분명히 받았는지, 그리고 그것이 예수 그리스도의 권위에 의한 것인지에 대하여 전문가 집단에 의해서 분명히 검증을 받을 필요가 있다. 둘째, 귀신들림과 정신병과의 분명한 구분을 전문가 집단의 도움을 받아 실행하여야 한다. 셋째, 뉴 에이지 운동이나 타종교의 영성에서 사용하는 비성서적인 가르침과 실천 방식을 따라서는 안 된다. 넷째, 귀신들림 현상이 나타나는 사람들의 인권을 존중하고, 구타나 정신적인 침해를 주어서는 안 된다.

---

105) "Mexican exorcists busy in land of witchcraft, pagan rituals," *CNN/AP*, Nov. 26, 2000.
106) "Religious group awaits resurrection," *Sunday Star Times* (New Zealand), Jan. 7, 2001.

3. 성적 범죄에 대한 영적 전쟁

성적 범죄는 은밀하게 진행되기 때문에 대부분 들어나지 아니하고 은폐되어 버린다. 그러나 최근 들어, 정보통신의 발달로 인하여 은밀한 범죄들이 만천하에 드러나기 시작했다. 국무총리실 산하 청소년보호위원회에서는 2003년 4월 제4차로 '청소년의 성보호에 관한 법률'의 규정에 의하여 청소년에 대한 강간, 강제추행, 성 매수, 성 매수 알선, 청소년이용 음란물 제작 및 배포 행위 등에 관련된 범죄자들의 범죄사실과 신상의 일부를 공개하였다.[107] 한국 사회의 성범죄 확산은 기독교계를 피해 가지 않았다. 교회 지도자들의 은밀하고 부적절한 성적 범죄는 최근 들어 그 도를 넘어서고 있다. 기독교지도자들의 성적 범죄에 대한 소문들은 구체적인 증거 자료와 함께 사회 매스컴을 통해 알려지면서, 기독교 선교에 대한 사회적 공신력은 땅에 떨어지고 있다.[108]

이러한 성적 범죄 확산의 간접적인 원인은 역사적인 관점에서 살펴볼 때에, 17~18세기 인문주의의 발흥에 따른 계몽주의의 영향으로 인간의 몸에 대한 새로운 해석에서 출발한다. 인간의 육체는 종교적 속박에서 자유를 찾기 시작하였고, 부정적이고 불결하게 생각되었던 성과 여성의 출산은 태초 인간의 죄악의 저주가 아니라, 생명창조의 행위로 재조명되었다. 그리고 19~20세기 현대 산업사회의 발전으로 이룩된 여성의 사회 진출과 서비스 산업의 발달은 성의 비인간화 및 상품화를 더욱 가속화시켰다. 여기에 인간의 몸에 대한 인문학계의 관심과 몸의 향락에 대한 권리주장은 사회의 성 윤리, 즉 사람들의 도덕 불감증을 서서히 높이는 결과를 낳았다.[109] 더욱이 21세기 정보화 시대를 맞이하여 물질만능주의에 편승한 상업주의와 물량주의는 각종 매스컴과 인터넷 매체를 통하여 소위 "몸을 파는" 성을 매매하고 있다. 또한

---

107) 청소년보호위원회는 2001년 8월부터 세 차례에 걸쳐 모두 1,283명의 청소년 대상 성범죄자의 신상을 공개한 바 있으며 2003년 4월 제4차로 643명을 추가로 공개했다. 이들의 범죄유형은 강간 208명, 강제추행 200명, 성 매수 155명, 성 매수 알선 70명, 청소년 이용 음란물 제작 10명 등이었다. 피해 청소년의 연령은 지난 3차 공개 시와 비슷하게 낮아서 중학생 이하 아동과 청소년이 약 60%에 이르며, 82%가 넘는 범죄자들이 청소년임을 알면서 성범죄를 저지르고 있었다. 청소년 성 매수 범죄는 56.1%가 인터넷 채팅을 통한 것으로 이는 지난 3차 공개의 42.7%에 비해 급격하게 증가하였고, 유흥업소와 티켓다방 등 업소에서 일어나는 비율도 14%나 되었다. 또한 이번 공개에는 청소년을 이용해서 음란물을 제작한 범죄자가 10명이나 포함되어 있으며 이 가운데는 13세 소녀를 이용한 자도 있어, 지금까지 우리나라는 아동포르노에 대해서는 안전지대라고 인식되어 온 것에 비추어 볼 때 이는 매우 염려되는 추세가 아닐 수 없다.
108) 김대원, "기감 감독 10인 성윤리 바로 세우자", 〈크리스천투데이〉, 2003. 8. 4. "최근 '추적 60분'을 비롯한 언론에 보도된 성직자 성추행의 여러 가지 사례가 기독교성직자들에게 경종을 울리고 있는 가운데 기독교대한감리회 김진호 감독회장과 10개 연회 감독은 3일 전국교회에 '우리 모두 자정(自淨)하며 회개 합시다'라는 제목으로 목회서신을 발송, 실추된 성직자들의 성윤리를 바로 세우기 위해 노력해 줄 것을 촉구했다.
109) 정화열, 『몸의 정치』, 박현모 역 (서울: 민음사, 1999).

과학주의(scientism)는 유전자 조작으로 인한 인간 복제의 가능성을 열어 놓았고, 자연주의(naturalism)는 인간의 몸과 쾌락에 그 가치를 더욱 실어주며, 무신론(atheism)은 세상의 존재 근원인 하나님을 부정하고 있다. 이러한 시대사조에 영향을 받은 현대 후기 사람들은 존재의 목적과 방향성을 상실한 채, 몸의 편안함과 쾌락을 좇아가고 있다. 세상에 있으면서 세상을 개혁해야 하는 교회는 오히려 세상에 의해 변화를 받으며, 이러한 시대 조류에 맥없이 따라 흘러가고 있다.

초대 교회의 성적인 정결은 하나님의 백성과 세상과의 구별을 짓는 하나의 표지였다. 거룩함은 성도의 절대적인 의무였는데, 이는 하나님의 뜻이었기 때문이었다. 성도는 음란을 버리고, 각각 거룩함과 존귀함으로 자기의 아내를 취할 줄 알고, 하나님을 모르는 이방인과 같이 색욕을 좇지 말아야 했다. 만일 성도가 거룩함의 의무를 다하지 못하고 부정하게 되면 사람을 저버리는 것이 아니라 하나님을 저버리는 것으로 정죄되었다(살전 4:3~8). 그러므로 성도는 육체의 일, 곧 "음행과 더러운 것과 호색"을 경계하여야 했다(갈 5:19). 여기에서 말하는 육체의 일은 부도덕한 일들을 말하는 것으로, 음행은 '포르네이아(porneia)', 더러움은 '아카타르시아(akatharsia)'로 번역되었다. 특히, 포르네이아는 신약 성서의 여러 구절에서 나타나는데, 음행이나 음란 등 부도덕함으로 표현되었다(고후 12:21; 엡 5:3, 5; 골 3:5).[110]

그러면 부도덕적인 음란과 음행의 범위는 어디인가? 성서는 음란과 음행의 범주를 하나님이 창설하신 가정의 합법적인 범주 이외에서 일어나는 성행위로 한정하고 있다. 특히, 동성애(homosexuality)나 수간은 철저하게 부정한 것으로 금지되었다(레 18:22-30, 20:13; 신 23:17~18; 삿 19:22; 왕상 14:24, 15:12, 22:46; 왕하 23:7; 욥 36:14; 롬 1:18~32; 고전 6:9; 딤전 1:9~10). 그러므로 성도는 "혼인을 귀히 여기고, 침소를 더럽히지" 않아야 할 의무가 있었는데, 모든 음행자와 간음자들은 하나님의 심판을 받기 때문이었다(히 13:4). 장년 남녀 성도들은 성적으로 절제, 경건, 근신, 거룩을 지켜야 했으며, 청년 남녀들은 가정을 귀히 여기고, 근신해야 했다(딛 2:1~8). 집사와 감독은 "한 아내의 남편"으로서 절제와 근신으로 정결함을 지켜야 했고, 경건을 실천해야 했으며(딤전 3:1~16; 4:4), 모든 사람에게 구원을 주시는 하나님의 은혜를 받아 하나님의 친 백성이 된 성도들은 "경건치 아니한 것과 이 세상 정욕을

---

110) Mary Grosvenor ed. *A Grammatical Analysis of the Greek New Testament* (Rome: 1988, Scripta Pontificii Instituti Biblici). 562, 575, 588, 609.

다 버리고, 근신함과 의로움과 경건함으로 이 세상을 살'아야 했다(딛 2:11-12).

또한, 신약의 성도들은 세상의 지혜는 "정욕적이요 마귀적이지만", "오직 위로부터 난 지혜는 첫째 성결하고, 다음에 화평하고 관용하고 양순하며 긍휼과 선한 열매가 가득"하다고 보았다(약 3:15~17). 성도들은 "영혼을 거슬러 싸우는 육체의 정욕을 제어"해야 했으며, "오직 하나님의 뜻을 좇아 … 음란과 정욕과 술취함과 방탕과 연락과 무법한 우상숭배"에서 돌이켜야 했다(벧전 2:11, 4:2~3). 만일 성도 중에 경건하지 아니하고, 육체를 따라 더러운 정욕 가운데서 행하며, 호색하고, 음심이 가득한 눈을 가지고 범죄 하기를 쉬지 아니한 자들은 멸망의 종이 되어 캄캄한 어두움의 심판을 받게 되는데, 더 큰 힘과 능력을 가진 천사들도 주 앞에서 이들을 위한 송사를 해 줄 수 없다고 믿었다(벧후 2:2, 10, 12, 14, 18).

그러므로 성도들의 성적인 범죄는 분명히 영적 전쟁의 하나이다. 요한 서신은 성적인 범죄의 배후에는 마귀가 있다고 보고, 예수 그리스도의 사랑의 충만함이 이를 극복하고 승리할 수 있다고 확신한다. 요한 서신에 따르면, 죄를 짓는 자는 하나님의 씨가 없고 마귀에게 속하지만, 예수 그리스도는 마귀의 일을 멸하러 오셨기에, 그리스도의 사랑으로 충만하면 마귀의 유혹, 즉 성적인 유혹에서 승리할 수 있다는 것이다(요일 3:1~12). 그래서 주의 강림을 소망하는 성도들은 성적인 유혹에서 벗어나 깨끗하게 몸을 보전하여야 한다(요일 3:3). 그렇지 아니하면, 성적인 유혹은 성도에게 육체의 자유를 주는 것 같지만, 결국 음란으로써 육체의 정욕에 빠져 멸망의 종이 되게 하고, 심판 날에 육체를 따라 예수 그리스도의 심판을 받게 된다.

> 저희가 허탄한 자랑의 말을 토하여 미혹한 데 행하는 사람들에게서 겨우 피한 자들을 음란으로써 육체의 정욕 중에서 유혹하여 저희에게 자유를 준다하여도 자기는 멸망의 종들이니 누구든지 진 자는 이긴 자의 종이 됨이니라(벧후 2:18~19).

또한 성도들이 거룩함을 유지하지 못하고, 영적 전쟁에서 지게 되면, 성적인 범죄의 정도가 더욱 심하여 질 수 있다.

> 만일 저희가 우리 주 되신 구주 예수 그리스도를 앎으로 세상의 더러움을 피한 후에 다시 그중에 얽매이고 지면, 그 나중 형편이 처음보다 더 심하리니. 의의 도를 안 후에 받은 거룩한 명령을 저버리는 것보다 알지 못하는 것이 도리어 저희에게 나으니라. 참 속담에 이르기를 개가 그 토하였던

것에 돌아가고 돼지가 씻었다가 더러운 구덩이에 도로 누웠다 하는 말이 저희에게 응하였도다(벧후 2:20~22).

그러므로 성도들은 재림의 소망을 가지고 성령의 충만으로 육체를 깨끗하게 보전하여야 하며, 하나님의 사랑으로 충만하여 성적인 유혹을 이겨내어 영적 전쟁에서 승리하여야 한다.

> 평강의 하나님이 친히 너희로 거룩하게 하시고, 또 너희 온 영과 혼과 몸이 우리 주 예수 그리스도의 강림하실 때에 흠 없게 보전되기를 원하노라(살전 5:23).
> 주를 향하여 이 소망을 가진 자마다 그의 깨끗하심과 같이 자기를 깨끗하게 하느니라(요일 3:3).

에드 머피(Ed Murphy)는 성적 유혹에서 영적 승리를 얻으려면, 바울의 교훈에 따라 성적 유혹을 피하고, 그리스도 안에서 경건의 자기 훈련을 하는 방법이 최선이라고 지적한다.[111] 바울은 디모데전서 6장 11절과 디모데후서 2장 22절에서 청년의 정욕을 피하고 의와 경건과 믿음과 사랑과 인내와 온유와 화평을 좇으라고 디모데에게 권면하고 있다.

사실, 성도도 육체를 가지고 있는 한 성적 유혹에서 자유로울 수 없다. 그렇다고 육체가 죄성이나 죄의 뿌리라고 볼 수는 없다. 죄성이나 죄의 뿌리는 물질적인 적이 아니라 관계적인 것이기 때문이다. 관계적인 면에서 죄성은 하나님과 이웃을 사랑하지 아니하고 하나님의 뜻을 거역하는 습성이다. 이 죄성은 그리스도를 모르는 자연인이 예수 그리스도의 은혜를 입어 성령의 역사로 성도가 되면, 죄성은 사라지고 하나님의 뜻을 서역하시 아니하고 오히려 좇는 거룩한 삶을 살게 된다. 바울 사도는 죄성을 옛사람, 혹은 죄의 몸이라고 표현하고 있다(롬 6:6, 7:24, 8:11, 13). 육체의 욕심을 따라 살아갔던 옛사람은 그리스도 예수와 함께 십자가에 못 박혀 죽었고, 죄의 몸은 멸하였고(롬 6:6, 골 3:2~3). 그리고 예수 그리스도의 영광의 소망에 참여하는 새 사람이 하나님으로부터 출생하였고, 신의 성품에 참여하는 자가 되었다(엡 4:22~24; 고후 5:17; 요일 3:9, 5:18~19; 벧후 1:4). 새사람은 성령의 능력과 보호 아래서 육체의 소욕이 아니라 하나님의 선하고 기뻐하시며 온전하신 뜻을 따라 살아간다(요 17:21~23; 롬 8:1~17, 12:1~2; 고후 13:5; 엡 2:19~22; 골 1:27; 2:6~12). 갈라디아서 2장 20절에 "내가 그리

---

111) Ed Murphy, *The Handbook for Spiritual Warfare*, 128-135. 그는 자신의 가장 절친한 친구 목회자 5명이 간음죄에 빠졌음을 1988년 알았다고 한다. 이들은 모두 경건하고 성실한 목회자들이었으나 성적 유혹에서 승리하지 못했고 결국 목회직을 떠나야 했다. 그는 자신이 50대가 되면 성적 유혹에서 자유로워질 것이라 생각했으나, 선교사들의 성경 공부 모임에서 한 80대 선교사가 성적 유혹은 나이에 상관없이 오는 것이라는 지적을 받았다. 이후 그는 성적 유혹에 승리하려면 그리스도안에서 자기 훈련 (self-discipline)의 필요성을 주장하고 있다.

스도와 함께 십자가에 못 박혔나니, 그런즉 이제는 내가 산 것이 아니요 오직 내 안에 그리스도께서 사신 것이라. 이제 내가 육체 가운데 사는 것은 나를 사랑하사 나를 위하여 자기 몸을 버리신 하나님의 아들을 믿는 믿음 안에서 사는 것이라"고 했다. 이런 점에서 성도의 육체는 악하고 죄 된 것이 아니라 하나님의 선한 도구로 사용되어지는 하나님의 전이요 성령이 거하시는 곳이다(고전 3:16~17).[112]

하지만 성령 안에서 죄성이 사라진 성도의 육체에도 연약성은 또한 있다. 거룩한 성도도 육체의 연약성 때문에 육체의 자연 욕구와 노쇠 현상에서 벗어날 수 없고, 또한 수많은 죄의 유혹에 노출될 수밖에 없다. 죄 없으신 예수님이 마귀의 유혹을 받았듯이 우리 그리스도인들도 성적 유혹을 받을 수 있으나, 그것에 지지 말고 영적 전쟁에서 그리스도 안에서 성령의 전신갑주를 입고 자기 훈련으로 승리하여야 한다(엡 6:10~20). 그러므로 육체의 죄성은 성령 충만으로 제거되어야 하고, 육체의 연약성은 훈련으로 단련되어야 하고 강해져야 한다.

> 종말로 너희가 주 안에서와 그 힘의 능력으로 강건하여지고 … 마귀의 궤계를 능히 대적하기 위하여 하나님의 전신갑주를 입으라. 우리의 씨름은 혈과 육에 대한 것이 아니요 정사와 권세와 이 어두움의 세상 주관자들과 하늘에 있는 악의 영들에게 대함이라. 그러므로 하나님의 전신 갑주를 취하라. … 서서 진리로 너희 허리띠를 띠고, 의의 흉배를 붙이고, 평안의 복음의 예비한 것으로 신을 신고, 모든 것 위에 믿음의 방패를 가지고 … 구원의 투구와 성령의 검 곧 하나님의 말씀을 가지라(엡 6:10~17).
> 형제들아 너희가 자유를 위하여 부르심을 입었으나, 그러나 그 자유를 육체의 기회를 삼지 말고 오직 사랑으로 서로 종노릇 하라(갈 5:23).

성도들은 성적 유혹을 유발하는 모든 출판물과 매체에 가까이 해서는 안 될 것이다. 그리고 기도하는 시간 이외에 홀로 있는 시간을 없애고 항상 가족과 그리스도인들과 친교를 나누고, 선교 사업과 선한 일을 도모해야 할 것이다. 성적인 중독에 치료가 필요할 경우, 전문적인 의료진 혹은 상담 지원 그룹(supporting group)의 도움을 받아야 할 것이다. 특히 선교사들과 교회 지도자들은 선생 된 자들로서 더욱 엄격하게 바울 사도의 교훈을 따라야 할 것이다. 이

---

112) G. Kittel, *Theological Dictionary of the New Testament, vol. 7* (Grand Rapids, MI: Eerdmans, 1976), 98-151. 죄성은 인간의 타락한 성질(one's fallen nature)이나 뒤틀린 인간성(distortion of human nature)을 가리키며, 죄성 자체가 육체라고 볼 수 없다. 죄성은 성도의 부활에 참여할 수 없고, 새로운 몸이 부활에 참여할 수 있다. 영어 성경에서 flesh는 부정적인 면으로, body는 긍정적인 면으로 표현되는데, 이는 헬라어 sarx와 soma의 차이라고 볼 수 있다. Flesh(sarx) 육신은 죄에 대한 성향이나 죄의 자리 등으로 표현되고(롬 7:18, 25; 8:5, 7; 12~13; 갈 5:17, 19; 6:8; 골 2:11, 18; 벧전 3:21; 벧후 2:10, 18; 요일 2:16; 유23), body(soma) 몸은 보다 중립적인 의미로 부활의 새로운 생명과 연결된 것으로 표현되고 있다(고전 15:31-45).

는 "선생 된 우리가 더 큰 심판을 받을 줄 알기" 때문이다(약 3:1).

혹, 교회지도자로서 아직도 성적 범죄에서 나오지 못한 자들은 그 죄에서 완전히 벗어나 영적 승리를 하기까지 그 임무를 쉬고, 자기 절제 훈련과 신앙 강화 훈련을 받아야 할 것이다. 혹, 선교사나 목사 혹은 교회지도자가 되면 자연히 성적 범죄에서 벗어날 수 있다고 생각하는 것은 자기기만일 뿐이다. 만일 선교사가 되려고 하는 동기로 성적인 유혹에서 벗어나고자 하는 것이나 혹은 성적인 범죄에 대한 도피 등을 생각하고 선교사 지원을 하는 것은 지극히 위험한 일이고, 자신은 물론 선교지의 사람들에게 피해를 입히고 하나님의 영광을 훼손하는 일이 될 것이다. 육체의 정욕, 이 세상을 사랑하는 것, 사탄과의 전쟁은 교회 지도자가 되면 더욱 강해지면 강해질 뿐 약해지지 않는다. 영적 전쟁은 강단에서가 아니라, 아무도 보지 않는 곳에서 일어나기 때문이다. 선교지에서의 고립감과 고된 삶은 더욱 성적인 충동을 유발할 것이기 때문에, 선교사 후보생들이나 선교사들은 성적인 유혹에 대항할 강인한 훈련과 지원 그룹이 필요하다.

선교사들과 교회 지도자들은 성적 범죄에 관련된 영적 전쟁에서 실패하면 안 된다. 이들의 실패는 자신과 가족과 교회의 실패로 이어지고, 온 나라와 민족에게 하나님의 영광을 선포해야 하는 중차대한 선교의 사역에서 큰 오점과 불명예를 하나님께 돌려드리는 씻을 수 없는 죄악을 저지르게 되기 때문이다.

4. 세상 문화에 대한 영적 전쟁

세계는 급속도로 세속화되고, 세속화의 결과 교회와 세상의 담은 점차 낮아져 가고 있다. 성경에서는 "이 세상이나 세상에 있는 것들을 사랑하지 말라"(요일 2:15)고 분명하게 명령하고 있으나, 그리스도인들은 점차 세상의 문화에 빠져들어 가고 있다. 20세기 성결 교인들은 19세기 성결파의 전통에 따라, 성결을 유지하는 데에 주일성수와 금주는 물론 당구장이나 오락장, 극장 가는 일, 과도한 화장이나 현란한 복장의 착용을 금기시 하였으나, 21세기에는 사회의 변화에 따라 그 한계선이 불분명해지고 있다.[113] 시대의 변화에 따라 문화 양상이 바뀌

---

113) David Bosch, *Transforming Mission: Paradigm Shifts in Theology of Mission* (Maryknoll, NY: Orbis, 1993), 318.

고, 도덕적 코드가 새로 만들어지고 있으며, 그 하한선은 점차 세상에 가깝게 조정되고 있다. 교회 음악이나 예전에 있어서도 현대 음악과 대중음악 및 예술성이 점차로 교회 문화에 밀려 들어오고 있다.

물론, 세상의 문화가 모두 거부되어야 할 것이라고는 생각하지 않는다. 문화는 하나의 삶의 방식으로서 인간의 생활 속에서 보다 나은 삶의 양태를 향하여 꾸준히 발전해 나가고 있다. 문화는 구약 성서에서 나타나는 몰록에게 아이를 바치는 살인적 문화, 혹은 성창이나 우상 숭배를 유도하는 비인간적인 문화만 있는 것은 아니다. 문화는 보다 나은 공동체의 삶을 위하여 사회적으로 공유된 계획이나 규칙, 규범들로서 배워지고 전달되는 역동적 통제 체제로서, 공동체의 정체성과 방향성을 제시해 준다.114) 그러므로 문화는 사회의 안정과 통합을 위해 기여하는 긍정적인 역할을 한다. 그러나 문화는 사회 통합을 우선으로 하는 그 특성상 자문화 우월주의(ethnocentrism)에 빠지기 쉽다. 즉, 자문화는 자기 정체성과 통합을 해치는 타문화를 받아들이지 아니하고, 안정을 원할 뿐 개혁을 거부하게 된다. 여기에 복음이 문화를 만날 때에 필연적으로 나타나는 갈등과 투쟁이 있게 되는데, 이것이 세상 문화에 대한 영적 전쟁이다.

복음이 세상 문화와 만날 때에 문화의 중립적인 면과 문화에서 복음과 합치하는 부분은 전혀 갈등의 소지가 없이 그 문화적 토양에 심기면 될 것이다. 그러나 복음과 양립할 수밖에 없는 문화의 반복음적 요소들은 결국 영적 전쟁을 통해 제거되느냐, 아니면 혼합주의(syncretism)에 빠지느냐 둘 중 하나가 될 것이다. 하나님과 우상숭배는 같이 갈 수 없을 것이며, 맘몬이즘과 인권 탄압 및 인권 유린 등은 결코 받아들일 수 없을 것이다.

세계화, 지구화, 도시화의 결과 전 세계가 하나의 일일 생활권으로 들어오면서, 세상 문화에 대한 부정적인 인식들이 많이 해소된 것은 사실이다. 사실, 세상의 문화는 물고기가 물에서 살듯이, 나무가 흙에서 뿌리를 내리고 살아가듯이, 그리스도인들에게 삶의 터전이요, 환경이다. 그리스도인이라고 해서 삶의 터전을 송두리째 부정할 수 없는 것이다. 기독교 선교를 위하여 그리스도인들은 세상 문화에서 무엇이 복음에 반하는 요소인지 아니면 무엇이 복음의 토양이 될 수 있는 친복음적 요소인지, 아니면 중립적인 요소인지 심도 깊은 분석과 검증이 필요하다. 그리고 난 후에 반 복음적 요소에 대한 영적 전쟁에 들어가야 할 것이다.

성서에서 말하는 세상 문화에 대한 영적 전쟁은 요한일서 2장 16절에 "세상에 있는 것들,

---

114) Louis Luzbetak, *The Church and Cultures* (Maryknoll, NY: Orbis, 1995), 156.

곧 육신의 정욕과 안목의 정욕과 이생의 자랑"에 대한 것이다. 세상 문화의 정욕적이요, 이기적이며 자고하는 성향은 하나님의 뜻을 거스르는 것이요, 하나님의 영광을 위한 하나님의 선교에 부합되지 아니하는 지극히 세상적인 것이다. 이런 점에서 기독교 선교는 세상 문화의 반 복음적인 측면에 대하여 영적 전쟁을 치러야 한다. 즉, 장애우나 노약자 차별, 인종 차별, 이주노동자 착취, 개발 이익을 위한 환경 훼손, 어린이 노동력 착취, 인신매매, 마약 범죄, AIDS 성적 타락, 정치적 타락, 금권 선거, 교육 부정, 독점 자본의 횡포, 부익부빈익빈 경제적 불평등, 부적절한 노사 관계 등 하나님의 영광을 가리는 세상적이며 정욕적인 문화적 부분에 대하여 영적 전쟁을 감당하여야 한다. 그리고 기독교 선교는 특정 집단의 경제적 이익을 위해 희생되는 모든 사회적 약자들을 옹호하고 보호하며 하나님의 정의를 실현하여 하나님의 이름을 높이고, 종국에는 하나님께서 영광을 받으시어 하나님의 선교가 흥왕하게 하여야 할 것이다(마 6:1~34, 7:15~29, 19:16~26; 딤전 6:6~12, 히 13:5~14). 하나님의 선교는 겸손과 희생, 나눔과 봉사의 십자가의 길이지, 세상과 타협하여 세상 왕국의 확장을 통해 얻어지는 금력과 권세의 길이 아닌 것이다(마 4:1~10).

5. 기독교 공동체와 성도들의 연합 전선의 필요성

영적 전쟁을 "나 홀로" 영성에 매달려 투쟁하는 것은 그 한계점을 쉽게 드러낼 수밖에 없다. 우선 삼위일체 하나님의 도우심과 예수 그리스도의 권세와 성령의 능력으로 충만할 필요가 있고, 여기에 머무르지 아니하고, 체계적이고 조직적으로 인간에 대한 각기 전문가들의 도움과 협조가 필요하다. 하나님의 나라와 하나님의 선교는 "나 홀로" 되는 것이 아니라, 모든 기독교 공동체와 성도들의 연합으로 이루어지는 것이다. 영적 전쟁에 있어서도 마찬가지이다.

우선, 영적 전쟁으로서 축귀 사역을 할 경우에 자신이 축귀의 은사를 분명히 받았는지, 그것이 예수 그리스도의 권위에 근거한 것인지, 그리고 단순한 정신병적 증상을 귀신들림과 혼돈하고 있지나 않은지, 또한 뉴 에이지 운동이나 타종교의 영성에서 사용하는 비성서적인 가르침과 실천 방식을 따르지 않는지, 마지막으로 귀신들림 현상이 나타나는 사람들의 인권을 존중하고, 구타나 정신적인 침해를 주지나 않는지에 대하여 주의 깊은 검증이 필요할 것이다.

이러한 검증 방식은 개인의 영성 차원에서 되어서는 안 되고, 각 전문 분야의 전문가들로 이루어진 소위 "축귀 사역에 대한 영적 전쟁 위원회"에서 다루어져야 할 것이다. 위원회의 위원에 참가할 대상자는 주의 깊게 선정되어야 할 것이며, 특히, 축귀 사역 경험자, 목회자, 신학자, 상담가, 심리치료사, 정신과 의사, 법조인 등 인간에 대한 전문가로 위촉되어져야 할 것이다. 이러한 위원회는 총회 소속 산하 단체로 상설 기구화되어야 하며, 축귀 사역에 대한 체계적인 교육을 실시하여 그 수료자들에게 총회 차원의 인증서를 발행함으로써, 축귀 사역을 음지에서 양성화시킬 필요가 있다. 또한 축귀 사역에 대한 실증적인 보고서와 현장 경험의 집대성을 통하여 바람직한 성서적 축귀사역의 모델을 제시할 필요가 있다. 이렇게 될 때에 축귀 사역에 대한 각종 음성적이고 비인권적인 잘못된 양상은 사라질 수 있고, 축귀 사역의 목적인 하나님께 영광을 돌리며 영혼 구원을 성취하는 선교적 사명이 달성될 수 있을 것이다.

그리고 성적 범죄에 대한 영적 전쟁에 있어서도, 목회자나 선교사 혹은 성도들에게 오는 성적 유혹이나 범죄에 대하여 개인적인 차원의 영성 훈련도 중요하지만, 제도적인 예방 및 치료 장치가 총회 차원에서 필요하다고 본다. 총회 산하에 "성폭력 방지 및 예방 위원회"를 조직하고, 위원을 심리 상담 치료사를 비롯하여 의료인, 신학자, 목회자, 법조인 등 인간에 대한 전문가들로 위촉하여야 한다. 이 위원회는 성적 범죄에 대한 심각성과 후유증, 그 치료법과 법적 대응 등에 대하여 교육, 홍보, 상담의 임무를 수행하고, 교회와 선교 사역에서 하나님의 영광을 가리고 하나님의 선교를 방해하는 성적 범죄에 대하여 총회 차원에서 대응하고 예방하며 치유하는 일을 감당해야 할 것이다. 이러한 성적 범죄에 대한 총회 차원의 조직적인 영적 전쟁을 통하여 교회와 선교 사역에서 음성적으로 발생하고 있는 성적 범죄에 대하여 경각심을 높일 수 있을 것이며, 선교 사역이 보다 성결하고 깨끗하게 진행되어 하나님의 나라 확장에 크게 기여할 수 있을 것이다.

마지막으로, 세상 문화에 대한 영적 전쟁에서 승리하려면, 선교사나 교회 지도자 혹은 성도 개인의 영성 차원에 머무르면 안 된다. 오히려, 좀 더 체계적이고 집단적인 차원으로 조직화되어야 할 것이다. 이 세상의 정욕적이요, 이기적인 맘몬이즘과 물질주의는 한 개인이 맞서기에는 너무나 거대하여 중과부적일 뿐이다. 그러므로 총회 차원의 "세상 문화에 대한 영적 중보기도 위원회"를 조직하여, 전 교회에 지부를 두고, 특정한 날을 정하여 중보기도함으로써 세상 문화의 이기적이고 정욕적인 면을 약화시킬 수 있으며, 종국에 소멸시킬 수 있을 것이다. 교회와 선교는 이를 위하여 기도할 뿐만 아니라, 물질의 선한 활용을 통하여 하나님의 선교 사역에 더욱 힘을 실어주는 일도 필요할 것이다.

영적 전쟁은 하나님의 선교에 있어서 매우 중요한 이슈이고, 만일, 선교사나 교회 지도자들이 영적 전쟁에서 실패하면, 하나님의 교회와 선교 기관은 흔들리고 무너져 내릴 수밖에 없을 것이다. 결국 하나님의 영광과 하나님 나라의 확장의 선교 사명은 영적 전쟁에서의 성패에 따라 그 결과가 판이할 수 있는 것이다. 그러므로 영적 전쟁에서 실패하면 안 된다. 영적 전쟁에서 승리하기 위해서는 영적 전쟁을 홀로 할 수 없다는 사실을 깨달아야 한다. 영적 전쟁의 대상은 육신의 정욕과 세상의 구조적 악, 그리고 어두움과 세상 주관자들, 공중 권세 잡은 사탄의 세력 등 집단적이기 때문에, 선교사나 교회 지도자들은 그 대응을 총체적 혹은 통전적(holistic)으로 실행하여야 할 것이다.

제5장 "땅 밟기" 기도에 대한 선교신학적 평가

2010년 가을 에즈 37 찬양인도자학교 대학생과 직장인 5명으로 구성된 '주님의 향기' 조(6조) 5명이 학교 수업의 일환으로 불교 조계종 사찰인 서울 삼성동 봉은사에서 '땅 밟기 기도'를 한 사건이 한국 사회에 종교 갈등으로 확산되었다. 이 학생들의 실습 활동은 동영상으로 제작되어 조별 발표에 끝나지 않고, 인터넷으로 확산되어 불교계의 심기를 불편하게 하였고, 이에 대한 강력한 항의조의 성명서를 도출하게 만들었다.

학생들은 봉은사 대웅전과 사찰 내부에서 바닥이나 불교 상징물에 손을 대고 기도를 했으며, 동영상 제작 시 "이 땅이 하나님 나라이며 하나님 나라가 회복될 것"이라고 선포하고, 봉은사 경내의 불교 상징물들을 비추며 "사람들이 만든 우상들, 헛되고 헛된 것들"이라는 자막의 설명을 첨부하였다. 동영상 파문으로 봉은사 주지는 이 학생들의 행위를 "한국 사회를 갈등과 분열로 몰아"가는 일로 평가하고, 이것은 곧 조계종 종교평화위원회의 대국민 성명서로 이어졌고, 기독교의 신뢰는 땅에 떨어지게 되었다.

기독교 내부에서도 이에 대한 자성의 소리가 높아졌고, 한국 교회 언론회는 이번 땅 밟기 기도에 대하여 '정통 기독교 실천 강령'이 아니라 '일부 소영웅주의적 부적절한 행동'으로 논평하며 사태가 전체 기독교로 확산되는 것을 방지하려고 하였다.[115] 이후 인터콥 대표는 "절간 아니라 집까지 방문해서라도 기도해야" 한다고 '땅 밟기기도'를 강력하게 옹호하였고, 이에 대하여 기독교계는 타종교를 폄하하고 타종교의 상징물을 훼손하는 식의 호전적 선교 방식을 재고해야 할 필요가 있음에 한목소리를 내고 있다.[116] 이 사건은 관련된 단체장과 관계자들이 지난 10월 27일 오전 봉은사를 방문하여 무릎을 꿇고 고개를 숙여 사과함으로써 일단

---

115) "일부 종교인들의 소영웅주의적 행동 부적절", 〈크리스천투데이〉, 2010년 10월 26일.
116) 유연석. "땅 밟기가 뭐가 문제? 인터콥 최바울 대표, 절간 아니라 집까지 방문해서라도 기도해야", 〈국민일보〉, 2010년 10월 28일.

락되었다.

　이번 봉은사 '땅 밟기 기도' 사건은 기독교와 선교 활동에 있어 다각도로 부정적인 영향을 미쳤다. 이 사건을 통하여 기독교는 배타적 종교라는 이미지가 부각되었고, 기독교 선교는 종교 갈등을 초래한다는 부정적인 인식이 일반에 확산되었다. 또한 이 사건은 기독교 내부의 갈등으로 이어져 선교를 위한 연합보다는 타종교와의 화해와 연합이 우선순위로 대두되었다. 타종교를 비방하고 폄하하는 종교 간 갈등을 초래하는 선교 방식은 더 이상 한국 사회뿐만 아니라 해외에서도 용납되어서는 안 된다고 하는 것이다.

　이제 '땅 밟기 기도'가 선교 현장에서 계속되어야 할 것인가 아니면 여론에 밀려 그만두어야 할 것인가에 대하여 선교학계의 판단에 맡겨져 있다. 지난 2010년 10월 한국복음주의선교신학회에서 이 주제에 대하여 저자에게 연구를 의뢰하였고, 그 연구 발표 결과물이 본 장이다. 우선 '땅 밟기 기도'에 대하여 성경적 근거를 찾고, 종교현상학적 분석을 한 후에, '땅 밟기 기도'에 대한 선교신학적 평가를 제언하고자 한다.

1. 땅 밟기 기도에 대한 이해

1) 땅 밟기 기도의 성경적 근거

　미션 퍼스팩티브의 편집자인 스티브 호돈(Steve Hawthorne)은 지난 2009년 선교한국 주최로 땅 밟기 기도의 실제 방법을 한국 선교단체에 소개했다. 스티븐 호돈은 1985년 중동에서 교회 개척을 위해 땅 밟기 기도를 시작했으며, 후에 선교단체와 교회에서 교회 개척과 단기 선교 활동의 일환으로 시행되고 있다. 그는 땅 밟기 기도의 성경적 근거를 구약의 여호와께서 그의 백성들에게 땅을 주시겠다는 약속과 신약의 마태복음 18장 18~19절에서 찾는다.[117] 즉, 여호와는 출애굽한 이스라엘 백성들에게 발바닥으로 밟는 모든 땅을 주시리라 약속하였다.

---

117) Graham Kendrick and Steve Hawthorne, *Prayerwalking*, 최요한 역, 『땅 밟기 기도』(고양: 예수전도단 출판부, 2008), 33. 미션 퍼스팩티브의 편집자인 스티브 호돈(Steve Hawthorne)은 지난 2009년 선교한국 주최로 땅 밟기 기도의 실제 방법을 한국 선교단체에 소개하기도 했다.

너희의 발바닥으로 밟는 곳은 다 너희의 소유가 되리니 너희의 경계는 곧 광야에서부터 레바논까지와 유브라데 강에서부터 서해까지라. 너희의 하나님 여호와께서 너희에게 말씀하신 대로 너희가 밟는 모든 땅 사람들에게 너희를 두려워하고 무서워하게 하시리니 너희를 능히 당할 사람이 없으리라(신 11:24~25).

여호수아는 가나안 땅의 약속을 여호수아 1장 3절에서 다시 확인한다. "내가 모세에게 말한 바와 같이 너희 발바닥으로 밟는 곳은 모두 내가 너희에게 주었노니." 이 약속의 말씀에 근거하여 여호수아와 이스라엘 백성들은 요단강을 건너 가나안 땅을 정복하게 된다(수 4:18, 14:9). 여호와께서 그의 백성들에게 주시는 땅은 가나안을 넘어 땅 끝까지 확장된다. 시편 2편 8절에 따르면, "내게 구하라 내가 이방 나라를 네 유업으로 주리니 네 소유가 땅 끝까지 이르리로다" 했다. 하나님이 그의 백성들에게 그들이 밟는 모든 땅을 주시겠다는 구약의 약속은 영적 전쟁으로 해석되어, 어둠의 악한 영들의 영역이 하나님의 백성들의 땅 밟기를 통하여 축소되고 하나님의 빛의 영역으로 확장되어 나가게 됨을 의미한다.

이와 같이 땅 밟기 기도의 성경적 근거를 구약의 이스라엘에 의한 가나안 정복에서 찾는 것은 21세기 포스트모던 사회에서 일반인들이나 타종교인들에게 받아들일 수 없는 매우 호전적인 양상으로 비추어질 수 있다. 특히, 다원주의 종교 사회에서는 호전적인 선교나 포교 방식은 지양하도록 다원주의 사회로부터 요청받고 있다. 그러므로 본래 구약의 가나안 정복 전쟁에 대하여 땅 밟기 기도와 같이 영적으로 해석하여 선교 현장에 적용할 때에는 주의가 따른다. 물론, 땅 밟기 기도가 과격 이슬람 단체의 폭탄 테러나 국지전과 같이 실제 인명살상 전쟁을 일으키는 것은 아니지만, 영적 전쟁에 대하여 무지한 일반인이나 타종교인들, 심지어 이에 대하여 사전 교육을 받지 아니한 기독교인들에게조차, 땅 밟기 기도는 그것이 종교적인 기도의 형태를 가지고 있다 할지라도 종교 자유의 침해와 인권 모독으로 간주될 수 있다는 것이다. 그래서 땅 밟기 기도의 영적 해석 및 선교적 적용을 할 때에 그 내용과 의미가 물리적 힘과 전쟁이 아닌 영적 기도를 통한 평화적 종교 행위임을 교회와 사회에 알려야 할 것이고, 그것을 실천하는 기독교인들에게도 그 실천 강령을 제정하여 타종교나 일반인들의 종교 자유를 훼손하는 강압적 방식을 지양하고 평화적인 방식으로 실행하여야 할 것이다. 또한 일반 사회에 자극적인 용어인 "전쟁"이나 "밟기" 등은 다른 용어로 대체되어야 할 것이다.

스티븐 호돈은 땅 밟기 기도에 대한 신약적 근거를 마태복음 18장 18~19절에서 찾고, 두 사람 이상의 합심기도로 해석하고 적용한다.

> 진실로 너희에게 이르노니 무엇이든지 너희가 땅에서 매면 하늘에서도 매일 것이요 무엇이든지
> 땅에서 풀면 하늘에서도 풀리리라. 진실로 다시 너희에게 이르노니 너희 중의 두 사람이 땅에서
> 합심하여 무엇이든지 구하면 하늘에 계신 내 아버지께서 그들을 위하여 이루게 하시리라.

이 본문을 "두 사람이 땅에서 합심하여" 땅 밟기 기도하는 것으로 해석하고 선교 현장에 적용하는 것은 성서 신학적 근거가 부족하다. 이것은 형제가 죄를 범할 경우 교회의 권위와 권징을 교훈하는 본문으로 영적 전쟁을 위한 중보기도 본문으로 선교 현장에서 오용되고 있다.

한 편, 땅 밟기 기도에 대한 성경적 근거를 구약에서 "땅을 밟는 곳"을 정복하는 가나안 정복 전쟁 모티브에서 찾았다면, 신약에서는 예수께서 칠십 인을 둘씩 보내시며 집집마다 찾아가 평안을 빌라는 누가복음 10장 1~20절 말씀에서 찾을 수 있다.

> 이후에 주께서 달리 칠십 인을 세우사 친히 가시려는 각동 각처로 둘씩 앞서 보내시며 이르시되
> 추수할 것은 많되 일군이 적으니 그러므로 추수하는 주인에게 청하여 추수할 일꾼들을 보내어
> 주소서 하라. 갈찌어다 내가 너희를 보냄이 어린 양을 이리 가운데로 보냄과 같도다. 전대나 주머
> 니나 신을 가지지 말며 길에서 아무에게도 문안하지 말며 어느 집에 들어가든지 먼저 말하되 이
> 집이 평안할찌어다 하라. 만일 평안을 받을 사람이 거기 있으면 너희 빈 평안이 그에게 머물 것이
> 요 그렇지 않으면 너희에게로 돌아오리라. 너희 말을 듣는 자는 곧 내 말을 듣는 것이요 너희를
> 저버리는 자는 곧 나를 저버리는 것이요 나를 저버리는 자는 나 보내신 이를 저버리는 것이라
> 하시니라.

파송받은 칠십 인은 돌아와 주의 이름으로 귀신들의 항복을 보고하며, 예수께서는 사단이 하늘로서 번개같이 떨어지는 것을 보았노라 하시며 "원수의 모든 능력을 제어할 권세를 주었으니 너희를 해할 자가 결단코 없으리라. 그러나 귀신들이 너희에게 항복하는 것으로 기뻐하지 말고 너희 이름이 하늘에 기록된 것으로 기뻐하라" 말씀하셨다.

물론 예수께서 땅 밟기 기도를 가르치시지도 모범을 보이시지도 않았으며, 그러한 기도 양태는 성경에 나오지 않는다고 단편적으로 주장하며 땅 밟기 기도를 비성서적 기도 형태로 매도하는 경우도 있다. 그러나 선교 현장, 악한 영과의 전투의 현장에서 하나님의 나라의 확장을 위해서 사용되는 땅 밟기 기도라는 형태가 성서에 문자 그대로 기록되지 않았다고 해서

그 근거가 없다고 단언할 수는 없다. 물론, 예수께서 땅을 밟으면서 땅 밟기 기도했다는 것이 성경에 기록되지 않았지만, 주님의 중보기도의 형태는 성경에 다양하게 제시되고 있다. 예수께서는 한적한 곳에서(눅 5:16), 세례를 받을 때에(눅 3:21), 사람들 앞에서(마 19:13), 떡을 가지시고(요 6:11) 기도하셨고, 길에서 백부장에게 "네 믿음대로 될지어다" 말씀으로 치유하셨고(마 8:13), 하나님 나라의 임재를 위하여 기도(눅 11:2)하도록 가르치셨다.

예수께서는 누가복음 6장 27~28절에 "너희 원수를 사랑하며 너희 미워하는 자들을 선대하며 너희를 저주하는 자를 위하여 축복하며 너희를 모욕하는 자를 위하여 기도하라"고 명령하고 있다. 기독교는 예수 그리스도의 "원수를 사랑하라"는 명령을 실천하기 위하여 믿지 않는 자의 영혼을 구령하기 위하여 중보기도를 통하여 사랑을 실천해야 한다. 그리스도의 사랑의 실천이 물질적인 사회복지 측면이 강조되는 현 시대이지만, 영적 차원의 중보기도도 주님의 명령임을 인식하여야 한다. 원수까지도 사랑하는 중보기도의 실천이 바로 땅 밟기 기도의 정신이 되어야 한다. 물론 하나님의 나라의 영역 확장이라는 측면이 타종교나 일반인들에게는 자신들의 영적 영역이 침범당하고 훼손당한다고 느끼며 거부하려고 할 것이다. 그러나 그리스도의 참된 제자들은 땅 밟기 중보기도를 통하여 악한 영의 어둠의 세력을 물리치고 사람들을 빛 되신 주님께로 인도해야 할 선교적 책임이 있는 것이다.

기도할 때에 앉아서 하는 것, 서서 하는 것, 엎드려서 하는 것, 두 손 모으고 하는 것, 두 손 들고 하는 것, 길을 가면서 땅을 밟으면서 하는 것 등 기도의 태도나 방식은 문화사회적 적용 방식에 따라 다양하게 적용될 수 있다. 어떠한 문화적 방식이나 형태로 기도하는 것이 중요한 것이 아니라 기도의 정신이다. 땅 밟기 기도의 근본적인 정신은 어둠의 세력 사탄의 왕국을 물리치는 하나님의 나라의 확장이요, 그것은 저주하고 모욕하고 미워하는 자들, 원수까지도 사랑하라는 주님의 명령을 실천하는 평화적인 방법인 것이다.

하나님의 선교는 이러한 평화의 메시지, 주님의 사랑 실천의 한 방법인 땅 밟기 기도로부터 시작된다. 땅 밟기 기도자들이 하나님의 사랑과 인류구원을 마음에 두고 땅을 밟고 기도하면, 하나님은 땅을 밟는 모든 영역에 하나님의 영광을 드러내신다. 이것을 통하여 열방이 주께로 돌아오고 하나님의 구원이 땅 끝까지 미치게 된다. 시편 48편 10절에 보면, "하나님이여 주의 이름과 같이 찬송도 땅 끝까지 미쳤으며", 시편 98편 3절에 "땅 끝까지 이르는 모든 것이 우리 하나님의 구원을 보았도다"라고 이스라엘의 구원의 하나님을 노래하고 있다. 이사야

49장 6절에, "내가 또 너를 이방의 빛으로 삼아 나의 구원을 베풀어서 땅 끝까지 이르게 하리라"는 하나님의 온 세상 선교와 구원의 의지는 이사야 52장 10절에 "여호와께서 열방의 목전에서 그의 거룩한 팔을 나타내셨으므로 땅 끝까지도 모두 우리 하나님의 구원을 보았도다"라는 미래 구원의 소망으로 표현되고 있다.

이러한 세계 열방의 구원과 땅 끝 선교의 열망은 이사야 62장 11절에 "여호와께서 땅 끝까지 선포하시되 너희는 딸 시온에게 이르라 보라 네 구원이 이르렀느니라"는 말씀과 스가랴 9장 10절에 "내가 에브라임의 병거와 예루살렘의 말을 끊겠고 전쟁하는 활도 끊으리니 그가 이방 사람에게 화평을 전할 것이요 그의 통치는 바다에서 바다까지 이르고 유브라데 강에서 땅 끝까지 이르리라"는 말씀으로 기록되며, 여호와의 구원이 땅 끝까지 전파될 것을 확증하고 있다.

하나님의 땅 끝 선교와 온 세상의 구원을 위한 영적 전쟁 개념은 구약의 여호와의 전쟁 사상에서 비롯되는데, 여호와 하나님이 이스라엘을 대신하여 주변 열강들을 물리쳐 열방에 대한 하나님의 통치를 이루어 주신다는 것이다. 이것은 역대하 20장 15절, "여호와께서 이같이 너희에게 말씀하시기를 너희는 이 큰 무리로 말미암아 두려워하거나 놀라지 말라 이 전쟁은 너희에게 속한 것이 아니요 하나님께 속한 것이니라"는 말씀에 잘 나타나고 있다. 즉, 하나님의 백성 이스라엘의 전쟁은 여호와의 전쟁으로서 여호와 하나님이 곤궁에 처한 이스라엘을 대신하여 직접 전쟁에서 싸워 이기신다는 것이다.

이러한 여호와의 전쟁 사상은 신약에서 사람을 살상하는 물리적인 전쟁 개념에서 영적인 전쟁 개념으로 확장된다. 즉, 여호와의 전쟁은 적군을 살상하는 전쟁이 아니라 어둠의 영 사탄의 세력과의 싸움인 영적 전쟁이다. 이러한 영적 전쟁 사상은 고린도후서 10장 4절, "우리의 싸우는 무기는 육신에 속한 것이 아니요 오직 어떤 견고한 진도 무너뜨리는 하나님의 능력이라"는 말씀과 에베소서 6장 12절의 "우리의 씨름은 혈과 육을 상대하는 것이 아니요 통치자들과 권세들과 이 어둠의 세상 주관자들과 하늘에 있는 악의 영들을 상대함이라"는 말씀에 잘 나타나 있다.

신약에 나타나는 하나님의 땅 끝 선교와 하나님의 구원의 완성은 사도행전 1장 8절에서 "오직 성령이 너희에게 임하시면 너희가 권능을 받고 예루살렘과 온 유대와 사마리아와 땅 끝까지 이르러 내 증인이 되리라"는 말씀에 잘 나타나 있다. 그리고 이것은 사도행전 13장

47절 "주께서 이같이 우리에게 명하시되 내가 너를 이방의 빛으로 삼아 너로 땅 끝까지 구원하게 하리라 하셨느니라"는 말씀과 로마서 10장 18절 "그 소리가 온 땅에 퍼졌고 그 말씀이 땅 끝까지 이르렀도다"라는 말씀에서 하나님의 땅 끝 선교와 온 세상의 구원의 완성에 대하여 언급되고 있다.

바울은 하나님의 땅 끝 선교와 하나님 나라의 구원의 완성에서 영적 측면을 강조하였는데, 고린도전서 15장 50절에 그는 "형제들아 내가 이것을 말하노니 혈과 육은 하나님 나라를 이어받을 수 없고 또한 썩는 것은 썩지 아니하는 것을 유업으로 받지 못하느니라"고 강조하였다. 또한 히브리서 기자는 하나님 나라의 구원의 완성을 예수 그리스도의 죽으심을 통한 마귀의 멸함과 연결시켜 기록한다. 히브리서 2장 14절에 "자녀들은 혈과 육에 속하였으매 그도 또한 같은 모양으로 혈과 육을 함께 지니심은 죽음을 통하여 죽음의 세력을 잡은 자 곧 마귀를 멸하시며"라고 기록되어 있다. 하나님 나라의 구원의 완성은 예수 그리스도의 축귀 사역을 통한 영적 전쟁을 통하여 이루어진다. 요한1서 3장 8절에 "죄를 짓는 자는 마귀에게 속하나니 마귀는 처음부터 범죄 함이라 하나님의 아들이 나타나신 것은 마귀의 일을 멸하려 하심이라"고 예수 그리스도의 구원의 완성이 마귀를 멸하는 영적 전쟁과 관계있음을 요한 사도는 증언하고 있다.

바울 사도는 에베소서 6장 10~11절에 성도들이 영적 전쟁에서 승리하기 위하여 "끝으로 너희가 주 안에서와 그 힘의 능력으로 강건하여지고, 마귀의 간계를 능히 대적하기 위하여 하나님의 전신 갑주를 입으라"고 권면하고 있다. 영적 전쟁을 위해 입어야 할 하나님의 전신 갑주에는 "진리의 허리띠, 의의 호심경, 평안의 복음의 신, 믿음의 방패, 구원의 투구와 성령의 검 곧 하나님의 말씀"이 포함되어 있다(엡 6:13~17). 그리고 영적 전쟁을 하기 위해서는 "모든 기도와 간구를 하되 항상 성령 안에서 기도"하고 "입을 열어 복음의 비밀과 할 말을 담대히" 말해야만 한다(엡 6:18~20).

이상에서 살펴본 대로, 땅 밟기 기도는 영적 전쟁의 하나의 선교 전략으로서 악한 영의 세력, 즉 마귀의 세력을 물리치고 하나님 나라의 완성을 이 땅에 이루려고 하는 성경적 근거를 가지고 있다.

2) 땅 밟기 기도에 대한 종교현상학적 분석

땅 밟기 기도는 폴 히버트의 '배제된 중간지대(excluded middle)'에 속하는 영역으로, 일반적으로 과학이나 고등 종교에 의해 무시되었던 영역이다.[118] 이 영역은 고등종교의 초월신이나 초자연적 무한성보다는 민간 종교의 지역 영들과 조상 혼령, 악마와 악한 영혼, 그리고 점술과 주술 등과 관련된 영역으로 고등종교에서 다루는 초월적 진리나 교리가 아니라 일상적인 삶과 연관 되어 있는 축귀, 질병의 치유, 화와 복 등을 다루는 영역이다.[119]

그래서 땅 밟기 기도에 대한 선교신학적 제언을 하기 전에 먼저 이것에 대한 종교현상학적 이해가 필요하다. 종교현상학은 가치와 판단을 유보하고 특정 종교현상에 대하여 체계적으로 분류하고 기술하는 종교 연구방법론을 말한다.[120] 이 방법론을 통해 특정 종교현상의 구조는 파악되고 그 종교현상의 형태가 결정된다.[121]

종교현상학적으로 볼 때 첫째, 땅 밟기 기도는 악한 영의 세력과 대적하는 영적 전쟁에서의 하나의 공격 전략(an attack strategy)이다. 영적 전쟁은 하나님의 초자연적인 개입, 즉 성령의 능력으로 악한 영의 세력을 물리치고 사람들의 세계관과 삶을 변화시키는 종교현상이다.[122] 이러한 영적 전쟁에 하나의 공격 전략으로 사용된 땅 밟기 기도의 예는 다음과 같다. 2006년 9월 이후 한 부흥집회에서 윤락녀들을 빛으로 나오게 하라는 '하나님의 음성'을 들은 모 집사를 중심으로 결성된 평택 온누리교회 땅 밟기 팀은 평택시 32번지 '삼리' 집창촌을 찾아 찬양과 기도를 하며 윤락녀들에게 진도 활동을 하고 있다. 이들은 '재랭이 고개'로 유명한 점집 거리에서도 악한 영을 대적하는 기도를 통해 땅 밟기 기도를 하였다.[123] 온누리교회 대전 공동체는 2010년 10월 브라질 아마존 현지에 가서 땅 밟기를 하며 "살인과 마약 음란으로 물든 브라질 땅을 위해 하나님의 마음으로" 중보기도를 하였다.[124]

둘째, 땅 밟기 기도는 영적 전쟁에서 질병의 치유와 연관된 하나의 종교 행위(a religious practice for healing)로 볼 수 있다. 질병의 치유는 육체적, 심리적인 면뿐 아니라 영적인 전

118) Andrew Anane-Asane et al., "Paul G. Hiebert's 'the Flaw of the Excluded Middle'", *Trinity Journal* (2009): 189-197.
119) Paul Hiebert et al., *Understanding Folk Religion* (Grand Rapids, MI: Baker Books, 1999), 45-72.
120) Walter H. Capps, *Religious Studies* (Minneapolis, MN: Augusburg Fortress, 1995), 125-128.
121) 노윤식, 「기독교 선교의 영적 전쟁 방법론」, 『성결신학연구』 제19집(2009, 12): 160-162, 157-172.
122) Kevin Springer ed., *Power Encounter* (San Francisco: Haarper & Row, 1988), xi-xiii.
123) 임민용, "윤락녀도 사랑하는 하나님 … 그들을 빛으로", 〈크리스천투데이〉 2007년 3월 23일.
124) "아마존 현지인들에게 하나님 사랑 전한 아웃리치", 〈크리스천투데이〉 2010년 8월 13일.

쟁에서 하나님 나라의 능력과 권세(power and authority)로서 귀신을 내쫓는 것과 연관되어 있다.[125] 땅 밟기 기도는 이러한 영적 전쟁에서 치유와 연관과 하나의 종교 행위로 실행되고 있다. 케냐 몸바사의 남 침례교 선교사인 랄프 베세아는 무슬림 전도를 위해 기도팀을 조직하고 하루 24시간 순번으로 돌아가며 기도한 후 거리 전도를 나가 땅 밟기 기도를 하였고, 결국 무슬림 사원의 한 지도자로부터 사원에 초대받아 예수의 이름으로 사람들을 축복하도록 요청 받았다. 이 요청은 설교나 교리 전파가 아닌 예수의 복을 받도록 예수 이름으로 기도만 해 달라는 것이었다. 걷지 못하는 8살 아이를 위해 선교사가 예수 이름으로 기도할 때에 그 소녀 가 혼자 힘으로 일어나 걷게 되었고, 시아파 무슬림 사원에서 예수 이름이 찬양받게 되었다.[126]

셋째, 땅 밟기 기도는 교회나 기독교 기관의 개척, 건축, 행사를 앞두고 하나님의 도우심과 안전을 구하는 종교 기원 행위(a religious petition for God's help and safety)로 볼 수 있다. 영적 전쟁에서 도우심과 안전을 위한 땅 밟기 기도는 행사나 건축에 있어서 미래의 알지 못하 는 위험에 대비하는 종교 기원 행위로 사용된다.[127] 스티븐 호돈은 1985년 중동에서 교회 개 척을 위해 땅 밟기 기도를 시작했으며 모든 종족에 땅 밟기 기도자를 양성하는 일에 헌신하고 있다.[128] 2010 라이즈업 코리아 919 대회를 앞두고 라이즈업 무브먼트 스태프들은 한 달 전 부터 서울 시청 앞 광장에서 919 대회를 통한 예배 회복을 위해 땅 밟기를 하기도 하였다.[129] 온누리교회 용인선교센터 완공을 앞두고 2000 선교본부 선교위원 12명은 선교센터 건축현장 을 방문하여 땅 밟기 기도를 하였고, "선교센터를 통해 하나님 나라가 임하고 센터가 완공되 기까지 안전사고가 발생하지 않도록 지속적으로 기도해야 함을" 당부하기도 했다.[130]

넷째, 땅 밟기 기도는 사회 문제 극복과 하나님 나라의 부흥을 위한 종교적 활동(a religious action)이다. 영적 전쟁에서 땅 밟기 기도는 개인의 축귀, 치유, 안전뿐 아니라 사회변혁 (transformation)과 하나님 나라의 부흥을 위해서 사용된다.[131] 장훈태 교수는 2006년 여름 방글라데시 다카와 인근 지역에서 "카스트 제도, 빈부 격차, 교육 불평등 문제 극복을 위한 구제사역, 영유아 어린이 사역, 학원 선교 및 기숙사 사역" 등을 위한 땅 밟기 사역을 하였

---

125) E. Anthony Allen et al., Health, Healing and Transformation (Monrovia, CA: MARC and World Vision International, 1991), 925-29.
126) Graham Kendrick and Steve Hawthorne, 『땅 밟기 기도』, 124-128.
127) Paul Hiebert et. al., Understanding Folk Religion, 175-195.
128) 이지희, "스티브 호돈 하나님의 목적 향한 기도해야", 〈크리스천투데이〉 2009년 2월 16일.
129) 이대웅, "라이즈업 코리아 919 D-2, 준비상황은", 〈크리스천투데이〉 2010년 9월 17일.
130) "온누리교회, 선교센터 완공 눈앞 … 공정률 83%", 〈크리스천투데이〉 2009년 10월 27일.
131) E. Anthony Allen et al., Health, Healing and Transformation, 49-84.

다.[132] 기아대책 부산지부는 약 200여 명의 청년들을 동원하여 2007년 7월 'Again 1907 부흥의 시작'을 주제로 부산중심지인 서면에서 연산동까지 7km를 '희망의 부산, 그리스도로부터'라는 플래카드와 깃발을 높이 들고 부산 복음화를 위해 땅 밟기기도 행사를 진행하였다. 땅 밟기 기도를 하는 기아대책 국토순례 찬양집회는 전국 18개 지역에서 동시 다발적으로 진행되었다.[133]

이상에서 살펴본 대로, 땅 밟기 기도는 악한 영의 세력과 대적하는 영적 전쟁의 하나의 공격 전략이고, 질병의 치유와 연관된 하나의 종교 행위이며, 교회나 기독교 기관의 개척, 건축, 행사를 앞두고 하나님의 도우심과 안전을 구하는 종교 기원 행위이고, 사회 문제 극복과 하나님 나라의 부흥을 위한 종교적 활동이라고 볼 수 있다.

2. 땅 밟기 기도에 대한 선교신학적 제언

1) 영적 전쟁의 한 방법으로서 땅 밟기 기도의 진정한 실천(authentic practice)

땅 밟기 기도는 영적 전쟁의 하나의 전략으로서 1980년대 이후 예수전도단을 비롯한 선교단체와 교회에서 후원하고 실행하여 일반 기독교인들에게 보급된 중보기도의 한 형태이다.[134] 그리고 이것은 육체, 세상, 악에 대한 초자연적 전쟁인 영적 전쟁(spiritual warfare)의 개념을 선교 현장에서 실천하는 선교사를 비롯하여 일반적인 기독교 신앙인 역시 자신들의 신앙 실천 행위로도 사용되고 있다.[135] 땅 밟기 기도는 도시와 지역 영(territorial spirits)에 대한 영적 대결(power encounter)을 전제로 하기에 이것을 평가하는 데 이성적이나 과학적인 관점보다는 영적 현상의 관점에서 해석하여야 할 필요성이 있다.[136]

만일 이것을 영적 현상을 부정하는 과학과 이성주의 관점(a rational perspectives)에서 해석할 경우, 땅 밟기 기도의 진정성이 훼손되고, 땅 밟기 기도는 비상식적이고 몰상식적인 행

---

132) "선교 현장-한국교회 이어주는 징검다리 되고 싶어", 〈크리스천투데이〉 2007년 12월 5일.
133) 허난세, "부산 청년들 '회개, 기도, 그 다음은 나눔'", 〈크리스천투데이〉 2007년 7월 14일.
134) John Mark Terry et al. ed., *Missiology* (Nashville, TN: Broadman & Holman Publishers, 1998), 626-629, 653-654.
135) Edward F. Murphy, *The Handbook of Spiritual Warfare* (Nashville, TN: Thomas Nelson Publishers, 1992), 341-343.
136) C. Peter Wagner et al., *Engaging the Enemy: How to Fight and Defeat Territorial Spirits* (Ventura, CA: Regal Books, 1991), 43-67.

위, 혹은 현 사회부적응 행위로 치부될 수 있다.[137] 이것은 봉은사 땅 밟기 사건이 터진 후 언론에서 보여준 시사 고발적 양태를 살펴보면 곧 이해할 수 있다. 일반 언론이나 반기독교 언론들은 기독교 청년들의 땅 밟기 기도를 비판하면서 기독청년들의 영적이고 신앙적인 진정성을 이해하고 평가하기보다는 일반 사회 여론의 상식적인 입장에서 그들의 반사회적 종교행위를 질책하고 있다.[138]

그리고 만일 땅 밟기 기도를 영적 전쟁의 관점인 능력 대결(power encounter)로 평가하지 아니하고, 종교다원주의를 용인하는 자유주의 기독교적 관점과 타종교의 입장에서 평가할 경우, 그것은 타종교 폄하 혹은 비방행위로 똘레랑스의 포스트모던 문화 종교 상황에 매우 부적합한 선교 행태로 비판받을 수 있다. '봉은사 땅 밟기' 사건에 대하여 7대 종단 협의체인 한국종교인평화회의(KCRP)는 "종교 간의 갈등이 사회갈등으로 확산되는 것"을 우려했고, 정진홍 교수는 "종교는 자신이 '선택한 하나의 삶의 양태'일 뿐 인간의 삶에 과해진 초월적인 규범은 아니라"고 주장했으며, 감신대 이정배 교수는 원효의 화쟁 사상을 통해 종교 간 이해를 촉구하였다.[139]

또한 기독교의 영적 영역보다 사회적 책임을 강조하는 진보적 기독교의 입장에서는 봉은사 땅 밟기 청년들을 '광신도' 혹은 '독사의 새끼'로 매도하고, 땅 밟기 기도를 비롯하여 치유와 기적, 성경의 문자적 해석을 배격하고, 일상적 삶에서 예수의 청빈을 실천하여야 한다고 주장하고 있다.[140]

이러한 땅 밟기 기도에 대한 몰이해적이고 부정적인 비판은 봉은사 땅 밟기 사건의 반사회적 무례함 때문이기도 하지만, 기독교 선교의 영적 전쟁의 한 방법으로서 땅 밟기 기도에 대한 폐기처분을 명하는 것은 기독교 존립 자체를 뒤흔드는 심각한 도전이 된다. 하나님의 명령으로서 악한 영, 악의 세력을 무찌르고 하나님의 나라를 도래하게 하는 구원의 길을 온 세상에 선포하는 기독교는 영적 전쟁의 한 전략으로서 땅 밟기 기도에 대하여 포기하면 안 된

---

137) William J. Larkin, Jr. *Culture and Biblical Hermeneutics* (Grand Rapids, MI: Baker Book House, 1988), 129-149.
138) 전세환, "'봉은사 땅 밟기' 파문, 사과로 진화될까?", 〈한국일보〉 2010년 10월 28일.
　　　박수진, "봉은사 땅 밟기 이후… 온라인 종교 갈등 재점화", 〈헤럴드경제〉 2010년 10월 28일.
　　　윤화정, "봉은사 땅 밟기··불교 폄하 동영상 파문", 〈MBC 뉴스데스크〉 2010년 10월 27일.
　　　김봄솔, "봉은사 땅 밟기 논란 주도한 찬양인도자학교 공식 사과", 〈경기북부일보〉 2010년 11월 4일.
139) 남수연, "봉은사 경내서 "파괴되라" 기도 '찬양인도자학교' 소속 기독교신자들 '봉은사 땅 밟기' 동영상 충격," 〈법보신문〉 2010년 10월 26일; "'봉은사 땅 밟기' 개독열전, 불교국가 버마사원 예배테러", 『인터넷 미주불교』, http://cafe.daum.net/budda.usa. 2010년 10월 27일; 김문, "'봉은사 땅 밟기' 갈등 속 종교간 소통 모색", 〈서울신문〉 2010년 11월 3일.
140) 김민수, "독사의 새끼들아!" … 그들이 당신들 아닌가? '봉은사 땅 밟기', '동화사 땅 밟기' 등 일련의 기독교인 행태를 보며" 〈뉴스앤조이〉 2010년 10월 29일.

다.[141] 땅 밟기 기도는 영적 전쟁을 선교 현장에서 실천하는 선교사를 비롯한 기독교 신앙인의 신앙 실천 행위임을 명심하고, 자기 과시적이나 타종교를 폄하하고 타종교의 상징물을 훼손하는 식의 시대착오적 과격한 행위를 버리고, 그 목적에 맞는 진정한 실천(authentic practice)을 함으로써 악의 세력을 물리치고 하나님의 영광을 드러내야 할 것이다.

2) 종교다원주의 사회에서 선교 전략으로서 '땅 밟기 기도'의 신중한 적용

21세기 세계는 세계화의 영향으로 문화상대주의와 종교다원주의의 영향력 아래에 있게 되었다. 우리나라도 현재 논자가 이 글을 쓰고 있는 때에도 세계화의 주역인 G20 정상회의를 열고 있을 정도이다. 경제적 세계화는 국가 간 정치적 이해관계를 넘어서 경제 공동체를 이루어 내었고, 기존의 정치적 이해관계는 경제적 이익 앞에 통합적 관계로 발전하였다. 유럽은 유럽연합 공동체를 형성하였고, 옛 로마제국의 번영과 영화를 되찾기 위해 서구 유럽 기독교 국가의 대통합이 이루어졌다. 아시아는 중국을 중심으로 유교권의 중화사상(cino-centrism)을 중심으로 새로운 동북아 패권질서가 이루어지려고 하고 있다.

이러한 때에 기존 전통 종교인 유교와 불교의 세계화의 시도가 활발하게 이루어지고 있다. 중국은 산동성의 공자묘를 다시 꾸미고, 한국 불교계는 불교의 세계화를 기획하며 경제 논리와 종교 문화 다원주의 논리로 템플 스테이 사업을 추진하고 있다. 이미 한국 사회는 지난 2002년 월드컵에서 우리 민족의 고대 전쟁 영웅인 치우천왕의 상징을 '붉은 악마'로 개명하여 한국의 스포츠 상징으로 만들었던 민간단체의 시도를 용인하였다. 이 시도는 민족종교 증산교의 교리와 실천에 관련이 있고, 이러한 민족 종교의 세계화 작업은 일반에게 더 이상 구태의연한 전통문화로 남는 것이 아니라, 전통 문화와 종교의 세계화로 오히려 일반 대중에게

---

141) Charles Kraft, "Christian Animism or God-Given Authority?" In *Spiritual Power and Missions*, edited by Edward Rommen (Pasadena, CA: William Carey Library, 1995), 88-135. 2010년 12월 11일 제57차 한국복음주의선교신학회 논문발표가 끝나고, 본 논문은 선교신문에서 2010년 12월 13일 "땅 밟기는 영적 전쟁의 한 전략으로써 포기하면 안 된다"라는 제하에 보도되었고, 이 보도를 Christian Today와 igoodnews에서 다루었다. 이에 대하여 불교계는 사찰 땅 밟기를 계속해야 한다고 오해할 뿐만 아니라 개신교가 땅 밟기를 인터넷으로 확장해야 한다는 선전포고로 받아들여, 불교포커스에 2010년 12월 14일 "땅 밟기는 영적 전쟁 전략… 포기 말아야: '인터넷으로 확산' 주장에 불교계 감시 필요한 때'라는 보도가 나왔다. 이것을 기점으로 당일 다음 아고라 방에서 민중불교에 의해 "개신교가 … 이젠 인터넷 땅 밟기 한다네"라는 제하의 글이 올라왔고, 개신교 폄하 악성댓글 38개가 연이으며 2304건의 조회를 기록했다. 이에 그치지 않고 불교계의 법보신문에서는 "땅 밟기는 영적 전쟁 전략, 포기해선 안돼/ 노윤식 성결대 신학대학원장, 세미나서 망언 "용어바꿔 지속해야"…불교계 "지도자 부적격" 기사를 내보냈고, 곧이어 사설에서 "상생 외면한 선교 전략, 갈등만 조장할 뿐"이라고 대응하였다. 또한 주간불교에서는 "개신교 불교폄훼 '이것이 문제다'"에서 불교 폄훼의 근원을 개신교 근본주의에서 찾고 있는데, 그 예를 저자의 본 논문의 주장에서 찾고 있다. 이러한 불교계의 반응은 공교롭게도 12월에 발생했던 템플스테이 예산 삭감, 범어사 방화사건 등 불교계의 심기가 불편할 때에 나온 것으로, 논자의 논문 발표의 핵심을 보지 않고 불교계의 심기를 또다시 건드린 것으로 오해한 것이다.

호응을 받고 있다.

한국적인 것이 세계적인 것이라는 글로컬리제이션(glocalization)의 새로운 패러다임은 한국 고유의 전통 문화와 종교를 재활성화(revitalization)시키고 있다. 심지어 2010년 10월 31일 미국 뉴욕 맨해튼의 6번 애비뉴에서 열린 제38회 뉴욕 핼러윈 축제에서 전 세계 수십만 인파 가운데 한국 귀신 캐릭터, 즉 한국의 처녀귀신을 비롯한 저승사자가 출현하였다.[142] 한국 사회에서 불행과 저주의 상징으로 여겨졌던 처녀귀신이 일반에게, 아니 전 세계인에게 한국의 상징과 축제의 상징으로 전파되고 있는 것이다. 최근 한국문화의 정점을 찾아 그것의 의미와 가치를 정리하는 『키워드 한국문화』 제6권에서도 처녀귀신에 대하여 집중적으로 조명하고 있는데, 즉 처녀귀신은 조선시대 여인의 한과 복수의 절정체로서 한국문화를 이해하는 데 필수적이라는 것이다.[143]

이러한 문화 현상은 한국 사회가 기독교적 선악 이원론(dualism)의 가치질서보다는 동양 전통 종교의 선악 통합의 일원론(monism)적 가치 질서로 회귀하고 있음을 명확하게 보여주는 예증이다. 한국 사회는 기존의 부정적이고 어두운 악한 영향력을 민족의 수치로 숨기거나 은폐하려고 하는 것보다, 오히려 그것을 대중화시켜 선과 악, 옳음과 그름, 그리고 음과 양의 이원론적 구도를 하나로 통합하는 해원상생의 구도로 나아가고 있는 것이다. 이것은 기독교 선교의 입장에서 볼 때에 민족 종교나 전통 종교에 비해 우리 기독교 선교 입장이 현 종교다원주의 시대에 매우 불리하다는 것을 말해주고 있다.

이러한 종교다원주의 상황에서 금번 봉은사 땅 밟기 사건은 서구 문화와 종교로 일반에게 아직도 인식되고 있는 기독교 선교에 상대적으로 어려움을 주고 있다. 구한말 조선의 대내외적 정치 경제적 위기 상황에서 일반에게 구원의 소망을 주었던 기독교 선교 초기 상황은 더 이상 존재하지 않는다. 기독교 선교는 이제 문화상대주의와 종교다원주의의 영향력 아래 있는 한국 사회의 상황을 정확하게 인식하고 영적 전쟁에 대한 선교 전략을 보다 신중하게 세워야 한다. 선교 전략에서 강압적이고 호전적인 측면을 최소화하고 평화적이고 화해적인, 즉 원수까지 사랑하고 기도해주라는 주님의 명령을 다시 한 번 생각해 보아야 한다.

---

142) 김단옥, "할로윈 축제 한국귀신 등장! 한국을 알리기 위한 '할로윈 고구려 프로젝트'" 『한경닷컴bnt뉴스』 2010년 11월 1일. 뉴욕 할로윈 축제에 나타난 한국 귀신 캐릭터의 등장은 미국 뉴욕대 한인학생회 강우성 부회장의 한국 알리기-코리아 브랜드 이미지 프로젝트인 할로윈 고구려 프로젝트였다. 그러나 고구려 장수나 왕의 이미지를 처녀귀신과 염라대왕의 이미지와 함께하는 시도는 무리한 적용으로서 한국의 귀신문화를 고구려 정통 문화와 연결시켜 고구려의 위상을 악화시키는 실수를 범했다.

143) 최기숙, 『처녀귀신: 조선시대 여인의 한과 복수』(서울: 문학동네, 2010).

특히, 문화상대주의와 종교다원주의 시대에 인터넷 문화는 기존의 전통 종교의 가치를 옹호하고 기독교의 교리와 실천을 배척하는 하나의 수단으로 이용되고 있다. 인터넷 공간에서 이루어지는 반기독교 세력의 기독교 폄하는 그 도를 넘어서서 이제는 기독교 진리 자체인 성경의 권위를 훼손하고 기독교 공동체인 교회를 무너뜨리려고 하고 있다. 영적 전쟁의 대상은 불교 수도의 도량인 봉은사라기보다 이제 인터넷 가상공간이 되어야 한다. 인터넷 가상공간에서 이루어지고 있는 자살, 폭력, 음란, 거짓, 탐욕, 퇴폐의 우상숭배에 대하여 영적 전쟁을 선포하고 이에 맞서 기독교 선교는 싸워야 할 것이다. 골로새서 3장 5절 "그러므로 땅에 있는 지체를 죽이라 곧 음란과 부정과 사욕과 악한 정욕과 탐심이니 탐심은 우상 숭배니라"는 말씀대로 인간 탐심의 우상 숭배가 만연한 땅에 땅 밟기 기도를 통하여 하나님의 나라가 영광 중에 임하게 해야 할 것이다.

곧 땅 밟기의 영역은 지리적인 영역을 넘어서 이제 인터넷 가상공간의 세계로 확장되어야 한다. 한국은 기존 서구화된 문명을 넘어서서 세계 디지털 혁명을 이루어내었고, 반도체 산업과 컴퓨터 게임 등 인터넷 공간을 이용하여 새로운 가상공간의 세계문화를 주도하고 있다. 가상공간의 인터넷 문화의 영향력은 정보와 뉴스의 실시간 소통을 통하여 일반 대중의 세계관을 변화시키는 데 탁월한 역할을 하고 있다.

이번 봉은사 땅 밟기 사건의 전말도 인터넷을 통하여 일반에게 확산되었고, 결국 공중파를 통하여 시사 뉴스에서 전 국민에게 부정적으로 보도되었다. 매스컴과 인터넷의 영향으로 기독교인을 포함한 한국의 일반적 여론은 봉은사 사건에 대하여 한국 기독교의 몰상식한 호전적 선교 방식 때문이라고 그 원인을 생각하도록 만들었다. 소외된 곳에 하나님의 사랑을 나누며 구호 개발 환경 보전에 앞장서는 기독교 선교의 다양한 선교 전략과 방식들이 있음에도 불구하고, 일반에게 기독교 선교는 호전적이며 전투적이고 배타적인 방식을 취한다는 인식이 확산되고 말았다.

우리는 금번 봉은사 땅 밟기 사건의 뼈아픈 교훈을 통하여 영적 전쟁으로서 '땅 밟기 기도'에 대한 선교 전략을 신중하게 세워야 한다. 아무리 좋은 목적을 가지고 옳은 길로 인도하려고 하는 일이라도 일반 사회의 몰이해로 인하여 반사회적으로 비추어진다면 그 선교 전략은 심도 있게 재고해 보아야 한다. 그리고 진정한 영적 전쟁은 물리적이고 지리적인 땅 밟기가 아니라 종교 문화 사회 속에 뿌리 깊게 박혀 있는 악한 영의 궤계, 곧 음란과 부정과 사욕과 악한 정욕과 탐심의 우상숭배를 무너뜨리고 하나님의 영광을 되찾는 진정한 땅 밟기 기도가 실천되어야 할 것이다.

3) 땅 밟기 기도에 대한 부정적 함의의 제거: 동행기도

땅 밟기라는 용어는 일반에게 오해를 불러일으킬 수 있는 부정적 함의를 가지고 있다. 우리말에 '밟는다'라는 어감은 상대방을 강압적으로 억압하는 의미가 내포되어 있다. 이 용어는 상대방을 적으로 규정하고 밟아 쓰러뜨리는 싸움이나 전쟁에서 사용하는 표현이다. 즉, '밟는다'는 표현은 상대를 '밟아 억압한다' 혹은 적군을 '밟아 쓰러뜨리고' 싸움에서 승리한다는 의미를 가지고 있다. 구약에서 밟는 것에 대한 표현은 "세상에 있는 모든 갇힌 자들을 발로 밟는 것"(예레미야애가 3:34), "빈민을 학대하는 것과 정의와 공의를 짓밟는 것"(전도서 5:8), "강성하여 대적을 밟는 백성"(이사야 18:7), "어찌하여 네 의복이 붉으며 네 옷이 포도즙 틀을 밟는 자 같으냐"(이사야 63:2) 등이 있다. 특히, 최근에 일어난 봉은사 땅 밟기 사건을 계기로 일반인들에게 땅 밟기는 종교 간 전쟁을 불사하는 듯한 전투적인 어감으로 인식되고 있다. 기독교는 일반에게 타종교를 짓밟고 무너뜨리며 괴롭히는 제국주의적인 모습으로 비추어지고 있다.

이외에도, 땅 밟기는 한국 전래 토속 민간 신앙인 지신밟기와 그 표면적 형식(form)과 맥을 같이하는데, 이것에 대하여 그리스도의 피로 그 종교적 주술적 의미(magical meaning)를 변혁(transformation)시키지 아니하면 샤머니즘적 주술 행위로 오인될 수 있다.

그러므로 땅 밟기를 할 때에는 지역 영에 의해 저주받은 땅을 밟는 물리적 접촉만으로 거룩하게 한다는 역현(Kratophany)의 주술적 방식을 사용하기보다는 기도로서 하나님의 능력으로 거룩하게 한다는 신현(theophany)의 성경적 방식을 사용해야 한다. 아스돗의 독종 재앙이 그 지역이나 사물 때문이 아니라 하나님께 대한 불경함 때문이었고, 예수의 이름은 스게와의 아들들처럼 주술적인 주문으로 사용되어지는 것이 아니라 믿음의 인격적인 신앙의 관계인 것이다(삼하 6:7, 19; 행 19:13~16).[144]

---

144) Robert J. Priest et al., "Missiological Syncretism: The New Animistic Paradigm" In *Spiritual Power and Missions*, edited by Edward Rommen(Pasadena, CA: William Carey Library, 1995), 56-64.

본래 땅 밟기 기도는 영어식 표현인 '걷기기도(prayerwalking)'를 번역한 것으로, 걸으면서 하는 기도를 말한다. 즉, 동네를 한 바퀴 산책하면서 그 동네와 주민들의 안녕과 행복을 위하여 기도하는 것을 의미한다. 사실, 땅 밟기 기도를 주창한 스티브 호돈은 이것의 유익이 이웃에게 혐오감을 주는 것이 아니라, 이웃을 이해하고 사랑하며 조용히 섬길 수 있는 방법이라고 주장한다. 골방에서 홀로 고독하게 기도하는 것이 아니라 이웃을 산책하며 이웃 사람들과 인사하고 그들의 안부를 물으며 그들을 위해 기도해 주는 것은 매우 친근한 선교 전략이라는 것이다.[145] 물론 이웃과의 행복한 삶에 도전을 하는 악한 영의 억누름에 대하여 영적 전쟁이 일어나지만 이것은 영적인 싸움이지 실제로 이웃과의 육체적인 싸움을 의미하지 않는다.

그런데 이것이 땅 밟기 기도로 번역되어 도전적이고 전투적이며 부정적인 이미지를 갖게 되었다. 그러므로 땅 밟기의 부정적인 함의를 긍정적이고 호의적인 용어로 바꾼다면 기독교 선교 전략상 일반인들이나 타 종교인들에게 거부감 없이 다가갈 수 있을 것이다. 함께 걸으면서 그들의 안녕과 행복을 위해 기도해주는 것을 싫어할 사람이 누가 있겠는가!

땅 밟기 기도에 대한 대체 용어는 여러 가지가 있을 수 있다. 땅 밟기 기도에 대하여 영어를 직역한 걸으면서 하는 기도나 걷기기도 혹은 산책기도 등은 걷는 것에 강조를 두지만 함께 하는 기도라는 의미가 부족하다. 그래서 걷는 것과 함께 기도하는 것을 충족시키는 '동행 기도'라는 용어를 땅 밟기 기도에 대한 대체 용어로 제시하고자 한다. 이 용어를 사용하게 되면, 땅 밟기에 대한 일반의 부정적인 오해를 불식시키고 함께 공동체를 위해 기도하는 하나님의 선한 목적이 부각될 수 있을 것이다.

3. '땅 밟기'기도는 계속되어야 하는가?

기독교 선교에 대한 부정적 선입견과 오해가 편만해진 이 시기에 기독교 선교는 '땅 밟기' 기도를 계속 할 수 있을 것인가? 앞에서 살펴본 대로 땅 밟기 기도는 성경적 근거와 그 목적이 분명하므로 계속 진행되어야 한다. 그 기도는 어둠, 사망, 저주, 질병, 악한 세력에 대적하여 빛, 생명, 축복, 평강, 선한 하나님의 나라가 임하게 하는 데 목적이 있으므로, 선교 전략으

---

145) Graham Kendrick and Steve Hawthorne, 『땅 밟기 기도』, 15–16.

로 지속적으로 실행되어야 한다. 그러나 그 용어를 사용하는 데에 신중히 결정하여 야 할 것이다. 즉, 일반에게 부정적 함의로 인식되었던, 땅 밟기 기도를 일반에게 편안함과 함께함의 의미를 주는 동행 기도로 용어를 변경하면 기독교 선교의 호전적이고 배타적인 면모를 약화시킬 수 있을 것이다.

그리고 '땅 밟기 기도'에 대한 선교신학적 해석을 통하여 땅 밟기를 지리적 물리적 땅 밟기로 제한할 것이 아니라, 그것을 넘어서 문화와 종교 그리고 가상공간의 인터넷 문화의 영역에까지 그 지평을 넓혀 "음란과 부정과 사욕과 악한 정욕과 탐심의 우상 숭배"를 물리치고 하나님의 나라의 구원을 완성하는 일에 기독교인들의 참여를 이끌어 내야 할 것이다.

제6장 종교다원주의로 인한 사회 문화적 가치 변동에 따른 선교 전략

2010년은 1910년 에든버러 세계 선교사 대회 100주년을 맞이하는 해이다. 케네스 라투렛(Kenneth Scott Latourette)은 기독교 선교 역사상 기독교의 복음이 서구 선교사들에 의해서 아시아, 아프리카, 아메리카, 남태평양 등 전 세계적으로 전파된 19~20세기를 "개신교 시대(the Protestant Era)"로 평가하였는데, 20세기 초 1910년에 열렸던 에든버러 세계 선교사 대회는 19세기 서구 선교를 결산하고 20세기 서구 선교의 방향성을 정립하는 역사적인 대회였다.[146] 이 대회에 참여했던 1,200여 명의 전 세계적인 대표들은 19세기 서구 선교 사역을 결산하고, 향후 20세기 선교의 방향성을 '이슬람 확산에 대한 두려움과 대처', '일치와 협력', '민족 교회 설립', 그리고 '세계 정복에 대한 계획'으로 결론 맺었다.[147]

이제 그로부터 100년 후 피선교지였던 동방의 작은 고요한 아침의 나라 한국에서 에든버러 100주년을 기념하는 선교대회가 2010년 6월 23~24일 장로회신학대학교에서 열렸다. 선교대회의 정식 명칭은 "세계 선교의 어제·오늘·내일"이라는 주제하의 에든버러 세계 선교사대회 100주년기념 2010 한국대회이다. 이번 선교대회에서 100명의 국내외 선교학자들이 10개의 분과로 조직되어 주제논문을 발표하는데, 제8분과장인 저자에게는 제8분과인 "문화와 종교와 사회변동" 영역에서 "종교다원주의와 사회적 가치관의 변화"라는 주제가 맡겨졌다. 그래서 저자는 "종교다원주의로 인한 사회 문화적 가치 변동에 따른 선교 전략"에 대하여 연구하게 되었다.

---

146) Kennett Scott Latourette, *Christianity in a Revolutionary Age: A History of Christianity in the Nineteenth and Twentieth Centuries, vol I: The Nineteen Century in Europe*(Grand Rapids, MI, Zondervan, 1969), vii-viii. 라투렛은 19~20세기 규정하면서, 나폴레옹 전쟁이 끝나는 1815년을 19세기 시작의 해로 설정하였고, 1차 세계대전이 시작되는 1914년을 20세기 시작으로 규정하였다. 그는 19세기 유럽의 제국주의적 팽창과 더불어 서구 기독교의 선교가 활성화되었음을 주장하였고, 20세기에는 식민지 독립으로 인하여 서구 기독교가 전 세계적인 기독교로 확장되었다고 평가하였다.

147) Timothy Yates, *Christian Mission in the Twentieth Century* (New York: Cambridge university Press, 1994), 28-33.

본 장에서는 1910년 에든버러 대회에서 다루어졌던 서구 중심의 세계 복음화 사역의 19세기 결산보고인 "세계 선교를 위한 협력과 일치의 필요성"을 염두에 두면서, 2010년 에든버러 100주년 한국대회를 의미 있게 만들기 위해서 21세기 종교다원주의로 인해 야기된 사회적 가치관의 변화의 틀 안에서 어떻게 기독교 복음을 효과적으로 전달할 것인가에 대하여 살펴보고자 한다.

1. 종교다원주의로 인한 사회 문화적 가치 변동

19세기 종교적 이상은 서구 기독교를 중심으로 세계 종교의 정복과 통치였다. 다윈의 진화론의 영향은 과학을 넘어서 종교 사회 문화 전 영역에 걸쳐 확산되었다. 특히 문화진화론과 비교종교학의 발달은 모든 종교, 즉 애니미즘에서부터 불교 힌두교에 이르기까지 모든 종교는 가장 탁월한 종교인 기독교로 통합되리라는 확고한 이상을 19세기 사람들에게 심어주었다. 이에 대한 극명한 예가 1893년 시카고에서 열린 제1회 세계 종교 회의(World Parliament of Religions)였다. 이 대회에서 서구 근대의 세계 종교 통합의 이상이 선언되었는데, 이것은 자유롭고, 개신교적이며, 매우 특별한 미국적 가치관의 결과물이었다.[148]

이러한 19세기 종교 통합의 시대에 서구 선교사들은 종교 가운데 가장 탁월한 기독교의 복음 전파를 위하여 개화 문명론의 도구를 가지고 전 세계 미개발된 민족들에게 다가갔다. 이들의 헌신적인 선교 사역의 결과 19세기를 결산하는 1910년 에든버러 대회에 한국과 중국을 비롯한 전 세계의 1,200여 명의 기독교 대표들이 모이게 되었다. 이들에게 20세기는 전 세계 인류의 복음화와 세계 종교의 몰락과 더불어 기독교 구원의 완성의 이상이 실현되는 하나님의 통치의 때로 여겨졌다.[149] 그러나 20세기 들어서 아시아, 아프리카, 남미 등의 서구 식민 지배를 받던 국가들이 서구의 지배로부터 민족해방과 국가독립의 과정을 통하여 제3세계를 형성하게 되었다. 이와 동시에 서구로부터 독립한 신생 독립국가들은 서구 종교인 기독교에 대한 반감과 각 민족 전통 문화와 종교의 재활성화(revitalization of religion)의 과정을 겪게 되었다. 이러한 과정에서 기독교는 서구 기독교의 모습에서 점차적으로 각 민족 전통에 토착

---

148) Michael Collins, 『기독교 역사』, 김승철 역(서울: 시공사, 2003), 89.
149) Timothy Yates, *Christian Mission in the Twentieth Century*, 30-31.

화된 기독교로 전환되고 있었다. 21세기는 20세기 시작된 각 민족의 전통 문화 복원과 전통 종교의 재활성화 그리고 각 민족의 기독교 토착화가 완성되어가는 시기로서 기독교 선교에 또 다른 차원의 대응 방식을 요구하고 있다.[150]

한편, 19세기 유럽과 서구 중심의 종교였던 기독교의 제국주의 선교의 결과, 서구의 종교에서 세계 종교로 된 기독교는 아시아, 아프리카, 남미 등에 기독교 복음과 더불어 19세기 시대정신인 계몽주의와 서구문명을 전달했다. 이로 인하여 전 세계 문화와 종교는 기독교와 더불어 간접적으로 전파된 서구 문명에 영향을 받으며, 지속적으로 밀려오는 세속화(secularization)의 도전에 직면하게 되었다. 이 과정에서 전통 종교들은 세속화를 거부하거나, 혹 기독교와 습합하여 새로운 신종교 운동(new religious movements)으로 탈바꿈되기도 하였다.[151] 그러던 중, 20세기 후반 신자유주의(neo-liberalism)와 세계화(globalization)의 경향에 따라 세계의 전통 종교들과 신종교들은 자신들의 고유한 영역에서부터 전 세계로 진출하기 시작하였다. 세계는 바야흐로 종교다원주의 시대가 된 것이다.

종교다원주의는 본래 프랑스 혁명 이후 계몽주의 운동에 의하여 기독교에 대한 반감이 증가함에 따라, 대안 종교로서 동양 종교에 대한 낭만적 동경으로부터 태동되었다. 그런데 20세기 종교 전쟁과 문화 갈등의 상황 속에서 기독교의 절대성과 배타적 우위성은 비판받기 시작하였고, 현재 기독교 내외적으로 종교다원주의는 더욱 확산되게 되었다.[152] 종교다원주의의 영향으로 기독교는 하나의 상대적인 종교로 일반에게 인식되었으며, 기독교 내에서도 타종교에 대한 배타적 태도에 대한 자성과 반성이 촉구되기도 하였다. 21세기 들어서서, 동아시아의 유교와 서남아시아와 동남아시아에 기반을 둔 힌두교와 불교, 중앙아시아와 근동, 중동, 북아프리카의 이슬람, 남미 아마존, 아프리카, 북아시아의 샤머니즘, 그리고 권역별 종교들의 유럽과 미국 등 서구 세계로의 진출에 따라 종교다원주의의 확산은 더욱 가속화되고 있다. 이러한 종교다원주의 현상은 문화권마다 그동안 서구에 의해 왜곡되어 왔던 자신들의 종교 문화적 정체성을 회복시키고, 자신들의 종교의 고유한 문화적 특성들을 더욱 특성화시키도록 독려하였다.

---

150) Louis J. Luzbetak, *The Church and Cultures: New Perspectives in Missiological Anthropology* (Maryknoll, NY: Orbis, 1995), 106-108.

151) David Burnett, *Clash of Worlds* (Nashiville, TN: Nelson, 1992), 138-143. cf. David Martin, 『현대 세속화 이론』, 김승호 외 6인 역(서울: 한울 아카데미, 2008), 41-56. 19세기 후반 20세기 초, 세상을 복음에 맞도록 개조하려고 시도했던 "기독교 선교의 승리주의"(Christian missional triumphalism)와 20세기 후반 복음을 세속에 맞추어 개조하려는 "세속적-자유 승리주의"(secular-liberal triumphalism)는 모두 세속화에 대한 기독교적 대응 방식으로서, 21세기에는 기독교의 세속화에 대한 반발로 기독교 내부에서 영성을 주장하고 있다.

152) 이정석, 『현대 사회의 도전과 교회의 대응』 (서울: 새물결 플러스, 2008), 106-107.

특히, 현대 모더니즘과 문명화로 인해 인류 사회에 발생한 부정적인 결과들에 대하여, 새로운 치유책으로서의 각 종교 문화권의 가치들이 새로운 대안으로 대두되고 있다. 인류 사회의 구원을 위해 새롭게 발견되는 가치들은 서구 문화의 근간이 되었던 기독교에게 도전이 되고 있고, 각 종교 문화 전통들도 자신들의 고유한 종교 문화적 가치들을 전 인류 사회를 위한 보편적 가치체계로 변화시키고 있다. 그러면 종교다원주의 시대에 효과적 선교 전략을 강구하기 위하여 먼저 각 종교 문화권에서 시대에 맞추어 변화하고 있는 가치 체계를 살펴보고자 한다.

1) 유교 문화권 - 공동체 지향성의 가치

동아시아 특히 한국, 중국, 일본, 싱가포르, 타이완 등은 유교 문화권으로서 유교의 신분제적이고 위계적인 서열 문화의 영향력 아래에 있다. 20세기 동아시아에서는 자유, 평등, 인권 등 서구적 근대 가치관에 대한 동경으로 인하여 위계나 신분의 서열 등을 강조하는 유교적 전통 가치들은 버려야 할 과거 유산으로 여겨져 왔다. 현재 유교의 신분제적 서열은 현대 문명의 영향 하에 자취를 감추었지만, 그 위계적 서열은 아직도 그 영향력을 발휘하고 있다. 그러나 21세기 세계화의 시대에 발맞추어, 동아시아의 종교인 유교는 더 이상 반인권적 전통 종교라는 부정적인 이미지로부터 탈피하려고, 동아시아 유교 문화에 대하여 새롭게 해석하려고 노력하고 있다.

동아시아의 한국, 중국, 일본, 싱가포르, 타이완 등이 경제 성장을 이룩하면서, 동아시아 자본주의 형성의 근간으로 유교적 가치관을 주목하고 그것을 재조명하기 시작했다.[153] 물론 유교적 가치관에는 기존의 남존여비 여성차별, 수직적 인관관계, 가족적 정실주의, 고답적 형식주의 등 비판의 여지가 많았다. 그러나 서구의 가치인 개인주의가 극단적 이기주의로 치닫게 되자, 21세기를 주도할 새로운 가치관으로 동아시아 문화의 정체성과 공동체 지향의 동아시아 가치에 대하여 탐구하기 시작했다.[154] 유교의 네 가지 덕목인 인의예지(仁義禮智)를 공동체 지향적으로 "사랑, 정의, 관계, 지혜"로서 재해석되었고, 한 개인이면서도 동시에 가족이며 공동체의 일원이라는 유교의 공동체적 가치관은 극단적 개인주의로 인하여 기계화된 사회관

---

153) 송하경, 『세계화의 바람 앞의 동아시아 정신』(서울: 다운샘, 2009), 13-27.
154) 홍석준, 임춘성, 『동아시아 문화와 문화적 정체성』(서울: 한울, 2009), 27-31.

계 속에서 공동체의 조화로운 협력을 이끌어내었다.[155]

줄리아 칭(Julia Ching)은 더 나아가 유교에서 "인간의 존엄성과 평등성"의 가치를 발견할 수 있다고 주장하고 있다. 그녀에 따르면, 공자는 인간본성 실현의 평등성을 가르쳤고, 통합적 인격으로 헌신하는 군왕의 길을 가르쳤다고 한다. 물론 공자는 도덕적 관계에서 수직적, 위계적 질서를 가르쳤지만, 그녀는 기존에 부정적으로 평가하였던 유교의 위계질서의 가치조차도 비인권의 차원이 아닌 인간의 책임성과 상호의존성의 관점에서 해석해야 한다고 주장했다.[156] 미래학자 헤르만 칸(Herman Kahn)은 적자생존의 무한경쟁시대의 신자유주의의 대변자인 서구 자본주의가 21세기에 그 한계에 부딪칠 때, 유교적 자본주의가 그 자리를 대체할 것이라고 동아시아 경제 부흥을 예견하였다. 이는 동아시아의 종교인 유교의 "이득을 보면 정의로운가를 생각"하는 견리사의(見利思義) 가치관 때문이라고 한다. 공자는 논어 리인(里仁)에서 "이익을 좇을 때에 의로움이 따르지 아니하면 오히려 사회악이 될 수 있다"고 보았고, "이익을 추구할 때에는 반드시 의를 전제해야 한다"고 강조하였다고 한다.[157] 이것은 적자생존, 약육강식의 서구 자본주의 논리가 전개되는 신자유주의 세계화의 시대에서 유교적 가치관으로 성공할 수 있는 새로운 유교적 자본주의의 대안을 말하는 것이다.

예일대 메리 에블린 터커(M. E. Tucker)는 가족이나 공동체, 그리고 타인과의 인간관계를 중시하는 유교의 가치관은 일종의 문화적 유전자처럼 이 사회에 긍정적으로 뿌리내릴 것이라고 주장했다. 중국 런민대(人民大) 천밍 교수는 유교의 사상은 전체를 하나로 보는 조화와 협력의 시각에서 비롯되므로 충돌보다는 타협을 통해 문제를 해결한다고 주장했다. 그리고 칭화대 캉샤오광 교수는 중국의 문호개방 이후 과도한 자유주의로 인한 도덕성 상실과 자본주의로 인한 빈부격차의 확대 등의 문제를, 오랫동안 외면해 왔던 유교의 가치인 공동체 화합을 통한 도덕성 회복을 통해 해결해야 한다고 주장했다.[158] 이처럼 유교는 세계화의 시대에 개인주의의 기초위해 세워진 서구의 인권과 평등을 넘어설 수 있는 공동체적 조화에 기초한 인간존엄성의 실현으로서 자신의 가치를 내세우고 있다.

개인으로 파편화된 현대 사회는 인간의 마음에 의한 협력보다는 '계약'에 의해 지탱되는

---

155) KBS 인사이트 아시아 유교 제작팀, 『유교 아시아의 힘』(서울: 예담, 2007), 8-9.
156) Julia Ching, 『유교와 기독교: 동서문화의 비교연구』, 임찬순 외역(서울: 서광사, 1993).
157) KBS 인사이트 아시아 유교 제작팀, 『유교 아시아의 힘』, 150-151.
158) KBS 인사이트 아시아 유교 제작팀, 『유교 아시아의 힘』, 104-105.

차가운 사회로 변질되었다. 개인의 인권을 잘 보호하고 있다고 하지만, 많은 개인들이 법과 계약의 테두리 안에서 스스로 소외되거나 버려진 채 존재하는 비정함이 현대인들을 괴롭히고 있다. 이처럼 개인주의의 부정적 측면을 심각하게 경험한 현대인들은 유교의 가치인 공동체 중심, 가족의 조화, 관계의 형성 등의 가치를 향하여 긍정적으로 다가가고 있다. 이런 변화의 요청에 효과적으로 대응하고 있는 유교의 노력에 기독교 선교는 무엇을 하고 있는가? 가족, 집단, 국가에 대한 책임성과 의무를 보다 강조했던 유교의 '공동체 지향성' 가치에 대한 기독교 선교의 효과적인 접근 방안이 필요한 시점이다.

2) 불교 힌두 문화권–인과응보의 가치

인도와 스리랑카 등 서남아시아와 태국, 미얀마, 라오스, 캄보디아 등 동남아시아는 불교 힌두 문화권의 영향력 아래에 있다. 이들의 세계관은 인과응보 사상을 기초로 한 환생과 윤회 그리고 윤회의 고리를 끊는 열반 사상으로 이루어져 있다. 20세기 후반 인도와 중국의 세계화가 진행되면서 서구 문화에 이러한 불교 힌두 문화가 확산되어 가고 있다. 불교 힌두 문화 중에 특히 전생요법이나 요가 명상 등은 인과응보의 불교 힌두 문화가 서양에 전파된 것으로 볼 수 있다.[159] 서구에서는 이러한 문화가 이미 1875년 미국의 '테오소피(Theosophy)'로부터 시작하여 20세기 후반 '뉴 에이지 운동(New Age movement)'에 이르기까지 넓게 확산되고 있다.

힌두교의 근본적인 교리는 인과응보의 법칙에서 기초하였다. 즉, 최고신 브라마(Brahma)는 우주 만물을 창조했는데, 우주의 반복되는 주기에 따라 인간의 영혼은 연이어 여러 생을 환생하게 된다. 그런데 그 기간은 인과응보의 법칙인 카르마(Karma)가 해결되어 열반(nirvana)에 들어가기까지이다. 이러한 인과응보의 법칙은 힌두 불교문화에서 산스크리트어로 '깔 차크라'라 불리는 '시간의 법륜' 사상에 잘 나타나고 있다.[160] 힌두 불교 문화권에서는 어제와 내일이라는 단어가 같은데, 모두 '깔'이라고 표기된다. 이것은 이들의 시간 개념으로서, 이들에게 어제는 오늘이 되고, 오늘은 내일이며, 내일이 곧 어제이기 때문이다. 사실, 불교는 최고신의 존

---

159) 조승연, 『인도에서 만나는 종교와 문화』(서울: 민속원, 2005), 114–127. 물론, 불교 교리서에는 환생이 언급되지 않고, '선불교'에서는 환생을 부정하고 있는데, 이는 불교에서는 영혼의 개념이 없기 때문으로 이해된다. 그러나 힌두교의 환생이나 불교의 윤회 사상 모두 인과응보 사상의 일부에 속함으로 불교 힌두권으로 분류하고자 한다.

160) 김도영, 『인도인과 인도문화』(부산: 산지니, 2009), 149–150.

재를 인정하지 않지만, 윤회와 환생의 교리는 받아들이고 있다. 이러한 불교 힌두권의 인과응보 법칙에 근거한 환생 교리는 오늘날 전생요법으로 일반인들에게 다가서고 있다. 전생요법은 질병의 근원을 현생이 아니라 전생에서의 부정적 부착(negative attachment)에서 찾는데, 그 방법으로 초월명상과 요가를 사용하고 있다. 힌두교는 이러한 전생요법에 사용되는 초월명상과 요가라는 건강 증진 방식의 활용을 통하여 일반인들에게 힌두교와 불교를 간접 선교하는 효과를 거두고 있다. 불교 힌두교의 간접선교는 뉴 에이지 운동(New Age movement)을 통해 진행되는데, 이들은 자유 에너지(free energy), 유체이탈 경험(out of body experience), 몰입경(trance=hypnotic state), 대체치유(alternative healings) 등의 방식을 사용하고 있다. 이들은 환생을 믿으며, 모든 것이 하나이며, 모든 것이 신이고, 사람은 단지 신의 일부로서 변화된 의식상태를 통하여 스스로의 현실을 만들어 나간다고 믿고 있다.[161]

전생요법은 불교와 힌두교와 뉴 에이지의 영향이었으나, 최근 초월명상이나 요가 혹은 최면요법을 사용하면서 종교성을 넘어서서 과학적으로 입증된 객관적인 요법인 양 인정되고 있는 듯하다. 이러한 최면요법의 과학적 검증과 요가 명상의 일반적 접근은 이들의 환생 교리의 진실성 문제가 일반에게 전생에 대한 신앙으로 접목되고 있다. 불교 힌두권의 환생과 전생의 진실성 여부는 전생을 부정하는 기독교 선교에 커다란 도전이 되고 있다.[162]

3) 이슬람 문화권-정결성의 가치

팔레스타인 자치국과 요르단, 시리아 등 근동(Near East), 사우디아라비아, 이란, 이라크 등 중동(Middle East), 카자흐스탄, 우즈베키스탄, 아프가니스탄 등 중앙아시아, 그리고 파키스탄, 방글라데시, 인도네시아, 필리핀 민다나오 등은 이슬람 문화권의 나라들이다. 세계 12억의 인구가 신봉하는 '이슬람'은 일반적으로 부정적인 이미지, 즉 아랍 유목민, 반미 9·11 테러, 후세인 독재, 오사마 빈 라덴의 '알 카에다', 여성 인권 사각지대, 정·교일치 등으로 왜

---

161) 힌두교와 뉴 에이지의 환생론의 차이는 전자는 환생에 대하여 부정적이고 후자는 긍정적이라는 데 있다. 힌두교에서는 환생을 부정적으로 보고, 현생에서 환생에서 벗어나 '신'에게 가기 위하여 노력하여야 함을 주장한다. 그러나 뉴 에이지에서는 환생함으로써 현생의 못 다 이룬 목적들을 다음 생에 성취할 수 있으므로 환생을 긍정적으로 이해한다.

162) 최면감수성 척도 HGSHS:A (Harvard Group Scale of Hypnotic Susceptibility, Form A) 테스트 결과, 최면전생 퇴행시의 전생기억이 상상몰두 및 환상 빈발 경향과 유의한 상관관계가 있음이 밝혀졌다. 이는 최면 전생 퇴행시의 전생기억 생성은 암시에 의한 생성물이며, 전생의 기억이라고 간주되는 정신현상들은 실은 기억이 아니며 환상이라는 것이다. 결론적으로 최면에서의 전생기억은 암시에 의한 것으로서 전생이 존재한다는 증거가 될 수 없는 것이다.

곡되어 일반에게 인식되고 있다.[163] 이러한 부정적 인식은 20세기 후반 이슬람의 세계화가 진행되면서 점차 사라지고 있다. 이슬람 국가 중 이란은 아랍 민족이 아니고, 이집트는 여성의 인권을 법적으로 보장하여 약 200만 명의 여성 공무원을 채용하고 있으며, 쿠웨이트는 미국에 우호적이며, 터키는 종교와 정치가 분리된 국가로 유럽연합에 가입하려고 노력 중이다.[164] 특히, 반미, 테러, 인권 유린 등은 극단의 이슬람 원리주의자들에 의한 것으로 밝혀지고 있으며, 이슬람교 자체는 '앗살람 알라이쿰' 평화의 인사를 하는 평화의 종교라고 주장되고 있다.[165]

이슬람 문화권은 반미, 아랍 민족주의자들의 문화를 말하는 것이 아니라, '인샬라(Inshallah)!', '알라의 뜻'을 따르는 사람들의 문화권을 지칭한다. 이슬람 원리주의자들의 9·11 테러와 미국의 아프가니스탄 공습은 '문명의 충돌'이라는 신조어를 만들어 냈으나, 이러한 유혈 사태를 중동의 이슬람 문명과 서구 문명의 충돌로 볼 수는 없다. 이슬람의 알라의 뜻은 대미 테러와 그 응징인 아프간 공습이 아니고, 이슬람의 신앙은 기본적으로 신앙을 실천하는 다섯 기둥에 나타나는데, 그것은 '신앙 증언'(Shahadah, 샤하다), 해뜨기 전부터 밤까지 하루 다섯 번 '예배'(Salah, 살라), 수입의 최소 2.5% 종교부금 혹은 '자선'(Zakat, 자카트), 이슬람력 9월 라마단에 행하는 '라마단 금식'(Sawm, 사움), 이슬람력 12월 10일을 전후로 이슬람 최고 성지인 메카를 방문하는 '순례'(Hajj, 하지)를 말한다.[166]

이슬람의 종교 문화 중심에 있는 알라의 뜻의 핵심 사상은 '정결성'이다. 무슬림들은 알라의 뜻을 성취하기 위해 자신의 몸을 정결하게 함으로써 알라에 대한 정결성을 지키려고 노력한다. 이들은 우선 육체의 성욕으로부터 정결을 지키려고 노력한다. 이슬람 사회에서는 성욕을 자극하는 모든 태도와 몸짓이 금기사항이며, 혼외 성관계를 엄격하게 제한하고 있다. 2007년 3월 중동의 '오프라 윈프리'로 불리는 이집트의 여성 토크쇼 진행자 할라 사르한이 사회 안녕을 해치고 난잡하고 음란한 행동을 부추겼다는 이유로 이슬람 근본주의자들의 테러를 피해 영국 런던으로 피신한 일이 발생했다. 그녀는 아랍권 위성 TV '할라쇼'에서 아랍권 여성들의 인권을 대변하는 위해, 음성적으로 이루어지는 외도나 매춘을 고발하였다가 신변상의 위

163) 이희수, 이원삼, 『이슬람: 9.11 테러와 이슬람 세계 이해하기』(파주: 청아, 2009), 17-46.
164) 이희재, 『터키』(서울: 리수, 2008), 151-156.
165) 서정민, 『인간의 땅, 중동』(서울: 중앙북스, 2009), 286-287.
166) 정수일, 『이슬람 문명』(파주: 창비, 2008), 137-159.

협을 당한 것이었다.[167]

무슬림들은 또한 육체의 탐욕으로부터 정결성을 지키기 위해 돼지고기, 죽은 짐승의 고기 등을 먹어서는 안 되고, 포도주를 비롯한 독주 등 음주를 해서는 안 된다.[168] 그리고 사회적 정결성을 유지하기 위하여 정신적 건강을 해치는 도박이나 스포츠, 현란한 춤과 노래, 선정적인 영화나 인터넷 등도 금지하고 있다. 2006년 6월 사랑과 종교에 대한 인터넷 블로그 '사우디 이브'가 폐쇄되었는데, 이는 사회적으로 선정성이 전파되지 않도록 하기 위한 제재였다.[169] 무엇보다도 종교적인 정결성을 지키기 위해서는 '샤하다' 신앙증언과 '살라' 하루 다섯 번 예배, '자카트' 종교부금, '사움' 라마단 금식, '하지' 성지 순례 중에, 특히, '자카트' 종교부금은 '순결, 정화'를 뜻하는 '자카트'의 의미처럼 재산이나 부를 정결하게 하는 것이다. 이들이 종교 부금을 알라에게 바칠 때에 비로소 무슬림의 재산과 부는 정결하게 된다고 믿는다. 그리고 코란, 수나, 하디스, 법학자공동체의 합의(이즈마, Ijma)에 바탕을 둔 '큰 길'의 뜻인 샤리아 법은 무슬림의 정결성 유지를 위해서 간통, 강도, 절도, 배교 등의 범죄에 대해 중형을 규정하고 있다.[170]

정결성 유지를 위한 이슬람의 성전(聖戰) 지하드(Jihad) 역시, 서구세계에 대한 테러와 살인 전쟁 등의 개념으로 왜곡되어 왔는데, 이것은 지하드가 아랍어로 '싸움, 전쟁'이란 뜻으로, 그것을 이슬람의 전체적 맥락에서 해석하지 아니하고 이슬람 원리주의자들의 대미 테러 전쟁으로 잘못 해석하였던 결과였다. 지하드에 대한 진정한 해석은 알라의 뜻을 따라 '정결성을 시키기 위한 사기와의 싸움'이라고 해야 한다. 즉, 지하드는 알라의 뜻을 따라서 자신의 욕정을 정복하고, 탐욕을 버리고 사랑을 베푸는 삶을 말하는 것이다. 이런 의미에서 이슬람 원리주의자들 중 급진파들이 폭탄테러나 전쟁을 통하여 자신의 생명을 알라에게 바쳐 정결성을 획득하려는 시도는 반이슬람적인 것이다. 일반적인 무슬림들은 테러가 아니라 자신의 육체적 욕망에서 정결하게 하려는 종교적인 사람들인 것이다. 이러한 이슬람의 정결성의 가치는 21세기 세속화된 기독교의 모습에 도전이 되고 있다.

---

167) 서정민, 『인간의 땅, 중동』, 348.
168) Masakatsu Miyazaki, 『하룻밤에 읽는 중동사』, 이규원 역(서울: 랜덤하우스, 2009), 48-49. 음주는 시아파 이슬람 국가에서 허용되기도 하지만 대부분 이슬람권에서 금지된다.
169) 서정민, 『인간의 땅, 중동』, 306-307.
170) 이원삼, 『이슬람 법 사상』(서울: 아카넷, 2001), 19-52. 샤리아 법은 남성 중심의 법체제로 여성이 결혼이나 이혼 의사를 제기하는 것은 거의 불가능하다. 여성이 이혼을 제기하는 것은 남성의 명예를 더럽히는 것으로 간주되어, 여성은 공동체에서 사실상 축출되고 만다. 여성이 가족의 명예를 더럽혔다는 이유만으로 가족이나 친지들에 의해 여성들이 살해되는 전근대적인 '명예 살인(honor killing)'이 아직 존재한다.

4) 샤머니즘 문화권-상생의 가치

일반적인 세계종교의 관점에서 샤머니즘을 하나의 종교로 인정하지 아니하고, 기복신앙이나 주술 정도로 치부해 왔다. 복이나 빌고 점을 치는 것, 즉 기복과 주술은 현대 샤머니즘 신앙의 한 편린에 불과하고 샤머니즘의 원류는 고대 동북아 바이칼호를 중심으로 번성했던 신교(神教)라는 주장이 대두되고 있다.[171] 신교는 최고신뿐만 아니라 산, 계곡, 호수, 나무, 강, 바다에 존재하는 신격을 섬기는 것으로 다신교적 신앙 체계이다. 신교는 일본의 신토이즘과 아프리카 혹은 남미 아마존의 토속종교 등과 같이 자연에 깃든 신령들과 조상신령들을 섬기는 시원적 종교(primal religion)와 유사한 종교 체계이다.

신교의 고대 근원인 바이칼호의 어원은 현재 거주민인 브리야트인들보다 이전부터 살았던 야쿠트인들에 의해 '바이쿨'에서 찾아볼 수 있다. 바이칼의 '바이'는 몽골어의 '뷔게'나 브리야트의 '뵈'와 유사한 단어로서 '위대한', '높은', '큰' 등의 의미로서 후일 시베리아 샤머니즘의 샤먼의 명칭 혹은 권력자에 대한 존칭어로 사용되었다. 바이칼에서 '칼'은 물을 담고 있는 골짜기 혹은 호수라는 뜻이다. 그러므로 바이칼은 '샤먼의 호수'라는 뜻으로 풀이할 수 있다. 우랄 알타이계와 퉁구스, 몽골과 한민족의 기원은 모두 바이칼호와 연결되는데, 이들은 바이칼을 신성한 연못인 '천지(天池)'라고 부른다. 이는 바이칼호가 북방세계의 시원이자 근본임을 나타내 주는 것이다.[172]

바이칼호에는 25개의 섬이 있는데, 그중에 가장 큰 섬은 서남쪽에 위치한 아르혼 섬으로서 샤먼의 원형이 살아있는 대표적인 곳이다.[173] 아르혼 섬 주변에는 천신에게 희생 제사를 지내던 만칸(mankan), 자니그칸(zanigkan), 브리야트인의 타일라간(tailagan) 등으로 불린 제사터들이 남아 있고, 푸른 천을 묶은 나무, 성황당(세르게), 나뭇가지나 돌무더기(오부), 고수레, 장승, 자작나무를 세워둔 샤먼의 집 등의 샤머니즘의 종교 형태들이 존재하고 있다. 오늘날 바이칼호 주변의 부리아트 샤먼들은 마을의 대소사를 맡아 주관하는 종교인이자 학교나 기관

---

171) 안경전, 『이것이 개벽이다(상)』(서울: 대원, 2003), 357. 증산교의 강증산은 그의 설법인 도전(道典) 2:26 1~2절에서 원시반본(原始返本)을 주장하였는데, 이는 한민족의 선조들이 바이칼호에서 일으킨 고대문명의 근본인 신교를 회복하여 새로운 세상의 후천개벽을 주도하자는 것이었다.

172) 정재승, 『바이칼, 한민족의 시원을 찾아서』(서울: 정신세계사, 2003), 14~15, 154~166.

173) 정재승, 『바이칼, 한민족의 시원을 찾아서』, 167~178. 오르혼은 브리야트어로 "메마르다"는 뜻으로, 자연환경이 척박한 그곳을 잘 대변해준다. 그곳에는 샤먼들이 다수 거부하고 있고, 샤머니즘의 종교 형태가 원형대로 보존되고 있다. 이곳은 칭기즈칸 테무친의 어머니 고향이고 칭기즈칸의 무덤이 있는 곳으로 추정되는 곳이다.

에서 문화유산을 가르치고 전수하는 사회적인 책임을 다하는 교사와 어른의 역할을 감당하고 있다.[174]

샤머니즘은 증산교를 비롯한 민족종교에 영향을 주어, 기존의 세계종교와 필적할 만한 교리체계와 실천 양태로 발전하고 있다. 이들은 한민족의 시조 단군을 바이칼 호의 대표적인 주신(主神) "텡그리" 곧 하늘의 영, 천신을 숭배하는 제사장이자 고대국가의 통치자로 신봉하고 있다. 이들은 최초의 신교(神敎)의 사제인 단군을 기복이나 주술에 의지하는 오늘날의 무당이 아니라, 고대 제정일치(祭政一致) 국가 사회의 수장으로 재평가하고 있다.[175] 이들은 단군 신화를 단순한 신화가 아니라, 실제 역사 기술로 믿고 있으며, 단군 신화에서 나타나는 환웅천왕의 세 종류의 신물(神物), 즉 거울, 칼, 방울이, 거울은 문화, 칼은 통치, 방울은 음률, 법을 뜻한다고 주장하며, 샤머니즘은 주술이나 치병에 치중하는 미신이 아니라, 하늘의 신을 숭배하는 신교(神敎)임을 강조하고 있다.

이들은 다문화 다종교 사회에서 다문화와 다신론의 존중을 호소하며, 서로 다름을 인정하고 협력하는 상생(相生)과 조화(造化)의 도를 주장하고 있다.[176] 그리고 이들은 빨강, 파랑, 초록의 통일이 백색을 이루듯이 다양한 종교의 통합을 통하여 백색의 광명세계를 이루자고 주장하며, 유일신을 믿는 기독교에 대하여 배타적이라고 도전하고 있다.

2. 기독교 선교의 대응 전략

1) 동아시아 유교권 선교 전략: 공동체 지향성의 선교신학적 해석

기독교는 서구의 문명과 더불어 동아시아에 전달되었고, 이와 동시에 서구 문명의 가치인 개인주의와 효율성의 가치를 우선으로 하는 서구 종교로 일반에게 인식되었다. 기독교인이

---

174) 부이야트 족 샤먼의 집 마당에는 하늘의 행운을 상징하는 푸른 천 '하닥'이 많이 걸린 작은 오부(Ovoo) 나무가 있다. 샤먼들은 현악기와 타악기 음악에 빙빙 도는 춤을 추며, 약지로 양젖을 세 번씩 하늘로 날리는 고수레 의식을 행한다. 세르게는 나무기둥을 세워 만든 기도처로 성황당 같은 곳으로 우리의 솟대 신앙과 연결되며, 나무기둥에는 다양한 색깔의 천조각과 끈을 묶어 두고, 나무 끝에는 독수리를 깎아 얹혀 놓기도 한다.

175) 박정진, 『단군신화에 대한 신연구』(파주: 한국학술정보, 2010), 46–49. 육당 최남선에 따르면, 단군은 하늘이라는 '텡그리'와 연결되는데, 그 어원이 말해주는 것처럼, 하늘의 사제로서 단군은 고대 국가를 통치하였다. 환인과 환웅 이후 단군이 고대 국가를 건국할 때에 백두산의 천지는 북방의 근원지인 바이칼을 대체하는 성소가 되었다.

176) 안경전, 『이것이 개벽이다(상)』, 167–170.

된다는 의미는 가족의 유교적 전통 질서를 부정하고, 사회에서 유교적인 전통적 인간관계보다는 하나님의 보호 아래 개인의 능력을 우선시하는 개인주의적인 사람들이 된다는 것을 의미했다. 그러나 20세기 후반 동아시아에서 유교적 자본주의가 성공하면서 유교의 공동체적 가치가 숭상되자, 기독교인들은 점차 전통적인 유교적 사회로부터 소외되기 시작했다. 기독교는 더 이상 현대 문명의 이기(利機)를 전달해주는 도구의 역할을 할 수 없게 되었고, 오히려 그 부정적인 측면인 개인주의에서 비롯된 고독만이 남게 되었다.

이제 21세기 동아시아 기독교 생존을 위해서는 새로운 공동체적 가치에 대응해야 한다. 동아시아 유교권 선교는 서구 기독교의 개인주의적 가치를 극복하고, 성서에서 '공동체 지향성'의 가치를 재발견하여 동아시아 기독교인들에게 '교회 중심의 공동체성'을 회복할 수 있도록 도와야 한다. 만일 동아시아 기독교인들이 성서적인 '공동체 지향성'의 가치를 회복하여 동아시아 교회 공동체를 활성화시키면, 그 교회를 통하여 동아시아 유교권 사람들에게 효과적인 선교가 가능해질 것이다.

이를 위해서 우리는 선교의 기본 내용인 구원의 복음을 동아시아적인 시각으로 해석하여 '공동체 지향성'의 가치를 발견하여야 한다. 서구 신학은 구원의 복음인 요한복음 3장 3절, 즉 인간의 영혼이 물과 성령으로 '거듭남(regeneration)'을 개인적인 차원에서 해석했다. 서구 신학인 칼빈 신학과 루터 신학 전통은 하나님의 인간 개인 구원 사역에 강조를 두었다.[177] 그러나 동아시아 기독교 선교를 위해서는 구원의 복음의 개인적인 차원을 인정하되, 더 나아가 그것을 '공동체 지향성'의 관점에서 해석을 시도해야 한다.

구약 성서에서 하나님의 선택과 구원은 개인의 부르심과 더불어 공동체의 부르심과 사명으로 연결되고 있다. 출애굽기 19장 5~6절에 따르면, 하나님의 선택과 구원은 민족 단위로 되어졌고, 선민 이스라엘은 '제사장 나라'와 '거룩한 백성'의 공동체적 사명을 가지게 되었다. 또한 요나서 3장 5절에 보면, 요나의 회개 촉구에 돌이켜 하나님을 믿고 회개한 것은 '니느웨 사람들'이었고, 하나님은 니느웨 사람들이 악한 길에서 돌이킨 것을 보시고 재앙을 내리시지 아니하였고, 12만 명의 니느웨 사람들을 구원하셨다(요나 3:10, 4:11).

신약 성서에서 하나님의 구원은 로마서 11장 25~26절에 보면, 순종하는 '온 이스라엘'에게

---

177) Wilhelm Niesel, 『칼빈의 신학』, 이종성 역(서울: 대한기독교서회, 1989), 124-136. cf. 지원용 편, 『루터 사상의 진수』(서울: 컨콜디아사, 1989), 69-103.

작정된 것이고, 요한계시록 7장 9절에 따르면, 하나님의 구원은 '각 나라와 족속과 백성과 방언에서 아무도 능히 셀 수 없는 큰 무리'에게 임하신다. 요한계시록 5장 9~10절과 베드로전서 2장 9절에 하나님은 '택하신 족속'을 부르시고 '왕 같은 제사장들과 제사장 나라 그리고 그의 소유된 백성'으로의 구원과 사명을 주신다.

이와 같이 성경 전체를 흐르는 하나님의 선택과 구원의 복음은 개인 신앙의 차원을 넘어서 각 나라와 민족 백성들의 '교회 중심의 공동체'적인 성격을 가지고 있다. 이것은 구원의 복음에 대하여 동아시아 기독교의 '공동체 지향성의 선교신학적 해석의 지평'을 넓히도록 촉구한다.178) 이러한 구원의 복음에 대한 동아시아적 해석은 21세기 '공동체 지향성'의 가치가 회복되어 영향력을 미치고 있는 동아시아 유교권에 적절한 선교를 위한 하나의 준비 작업이라고 보인다. 기독교 선교는 향후 동아시아 유교권의 '공동체 지향성'의 가치에 필적할 수 있는 기독교적 가치를 지속적으로 찾아내어 선교 전략을 개발함으로써, 동아시아 기독교의 생존과 발전을 위한 선교신학적 노력을 계속해야 할 것이다.

2) 불교 힌두권 선교 전략: 인과응보의 선교신학적 해석

기독교는 불교 힌두권 종교 문화 상황에서 어떠한 역할을 수행해야 하는가? 불교 힌두권은 서구 기독교의 영성 부재의 자리에 명상이나 요가 등을 이용한 전생 요법 등의 전략으로 사람들에게 다가서고 있나. 기독교는 은총의 종교요 현실 참여의 종교로시 전생이나 환생 그리고 초월명상이나 요가 등에 전혀 관심이 없어 왔다. 특히 개신교는 인과응보 사상보다는 하나님의 용서하시는 은총의 신학에 그 강조점을 두어 왔다. 하나님으로부터 용서받은 죄인이 하나님의 은혜에 감사하며 현존의 삶에서 사랑을 베풀면서 사는 것이 기독교 신앙의 본질이다. 그런데 인과응보 사상이 그 근저에 가려 있는 힌두 불교권에서 기독교가 의미 있는 복음 전파를 하기 위해서는 불교 힌두권의 가치에 필적할 만한 가치를 성경에서 찾아내어, 인과응보 사상에 대한 선교신학적 해석의 지평을 넓혀야 한다.

성경에 나타나는 인과응보 사상은 불교 힌두권의 전생(前生)이나 환생(還生)이 아니라 내생(來生)과 연결되어 있다. 마태복음 25장 천국에 대한 비유에는, 천국에 참여하는 자격에 대

---

178) 노윤식, 「한국성결교회 100주년과 동북아 선교 전략」, 『성결신학연구』 제13집(2006. 9): 257-280.

하여 가르쳐주고 있다. 그것은 기름을 준비하는 것(마 25:1~13)과 일하여 이윤을 남기는 것(마 25:14~30), 그리고 빈자와 약자를 돌보는 것(마 25:31~46)이다. 이것은 모두 인과응보의 법칙으로서 불교 힌두권의 인과응보 사상에 필적할 만한 것이다. 구체적으로 살펴보면, 슬기로운 다섯 처녀는 기름을 준비하여 천국 잔치에 참여하고, 다섯 달란트, 두 달란트 맡은 종들은 그 대가를 남겨 천국의 상을 받으며, 오른편 양들인 의인들은 빈자와 약자들을 돌보아 천국에 들어간다. 그러나 천국에 참여하지 못하는 자들이 있는데, 이들은 기름을 준비하지 않고, 달란트를 땅에 감추며, 빈자와 약자를 돌보지 않은 자들이다. 이들의 공통점은 하나님이 "심은 데서 거두시는" 인과응보의 하나님이라는 사실을 몰랐으며, "지극히 작은 자 하나에게 한 것이 곧 주께 한 것"이라는 한 차원 높은 인과응보의 주님을 깨닫지 못했기 때문이다.

고린도전서 3장 11~15절에 역시 인과응보 사상이 나타나는데 그것은 '예수 그리스도의 터' 위에 지은 금, 은, 보석, 나무나 풀로 세워진 집을 공적으로 비유하였다. 후일 불로 공적을 평가할 때에 나무나 풀은 타 없어질 것이고, 금, 은, 보석은 상으로 주어질 것이다. 이러한 성경에 나타나는 인과응보 사상은 불교 힌두권의 인과응보 사상에서 찾아볼 수 없는 구원자이신 '예수 그리스도'와 연결되는 점이다. 그리스도는 '지극히 작은 자'로, 또한 공적의 '터'로 인과응보의 대상이 되며 근거가 된다. 이 점이 기독교의 인과응보 사상을 불교 힌두권의 인과응보 사상을 뛰어넘을 수 있게 한다. '그리스도 중심의 인과응보'만이 내생[오는 생]에 있어서 영생으로 인도하게 될 것이다.

그러므로 불교 힌두권 선교를 위해서는 '그리스도 중심의 인과응보'에 대한 선교신학적 해석이 매우 중요하다고 본다. 인과응보의 결과 전생과 현생 그리고 환생이 결정되는 불교 힌두권의 가치를 넘어서서 기독교의 선교 전략은 예수 그리스도와 연결되는 차원 높은 인과응보 신앙을 통한 현생과 내생의 천국과 영생으로 나아가야 할 것이다.

3) 이슬람권 선교 전략: 정결성에 대한 선교신학적 해석

이슬람의 중심 사상은 알라의 뜻에 복종하는 것으로서, 그 실천 종교 양태는 '정결성'을 지키는 것으로 나타난다. 무슬림은 육체의 욕망으로부터 정결하게 되려고 하고, 인간관계를 비롯한 사회 문화에서 금주, 금욕 등을 통해 자신들의 알라에 대한 순결을 지키려고 노력한다.

이러한 노력은 금욕의 차원을 넘어서서 자신의 생명을 알라에게 바치는 자살 행위로 승화되는 경우도 있다.

무슬림의 정결성을 지키려고 하는 노력은 종교 문화 사회적으로 이슬람 사회 전반에 확산되어 이슬람의 부흥을 꾀하고 있다.[179] 그리고 이러한 이슬람의 종교 문화는 세속적인 향락적 삶을 추구하고 있는 현대 사회에 하나의 종교적 대안으로 확산되고 있다. 세계화가 진행되면서 영국, 독일을 비롯한 유럽과 미국에 서구인들이 서구 기독교의 현대성에 반발하여 이슬람의 종교적 정결성에 매료되고 있다. 이들에게 이슬람은 이해하지 못하는 삼위일체 기독교보다 그 종교 실천면에서 더 정결하고 더 순수한 일신교로 비치는 것이다.

이러한 이슬람의 정결에 대한 강조에 대한 기독교적 선교 전략은 무엇인가? 그것은 알라를 위해 정결하게 되기 위해서 인간적인 노력을 하는 무슬림에게 진정한 정결성의 획득은 율법적인 노력이 아니라, 그리스도의 대속하심과 성령의 능력으로 가능함을 알려주고 진리를 경험하게 도와주는 것이다. 사실, 구원과 정결하게 되는 것은 매우 밀접한 관계가 있는데, "주 예수 그리스도를 구주로 영접하고, 그 이름을 믿어 구원받는 것"은 "온 세상의 죄를 사하시기 위하여 피 흘리신 의로우신 예수 그리스도의 피가 믿는 자들의 모든 죄를 씻어주시고 정결케 하심"을 믿는 것과 연결되어 있다(요 1:12, 요일 1:7, 2:2). 또한 로마서 8장 13~14절에 보면, 하나님의 거룩한 영 성령의 인도하심을 받으면 정결하게 살아가게 되는데, 이는 하나님의 영으로 인도함을 받는 사람이 "육신대로 살지 아니하고, 영으로써 몸의 행실을 죽이며" 생명의 성령의 법에 순종하며 살아가기 때문이다. 로마시 6장 22절에 보면, 그리스도의 대속으로 구원받은 성도들은 "죄로부터 해방되고 하나님의 종이 되어 거룩함에 이르는 열매"를 맺고 최종적으로 영생을 얻게 된다.

그러므로 '정결성의 가치'를 강조하며 신의 뜻에 복종하고 있는 이슬람에 대한 선교 전략은 진정한 정결성이 '그리스도 안에서', '성령의 능력'으로 가능함을 증거하는 것이다.[180] 왈리드 낫사르(Waleed Nassar)는 무슬림 선교의 열 가지 걸림돌에 대하여 언급하면서, 민족주의와 정치문제, 이슬람에 대한 무지, 이슬람 문화에 대한 멸시, 신에 대한 낮은 존경심, 기도와 영성의 부족, 한 영혼에 대한 관심 부족, 쿠란에 대한 모욕적인 성경 해석, 흐트러진 도덕

---

179) 손주영, 『이슬람: 교리, 사상, 역사』(서울: 일조각, 2007), 752-756.
180) 노윤식, 『새 천년 성결 선교신학』(안양: 성결대학교 출판부, 2001), 101-102.

과 서구 물질주의적이고 정결하지 못한 생활 방식 등을 거론하고 있다.[181] 즉, 무슬림 선교에서, 이슬람의 중심 사상이자 생활 문화의 원리인 '정결'을 이해하지 못하고 서구 물질주의적인 선교 방식을 강요하였을 경우, 무슬림들은 불편해하거나 최악의 경우 기독교에 대한 혐오감을 더 가질 수도 있다는 것이다. 그러므로 이슬람권 선교에 있어서 '정결'에 대한 이해와 '정결'하게 하시는 성령의 역사에 대한 강조, 그리고 하나님의 뜻인 '정결성'을 인간의 구체적인 삶의 자리에서 실천하는 모범을 보일 때에 무슬림 선교의 시작은 진행될 것이다.[182]

4) 샤머니즘권 선교 전략: 상생에 대한 선교신학적 해석

자연에 깃들은 다양한 정령을 숭배하고, 조상의 혼령을 기리며, 해, 달, 별 등의 신령을 섬기는 샤머니즘을 비롯한 시원 종교의 가치는 자연과의 조화와 상생의 가치에 있다. 기독교는 본래 여호와 하나님의 명령대로 자연의 우상숭배를 배격하며 자연의 파괴자로서 문명의 개발에 앞서 왔다. 그러나 20세기 후반 무분별한 자연개발의 결과 지구에 온난화를 초래하여 지구는 멸망을 향해 나아가고 있는 현실이다. 이러한 시대에 샤머니즘권의 '상생의 가치'는 일반에게 더 의미 있게 다가가고 있다.

아니, 일반인뿐 아니라 시카고 무디성경학교 출신의 SIL(Summer Institute of Language) 선교단체 파송 아마존 선교사이자 일리노이 주립대학 언어-문학-문화학과 학장인 다니엘 에버렛(Daniel Everett)은 30여 년 아마존의 피다한 종족과 삶을 공유하면서, 성경 번역, 죄성 인식, 천국과 지옥, 영적인 구원 등 모든 방법을 동원하여 피다한 종족의 복음화를 위해 노력했으나 실패하고, 오히려 그들의 행복한 삶, 고매한 인격, 순순한 시원적 신앙 등에 매료되어 기독교 신앙을 버리고 아마존의 시원 종교(primal religion)를 따르게 되기도 하였다. 그는 기독교가 작금의 파국에 이른 결혼제도, 무절제한 소유, 인종차별과 폭력, 공허한 교육에 대한 해답을 제시할 수 없다고 보았다. 오히려 '걱정'이라는 말이 존재하지 않는 피다한 종족의

---

181) Waleed Nassar, 「무슬림 전도의 열 가지 걸림돌」, Keith E. Swartley ed., 『인카운터 이슬람』, 정옥배 역 (서울: 예수전도단, 2008), 268–270.

182) Paul-Gordon Chandler, "Mazhar Mallouhi: Gandhi's Living Christian Legacy in the Muslim World," *International Bulletin of Missionary Research*, Vol. 27, No.2: 54–59. 말루히(Mallouhi)라는 무슬림은 경전연구, 골란 전투 참전, 정치단체 참여 등 신의 뜻을 추구하다가 그리스도의 절대 용서, 절대 사랑의 진리를 깨닫고 "수고하고 무거운 짐진 자들아 다 내게로 오라. 내가 너희를 쉬게 하리라"는 말씀대로 자신의 인간적인 노력을 내려놓고 그리스도를 주님으로 믿게 된다. 그는 천오백만 이상의 아랍인들이 읽은 소설 『여행자』(The Traveler)의 저자이며, 아랍권에 문학을 통하여 그리스도를 전하고 있다.

'자연과 세계'와 상생하는 행복하고, 유연하며, 더 따뜻하게 사랑하는 삶이 기독교의 신앙보다 낫다고 평가하였다.[183]

샤머니즘이나 시원 종교는 더 이상 전근대적인 미신으로 치부될 수 없고, 오히려 기독교 진리와 가치에 대하여 역선교하고 있는 현실을 맞이하고 있다. 이에 대응하기 위하여, 기독교 선교의 입장에서 기독교는 더 이상 문명의 발전을 위한 무분별한 자연 개발이나 파괴행위의 근거를 성서에서 제공해서는 안 된다. 기독교 선교를 위하여 창조 질서의 보전을 명령하는 하나님에 대한 근거를 성경에서 찾아내야 한다. 창세기 1장 28절의 하나님의 문화 명령은 자연을 훼손하고 파괴하라는 것이 아니라, 자연을 창조의 목적대로 돌보라는 명령으로 재해석 되어야 한다. 창세기 2장 19절에 따르면, 아담은 자연 친화적이며 흙에서 만들어진 각종 들짐 승과 공중의 각종 새들에게 그 특성에 맞게 이름을 정해주는 것을 볼 수 있다. 창세기 7장 14~15절에 보면, 하나님은 땅의 모든 육체를 홍수로 멸하실 때에도, 생명 있는 모든 생물을 암수 한 쌍씩 보존하시기도 하셨다.[184]

또한 성경에서 동물을 축복에 비유하기도 하였는데, 창세기 49장에서 야곱은 그의 아들들을 축복할 때에 각종 짐승들, 곧, 유다는 사자, 잇사갈은 건장한 나귀, 단은 길섶의 뱀, 납달리는 암사슴, 베냐민은 물어뜯는 이리로 비유하여 축복하였다. 성경에는 하나님의 구원 사역에 동물들이 사용되기도 하였다. 예수님이 세례 받으시고 물에서 올라오실 때 성령이 비둘기같이 임하셨고(마 3:16), 예수님은 세상 죄를 지고 가는 하나님의 어린 양으로 비유되셨고(요 1:29), 주님은 스가랴의 예언대로 나귀새끼를 타고 예루살렘에 입성하였으며(슥 9:9; 요 12:15), 베드로는 닭 울음을 통하여 하나님의 뜻을 깨닫고 회개하였다(마 26:75).[185] 혹자는 자연의 우상화와 자연파괴를 혼동하는데, 하나님은 결코 자연의 훼손이나 파괴를 명령하지 않고 자연의 우상 제조나 숭배를 제한하신 것이었다. 신명기 4장 17~19절에 나오는 우상의 형상 제조 금지 명령에는 "땅 위 짐승, 하늘의 새, 땅 위 기는 곤충, 땅 아래 물속 어족"과 "해와 달과 별들, 하늘 위의 모든 천체"가 속하는데, 이 우상 제조나 숭배 금지 명령은 자연과

---

183) Daniel Everett, 『잠들면 안 돼, 거기 뱀이 있어: 일리노이주립대 학장의 아마존 탐험 30년』, 윤영삼 역(서울: 꾸리에, 2009), 429-451, 456-458. 그는 "우리는 종교와 진리라는 가치를 버리고도 충분히 행복하게, 아니 훨씬 행복하게 살아갈 수 있다"고 주장했다.

184) 창세기 7장 13-16절. "곧 그 날에 노아와 그의 아들 셈, 함, 야벳과 노아의 아내와 세 며느리가 다 방주로 들어갔고, 그들과 모든 들짐승이 그 종류대로, 모든 가축이 그 종류대로, 땅에 기는 모든 것이 그 종류대로, 모든 새가 그 종류대로, 무릇 생명의 기운이 있는 육체가 둘씩 노아에게 나아와 방주로 들어갔으니, 들어간 것들은 모든 것의 암수라 하나님이 그에게 명하신 대로 들어가매 여호와께서 그를 들여보내고 문을 닫으시니라.

185) Michel Christians, 『성서의 상징 50』, 장익 역(왜관: 분도출판사, 2002), 30, 68, 134, 172.

천체에 대한 훼손이나 파괴를 의미하지 않고, 그 형상을 따라 우상을 제조하거나 경배의 금지를 의미한다. 그러므로 기독교 선교는 기존의 기독교가 가지고 있는 문명의 선도자로서의 이미지를 하루속히 벗어버려야 하고, 진정한 '하나님 중심의 상생의 가치'를 회복하여야 한다. 기독교는 자연을 훼손하고 파괴하는 정복자 나무꾼의 이미지로부터 자연을 보호하고 돌보는 정원사의 이미지로 탈바꿈하여 선교 사역에 임해야 할 것이다.

3. 종교다원주의 시대에 예수를 어떻게 전할까?

종교다원주의 시대, 가치관의 변화의 시대에 예수를 믿는 다고 하는 것이 무엇인가? 그리고 그들에게 예수를 어떻게 믿으라고 선교할 것인가? 본 연구에서는 각 종교 문화권, 즉 유교권, 불교 힌두권, 이슬람권, 샤머니즘권에 사는 다양한 사람들에게 그들의 종교 문화에 맞는 적합한 선교 전략의 제시를 시도하였다.

첫째, '공동체 지향성'의 가치를 재발견하고 그것을 통해 그 지평을 넓혀 가는 유교 문화권을 향해서 기독교는 '교회 중심의 공동체 지향성'으로 대응해야 한다. 이것은 유교의 공동체 지향성이 혈연 지연 서열 중심으로 폐쇄화되고 고립화되는 것을 막는 길이고, 세계 각 민족의 교회들을 중심으로 교회의 공동체성을 지향하면서 그 부정적인 폐쇄성을 극복하는 선교 전략이다.

둘째, '인과응보의 가치'를 추구하는 불교 힌두권 문화에서 기독교는 '그리스도 중심의 인과응보의 가치'를 강조함으로써, 현실 중심의 기독교의 모습을 넘어서서 '오는 현실', 즉 내생에 대한 가치를 강조해야 한다. 이러한 기독교의 선교적 대응은 불교 힌두권의 전생, 환생에 대한 오류를 시정할 수 있게 된다.

셋째, '정결성의 가치'를 추구하는 이슬람권 문화에서 기독교는 '성령 중심의 정결성의 가치'를 강조함으로써, 이슬람의 인간 중심의 부정적인 금욕과 몸을 부정적으로 보는 경향성을 하나님의 뜻인 용서, 사랑, 희생을 성취하기 위한 긍정적 극기로 나아가게 할 수 있다.

넷째, '상생의 가치'를 추구하는 샤머니즘 문화권에서 기독교는 창조질서의 세계인 자연을 사랑하시는 '하나님 중심의 상생의 가치'를 강조함으로써, 자연과 천체의 훼손이나 파괴를 지양하고, 그것들의 우상화를 극복하며, 하나님의 창조 질서의 보전을 통한 진정한 상생을 실천할 수 있다.

종교다원주의로 인하여 사회적 가치가 변화하는 현 시대에 기독교 선교는 교회 중심의 공동체, 예수 그리스도 중심의 인과응보, 성령 중심의 정결성, 하나님 중심의 상생의 선교적 실천을 통하여 다원화된 가치 속에 살아가고 있는 전 세계의 각 문화권의 사람들에게 복음을 효과적으로 전달할 수 있을 것이다. 기독교는 더 이상 19세기 계몽주의와 20세기 모더니즘의 대변자로 남아 있어서는 안 되고, 변화하는 현 시대의 가치를 필적할 수 있는 진정한 가치를 성경에서 찾아내어 각 종교 문화권에 적합한 복음을 전달해야 할 것이다. 이러한 선교 전략만이 포스트모던 종교다원주의 사회에서 기독교의 정체성을 찾고 진정한 진리의 담지자로서의 역할을 감당할 수 있을 것이다.

제2부

· · ·

포스트모던 사회 속의
기독교 선교

제7장 포스트모던 사람들을 위한 선교적 목회 전략

1990년대부터 2000년대에 이르러 한국 사회는 저출산 고령화 사회로 진입하고 있다. 1970년 가임여성 1인당 출생아 수가 4.54명이었던 합계 출산율이 1989년에는 1.56명으로 감소하였고, 2004년에 이르러 1.15명으로 한 가정 한 자녀 시대로 접어들게 되었다. 이러한 저출산 현상은 영·유아 어린이 청소년층의 인구 감소로 이어져 한국 사회 전반적인 문제로 대두되고 있다. 통계청은 초등학교 학령인 만 6~11세 인구가 2011년 312만 명에서 2012년 294만 명으로 될 것을 예측하였다. 특히, 초등학생 학령인구가 2000년대 들어서서 415만 명(2001년)에서 312만 명(2011년)으로 불과 10년 만에 100만 명가량의 어린이들이 급격하게 감소했다는 것은 2000년대 이후 사회 문제로 부각되고 있는 저출산 때문으로 분석되고 있다.[186]

이러한 사회 현상은 장기적으로 한국 교회에도 영향을 미쳐 교회 주일 학교의 쇠퇴와 한국 교회 성장률의 급격한 둔화, 그리고 한국 교회 중추의 역할을 한 핵심 인구의 부족으로 말미암아 교회의 존폐 위기로 증폭될 수도 있다.

만일 학령인구의 급감 현상이 포스트모던 문화와 연결된다면 한국 사회는 기존의 질서, 번영, 성장 등의 모더니즘의 가치가 쇠락하고 다양한 종교의 포교와 맞닿아 급격하게 영적 혼란에 빠져들게 될 것이다. 이것은 한국 사회에서 한국 교회의 쇠퇴와 연결될 것으로 예견된다. 그러므로 하루 속히 포스트모던 세대에 대한 선교 목회 전략을 세우지 않는다면 한국 교회의 미래는 어두울 것으로 보인다. 만일, 한국 기독교 신학이 근대성의 합리주의 이성에 매달려 교리적 해석에만 매달리고, 한국 기독교 교회는 기획과 경영적 측면만을 내세우며 사분오열을 계속한다면 새로운 영성을 추구하는 포스트모던 사회의 사람들을 다른 종교의 영성에 빠지도록 방치하여 모두 놓칠 수밖에 없을 것이다.

---

186) 윤진섭, "초등학생 수 '급감' … 6년 만에 백만 명 줄어", 〈이데일리〉, 2011년 6월 21일.

포스트모더니즘은 한국 사회에 이미 영향을 미치고 있다. 영화와 음반을 비롯한 대중문화에는 다양한 종교의 영성이 침투하고 있다.[187] 이러한 한국 사회의 급격한 변화에 대하여 한국 교회는 신속하게 문제의식을 가지고 현황파악을 해야 하고, 이에 대한 정확한 진단과 대응 방안을 목회와 선교 전략적인 차원에서 제시하여야 할 것이다.

본 장에서는 한국 사회가 저출산 고령화 현상을 필두로 포스트모던 사회로 진입함에 따라, 교회 성장이 둔화되고 교회 생존이 위기에 처한 상황을 맞이한 때에, 이에 대한 대응 방안을 교회 내의 사람들을 위한 목회 전략과 교회 밖의 사람들을 위한 선교 전략으로 제시하려고 한다. 교회 내 목회 전략으로는 (1) 예배-거룩함의 회복, 하나님과의 만남인 신현의 강조, (2) 설교-교리 이성적 설교보다는 이야기 예화 설교, (3) 교회음악-세속적인 음악과 성스러운 음악의 비판적 상황화, (4) 친교-연령별 통합형 조직보다는 다양성을 인정하는 셀 조직의 활성화 등을 제안하려고 한다.

교회 아웃리치 선교 전략으로는 선교적 교회론의 적용으로 (1) 보육-어린이 집, 방과 후 교실 운영, (2) 청소년, 여성-쉼터, 교육 문화 예술 체육 교실 운영, (3) 장애우-돌봄 시설 운영, (4) 노인-노인요양센터, 주간보호시설 운영, (5) 사회빈민, 노숙자-쉘터, 사회적 기업 운영, (6) 탈북민-직업훈련, 사회적 기업 운영, (7) 다문화 가정-언어교육, 의료, 취업 상담, (8) 농어촌, 낙도, 병원, 학교, 군, 경찰, 교도소, 소방서, 야간 경비, 연예인, 체육인, 예술인 등 특수 선교 등을 강구해보고, 선교적 교회론의 사회 선교적 측면에서 놓치기 쉬운 영혼 구원 열정을 '유기적 교회' 개념으로 보완하려고 한다.

우선, 구체적인 목회선교 전략을 제안하기 전에 포스트모던 사회의 특징에 대하여 살펴보고 이에 대한 선교적 대응과 구체적 전략을 살펴보도록 하자.

1. 포스트모던 사회의 특징과 선교 전략

현대 사회를 표현하는 포스트모던이라는 용어는 탈근대, 후기근대로 부르는 시대적 구분 용어이다. 포스트모더니즘은 근대성(modernity)의 특성인 진보, 해방, 통합, 질서를 확보하기

---

187) 정원범, 「21세기 문화의 시대와 문화선교」, 『21세기 문화와 문화선교』, 정원범 편(서울: 한들출판사, 2008), 15-38.

위해 이성의 가능성, 자율성, 객관성 등을 사용하여 배제와 수용, 합리적 행정·경영·관리의 기획, "과잉생산소비" 기제의 지배적 작동 방식을 만들어낸 모더니즘에 대항하여 발생하였다. 그래서 포스트모더니즘의 특징은 기존의 서구 중심적인 모더니즘의 가치를 부정하고, 다원주의적 세계관의 가치, 의미, 상징 등 상대주의적 삶의 양식들의 특징을 만들어 내었는데, 이는 모호성(ambivalence), 불확실성(un-certainness), 비진정성(in-authenticity), 탈 맥락성(de-contextuality) 등으로 요약할 수 있다.[188]

이러한 기존의 가치와 질서가 무의미해져 적절한 것(fitting)과 부적절한 것(unfitting), 유가치한 것(worthy)과 무가치한 것(unworthy), 적자(the proper)와 비적자(the improper)의 차이가 모호해지고 있는 포스트모던 사회에서 사람들은 진정한 삶의 의미를 발견하지 못한 채 방황하며 더욱 물질주의와 세속화의 무질서 속으로 빠져들어 가고 있다. 가치 상실의 포스트모던 사회에서 인간의 삶에 절대 가치와 기준을 제시하는 기독교 선교의 필요성은 매우 높다고 볼 수 있다.

이제 포스트모던 시대의 선교는 19~20세기 모든 것을 통합하고, 투명한 인공적 질서를 확보하려는 강박적 기획의 근대성의 산물로서의 기존의 기독교 선교 방식을 변혁해야 한다. 기존의 모더니즘적 선교 방식으로는 포스트모던 시대의 사람들의 삶을 더 이상 변화시킬 수 없고 영향을 미칠 수 없다. 그래서 기독교 선교는 기존의 근대성의 기준에서 탈피하여 21세기 포스트모던 시대에 적절한 선교 방식을 개발해야 하는 것이다. 즉, 기독교 선교는 포스트모던 사회의 문화 현상에 대한 새로운 이해의 필요성을 갖고 현 시대에 맞는 선교 전략을 개발해야 할 것이다.

포스트모던 선교 전략은 첫째, 배제와 수용이라는 근대성의 틀을 더 이상 사용해서는 안 된다. 즉, 모든 삶의 영역에서 무질서하고 모호한 것으로 생각해 왔던 영유아, 어린이, 청소년, 장애인, 여성, 외국이방인들을 몰아내려고 했던 근대성의 방식을 탈피해, 이들을 품어 새로운 질서의 구축을 추구하는 포스트모던 선교 방안을 강구해야 한다. 교회 안에 영유아, 어린이, 청소년, 장애인, 여성, 탈북민, 외국인 노동자, 이주민, 유학생 등 사회 주변 경계인들을 위한 소모임이나 쉘터 등을 만들어 이들을 그리스도의 사랑으로 양육하고 주의 제자로 양성해야 할 것이다.

---

188) 송재룡, 「포스트모던 '문화적 전환'과 기독교」, 『21세기 문화와 문화선교』, 정원범 편(서울: 한들출판사, 2008), 39–40.

그리고 현대 사회 문화의 현실에 존재하고 있는 오늘날 교회의 선교에서 신자·불신자라는 근대적 이원론적 구도를 버려야 한다. 사람들을 불신자의 그룹으로 집단화해 정죄하는 것이 아니라, 그들을 앞으로 신자가 될 사람들, 즉 예비 기독교인(pre-Christians)이나 미래 교인(prospective believers)로 파악하고 이들을 위해 선교 전략을 강구해야 할 것이다.[189]

또한 한국 교회에서 미혼 청년 남녀들이 기독교인 배우자 선택의 신중성으로 인해 결혼적령기를 넘기고 있는 현상이 대두되고 있는데, 이는 청년들이 신앙이 좋은 배우자와 결혼하려고만 하다가, 마땅히 신앙 좋은 청년을 만나지 못해 혼기를 놓치는 경우를 말한다. 이러한 경우, 포스트모던 선교 전략이 필요한 데, 그것은 결혼을 통해 신앙을 가질 수 있도록 돕는 것이다. 비신앙인이 기독교인 가정으로 결혼한 경우에도 강압적 교회출석 강요로 교회에 대한 반감만 증가하는 경우도 있는데, 이러한 사례에 포스트모던 선교적 관점으로 이들을 pre-Christians로 이해하고 그리스도의 사랑으로 선교하는 따뜻하고 감성적인 태도가 매우 중요할 것으로 보인다.

둘째, 합리적 행정·경영·관리의 기획이라는 근대성의 틀을 포스트모던 선교 방식에 지나치게 강조해서는 안 될 것이다. 현대 사회 문화에서 기독교 선교는 모던적 기획, 즉 모든 것을 동일화(assimilation)시키고 획일화시키려는 시도를 너무 강조해서는 안 될 것이다. 교회와 선교 정책에서 특정 선교 기관이나 교회가 설정한 단선적 표준을 강요하여 이에 맞지 않는 것에 대해, 불관용적(intolerant)으로 배제할 것이 아니라, 무가치해 보이고 표준에 안 맞는 것들도 하나님의 사랑의 관점으로 포용해야 할 필요성이 포스트모던 선교 방식에 요구되고 있다. 이것은 교회가 어촌, 낙도, 병원, 학교, 군, 경찰, 교도소, 소방서, 야간 경비, 연예인, 체육인, 예술인 등 특수 계층에 대한 선교에 참여해야 함을 뜻한다.

고린도전서 1:26~31에 보면, "육체를 따라 지혜로운 자, 능한 자, 문벌 좋은 자가 많지 아니하지만", "하나님께서 세상의 미련한 것들을 택하사, 지혜 있는 자들을 부끄럽게 하려 하시고, 세상의 약한 것들을 택하사 강한 것들을 부끄럽게 하려 하시며, 세상의 천한 것들과 멸시받는 것들과 없는 것들을 택하사 있는 것들을 폐하려 하시나니, …기록된바 자랑하는 자는 주 안에서 자랑하라 함과 같게 하려 함이라" 말씀했다. 이것은 근대성의 잣대로 사람들을 평가하지 말라는 하나님의 선교의 준엄한 명령인 것이다.

---

189) 노윤식, 『새 천년 성결선교신학』(안양: 성결대출판부, 2001).

셋째, "과잉생산-소비" 기제의 지배적 작동 방식의 근대성의 틀을 포스트모던 선교 방식에 강조해서는 안 될 것이다. 근대 물질문명의 소비지향의 시장지향 문화는 포스트모던 사회의 사람들을 더욱 자극하여 소비자로서 자신들의 존재론적 모호함을 시장의 소비로 보상받게 하고 있다. 사람들은 확실성을 담보로 자율적인 상품 선택을 통해 소비함으로써 자신의 존재 가치를 확인하려 하지만, 물질적 "과잉생산-소비" 기제의 지배적 작동으로 인해 인간 소외 현상만 과중해질 뿐이다.

포스트모던 사회는 소비를 중심으로 시장지향 문화로 가면 갈수록 소비지향적 문화 속에서 인간소외현상은 더욱 극렬해지고 있다. 사람들은 마트에 쌓여 있는 과잉 물품들을 쇼핑하면서 그 상품에 예배하고, 인터넷 채팅을 통해 기도하며, 노래방에서 세속의 생산-소비를 찬양한다. 그러나 그것이 인간의 진정성을 찾게 하기보다는 현란한 생산-소비문화의 제물이 되어 버리는 것이다.

현대 사회 문화의 이러한 소비지향적 문화는 선교신학적으로 극복되어져야 할 과제이다. 교회에 있어서도 교회성장을 위해 세속적 프로그램이 과잉으로 제공되고 있는데, 이는 교회가 신앙의 성소가 아니라 인간의 문화 소비 단체로 전락하게 만드는 요인이 된다. 교인들은 끊임없이 제공되는 수많은 프로그램의 과잉 생산-소비 구조 속에서 자신의 구원의 확실성과 의미를 찾을 수 있을 것이라는 기대와 환상을 갖지만 그것은 결코 소비로 이뤄지는 것이 아니라는 사실을 깨닫게 된다.

시편 33:12~18에 보면, "여호와를 자기 하나님으로 삼는 나라 곧 하나님의 기업으로 선택된 백성은 복이 있도다. 여호와께서 하늘에서 굽어 보사 모든 인생을 살피심이여, 곧 그가 거하시는 곳에서 세상의 모든 거민들을 굽어 살피시는도다. …많은 군대로 구원 얻은 왕이 없으며 용사가 힘이 세어도 스스로 구원하지 못하는도다. 구원하는 데에 군마는 헛되며 군대가 많다 해도 능히 구하지 못하는도다" 했다. 하나님의 선교 방식은 대량 소비로 이뤄지는 것이 아니라, 하나님의 기업으로 선택됨으로 가능하다. 대량 소비 시대에 하나님의 순수한 백성으로 선택받음에 대한 강조는 소비 지향적이고, 시장 지향적인 왜곡된 선교 방식에 대한 재고를 요청하고 있다. 이제는 교회성장론과 교회갱신론의 시대를 넘어 선교적 교회론의 대두로 새로운 선교 전략이 제시되고 있다.

넷째, 포스트모던 문화는 사이버 세계를 창조하여 가상공간을 현실화해 만들어 낸 사이버 문화를 증폭시켰으나 기독교 선교는 이에 대하여 선교신학적으로 비판적 적용을 해야 할 것이다. 사이버 문화는 포스트모던 사회 문화의 주류를 형성하며 가상공간에서 정치, 문화, 종교, 교육, 의료, 경제, 사회 활동들을 주도하고 있다. 가상공간을 보다 현실감 넘치게 구축하는 기술문화로 인해 사이버 공동체(network, chatting, shopping mall, portal sites)가 출현했고, 이러한 가상 사이버 문화 공동체들은 실제 사회보다 더욱 공동체적인 사이버 사회를 형성하고 있다. 사이버 문화는 육체를 넘어서기 때문에 유비쿼터스적인 시공을 초월하는 측면을 개발해 인류의 발전에 공헌했지만, 정신과 물질의 이원화로 인한 인간의 부품화, 파생실체(hyper-reality)의 강조로 인한 하나님의 형상으로서 육체의 소외, 사이버 기술, 문화로 인한 정신과 육체 파괴 등 부정적인 폐해도 많은 것이 사실이다.190)

기독교 성서는 성육신, 신유, 부활, 휴거, 재림 등 모두 전인적 인간의 구원을 말하고 있으며, 육체는 금욕의 대상이나 억압과 극복의 대상이 아니라, 하나님의 선교의 주체로서 존중받아야 함을 강조하고 있다. 이에 사이버 문화의 포스트모던 사회에서 기독교 선교의 전략은 첫째, 기독교 선교는 사이버 문화의 이원론적 인간론을 극복하고, 삶의 현장의 중요성을 강조해야 한다. 기독교 선교는 사이버 문화의 가상현실 세계의 허구성에 대해 철저하게 분석하고 파악해 그 폐해를 최소화해야 할 것이다. 둘째, 사이버 문화는 원본을 잃은 모상 문화요, 파생 문화로서 기독교 선교는 인간 실존의 원형을 찾아 사람들에게 삶의 진정한 의미를 그리스도 안에서 찾도록 해야 한다. 사람들은 인간의 원형(primality)을 잃은 불안을 극복하기 위해 가상현실을 찾으나 사이버 문화는 그 해답이 될 수 없음을 인식시켜야 할 것이다. 셋째, 기독교 선교는 사이버 문화가 빈곤, 기아, 질병, 죽음 등 인간 생존 및 실존의 문제를 해결하지 못하며, 인간 생명은 하나님의 사랑을 통한 십자가의 구속의 은혜로 됨을 강조해야 할 것이다. 사이버 문화를 통해 미디어의 반복성과 누적성으로 인한 중독효과로 전쟁, 재난 사고의 참상, 동료 인간의 고통과 죽음, 인간의 폭력, 잔인함, 고통에 대한 무감각, 냉담, 도덕적 해이 등의 현상은 기독교 선교의 삶의 현장의 실천으로 극복되어야 할 것이다. 넷째, 기독교 선교는 사이버 문화에 대해 무조건적 부정이 아니라, 사이버 문화에 대한 하나님의 은혜와 인간의 책임을 이해하고 이에 합당한 선교적 대응을 해야 할 것이다. 즉, 사이버 문화를 그리스도 중심의 문화로 변혁하며, 사이버 기술문화를 그리스도의 선교 도구로 사용해야 할 것이다. 기독교 선

---

190) 최인식, 「사이버 문화와 기독교」, 『21세기 문화와 문화선교』, 정원범 편(서울: 한들출판사, 2008), 95-143.

교는 가상 문화와 기술, 화면 설교, 인터넷 설교, 동영상, 홈페이지 등의 구축 등을 적극적으로 사용하지만, 이것들의 비인간화 현상에 대해서도 충분히 인지하고 이를 극복하기 위해 인격 대 인격의 만남, 현실의 만남을 강조해야 한다.

2. 포스트모던 사회의 사람들을 위한 교회의 대응 방안

1) 교회 내 목회 전략

(1) 예배–거룩함의 회복, 하나님과의 만남 신현(theophany)의 강조

모더니즘의 이성주의 합리성의 문화는 포스트모던 문화에 영향을 받은 사람들에게 더 이상 영향을 미칠 수 없다. 미국 새들백 교회를 시작으로 서구 교회는 지난 1980~90년대 전통적인 예배의 형식을 과감히 탈피하여 예배의 전통적 구조를 파격적으로 바꾸며 열린 예배, 구도자 예배 등을 시도하였다. 예배는 공연이 되었고, 설교는 교훈적 연설이 되었으며, 교회 음악은 헤비메탈과 대중 악기의 사용으로 시끄럽게 되었다.

이제 21세기에 들어서면서 "이머징 처치(emerging church)"가 등장하였다. 이머징 처치는 포스트모던 사회의 출현하는 문화(emerging culture)에 맞게 새롭게 등장하는 교회로, 기존의 성스러움을 거부하며 세속적인 것을 교회로 들여 온 1990년대 X-세대 교회와는 다르게 교회에 성스러운 영역을 회복시키려고 하는 21세기 젊은 층의 교회이다. 이머징 교회는 예수 그리스도의 삶과 동일시(identification with the life of Jesus), 세속적 영역의 변혁(transforming secular space), 공동체로 살아가기(living as community), 낯선 이방인 환대(welcoming stranger), 관용으로 섬김(serving with generosity), 생산자로서 참여(participating as producers), 피조물로서 창조하기(creating as created being), 한 몸으로 이끌기(leading as a body), 그리고 영적 활동에 참여하기(taking part in spiritual activities)라는 특징적인 면모를 가지고 있다.[191]

포스트모던 사회에 적합한 이머징 교회의 등장으로 기존의 인간 중심적 예배 시도는 하나님 중심의 예배로 중심을 옮겨가며 점차 예배의 거룩성을 회복하는 방향으로 나아가고 있다.

---

191) Eddie Gibbs and Ryan K. Bolger, *Emerging Churches: Creating Christian Community in Postmodern Cultures* (Grand Rapids, MI: Baker Academic, 2005), 41–46.

예배의 중심이 인간의 축제에서 하나님의 신비로 이동하고 있는 것이다.

한국의 경우도 1990년대 이후 교회 성장이 정체되고 퇴조하고 있는데, 이러한 현상은 인간 중심적인 예배에서 거룩성을 찾을 수 없는 사람들이 대거 천주교로 이동하는 현상과 무관할 수 없다. 그러므로 포스트모던 문화 사회의 사람들을 위한 교회의 대응 방안은 예배의 형식과 내용에서 거룩함의 회복을 통해 사람들을 하나님과 만날 수 있도록 신현(theophany)의 강조가 필요하다고 본다.

(2) 설교-교리 이성적 설교보다는 이야기 예화 설교

모더니즘의 이성주의 합리성의 영향력을 받아 왔던 설교는 이성적인 교리 해설이나 합리적인 신학 논증 등으로 사람들을 계몽하기 위한 도구로 사용되어 왔다. 예를 들어 부활을 설교할 경우 대부분 빈 무덤 논증을 통하여 부활의 역사성과 사실성에 강조점을 두어 왔다. 그러나 이제 포스트모던 시대에 이와 같은 이성적이고 합리적인 부활의 논증은 오히려 그 설득력에 있어서 부정적인 영향을 미치고 있다. 그리스도의 부활은 이성적으로 합리적으로 설명할 수 없는 초합리적이고 초이성적인 하나님의 신비의 영역이기 때문이다. 이것을 인간의 이성으로 설명하려고 하는 것은 오히려 이슬람이나 신흥 이단들과 같은 반응을 불러올 수도 있다. 무슬림은 마호메트가 죽어 무덤에 있기 때문에 그를 믿는다고 하며, 또한 각종 신흥 이단들은 육체의 부활을 영적으로 해석하여 기독교 전통 교리에 도전을 하기도 한다. 부활의 설교는 이성적인 논증보다는 성경 말씀 그대로 부활의 사건을 이야기로 전달하는 것이 부활의 신비를 그대로 전하여 성령의 역사하심으로 믿게 하는 최선의 방법이라고 본다. 부활 후에 예수께서 가난하고 소외된 변방의 갈릴리로 가신 이야기, 부활 후 주님이 엠마오로 가시며 제자들을 위로하신 이야기, 부활 후 주님이 베드로에게 사랑으로 사명을 주신 이야기 등은 주님의 부활을 통해 위로와 소망과 사랑의 메시지를 사람들에게 전할 수 있게 되는 것이다.

성결교회는 사중복음이라는 교리 체계를 가지고 있는데, 이것을 조직신학적 체계로 성경 구절을 나열하며 성경적 교리로 설교하기보다는, 사람들에게 하나님의 신비로 다가갈 수 있도록 이야기로 설교하는 것이 매우 중요하다. 사중복음을 신학적인 교리 설교로 전달하기보다는 중생을 거듭난 니고데모의 이야기로, 성결을 청결한 양심으로 성결한 삶을 살아가는 디모데의 이야기로, 신유를 날 때부터 시각장애인으로 태어난 사람의 고침 받은 이야기로, 재림은 신랑 되신 주님을 맞이하는 열 처녀 이야기 등으로 설교하는 것이 필요하다. 모더니즘에서 무시당했던 비합리적인 이야기, 기적, 신비를 말하는 성경의 이야기들을 다시 한 번 심사숙고 하여 포스트모던 사회의 사람들에게 이야기로 설교하는 것이 중요하다고 본다.

(3) 교회 음악－세속적인 음악과 성스러운 음악의 비판적 상황화

포스트모던 시대에 이머징 처치(emerging church)의 등장과 더불어 이머징 워십(emerging worship)이 등장하고 있다. 이머징 워십에서는 고대 전통 교회의 신앙과 예배 형식이 재해석 되어 도입되고, 이성과 합리적인 형태의 예배보다는 감성과 신비를 추구하는 예배가 드러지 고 있다. 이 예배에서 사용되는 이머징 예배 음악은 현재 포스트모던 시대적 특성을 지니고 있는데, 이에 대한 비판적 접근이 필요하다고 본다. 예배 음악이 너무 신비적이요, 전통적으 로 흘러가다 보면 그것이 뉴 에이지 음악의 원리나 특성을 여과 없이 드러내어 성도들에게 신비주의나 뉴 에이지 영성의 영향력을 미칠 수 있기 때문이다.

기독교 선교는 포스트모던 시대의 기독교 음악의 다양성을 이해하고 청중과 소통할 수 있 는 방식을 인정하여야 한다. 그러나 그것을 무비판적으로 무조건 받아들일 것이 아니라, 그것 이 성경적인 영성과 맞는 것인가에 대하여 깊이 숙고하여 비판적으로 적용해야 할 것이다. 이에 대한 전례는 마틴 루터의 교회 음악에 대한 철학에서 힌트를 얻을 수 있다고 본다. 그는 종교 개혁 정신에 따라 성경에 구체적으로 명시되어 있지 않은 특정 음악에 대해서는 문화의 다양성에 대한 융통성을 발휘하여 예배 참석자들의 의사소통에 가치를 두고 예배 음악의 변 화를 시도하였다. 그는 음악이야 말로 하나님의 창조물이자 신학에 버금가는 하나님의 선물 이요, 말씀 선포와 예전의 기능을 가진 교량의 역할을 하는 것이기에, 교회 음악을 예배드리 는 참석자들의 문화에 맞도록 심사숙고하여 변혁하여 사용하여야 한다고 주장했다.[192]

오늘날의 상황은 마틴 루터가 16세기 종교개혁을 시작했던 시기와 비슷한 양상을 보이고 있다. 마틴 루터의 종교개혁으로 인하여 로마 가톨릭의 중세 사제 중심의 형식과 틀에 박힌 예전이 만인제사장직의 평신도 중심으로 변화되었고, 성례전과 교회 음악에 있어서 다양한 음악 장르가 사용되었던 것처럼 포스트모던 시대에 맞는 교회 음악의 변혁과 사용이 필요하

---

192) 김철웅, 『추적! 마틴 루터도 CCM을 사용하였는가?: 16C 마틴 루터의 관점에서 바라본 21세기의 CCM』(서울: 예영 커뮤니케이션, 2009), 266-301. 루터의 음악신학의 두 기둥은 아디아포라와 디아포라인데, 성경에 명백하게 명시된 원리나 본질(디아포라)에 있 어서 하나님께 영광의 목적이요, 적용과 활용에 있어서 자유로운 형식(아디아포라)를 제한하지 않는 것을 말한다. 이것은 시편 이외에 성경에 나타나지 않은 다른 음악 형태에 대해 부정적이었던 칼빈의 견해를 뛰어넘는 것이었다.

다고 본다.

루터 자신도 당시 세속적인 음악의 장르를 교회 음악으로 편입시켜 초신자들이나 평신도들에게 소통할 수 있는 새로운 교회 음악 체계를 만들었다. 물론, 루터가 무비판적으로 세속적인 음악을 교회로 들어온 것은 아니었다. 그는 교회 전통에 익숙하지 못한 초신자들이나 평신도들이 무리 없이 교회로 인도되도록 친숙성과 대중성이 있는 유행가 곡조(popular melodies)를 받아들였는데, 이는 그가 교회 예전에서 음악의 사용을 문화적 이유와 상황적 근거에 의해서 적용하고 실천하였기 때문이다.

한 예로 당시 대중가요였던 "I Came from an Alien Country"를 경쾌하고 경건한 멜로디로 패러디하여 "From Heaven on High I Came to You"로 바꾸어 교회 음악으로 사용하였다.193) 이와 같이 하나님께 영광이라는 대 전제하에 교회 음악의 멜로디와 가사 그리고 악기 등에 대하여 전통과 현대의 다양한 장르들을 성스러운 음악과 세속적인 음악의 비판적 상황화(critical contextualization)를 통하여 교회 음악의 지평을 넓혀가야 할 것이다.

한 가지 주의할 점은 이러한 성과 속의 통합의 원칙에서 사람을 기쁘게 하려는 세속적인 원리를 최소화하고, 하나님께 경배와 찬양을 드리는 교회 음악의 원리를 최대화하여 사람들에게 교회 음악을 통하여 세속에서 벗어나 하나님께 나아가도록 해야 할 것이다. 고린도전서 6장 12절, "모든 것이 내게 가하나 다 유익한 것이 아니요, 모든 것이 내게 가하나 내가 무엇에든지 얽매이지 아니하리라"는 말씀대로 세속적 음악의 사용이 가하지만, 그것의 사용에 있어서 성경적인 철저한 검증과 선별, 그리고 하나님의 영광을 위한 경건한 적용으로 나아가야 할 것이다.

(4) 친교-연령별 통합형 조직 보다는 다양성을 인정하는 셀 조직의 활성화

포스트모던 문화 사회에서 조직이 해체되는 시대를 맞이하고 있다. 교회도 역시 기존의 교회 조직은 노쇠 현상으로 제 기능을 다하지 못하고 점차 해체되어 가고 있다. 기존의 지역별로 구성되었던 구역이나 남녀 연령별로 조직되었던 남녀 전도회 혹은 선교회 등은 새로운 포스트모던 시대를 맞이하여 그 기능을 다하지 못하고 역기능 현상을 보이고 있다. 근대 모더니

---

193) 김철웅, 356–366. 교회음악으로 박사학위를 취득한 김철웅이 제시하는 진정한 교회음악 CCM의 5가지 조건은, (1) 만드는 사람이 신앙고백이 있는 기독교인일 것, (2) 부르고 연주하는 사람이 신앙고백이 있는 기독교인일 것, (3) 내용이 기독교적일 것, (4) 복음적 영향력이 있을 것, (5) 최종 목적이 하나님께 영광이 될 것 등이다.

즘의 개인의 성향을 무시하는 일률적인 통합의 조직은 더 이상 다양성을 추구하는 포스트모던 사회에 적합하지 않는 조직이 되고 있다.

한 예로, 기존에는 한 단체의 회장단을 경쟁적으로 하려고 했으나, 이제는 서로 회장단에 속하지 않으려고 미루며, 그 결과 그 단체에서 소외되었던 사람들이 리더가 되어 조직을 통합적으로 원만하게 이끌어 가지 못하고 있다. 결국 그 단체의 중심적인 오피니언 리더는 방관적인 자세로 일관하고, 회원들은 회비를 내지 않거나 행사에 참여하지 않는 등 지도자를 따라주지 않게 됨으로써, 그 단체는 목적을 달성하지 못하고 오히려 역기능적인 결과를 도출하고 만다. 그 단체를 원만하게 이끌어내지 못한 회장단은 교회에서 시험이 들어 떠나게 되어 친교를 목적으로 하는 단체가 오히려 친교를 방해하는 역기능적인 기관으로 되어버린 것이다.

교회 조직에 있어서 더 이상 근대성의 획일화, 서열화, 통합화는 통하지 않으므로 은사 중심의 리더십과 남녀노소, 청장년, 장애·정상인, 한국인·외국인 등 다양한 사람들이 한 교구나 조직에 모일 수 있도록 조직을 개편하고 활성화하는 일이 필요하다고 본다. 그리고 위기를 당한 사람들을 중심으로 소그룹이 활성화되어야 한다. 톰 레이너와 에릭 가이거(Thom S. Rainer and Eric Geiger)는 『단순한 교회』라는 저서에서 소그룹의 중요성을 언급하고 있는데, 소그룹은 위기에 처한 사람들이 서로 그리스도의 사랑을 나누고 실천할 수 있는 효과적인 장이 될 수 있다고 한다.[194] 그러므로 다양한 소그룹의 활성화야말로 포스트모던 시대의 다양성을 채워 줄 수 있는 목회적 선교 전략이 될 수 있다고 본다.

2) 교회 아웃리치 선교 전략—선교적 교회론

1960년대에서 1980년대까지 도널드 맥가브란(Donald McGavran) 박사를 중심으로 하는 Fuller 교회 성장학파의 등장으로 교회론에서 교회성장론(church growth)이 대세를 이루었고, 1990년대 교회 성장론에 대한 신학적 자성을 통하여 하워드 스나이더(Howard Snyder) 박사를 중심으로 교회 갱신론(church renewal)이 주류를 이루었다. 이제 21세기에 들어서 포스트모던 시대의 교회 정체기를 넘어 교회 쇠퇴기를 맞이하여 교회론은 선교적 교회론(missional church)으로 그 방향성을 잡아가고 있다.

---

194) Thom S. Rainer and Eric Geiger, *Simple Church: Returning to God's Process for Making Disciples* (Nashville, TN: B & H Publishing Group, 2006), 29–56.

선교적 교회론은 레슬리 뉴비긴(Lesslie Newbigin)에 의해 시작된 '복음과 우리 문화 사이의 대화(Gospel and Our Culture Conversation: 약칭 GOCN) 운동에서 영향을 받아, 1990년대 데럴 구더(Darrell Guder), 크랙 겔더(Craig Van Gelder), 조지 헌스버거(George R. Hunsberger), 앨런 록스벅(Alan Roxburgh) 등에 의해 교회의 본질을 회복시키기 위해 시작된 운동이다. 선교적 교회론은 기존의 성장과 갱신 중심의 교회론이 가지고 있는 근대성, 즉 진보, 성장, 효과, 질서, 종교적 소비주의 등을 극복하고, 교회의 선교적 본질을 되찾아 교회의 존재 목적인 하나님의 선교에 참여해야 함을 주장한다. 선교적 교회론은 영국을 비롯한 서구 사회에서 사적 영역으로 소외된 신앙과 진리의 차원을 공적 영역으로 회복시키기 위해서 하나님의 백성들이 사회에서 하나님의 나라를 구현해 나가는 일련의 모든 사역들을 포함한다.[195]

이것은 교회가 교인들만을 위한 사적인 게토로 머무는 것이 아니라 교회를 넘어서 세상을 하나님의 나라 차원으로 변혁시켜나가는 문화와 복지 사역을 포함한다. 이러한 선교적 교회론에 입각한 21세기 미래 목회 선교 전략으로 (1) 보육-어린이 집, 방과 후 교실 운영, (2) 청소년, 여성-쉼터, 교육 문화 예술 체육 교실 운영, (3) 장애우-돌봄 시설 운영, (4) 노인-노인요양센터, 주간보호시설 운영, (5) 사회빈민, 노숙자-쉘터, 사회적 기업 운영, (6) 탈북민-통합시설, 사회적 기업 운영, (7) 다문화 가정-언어교육, 의료, 취업 상담, (8) 농어촌, 낙도, 병원, 학교, 군, 경찰, 교도소, 소방서, 야간 경비, 연예인, 체육인, 예술인 등 특수 선교 등을 강구해야 한다.

그러나 선교적 교회론을 목회 선교 전략으로 적용할 때에 주의할 점이 있다. 선교적 교회론은 에큐메니칼의 하나님의 선교(missio dei) 사상의 영향으로 복음 선포와 전도보다는 삶으로서의 존재를 강조하고, 하나님 나라를 종말론적 하나님의 나라보다는 사회 구현과 확장이라는 점에 보다 강조를 하고 있다는 점이다. 복음주의 선교의 입장에서 하나님의 나라의 종말론적 성격과 회개와 영혼 구원의 차원을 선교적 교회론을 실천하면서 결코 약화시키면 안 될 것이다.[196]

이상의 선교적 교회론의 사회 선교적 특징은 닐 콜(Neil Cole)의 '유기적 교회(organic

---

195) 최동규, 「GOCN의 선교적 교회론과 교회성장학적 평가」, 『선교신학』 제25집(2010): 231-261. 선교적 교회론은 서구 교회의 위기 진단과 해결 방안을 강구하는 『선교적 교회Missional Church』(데럴 구더(Darrell Guder) 편, 1998)의 발간을 기점으로 선교학계에 관심을 불러 일으켰다. 선교적 교회론에 대한 실제 예들을 소개한 책은 다음과 같다. Michael Frost and Alan Hirsch, The Shaping of Things to Come (Peabody, MA: Hendrickson Publishers, 2003).

196) Craig Ott, Stephen J. Strauss and Timothy C. Tennent, Encountering Theology of Mission: Biblical Foundations, Historical Developments, and Contemporary Issues (Grand Rapids, MI: Baker Academic, 2010), 200-201.

church)' 개념으로 보완될 수 있다. 닐은 캘리포니아의 전통 교회 목사로서 교구 목회에서 새로운 교회 개척을 시작한 목회자이며 이것을 전국적인 네트워크로 확장시켜 교회증가협회인 CMA(Church Multiplication Associates)를 만들었다. 그는 흔히 말하는 기독교왕국(Christendom)의 건강한 재생산인 분립 개척 방식을 거부하고, 사람들이 모이는 현장에 헌신된 제자들을 파송하여 전적으로 주님의 추수하심에 의지하여 복음의 씨를 뿌리고 응답하는 영혼들을 모아 모임을 시작하였다. 모임은 주로 특별한 건물이나 기존의 교회 형태를 새롭게 만들지 않고, 주님의 말씀대로 "두세 사람이 모인 곳에 주님이 계심"을 실천하는 사역의 장이었다. 그는 이것을 '유기적 교회'라 부르고 주님의 이름으로 모이는 모든 학교, 병원, 교도소, 가정, 특수한 사역지에 이러한 진정한 교회가 활성화되어야 함을 역설하였다.197) 이것은 다변화되고 복잡해져 가는 포스트모던 시대의 아웃리치 선교 전략으로서 하나의 합당한 전략이 될 수 있을 것이다.

또한 선교적 교회론을 목회 선교 전략으로 적용할 때에 주의할 점은 선교가 복음 자체의 가치보다 선교활동으로 복음을 상품화하는 일로 변질되게 해서도 안 될 것이다. 만일 교회가 복음의 본질보다 교회 활동에만 치중하다 보면 복음의 생명력을 잃어버리게 될 수도 있는 것이다. 그러므로 선교적 교회론을 적용할 때에 교회의 모든 활동이나 프로그램이 교회의 선교적 본질에서 벗어나 교회성장이나 효과적 전도 프로그램, 타문화 선교나 해외 선교 프로그램 강조, 시대에 뒤처진 교회 형식 개선, 카페 운영, 사명선언문 개발, 합리적 기획과 회원 관리 등 인간의 조작적 측면만을 강조하는 것을 경계해야 한다. 왜냐하면 선교적 교회론은 근대성의 기능주의적 교회론을 극복하고 생산과 소비의 종교적 소비주의의 오류를 비판하며, 교회의 선교적 본질에 대한 깊은 성찰을 요구하기 때문이다.198)

21세기 포스트모던 시대의 선교적 교회의 진정한 실천을 위해서는 복음에 대한 시장지향적 이해보다는 복음에 대한 원형적 체험을 회복해야 함이 우선이고, 모든 세속적인 방식을 동원하여 사람들을 교회로 끌어 모으는 것보다는 그리스도의 참된 제자를 양성하는 일이 필요하다고 본다.

---

197) Neil Cole, *Organic Church: Growing Faith Where Life Happens* (San Francisco: Jossey-Bass, 2005), 22-23.
198) 최동규, 243-246. GOCN의 선교적 교회의 12가지 지표는 다음과 같다. (1) 복음 선포, (2) 제자 훈련, (3) 성경 삶의 기준, (4) 주님의 삶, 죽음, 부활에 참여, (5) 공동체 소명 발견, (6) 그리스도인 상호 행동, (7) 화해 실천, (8) 사랑 실천, (9) 환대 실천, (10) 하나님의 임재, 기쁨 감사의 예배 핵심, (11) 명백한 공적 증거, (12) 하나님의 나라 지향 등이다.

3. 세속화의 문제가 아니라 영성의 문제: 초월적 영성의 추구

1990년대 이후 이슬람 근본주의와 기독교 복음주의의 부흥이 보고되고 있다. 특히 오순절 성령강림파의 부흥은 포스트 모던 문화와 소비지향적 시장지향문화, 그리고 사이버 문화 사회에서 기독교 선교 전략의 방향성을 제시해 주고 있다. 세속화되면 될수록 종교가 사멸될 것이라는 세속화론은 현대 사회 문화의 신종교운동(NeRMs)과 이슬람 근본주의의 부흥 그리고 기독교 영성 운동의 약진 등에 밀려 그 주장에 힘을 잃어가고 있다.

현재 맞고 있는 한국 교회의 위기는 세속화의 문제가 아니라, 영성의 문제로 보인다. 기독교가 기존의 근대성의 원리를 갖고 모든 것을 통합하고 통제하며 계획하고 진행하려는 사역들에 대해 사람들의 소리 없는 반동이 시작되고 있다. 이제 통합과 통제의 시대가 아니라 다양성을 인정하고 격려하는 감성의 시대가 되고 있다. 세속화의 끝 가상현실 공간을 통한 사이버 문화와 소비를 통해 정체성을 찾는 시장 지향 문화에서 교회는 오직 방법론적으로 그것들을 무비판적으로 추종하고 따라갈 것이 아니라, 성령의 영성을 갖고 하나님의 은총 가운데 그리스도의 원형적 진리를 품고 선교 전략적으로 나아가야 할 것이다. 근대성의 탈 주술화와 세속화가 기독교의 필요성과 의미를 제거하면 할수록, 사람들에게 채워져야 할 공간이나 영역이 더욱 커지게 되고, 교회는 신앙 공동체로서 그리스도의 실천적 영성을 채우는 선교적 역할을 감당해야 할 것이다. 한국의 세속화된 교회는 힘을 잃고 있다. 교회는 근대성의 합리적 경영보다 좀 더 하나님께 나아가고 매달리는 초월적 영성으로 성도들 간에 유대감을 강화시키는 것이 중요할 것이다.

제8장 포스트모던 세속화 시대에 대응하는 기독교 선교 전략

지구촌의 미소 양대 권력구조가 지난 1990년대 초 소련의 해체로 인하여 와해되면서, 구소련 지역에 민족주의와 다원주의의 바람이 불게 되었다. 그즈음에 무너진 공산주의의 종주국 구소련을 복음화하기 위해서 기독교계는 선교 전략을 짜기에 매우 분주하게 움직였고, 그 전략의 성과는 매우 크리라 예상하였다. 왜냐하면 구소련의 공산주의라는 이념 체제가 무너진 상태에서 그 지역은 종교적으로 매우 순수하게 보전된 옥토라고 생각하였기 때문이다. 그러나 그 기대와는 다르게 그 구성원인 민족마다 기독교를 받아들이기보다는 그들의 토착종교인 이슬람으로 회귀하는 현상을 보이기 시작했다. 공산주의의 소멸은 결코 기독교 선교에 이득이 되지 않았다. 키르기스스탄, 투르크메니스탄, 우크라이나, 우즈베키스탄, 카자흐스탄, 몰도바 등의 국가들은 기독교 선교에 어려운 지역이 되었고, 특히 카자흐스탄은 새로운 종교법을 제정하여 기독교 선교를 거부하고 있다.[199]

구소련 지역뿐만 아니라, 터키를 비롯한 이슬람 국가들은 반기독교 정책을 고수하며 성경 배포나 일련의 기독교 활동을 금지하고 있다. 한 예로, 아프가니스탄의 탈레반 이슬람 정권은 모든 종류의 기독교적 활동을 추적하고 있으며, 만일 기독교와 관련된 어떤 문서나 물건이 발견될 경우, 이를 소지한 사람들을 처벌하거나 사형을 집행하고 있다.[200] 또한 세계에서 가

---

199) 한국선교연구원(KRIM), 파발마 259호. 투르크메니스탄 기독교인들 기독교 탄압은 2000년 11월 22일 국가 안전부 소속의 경찰들이 사고 난 자동차를 조사하던 중 투르크멘어로 된 기독교 비디오가 발견되면서 시작되었다. 투르크메니스탄의 수도 아쉬크하바드(Ashkhabad)에서 누로브(Nurov), 쇼크라트 피리에브(Shokhrat Piriyev)를 포함한 최소한 기독교인 4명이 계속적인 구타, 전기쇼크, 부분질식 등 다양한 형태의 고문을 받았던 사건이 일어났다. 이들은 모두 피리에브가 인도하는 아쉬크하바드에 있는 장로교 가정교회에 소속되어있다. 지난 2년 동안 투르크메니스탄에서 종교와 관련된 일에 종사하는 것으로 알려진 모든 외국인들이 추방되었다. 그리고 장로교회 한곳과 힌두교 크리슈나 사원 두 곳이 파괴되었으며 침례교, 오순절, 제칠안식교 신자들, 바하이교 신자(바하이교는 1863년 페르시아의 후세인 알리가 전 인류화합을 제창하여 세운 교파임)들이 경찰의 습격을 받고 과중한 벌금을 지불해야 했다. 투르크메니스탄이라는 국가는 구소련연방으로부터 온 소수 인종집단인 투르크멘, 우즈벡, 카작인 등으로 구성된 나라이다. 정부정책은 종교의 자유를 허용하면서 비종교국으로 남는 것이다. 그러나 정부는 점진적으로 이슬람화되어가고 있는 추세이다. 총인구의 76%가 무슬림이고, 기독교인구는 5.7%에 해당된다. 정부정책과는 달리 투르크메니스탄은 복음의 문이 완전히 열려 있지 않다(파발마 264호).

200) 한국선교연구원(KRIM), 파발마 272호.

장 큰 무슬림 국가인 인도네시아의 경우, 지난해 말루쿠 섬 지역에서 '무슬림 용사들'이라고 자칭하는 무슬림들이 여러 기독교 마을들을 공격하였고, 도피하지 못한 많은 사람이 살해되거나 억류되었고 그리고 생존자들은 이슬람 종교로 개종하도록 강요받았다.[201] 그리고 인도를 비롯한 힌두권 역시 힌두 근본주의자들은 최근 웹사이트를 통해 국제 기독교 지도자들의 이름, 인도 출신의 기독교 학자들의 이름 그리고 힌두교를 적대하는 사람들의 이름을 '히트 리스트(hit-list)'에 올렸다. 지금까지 힌두권에 살고 있는 기독교인들은 과격한 힌두교 단체들로부터 심한 박해를 받아 왔다. 그들은 기독교 지도자들을 교살하고, 여성들을 강간하고, 교회들을 불태우고, 기독교인의 시신을 묘지에서 노출시키고, 성경을 파기시켰다.[202]

이러한 기독교에 대한 전 세계적인 타종교의 탄압과 박해는 계속되어 있지만, 이것보다도 더욱 무서운 것은 21세기 극도로 발전해 가고 있는 세속화의 물결이다. 기독교 국가로 알려진 미국은 이미 세속화되어 세속 문화의 전파자로 나서고 있고, 우리에게 가장 가까이 있는 일본 역시 그들의 세속 문화를 한국에 급속도로 전파하고 있다. 이러한 세속주의는 기독교에 있어서 매우 커다란 위험 요인이 되고 있다. 일본의 '신인류(new race)' 혹은 '신진루이'라고 호칭되는 일본 젊은이들의 세속문화는 머리 염색, 문신, 몸의 장식, 비싼 의상, 계속적인 향락을 추구하는 특징을 가지고 한국의 대중문화에 영향을 주고 있다.[203] 미국은 이제 기독교 국가라는 과거의 명성에서 극도의 인본주의적 세속화가 지배하는 나라가 되었다.[204] 미국은 종교의 자유와 자유 민주주의라는 미명 아래 기독교의 자유가 그만큼 제한되어 가고 있다. 성경

---

201) 한국선교연구원(KRIM), 파발마 279호.
202) 한국선교연구원(KRIM), 파발마 277호.
203) 한국선교연구원(KRIM), 파발마 260호.
204) 한국선교연구원(KRIM), 파발마 269호.
1973년 미대법원의 유산권리 판결과 1976년 미국 건국 2백주년 기념행사 때 과거의 기독교 역사에 대한 재현은 미국 복음주의자들로 하여금 사회적 활동에 관심을 갖게 했다. 유산권에 대한 대법원 판결은 많은 복음주의자들을 격노시켰고, 그 결과 적극적인 정치적 논쟁으로 대두되었다. 1976년 미 건국 2백주년 기념행사가 있던 해에 복음주의 출판물들은 미국의 기독교적 유산, 성경을 토대로 세워진 미 정부, 건국의 아버지들의 영적 통찰력을 찬양했다. 하나의 대표적 칭송어귀는 "미국은 위대한 과거, 현재, 미래가 있다 왜냐하면 미국은 위대한 하나님이 계시기 때문이다." 그러나 미복음주의자들의 노력에도 불구하고, 미국 사회에서 일어나고 있는 일들을 조금만 신중히 지켜본다면 미국은 기독교 국가가 더 이상 아님을 깨닫게 된다. 미복음주의자들의 공통된 의견은 미국은 이전에 기독교 국가였지만 그러나 이제 인본주의적 세속화로 인하여 기독교 국가로서의 이미지는 사라져 버렸다. 다음은 그 한 예가 될 것이다.
미 법무장관 존 애쉬크로프트(John Ashcroft)는 그의 사무실 혹은 회의실에서 매일 오전 8시 경건회를 갖는다. 이는 법무장관으로서의 자신의 직업과 아무 관련이 없는 개인의 종교적인 신앙 표현이고, 그 모임에 부하 직원의 참가가 강요되지 않음에도 불구하고, 세계적으로 약 135,000명의 고용인을 가지고 있는 미법무부 내의 애쉬크로프트 법무장관의 오순절 기독교적 신앙에 동조하지 않는 고용인들은 매일 갖는 경건회 모임에 대해 다른 신앙을 가지고 있는 고용인들의 기분을 상하게 하거나, 충격적이고, 불쾌하게 하며, 비존경심, 비헌법적인 느낌을 갖게 한다고 비판하고 있다. 1997년에 발표된 미 연방정부의 "연방 정부 기관 내에서의 종교적 행위와 표현에 관한 지침"에 의하면, 집행관과 주행정부의 대표들은 종교적 행위나 진술을 함에 있어 매우 신중해야 한다. 이유는 대표들은 고용인을 채용하거나, 해고하거나, 승진시킬 수 있는 권한이 있으므로, 고용인은 대표들의 종교적 표현을, 전혀 강요의 의도가 없는 경우에도, 강압적인 것으로 합리적으로 받아들이기 때문이라고 했다.

읽기와 공공 기도가 공립학교에서 금지되었고, 변호사 사무실에 걸린 십계명, 경기가 시작되기 전의 기도 등은 이웃 종교인들에게 공평치 못한 처사라는 이유로 금지되고 있다. 이와 더불어 사회 전반에 확대되는 인본주의적 세속화의 확장은 미국 문화의 일반적 흐름이 되고 있다. 인본적 세속화는 총체적인 사회 구조에서 하나님을 배제시키고, 세계를 물질적이고 인본적인 차원에서만 보고, 종교를 환상으로 간주하고 있다.

한국의 경우는 어떠한가? 세속화의 물결로 인하여 종교계는 어려움에 처해가고 있다.[205] 종교계의 어려움과 더불어 한국의 주요 종교로서 기독교는 다른 종교에 비해 배타적인 성향을 띠고 있다고 여론의 비판을 받고 있다. 여론은 한국 교회의 기복신앙, 교회 세습, 무인가 신학교를 통한 무자격 목사 양성, 성직 매매, 교회 매매 등 수많은 비윤리적인 문제들을 지적하고 있다. 인터넷의 안티 기독교 사이트들은 위에 열거한 기독교의 비윤리적인 측면과 과거의 친일, 친 군사정권에 가담한 기독교 인사들을 비판하고 나서면서, 서명 운동에 돌입했다.[206]

기독교 내부에서도 전 기독교 방송국 피디인 한용상은 여론에 편승하여 『교회가 죽어야 예수가 산다』로 책장사를 시작했다.[207] 기독교 신앙을 가지고 있는 종교학자 오강남은 『예수는 없다』라는 책을 통해 "예수 믿어도 구원은 없다"라고 말하고 있다. 그는 성경은 "어린 시절 우리 아빠가 최고!"라는 식의 신화적 표현임으로, 성장한 기독교인들은 "오직 예수!"만 배타적으로 찾지 말고, 이웃 종교들과 사람들을 예수가 몸으로 실천한 사랑 실천으로 구원의 길을

---

205) 이학종, 「네스크 칼럼–'우담바라 현상'을 보는 시각」, 『니시털 법보』, 582호, 2000. 11. 01. 그러나 극도로 세속화되어 가고 있는 21세기의 초두에 불교계의 상상의 꽃이요 전설의 꽃인 '우담바라(Udumbara)'가 청계산 청계사에 피었다는 소식이 세상을 한번 놀라게 했다. 우담바라는 인도 전설에서 여래(如來)나 전륜성왕(轉輪聖王)이 나타날 때 피어난다는 상상 속의 꽃이다. 전륜성왕은 부처처럼 32상(相)과 7보(寶)를 갖추고 있으며 무력에 의하지 않고 정의와 정법의 수레바퀴를 굴려 세계를 지배하는 이상적 제왕을 가리킨다. 이 우담바라로 여겨지는 꽃이 핀 사찰은 충남 계룡산 대전 광수사(2000.7), 경기도 의왕시 청계산 청계사(2000.10.6), 서울 관악산 용주사 연주암(2000.10.15) 등이다. 그러나 과학자들은 우담바라는 풀잠자리 알에 불과하다고 주장한다. 참고로 불교에서도 한국불교대사전에 따르면, "풀에 청령(잠자리)의 난자(알)가 붙은 것"이 우담바라라고 정의한다. 동아한한대사전(동아출판사)에서도 우담바라는 "초부유(풀잠자리)의 알"이라고 정의한다. 우담바라에 대한 언론보도는 다음과 같다. 조선일보: 우담바라꽃이 피었다(1997.8.15), 이규태 코너 "우담바라"(2000.7.31); 한국경제: 우담바라(2000.10.16), 우담바라 보러가자 "청계사입구" 장사진(2000.10.17), 우담바라 보러가자 사찰마다 장사진(2000.10.17); 중앙일보: 우담바라, 단풍, 저녁노을(2000.10.20); 문화일보: 관악산 석불에도 우람바라(2000.10.21); 조선일보: 우담바라 모정의 행렬(2000.10.24); 동아일보: "우담바라는 풀잠자리 알"… 곤충학자들 확신(2000.10.25); 중앙일보: 대원스님 풀잠자리 알도 우담바라(2000.11.5).
　　불교계는 우담바라가 필 때는 나라에 경사가 있는데, 바로 김대중 대통령이 노벨평화상을 받은 것은 우담바라 덕분이라고 하였다. 일반 신문이나 텔레비전, 심지어 영자 신문까지 이 우담바라 현상을 취재 보도하였고, 결국 세속 언론은 몇몇 곤충학자들의 자문을 들어 '우담바라의 실체는 풀잠자리의 알'이었다고 결론내리며, 마치 불교계가 혹세무민이나 한 것인 양 몰아붙였다. 그러나 세속 언론은 우담바라 꽃으로 여겨지는 그 물체가 우담바라도 되고 풀잠자리 알이 되는 불교적 영성을 알지 못하였다. 중요한 것은 그 꽃이 우담바라인가 아닌가 라는 과학적 사실보다, 오히려 이러한 신기한 현상을 보려고 몰려드는 사람들의 단순한 호기심을 불교적 영성으로 변혁(transform)시키려는 불교계의 의도를 세속 언론은 읽지 못한, 아니 읽으려고 하지 않은 것이다.

206) 기독교에 대한 안티 사이트들은 "검은 십자가"–창조과학의 허구 및 기독교 비판자료들을 제공하는 안티 기독교 사이트; "안티 기독교"–기독교의 부조리와 교리의 오류를 비판, 각종 칼럼 및 토론방, 발췌자료들을 수록; "안티 바이블"–기독교 및 성경의 허구성에 대해 분야별로 기술; "안티스트"–안티 기독교 홈으로서 기독교인에 대한 비판, 토론장, 사진과 그림 등의 자료 제공; "Christless"–기독교 교리, 현안 문제 등에 대한 비판 등이 있다.

207) 한용상, 『교회가 죽어야 예수가 산다: 한용상 테마 에세이』(서울: 해누리, 2001).

가야 한다고 주장하고 있다.[208] 기독교의 "오직 예수"라는 기본 진리는 21세기 세속화의 시대에 배타적이고 아집에 가득 차 자기 욕심만 부리는 이기주의의 온상처럼 오해되고 있다.

그렇다고 죄 없으신 하나님의 아들 예수 그리스도의 보혈의 피로 인하여 죄사함 받고, 예수님을 구주로 믿음으로 영혼이 거듭나서 하나님의 자녀 되고, 성령 충만 받음으로써 주의 일꾼이 되는 기독교의 진리를 포기할 수는 없다. 그래서 본 장에서는 21세기 극단적 세속화 시대를 맞이하기 위하여 기독교의 대응 방식을 찾아볼 것이다. 먼저 세속화 시대에 대응했던 자유주의, 신정통주의, 경건주의 전통을 살펴보고 우리 성결교회가 따라야 할 방식을 고찰하고자 한다. 그 방식은 신정통주의의 사회 참여를 통한 사회 간접 선교 방식도 아니요, 자유주의의 교회 파괴적 발상도 아니며, 오히려 우리 성결교회의 경건주의 전통에 따라 초자연적인 하나님을 체험하여 중생, 성결, 신유, 재림의 사중복음을 통한 영혼 구원의 사도적 방식을 소개하려고 한다. 우리 성결교회의 사도적 방식이야말로 21세기 극단적 세속화 시대에 대한 우리 성결교회의 선교신학적 대응이 될 것이다. 그러면 논의를 위해 우선 세속화에 대하여 살펴보자.

1. 세속화란 무엇인가?

세속화(secularity)는 전 세계적인 현상이다. 현재 살고 있는 도시나 마을 도로를 따라 자동차를 운전해 보라. 보이는 것은 아파트와 공장 건물, 지하철역, 대형 할인매장, 슈퍼마켓, 많은 음식점들, 그리고 교회도 보인다. 지하철을 한번 타 보라. 전동차의 기계음에 시선 없이 앉아 있는 사람들, 신문을 읽는 사람들, CD플레이어를 듣고 있는 십대들, 간혹 도움을 청하며 지나가는 장애인이나 노인들, 그리고 예수 천당을 외치며 돌아다니는 전도자들을 만날 수 있다. 인도에 가 보라. 도시화된 캘커타의 아스팔트 위에는 디젤 가스의 매연을 내뿜고 달리는 백미러 없는 자동차들이 물결을 이룬다. 중국의 천진에는 남녀노소 할 것 없이 자전거를 타고 달리고, 대만에서는 소형 오토바이의 물결을 만날 수 있다. 세상은 세속화의 물결에 더욱더 빠르게 밀려들어 가고, 우리의 일상생활은 종교적인 것으로부터는 너무나 멀어져 가고 있다. 종교는 21세기 세속화된 사회에서 과연 살아남을 수 있겠는가? 신에 대한 기도는 PC방이나

208) 오강남, 『예수는 없다』(서울: 현암사, 2001).

컴퓨터 인터넷의 채팅으로 대체되었고, 신에 대한 찬미와 찬양은 노래방의 자동 반주기와 마이크에서 흘러나오는 노래로 바뀌었으며, 신에 대한 경배는 쇼핑몰에서 수 없이 모델을 바꾸어가며 진열되는 상품 앞으로 변경되었다. 세속화된 삶은 신 없이도 엑스터시를 느끼며 종교 없이도 공동체를 형성할 수 있도록 하였다.

이러한 세속화 현상은 오늘날 21세기 세계화·정보화 시대의 특징적인 면모이지만, 21세기에만 국한될 수 없는 사회 현상이다. 세속화의 어원을 살펴보면, 라틴어의 '세클룸(saeculum)', 즉 세상을 뜻하는 말에서 비롯되었다. 세클룸은 시간, 역사, 기원 등의 뜻을 내포하는 단어로서, 그리스어의 '에온(aeon)'으로 번역되었는데, 보통 영원한 종교적 세계와 반대되는 변하는 이 세상을 의미하였다.[209] 사실, 중세 라틴의 세계에서 중세 기독교의 사제들은 비시간적이고, 불변하는 거룩한 진리를 따르는 비세속적인 사람들로 이해되었다. 당시 세속화란 수도원의 사제가 변함없는 진리를 명상하던 수도원을 떠나 세속적인 세상의 교구를 책임지는 일련의 과정으로 이해되었다. 그러다가 점차 중세의 정교분리의 과정을 통해 교황과 제왕의 역할 분담이 이루어지면서, 세속화란 교권으로부터 어떤 책임이 정치권에 넘어가는 것을 의미했다. 이러한 사용법은 계몽주의 시대와 프랑스 혁명까지 계속되었고, 현대에 와서도 가톨릭 전통의 몇몇 나라들에서 발견되어진다. 즉, 학교나 병원의 운영권이 교회에서 일반 재단으로 이양될 때, 이 과정을 세속화로 표현하고 있다.[210]

중세 이후 근대화의 과정 속에서 세속화의 의미는 정치적인 권한이 교회에서 사회로 이양되는 정치적 세속화를 넘어서서 사회 문화적인 문화적 세속화로 확대되어 갔다.[211] 세상의 문화는 교회의 지배에서 벗어나려고 시도하였고, 점차 탈성화되어 갔다. 미국의 공립학교에서는 공식적인 기도가 폐지되었고, 현대인들의 일상적인 대화에서 종교적인 담론은 자연히 사적인 일로 돌려져 버렸다.

『세속도시』의 저자 하비 콕스는 세속화(secularity)와 세속주의(secularism)를 분명히 구분해야 한다고 주장하고 있다. 하비 콕스는 세속화를 자유와 개방성이라는 긍정적인 측면에서 해석해야 한다고 역설하였다. 그는 성서적인 관점에서 하나님의 창조 사역이 자연을 비신화

---

209) Harvey Cox, *The Secular City*, 손명걸 외 5인 공역, 『세속도시』(서울: 대한기독교서회, 1967), 28–29.
210) *Ibid.*, 30.
211) *Ibid.*, 31. cf. David Burnett, *Clash of Worlds: A Christian's Handbook on Cultures, World Religions, and Evangelism* (Nashville, TN: Nelson, 1990), 39–40. 하나의 사회 현상으로서 세속화의 뿌리를 찾아 올라간다면 우리는 16세기 르네상스 인본주의의 발흥에서 그 뿌리를 찾아볼 수 있다. 르네상스는 그리스 로마 시대의 인본주의(humanism)에로의 회귀를 이상으로 하였고, 신 중심적이던 종교적 인간을 인간 중심적인 세속적 인간으로 변화시켰다.

화하여 세속화시켰다고 보았고, 하나님의 구원 사역의 상징인 출애굽 역사는 정치를 비신성화시킨 것이고, 하나님의 시내산 언약은 우상이나 형상을 만들어 인권을 유린하는 빗나간 종교성으로부터 해방시킨 것이라고 해석하였다. 즉, 피조물인 물질과 청지기의 봉사로서의 권력, 그리고 신에게의 예배 행위가 자칫 신성화되어 인간을 억압하는 도구가 되는 폐쇄적 현상으로부터 인간을 자유케 하고 해방하는 사역이 곧 하나님의 세속화라는 것이다.212) 그러므로 그에게 세속화란 폐쇄적인 종교적 세계관의 지배로부터 인간의 자유와 해방으로 나아가는 역사적인 필연적 과정인 것이다.

한편, 콕스는 세속화를 위와 같이 긍정적으로 해석하는 반면에, 세속화가 세속주의는 아니라고 설명하고 있다.213) 즉, 세속주의란 현대인들에게 또 다른 하나의 새로운 종교적 역할을 하는 폐쇄적 세계관이라고 한다. 현대인들은 삶을 풍요롭고 생동력 있게 만드는 원동력인 세속 문화를 이용하고 다스려야 하는데, 오히려 그 문화에 빠져서 문화를 숭상하여 문화의 노예가 되어버리고 말았다.214) 현대인들이 중세 종교로부터 탈성화, 세속화되어서 인간의 자유와 권리를 찾았지만, 오히려 자유와 권리를 찾은 현대 인간은 삶의 목적인 푯대를 잃어버리고 세속주의의 또 다른 폐쇄성에 갇히게 된 것이다. 현대 인간이 피조물인 자연, 물질, 권력, 상징들로부터 세속화의 과정을 통해 인간 해방을 성취한 것은 좋았는데, 해방된 인간은 그 자유를 진정한 하나님의 나라를 위하여 책임 있는 봉사와 선교로 활용하지 못하고, 물신주의와 권력지상주의, 그리고 향락주의의 늪, 즉 세속주의로 빠지고 말았다.

논자는 콕스의 주장, 즉 그가 중세 기독교의 폐쇄성을 극복하는 과정을 세속화라는 용어를 사용하여 긍정적으로 해석하고, 또한 현대인들이 세속 문화의 굴레에서 벗어나지 못하는 상업주의와 불신주의 등의 폐쇄성을 세속주의라는 용어로 설명했던 방식은 탁월하였다고 본다. 그것을 부정하려는 것은 아니다. 사실, 세속화는 긍정적인 측면에서 사회를 발전시키고 의학과 과학의 발달로 이어져 인간에게 편리한 삶을 약속하였지만, 세속화가 부정적인 면에서 세속주의로 갈 경우, 사회를 능력 위주의 극단적 이기주의와 향락주의 그리고 황금만능주의로

---

212) Cox, *op. cit.*, 32-52.
213) *Ibid.*, 31.
214) Edward Hall, *The Silent Language* (New York: Anchor Press, 1973), 101-2. cf. Leslie White, *The Science of Culture* (New York: Farrar, Straus and Company, 1949). 인간은 자연에 속한 존재이지만 자연과 다르고 자연을 분석하고 평가하며 개발할 수 있는 최고의 존재로 여겨진다. 인간의 몸은 하드웨어(hardware)이고 정신 기능은 소프트웨어(software)로 인식되며, 정신 과정은 문화와 환경에 의해 결정된다고 믿어진다. 스키너(Skinner)와 화이트(White)와 같은 인류학자들은 인간 존재를 외부의 문화 영향력에 의해 형성되었음을 강조하였다.

이끌어 갈 위험이 있다. 세속주의는 전통적인 공동체의 가치와 협력의 미덕을 약화시키고, 인간의 존엄성을 훼파하고 인간소외를 낳고 있다. 서구 기독교는 이러한 세속주의 확산에 어느 정도 기여하였는데, 이는 서구 기독교가 기독교인이 되는 것과 부와 지위를 얻어 사회의 중산층이 되는 것을 옹호해 왔기 때문이다.[215]

세속화와 세속주의의 차이는 본질적으로 긍정적인 세속화와 부정적인 세속주의로 대별할 때 나타난다. 그리고 중요한 점은 세속화와 세속주의는 본질적으로 세속과 연결된다는 점에서 그 출발점을 같이한다고 본다. 종교적인 관점에서 세속화나 세속주의는 모두 탈성화(desanctification)의 과정의 출발점인 것이다. 이런 관점에서 논자는 콕스의 세속화 이론을 비판적으로 평가하고 싶다. 콕스의 방식, 즉 중세 기독교의 폐쇄성이나 현대 세속 문화의 물신주의의 극복 방식은 그의 견해대로 세속화의 방식은 아닐 것이다. 논자는 중세 기독교의 폐쇄성에서 벗어나는 길, 그리고 현대 문명의 물신 주의에서 벗어나는 길은 세속화의 과정을 통해서가 아니라 기독교의 참된 가치인 '거룩성', 즉 성결성의 회복에서 이루어질 수 있다고 본다. 진정한 인간 해방은 하나님을 떠나는 세속화가 아니라 하나님을 만나는 성결성의 회복에서 이루어지기 때문이다. 이 점에 대하여 다음 단락 "세속화에 대한 기독교의 대응"에서 논의하고자 한다.

2. 세속회에 대한 기독교의 대응

세속화의 결과에 따라 세계는 '탈성화(desacralization)'되어 갔다. 이러한 세속화의 도전에 대한 기독교적 대응은 여러 가지로 나타나게 되었다. 기독교는 세속화의 과정에 다양하게 대응하였다. 그중 세속화 현상에 대한 직접적인 대응으로 더욱 이성적이고 합리적인 기독교가 발전하였다. 그 대표적인 예가 종교적 자유주의(religious liberalism)를 따르는 유니테리안주의(Unitarianism)와 사회 복음(the Social Gospel)이다. 이들은 합리주의적이고 이성적인 세속적 세계관으로 이해가지 아니하는 예수 그리스도의 부활이나 동정녀 탄생 그리고 기적 등 초자연적인 면모나 사역을 부정하였고, 세속적인 삶 속에서 그리스도의 사랑이나 윤리를 교리

---

215) Donald McGavran, *Understanding Church Growth*, 3rd Edition, C. Peter Wagner ed. (Grand Rapids, Michigan: Eerdmans Publishing Company, 1990[1970]), 210-211.

의 중심에 놓고 강조하였다. 이들에게 기독교는 '예수를 믿는 종교'가 아니라 십자가에서 하나님의 뜻을 따라 죽으신 '예수의 믿음'을 따라 실천하는 사랑의 실천 운동이 되었다. 하나님의 나라는 예수 천당, 즉 예수 믿고 죽어 하늘나라에 가는 타계주의적 신앙 목표가 아니라, 지금 여기에서(here and now) 사회 정의를 실현하는 하나님의 통치를 의미하였다. 세속화에 대한 자유주의적 대응 양식은 기독교회의 약화로 이어졌다.

세속화에 대한 자유주의적 대응 양식에 대하여 신정통주의(Neo-Orthodoxy)는 20세기 초반 비판하고 나섰다. 칼 바르트(Karl Barth)를 중심으로 하는 신정통주의는 엘리트 기독교 그룹에 영향을 주었고, 인본주의적이고 인간의 죄성을 심각하게 고려하지 아니하는 자유주의자들의 낙관주의를 비판하였다. 이들은 인간의 죄악성을 심각하게 고려하였고, 성서에 나타난 하나님 중심의 신앙을 회복하려고 노력하였다. 그러나 이들은 성서의 문자적 해석을 받아들이지는 않았고, 복음적(evangelical) 하나님의 인간사 개입을 허락하지 않았다. 이들은 윤리적 행동, 특히 정치적 영역에서의 윤리적 행동의 중요성을 강조하면서도 하나님을 인간의 실제적인 삶의 영역에서 멀리 옮겨놓았다. 이들은 자유주의자들의 인간 예수와 거리가 멀 뿐만 아니라, 인간사에 개입하시는 복음주의자들의 하나님도 아니었다. 이들이 이해한 하나님은 계몽주의자들처럼 커다란 시계를 만들어 놓으신 창조주 하나님으로서, 인간의 일상생활에 안내 표시로 말씀(the Word)을 주시고 인간은 그것을 해석하고 매일의 삶에 적용하는 것으로만 끝났다.

자유주의자들과 신정통주의자들의 세속화에 대한 대응 양식 외에 또 다른 하나의 신학적 흐름이 있는데, 그것은 16~17세기 경건주의 전통에서 시작해서 18세기 웨슬리안 성결 운동으로 이어지고 또다시 19~20세기 성결 오순절 부흥운동으로 이어지는 전통이 있다. 우선, 경건주의를 살펴보면, 이 운동은 세속화 현상에 타협하지 아니하고 세상을 극복하려고 한 역동적 신앙 운동이었다.216) 경건주의자들은 하나님은 멀리 계신 분이 아니라 신자의 삶 속에 체험될 수 있는 실재로 믿었고, 그리스도의 의(righteousness)는 칭의를 위해 전가(imputed)될 뿐만 아니라, 분여(imparted)된다고 믿었다.217) 이들은 하나님과의 체험적 관계 회복, 성서와 기도 강조, 사회적인 책임과 세계 선교를 강조하였다.218)

---

216) Ernest Stoeffler, *The Rise of Evangelical Pietism* (Leiden, Holand: E. J. Brill, 1965), 3~5. 경건주의에는 루터 경건주의, 개혁 경건주의, 모라비안 경건주의 등이 있다.
217) Dale W. Brown, *Understanding Pietism*(Grand Rapids, MI: Eerdmans Pub., 1978), 89.

경건주의의 전통은 18세기 웨슬리에게 전해졌다. 그는 인간의 완전성을 믿는 시대, 즉 이성과 합리주의가 지배하는 시대에 살았음에도 불구하고, 인간은 이성을 의지하여 자연법을 따르는 것으로 완전을 성취할 수 없다고 보았다. 그는 완전함이 하나님을 아는 것, 즉 하나님을 온전하게 사랑함으로써 가능한, 실재로의 완전한 참여(total involvement with reality)를 통해 주어지는 것이라고 보았다.[219] 이것은 세속화 현상에 대한 웨슬리의 대응 방식이었다. 웨슬리에게 인간 구원은 동양 종교의 내부 성찰이나 윤리적 실천으로 이루어지는 것이 아니라, "전도의 미련한 것을" 통해서 외부에서 하나님의 은총으로 오는 것이다. 웨슬리의 이러한 사상은 하나님을 온전히 사랑하는 성결함과 그것을 온 세상에 전하는 선교와 연결되었다.

웨슬리의 성결 운동은 19~20세기 영국과 미국의 성결 오순절 부흥운동으로 이어졌고, 세계 선교운동으로 동력화되었다. 19세기 성결 오순절 부흥운동의 주요한 특징은 죄의 자각과 회개, 그리스도의 보혈, 마음의 성결, 성령의 능력과 충만, 그리스도에게 전적으로 순종한 결과인 평화와 기쁨 등이었는데, 중국 내지 선교회(CIM)를 창설하고 전 생애를 중국 선교에 헌신한 허드슨 테일러는 성결의 체험을 세계 선교로 연결시킨 장본인이었다. 그가 『웨슬리안 매거진』의 "거룩함의 아름다움"이라는 기사와 교회 회원증에 기록된 에스겔 36장 26절 말씀, 즉 "새 영과 새 마음"에 대한 말씀을 통해 완전한 거룩함에 대하여 사모하고 있었을 때에, 핏 스트리트 교회의 부흥 집회에 참석한 후 그날 저녁 자신의 방에서 그 이전에 알지 못했던, 그 어느 것과도 비길 수 없는 하나님의 임재를 느꼈고, 이는 말할 수 없는 기쁨과 하나님의 사역 곧 중국 신교에로의 헌신으로 이어졌다. 허드슨은 이러한 온전한 성화의 경험을 통해 잃어버린 영혼에 대한 불타는 열정이 살아났고, 그의 삶을 사회사업(social service)이 아니라 영혼 구원(soul's salvation)을 위한 선교사로 헌신하게 되었다.

이것은 자신의 우월감에서가 아니라, 예수 그리스도에 대한 개인적이고 깊은 사랑(a deep, personal love to the Lord Jesus Christ)에 근거하였다.[220] 허드슨의 이러한 온전한 성화, 즉 성결의 체험은 그의 전 사역에 있어서 주요한 신학적 배경이 되었고, 실천적 강령이 되었다. 그는 중국의 영혼들의 신생을 위하여 구령의 열정을 가지고 직접 전도 사역을 실천하였으며, 구도된 신자들을 성서와 기도로 훈련시키고, 그리스도를 온전히 사랑하는 사역자들로 만들었

---

218) 노윤식, 『새 천년 성결 선교신학』(안양: 성결대학교 출판부, 2001), 173-188.
219) Laurence Willard Wood, "Wesley's Epistemology," *Wesley Theological Journal* 10:56-57.
220) Dr. and Mrs. Howard Taylor, *Hudson Taylor's Spiritual Secret* (London: China Inland Mission, 1955), 14-15.

다. 그는 CIM 선교기지를 정기적으로 방문하면서 선교사들과 중국인 사역자들로 하여금 그리스도에 대한 온전한 사랑이 충만하도록 격려하고 훈련시켰다. 그는 의료 사역이나 교육 사역이 심령을 변화시키는 복음 전파의 자리를 대체할 수 없다고 주장하였다. 즉, 허드슨은 영혼이 그리스도와 만나 일어나는 영적 회심이 특정 교육 과정을 통해서가 아닌 중생(regeneration)의 재창조를 통해 가능하다고 믿었던 것이다.221)

19세기 말 한국에 복음을 전파한 언더우드와 아펜젤러 역시 경건주의와 성결 오순절 부흥운동의 신앙을 전수하였다. 사실, 언더우드는 신학교에 다니면서 성결파인 구세군의 영향을 받았고, 아펜젤러도 원래 독일개혁파 신자였으나, 감리교의 집회에서 중생을 경험하고, 감리교인이 되었다. 성결교회 역시 카우만 길보른에 의해 성결의 복음을 전수받았고, 하나님의 체험을 강조하는 교단적 특징을 가지고 있다. 경건주의로부터 웨슬리안 성결운동 그리고 성결 오순절 부흥운동으로 이어지는 체험 중심적인 신앙 양태는 세속화 현상에 대한 가장 강력한 대응 방식이 될 수 있다고 본다. 세상을 체험하기보다는 하나님을 먼저 체험함으로써 하나님의 온전한 사랑을 가지고 세상을 향해 선교할 수 있기 때문이다. 세속화 현상은 기독교가 타협해야 하는 대상이 아니라, 극복해야 될 부분임을 명심해야 한다. 교회는 세상에 있으나 세상에 속하지 아니했기 때문이다.

3. 하나님의 체험을 통한 세상의 변혁: 사중복음의 체험적 실천

지금까지 세속화의 특징과 세속화에 대한 기독교 내의 대응에 대하여 살펴보았다. 세속화(secularity)는 르네상스 이후 발달한 인본주의에 그 뿌리를 내리고 있고, 그 기초에는 합리주의적 기계론적 세계관이 정초하고 있다. 이러한 세속화 현상에 대하여 자유주의적 기독교는 복음에서 인간 이성에 이해되지 아니하는 초자연성을 제거하였고, 기독교를 사랑 실천의 윤리 도덕으로 만들었다. 자유주의에 반대하는 신정통주의는 인간의 부패성을 직시하고 하나님

---

221) Roger Steer, J. Hudson Taylor, 윤종석 역, 『중국복음화의 문을 연 사람: 허드슨 테일러』(하) (서울: 두란노서원, 1990), 137-139. 허드슨에게 있어서 선교의 성패는 선교사가 영혼의 신생과 온전한 성화, 곧 온전한 사랑을 경험하고 자신을 주님의 사역에 온전히 헌신하였는가에 달려있다고 보았다. 그에게 선교는 황무지 같은 중국 땅에 교회들을 세우는 것이나 중국 사람들이 복음을 듣고 미개한 삶에서 벗어나는 것이 아니었다. 그가 선교를 하는 이유는 "중국이 사랑스러워서도 아니고, 모래 바람이 일고 미개한 사람들이 살고 있는 이 문명의 불모지"인 중국 생활이 즐거워서도 아니었다. 오히려, 그리스도가 그를 위하여 죽으셨기 때문에, 그가 그리스도의 십자가의 사랑에 붙잡혀 조금도 사랑스럽지 않은 것을 그리스도로 말미암아 사랑하게 되었기 때문이었다.

중심주의를 되찾았으나, 그것은 사회 참여적 개혁주의의 양상을 대변할 뿐, 인간사에 개입하시는 복음적 하나님을 되찾지는 못하였다. 신정통주의는 세속화의 중심 본류인 인본주의를 넘어서지 못하였다. 이에 대하여 경건주의를 비롯한 웨슬리안 성결 운동, 그리고 성결 오순절 부흥운동 그리고 이 전통을 계승한 우리 성결교회는 철저하게 하나님의 능력을 신뢰하고 하나님 체험의 중요성을 강조해 왔다. 세속화에 대한 진정한 대응은 인본주의가 아니라 하나님의 체험을 통한 세상의 변혁(transformation)인 것이다.

다행스럽게도, 우리 성결교회는 위대한 사중복음의 전통을 유지하고 있다. 사중복음의 활성화와 실천은 세속화 시대에 진정한 기독교적 대응이 될 수 있을 것이다. 성결교회는 세속화 현상으로 인해 자유주의자들이나 신정통주의자들이 내몰려고 하는 초자연성(the supernatural), 즉 하나님의 일상 속의 개입, 기적적인 신유, 그리스도의 재림에 대한 고대, 성령의 능력에 사로잡힘, 일상적인 영역에 신의 직접적인 현현(theophany) 등에 대하여 사중복음의 틀 안에 보전하며 지켜나가려고 노력해야 할 것이다. 만일, 사중복음이 21세기 세속화의 시대를 맞이하여 실제적이고 직접적인 살아있는 현장의 복음이 되기보다는 종교적인 신념이나 추상적인 교리가 되어버린다면, 실제적인 하나님 체험을 위해 또 다른 비공식적인 소종파의 형성을 불러일으킬 수도 있을 것이다. 종교 사회학적으로 볼 때에, 세속화에 대한 대응 양식으로서 기존의 공식 종교(formal religion)로부터 비공식 종교(informal religion)의 출현이 나타나고 있다.[222] 이러한 비공식 종교의 출현은 기존 종교에서 만족을 얻지 못한 신도들이 새로운 종교적 영성을 제시하는 종교 지도자들을 추종할 때에 비롯되고 있는데, 새로운 종교 지도자들은 세속화 시대에 부족하기 쉬운 영성을 강조함으로써 기존 공식 종교에서 주지 못하는 종교적 만족감을 신도들에게 제공하고 있다.

또한 성결교회가 자랑스러운 전통인 사중복음을 일반 신자들이 삶 속에서 경험할 수 있도록 돕지 않는다면, 성결교회는 고등 종교화되고 말 것이다. 고등 종교는 형이상학적 교리나 형식적인 규범 그리고 전통적인 예전을 강조하는 종교 체계로서 일반 신자들의 삶의 실질적인 문제 해결보다는 종교 엘리트 중심의 권력 중심 기관으로 변모한 종교 형태이다. 만일 성

---

222) Peter W. Williams, *Popular Religion in America: Symbolic Change and the Modernization Process in Historical Perspective* (Chicago: University of Illinois Press, 1989), 2–3. 공식 종교는 공식적으로 조직된 종교기관과 성직자를 양성하는 교육기관, 그리고 교리와 신조 및 신자들을 소유하고 있다. 기독교의 경우, 성결교, 장로교, 감리교, 성공회, 침례교 등의 교단을 공식 종교라고 할 수 있다. 비공식종교인 경우, 기존의 조직된 전통적인 종교 기관에서 분리하여 새로운 종교 지도자를 추종하여 비공식적으로 만들어지는 경우를 말한다.

결교회가 고등 종교화되었을 경우, 세속화 현상에 대하여 대응할 능력을 상실하게 되고 새로운 대응 체계로서 민중 종교(folk religion)가 출현하게 될 것이다.[223] 민중 종교는 고등 종교와는 달리, 일반 대중의 현실적인 삶과 필요에 호소하는 종교 형식이다. 그래서 민중 종교는 입장에 따라 일반 종교(popular religion), 혹은 저급 종교(low religion)라 불리는데, 기독교의 경우, 부흥회, 세계종말의 고대, 기도원, 신유 사역, 성령 운동 등은 민중 종교 형식에 분류될 수 있다. 우리 성결교회의 사중복음은 그 본질이 세속화 시대에 하나님을 체험함으로써 세상을 변화시킬 수 있는 민중 종교성에 속하는 것임을 기억해야 한다. 만일 성결교회가 민중 종교성을 잊어버리고 사중복음을 고등 종교화하여 교리화 박제화시켜 버린다면, 경건의 모양은 있으나 경건의 능력은 사라져 버려 세속화 시대에 매몰되어 교회의 자취가 사라져 버릴 것이다.

성결교회는 21세기 세속화 시대를 맞이하여 교단의 선교신학을 다시 한 번 재정립하여야 할 것이다. 신정통주의인 개혁주의 장로교회 선교신학처럼 세상의 언론, 정치, 경제, 사회 참여를 통한 간접 선교 방식을 따라가서는 안 될 것이다. 자유주의 선교신학처럼 세상과 타협하여 세상의 온갖 인본주의적 방법론을 교회로 들여와 교회를 혼탁하게 해서도 안 될 것이다. 오히려 우리 성결교회의 전통대로 하나님의 체험, 즉 중생, 성결, 신유, 재림의 체험을 통해서 세속화된 세상을 하나님의 온전한 사랑을 가지고 직접 전도하여 영혼을 구원하는 사도적 선교 사역에 매진하여야 할 것이다. 세속화 시대를 맞이하는 성결교회는 하나님의 실제적인 체험을 강조하는 사중복음을 교단 신학으로 가지고 있음을 자랑스럽게 생각하여야 할 것이다. 그리고 사중복음을 교단 신학으로서만이 아니라, 실제적인 삶의 현장에서, 하나님을 체험하여 마음의 중생과 성결의 은혜를 체험하고, 몸의 신유와 재림의 고대를 돕는 구체적인 실천적 도구가 되도록 해야 할 것이다.

---

223) Peter W. Williams, *Popular Religion in America*, 3-5.

제9장 포스트모던 시대의 한국 사회 '문화 굴절 상황'과 선교적 과제

1945년 8·15 해방 이후 미군정을 거쳐 이승만, 장면 정권에 이은 제3공화국의 국가 주도형 경제 개발은 한국 사회를 외형적으로는 현대화 사회로 진입하게 만들었다.[224] 그러나 이러한 국가 주도의 경제 개발은 한국 사회의 외형적 변화의 과정에서 다양한 사회 병리 현상들을 야기시켰고, 이는 전통 사회에서는 예견할 수 없었던 것이었다. 이농인구의 도시집중현상으로 전통적인 농촌 공동체가 파괴되면서 도시빈민이 형성되었고, 이들의 저임금노동으로 인하여 경제는 성장했으나, 열악한 노동 환경 속에서 노동자들의 인권은 존중될 수 없었다. 근대화(modernization)는 한국 사회를 부유하고 강한 나라로 만들었으나, 그 나라를 구성하는 구성원으로서의 국민들은 산업화와 근대화의 과정에서 경제력을 제공하는 도구적 인간으로 비인간화되었다.[225] 사회 지도층은 정경유착을 통하여 비윤리적이 되었고, 경제적인 도덕성이 성숙지 못한 사회의 각종 병리 현상들을 만들어냈다. 사회의 모든 가치기준은 첨단 기술에 기초한 높은 생산성과 그것을 소비할 수 있는 능력과 연결되면서, 한국 사회는 근대화에 갇힌 비도덕적인 사회가 되어버리고 말았다.

본 장에서는 오늘날 한국 사회의 비도덕적 비인간화 현상들의 근원을 현대 한국 사회의 형성 과정에서 출현했던 '굴절된 문화 상황들(culturally refracted contexts)'로부터 찾아내고, 그에 따른 한국 교회의 선교적 과제가 무엇인지를 살펴보고자 한다.[226] '문화 굴절 상황(culturally refracted contexts)'이란 저자가 창안한 용어로서, 본래 한 문화가 가지고 있었던

---

224) 정문길 외 3인, 『발견으로서의 동아시아』(서울: 문학과 지성사, 2000), 30. 한국 사회에서 '현대' 시기는 1945년 해방이후 국민국가 수립과 산업화 사회로의 진입의 시기를 그 시작으로 본다.

225) 문승숙, 『군사주의에 갇힌 근대』, 이현정 역(서울: 또 하나의 문화, 2007), 14-15.

226) '문화 굴절 상황'은 논자가 창작한 용어로서, 문화와 상황의 관계성을 굴절의 용어로 설명한 것이다. 문화의 본질은 공동체의 통합인데, 그것이 본질에서 벗어나 공동체를 해체하려는 상황으로 전개됨으로, 문화의 본래 의미가 왜곡되고 뒤틀려 고착되는 현상을 '빛의 굴절 현상'에서 착안하여 이해하려고 했다. 굴절이란 빛이나 음파가 매체를 통과할 때에 본래 방향에서 휘거나 꺾이어 다른 방향으로 나아가는 현상을 말한다. 참조. 이희성 편, 『국어대사전』(서울: 민중서림, 1982), 433.

사회 통합(social integration)을 위한 순기능적 역할들이, 변화된 다른 상황에서 그 본래적 사회통합의 문화적 의미와 역할을 상실하고, 오히려 왜곡(distorted)되고 뒤틀려(twisted) 고착된(fixed) 상황을 만들어가는 현상을 말한다.

저자는 이러한 '문화 굴절 상황들'을 문화인류학적인 방법론을 적용하여 3가지 '문화 양태(cultural patterns)'로 함축하여 구분지으려 한다. 어느 사회에서나 특별히 돌출된 관습이라든지 눈에 띄게 드러나는 사람들의 행동 양태들이 있는 법이다. 문화인류학자들은 이러한 행동 양태(behavior patterns)나 관습들(customs)을 특정 '문화 양태'로 구분지어 설명하는데, 본 장에서도 저자는 한국 사회에서 사람들이 행동하는 방식이나 관습들을 특정한 문화 규칙(cultural rules)을 가진 '문화 양태(cultural patterns)'로 구분하여 설명하려고 한다. 한 사회의 문화를 '문화 양태'로 구분하여 설명하는 문화인류학적 시도는 개인의 특수한 사정과 환경에 따라 개인차를 무시할 수 있다는 약점이 있을 수 있으나, 한 사회의 문화를 일목요연하게 파악할 수 있다는 장점과 그에 따른 선교 전략을 구상하는 데 있어, 매우 적합한 방법론이 될 수 있다.[227)

한국 사회에 나타나는 '문화 양태'를 문화인류학적으로 세 가지 '문화 굴절 상황'과 연결하여 구분해 보면, 첫째로, 조선 후기의 전근대적 전통 문화의 굴절 상황(a refracted context of the traditional pre-modern culture)이 한국 사회에 두드러지게 나타나고 있다. 이것은 '편협한 민족주의 문화'로 한국 사회 저변에서 확산되면서 20세기 후반 전근대적인 '극단적 단군 숭배 문화'로 뒤틀려(twisted) 표출되기도 했다. 두 번째는 일제시대의 전체주의적 군국주의 문화의 굴절 상황(a culturally refracted context of totalism and militarism)이다. 이것은 '전체주의적 집단 문화'로 한국 사회에 편만하게 퍼져 정치·경제·사회·문화·종교·교육계에 이르기까지 '극단적 집단 이기주의 문화'로 왜곡(distorted)되었다. 세 번째 문화 굴절 상황은 1970~80년대 경제개발 시대에 물질주의 배금주의 문화의 굴절 상황(a culturally refracted context of materialism and mammonism)이다. 이것은 물질주의 배금주의 문화가 한국 사회에 뿌리내리면서 경제력에 기반을 둔 '극단적 인종적 배타주의 문화'로 고착(fixed)되어 가고 있다.

한국 사회는 이와 같이 조선후기의 전근대적인 전통 문화와 일제시대의 전체주의적 군국주

---

227) Carol R. Ember and Melvin Ember, *Cultural Anthropology* (Englewood Cliffs, N.J.: Prentice Hall, 1993), 22.

의 문화를 극복하지도 못한 상황에서, 미국식 현대 실용주의와 물질주의 문화를 무비판적으로 받아들인 결과, 비윤리적이고 비도덕적인 기형적인 사회로 변형되고 말았다. 한국 교회는 이렇게 뒤틀리고(twisted), 왜곡되며(distorted), 고착된(fixed) 한국 사회를 그리스도의 복음으로 통합해야 하는 선교적 과제를 안고 있다. 즉, 위에서 언급한 세 가지 문화 굴절 상황에서 한국 교회가 어떻게 선교적으로 대응해야 할 것인가에 대하여 방법론을 궁구해 보아야 한다. 이를 위해서 현대 한국 사회의 형성 과정에서 출현했던 '굴절된 문화 상황들'에 대하여 먼저 살펴보고, 그 이후에 이에 따른 적합한 치유방식을 선교학적으로 모색하면서, 21세기 한국 사회 통합을 위한 한국 교회의 선교적 역할을 제안해 보고자 한다.

1. 현대 한국 사회의 형성 과정에서 출현한 굴절된 문화 상황들

1) 조선 후기 전근대적 전통 문화의 굴절 상황(a refracted context of the traditional pre-modern culture): 전근대적인 '편협한 민족주의 문화'가 '극단적 단군숭배 문화'로 뒤틀림

고대 시대부터 조선 중기까지 한민족은 전 세계적인 교류망을 가지고 있었던 역동적 세계 민속이었고, 세계화의 수역으로 살아왔다.[228] 그러나 조선 후기 국운이 쇠하자 서구 열상의 침략으로부터 살아남고자 후기 조선은 국내 상황을 '편협한 민족주의 문화'로 몰아갔다. 1870년대 문호 개방 이후 주로 성리학을 신봉하는 보수적인 유생들을 중심으로 한 일련의 보수파들은 왜양일체론과 척화주전론을 주장하며 대원군의 통상 수교 거부 정책을 뒷받침해 주었고, 1880년대에는 『조선책략』의 유포에 반발하여 개화반대운동을 전개했다.[229]

---

228) 김승일, 이은우, 『한반도와 동아시아 세계』(서울: 지식마당, 2002), 209-213. 17~18세기 '華夷變態'로 인하여 전통 동아시아 질서가 쇠퇴한 때를 기준으로 후기 조선이 시작된다고 본다. 후기 조선은 새로운 세계질서에 역동적으로 대응하지 못한 채, 명나라의 훈고학을 수호하며 소중화로서 자신을 더욱 폐쇄시켰다. 그러나 구미열강과 개화의 도전 앞에 후기 조선은 민란과 지도층의 부패로 인하여 그 주도권을 상실하였다.

229) 김생기, 이은익, 『한국의 역사와 문화』(서울: 청룡문화사, 2001), 220-226. 임진왜란과 병자호란의 두 차례의 민족적 시련 이후, 19세기 세도정치로 인한 국가 재정과 농민경제 파탄, 양반 중심의 신분체제 혼돈, 민란과 외세 위협, 천주교와 도교의 유행 등은 조선 사회를 더욱 폐쇄적으로 만들었다. 19세기 중반 이후 서양 열강의 침략 세력의 접근에 대항하여 민족의 자주권과 민족 문화 전통을 수호한다는 사수하자는 사상적 기반으로 왜양일체론[왜와 서양은 하나같다]과 척화 주전론[개화를 배척하고 나아가 싸우자]이 나왔다. 이는 1866년 프랑스의 침략 위협이 직접적으로 현실화되는 때에 민족의 자주권을 지키기 위해 외세와 개화에 맞서 적극적으로 대항해야 한다는 주장이다.

당시 이러한 문화는 가부장적 위계질서와 남존여비 등 서열 문화로 일반에 표현되었고, 대외적으로는 위정척사운동으로 발전하였다. 조선의 멸망과 해방 이후 한국의 근현대사에서의 전근대적인 전통문화는 '위계질서'를 숭상하는 '서열 문화'로 자연스럽게 사회 전반에 확산되었다고 볼 수 있다. 한국 근현대사에서 반복되어진 외부의 침탈과 내부의 보수 결집은 현대 한국 사회에 부정적인 영향을 미쳐 인간존중이라는 보편적인 가치체계와 전 세계적인 조망을 잃어버리고 사회를 국수적인 집단으로 만들었다.

위의 한 극단적인 예가 지난 1990년대 극단적 국수주의자들에 의한 '단군 숭배 국교화 운동'으로 볼 수 있다.[230] 1990년대 한국 사회에는 극단적 국수주의자들에 의한 단군 숭배 운동이 조직적으로 전파되기 시작했는데, 이는 전근대적인 전통문화의 굴절된 표현양식이라 여겨진다. 1960~80년대 한국 사회를 이끌었던 국가주의적 파시즘과 유교적 봉건 질서 체계가 1990년대 젊은 세대에게 영향력을 미칠 수 없게 되자, 극단적 국수주의자들은 전통 문화의 효 사상과 통일 염원을 하나로 묶는다는 미명하에 소위 '민족 성조 단군'을 숭배하자고 주장했던 것이다. 사실, 1990년대 이후 한국 사회에서는 규율과 전통으로 표현되었던 권위주의가 학교와 사회 심지어 군대에서 조차 보편적인 인권과 양심의 자유에 의하여 무너지는 현상을 보여 왔다. 한국 사회의 정신적 성숙은 더 이상 전근대적인 전통 문화가 강요하는 위계질서와 서열문화를 받아들이지 않고 있는 실정이었다.

이러한 한국 사회의 변화를 민족적 위기로 오판한 일부 전통적 국수주의자들은 '민족정신회복시민운동연합'이라는 이름으로 원색적이고 '편협한 민족주의'를 선전하였다. 그것이 각급 학교에 단군상을 보급하여 학생들로 하여금 경의를 표하게 하고, 각 지자체의 거리마다 단군상을 설치하게 하는 운동으로 실천되었다.[231] 이들은 단군 숭배라고 하는 수단을 통해 학생들에게 지배 권력과 집단의 위계질서에 무조건적인 충성을 주입하려고 시도한 것이라고 여겨진다. 이 같은 극단적인 단군숭배 문화는 한국 사회 속에서 전근대적인 전통문화의 왜곡된 굴절 상황을 확실하게 드러내주고 있는 것이다.

극단적 단군숭배 문화에 대한 기독교의 대처는 단호했으나, 이미 한문화운동연합은 조직적

---

230) 허호익, 『단군사상과 기독교』(서울: 대한기독교서회, 2003), 177-179. 한문화운동연합(대표: 이경원)은 IMF 경제적 위기와 북한의 기아라는 민족적 위기를 극복하고 "이 땅의 후손들에게 우리의 뿌리와 맥을 되찾아 남북의 동질성을 회복하고 평화적인 화합과 통일을 이루는 구심점을 얻고자" 1998년 전국의 초등학교 284곳과 중 고등학교 35개 등 공공장소 368곳에 합성수지로 만든 통일기원 국조 단군상을 설치하였다. 이들의 단군상 건립 목적은 효와 민족정신 회복 그리고 통일 기원이라고 한다.
231) 허호익, 182-183. 단군상은 학교장의 재량아래 한문화운동연합에서 역사교육용 자료 차원에서 무상으로 설치한다고 하지만 단군상 옆에 참배문이 새겨져 있다.

으로 교육청의 허가를 득하였고 단군상을 합법적으로 설치하기 시작하였다. 그리하여 단군숭배 문화에 대한 기독교의 대처는 합리적이고 합법적인 차원이 아니라, 극단적이고 폭력적인 방법으로 맞서게 되었다. 이로써, 기독교는 한국 사회로부터 광신적인 폭력집단을 양성하는 반민족적 집단인 것처럼 매도되기도 하였다.[232]

이상과 같은 상황을 정리해 볼 때, 세계화(globalization)의 덫에서 살아남으려는 21세기 민족주의의 재발흥 시대를 맞이하여, 기독교는 전근대적인 전통문화의 '편협한 민족주의 문화'를 지혜롭게 척결하지 않으면 안 되는 선교적 과제를 안고 있다. 기독교와 민족주의와의 건전한 관계를 훼손시키지 않으면서, 편협한 민족주의 문화를 간파하고, 이를 한국 사회에서 제거해야만 하는 선교적 과제가 한국 교회에게 남겨지게 된 것이다.

2) 일제시대의 전체주의적 군국주의 문화의 굴절 상황(a culturally refracted context of totalism and militarism): '전체주의적 집단 문화'가 '극단적 집단 이기주의 문화'로 왜곡

전체주의라는 용어의 시작은 1925년 6월 22일 무솔리니가 의회에서 행한 연설에서 '강렬한 전체주의적 의지(la nostra feroce volunta totalitaria)'라는 표현을 사용했을 때이다.[233] 이 개념이 태동된 배경은 강력한 국가 권력을 통하여 국가 경제의 회생을 위해 개인의 자유를 희생시켰던 20세기 초・중반의 경제 대공황이었다. 대량 실업과 경제 파산의 대공황 중에 국가 경제 발전을 위해 개인의 이익보다 집단의 이익을 강조할 수밖에 없었던 특수 상황은 군국주의 권력과 조우하면서, 당시 이탈리아의 파시즘, 독일의 나치즘, 일본의 군국주의를 통치 이념으로 채택하였다. 그리고 이를 근거로 강력한 국가권력을 키워 국민생활을 간섭・통제하였다.[234]

---

232) http://news.media.daum.net/society/affair/200504/30/munhwa/v8972287.html 이동현, "단월드-한국기독교총연합회 고소 상태," 『문화일보』, 2005. 04. 30. "단월드는 지난해 8월 한기총 소속 이모(53) 집사가 안티 단월드 사이트와 카페 등을 개설, 단월드가 사이비 종교단체라는 등 근거없는 비방을 하고 있다며 서울 중앙지검에 고소하고, 서울 남부지법에 이 사이트와 카페 폐쇄 가처분 신청을 냈다. 또 지난해 11월에는 인터넷 상에 단월드에 대한 비방글을 올린 한기총 '단군상 문제 대책위' 간사 우모(30)씨 등 11명을 추가로 고소했다. 검찰은 지난 3월 이 집사를 정보통신망 이용촉진 및 정보보호 등에 관한 법률 위반 혐의로 기소했고 이 집사가 개설한 인터넷 사이트와 카페 9개에 대해서는 지난 4월 폐쇄 결정을 내렸다. 2차로 고소된 우 씨 등 10명은 현재 서울지방경찰청 사이버범죄수사대에서 조사를 받고 있다. 단월드와 한기총의 법적 분쟁이 관심을 끄는 것은 두 단체 간의 오랜 구원(舊怨) 때문. 단월드의 전신인 단학선원과 한기총은 지난 1990년대 말부터 단군상 건립 문제를 놓고 오랫동안 갈등을 겪었고, 지난 2001년과 2002년에는 단월드가 한기총 소속 목사들을 무더기로 고소하기도 했다."
233) Leonard Schapiro, 『전체주의 연구』, 장정수 역(서울: 종로서적, 1983), 3.
234) Leonard Schapiro, 9-36. Carl J. Friedrich와 Z. K. Brezinski는 전체주의 체제의 특징으로 ① 전체주의적 이데올로기 ② 일인독재 단일정당 ③ 비밀경찰 ④ 대중매체의 독점 ⑤ 무력의 독점 ⑥ 중앙계획경제의 여섯 가지를 들고 있다.

1930년대 전체주의적 군국주의의 선봉에 섰던 일본의 지배하의 한국은 정치생활은 물론, 경제·사회·문화 등 전 영역에 걸쳐 전면적이고 실질적인 일제의 통제를 받았다. 일제는 당시 황국신민화 정책을 실행하였고, 한국인에게 내선일체와 신사참배를 강요하였다. 일제는 기독교회가 이를 반대할 것을 예견하여 국가의식이라는 논리를 내세워 신사참배를 강행하였다. 그리고 비밀경찰을 이용하여 통치 이데올로기에 반하는 인사들을 처단하고, 모든 집회·결사·정당·종교까지도 통제하였다.

한국 사회는 1945년 8월 15일 해방이 되었음에도 불구하고, 자주적으로 일제의 전체주의적 군국주의 문화를 청산하지 못하였다. 이는 해방 이후 권력의 혼재와 정치 사회적 불안 그리고 6·25한국전쟁으로 인한 민족 경제 악화 등의 요인 때문이라고 볼 수 있다. 1960년대 이르러 사회적 미성숙과 경제적 파산은 한국 사회에 전체주의적 권력 집단이 또다시 출현하는 사회적 여건을 조성하였다. 당시 한국 사회에 민족중흥의 경제적 발전을 목적으로 하는, 즉 '자본주의와 국가민족'을 위한 새로운 전체주의적 군국주의가 발생하였다.235) 이들은 경제 발전을 최우선적 국가 과제로 선정하고 군국주의의 획일적 명령체계로 한국 사회를 통제해 나갔다. 이들은 일제의 식민지 지배정책을 답습하여 '황국신민의 서사'와 '교육칙어'를 모방한 '국기에 대한 맹세'와 '국민교육헌장', 그리고 주민통제를 목적으로 한 '반상회'나 치안유지에 관한 여러 법 등을 제정하여 시행하였다.236)

이처럼 일제시대의 '전체주의적 군국주의 문화'의 굴절 상황은 21세기 한국 사회에 여전히 남아 영향력을 발휘하고 있다. 집단을 위해 개인의 자유를 희생하는 전체주의 문화와 계급 복종의 군국주의 문화는 '극단적 집단 이기주의 문화' 형성으로 현대 한국 사회에 굴절되어 나타나고 있다. 국가의 경제 회생을 위해 개인의 자유를 희생시키는 전체주의 문화와 21세기 한국 사회에서 생존을 위해 경쟁하며 살아가는 계급 사회 조직에서 '하급자'가 '상급자'를 섬기는 또 다른 군국주의 문화는 '극단적 집단 이기주의 문화'로 굴절된 것이다. 한 집단이 한 '보스'의 영향력 아래 패거리로 뭉쳐 비합리적인 집단 이기주의에 빠지는 상황은 정치·경제·교육계뿐만 아니라 종교계에 이르기까지 전사회적으로 나타나고 있다.

---

235) 임지현, 김용우 편, 『대중 독재』 (서울: 책세상, 2004), 475-479. 참조, 이병천, 『개발독재와 박정희 시대』 (서울: 창작과 비평사, 2003).

236) '우리는 민족중흥의 역사적 사명을 띠고 이 땅에 태어났다…'로 시작하는 '국민교육헌장'은 1968년 박정희 대통령에 의해 선포되었다. '국민교육헌장'은 1994년 황국신민교육을 위해 만든 일제의 '교육칙서'와 비슷하다는 이유로 폐지됐다. '나는 자랑스러운 태극기 앞에 조국과 민족의 무궁한 영광을 위하여 몸과 마음을 바쳐 충성을 다할 것을 굳게 다짐합니다'라는 국기에 대한 맹세는 유신정권이 탄생한 1972년부터 전국 학교에서 시행되었고, 1984년에 대통령령인 '대한민국 국기에 관한 규정'으로 법제화됐다.

21세기 다양성의 세기에 관심과 이익이 합치하는 다양한 이익 집단들이 출현하기 시작했다. 이러한 이익집단들(interest groups)은 본래 전통적인 친족(kinship)이나 지역 공동체(territorial community) 성격을 가지지 않는다. 오히려 공통의 관심사와 목적을 가진 회원들(members with common interests or purposes)이 공식적인 기관화된 구조(formal and institutionalized structure) 속에서 자신들의 이익을 위해 행동한다. 이러한 이익집단의 사람들은 자신들의 정체성에 대하여 소속감과 자긍심을 가지며 다른 사람들과 배타적인 지위와 행동 양태를 보인다.[237]

한국 사회에서 출현하고 있는 소외된 계층의 다양한 집단행동의 결과 그들의 입장이 대변되고, 그들의 상황이 개선되고 있으나, 반면에 비합리적인 집단 이기주의라는 사회병리적인 현상도 기승을 부리고 있는 현실이다.[238] 사회 전반에서 특정 목적과 자신들의 이익에 합치되지 않으면 결사체를 만들어 정부와 기관에 영향력을 행사하는 '압력집단'이 우후죽순 격으로 태동되고 있다. 이들은 자신들과 다름을 인정하지 아니하고, 극도로 배타적이며, 목적 달성을 위해서라면 폭력도 불사하는 '극단적인 집단 이기주의'로 변질되고 있다.

문제는 한국 사회가 한국 교회를 평가할 때에, '그리스도의 사랑'을 전해야 하는 기관이 '자체 세 불리기' 혹은 '극도의 배타적' 종교집단으로 오인받고 있다는 현실이다. 한국 교회는 한국 사회로부터 교육을 가장한 일방적이고 강제적인 개종이나 선교 활동을 자제해 줄 것을 요청받고 있는 현실이다. 또한 한국 사회는 인류의 보편적 가치를 교육해야 하는 교육 기관이 한 특징 종교의 포교 혹은 신교의 징으로 변질되는 것을 비난하고 있다.[239]

기독교 교육을 통한 선교를 건학 이념으로 하는 기독교 사학들은 교육과 선교의 쌍두마차를 진두지휘할 때에, 교육과 선교라는 두 마리 말들이 서로 방향을 달리하는데 피치 못할 딜레마를 맞고 있다. 물론, 기독교 건학이념이 자유와 평등, 인간 구원이라는 인류 보편적인 가치체계를 가지고 있지만, 교회 밖의 사람들은 그것조차도 기독교의 틀로 사회를 끌어안으려

---

237) Carol R. Ember and Melvin Ember, *Cultural Anthropology*, 211.

238) 집단이기주의는 공동체나 다른 집단의 공익을 먼저 생각하지 아니하고, 자기 집단의 이익만 고집하는 태도를 말한다. 이것의 예가 NIMBI(not in my back yard) 현상으로 처음에는 핵폐기시설이나 쓰레기 매립장, 화장터 등 환경시설이나 혐오시설 유치반대로 시작되었으나, 극단적으로 나가 장애인, 노약자 보호 시설 기피 현상으로 확대되어 공동체 의식의 실종이나 도덕성의 실종 현상으로 고착되었다.

239) '종교자유정책연구원(종자연)'과 '학교종교자유를 위한 시민연합' 등의 시민단체가 서울시 교육청과 대광학원을 상대로 학교 내 종교 강요 및 예배선택권을 보장하지 않는 현실 개선을 위해 서울중앙지방법원에 민사소송을 제기하기도 하였다. 이에 서울시교육청은 서울 중·고교에 '종교 관련 장학지도 계획 지침'을 발송하였는데, 창의적 재량활동 시간에 특정 종교 교육 금지, 특별활동 때 특정 종파 교육 금지, 수행평가 과제로 특정 종교 활동 제시 금지, 학급 전체 참여를 전제로 한 종교활동 경진대회 금지, 학생회 임원 출마 자격 제한 같은 종교로 인한 차별의 금지 등의 내용을 담고 있다.

는 배타적 선교방편일 뿐이라는 것이다. 이들은 기독교 학교의 강제적 종교 교육 행태가 최악의 경우 타종교 학생들의 인권을 침해할 소지가 다분함을 강조하고 있다.

물론 한국 기독교총연합회를 비롯한 기독교 사학들이 건학이념과 기독교 교육의 수호에 대한 대처는 단호했으나, 한국 사회에서 기독교에 대한 배타적 관점을 해소시키지는 못하였으며, 기독교가 한국 사회에서 반사회적인 극단적 이기주의 집단인 것처럼 매도되고 있는 현실이다. 기독교가 이 처럼 공적 영역에서 사적 영역으로 축소되고, 기독교의 보편성이 특수성으로 매도되고 있을 때에, 한국 기독교는 전체주의적 '극단적 집단 이기주의 문화'를 지혜롭게 척결해야 할 선교적 과제를 안고 있다. 일반 교육과 기독교 선교라는 두 가지 과제를 충족시키기 위해, 기독교의 현상적인 배타성을 기독교 본래의 보편성으로 지혜롭게 승화시켜야 하는 선교적 과제가 한국 교회에게 남겨져 있다.

3) 경제개발 시대의 물질주의와 배금주의 문화의 굴절 상황(a culturally refracted context of materialism and mammonism): '물질주의 배금주의 문화'가 '극단적 인종적 배타주의 문화'로의 고착

1960~70년대 현대 기술문명사회로 이행되던 한국 사회에서 한국 기독교는 막스 베버(Max Weber)의 "프로테스탄티즘의 윤리와 자본주의 정신"의 주장대로 자본주의를 발전시키는 주요한 동력역할을 하였다.[240] 그러나 한국 기독교가 한국 사회의 경제적인 발전에 기여함과 동시에, 한국 교회는 근대화의 과정(process of modernization)에서 물질주의와 배금주의 문화에 차츰 젖어들었다. 십자가의 복음은 '건강과 부의 복음(a health and wealth gospel)'만을 강조하는 것으로 변질되었다.

1970~80년대 한국 교회에 영향을 주었던 교회성장학자 맥가브란(Donald McGavran)은 '구속과 향상(redemption and lift)'이라는 용어를 만들어, 그리스도의 십자가의 구속과 물질적인 향상이 연결됨을 강조하였다. 그는 교육과 의료, 기술과 사회 복지를 통한 생활의 향상이 성령으로 인한 구속을 대신하거나 확대될 수 없다고 보았으나, 그의 '구속과 향상' 이론은 한국 교회에 물질적인 향상을 비는 기복신앙으로 변질되었다.[241]

---

240) Max Weber, *The Protestant Ethic and the Spirit of Capitalism* (New York: Scribner's, 1958).

한국 교회는 결국, 당시의 경제개발논리에 영적인 지원만을 하는 데 그쳤고, 한국 사회의 비도덕적 부의 축적에 대한 윤리적 기준을 제시하지 못한 채, 한국 사회에 편만해가고 있던 물질주의와 배금주의 문화를 억제하지 못하였다. 그 결과 신앙과 경제적 부와의 연관성을 잘못 이해한 한국 교회의 명목적인 신자들이 더 이상 자신들의 경제적인 하락을 채워주지 못하는 교회를 떠나면서, 21세기 한국 교회는 물질주의 기복신앙을 극복해야 하는 선교적 과제를 안게되었다. 일부 기독교 기관이나 단체들은 한국 사회를 내부적으로 변혁하기 위한 기독교적 가치관과 세계관을 제공하였으나, 한국 사회는 이를 소화해 낼 수 없었다. 한국 교회는 사회 전반의 변혁을 이끌어내지 못한 채 사적 종교(private religion)의 영역에 머물게 되었다.[242]

일반적인 기독교인들(popular Christians)은 사회 공식적인 기관이나 구조에서 그들의 신앙을 실천하여 사회를 변혁할 수 없었다. 그들은 개인의 신앙 경험을 교회나 소규모 신앙 선교 단체에서 개인적으로 표현할 뿐, 사회에서는 일반 사람들(popular people)과 별반 차이 없는 삶을 살아가고 있다. 한편, 신앙심이 깊은 교인들은 사회적 분리(socially separated)를 경험하면서, 기독교적 게토(Christian getto)에서 세상과 결별하며 사회적 연대감을 상실한 채 살아가고 있다.

더욱이 한국 사회에 문제가 되고 있는 것은 경제개발 시대의 '배금주의 문화'가 경제적으로 낙후된 외국인들에게 굴절되어 '인종적 배타주의 문화'로 고착(fixed)되었다는 점이다. 한국의 인종적 배타주의는 서구 민족주의자들이 개발한 민족 혹은 인종적 우월성에 근거를 둔 문화인류학에서 말하는 '자민족우월주의(ethnocentrism)'와는 그 성격이 매우 다르다.[243] 이것은 인종우월주의적 이데올로기보다는 철저하게 경제 개발 시대의 '물질주의와 배금주의 문화'의 논리로 경제적으로 낙후된 지역의 사람들을 폄하하는 '극단적인 인종적 배타주의'이다. 하버드대학 헨리 루이스 게이츠 2세에 따르면, 현대 인종차별은 값싼 노동력이 필요한 지역에서 경제적인 이유로 자행되고 있는데, 예를 들어 유럽 지역에서 터키인이나 동구나 아프리카인들이 경제적인 이유로 인종 차별을 당하고, 미주지역에서는 멕시칸이나 스페인 혼혈인들이, 한국을 비롯한 동북아 지역에서는 동남아인들이 인종차별을 당하고 있다.[244]

---

241) Donald A. McGavran, *Understanding Church Growth* (Grand Rapids, MI: Eerdmans, 1990), 212-214.

242) Peter Williams, *Popular Religion: Symbolic Change and the Modernization Process in Historical Perspective*(Chicago: University of Illinois Press, 1989), 15-16. 이것을 Williams는 종교의 사유화 "privatization of religion"라고 칭했다.

243) Carol R. Ember and Melvin Ember, *Cultural Anthropology*, 15-16. 자민족 우월주의는 자신의 문화적 관점에서 다른 문화들을 판단하는 태도를 말하는 것으로, 다른 문화를 이해하지 못하게 방해하며 심지어 자신의 문화조차도 몰이해에 빠지게 한다.

244) Francoise Docrocq 편, 『나눔』, 길혜연 역(서울: 솔출판사, 2007), 214.

이 논리에 따르면, 가난한 나라의 외국인 여성들의 성은 상업적으로 착취되어도 별로 큰 문제가 되지 않는다. 중소기업의 회생을 위해서라면, 빈국 출신 외국인 노동자들에 대한 임금이 체불되거나 착취된다 할지라도 그 나름대로의 타당성을 갖는다. 이 밖에도 배금주의 문화에서 벗어나지 못하고 있는 21세기 한국 상황에서 벌어지고 있는 외국인 노동자에 대한 인권유린 현상은 해고, 부당 징계, 임금체불, 고용문제, 산업재해 등을 포함하여 주거, 교육, 의료, 복지 등 모든 영역에서 매우 심각한 상황이다.[245]

특히, 한국인과 아시아인의 결혼으로 태어난 '코시안(Kosian)'에 대하여 인종적 배타주의에 근거한 한국 사회의 차별은 심각하다.[246] '코시안'이란 한국인과 아시아인 사이에서 태어난 혼혈 2세를 지칭한다. 이들은 주로 중국·일본·인도·이란·파키스탄 출신의 아시아계 이주노동자인 외국인 남성과 한국인 여성의 결혼에서 출생한 자녀들을 말한다. 그리고 중국·일본·베트남·필리핀·태국·몽골 등 아시아 여성들과 한국인 남성들 사이에서 태어난 자녀들도 여기에 속한다.

21세기 이전에는 한국인과 결혼한 외국인노동자는 비자가 없다는 이유로 국제결혼 자체가 거부되었던 때가 있었다. 당시에는 외국인노동자와 결혼한 한국인의 자녀들은 주민등록을 할 수 없는 소위 '사생아'로, 그 어머니는 법적으로 '미혼모'가 되었었다. 1980년대까지 한국 사회는 국제결혼을 한 여성들에게 심한 사회적 편견으로 대하였고, 자녀들에게는 '혼혈' 심지어 '튀기' 등의 경멸적인 용어로 냉대하였다. 1990년대 중·후반 외국인 이주노동자들의 수적 증가와 함께 이들의 인권을 지키고, 사회적인 부정적 인식을 수정하고자 '한국인과 동일하다'는 취지로 '코시안'이란 용어가 사용되기 시작하였다. 그러나 '코시안'이라는 용어 자체도 그

---

245) http://www.inkwon.or.kr/maybbs/view.php?db=inkwon&code=case11&n=36&page=4 한분수."이주노동자 상담사례," 2003. 7. 7. 외국인 이주노동자인권을위한모임 상담국장 한분수 씨는 외국인 노동자들의 인권보호를 위해, 해고, 부당 징계, 임금체불, 고용문제, 산업재해, 기타 근로기준법 등에 대해 상담해주고 있다.
　http://news.empas.com/show.tsp/20040130n02102/?s=335&e=513 정윤섭. "외국인 노동자 인권. 주거실태 열악",〈연합뉴스〉2004. 1. 30. 인권단체인 이주노동자 농성지원 대책위원회에 따르면, "마구잡이 단속과 체불임금 미지급으로 외국인 노동자들의 인권이 침해받고 있으며 집중단속 이후 고용주의 해고조치로 생활고를 겪는 가운데 열악한 주거환경에서 집단 거주하는 것으로 조사됐다. C씨는 단속 이전에 프레스작업을 하다 손가락을 잘렸지만 치료비를 지급받지 못한 데다 집중단속 이후 바로 해고돼 직업도 없는 상황에서 불법체류 노동자라는 신분 때문에 어려움을 겪고 있다. 나이지리아 출신 이주노동자 D씨는 정부 당국이 확인한 AIDS 말기환자로 강제출국 대상으로 분류돼 작년 11월24일 출국하려 했지만 미국의 모 항공사가 탑승을 거부해 출국 조치되지 않았다. 이후 D씨는 이주노동자 지원센터로 옮겨졌고 곧 서울대 병원으로 이송돼 14일 동안 입원한 뒤 출국했지만 작년 12월20일 경유지인 요하네스버그에서 숨졌다." 주거상황도 열악해, "집중단속 이후 외국인 노동자들은 불법 컨테이너 건물에 집단거주하거나 부엌이 딸린 7~8평 크기의 방에 4~5명이 거주하는 것으로 조사됐다."
246) 정기선. "경기도 코시안(국제결혼 이민자)의 실태와 지원정책 방안」,『코시안의 정착과 선교 방안』(안양: 성결대학교 동아시아센터, 2007). 3. 본래 코시안(Kosian)이란 용어는 외국인 노동자 지원 단체에서 이들에 대한 사회적 관심을 불러일으키고 그들의 권익을 보호하기 위해 만든 말이지만, 현장에서 당사자들은 자신들이 코시안으로 구별되기보다 같은 코리안으로 동일화되기를 더 원하고 있다.

용어가 가지고 있는 구별성이 또 다른 하나의 사회 계급으로 차별을 야기함으로써 당사자들에게조차 기피하는 용어가 되어버린 실정이다.[247)]

21세기 한국 사회는 외국인들과 더불어 사는 다문화, 다민족 국가로 접어들었다. 2005년도 한국 국내에서 이뤄진 국제결혼 비율은 13.6%. 1990년의 1.2%에 비해 무려 11배 이상 늘어났다.[248)] 국내 국제결혼 비율은 1990년 1.2%였던 것이 1995년 3.4%, 2001년 4.8%, 2002년 5.2%, 2003년 8.4%, 2004년 11.4%, 2005년 13.6%로 꾸준히 증가하고 있다. 특히 주목할 만한 것은 2005년 4만 3,121건의 국제결혼 건수 중 외국인 아내를 얻은 경우가 전체의 약 72%인 3만 1,180건으로 외국인 남편을 얻은 건수(1만 1,941건)의 약 2.6배에 달했다는 사실이다. 한국 남성과 결혼한 외국인 여성을 국가별로 보면, 중국이 2만 635명(66%), 베트남 5,822명(18.7%), 일본 1,255명(4.0%), 필리핀 997명(3.2%), 몽골 561명(1.8%), 우즈베키스탄 333명(1.06%), 기타 미국 285명(0.91%), 태국 270명(0.87%), 러시아 236명(0.76%) 등이었다. 그런데, 외국인 여성과 결혼한 국내 남성의 상당수는 빈곤·저소득층, 장애인, 혼기를 넘긴 고령자 등으로 파악되고 있어, 외국인 여성들이 결혼 생활 중에 겪게 될 경제적 어려움, 교육 미비, 육아와 복지 문제 등의 심각한 사회문제들이 예견된다.

21세기 한국 사회의 다문화 다민족 사회로의 변화는 한국 교회에 한국 사회 통합을 위한 선교적 과제를 요구하고 있다. 한국 사회가 다문화·다민족 시대로 진입하면서 적극적으로 대비책을 마련하지 않는다면, 한국에서 태어난 다양한 민족의 제2세들은 한국 사회로부터 소외되어 결국 사회적 갈등 요인으로 작용할 것이 자명하다. 한국 교회는 한국 사회의 뿌리 깊은 순혈주의와 배금주의에 뿌리를 둔 인종적 배타주의를 어떻게 극복할 것인가에 대한 선교학적 방안을 내 놓아야 한다. 특히, 사회적 편견과 문화적 차이로 인하여 이주여성들과 자녀들이 현실적으로 당면하고 있는 고통들, 즉 열악한 교육환경으로 인한 기초 학습능력 저하, 언어장애 및 또래 집단 따돌림 등에 대하여 한국 교회는 선교적 차원에서 해결 방안을 모색해

---

247) '코시안'의 용어는 한국 우월주의를 내포하고 있다. 한국도 아시아에 속한 한 나라인데, 한국인(Korean)+아시아인(Asian)이라는 한국 중심의 단어조합 '코시안'이 만들어졌다. 이것은 다양한 민족과 나라의 사람들을 하나의 구성요소로 묶으려고 하는 인종적 배타주의의 극렬한 예인 것이다. 만일 부모 중 한 편이 일본이라면 일본계 한국인 Japanese Korean으로, 중국이라면 Chinese Korean 중국계 한국인, 필리핀이라면 Filipino Korean 필리핀계 한국인, 이란이라면 Iranic Korean 이란계 한국인이 되어야 할 것이다. 전라북도 교육청이 지난 2월 24일부터 3월 15일까지 '코시안'을 대체할 단어를 공모하여 최우수작으로 '온누리안'을 선정했다고 지난 3월 21일 발표했다. 전라북도 교육청이 홈페이지를 통하여 '온누리안'의 선정 경위와 관련하여 직접 밝힌 내용은 다음과 같다. 전라북도 교육청은 2006년 Kosian Edu Plan의 일환으로 국제결혼 가정을 통칭하는 명칭을 공모하여 '온누리안(Onnurian)'을 선정하였다.

248) 통계청, 『인구동태통계』, "연도별 국제결혼 현황", 2006.

야 한다. 그렇지 아니하면, 이들의 저학력 및 빈곤의 대물림은 사회적 갈등 요인으로 작용할 우려가 높다.

2. 한국 사회의 굴절된 문화 상황에서 한국 교회의 선교적 과제

1) '편협한 민족주의 문화'의 선교적 변혁: 하나님의 은총 공동체 회복

가부장적 위계질서와 서열의 전근대적인 전통 문화는 자유와 평등이라는 보편적인 가치체계와 전 세계적인 조망을 잃어버리고, 한국 사회를 국수적인 집단으로 만들어 가고 있다. 그리고 한국 사회 각계각층에서 일어나고 있는 극단적 민족주의자들은 전통문화의 복구와 민족정기를 회복한다는 명분으로 단군상을 비롯한 각종 전통적인 우상숭배를 자행하고 있다.

성경은 우상숭배를 금하고 있다. 하나님 외에 다른 신을 섬기거나, 우상을 만들고 그것들에게 절하는 행위를 금지하였다(신 5:7~9). 이는 우상숭배를 통하여 발생하는 자연이나 인간의 절대화가 사회 약자들의 인권과 자유를 억압하는 통치 수단으로 이용되기 때문이다. 우상숭배의 폐해는 언제나 다수를 위한 소수의 희생, 다수 기득권의 보호를 위한 소수 인권의 유린, 눌린 자와 핍박받는 자들을 도우시는 하나님의 공의의 훼손 등을 포함한다. 그리고 우상숭배는 다산과 풍요로움 그리고 향락 문화와 연결되고 있는데, 그 가운데 움트는 것이 바로 죄악된 것이다. 성경은 우상숭배와 연결된 성적인 죄, 악한 행동, 나쁜 생각, 지나친 욕심, 하나님 이외의 것들을 더 소중히 여기는 마음가짐을 버리라고 명령하며, 탐심이 곧 우상숭배라고 단언하고 있다(골 3:5; 고전 10:7, 14). 성경은 단호하게 우상숭배자들은 하나님 나라를 기업으로 상속받지 못하며, 이들에게는 둘째 사망 곧 유황이 타는 불 못만이 예비되어 있다고 말한다(고전 6:9~10; 계 22:15).

21세기 한국 사회의 새로운 통합을 위해서는 기존 전통적인 유교식 서열문화와 가부장적 문화가 조장하는 '극단적 우상숭배문화'를 제거하여야 한다. 그러나 한국 교회조차 극단적 유교주의적 서열문화에서 헤어나지 못하고, 종교 권력의 탐심을 버리지 못한 채 우상숭배문화에 깊이 젖어들어 있다. 한국 교회는 우상숭배문화를 하나님의 은총의 문화로 변혁시켜야 한다. 이를 위하여 한국 교회는 '하나님의 은총 공동체'의 회복이 필요하다. 인간적인 종교 권력 서열이 아니라, 하나님의 은총 아래, 죄인, 아랫사람, 여성, 사회 약자 모두 하나님의 자유와 평등을 누릴 수 있도록 한국 교회는 그 구조와 틀을 개혁하여야 한다.

한국 교회의 유교주의적 교회서열은 하나님의 은총 아래 평등한 아니 평등을 넘어서 서로 섬기는 봉사(디아코니아) 직능으로 변혁되어야 할 것이다. 그리고 종교 권력은 모두에게 위임(empowerment)되어 하나님의 은총 아래 누구도 억압받지 않고 참 자유를 느낄 뿐만 아니라, 그것을 넘어서 하나님 나라에 참여함으로써 누리는 참 기쁨을 경험할 수 있도록 해야 할 것이다. 이렇게 한국 교회가 참 자유와 평등을 실천하는 '하나님의 은총 공동체'로 회복될 때, 한국 사회 통합을 위해 인류의 보편적인 가치관을 제시하고 실천할 수 있는 한국 사회를 선도하는 하나님의 선교기관이 될 수 있을 것이다.

2) '극단적 집단 이기주의 문화'의 선교적 변혁: 예수 그리스도의 평강 공동체 회복

한국 사회 전반에 퍼져 있는 집단주의 문화는 근대 이전 공동체 문화 상황에서는 한국 사회를 통합하는 순기능의 역할을 하였다.[249] 그러나 공동체 문화가 파괴되고 극단적인 개인주의 문화로 바뀐 현대 후기 상황에서, 이 같은 집단주의 문화는 집단 이기주의로 변질되어 '극단적 집단 이기주의' 문화를 형성하기에 이르렀다. 한국 기독교 역시 예외가 아니어서, 근대 한국 사회 형성에 시대한 영향력을 끼친 교육과 의료, 사회봉사를 통한 사회 간접 선교의 전통이 일반 사회를 향한 개방성보다는 그들로부터 기득권을 지키기 위한 집단 폐쇄성으로 그 방향을 선회함으로써 한국 사회로부터 비판을 받고 있다.[250]

동서양 교회 갱신 운동가인 스윗(Leonard Sweet)은 *Jesus Drives Me Crazy!*에서 교회 현장의 획일주의와 집단적 광기를 비판한다. 그는 교회가 생물학적 복제를 반대하면서도 동일한 시각과 행동을 요구하는 영적 복제를 강요하고 있다고 주장한다.[251] 그는 교회 사역에 하

---

249) 두레는 소농경영(小農經營)의 어려움을 극복하기 위해 조선 후기에 조직되었고, 두레의 상부상조를 통한 공동체 문화 전통은 아름다운 미풍양속으로 한국의 전통 사회에 자리 잡았다. 일제강점기인 1920~30년대에 일제의 토지조사사업에 의한 토지사유제의 확립은 농민들을 두레의 기본조직인 자영농에서 열악한 수준의 소작농으로 몰아갔으며, 결국 1950년대 말에 두레는 한국 사회에서 사라지게 되었다.

250) 기독교 사학 기관의 특정 종교 의식 강요나 개종 교육은 반 기독교인들에게 기독교에 대한 반감을 더욱 증폭시키고 있다. 그리고 교회의 의료 및 사회복지 사업 등도 결국 교회 자체의 성장을 위한 것이 아니냐는 비판이 제기되고 있다.

251) Leonard Sweet, 『나를 미치게 하는 예수』, 김종석 역(서울: IVP, 2004), 48.

나의 올바른 방식은 없고, 모든 전략은 교회의 특성, 지도자, 구체적 상황 사이에서 발생하는 구체적 관계에 따라 독특해야 한다고 주장한다. 즉, 교회는 기독교 신앙을 통하여 개인의 천부적인 창의성을 발휘할 수 있도록 도울 뿐만 아니라 그것을 통하여 개인의 정체성을 발견하도록 도와야 한다는 것이다. 물론, 그의 비판은 다분히 서구적 개인주의 세계관과 인간의 책임을 강조하는 웨슬리안 사고와 연결되어 있지만, 한국 사회에 만연한 '극단적 집단 이기주의 문화' 상황에 대하여 기독교 선교적인 변혁을 이끌어 내는 데 있어, 하나의 중요한 통찰력을 제공하고 있음을 간과할 수 없다.

기독교 선교의 실천자 예수 그리스도는 당시 유대 종교 지도자들의 집단 이기주의와 그들에 의해 선동된 유대 군중의 집단적 광기에 의하여 죽임을 당하셨다. 그러나 예수 그리스도는 죽음을 통한 부활로 그들의 '극단적 집단 이기주의 문화'를 변혁시키셨다. 부활 후 예수 그리스도는 그의 제자들을 '평강 공동체'로 회복시키셨다.

예수 그리스도의 부활로 인한 '평강 공동체'의 회복은 한국 교회가 한국 사회 외부를 향한 개방성을 여는 데 첫걸음이다. 내부적인 영성 회복 없이 외부적인 개방성은 없기 때문이다. 고든 코스비(Gordon Cosby)는 '내적 영성'과 '외적 사역'을 균형 있게 이루어 세상을 변혁시키는 사역을 성공적으로 하고 있다. 그는 내적 영성을 통해 부활하신 그리스도와의 관계를 회복하고, 그리스도의 참 자유와 평강이 더 넓고 깊은 통로로 세상으로 흘러갈 수 있도록 사역하고 있다. 그의 구세주 교회(the Church of the Saviour)는 워싱턴 D.C. 빈민지역 저소득층 주민을 위해 '만나 주거사역'과 마약 알코올 중독 노숙자들을 위한 '사마리아인의 집', 노숙자들의 발을 씻기는 작은 예수의 집인 '그리스도의 집', 허름한 아파트 두 동으로 시작한 '희년 거주사역', 자원 봉사자들이 매년 7,000시간 봉사하는 '콜롬비아가 진료소' 등 지역사회와 연계한 다양한 사회봉사 활동을 이루어내고 있다. 이러한 외적 사역들은 교회의 내적 영성에서 시작되는데, 그의 교회에서는 예배 순서 중에 약 5분여 침묵기도 시간이 있고, 고요한 가운데 자신을 비우고 주님을 채우는 '침묵기도 수양관'은 그 대표적인 영성 훈련 기관이다.252)

한국 교회는 부활하신 예수 그리스도와의 깊은 영적 만남을 통해 '평강'을 깊이 체험함으로써 한국 사회를 향한 한국 교회 내적인 영적 자신감을 표출해야 한다. 그리스도로부터 '평

---

252) 유성준, 『미국을 움직이는 작은 공동체 세이비어 교회: The Story of the Church of the Saviour』(서울: 평단문화사, 2005). Youn Sik Noh, "The Vision of Reverend Gordon Cosby", *The Sungkyul News*, vol. 12, no. 1, (April, 2007): 32-34.

강'을 수여받은 한국 교회는 극단적 이기주의에 근거한 '극단적 집단 이기주의 문화'를 영원한 개방성인 생명의 문화로 변혁시킬 수 있다. 한국 교회는 '평강 공동체'로 내적 자신감이 회복하여 한국 사회의 죽음의 문화를 생명의 문화 곧 부활의 문화로 변혁시켜야 한다. '평강 공동체'로의 회복은 '성령'으로 연결되어, 죄사함을 얻게 하는 회개의 복음을 만민에게 전할 '선교 공동체'로서의 사명을 수행하게 한다(마 28:18~20; 눅 24:36~49).

3) '극단적 인종적 배타주의 문화'의 선교적 변혁: 성령의 선교 공동체 회복

한국 사회를 병들게 하는 '극단적 인종적 배타주의'는 한국 사회의 건강한 통합을 위하여 선교적으로 변혁되어야 한다. 한국 사회는 더 이상 전근대적인 혈통중심주의 문화에 고착되어 수구 보수화되어서는 안 된다. 한국 사회가 전 세계적 조망을 가지고 세계인과 더불어 지구촌에서 상생하며 살아가기 위해서는 전근대적인 유교 혈통주의의 뿌리를 걷어내고 온 민족과 인종을 품으시는 하나님의 성령 공동체로 거듭나야 한다.

오순절 성령 강림은 온 세계 민족과 인종 그리고 언어의 통일이 일어난 하나님의 성령 공동체의 회복 사건이다(행 2:1~13). 120명의 유대 성령 공동체가 성령 충만하여 성령이 말하게 하심을 따라 다른 방언으로 말하였을 때에, "바대, 메대, 엘람, 메소보다미아, 유대와 가바도기아, 본도와 아시아, 브리기아와 밤빌리아, 애굽과 구레네에 가까운 리비야 여러 지방, 로마, 그레네, 아라비아"에서 온 사람들이 각기 그 지방 언어로 하나님의 큰일 밀힘을 들었다(행 2:9~11). 이것은 인간의 교만으로 인하여 하나님을 대적한 창세기 11장의 바벨탑 언어 분열 사건 이후 120명의 제자들이 공동체로 한 곳에 모였을 때에 하나님의 성령의 역사로 일어났던 언어 통일의 역사였다. 여기에서 언어 통일이 되었다고 해서, 전체주의식으로 하나의 언어가 또 다른 언어에 의해서 철폐되어지는 '강제적 언어 통일'이 아닌 것을 주목해야 한다. 언어의 통일은 각 나라와 민족들의 언어로 들을 수 있는 '통합적인 언어 통일'이었다. 다른 언어들을 철폐하고, 하나의 언어만을 강요하는 '언어 말살'이 아니었다. 이렇게 성령으로 다양성을 존중하며 언어가 통일될 수 있다는 하나님의 선도적인 말씀은 언어 분열의 다원화 다민족 사회에서 성령 공동체의 역할의 중요성을 제기한다.

성령 공동체는 이런 의미에서 '성령의 선교 공동체'로 발전해야 한다. 120명의 제자들이 성령 공동체가 되어서 하나님의 큰 일을 증언하였듯이 한국 교회는 성령 공동체로서 하나님의 구원 사역을 증언하는 선교적 공동체가 되어야 한다. 즉, 가난하고 압제당하며 억눌린 외국인 거주자와 소외 계층에게 하나님의 구원을 성령으로 증언해야 한다(시 10:12, 14, 18).

한국 교회는 성령 공동체로서 사회 통합적인 관점을 가지고, 한국 사회가 문화적 다양성을 인정하고 국제결혼가정과 그 2세들도 똑같은 한국인으로 바라보는 풍토를 만들어 가야 한다. 그리고 성령 공동체는 이주노동자와 그 2세들에 대한 문화 적응을 도와야 한다.

이를 위해서 첫째, 언어와 문화 차이로 문화 충격을 받고 있는 소위 코시안(Kosian)을 위한 '한국생활 조기적응 및 정착지원'이 추진되어야 한다. 여기에는 생활정보 제공, 한국어 교육 및 정보화 기회 제공, 그리고 한국생활 체험 및 교육기회 확대 등이 포함된다. 구체적으로 한국어 교실 운영, 한국어 학습교재 대여 및 보급 확대, 이중 언어 발달 교육 강화, 다국어로 된 지역생활 정보 책자 보급, 외국인을 위한 통역서비스 구축 강화 등이다.[253] 그리고 두 번째로, 이주여성과 그들의 2세 자녀들의 조화로운 다문화 가족관계 정립 및 차세대 지원 강화 정책이 필요하다. 이를 위해 다문화 가족을 위한 자조모임의 활성화, 가족갈등 해소를 위한 상담체계 확립, 영유아 양육지원 확대 등이 요구된다. 또한 국제결혼 이민자와 자녀들에 대한 취업연계 지원 및 창업 교육과 지원, 가정 폭력 및 성폭력 관련 상담, 임신, 출산, 응급 구호 서비스도 필요하다. 셋째로, 성령 공동체로서 한국 교회는 국제결혼가정과 그 2세인 코시안들의 한국 사회에서의 적응과 통합을 넘어서 전 세계적인 조망을 통해 온 인류의 온전한 통합을 할 수 있도록 선교적 노력을 아끼지 말아야 할 것이다. 즉, 코시안이 가지고 있는 긍정적 측면인 '다국적 정체성'을 '선교적 정체성'으로 고양시켜 세계를 연결할 수 있는 국제인으로 성장할 수 있도록 도와야 할 것이다. 이를 위해서는 기독교 학교들이 국제결혼 이민자 가족 자녀들의 역량 강화를 위해, 구체적으로 제2외국어 특별반 운영, 다국어 경진대회, 멘토 프로그램 운영, 수시입학 전형에서 '다국적 정체성'의 가산점 부여, 다국적 자녀 특례입학을 통해 적극적인 선교 인적 자원으로 훈련하여 각각의 선교 현장에 파송하고 지속적으로 후원해야 할 것이다.

---

253) 정기선, 「경기도 코시안의 실태와 지원정책방안」, 17-18.

3. 한국 사회 통합을 위한 공동체로서 교회의 선교적 사명

지금까지 본 장에서는 21세기 한국 사회 통합의 저해 요인들을 문화인류학적 방법론을 적용하여, 현대 한국 사회의 형성 과정에서 출현했던 '폐쇄적 민족주의 문화', '극단적 집단 이기주의 문화', 그리고 '극단적 인종적 배타주의 문화', 즉 3가지 특징적인 문화 양태(cultural patterns)를 찾아내었다. 이러한 3가지 문화 양태들은 근현대 한국 사회 형성과정에서 발생한 독특한 문화굴절 상황(culturally refracted contexts)에서 비롯되었는데, 즉 조선 후기 전근대적 전통 문화가 한국 사회에 굴절되었을 때에, '폐쇄적 민족주의 문화'가 표출되었고, 일제시대의 전체주의적 군국주의 문화가 한국 사회에 굴절되었을 때에, '극단적 집단 이기주의 문화'가 나타났으며, 마지막으로 현대 경제개발 시대의 배금주의 문화가 한국 사회에 굴절되었을 때에, '극단적 인종적 배타주의 문화'가 돌출하였던 것이다.

이러한 21세기 한국 사회의 왜곡되고 뒤틀린 문화 굴절 상황에서 한국 사회 통합이라는 선교적 과제를 달성하기 위한 선교적 방안들은 다음과 같은 방식으로 본 장에서 제시되었다. 한국 사회의 통합을 위해서는 먼저 한국 교회가 '하나님의 은총 공동체'로 회복될 수 있도록 치유하고, '예수 그리스도의 평강 공동체'로 회복될 수 있도록 도우며, 한국 교회가 '성령의 선교 공동체'로 증거할 수 있도록 변혁할 때에 비로소 시작된다는 것이다.

좀 더 구체적으로 말하면, 하나님의 보편적 은총에 대한 반역으로서 탐심이나 권력에로의 우상숭배는 하나님의 은총 공동체에서 필히 제거되어야 하고, 담심의 우상 숭배한 죄인들은 치유를 받아야 한다. 그리고 죄인 취급당하는 사회 약자들과 억압당하고 무시당하는 어린 자들도 하나님의 은총 공동체에서 하나님 나라의 주인이 될 수 있음을 한국 교회는 깨달아야 한다.

특히, 하나님의 은총의 보편성의 영역은 한국 교회가 '예수 그리스도의 평강 공동체'로 회복될 때 또한 가능하다. 전체주의적 군국주의 문화의 굴절 상황에서 발생한 한국 사회의 '극단적 집단 이기주의 문화'를 변혁시키기 위해서는 한국 교회는 부활하신 그리스도로부터 위임받은 '평강'의 사도로서, 한국 사회의 '극단적 집단 이기주의'라는 죽음의 문화를 생명의 문화 곧 부활의 문화로 변혁하여야 한다. 실질적으로, 한국 교회가 자체적 성장과 부흥만을 위한 폐쇄적 집단이라는 오명을 벗어던지지 않는 한, 한국 사회의 '극단적 집단 이기주의 문화'

로부터의 변혁은 기대하기 어렵다. 만일 한국 교회가 '우리끼리 식'의 집단 결집을 통해 세 확장으로 계속해서 나아가면, 한국 사회에서 변혁의 주체로서가 아니라, 배타적 집단이라는 낙인을 쉽게 벗어버릴 수 없을 것이다. 한국 교회가 한국 사회의 안녕과 평화, 즉 평강을 위한 선교 공동체가 될 때에, '극단적 집단 이기주의 문화'에 젖어 있는 한국 사회를 변혁할 수 있을 것이다.

'평강' 공동체로 회복은 '성령'으로 연결되어, 죄사함을 얻게 하는 회개의 복음을 만민에게 증거하는 '선교' 공동체로서 발전한다. 한국 사회를 병들게 하는 '극단적 인종적 배타주의' 문화를 극복하는 길은 한국 교회가 모든 민족과 인종을 하나로 묶어 통일하는 성령의 역사하심에 의지할 때로부터 시작한다. 배금주의로 인한 극단적 인종주의는 한국 사회의 갈등요인으로 사회통합을 방해한다. 한국 사회는 수구 보수적인 전근대적 혈통중심주의에서 벗어나 전 세계적 조망을 가지고 세계인과 더불어 지구촌에서 상생하며 살아가야 한다. 한국 교회는 전근대적인 유교 혈통주의에 뿌리를 둔 한국 사회에 회개를 촉구하고 온 민족과 인종을 품으시는 하나님의 성령 공동체로 거듭나야 한다. 한국 교회는 성령 공동체로서 한국 사회의 문화적 다양성을 긍정적으로 평가하고, 국제결혼가정과 그 2세들의 사회통합 안전망을 제공하고, 그들의 다국적 정체성을 선교적 정체성으로 고양시켜 세계로 선교할 수 있도록 도와야 할 것이다.

제10장 포스트모던 시대의 노인 복지를 통한 선교적 접근

근대화(modernization)로 인한 과학기술의 발달은 인류의 전통적인 삶의 방식에 여러 변화를 초래하였다. 근대화의 과정을 통하여 성스러움(Heiligkeit)과 신의 개입(divine intervention) 등을 추구하는 인류의 전통적인 세계관은 쇠락하였고, 이성적이고 경험적이며 능률성을 추구하는 세속화된 사회가 발달하였다.[254] 그 가운데 의료기술의 발달은 질병의 퇴치와 함께 인간 수명의 연장을 촉진하였다. 이로 인하여 전 세계는 고령화 사회(the aging society)라는 인류 역사상 새로운 시대로 진입하게 되었다. 특히 세계에서 고령화 속도가 가장 빠른 우리나라의 경우, 고령화에 따른 사회적 제도의 준비가 매우 미흡한 현실이다.[255] 이제까지 한국 사회를 지탱해 왔던 전통적 가족주의와 경로효친 사상의 급속한 퇴색과 더불어 한국 노인들의 삶은 매우 곤핍한 위치에 처하게 되었다. 향후 2010년 이후 한국 사회의 주요 이슈는 고령화 사회와 이에 따른 노인 문제가 될 것이고, 이에 대한 한국 교회의 선교적 대응 전략이 강구되어야 할 필요가 있을 것으로 예측되고 있다.[256]

이제 21세기는 과학 문명과 통신 기술의 발달로 인하여 점차적으로 산업화 시대에서 정보통신 사회로 변화하고 있다. 그리고 교통의 발달로 전 세계는 일일 생활권으로 변화하여, 지역사회가 세계화의 흐름에 상호 영향을 주고받는 글로컬리제이션(glocalization)의 시대로 변

---

254) Peter W. Williams, *Popular Religion in America: Symbolic Change and the Modernization Process in Historical Perspective* (Englewood Cliffs, NJ: Prentice Hall, 1989), 12.

255) 최성재, 장인협 , 『노인복지론』(서울: 서울대학교 출판부, 2004), 7.
주요국가의 인구 고령화 속도 추이통계를 보면 고령화 사회(aging society 인구대비 노인인구 7%)에서 고령사회(aged society 인구대비 노인인구 14%)로의 소요연수가 프랑스 115년, 미국 71년, 영국 47년, 일본 24년에 비해 한국은 지난 2000년 고령화 사회에 접어든 후 2019년에 이르면 고령화사회가 될 것으로 예상되고 있어 고령사회에서 고령사회로의 진입 소요 연수가 19년이라는 가장 급속한 고령화속도를 나타내고 있다. UN The Sex and Age Distribution of World Population 일본국립 사회보장. 인구문제연구소(2000), 인구통계자료집 재인용.

256) 김재호, '저출산·고령화'로서 그리고 '창의성,' *The Science Times*, 2009년 04월 14일.
〈교수신문〉 창간 17주년 설문 조사 결과 발표에 따르면, 2020년 키워드는 '저출산·고령화'가 23.6%로 1위, '통일'(18.1%)이 2위, '다문화'(13.9%)'가 3위, '사회통합', '새로운 자본주의 모색', '실업' '창의성' '환경'이 공동 4위, '공존' '교육' '민주주의' '생태'가 공동 9위, '복지'와 '양극화'는 6.9%로 공동 13위를 차지했다.

화하였다. 그러나 이러한 급격한 사회 변화에 적응하지 못하고 소외되는 계층이 발생하고 있는데 그것은 바로 노인들이다. 이들은 전통사회에서 한 집단의 연장자로 대우 받아 왔었으나, 새로운 시대에는 문화적·경제적·신체적·정서적 보호를 더 이상 받지 못하는 사회의 선교 대상 집단으로 되었다. 여기에 기독교 선교와 사회복지 사이의 기독교 선교적 차원의 네트워킹이 필요하다고 보여진다.[257] 즉, 노인 문제에 대한 한국 교회의 기독교 사회복지적 선교 대응 전략이 필요한 것이다. 본 장에서는 산업화 사회 이후 정보통신 사회, 글로벌 사회에서 사회 부적응 층이 되어 버린 노인들의 사회 적응과 통합을 위해서, 성경에 기초하고 기독교 세계관적 노인 복지의 차원에서 강구된, 한국 교회의 노인 복지 선교 대응에 대한 이론적 기초를 수립하고자 한다.

1. 성경에 기초한 기독교 세계관적 노인복지

노인복지(elderly welfare)란 사회복지 실천의 한 분야로서 노인의 복리적인 상태를 유지토록 하는 사회적 활동을 말한다. 구체적으로 노인복지의 영역은 "노인이 인간다운 생활을 영위하면서 자기가 속한 가족과 사회에 적응하고 통합될 수 있도록, 필요한 자원과 서비스를 제공하는 데 관련된 공적 및 사적 차원에서의 조직적 제반 활동"을 포함한다.[258] 노인복지의 구체적 실천 방법은 공적 차원에서 공적연금이나 국민건강보험등과 같은 사회보험제도나 공공부조와 같은 공적 제도가 있고, 사적 차원에서 민간의 지원 등이 있다. 특히, 민간 복지 공급 주체 중 하나인 종교기관은 노인복지 분야에서 매우 중요한 위치를 차지하는데, 그 가운데 교회는 현재 우리나라 노인복지 서비스 전달체계로서 기독교 선교 실천의 중요한 역할을 차지하고 있다.[259]

그러면 교회에서 선교의 실천으로서 제공하는 노인복지 서비스는 일반 복지기관이나 공공기관에서 제공하는 노인복지실천과 어떠한 차이가 있으며 혹은 있어야 하는가? 성경에서는 노인에 대하여 어떻게 말하고 있으며, 기독교 세계관에 기초한 노인복지는 과연 무엇인가? 이

---

257) Paul Varo Martinson, "Social Capital and the New Missionary Pragatics," *Mission at the Dawn of the 21st Century: A Vision for the Church*, edited by Paul V. Martinson (Minneapolis, MN: Kirk House, 1999), 56–57.
258) 최성재. 장인협, 『노인복지론』, 300.
259) 강영실, 「노인과 기독교 사회복지」, 『한국 기독교 사회복지총람』, 한국 기독교 사회복지협의회, 2007.

제 성경에 기초한 기독교 세계관적 노인복지에 대하여 살펴보자.

1) 성경에 기초한 노인상의 확립

성경에서는 노인의 특성을 공경의 대상으로(시 71:18), 지혜의 상징으로(신 21:2~6), 그리고 보호의 대상으로(슥 8:4)로 설명하고 있다. 그렇다면 최근 들어 노년학에서 새롭게 논의되는 "성공적인 노화"라는 개념과 성경에서의 성공적인 노년의 삶은 어떻게 다른가? 어떠한 노년의 삶을 우리는 성공적이라고 말할 수 있을까? 일반적으로는 신체적으로 건강하고 경제적 여유가 있으며 사회적으로 활동적인 노인을 성공적이라고 말한다.[260]

그러나 경제적으로 여유가 있고 신체적으로 좀 더 건강하고 활동적이라고 노년의 어려움이 없다고 볼 수는 없다. 성경에서는 오히려 노년의 한계나 어려움을 분명히 말해주고 있으며, 진정한 노인의 덕목이 진심으로 우러나오는 젊은 세대로부터의 세대적 존경에 있음을 강조하고 있다. 노인이 청년의 때와 비교할 때 몸과 마음은 노쇠하였으나, "청년의 영화가 힘에 있다면 노년의 아름다움은 백발에 있으며"(잠 20:29), 백발은 '영화의 면류관'(잠 16:31)이 되는 것이다. 그러므로 기독교적 노인복지는 노인의 특성을 충분히 파악하면서도 현대화된 세계 속에서도 노인들이 전인격적인 존중을 받을 수 있는 진정한 노인상의 확립을 위해 노력해야 할 것이다. 그리고 이러한 노력은 노인을 수혜의 대상으로서만 아니라 이 사회와 세대를 연계하고 의사소통할 수 있는 사회의 주체로서의 자질을 갖출 수 있는 노인성의 계발로 나아가야 할 것이다.[261]

2) 기독교 세계관에 기초한 교회 노인복지 선교

교회의 노인 복지에 대한 선교 실천은 기독교 세계관의 기초위에 진행되어야 한다. 기독교 세계관의 기초 없이 노인 복지 선교 실천이 이루어진다면, 이는 '모래 위에 지은 집'이 될 것이며, 외식하는 서기관의 위선적 사랑의 실천이 될 것이다. 왜냐하면 세계관은 인간의 사유와

---

260) Row & Khan, *Successful Aging*, NY: Random House, 1998.
261) 참조, 디도서 2장 2~6절, "늙은 남자로는 절제하며 경건하며 근신하며 믿음과 사랑과 인내함에 온전케 하고, 늙은 여자로는 이와 같이 행실이 거룩하며 참소치 말며 많은 술의 종이 되지 말며 선한 것을 가르치는 자들이 되고 저들로 젊은 여자들을 교훈하되."

삶을 통일시키고, 사고와 행동을 인도하며, 인간에게 희망과 목적을 찾을 수 있도록 기능하기 때문이다.262) 기독교 세계관은 만유의 창조주요 주인이신 하나님께서 예수 그리스도 안에서 인류의 목적과 희망을 회복시키시는 것과 연결되어 있다.263) 본 장에서는 기독교 세계관의 주요 관점들인 하나님의 창조와 인간의 타락 그리고 그리스도의 구속(redemption)의 관점에서 기독교 사회 복지와 노인복지 선교 실천에 대하여 해석하고자 한다.264)

첫째, 창조의 관점에서 기독교 사회복지는 기독교의 궁극적인 신과 인간의 관계 이해에서부터 비롯된다. 하나님께서는 하나님의 형상대로 인간을 창조하셨다(창 1:26~27). 하나님의 형상을 닮았다고 하는 뜻은 인간에 대한 존엄성을 뜻함과 동시에 하나님과 인간의 친밀한 관계를 함의하기도 한다. 무한하신 하나님은 유한한 피조 세계를 창조하시고, 특별히 인간을 창조하시며 인간에게 만물을 통치할 수 있는 청지기로서의 권한과 책임을 수여하셨다. 이것은 하나님이 창조를 통하여 인간과 세계에 자발적인 친밀한 관계 형성을 하였음을 뜻한다. 하나님은 자기를 열어서 세계를 창조하셨고, 자기를 제한하셔서 유한한 세계로 들어오셨다. 이와 같이 기독교 사회복지는 하나님의 창조의 관점에서 자기 영역을 넘어서 다른 영역에 들어가 그 영역을 하나님의 나라로 변혁시켜야 할 책임이 있다.265)

이러한 창조의 관점이라는 기독교적 세계관의 기반으로 기독교 사회복지가 존재한다. 일반 사회복지 실천의 대 가치전제인 '인간의 존엄성과 배분적 사회정의'는 기독교 사회복지와 그 맥을 같이하고 있다. 실제로도 사회복지라는 학문은 기독교 사회복지에 그 뿌리를 두고 있다. 사회복지 정신의 근간이 되는 자선, 곧 자신의 영역을 넘어 타자의 영역에 친밀한 관계를 맺는 실천 행위인 남을 돕는 자선은 기독교 세계관에 그 기반을 두고 있는 것이다. 그럼에도 불구하고, 현대의 사회복지는 학문의 전문적 분화와 방법론의 실증적 노력에 밀려 마치 기독교 사회복지가 미분화된 사회복지의 아류 혹은 방법론 중 하나로서 취급한다는 생각을 갖게 한다. 이는 사회복지 실천의 대전제가 마스덴(Marsden)의 지적대로 "하나님이 창조하신 법칙이 적용된 우주 안에서 기인하는 도덕적 원칙임"을 망각하고 겸손함을 잃어버린 처사가 아닌지 의심된다.266) 그러므로 기독교 사회복지의 한 분야인 교회 노인 복지 선교 실천 영역은

---

262) Arthur F. Holmes, *Contours of A World View: Studies in a Christian World View*, 『기독교 세계관』, 이승구 역(서울: 엠마오, 1991), 16.
263) *Ibid.*, 14.
264) David Burnett, *Clash of Worlds* (Nashiville, TN: Oliver Nelson, 1992), 212-219.
265) 노윤식, 『성경에 선교가 있는가: 선교신학담론』(서울: 한들출판사, 2005), 28-29.
266) Marsden. 『기독교적 학문연구』. 조호연 역. 서울: 현대학문세계. 2003.

이와 같은 창조의 관점하에서 이해되어야 한다.

둘째, 타락의 관점에서 기독교 사회복지는 권위와 지위를 상실한 노인들을 발견하게 된다. 하나님의 형상대로 창조된 인간은 아담과 하와의 타락 이후 전 우주적인 참상을 가져왔다. 자연은 파괴되고, 인간은 물질만능주의와 배금주의로 비인간화되기에 이르렀다. 현대 사회 노인들은 더 이상 존경과 공경의 대상으로, 젊은이들을 가르치는 교훈자로서의 권위와 지위를 상실하게 되었다. 노인들은 더 이상 사회에서 인정받지 못하고, 신체적인 건강상 문제와 경제적 어려움 그리고 사회적인 역할 상실과 고독으로 고통을 받아 왔다. 이 같은 사회적 고립감은 이제까지 사회적 약자로서 시혜의 대상으로만 인식되었던 노인들을 사회의 범죄자로 내몰거나 신체적·심리적·정서적인 학대의 대상이 되는 지경에까지 이르게 되었다.

우리나라의 고령화 사회에 대한 우려는 2000년경부터 나타나기 시작하였다. 그 가운데서 노인범죄율의 증가는 이전시대와 비교하여 호전된 노인들의 영양과 양호한 건강상태 그리고 사회적 고립에 기인한다고 할 수 있다. 2006년 경찰청 범죄통계를 보면 61세 이상 노인 범죄가 전체의 5%로 19세 이하 청소년 범죄율 4.5%를 상회하고 있다. 범죄의 원인은 '개인적 열망과 현실적인 기대의 불일치로 인한 아노미 상태'를 들 수 있으며 그 유형도 이전의 단순한 재산범죄에서 성범죄, 방화, 마약, 강력범죄, 그리고 광의의 범위에서 범죄에 해당되는 자살의 증가로 나타나고 있다.[267] 70대 노인에 의한 여성 연쇄살인이나 남대문 방화사건과 같이 사회를 경악하게 했던 대형범죄의 중심에 노인이 있다는 것은 이전까지의 노인의 개념과는 또 다른 차원, 즉 기독교직 세계관에서 타락의 관점에서 노인문제를 접근하도록 촉구한다고 하겠다.

피조물이 다 이제까지 함께 탄식하며 함께 고통 하는 것을 우리가 아노니(롬 3:10∼11).

셋째, 구속의 관점에서 노인들의 삶의 질을 향상 시키는 것을 연결시킬 수 있다. 하나님께서는 인간의 타락으로 인해 왜곡된 창조질서의 회복을 위해 예수 그리스도를 이 땅에 보내시고 그의 십자가와 부활의 역사로 인류의 구속(redemption)을 이루셨다. 구속은 세상의 모든 영역에서 일어났으며, 이 땅에 오신 예수 그리스도는 그의 구속사역의 첫 말씀을 통해 '이웃을 사랑하며 대접하는 것'으로 하나님의 형상이 회복될 수 있음을 선포하셨다.

---

267) 박동수, 「노인범죄 특성에 관한 연구」, 『2008년 한국노년학회 춘계학술대회 자료집』, 2008.

> 그의 십자가의 피로 화평을 이루사 만물 곧 땅에 있는 것들이나 하늘에 있는 것들을 그로 말미암
> 아 자기와 화목케 되기를 기뻐하심이라(골 1:20).
> 주의 성령이 내게 임하셨으니 이는 가난한 자에게 복음을 전하게 하시려고 내게 기름을 부으시고
> 나를 보내사 포로 된 자에게 자유를, 눈먼 자에게 다시 보게 함을 전파하며 눌린 자를 자유케
> 하고 주의 은혜의 해를 전파하게 하려 하심이라(눅 4:18~19).

그리스도의 역사는 타락으로 인한 세상의 죄와 고통 가운데 처한 노인들에게도 동일하게 임하신다. 그리고 그것은 교회 안에서 또는 모든 믿는 자들을 통한 세상의 모든 영역에서 이루어져야 한다. 구약성경에서는 노인에 대하여 십계명의 제5계명으로, 그리고 이스라엘의 규례로 노인에 대한 공경을 명령하고 계신다.

> 네 부모를 공경하라 그리하면 너희 하나님 나 여호와가 네게 준 땅에서 네 생명이 길리라(출애굽
> 기 20장 12절).

정책과 행정의 영역에서 또는 모든 공적·사적 사회복지 서비스 영역에서 노인들의 삶의 질을 향상시키기 위한 노력이 진행되어야 한다. 특히 노인들을 단순히 수혜의 대상자인 문제 표적 집단이 아닌 하나님의 형상을 회복하는 대상인 동시에 주체로서 전인적 차원에서 접근하여야 한다.

2. 활동이론(Activity Theory)과 교환이론(Exchange Theory)의 선교적 적용

이제 현대 노인복지 이론 가운데 활동이론과 교환이론을 고찰하고, 이를 21세기 노인문제에 대한 선교적 대응의 이론적 기반으로 제시하고자 한다.

1) 활동이론과 선교적 적용

활동이론은 헤빙허스트(Havighurst)와 동료들에 의해 주장된 이론으로, 노인의 삶의 만족은 사회적 활동의 참여가 높을수록 증가된다는 이론이다. 이 이론에 따르면 노인들은 빈번한

사회활동을 통해 역할 지지를 받아 긍정적인 자아상을 갖게 되고 이러한 긍정적 자아상이 노인들의 생활만족도를 높이는 인과론적인 메커니즘을 지닌다는 것이다. 그러나 노인들이 강제적인 퇴직, 또는 건강 등의 문제로 사회 활동참여에 제재를 받게 되어 부정적인 자아상을 갖게 되고 이로써 심리적·사회적인 삶의 만족감이 줄어듦으로 불행을 느낀다는 것이다.[268]

활동이론은 많은 연구들에서 활동의 참여와 생활만족도의 상관관계를 밝힘으로써 실증적인 지지를 받고 있다. 그러나 연구결과 친구나 이웃방문과 같은 비공식적인 1차 집단과의 활동에서 그 관련성이 입증된 것에 반해 공식적인 활동에 참여하는 것은 오히려 생활만족도와 상반된다는 결과도 나와 일반적 결론을 내리기에는 어려움이 있는 것으로 나타났다. 활동 이론은 노동 가치와 생산성을 존중하는 미국 사회에서 발전한 이론으로 노인들의 성별, 건강상태, 중년기 생활양식이나 활동정도 등에 따라 달라질 수 있는 노인들의 다양성을 고려하지 못하였고, 타 문화권에서는 그 적용이 다를 수도 있다는 이론적 한계를 보이고 있다.

성경에는 노년에 왕성한 리더십을 발휘한 위대한 인물이 보이는 것도 사실이지만 노인에 대한 그들의 신체적·정신적인 연약함을 인정하고 보호의 대상으로도 표현되기도 하였다.

> 나를 늙은 때에 버리지 마시며 내 힘이 쇠약한 때에 떠나지 마소서(시 71: 9).
> 하나님이여 내가 늙어 백수가 될 때에도 나를 버리지 마시며 내가 주의 힘을 후대에 전하고 주의
> 능을 장래 모든 사람에게 전하기까지 나를 버리지 마소서(시 72:18).

개인에 따라서는 사회적 활동이 오히려 스트레스와 긴장감을 유도하는 경우도 있다. 개인의 다양성에 따라 공식적인 사회활동 보다는 그들과 친밀감을 유지할 수 있는 가족, 친지, 교우들과의 친교 기회를 늘리고, 개인 기도와 묵상의 시간을 갖게 함으로써 노인들의 기독교적인 삶을 보다 풍성하게 할 수 있다. 그러므로 모든 노인들의 사회적 활동이라는 것은 양적 측면에서의 고려뿐 아니라 노인복지 선교의 차원에서 그 활동의 질을 살펴보아야 한다. 또한 종교성향이 증가하는 노인의 발달적 특성을 고려할 때 활동이론은 노인들을 위한 기독교 노인복지 선교 프로그램의 개발에 필요한 이론이 될 수 있다.

---

268) 최성재, 장인협, 『노인복지론』, 128-129. Havinghurst, Neugarten, B. L. & Tobin, S. S. "Disengagement Pattern of Aging," In edited by B. L. Neugarten, *Middle Age & Aging* (Chicago: University of Chicago, 1968), 160-175. 재인용.

2) 교환이론과 선교적 적용

환이론은 호만스(Homans)가 『사회적 행동: 그 기초형태(*Social Behavior: Its Elementary Forms*)』라는 책에서 처음 주장한 이론으로 다우(Dowd)에 의해서 노인에 대한 이론으로 적용되었다. 교환이론은 사회적 행동과 대인관계를 '사람들 사이에 보상을 반복적으로 교환하는 것'으로 말하며, 사람들은 가능한 대등한 입장에서 교환관계를 형성하거나 유지하려고 한다는 이론이다.[269]

그러나 사회에서는 불가피하게 교환자원의 가치나 양에서 불균형이 초래되고, 이러한 불균형적 관계가 반복되면서 그 형태가 굳어지고 제도화되는 경향이 있다는 것이다. 이 같은 자원의 불균형 교환관계 속에서 권력이 부족한 쪽에서는 그러한 균형을 유지하기 위해, 다른 자원으로 보상을 하거나 보상의 원천을 개발하거나 새로운 자격, 지위의 획득, 강제력 사용, 연합적 활동, 욕구충족 포기, 소유자원의 질 향상 등과 같은 다각적인 노력을 하게 된다. 노인들의 경우에는 노화로 인한 신체적 약화와 현대 사회의 경쟁적 환경으로 교환자원의 양과 질이 저하되고 의존성이 증가되어 교환조건이 악화될 수밖에 없다. 그리하여 노인들의 사회적 지위는 하락하고 이에 따라 노인문제가 야기된다는 이론이다.

교환이론은 노인문제에 대한 제반 이해에 매우 유용하여 이를 위한 많은 실증적인 연구가 진행 중이다. 그러나 교환이론은 보상과 비용이라고 하는 부분의 모호함 때문에 비판을 받고 있다. 교환이론은 노인문제를 분석 접근함에 있어 현상에 대한 설명과 이해에는 매우 유용하다. 그러나 교환이론은 인간의 삶의 가치가 빠진 상태에서의 분석적 이론이라는 느낌이 든다. 상황에 대한 분석은 대안을 지향해야 한다고 생각하는데, 그런 차원에서 교환이론은 인간의 이성을 지나치게 부각한 이론이라고 여겨진다.

정신지체 장애인들을 위한 자원의 성격과 가치를 어떠한 대체적 교환가치로 설명할 수 있겠는가? 한 노인에게 글을 읽을 수 있도록 하는 노력과 자원의 가치와 이후 그 노인의 삶에서 글을 읽을 수 있는 삶의 변화 속에서의 가치를 어떻게 객관적인 교환가치로 설명할 수 없다. 기독교적 인간의 가치는 하나님이 스스로 인간으로 오셔 죽음을 통해 구속하신 삶의 가치인 것이다. 그러므로 성경에서는 인간의 삶의 절대가치를 인정하고 있을 뿐 아니라, 그러한 한계

---

269) 최성재, 장인협, 『노인복지론』, 132.

상황 속에서의 사회적 불평등의 해소방법으로 인간들의 공동체성을 끊임없이 말씀하고 계신다. 이는 경제력이나 사회적 지위의 격차를 극복하려는 횡적인 공동체일 뿐 아니라 연령의 차이를 극복하려는 세대적 공동체를 포함하는 말씀이다. 그러므로 기독교적 세계관에 입각한 노인 복지 선교는 교환이론으로 분석되는 현상에 기초하여 세대 간 공동체성을 포함하는 공동체성을 이론의 기반으로 두어야 할 것이다.

> 형제가 연합하여 동거함이 어찌 그리 선하고 아름다운고? 머리에 있는 보배로운 기름이 수염 곧 아론의 수염에 흘러서 그 옷깃까지 내림 같고, 헐몬의 이슬이 시온의 산들에 내림 같도다. 거기서 여호와께서 복을 명하셨나니, 곧 영생이로다(시편 133:1∼3).
> 즐거워하는 자들로 함께 즐거워하고, 우는 자들로 함께 울라. 서로 마음을 같이하며, 높은 데 마음을 두지 말고 도리어 낮은 데 처하며, 스스로 지혜 있는 체 말라(로마서 12:15∼18).

3. 노인복지를 통한 선교적 접근

본 장에서는 교회에서 선교의 실천으로서 제공하는 노인복지 서비스가 일반 복지기관이나 공공기관에서 제공하는 노인복지실천과 분명한 차이가 있어야 하는데, 이를 위해서는 성경적 노인상의 확립과 기독교 세계관에 기초할 때에 가능하다고 보았다. 성경에서는 노인들의 어려움을 인정하는 가운데 그들이 갖고 있는 노년의 가치에 대하여 설명해 주고 있다. 사실, 기독교 사회복지의 존재기반은 하나님의 형상을 입은 인간에 대한 복지라는 대 전제 속에서 찾을 수 있으며, 이에 따라 교회 노인복지 선교 또한 변화된 시대적 상황 속에서도 인간에 대한 하나님의 창조, 타락, 그리고 구속의 관점에서 이해하여야 한다.

본 장에서는 또한 노인 복지의 활동이론과 교환이론의 선교적 적용을 통하여 교회 노인복지 선교의 이론적 기초를 제공하려고 노력하였다. 기독교 사회복지에서는 성경에 기초하여 노인을 복지 수혜의 대상으로 인식하는 전인격적, 세대 통합적인 체계를 바탕으로 이해해야 한다. 또한 교회 노인복지 선교 실천 시, 전문성에서 떨어지지 않도록 전문가 기용이나 평가부분을 고려하여야 하며, 교회의 본질로서 사회봉사를 받아들이는 동시에 노인복지에 대한 선교적 접근에 대하여 자신감을 가질 필요가 있다. 이를 위해 다음의 제언을 첨가하고자 한다.

첫째, 교회의 노인 복지 선교는 노인에 대한 통합적 접근에서 시작해야 한다. 여기서 통합적 접근은 대상으로서의 노인에 대한 통합적 이해의 차원과 기독교 노인복지 서비스 주체로서 지역교회가 갖는 사회적 체계 부분을 포함한다. 인간은 신체적·정서적·경제적·사회적 욕구 외에 영적인 욕구를 갖는다. 특히 배우자를 비롯한 주변 친구나 지인들의 죽음을 가까이 지켜볼 수밖에 없는 환경적 특성상 영적인 욕구는 노인들에게 매우 중요하다. 그러나 일반적인 노인복지 기관들이 영적 케어까지 담당한다는 것은 현실적으로 어려운 일이다. 영적인 돌봄은 노인의 특성을 통합적으로 이해할 수 있는 키워드 중 하나이므로, 이는 교회 노인복지 선교의 특성을 전문화할 수 있는 매우 중요한 부분이 될 것이다.

둘째, 교회 노인복지 선교는 서비스 공급자로서 교회가 지역 환경과 체계적인 통합 관계임을 이해하여야 한다. 교회는 지역사회 내에 존재한다. 그러므로 지역사회 내에 함께하는 모든 노인들의 복지를 위해 노력해야 하며, 효율적 서비스 제공을 위한 지역사회 지원체계를 분석, 공유할 필요가 있다. 특히 제도권에서 지원받기 어려운 차상위계층에 대한 돌봄이나 부족한 서비스에 대한 보충적이고 잔여적인 기능 및 역할을 담당하면서 공적 전달체계에 비해 유연한 민간 기관으로서의 역할을 담당하는 것은 교회 노인복지 선교의 정체성 확립에 도움을 줄 수 있다고 생각한다.

마지막으로, 교회 노인복지 선교에서 유의해야 할 점은 교회가 노인복지 서비스의 제공자로서 합리적인 전달체계의 기능을 담당해야 한다는 것이다. 서비스 주체로서 교회는 2차 복지기관이라는 특성과 교회가 갖고 있는 비조직적인 측면으로 서비스의 양적·질적인 우수성에도 불구하고 전문적인 서비스 제공이 어려운 환경적 요소를 갖고 있다. 우선 이를 전담할 수 있는 사회복지 전문가의 부재, 그리고 최고지도자의 의지에 따른 의사결정권의 집중은 교회가 노인복지 서비스의 제공자로서 합리적인 전달체계의 기능을 담당키 어려운 요소로 작용한다. 그러므로 교회 노인복지 선교를 제공하고자 하는 기관, 특히 교회에서는 사회복지를 전공한 교회 사회복지사나 전담 사역자를 두도록 하고, 프로그램의 기획에서부터 평가 부분에 대한 예산이나 평가방법을 고려하여 보다 전문적이고, 효율적인 서비스가 되도록 노력해야 한다.

제11장 포스트모던 시대의 성결 선교 윤리

포스트모던 시대와 세속화 시대의 영향으로 선교활동에서 빠지기 쉬운 함정은 '초윤리적'인 사고와 행동이다. 즉, 하나님의 이름으로 하는 모든 선교행위는 정당하고 잘못된 것이 없을 것이라고 생각하는 것이다. 그러나 하나님의 선교활동에 대하여 영적으로 깊이 기도하고 선교 사역에 열심히 헌신하였음에도 불구하고, 현장에서 의도하지 않은 비윤리적인 결과들이 산출되기도 한다. 선교 활동이 선교현장의 전달방식에 맞지 않을 경우에 선교 사역자들 간에 오해와 상처로 선교 사역의 단절로 이어지기도 한다. 여기에 선교윤리의 필요성이 제기된다.

그리스도의 복음을 전파하는 선교활동은 하나님의 뜻을 전하는 영적인 일뿐만 아니라, 사람들의 문화와 삶의 정황에 적합하게 전달되어야 할 윤리적인 일 또한 포함한다.[270] 선교활동에서 '기도, 신실함 그리고 헌신'은 매우 중요한 요소이지만, 그와 더불어 현지인들을 포함한 사람들에 대한 선교윤리도 필요한 것이다. 선교활동에 있어서 하나님의 뜻으로 사람을 변화시킨다는 명목으로 현지인들을 강압적으로 대하거나 수단으로 그들을 이용하고 있는가에 대하여 깊이 생각해 보아야 한다.[271]

이상의 포스트모던 사회에서 필요한 기독교 선교윤리에 대한 논의는 본 장의 주요 내용이 될 것이다. 본 장에서는 선교윤리의 정립을 위하여 먼저 그 기초가 되는 기준들을 살펴보고, 성결이 그 핵심적인 요소임을 주장하려고 한다. 즉, 성결은 무죄한 상태라기보다 하나님과 인

---

270) 홍기영 외 20인, 『선교학 개론』(서울: 대한기독교서회, 2004), 66–67.

271) E. Stanley Jones, 『인도의 길을 걷고 있는 예수』, 김상근 역 (서울: 평단, 2005), 22. "호전적인 색슨족은 세례를 받을 때에 몸 전체가 물에 잠기는 것을 원치 아니했다. 그들은 오른팔만은 물속에 담그지 않게 해달라는 조건을 내걸었다. 이들은 싸움과 살육의 오른팔을 포기하지 아니했고, 용서를 구하지 않았다. 기독교로 개종한 색슨족은 기독교를 유럽에 전하면서 전쟁과 살육의 전통을 포기하지 않았다. 메이플라워호의 청교도들이 신대륙으로 이주할 때에, 함께 항해했던 배에는 흑인 노예들이 같이 왔다. 예수라는 돛단배를 타고 신대륙을 찾아 떠났던 청교도들은 노예를 사고파는 일에 가담했다." 참고, David MacDonald Paton, *Christian Missions and the Judgment* (Grand Rapids, MI: Eerdmans, 1996), 73–74. 여기에서 선교사들과 현지인들 사이에서 갈등의 주요 요인은 인종차별(racial prejudices)과 돈(meoney) 즉 선교재정의 문제라고 주장한다.

간, 인간과 인간과의 온전한 관계를 가능케 하는 '풍성한 생명'을 지닌 건강한 상태로 해석되며, 선교윤리로서 실천되어야 할 핵심적인 요소라고 본다. 본 논의를 통하여 선교 현장에서 요청되는 기독교 선교 윤리가 정립되는 시발점이 되기를 바란다.

1. 기독교 선교윤리의 기준

영화 '미션(Mission)'을 보면 과라니 족의 잔인한 삶의 방식이 소개된다. 그것은 셋째아이가 태어나면 그 즉시 그 아이의 탯줄로 목을 감아 숨지게 하는 전통 관습이었다. 이들이 막 태어난 셋째아이를 그렇게 죽이는 것은 상식적으로나 윤리적으로 이해할 수 없는 잔혹한 행위로 보여진다. 그러나 이들의 삶의 정황(Sitz im Leben)을 살펴보면 이해가 될 수도 있다. 과라니 족은 늘 스페인이나 포르투갈의 병사들과 노예 상인들에게 급작스러운 공격을 받고 노획되는 처지에 놓여 있었다. 이들은 일촉즉발의 위기의 순간마다 아이들을 데리고 도피를 해야 했다. 한 아이는 앞에 안고 다른 한 아이는 뒤에 들쳐 업고 뛰어 도망가야 하는 것이다. 함께 피하지 못하고 남게 되는 셋째아이는 침략자들에게 비참히 살해될 수밖에 없었다. 이러한 비극적인 현실과 상황은 이들에게 극도로 비윤리적인 영아 살해를 자행하게 만든 것이다.[272]

선교의 현장에서 만나게 되는 이러한 비윤리적이고 비상식적인 잔혹한 행위들에 대하여 기독교 선교윤리에 있어서 어떻게 이해할 수 있을 것인가? 그리고 선교 현장의 비참하고 어그러진 인간의 문화 양태 속에서 왜곡된 그들의 윤리를 어떻게 그리스도의 복음으로 변혁(transformation)시킬 수 있을 것인가? 그들의 생명 경시로 왜곡된 문화를 판단하고 변혁시킬 수 있는 기준(criteria)은 무엇인가? 계속해서 기독교 선교윤리의 기준을 살펴보기로 하자.

1) 기독교 선교윤리의 기준: 본질상 절대적으로 거룩(성결)하신 하나님의 뜻
(God's Absolute Holy Will)

기독교 선교윤리는 인류 구원이라는 절대적인 하나님의 거룩하신 뜻(God's absolute holy

---

272) http://enc.daum.net/dic100/viewContents.do?&m=all&articleID=b02g0812a "과라니"족은 "전사"라는 뜻으로 매우 공손하고 온순하지만 전쟁에서는 호전적인 종족이다. 17세기 파라과이 동부 파라나 강 주위에 예수회가 선교구를 세웠고, 그 후 30여 개의 대선교구가 설립될 정도였다. 그러나 1767년 예수회가 포르투칼에게 밀려난 후 이곳의 과라니족은 노예로, 땅은 몰수당했다.

will of salvation)과 연결되어 있다. 하나님은 인간의 문화와 상황에 제한받지 않으신 절대자이다. 그분의 절대적인 뜻에는 인류 구원의 거룩한 목적이 포함되어 있고, 그것은 인류에 대한 사랑으로 나타났으며, 그 사랑은 그리스도의 십자가의 죽으심으로 표현되었다. 그리고 사람들로 하여금 성령으로 그리스도를 주로 믿고 고백하게 하며, 기쁨으로 구원의 진리를 깨닫게 만든다(고전 12:3).

> 하나님은 모든 사람이 구원을 받으며 진리를 아는 데 이르기를 원하시느니라(딤전 2:4).
> 우리가 아직 죄인 되었을 때에 그리스도께서 우리를 위하여 죽으심으로 하나님께서 우리에게 대한 자기의 사랑을 확증하셨느니라(롬 5:8).
> 이는 우리 복음이 말로만 너희에게 이른 것이 아니라 오직 능력과 성령과 큰 확신으로 된 것이니 … 성령의 기쁨으로 도를 받아 우리와 주를 본받는 자 되었으니(살전 1:5~6).

이상의 하나님의 말씀은 인류 구원을 위한 절대적인 하나님의 거룩한 뜻이 그리스도의 십자가의 사랑과 성령의 능력으로 나타났음을 분명히 가르쳐 주고 있다. 이것이 바로 기독교 선교윤리의 신적인 근거이다. 또한, 요한일서 4장 8~13절에 보면, 하나님의 사랑은 독생자 예수 그리스도의 성육신과 화목제의 희생을 통해 표현되었고, 하나님은 성령을 통해 성도들에게 하나님의 사랑을 실천할 수 있도록 하셨다. 여기에 기독교 선교윤리의 실천 근거가 있다. 기독교 선교윤리는 삼위일체 하나님의 인류 구원의 거룩하신 뜻과 그리스도를 통한 사랑의 표현 그리고 성령의 확증케 하는 능력에서 출발하기 때문에 본질상 절대적(absolute)이고 이상적(ideal)인 것이다.

2) 기독교 선교윤리의 기준: 인류의 삶을 개선시키기 위해 전 세계적으로 합의된 보편적 가치체계(Universal Value System)

인간은 출생 이후 성장하게 되고 성장 이후 쇠퇴의 과정을 겪고 죽음에 이르게 된다. 이러한 인간의 삶의 과정에서 문화권마다 사람들이 살아가면서 서로 다른 삶의 방식을 가지고 있으나, 한편으로 인간의 공통적인 삶의 방식도 존재한다. 그것을 황금률(golden rules)이라고 하는데, 자기가 존중받고 대접받고 싶은 만큼 다른 사람도 존중하고 대접해야 한다는 점이다.

이러한 황금률을 따를 경우, 사람들은 자기가 처한 입장에서(his or her own standpoints) 이기적으로 생각하거나 판단하지 않고, 다른 사람의 입장에서 생각해 보고 타자를 이해하고 존중해 주는 이타적이고 윤리적인 가치체계를 가지게 된다.273)

기독교 선교윤리의 입장에서는 다른 사람의 입장에서 이해하고 존중해주는 '이타적 윤리'가 필요하다. 이것의 실천을 위해서는 '상호문화적 관점(intercultural perspectives)'이 요구되는데, 자신의 문화만 우월하다고 하는 '자문화중심주의(ethnocentrism)'에서 벗어날 때에 가능하다.274) 이것은 또한 '수용자 지향적(receptor oriented)' 태도를 요구하고, 자기중심성에서 벗어나 다른 사람들의 문화를 존중하고 그들의 삶의 방식(way of life)을 이해할 때에 가능하다.275)

그러나 기독교 선교에 있어서 타문화를 이해하고 현지사람들을 존중한다고 해서 무조건 타문화의 모든 것에 대하여 관용하고 이해하며 받아들이라는 것은 아니다. 현지 문화를 무비판적으로 받아들일 경우, 이교적 혼합주의에 빠질 수 있다. 남미의 로마 가톨릭의 경우 현지의 태양신이 성부로, 모성신이 성모로 둔갑하기도 한다. 현지의 사단적 마술이 기독교 의식에 스며들고, 성찬식이 마술적 절차로 오용되기도 한다.276) 현지 문화와 윤리가 우상숭배와 연결되는 경우 이것은 받아들여질 수 없는 것이다.

그러므로 기독교 선교윤리에 있어서 인류의 삶을 개선시키기 위해 전 세계적으로 합의된 '보편적 가치체계(universal value system)'는 우상숭배적인 요소가 있는가에 대하여 본질상 '절대적으로 거룩(성결)하신 하나님의 뜻(God's absolute holy will)'에 의해 평가되어야 한다.

3) 기독교 선교윤리의 기준: 특정 사회의 현실적인 문화상황에서 올바르다고 합의된 행동 규범(Consent Behavior Norms)

인간은 문화와 상황 속에서 살아가게 되는데, 그 사회에서 요구하는 올바른 행동 규범들이 있다. 이것들은 사회통합을 위하여 공동체의 구성원들에 의하여 합의된 가치 체계로서 그 사회의 세계관을 형성시키고, 후대에 교육을 통하여 계승되고 전달된다. 예를 들어 '옷 입는 규정(dress code)'을 살펴보자. 한 사람이 식당에 출입할 경우나 교회나 성전에 들어갈 경우,

---

273) Charles Kraft, 『기독교 문화 인류학』 안영권, 이대헌 역(서울: 기독교문서선교회, 2005), 842.
274) Carol R. Ember and Melvin Ember, *Cultural Anthropology* (Englewood Cliffs, NJ: Prentice Hall, 1993), 15-16.
275) Charles Kraft, *Christianity in Culture* (Maryknoll, NY: Orbis, 1991), 147-150.
276) Charles Kraft, 『기독교 문화 인류학』, 752.

혹은 운동할 때에 각각 입는 옷이 다르다. 주일예배에 스키복에 스노보드를 들고 나타난다면 문제가 될 것이다. 이와 같이 상황과 장소에 따라 그 문화 규정이나 관습이 다르므로, 특정 문화에서 요구하는 규범들을 준수할 필요가 있다.

만일, 특정 사회에서 학습되거나 동의된 규율이나 규범을 어느 한 사람이 위반했을 경우, 그것이 위법일 경우 정부나 공권력의 규제를 당하게 되고, 비공식적인 경우 특정인에 대한 부정적인 평가나 논리가 해당 공동체 내에 확산되게 된다. 사람들은 자신이 속한 집단에서 부정적인 평가를 받는 것을 두려워하기 때문에, '집단주의' 문화에서는 '수치심'을 느끼게 되거나, '개인주의' 문화의 경우 '죄책감'을 느끼게 된다.[277] 죄책감과 수치심은 특정 문화의 규율과 규범을 지키게 하는 데 중요한 역할을 하고 있다.

최근 문화인류학의 경향은 '모든 문화는 특정 구조 안에서 선하다'라고 주장하는 문화 상대주의(cultural relativism)로 가고 있는데, 그로 인해 특정 문화를 변혁시키려고 하는 기독교 선교가 위축되고 있는 실정이다.[278] 그러나 문화마다 고유한 것, 즉 특정 사회의 현실적인 문화상황에서 올바르다고 합의된 행동 규범(consent behavior norms)이 인류의 삶을 개선시키기 위해 전 세계적으로 합의된 '보편적 가치체계(universal value system)'와 부합되지 않는다면, 기독교 선교윤리에 적합한 기준이 될 수 없다. 또한 그것들이 본질상 '절대적으로 거룩(성결)하신 하나님의 뜻(God's absolute holy will)'을 거스를 경우, 기독교 선교윤리에 적합하지 않은 기준이 될 것이다. 만일, 그것들이 기독교 선교윤리에 어긋날 때에는 변혁되어야 한다고 본다.

위에서 언급하였던 과라니 족의 영아 살해의 경우, 특징 문화에서 용인되는 것이라 할지라도, 그것이 인류의 보편적인 가치체계인 '생명 존중과 인권보호'에 어긋나기 때문에 용납되어서는 안 된다. 또한 한 영혼을 천하보다 귀하게 보시는 하나님의 거룩한 구원 의지에 부합되지 않기에 기독교 선교윤리에서 받아들일 수 없다. 그러므로 기독교 선교윤리에서 과라니 족의 영아살해는 인정될 수 없다. 기독교 선교윤리는 특정 사회의 문화를 어떻게 잘 보존할 것인가에 관심을 갖지 않는다. 오히려 그 문화 구성원들에게 어떻게 하면 최선의 것을 제공할

---

277) Charles Kraft, 『기독교 문화 인류학』, 691–693. "수치심은 어느 한 사람이 공동체의 규율을 위반하여 그 위상을 저해하였을 때에, 그에 대하여 강력한 사회 통제를 통하여 겪게 되는 마음의 고통으로, 그에 대한 정체성에 대한 의문을 불러일으킨다. 극단의 수치심은 자신을 공동체로부터 축출과 이로 인해 자살을 유발하기도 한다. 수치심을 유발시키는 공식적 메커니즘에는 미국의 경우 '족쇄 채우기,' 에스키모 사회나 아프리카 캄웨족(Kamwe)의 경우에 '조롱하는 노래 부르기' 등이 있다. 죄책감은 규율이나 규범을 범했을 때에 자신의 내부에서 발생하는 일종의 비탄감으로 절대적인 도덕기준에서 비롯된다. 외부의 실제적인 강제적 압력과 앞으로 있을 압력에 대한 두려움에 의해 발생하는 수치심과는 달리, 죄책감은 인간의 내면 깊은 곳에 있는 양심과 관련되어 문화 속에서 내면화된 가치기준에 의해 발생한다."

278) Carol R. Ember and Melvin Ember, *Cultural Anthropology*, 14–15.

수 있는가 아니 그들이 최선의 것을 찾아 공유할 수 있는가에 대한 것이다.

2. 선교과정에서 의도되지 않은 사회윤리 파괴와 선교윤리의 필요성

기독교 선교가 타문화에 들어가 현지인들의 삶을 더욱 생명력 있게 하고 풍요롭게 하면 좋을 텐데, 선교의 현실은 그렇지 않았다. 기독교 선교에서 제시했던 삶의 기준들은 서구 문화의 윤리와 가치체계였고, 현지인들에게 맞지 않는 것이었다. 기독교 선교는 현지 문화를 있는 그대로 존중하고 그것을 토대로 변혁적인 기독교 세계관을 소개하여 사회를 통합하기 보다는, 기독교의 새로운 삶의 가치 기준을 여과 없이 강압적으로 현지인들에게 이식하였다. 그것은 곧 부작용을 일으켜 새롭게 이식된 기독교 가치체계는 현지인들의 통합된 삶의 가치체계를 파괴하고 사회통합을 저해하는 요인으로 되었다.

호주의 원주민인 요론트 족은 젊은이들이 노인을 공경하고, 서로 참고 도와주며, 삶의 여유와 상호 협력이 있는 건강한 종족이었다. 그런데 서구 사회에서 술과 향락문화가 이 종족에게까지 유입되었다. 그리고 선교사도 그리스도의 복음을 가지고 이 종족에게 들어가게 되었다. 그런데 서구 선교사의 눈에 비친 요론트 족의 젊은이들은 매우 게으르고 놀기 좋아하며 비능률적이었다. 왜냐하면 이들은 하루 종일 야자수 아래에서 일하지 않고 무리지어 놀고 있기 때문이었다. 선교사는 의아하게 생각했으나, 곧 이들이 연로한 촌장에게서 돌도끼를 빌리기 위해서 무리지어 기다리며 그 시간에 서로 재미있게 지내는 것임을 알게 되었다.

선교사는 곧 그 종족의 문제의 근원을 '촌장의 돌도끼 독점'으로 보고, 서구의 쇠도끼를 다량 수입하여 젊은이들에게 무상으로 나누어 주었다. 선교사는 날이 무딘 돌도끼보다 날카로운 쇠도끼가 그들의 삶을 더욱 풍요롭고 행복하게 만들 것이라고 생각했다. 젊은이들은 쇠도끼를 이용하여 전에 돌도끼를 빌리기 위해 기다리던 시간을 절약할 수 있을 것이고, 쇠도끼로 일을 더욱 빠르고 능률적으로 할 수 있을 것이라는 생각이었다. 그러나 선교사의 생각은 짧았다. 젊은이들은 쇠도끼로 일을 빨리 마치고, 그 남는 시간에 술집으로 달려가 향락에 빠지게 되었다. 그리고 결국에는 자신의 쇠도끼마저도 팔아 술로 탕진하고 말았다. 여성들은 술집의 접대부로 팔려갔고, 노인들은 더 이상 필요 없는 돌도끼만 소유한 채로 젊은이들에게 소외당하고 말았다.

결국 선교사의 쇠도끼는 요론트 족의 사회통합을 파괴하였다.[279] 선교사의 서구 가치체계인 '능률적인 시간활용'과 '근면함' 등의 가치가 요론트 족의 문화에 적합하게 적용되지 못하였다. 오히려 그것들이 요론트 족의 '일과 놀이'의 상관관계와 '노인과 젊은이'의 사회 통합적인 가치체계를 무너뜨려, 그 사회를 비인간적이고 삭막한 비윤리적 사회로 만들고 말았다.

기독교 선교가 타문화권의 사회를 통합시키기보다 그 사회를 비윤리적으로 만든 것은 선교사가 원한 결과가 아니었다. 일부다처의 결혼문화를 가진 인도네시아나 카메룬 등 동남아시아와 아프리카 지역에서 선교사들의 일부일처 문화의 보급 역시 현지 문화 통합을 저해하는 요소가 되었다.[280] 기독교로 개종한 일부다처에서 첩들은 쫓겨나게 되고, 그들은 가난에 허덕이다가 심지어 매춘부로 전락하기도 하였다.[281] 선교사가 현지 사회를 더 발전되고 진보된 사회로 만들려고 한 문화 변혁 의도는 오히려 사회통합을 저해하고 사회에 혼란을 가중시키는 것이 되었다. 그러므로 선교활동에 있어서 선교사의 의도되지 않은 사회 윤리 질서의 파괴는 선교윤리의 필요성에 대하여 다시 한 번 숙고하게 만드는 것이다.

3. 성결과 선교윤리의 정립

성결은 보통 '무엇으로부터 깨끗함'이라고 소극적으로 해석되었다. 이 해석에 따르면 성결은 죄로부터 정결(purity)이요, 온갖 부정한 것으로부터 성별(consecration)이며 모든 죄악으로부터의 분리(separation)를 의미한다. 또한 성결은 죄의 쓴 뿌리를 제거하는 것이고 정과 욕심을 십자가에 못 박는 것이다(갈 2:20, 5:24).

> 모든 사람으로 더불어 화평과 거룩함을 좇으라. 이것이 없이는 아무도 주를 보지 못하리라. 너희는 돌아보아 하나님의 은혜에 이르지 못하는 자가 있는가 두려워하고, 또 쓴 뿌리가 나서 괴롭게 하고, 많은 사람들이 이로 인하여 더러움을 입을까 두려워하고, … 저가 그 후에 축복을 받으려고 눈물을 흘리며 구하되 버린 바가 되어 회개할 기회를 얻지 못함이라(히 12:14~17).

---

279) Charles Kraft, 『기독교 문화 인류학』, 841.
280) 노윤식, 「일부다처 전통과 신앙의 딜레마」, 『성경에 선교가 있는가: 선교신학담론』 (서울: 한들출판사, 2005), 218-226.
281) Michael Griffiths, 『선교 사역에의 헌신』, 권행자 역(서울: 새순출판사, 1986), 36-37.

그리고 모든 세속적인 것들, '육신의 정욕과 안목의 정욕과 이생의 자랑'과 결별하고 하나님의 뜻을 위하여 헌신하는 삶을 '성결한 삶'이라고 부른다.

> 이 세상이나 세상에 있는 것들을 사랑하지 말라. 누구든지 세상을 사랑하면 아버지의 사랑이 그 속에 있지 아니하니, 이는 세상에 있는 모든 것이 육신의 정욕과 안목의 정욕과 이생의 자랑이니, 다 아버지께로 좇아 온 것이 아니요 세상으로 좇아 온 것이라. 이 세상도 그 정욕도 다 지나가되, 오직 하나님의 뜻을 행하는 이는 영원히 거하느니라(요일 2:15~17).

이러한 성결의 체험과 그로 인한 윤리적 삶의 변화는 20세기 초반 미국을 중심으로 하나의 성결운동(holiness movement)으로 확산되었다. 이 운동은 완전주의(perfectionism)의 형태로 알려졌으며, 이 세상의 삶에서 모든 죄로부터 완전히 자유(complete freedom from sin in this life)함을 목적으로 하였다.[282] 이 성결운동은 부흥운동(revivalism)과 더불어 전 세계적인 성결부흥운동으로 확산되었고, 곧 세계 선교를 향한 열정으로 이어졌는데, 당시 미국의 복음주의 학생연맹의 회장으로 후일 179개 민족과 나라에 복음을 전했던, 나사렛 교회의 전 세계 순회 선교사인 헬렌 무쉬안(C. H. Mooshian)의 경우 성결부흥운동을 세계 선교로 연결하였던 하나의 모범적인 예로 간주될 수 있다.[283]

그녀는 1924년 7월 나사렛교회 주최 천막집회에서 그리스도를 영접하였고 나사렛교회 신자가 되었다. 나사렛 교회에서 신앙생활을 하면서 신생 이후 신자의 온전한 헌신과 성결의 은혜인 성령세례를 받고, 모든 죄에서 해방되는 경험을 하였다. 그녀는 인기와 명성, 야심을 포기하였고, 순회 집회 선교사로서 세계를 순회하며 선교 사역에 헌신하였다. 그녀의 순회 집회의 특징은 거리전도 및 전도 집회를 인도하는 것인데, 성령인도와 하나님의 임재, 그리고 병 고침의 신유의 기도 사역을 하였다. 그리고 거리집회 후 전도회관 회집, 교도소, 소년원, 보건소, 병원 방문 등의 봉사활동도 함께하였다.[284]

그녀가 성령세례를 받은 이후 "이 세상에나 이 세상에 있는 것들을 사랑치 말라"(요일

---

282) Peter Williams, *Popular Religion: Symbolic Change and the Modernization Process in Historical Perspective* (Chicago: University of Illinois Press, 1989), 134.
283) Peter Williams, *Popular Religion: Symbolic Change and the Modernization Process in Historical Perspective*, 135. 성결부흥운동의 대표적인 인물은 뉴욕시의 Phoebe Palmer 여사로 성결 부흥(holiness revivals)과 천막집회(camp meetings)로 초교파적인 대중적 호응을 얻었다.
284) C. Helen Mooshian, 『하나님의 부르심을 받아』, 권명달 역(서울: 보이스사, 1977), 86~96. 1920년대 성결파 교인들은 이세상과 완전한 관계 단절을 통하여 분리된 생활 규범을 준수하였다. 무쉬안은 본래 유서 깊은 아르메니아 계통의 부모에게서 기독교 교육을 받았고, 미국 뉴잉글랜드에 이민하였을 때에 부모와 함께 회중교회에 다녔다.

2:15)는 말씀과 "세상과 벗된 것이 하나님과 원수"(약 4:14)라는 말씀대로 실천하였는데, 그 첫 번째 일이 "신앙생활에 도움이 되지 않는 보석이나 화장품 그리고 책자들을 봉지에 넣어 하수구에 던진 일"이었다.[285] 무쉬안의 회고록을 읽어 보면 당시 1920년대 성결파의 행동규범이 나오는데, 그것은 흡연금지, 금주, '화장품과 보석 그리고 단발머리'는 매춘부와 연결되므로 교양 있는 여자들은 그런 일에 빠지지 않는 것 등이다. 특히 '얼굴 화장'은 성경의 여인 중 이세벨만이 유일하게 했다는 것이다. 곧, 구약 열왕기하 9장 30~33절에 보면, "이세벨이 듣고 눈을 그리고 머리를 꾸미고 창에서 바라보다가" 창밖으로 내던져져 피가 터져 죽는 장면이 나온다. 1920년대 얼굴 화장은 이세벨과 연결되어 화장하는 것이 하나님 앞에 떳떳하지 않은 것으로 여겨졌고, 점차 전 세계 성결파 교회들의 행동 규범이 되었다.

이와 같이 성결교회의 특색은 무엇을 안 먹고 안 입고 안하는 소극적이며 부정적인 인식이 강했던 것이 사실이다. 이러한 소극적 성결은 개인윤리적인 측면이 강했다. 성결파 복음주의 교회들은 개인의 영적인 변화에 주 관심을 두었지, 가난한 사람들이나 노숙자들 그리고 외국인들의 인권에 대해서는 별반 관심을 가지지 않았다. 하나님의 사랑은 주로 영혼 구원에 집중되었고 현실의 상황 속에서 사회 윤리는 등한시되었다. 보수적인 성결파 교회들은 자유주의자들이 주로 강조하는 그리스도의 인성보다는 신성을 강조하였다. 이는 자신들이 "자유주의자들과 연계가 될까 두려워서"일 것이고, 결과적으로 자유주의자라는 낙인이 찍히는 것을 피하고 싶은 이유도 있을 것이다.[286] 그러나 성결의 사회적 측면을 강조하여 사회윤리를 주장한다고 해서 자유주의자가 되는 것은 아니다. 오히려 성결을 사회 윤리적 측면에서 적극적으로 해석하여 '선교를 위한 윤리', 즉 공동체적인 선교윤리의 정립을 위해 성경적 원리를 찾아 적용하는 것이야말로 진정한 '성경적 보수'가 되는 길일 것이다.

공동체적인 선교윤리는 사회윤리적인 '관계'라는 측면에서 해석할 수 있다. 하나님과 사람과의 관계에서 '성결'이 필요하다면, 사람과 사람들 사이의 관계, 즉 사회와 교회의 공동체 생활에서도 '성결'의 사회윤리가 필요하다. 여기에서 성결은 '관계의 성실함'으로 해석될 수 있다.[287] 하나님과 사람들에게 마땅히 해야 할 도리와 윤리가 있다. 그러나 이러한 것을 행하

---

285) C. Helen Mooshian, 『하나님의 부르심을 받아』, 47~53.
286) James M. Phillips and Robert T. Coote eds. 『선교신학의 21세기 동향』, 한국복음주의신학회 선교분과회 편역(서울: 이레서원, 2001), 439~442.
287) J. G. McConville, 「God's Aim, A Holy People」, 『제3회 영암국제학술세미나 자료집』, 성결대학교 영암신학연구소, 2002년 10월 2일, 34~49.

지 않고, 합당한 관계에 불성실하게 되면, 하나님과 관계된 모든 사람들은 상처와 고통을 당하게 된다.

선교윤리에서 서구선교사들이 전해주었던 개인윤리는 술, 담배, 향락을 금하는 '지나친 결벽주의'와 연결되어 있었다. 이러한 서구 가치관에 의한 개인윤리체계는 선교 현지 사람들의 공감대를 얻어낼 수가 없었다. 현지인들에게 양심에 찔리는 죄는 무엇을 먹고, 안 먹는 문제가 아니라, 자신의 주변 이웃과 친지, 친구들과의 관계가 단절되는 문제인 것이다. 상대방의 호의를 거절하는 것과 어울리지 못하는 것, 인간관계를 단절하고 가족의 웃어른이나 선배의 권유에 응하지 못하는 것은 현지 문화에서 양심에 거리끼는 죄인 것이다.[288]

기독교 선교가 '지나친 결벽주의' 개인윤리로 인하여, 현지 기독교인들을 사회적 인간관계로부터 고립시켰는데, 기독교인의 행동양식(behavior code)은 대부분 사회생활을 하는 사람들에게 인간관계를 포기하라고 강요하는 것과 다름없었다. 선교윤리에서 성결을 적용할 때에 '관계'로서 해석하는 것은 바로 이러한 이유 때문이다. 하나님의 나라는 먹는 것과 마시는 것이 아니라 오직 성령 안에서 의와 평강과 희락이기 때문이다(롬 14:17).

하나님은 계약 관계를 통하여 인간과 만나시고, 관계에 기초하여 일하시는 분이시다. 그분은 계약과 율례를 성실하게 지키기를 원하시며, 그것은 계약관계의 성실성에 기반을 두고 있다.[289] 그러므로 하나님과의 계약관계를 성결의 윤리로 지켜나가야 할 것이며, 혹 범죄하여 그 관계가 끊어지더라도, 그 관계를 성결의 윤리로 다시 회복해야 할 것이다.

4. 성결, 풍성한 생명을 위한 기독교 선교 윤리

기독교 선교는 타문화권에서 그리스도의 복음을 그 문화에 적합하게 해석하고 전달하여, 복음에 응답하는 주님의 제자들을 불러 모아, 교회를 설립하고 성장시키며 하나님의 나라를 확장시키는 전 과정을 말한다. 기독교 선교의 핵심은 복음의 타문화적 해석과 그것을 그들의 삶과 문화에 적용시켜 하나님의 백성으로 행복하게 살아가게 하는 일이다. 이러한 타문화권

---

288) 노윤식, 『성경에 선교가 있는가: 선교신학 담론』, 263-264.
289) Charles Kraft, 『기독교 문화 인류학』, 684-685.

선교 활동에서 기독교 선교는 현지인들의 삶을 더욱 생명력 있고 풍요롭게 만들 책임이 있다. "내가 온 것은 양으로 생명을 얻게 하고 더 풍성히 얻게 하려 함이라"(요 10:10)는 주님의 말씀대로, 기독교 선교는 현지 문화를 풍요롭게 만들 책임이 있다. 인간의 문화는 공동체의 행복한 삶을 위하여 합의되고 전수되는 가치체계의 총체이기 때문에, 기독교 선교는 현지 문화를 존중하고 그 통합되고 합의된 가치체계를 존중하며, 그것을 하나님의 문화로 풍성하게 변혁시켜야 한다. 이 책임성이 바로 선교윤리의 근간이다. 선교윤리는 선교지의 문화를 무시하거나 초월하지 않고, 오히려 선교지의 문화를 하나님의 풍성한 생명을 누릴 수 있도록 변혁시키는 것이다. 그 변혁의 중심에 바로 성결이 있다.

그런데 성결은 인간의 세속적 문화와 반대되는 개념으로 이해되어 왔고, 인간의 삶을 숨막히게 하고 답답하게 만드는 인간 행동의 통제와 잣대로 평가되어 왔다. 성결은 죄가 없는 무죄상태요, 혹자들은 성결교회가 마치 인간적인 약점이나 죄가 없이 깨끗한 사람들만 가는 곳이라고 오해해 왔다. 이는 공기 중에 기생하는 모든 박테리아가 없는 무균질의 상태를 성결로 오해하고 있는 것이다. 하루빨리 성결에 대한 이러한 오해를 풀어나가야 한다.

성결은 무죄한 것이 아니요, 성결교회는 면역력을 상실한 병자들만 가는 죄와 상관없는 교회도 아니다. 마치 무균질의 공간이 백혈병 병동인 것처럼, 성결교회는 무균질 교회로 여겨져서는 안 된다. 성결교회는 죄 없이 살아야만 하는 사람들이 모이는 곳이 아니다. 만일, 성결이 죄가 없는 무균질의 상태라면, 성결교회는 면역이 떨어진 병약한 사람들만이 가야 하는 집합소가 될 수밖에 없을 것이다.

성결은 '무균'의 상태가 아니라 '온전함'의 건강한 상태를 말한다. 성결은 죄가 없는 무죄한 상태가 아니라, 죄를 이기고 극복할 수 있는 깨끗함이다. 죄가 들어와도 그것을 극복할 수 있는 면역체계가 왕성히 활동하고 있는 곳이 바로 성결의 자리이다. 이런 점에서 성결교회는 죄를 이길 수 있는 건강한 사람들이 모이는 곳이 되어야 한다.

성결하여 건강한 사람들은 성결함의 윤리적 실천을 통하여 파괴되고 타락한 인간의 문화를 하나님의 사랑으로 회복시키고 더욱 건강하게 만들 수 있다. 이것이 바로 성결의 선교윤리이다. 성결은 결코 사람을 옴짝달싹하지 못하게 옭아매는 율법적 권위주의가 아니라, 살아 숨쉬며 관계하며 행복하게 살아가는 '온전하며 건강한 삶'이고, 선교로 실천되어야 하는 윤리인 것이다.

제12장 포스트모던 시대의 성결의 영성과 선교 교육

미국 선교학회(American Society of Missiology)는 선교학 교재를 정기적으로 발간하고 있다. 이 학회는 21세기를 맞이하여 선교 교육의 중요성을 예감하면서 최근 『21세기를 위한 선교 교육』이라는 선교학 교재를 발간하였다.[290] 이 책에서는 선교 교육에 대하여 역사적인 고찰과 각 교단적인 배경 그리고 실제적인 각 대륙 간 선교 현장에서의 선교 교육을 다루었다. 특별히 다종교 및 다원화 시대, 정보통신 사회, 도시화 현상, 남북 세계의 경제 불균형, 대륙 간 토착 교회의 형성 등의 선교 상황에서 바람직한 선교 교육의 방향성이 무엇인가에 대하여 이 책은 심도 깊게 모색하고 있다.[291] 대체적으로 의견이 모아지는 것은 선교 교육은 이론보다는 실천적인 방향으로, 성서에 기반을 두되 좀 더 현장의 상황을 민감하게 포착할 수 있는 방향으로, 그리고 영성에 뿌리를 두되 실제적인 선교 현장에 적용할 수 있는 통합적이고 구체적인 방법론을 찾는 방향으로 나아가고 있다.[292]

선교학자 찰스 엥겐(Charles van Engen)은 결론적으로 선교 교육에 대하여 일곱 가지 방향성을 제시하였다.[293] 그것들은 다음과 같다: (1) 하나님의 선교에 대한 성서적 그리고 신학적 고찰, (2) 하나님의 세계에 대한 상황적 분석, (3) 하나님의 백성으로서 교회의 상황 속 선교 실천과 반성, (4) 교회 성장의 실천과 결과에 대한 이해, (5) 통전적 영성 형성과 통찰력, (6) 통합적 종합을 위한 방법과 관계적 기술력, (7) 선교 실천 등이다. 엥겐 교수의 선교 교육의 방향성은 선교 교육에 꼭 필요한 요소들을 포괄하는 폭넓은 포괄성을 가지고 있다는 데에 그

---

290) J. Dudley Woodberry, Charles van Engen, and Edgar J. Elliston eds. *Missiological Education for the 21st Century* (Maryknoll, NY: Orbis Books, 1996).
291) *Ibid.*, 93-123.
292) *Ibid.*, 116-119, 126-127, 155-158.
293) Charles van Engen, "Specialization/Integration in Mission Education," In *Missiological Education for the 21st Century*, J. Dudley Woodberry, Charles van Engen, and Edgar J. Elliston eds. (Maryknoll, NY: Orbis Books, 1996), 225-228.

장점이 있다. 그의 제안은 선교에 있어서 중요한 영역을 차지하는 세 분야인 하나님과 교회와 세상에 대하여 어느 하나도 소외시키지 않고 통전적인 접근을 하고 있다. 그러나 그의 제안에서 놓쳐서는 안 되는 부분이 있다. 그것은 통전적 영성 형성과 통찰력(spiritual formation and insight) 부분이다.[294] 이 부분은 기술상 다섯 번째에 위치하고 있어 그 중요성이 덜한 것 같아 보인다. 그러나 그것을 원으로 그려 보면 그 중요성에 있어서 가장 중심에 있음을 파악할 수 있다. 통전적 영성과 통찰력은 원의 중심에 위치하고 있어서 선교의 주체이신 하나님, 선교 공동체인 교회, 그리고 선교 대상인 세상을 연결시키는 역할을 한다. 그리고 그것은 선교 기술력과 선교 행동을 또한 연결할 수 있다. 그러므로 영성 형성에 대한 주제는 선교 교육에 있어서 매우 중요한 주제임을 알 수 있다.

본 장에서는 21세기 선교 교육에 있어서 이처럼 중요한 위치를 차지하고 있는 영성에 대하여 예수 그리스도의 가르침에 근거하여 먼저 고찰해 보고자 한다. 그 결과로 영성은 그리스도의 가르침대로 성결의 영성임을 밝히려고 한다. 그리고 그것을 문화의 관점에서 선교학적으로 해석해 보고자 한다. 그 해석의 결과는 성결의 영성이 문화적 상황 안에서 선교 실천으로 행동될 때에 참된 영성이 될 수 있다는 점이다. 마지막으로 본 글에서 성결의 영성을 선교 교육에 적용하여 선교 사역에 있어서 영성 교육의 중요성을 재확인하고자 한다.

1. 성결의 영성과 선교 실천의 필요성

1) 영성 형성(Spiritual Formation): 성결의 영성의 회복

예수께서 공생애를 시작하시면서 "회개하라 천국이 가까이 왔느니라" 선포하셨다(마 5:17). 천국 선포 사역은 이미 세례 요한에 의하여 시작되었다. 세례 요한은 천국이 외부의 세계에 있는 것이 아니라 인간 내부에 성령으로 임하는 것임을 최초로 언급한 선지자였다. 그래서 예수께서 세례 요한을 높이 평가했다. 그러나 바리새인들을 비롯한 종교 지도자들은 종교의 외형을 중시하기 때문에 인간 마음의 변화에 대하여 깨닫지 못하였다. 바리새인들은 돈을 좋아했고, 바리새인의 기도는 하나님 앞에 죄를 회개하고 천국을 소유하는 세리의 기도가 아니

---

294) 통전적 영성 형성은 영성의 신비적 요소, 사회적 요소, 실천적 요소 모두를 포함하는 선교적 영성을 말한다.

라, 종교 행위의 완전함을 드러내는 자기 과시형 기도였다(눅 16:14, 18:9~14). 이러한 종교의 외형적인 완전함은 천국을 경험하지 못하게 했다. 참된 생명으로 표현되는 천국은 언제나 교만한 생각과 자기중심적 가치관을 버릴 때에 성령으로 임하게 되기 때문이었다. 성령을 통한 인간 내부의 변화 곧 영성 형성은 그리스도의 주요 메시지였다.

그럼 인간 내부에 성령으로 임하는 천국 곧 하나님 나라의 본질은 무엇인가? 그것은 성결의 영성의 가장 근본적인 맥락과 연결된다. 성결은 인간의 외형적인 변화보다는 내부적인 심령의 변화를 의미하기 때문이다.[295] 예수 그리스도의 가르침에 따르면, 성결의 영성은 성령의 역사로 말미암아 일어나는 인간 내부의 변화이다. 그것은 인간의 영혼이 거듭나는 것이고, 그리스도와 함께 성결하게 사는 것이다. 성결의 영성은 정욕 때문에 세상에서 썩어질 것을 피하여 신의 성품에 참여하는 것이다(벧후 1:4). 성결하지 아니하고 범죄하는 자들은 하나님을 볼 수 없고 알 수 없다(요일 3:6). 성결의 영성은 성령을 통해서 하나님의 나라를 경험하고 소유하는 신앙 체험인 것이다.

성결의 영성은 천국을 소유하는 것과 매우 연관이 깊다. 우선, 예수께서는 천국이 성령을 통해서 인간 내부에 이루어지는 하나님의 나라임을 가르치셨다. 요한복음 3장 3절과 5절에 예수께서 말씀하시기를, 사람이 물과 성령으로 거듭나지 아니하면 하나님 나라를 볼 수도 없고 들어갈 수도 없다고 하셨다. 마가복음 10장 14~15절에 어린아이와 같이 순수하게 믿고 의지하는 자만이 하나님 나라를 소유할 수 있다고 했다. 예수께서 마가복음 9장 1절에서 제자들에게 하나님의 나라가 권능으로 임하는 것을 경험하리라 말씀하셨는데, 베드로와 야고보 그리고 요한은 변화산상에서 그리스도의 변화된 모습을 경험하였고 그리스도와 함께 장막을 치고 살고 싶다고 하였다(막 9:2~8).

성결의 영성에 있어서 성령의 역할은 매우 중요하다. 성령은 하나님으로부터 비롯된 하나님의 영으로 모든 것의 근본이다. 그 성령은 우주 만물이 창조될 때에 하나님과 함께하셨고, 인간에게 하나님의 숨으로 임하여 참된 생명인 영혼을 창조하셨다(창 1:1~2, 2:7). 태초의 무한한 우주 공간에서 생명이 시작될 때에 성령은 생명의 원천으로서 만물을 충만하게 하셨고, 인간 안에 영원한 생명으로서 임재하셨다. 인간은 부모의 정혈을 받아 육신이 되었지만, 어머니의 태중에 있기 전에 아니 창세 전에 하나님은 인간을 그의 자녀로 택하시고 그 앞에 거룩

---

295) 이성주, 『사중복음』(안양: 성결교신학교출판부, 1988), 70-75.

하고 흠이 없게 하셨다(엡 1:4~5). 하나님의 성령은 지금도 사람의 영혼 안에서 참된 생명의 분여자로 함께하신다.

하나님은 만물을 창조하셨지만 우리는 그분을 볼 수도 없고, 알 수도 없다. 하나님을 알 수 있는 유일한 길은 예수 그리스도이다. 예수 그리스도는 길이요, 진리요, 생명이시기 때문이다(요 14:6). 예수께서 하나님을 알 수 있는 방법을 비유로 말씀하셨다. 씨 뿌리는 사람이 씨를 뿌리듯이 하나님도 사람들의 마음속에 예수님을 통하여 천국의 말씀의 씨앗을 뿌리셨다(마 13:1~9, 18~23). 천국의 말씀은 사람들에게 하나님의 성령이 참된 생명, 영원한 생명으로 임하신다는 것이다. 이 성령은 사람들이 회개할 때에 사람들의 영혼을 거듭나게 하시고 참 생명을 수여하신다 (요 3:3; 행 2:38). 성령을 통해 얻는 참 생명을 보전하느냐 상실하느냐는 각 사람에게 달려 있다. 좋은 땅에 떨어진 성령의 씨앗은 잘 자라겠지만, 척박한 땅에 떨어진 씨앗은 죽고 말 것이다. 재물의 유혹과 세상의 염려, 환난이나 박해, 그리고 마음의 상처로 인한 굳은 마음은 길가나 돌짝 밭 그리고 가시떨기 밭이다. 성령이 사람의 영혼에 임하여 좋은 땅이 되어야 한다.

에스겔 36장 26절에 "또 새 영을 너희 속에 두고 새 마음을 너희에게 주되 너희 육신에서 굳은 마음을 제거하고 부드러운 마음을 줄 것이며 또 내 신[성령]을 너희 속에 두어 너희로 내 율례를 행하게 하리니 너희가 내 규례를 지켜 행할지라"라고 하나님이 말씀했다. 성령이 인간의 참된 생명의 근본이요, 원천임을 깨닫고, 그 성령을 삶의 근본으로 삼고 높이며 성령으로서 살아갈 때에 인간은 참되고 영원한 생명을 얻게 된다. 인간은 그 안에 거하시는 영원한 성령의 생명을 소중하게 생각하면서 그것을 잃지 않도록 육신에 따라 살지 말고 성령으로 살아가야 한다.

예수 그리스도의 가르침에 따르면, 성령을 통하여 하나님으로부터 온 인간의 참된 생명은 사랑으로 표현되어야 한다. 이것이 하나님의 뜻이다. 빛 가운데 있다 하면서 그 형제를 미워하는 자는 어둠에 있는 자이다(요일 1:9). 하나님은 독생자 예수 그리스도를 화목제물로 세상에 보내사 인류를 구원하셨다(요일 4:9~10). 여기에 하나님의 사랑이 나타났고, 그 사랑을 실천하는 것이 하나님의 사랑을 온전히 이루는 것이다. 하나님은 사랑이시고, 그 안에 거하는 자는 하나님 안에 거하고 하나님도 그의 안에 거하는 온전한 성결의 영성을 이룩할 수 있다 (요일 4:16). 성결의 영성은 온전한 사랑으로 실천되어야 한다는 말이다. 그러므로 온전한 사랑은 성결의 영성의 또 다른 표현이다. 앨리스 워커(Alice Walker)는 영성의 핵심은 사랑이라고 주장했다.296) 요한 웨슬레는 그리스도인의 완전 곧 성결의 은혜가 온전한 사랑으로 충만한 것이라고 주장하였다.297) 사랑 안에는 두려움이 없고 온전한 사랑이 두려움을 내쫓는다. 성결의 영성을 소유한 사람은 반드시 하나님의 사랑 안에서 세상에서 죽어가는 형제자매를 사랑하고 그들을 살리기 위하여 선교로 실천하여야 한다. 하나님은 사랑이시고 성결의 영성이 온전한 사랑임을 깨달을 때에 성결의 영성은 선교로 실천될 수 있다. 성령으로 참된 생명을 얻은 사람들은 하나님의 사랑을 깨달았기에, 세속적인 사람들처럼 다른 사람들을 더 낫거나 더 못하다고 평가하지 않을뿐더러 다른 사람들의 생명을 살리는 선교 사역을 할 수 있다. 여기에서 성결의 영성과 선교 실천과의 연결점을 발견할 수 있다.

2) 성결의 영성과 선교 실천

성결의 영성 곧 인간의 내부에 이루어지는 성령의 역사로서 참된 생명을 받은 자들은 성결의 영성을 선교로 실천해야 한다. 실천하지 않는 영성은 잘못된 것이다. 성결의 실천가 중의 한 사람인 존 라일(J. C. Ryle)은 성결의 영성이 실제적인 삶 속에서 실천되어야 함을 역설하였다. 그는 성결의 영성에서 빠지기 쉬운 함정이 신비적인 영적 변화만을 추구하는 것과 죄 없이 고고하게 살려고 하는 경향성이라고 지적하며 그것들을 조심스럽게 비판하였다.298) 그는 성결이란 은둔하는 영성이 아니라, 세상에 나가서 빛과 소금의 현존을 통하여 죄를 극복하며, 생활의 변화를 통해 행동하는 믿음을 실천하는 실천적 성결(practical holiness)임을 주창하였다.299) 성결의 영성은 하나님이 인간에게 성령을 통하여 참된 생명을 주신 목적인 하나님을 한마음으로 섬기기 위한 것이다.300)

성결의 영성은 그 자체가 목적이 아니다. 그것의 목적은 자신의 뜻을 행하는 데 있지 않고 하나님 아버지의 뜻을 행하는 데 있다. 그래서 사중복음의 주창자인 앨버트 심슨(A. B. Simpson)은 성결의 영성을 죄로부터 분리되는 것뿐만 아니라 동시에 하나님께 대한 헌신과 성령으로 충만하여 선교 실천을 행동하는 것과 연결시키고 있다.301) 물론, 성결의 영성에서

---

296) Allice Walker, 「세계 지성과의 대화」, 『당대 비평』 27, 2004년 가을호, 28.
297) John Wesley, "An Earnest Appeal to Men of Reason and Religion," *Works* 11:45-68.
298) J. C. Ryle, *Holiness* (Durham, England: Evangelical Press, 1991), xvii-xxvi.
299) *Ibid.*, 34-35.
300) *Ibid.*

가장 기본적인 것은 신비로운 하나님의 성결(divine holiness)의 은혜를 인간이 경험하고 소유하는 것이다. 칭의가 하나님과 평화(peace with God) 관계를 이룩하는 것이라면, 성결은 하나님의 평강(peace of God)을 소유하는 것이다.[302] 그러나 성결의 영성이 이 차원에서만 머무르면 안 된다, 성결의 영성은 선교로 실천되어야 한다. 성결의 영성을 회복한 인간은 참된 생명을 주신 하나님의 뜻대로 실천해야 한다. 그것이 곧 선교이다. 선교란 사람들이 생명을 얻되 풍성한 생명을 얻도록 도와주는 것이다(요 10:10).

성결의 영성을 소유한 참된 생명은 선교 실천을 통하여 자신이 죽어 다시 살아 풍성한 열매를 맺는다. 참된 생명은 소금이 자신을 녹여 맛을 내듯이, 등잔불이 기름을 태워 빛을 발하듯이, 육체의 희생과 봉사를 통해 성령의 생명의 법을 선교로 실천해야 한다. 만일 사람들이 스스로를 생명의 완전한 주인으로 생각하고 육신의 즐거움을 위해 살아간다면, 그것은 성령을 따라 사는 것이 아니라 육체를 따라 사는 것이다. 예수께서 포도원 농부의 비유로 이것을 설명하셨다. 포도 열매를 돌려준다는 조건으로 포도원을 임차한 농부들이 포도원을 자기 것으로 만들기 위하여 주인의 종들과 아들까지 살해한다는 비유이다(마 21:33~46). 이것은 마치 생명을 하나님 아버지로부터 분여받은 인간이 그것의 주인이신 하나님을 반역하여, 생명을 자기 것이라 주장하고 육체의 소욕대로 사는 것을 의미한다. 갈라디아서 5장 16절 이하에 보면, 육체의 소욕은 성령을 거스르고, "음행과 더러운 것과 호색과 우상숭배와 주술과 원수 맺는 것과 분쟁과 시기와 분냄과 당 짓는 것과 분열함과 이단과 투기와 술 취함과 방탕함"에 빠지게 한다. 이러한 자들은 육체를 위하여 심는 자로서 육체로부터 썩어질 것을 거둘 뿐 하나님의 나라를 유업으로 받지 못한다(갈 6:8). 반면에, 성령을 통해 하나님의 참된 생명을 가진 자는 성령을 따라 행하며, 선교로 실천하여 "사랑과 희락과 화평과 오래 참음과 자비와 양선과 충성과 온유와 절제"의 성령의 열매를 맺어 하나님께 드리게 된다(갈 5:22~23). 이렇게 성령을 위하여 심는 자는 성령으로부터 영생을 거두게 된다(갈 6:8).

요한복음 14장에서 17장까지 나타나는 예수 그리스도의 성령에 대한 강화를 살펴보면, 성결의 영성과 선교 실천이 서로 긴밀하게 연결되어 있음을 찾아볼 수 있다. 예수께서 제자들에게 보혜사 성령에 대하여 가르쳐 주셨다. 성령은 진리의 영이고 주의 제자들과 함께 거하시며

---

301) A. B. Simpson, *The Best of A. B. Simpson*, compiled by Keith M. Bailey (Camp Hill, PA: Christian Publication, 1987), 51–56.

302) *Ibid.*, 49–50.

그들의 마음속에서 역사하시는 영이시다. 성령은 하나님이 모든 것의 근본이라는 진리를 드러내게 하시고, 성령의 생명을 통해 모든 사람들을 하나님과 하나 되도록 역사하신다. 예수께서 승천하실 때에 그리스도의 성령을 제자들에게 보내실 것이다. 성령은 예수 그리스도의 가르침을 생각나게 하고 가르치실 것이다. 성령은 거룩한 영이라 죄에 대하여 의에 대하여 세상에 대하여 심판하실 것이다(요 16:8). 그리고 성령은 그리스도의 제자들을 진리로 거룩하게 하사 악에 빠지지 않게 보전하시고 하나님의 사랑을 세상에 알리는 선교 사명을 완수하실 것이다(요 18:23). 예수 그리스도는 성령을 통하여 세상 만민을 구원하시는 선교의 사명을 완성하셨고, 그의 제자들에게 성령을 통한 선교의 사명을 부여하셨다. 예수 그리스도의 제자들은 성령의 힘을 의지하여 세상 사람들에게 영생의 복음을 전해야 하며 아버지 하나님의 이름을 세상 중에서 영화롭게 해야 했다(요 17:9~26).

제자들은 때로는 세상의 유혹과 박해를 받아 고통을 받게 되겠지만, 그들은 성령의 생명이 모든 것의 근본이라는 진리를 사람들에게 전해야 한다. 그리고 사람들은 자신들 모두가 무한한 생명의 근원에서 비롯되었으며 그들 모두가 하나라는 사실을 깨달아야 한다. 하나님의 성령의 생명을 받은 사람들은 그 생명을 육신의 뜻대로 사용할 것이 아니라, 아버지의 뜻대로 세상을 그리스도의 사랑으로 섬겨야 한다(요 17:15~26). 세상을 사랑으로 섬겨야 한다는 의미는 세상에 속해야 한다는 의미가 아니다. 그리스도의 제자들은 세상에 살지만 세상에 속한 사람들이 아니다. 제자들은 세상과 짝하여 살면 안 되고 세상의 악에 빠져서는 더욱 안 된다. 제자들은 멸망으로 달려가는 세상 사람들을 구해내야 할 선교의 사명이 있다. 이 사명을 감당하기 위하여 성령의 힘에 의지해야 하고 성령으로 거룩해져야 한다(요 17:14~17). 성결의 영성과 선교 실천은 이와 같이 긴밀하게 연결되어 있다.

2. 성결의 영성과 선교 실천을 위한 주의점과 제안

1) 성결의 영성과 선교 실천에 있어서 문화적 죄의 문제

그러면 성결의 영성을 선교로 실천한다는 것은 구체적으로 무엇을 의미하는가? 성결의 영성을 강조한다고 해서 그것이 결코 도덕이나 윤리에 머무르는 일과 동일시 되어서는 안 된다. 성결의 영성을 실천한다는 것은 도덕 교사나 윤리 선생이 되라는 말이 아니다. 물론 기독교 선교에 있어서 도덕과 윤리는 매우 중요한 실천 덕목이다. 그러나 각 사회와 문화마다 사회 통합을 위해 만들어 놓은 것이 도덕과 윤리이기 때문에 그것으로부터 소외되는 사람들이 자연적으로 발생한다. 이들은 사회와 문화로부터 소외된 변두리 사람들로서 진정 기독교의 진리가 필요한 사람들이다. 이들에게 도덕과 윤리는 풍성한 삶을 누리도록 하는 것과 더 이상 관계가 없는 거추장스러운 것이고, 자신들을 더욱 비참하게 만드는 사회적 편견의 굴레로서 존재할 뿐이다. 본래 인간답게 살고자 만들어진 도덕과 윤리가 비인간화의 도구로 사용되는 경우가 비일비재하다.

예수 그리스도는 사회 문화의 중심에 있는 바리새인들이나 사두개인 그리고 제사장과 서기관들 소위 "사회 문화적 의인"들을 위해 오시지 않으시고 그들과 함께하지 않으셨다. 오히려, 유대 문화의 변두리 나사렛에 오셔서 변방 갈릴리에서 사회 문화적으로 소외받는 '땅의 사람들(암하레츠)'과 함께 하나님 나라의 선교 사역을 실천하셨다. 예수 그리스도에게 있어서 기존의 도덕과 윤리는 진정 기득권층을 옹호해주는 수단이 아니라 하나님의 나라를 위해 본래의 정신을 회복해야 할 개혁의 대상이었다.

성결의 영성을 선교로 실천해야 할 경우에는 문화의 관점에서 선교학적으로 죄에 대하여 고찰한 후에 실행하여야 한다. 성결의 영성을 선교로 실천하는 사람들은 대부분 교사로서 예인자적인 역할을 할 것이다. 말씀을 대언하고 가르치는 사로서 선교사는 하나님의 입상에서 하나님의 종의 정체성을 가지고, 비도적적이요, 비윤리적으로 사는 그의 백성들에게 죄를 회개하고 하나님 앞으로 돌아올 것을 촉구할 것이다. 그런데 문제는 현지 사람들의 죄에 대한 것이다. 선교사의 죄에 대한 판단은 그것이 성서적이고 객관적이라고 할지라도 그것은 이미 선교사의 문화와 습관에 따라 잘못된 것이라고 판단된 것일 경우가 많다.[303] 사람들에게 죄를 회개하라고 촉구하면, 듣는 현지인들은 그 외침에 반응하지 않는다. 선교사의 죄에 대한 판단과 성결의 요구는 현지인들의 마음에 와 닿지 않는다. 그것은 그저 선교사가 성경적인 이상론을 전달하는 것으로 본다. 그리고 선교사 앞에서만 그저 아멘 하는 것이다. 그리고 사람들은 그 말씀이 선교사나 신앙이 좋은 분들이나 지키는 것이지, 자신들같이 땅에 발 붙이고

---

303) 한국복음주의선교신학회, 『선교를 위한 문화인류학』 (서울: 이레서원, 2001), 140-141.

현실에 치여 살아가는 사람들에게는 결코 어울리지 않는 것이라 판단한다. 그들은 생활을 결코 바꾸지 않는다. 사람들은 하나님의 말씀을 일주일간 실천하며 살기보다는 주일날 말씀을 하루 듣는 것으로 신앙 생활한다.

왜 이러한 일이 발생하는 것일까? 하나님의 말씀을 전달하는 가르침과 메시지가 왜 세상 사람들이 싸울 때 막 얘기하듯, "나에게 설교하지 마라! 나도 다 알고 있다"는 식의 '현실과 무관하여 실천 불가능한 윤리적 이상론'에 그치고 마는 것일까? 선교사는 전문적인 신학 훈련과 경건 훈련을 거친 영적인(spiritual) 지도자로서, 자신이 사람들을 훈련하여 참된 주님의 제자가 되도록 할 사명이 있다고 생각한다. 그러나 사람들은 자신의 가르침에 반응이 없고, 말씀을 들은 후에도 삶의 변화가 전혀 나타나지 않는다. 그래서 선교사는 하나님으로부터 받은 말씀의 선포자라는 자신의 소명까지 의심하게 된다.

실제적으로 선교사가 자신이 신학교에서 배워 왔고 생각해 왔던 것들을 가르칠 경우, 대부분 그것이 성경에서 비롯되기보다는 많은 부분 서구 신학의 결과물과 세계관을 전하는 경우가 많이 있다. 즉, 많이 모이는 것이 좋은 것이라는 지나친 교회성장주의, 모든 것이 효과적으로 되어야 한다는 효율주의, 깨끗한 것이 좋은 것이라는 지나친 결벽주의, 모든 것이 정시에 시작해서 정시에 끝나야 한다는 정확주의 등이다. 사람들의 문화와 사상에 맞지 않는 선교사의 설교가 사람들의 양심에 결코 와 닿지 않는 다는 사실은 매우 당연한 일이다. 사람들은 말씀을 통해서 도덕적인 죄책감을 전혀 느끼지 못하고, 설교자가 뭘 몰라도 한참 모른다고 생각할 뿐이다. 때때로 선교사와 친분을 맺고 있는 몇몇 사람들에게 영향을 미칠 수 있다. 그러나 대부분의 사람들의 공감을 얻어내지 못한다. 왜냐하면 이들은 기독교인이 될 때에, 자신들이 공감하지 못하고 느끼지 못하는 죄를 형식적으로 회개하고, 잘 알지도 못하는 교리 문답을 받았으나, 자신들의 양심에 찔리는 진정한 죄를 회개하지 못한 채 기독교인이 되었기 때문이다.

대부분의 사람들의 양심을 찌르는 죄는 무엇을 먹고 안 먹는 문제가 아니라, 자신의 주변 이웃과 친지, 친구들과 화합하고 조화롭게 살아가지 못한다는 것이다. 그래서 바울사도는 "하나님의 나라는 먹고 마시는 것이 아니라 오직 성령 안에 있는 의와 평강과 희락"이라 지적했다(롬 14:17). 상대방의 호의를 거절하는 것과 어울리지 못하는 것, 인간관계를 단절하고 가족의 웃어른이나 선배의 권유에 응하지 아니하는 것은 양심에 꺼리기는 죄로 여긴다. 사람들은 인간관계의 의무가 있고, 그것을 다하지 못할 때에 죄를 지었다고 생각한다. 인간관계에서 주로 자신만을 내세우고 화를 자주 내며 상대방의 호의를 거절하게 되면, 그 단체의 지도자들은 그를 받아들이지 않을 것이다. 말씀을 전하는 자는 말씀을 듣는 사람들의 문화와 사상을 알아야 한다.

그런데 말씀을 전하는 자는 사람들이 일상적으로 살아가는 것에 대하여 죄악으로 규정하고, 기독교인의 행동 양식(code)을 규정하는데, 그것의 대부분 사회생활을 하는 사람들에게 인간관계를 포기하라고 강요하는 것이나 다름없다. 특히, 성결을 가르칠 때에, 죄에 대하여 회개를 촉구할 때에, 문화적인 측면을 잘 고려하여야 한다. 만일 문화, 곧 사람들의 삶의 방식과 영 동떨어진 회개의 촉구는 바리새적인 율법적인 가르침의 온상이 된다. 예수 그리스도의 죄에 대한 심각한 경고는 인간의 삶의 정황을 무시하는 바리새 율법주의였다. 하루 벌어 하루 살아가는 땅의 사람들에게 손을 닦고 식사를 하고 안 하고의 정결법 논쟁은 무의미한 것이었다(막 7:1~23). 하나님의 나라는 먹는 것과 마시는 것이 아니라, 오직 성령 안에서 의와 평강과 희락이라 했다(롬 14:17). 그러므로 성결의 영성을 가르칠 때에, 죄에 대하여 회개를 촉구할 때에, 우선 관계적인 관점에서, 다음에는 단계적인 관점에서 다루어야 한다. 즉, 죄에 대한 관계적인 해석과 단계적인 해석을 하고 난 후에 전해야 한다.

죄란 무엇인가? 성경은 목표에 빗나간 것을 죄라 하였고, 그 목표는 예수 그리스도에 따르면 하나님을 사랑하고 이웃을 내 몸과 같이 사랑하는 것이다(롬 3:23; 마 22:37~39). 이 두 계명이 온 율법과 신지자의 강령이다(마 22:40). 로마서 13장 8절에는 "피차 사랑의 빚 외에는 아무에게든지 아무 빚도 지지 말라. 남을 사랑하는 자는 율법을 다 이루었느니라" 했다. 요한사도는 죄를 짓는 자마다 불법을 행한다고 했는데, 이것은 모두 관계적인 측면, 사랑의 관점에서 해석해야 된다(요일 3:4). 이러한 하나님의 말씀은 죄는 물질적인 것이 아니라, 관계적인 것이라는 점을 잘 나타내 주고 있다. 이웃과의 관계에 있어서 사랑의 관계를 가지면, 부모에게 효도와 악을 행치 아니하게 되고, 간음, 살인, 도적, 거짓말, 이웃의 소유를 탐내지 말라는 율법의 규정을 완성할 수 있다(롬 13:8~11). 또한 하나님과 사랑하는 관계를 가지면, 다른 신 섬기기, 우상숭배, 그리고 하나님의 이름을 훼손하지 말라는 계명과 안식일을 거룩하게 지키라는 율법을 완성할 수 있다. 그러므로 성경은 하나님을 떠난 것이 죄요, 하나님과의 관계를 지속하지 않는 것이 죄라 했다. 이런 측면에서 기도를 쉬는 것도 죄이다. 우리나라의

"죄송하다"라는 표현은 이러한 성서적 죄 관에 매우 적절하다고 보여진다. 웃어른에게 대하여 실례를 범할 때에 죄송하다고 한다. 죄를 지었으니 용서해달라는 의미이다. 하나님께 부적절한 관계를 지속한다면 이것은 죄가 될 것이다.

성결의 영성도 하나님과의 관계적인 것이다.[304] 정적인 것이 아니라 동적인 것이다. 이방종교는 장소, 시간, 사람이 그 자체가 신성하다고 하지만, 성서는 하나님과 함께하는 장소, 시간, 사람이 성스럽다고 한다. 성막이 만남의 장막이라는 사실은 바로 하나님과의 만남이 성결의 영성과 죄에 대한 매우 중요한 판단 근거라는 것이다. 어느 설교가가 청년들에게 설교하면서, 율법적인 설교에서 자연스럽게 벗어나면서 하나님과의 관계를 회복시키고 있다. 즉, 술을 먹으면서도 꼭 하나님을 찾으며 우는 친구에 대한 예화를 사용하면서, 하나님과의 관계를 끊어서는 안 된다는 메시지를 주고 있다. 이것은 청년의 문화와 상태를 잘 이해하고, 비록 죄에 빠졌더라도 하나님과의 관계를 속히 회복하라는 메시지가 된다.

여기에서 죄가 관계적이라면, 그것은 역시 단계적이기도 하다. 사람과 하나님과의 관계가 관계를 통해서 진행된다면, 그 관계는 처음에는 잘 알지 못하는 낯선 단계에서 차츰 인사를 나누는 단계로, 서먹서먹한 단계에서 대화를 나누는 단계로, 나중에는 친밀한 단계로 점차 발전될 것이다. 그 관계가 점차 멀어진다면 더욱 죄스러워질 것이고, 그 관계가 더욱 밀착된다면 그 관계는 더욱 성결해질 것이다. 그러므로 도덕적이고 신앙적인 행동목표는 일반적으로 모두 높을 수 있으나, 사람마다 문화마다 그 실제 행동에 있어서는 목표에 다다르지 못하는 것이 현실이다. 이것을 문화인류학에서는 문화적 이상(cultural ideals)과 실제 행동(actual behaviors)과의 차이라고 분석하고 있다. 그리고 문화마다 허용한도를 두고 있는데, 그 허용한도를 넘어설 경우, 죄인으로 낙인찍히게 되며, 허용한도 내에서는 어느 정도의 목표 위반은 허용된다.

예를 들어, 고속도로 주행 속도가 서해안 고속도로는 70~110km, 경부 고속도로는 60~100km 라면, 시속 110km 정도는 일반적으로 허용되며, 120km 정도 되면 속도위반으로 범칙금을 당하게 된다. 모든 문화마다 자신들의 문화권 안에서 사회 통합을 위하여 규정을 만들어 놓고 있으며, 그것은 대체적으로 사회를 통합하기 위하여 절도나 강도, 상해나 강간 등을 정죄하

---

304) J. G. McConville, 「God's Aim, A Holy People」, 『제3회 영암국제학술세미나 자료집』, 성결대학교 영암 신 학연구소, 2002. 10월 2일, 34~49.

며, 노인이나 부모 공경, 형제나 친지, 친구 간 우애와 협조를 도모한다. 그러나 그 정도나 허용 범위는 각 사회나 문화권마다 차이가 있을 수 있다. 고대 이스라엘이나 1970년대 농촌 사회에서는 참외나 수박 서리가 허용되고, 손님 접대나 환대의 수준이 매우 높았지만, 지금의 도시 정보화 산업 사회에서는 조그마한 물건이라도 남의 것에 손을 대는 것은 절도가 되는 것이고, 그저 지나쳐 가며 인사를 나누는 것도 예의에서 어긋난 것이 아닌 것이다.[305] 그러므로 성결의 영성을 가르칠 때에 죄에 대하여 문화적 관점에서 선교학적으로 이해하고 관계와 단계로서 해석하여 실천해야 할 것이다.

2) 성결의 영성과 선교 실천에 있어서 영성 교육 전문가 양성의 필요성

성결의 영성과 선교 실천을 위해서는 영성 교육을 통하여 전문가를 양성하여야 한다. 영성 교육 전문가에 대한 모범은 구약에서 영성의 대표자로서 현자들을 모범으로 삼을 수 있다. 현자들은 여호와로부터 오는 지혜를 추구하는 영성 전문가들이었다(렘 8:8). 예레미야 18장 18절에 보면, 당시 유대 사회의 지도자들의 유형을 찾아볼 수 있다. 이들은 율법을 맡은 제사장 그룹과 지혜와 책략을 맡은 현자 그룹 그리고 하나님의 말씀을 맡은 선지자 그룹이었다. 이들 중 현자들은 사회의 엘리트들로서 배움과 연구 그리고 도덕적으로 성숙한 삶을 살았다.[306] 이들은 하나님을 경외하는 성결의 영성을 가지고 있는 자들로서 지략이 풍부한 사람들이있다. "의논이 없으면 경영이 무너지고 지략이 많으면 경영이 성립하느니라"는 말씀처럼 현자들은 지혜로운 사람들이었다(잠 15:22). 이들은 하나님의 지혜를 가지고 백성들을 평안으로 인도하기 위해 교육 현장에서 가르치는 사람들이었다(잠 12:1). 신명기 4장 9~10절에 보면, "오직 너는 스스로 삼가며 네 마음을 힘써 지키라. 그리하여 네가 눈으로 본 그 일을 잊어

---

305) H. Wheeler, Robinson, *Religious Ideas of the Old Testament* (London: Duckworth, 1964), 45. 이렇게 죄에 대하여 특정 사회의 문화에 따라 규정된다고 하더라도, 모든 사회의 규범이 그 자체적으로 옳은 것은 아니다. 왜냐하면, 전 세계적인 입장에서 볼 때에 한 사회나 문화의 법규정이나 규범이 집단이기주의의 결과물일 수 있기 때문이다. 모든 사회와 문화의 규범은 하나님의 절대적인 말씀에 의하여 비판적으로 판단될 필요가 있다. 모든 문화와 규범이 정당화 될 수는 없다. 영화 미션에 보면, 과라니 족에게 세 번째 아이가 태어나면 바로 살해되는데, 그것은 이들이 외부의 침입에서 피난 시, 한 아이는 업고, 한 아이는 안고 도망가야 하는데, 어차피 셋째는 적에게 죽게 됨으로, 셋째를 낳자마자 고통 없이 죽게 한다는 것이다. 이것은 이들의 사회와 문화를 살펴볼 때에 합당한 것 같지만, 하나님의 말씀에 반하는 것이므로, 받아들일 수 없는 것이다. 이러한 비인간적 행위는 선교에 의하여 생명존중 행위로 변혁되어야 한다. 이러한 것 중에 중요한 바로미터가 되는 것은 어떠한 규범이 성장이나 우상 숭배, 그리고 비인간적인 인권 탄압 등에 속할 경우, 그것은 반드시 폐지되거나 변혁되어야 한다는 것이다.

306) Dermot Cox, "Learning and the Way of God: the Spiritual Master in the Wisdom Literature of Israel," *Studia Missionalia*, vol. 36 (1987): 1-15.

버리지 말라 … 너는 그 일들을 네 아들들과 손자들에게 알게 하라 … 세상에 사는 날 동안 내여호와를 경외함을 배우게 하며 그 자녀에게 가르치게 하라” 했다. 영성의 갱신은 늘 하나님으로부터 오는 지혜를 배우고 가르치는 교육을 통하여 이루어졌다. 현자들은 하나님의 지혜의 명령과 규례를 자녀들에게 부지런히 가르쳐야 했다(신 6:6~7, 11:18~20). 그리고 이들은 이스라엘 백성의 남녀와 어린이와 성읍 안에 거류하는 타국인들에게 여호와를 경외하는 영성을 가르칠 의무가 있었다(신 31:9~13).

성결의 영성을 선교로 실천하는 모델인 현자들은 하나님 앞과 인간 앞에 건강한 사회를 건설하기 위하여 교육하는 의인들이었다. 이들은 하나님의 지혜의 말씀을 추구하는 영성과 선교적 실천을 따로 분리하지 않았다. 이들은 이 둘이 동일한 것임을 가르쳤다. 이들은 성결의 영성을 사회에서 실천하며 그것을 교육하는 데에 헌신하였다. 잠언 10장 21절에 보면, “의인의 입술은 여러 사람을 교육하나 미련한 자는 지식이 없어 죽느니라” 했다. 의인은 그 입으로 지혜로운 말을 하여 사람을 가르치고 그 입술로 하나님을 기쁘게 해야 하는 선교적 사명을 감당해야 했다(잠 11:31~32). 그 가르침의 내용은 하나님을 경외하는 법과 선한 일을 하여 영생에 이르는 길 등이었다(시 37:26~27). 현자들은 가난한 자들을 불쌍히 여겨 은혜를 베풀고 구제하면 여호와의 은총을 입어 창고가 가득 차고 포도즙이 넘치는 복을 얻는다고 가르쳤다(잠 3:10, 19:17, 시 112:1~10). 현자들은 지혜를 추구하는 일이 하나님을 찾는 영성과 같은 것임을 깨달았고 그 진리를 실천하도록 가르쳤다. 그것이 하나님으로부터 오는 참된 지혜이고, 그것은 배움과 가르침을 통하여 전달된다는 것이었다. 그러므로 성결의 영성을 선교로 실천하는 선교사는 영성 교육의 전문가로서 성례전과 말씀 선포 그리고 가르침의 교육에 은사가 있어야 한다. 그리고 경건하고 성결한 영성의 실천적 삶을 통해 선교적 영성 교육을 실천하여야 한다.

3. 다원화 시대에 필요한 성결의 영성

본 장에서는 예수 그리스도의 가르침에 근거하여 영성이 성령에 역사하심으로 발생하는 성결의 영성임을 발견하였다. 그리고 그것을 문화의 관점에서 선교학적으로 해석하여, 성결의 영성이 문화적 상황 안에서 선교 실천으로 행동되어야 할 때에 주의할 점을 살펴보았다. 그리고 마지막으로 성결의 영성을 선교로 실천하기 위하여 영성 교육 전문가 양성의 필요성을 구약의 현자들을 모델로 제시해 보았다.

21세기를 맞이하여 사회는 더욱 세속화되고 선교 상황은 더욱 다원화되고 있다. 이러한 때에 성결의 영성을 소유하고 그것을 사회에서 실천하는 영성 교육 전문 지도자들을 더욱 필요로 하고 있다. 이 일을 위하여 선교는 나가서 전도하는 것만이라고 생각하는 편견을 버려야 한다. 선교는 성결의 영성을 실천하는 일이고, 그것을 사회에서 실천하고 가르치는 일까지 포함하는 것이다. 일반적으로, 선교는 복음을 전파하는 것으로만 생각하기 쉽다. 그러나 대표적인 선교 본문인 마태복음 28장 19~20절에 보면, 예수께서 "그러므로 너희는 가서 모든 민족으로 제자를 삼아 아버지와 아들과 성령의 이름으로 세례를 베풀고 내가 너희에게 분부한 모든 것을 가르쳐 지키게 하라"고 말씀했다. 이 말씀대로 한다면, 선교란 복음 전도와 세례, 그리고 가르침 곧 교육을 통한 제자 훈련까지를 포함한다.

바울 사도 역시 그리스도를 전파하는 복음 전도와 각 사람을 모든 지혜로 가르치는 기독교 교육의 중요성을 함께 묶어서 설명하고 있다. 골로새서 1장 28절부터 29절에 보면, 바울은 "우리가 그(예수 그리스도)를 전파하여 각 사람을 권하고 모든 지혜로 각 사람을 가르침은 각 사람을 그리스도 안에서 완전한 자로 세우려 함이니, 이를 위하여 나도 내 속에서 능력으로 역사하시는 이의 역사를 따라 힘을 다하여 수고하노라"고 고백하고 있다. 바울에게 선교와 교육은 각기 분리된 일이 아니었다. 그는 선교에 있어서 교육의 중요성을 동시에 강조하고 있다. 바울에 따르면, 신교는 교육을 통해서 이루어지는데, 그것은 인본적인 교육이 아니라 "내 속에서 능력으로 역사하시는 이" 곧 성령의 능력에 의지하는 신본주의 교육이었다. 그리고 이 모든 것의 목적은 성도를 "그리스도 안에서 완전한 자"로 세우는 성결의 영성 교육이었다. 여기에서 한국 교회의 선교 교육의 사명을 발견할 수 있다. 한국 교회는 21세기 종교다원주의와 세속주의 사회에서 성령의 능력을 받아 성결의 영성을 강화하는 선교 교육을 실천하여 주님의 지상 명령을 완성하는 데 힘을 다하여야 할 것이다.

제 3 부

· · ·

한국 성결교회와
기독교 선교

제13장 존 웨슬리와 영혼구원 선교

John Wesley는 기독교 역사상 전환점을 가져온 인물이다. 그는 기독교 선교와 그리스도인의 삶에 영향을 주었으며 근대 복음주의 운동에 영향을 미쳤다.[307] 그는 종교적 명목주의에 반대하여 가슴으로 느끼는 복음을 외쳤고, 외적 종교의식보다 내적 중생과 성결한 삶을 강조하였다. 그는 의문의 교리보다는 믿음의 회심을 강조하였고, 성경에 대한 이론 정립보다는 하나님의 말씀 자체에 관심을 두었고, 사랑으로 역사하는 믿음을 실천하였다.[308]

이러한 Wesley의 신앙과 실천은 근대 이성과 논리로 정통주의에 빠져서 복음의 생명력을 잃고 있었던 18세기 서구 교회에 새로운 부흥의 운동을 일으켰다. 이 부흥운동은 영국은 물론 북미 대륙에 이어졌고, 영혼 구원을 최우선적으로 실천하는 복음주의 선교운동으로 발전하였다.[309] 사실, 복음주의 선교운동의 가장 기본적인 특징은 영혼 구원 중심의 선교 방식으로서 Wesley의 선교에 있어서 가장 주요한 강조점이다. 그럼에도 불구하고, Wesley에 대한 연구는 에큐메니즘, 동방교회 영성, 사회 개혁 등 통전적 선교(holistic missions) 방식으로 집중되어 왔다.[310] 물론, 통전적 선교 방식이 에큐메니칼이나 이반젤리칼(Ecumenical and Evangelical) 양

---

307) 김영선. 『존 웨슬리와 감리교 신학』 (서울: 대한기독교서회, 2002), 22-24. 김영선은 19세기 북미의 성결 증진 운동을 웨슬리의 에큐메니칼 관용정신의 완성이라고 평가했다. 웨슬리의 완전 성화 교리는 19세기 중반 북미 복음주의 기독교 단체에 뿌리를 내렸고, 남북 전쟁 후 성결을 증진하려는 강조점은 더욱 활성화되어 19세기 광범위한 성결운동에 영향을 미쳤다. 그 결과 성결 운동 연합회와 월드 미션 선교회 등이 탄생하게 되었다.

308) Albert C. Outler ed, *John Wesley* (New York: Oxford University Press, 1964), 26-33.

309) James M. Philips and Robert T. Coote ed. *Toward the 21st Century in Christian Mission* (Grand Rapids, MI: Eerdmans Publishing Company, 1993), 10-12. 복음주의 운동에 대한 여러 견해가 있겠지만 교회 선교회(the Church Missionary Society) 지도자인 Max Warren의 정의는 탁월하다. 즉, 복음주의는 성경을 하나님의 말씀으로 믿고, 그리스도의 속죄를 통하여 성령의 역사로 구원받음을 믿으며, 성경적인 성례전을 실행하는 신학적 특징을 가진다. John Wigger, *Taking Heaven by Storm: Methodism and the Rise of Popular Christianity in America* (Urbana, IL: University of Illinois Press, 1998). 그는 영국 감리교의 사회적 영향력이 미국 상황에 적용되는 과정을 연구하면서, 성결의 에토스가 19세기 미국 복음주의 운동의 형성에 기여함을 밝혀내었다. David Bundy, "Pauline Missions: The Wesleyan Holiness Vision and the Early Oriental Missionary Society," 이영기 역, 『성결교회와 신학』 제4집 (2000): 75-100. 미국의 복음주의 운동에서 19세기 웨슬리안 성결 선교운동이 주요한 역할을 하였다. 웨슬리안 성결 선교 방식은 부흥과 개인의 성결을 전했던 북미 평신도 설교자 Lorenzo Dow(1777-1814)의 사역을 살펴보면 알 수 있다. 그것은 (1) 복음 전도 천막 집회(camp meeting), (2) 불신자들의 회심과 기존 신자들의 성결의 은혜 체험, (3) 기존 교회 구조와 협력 관계 유지 및 강화, (4) 평신도 및 여성 사역 격려 등이다.

진영에서 모두 인정되고 있는 선교 합일 사항으로서 그것을 비판하지는 것은 아니다. 그러나 Wesley의 저술을 읽어 보면, 그 중심에는 언제나 영혼 구원에 대한 그의 선교적 열망이 내재되어 있음을 발견할 수 있다는 점을 본 논문에서 주장하려고 하는 것이다. 진정한 Wesley에 대한 재발견은 영혼구원에 대한 선교적인 관점으로 그를 연구할 때에 이루어질 수 있다고 본다.

그러므로 본 장에서는 Wesley의 영혼 구원을 위한 선교 방식의 실천의 전환점이 되는 시점, 곧 그의 조지아 선교의 실패와 그 이후 변화를 중점적으로 살펴보면서, 그가 영혼구원을 최우선적으로 강조하여 사람들을 주님께로 이끌었던 점을 그의 일기와 서간문 기타 저술 등을 중심으로 밝히고자 한다. 그리고 그의 영혼 구원을 강조하는 선교 방식이 역동적인 소그룹 제자 훈련을 통해 성취되었음을 밝히고, 그것이 21세기 현대 후기사회에 적용되어야 함을 본 장에서 논의하고자 한다.

1. John Wesley는 누구인가?

John Wesley는 영국 링컨 주 엡워드(Epworth)의 옥스퍼드 대학 출신의 한 성서학자요, 영국 국교회 목사인 아버지 Samuel Wesley와, 청교도 지도자인 Samuel Annesley 박사의 딸로 경건함과 영혼의 돌봄에 관심을 가지고 있는 어머니 Susanna Annesley 사이에서 19자녀 중 15번째로 1703년 6월 17일에 태어났다.[311] 그는 옥스퍼드 크라이스트처치 대학을 졸업하고 그의 부친을 도와 엡워드 교회 부목사로 시무하다가, 1729년 옥스퍼드 대학 강사로 임명받았다. 그는 대학에서 동생 Charles Wesley가 조직한 '신성 클럽(holy club)'을 지도하며 회원들

---

310) 통전적 선교(holistic missions)의 관점에서 전도와 사회참여를 주장하는 논문은 다음과 같다. 조종남, 「웨슬레의 선교운동의 특징」, 『신학과 선교』 제15집 (1990); 이원규, 「웨슬리의 선교 이해와 사회 개혁론」, 『그 말씀』(1993, 10월); 이동주, 「웨슬리의 복음주의 운동과 선교 사역」, 협성신학연구소 편, 『웨슬리신학과 오늘의 교회』(서울: 기독교대한감리회 홍보출판국, 1997); 장성배, 「웨슬리와 실천: 선교론」, 한국웨슬리신학회(편), 『웨슬리와 감리교신학』(서울: 감리교신학대학교출판부, 1999). Douglas Strong, *Perfectionist Politics: Abolitionism and the Religious Tensions* (New York: Syracuse University Press, 1999). Strong은 완전 성화의 교리와 19세기 교회와 사회 개혁과의 연관성을 찾아내어 복음적 완전론이 긍정적인 사회 변화를 초래한다는 점을 밝혀냈다. David Guy, "John Wesley: Apostle of Social Holiness," In *John Wesley: Contemporary Perspectives*, edited by Frank Baker (London: Epworth Press, 1988), Guy는 웨슬리의 그리스도인의 완전론을 사회적 성결과 연결시켰다. Randy L. Maddox, *Responsible Grace* (Nashville, TN: Abingdon Kingswood, 1994). Maddox는 웨슬리와 동방교회 영성을 연결시켰다. 사실 웨슬리는 이집트의 마카리우스를 높이 평가 했다. 그러나 동방교회 영성은 일부 성직자 수도자 계급의 엘리트 영성이지 웨슬리가 주장한 선교적인 대중을 위한 평신도 영성이 아님을 매독스는 놓치고 있다.

311) Martin Schmidt, *John Wesley: A Theological Biography*, vol. 1. trans. by Norman P. Goldhawk (Nashville: Abingdon Press, nd), 63. 어머니 Susanna는 25번째 막내딸이었고, 그녀 역시 19명의 자녀를 두었으나, 자녀 중 11명의 아이들이 유아 사망하였고, 웨슬리는 생존한 2번째 남아었다.

과 함께 수감자들과 빈민들을 정기적으로 방문하며 사회 선교를 시작했다.[312]

1735년 10월 Wesley는 북미 조지아 주 선교사로 임명받아 약 2년간의 선교 활동을 마치고 귀국했다.[313] 귀국 후 그는 모라비안 형제단과 신앙의 결속을 다지며 1738년 5월 1일 런던의 패터래인 가에서 신도회(Fetter Lane Society) 창립을 돕고, 그 회의 지도자로서 참여하였다. 같은 해 5월 24일 그는 올더스게이트 가의 작은 집회에서 마음이 뜨거워지는 경험을 하였고, 6월에서 9월까지 모라비안 신도들의 믿음의 실체를 경험하기 위하여 독일의 헤른후트를 방문하였다. 그는 헤른후트에서 5개의 남성 구역(class meetings), 11개의 지역 단위 구역(class meetings), 그리고 상호 고백과 권면 및 영적 성장을 위한 90개의 소모임(bands)을 참관하였고, 후일 그의 사역에 적용하였다. 그는 모라비안에게서 믿음으로 구원받음, 세계 선교 열정, 여성 사역 및 평신도 사역, 경건주의적 '교회 안의 교회(ecclesiolae in ecclesia)' 조직 등을 배웠으나 모라비안의 신비주의적이고 비성서적인 정숙주의로 인한 도덕무용론에 반기를 들고 그들과 결별하였다.[314]

1739년 1월 1일 Wesley 형제와 약 60명의 신도들이 패터래인에서 기도회로 모였고, 이 자리에서 성령의 능력을 체험했다. 그 이후 같은 해 4월 1일 옥스퍼드 대학의 제자이자 신성 클럽의 동료 후배인 George Whitefield의 강권에 의해 그의 역사적인 야외 설교를 킹스우드 지역에서 시작하게 되었다.[315] 그의 성령 충만한 영혼 구원을 목적으로 하는 설교는 중세 봉건 농경사회에서 근대 산업사회로 전환되는 혼란기 영국 사회에서 극도로 무력해진 하층 노동자 계층에게 사회직으로뿐만 아니라 영직으로 직응할 수 있도록 새로운 동력을 제공하였다. 그는 Whitefield처럼 유명한 대중 설교가로만 남아 있지 않았고, 믿음을 고백한 사람들을 11~12명이 참여하는 구역 단위로 조직하여 그들 상호 간의 친밀한 친교와 영적 돌봄을 통하여 믿음을 지켜나갈 수 있도록 하였다. 그는 구역마다 지도자를 세우고 그들을 또다시 성결의 은총을 추구하는 5~6명의 소그룹 제자훈련모임(bands)에 소속시켰다. 그곳에서 성결의 은혜를 충만히 받은 지도자들은 다시 선발회(select society)에 소속되어 Wesley의 참모들이 되었

---

312) Marianne Kirlew, *The Story of John Wesley for Young People* (Salem, OH: Schmul Publishers, 1984), 23-34.

313) 그의 조지아 선교에 대한 실패에 대해서는 웨슬리 연구가들에 의해 구체적으로 다루어지고 있지 않다. 아마도 웨슬리의 추종자들인 연구가들은 그의 실패에 대하여 논의하는 것에 대하여 금기시 한 것 같다. 그러나 그의 조지아 선교 실패가 하나님의 전적인 은총을 의지하는 올더스게이트 회심과 연결됨으로 그의 조지아 선교 실패에 대한 연구는 필요하다고 본다. 이것이 그의 공적을 폄하하려는 것이 아니라 오히려 그의 공적을 더 빛나게 할 것이라 사료된다.

314) D. Michael Henderson, *John Wesley's Class Meeting* (Nappanee, IN: Evangel Publishing House, 1997), 44-63.

315) Henderson, 11-16. Whitefield는 젊고 유명한 부흥강사로서 야외 집회에서 대중에게 설교하는 방식으로 영국하층 노동자 계층의 사람들을 그리스도께 인도하였다.

다.316) 이러한 그의 제자훈련 방식은 성경적이고 온전한 선교 방식이라고 평가할 수 있다. 선교는 복음을 선포하는 것뿐만 아니라 믿는 자에게 세례를 주고 가르쳐 제자를 만드는 전 과정을 의미하기 때문이다(마 28:19~20).

1743년 Wesley의 연합 신도회(United Society)가 5,000여 명으로 조직되었고, 그의 조직은 점차 부흥하여 1744년 6월 25일에 런던 파운드리 교회에서 제1차 감리교도 연회를 개최하였다. Wesley는 영국뿐 아니라 '성서적 성결을 온 세계로' 전하기 위하여 아일랜드, 스코틀랜드, 미국 등지에 신도회를 조직하였고 감리교회로 성장 발전하였다. 그가 1791년 2월 23일 레더헤드 시장 저택에서 마지막 설교를 한 후, 일주일 후 3월 2일 오전 10시에 런던 로드 교회당 저택에서 향년 88세로 서거하기까지, Wesley는 50여 년간의 마상 전도와 40만 km 이상의 순회 전도, 그리고 4만 2,000회의 설교와 200여 권이 넘는 저술을 남겼다.317)

2. John Wesley의 조지아 선교 실패

이제 Wesley의 영혼 구원 선교의 중요한 전환점인 조지아 선교를 중심으로 논의해 보자. Wesley의 조지아 선교는 그의 조부 Wesley 목사와 그의 아버지 Samuel Wesley 목사의 선교에 대한 열망의 결과였다. 그의 조부는 남북 아메리카 선교에 참여하려고 했었고, 그의 부친 역시 동 인도와 중국 그리고 아비시니아(에티오피아) 등지에 선교의 꿈을 가지고 있었다. 선대의 선교 열정과 꿈은 John Wesley 때에 와서 이루어졌다. 그의 어머니 Susanna는 데니쉬-할레 선교회(Danish-Halle Mission)의 최초의 남인도 선교사인 Zigenbalg와 Pluetzschau의 영혼 구원 선교 사역에 관심을 가지고 있었고, 후일 아들의 선교를 기쁨으로 지지하였다.318)

한편, 신대륙 식민위원회는 조지아 주 이민자들을 위한 목회자를 선발했는데, Wesley가 그 적임자로 선발되었다. 신대륙식민위원회는 영국의 젊은 장교 James Edward Oglethorpe에 의

---

316) Henderson, 93-125.
317) 김홍기,「웨슬리의 생애 연대표(1703-1791)」,한국웨슬리신학회(편),『웨슬리와 감리교신학』(서울: 감리교신학대학교출판부, 1999), 539-545.
318) Martin Schmidt, 62-63. 수잔나는 자녀들의 영혼을 돌보는 데에 헌신하였는데, 이는 남인도 트랜퀘바(Tranquebar)에 선교사로 갔던 데니쉬-할레 선교회(Danish-Halle Mission) 선교사인 Zigenbalg와 Pluetzschau의 선교 보고가 담긴 소책자 *"Propagation of the Gospel to the East, Being an Account of the Success of two Danish Missionaries, Lately Sent to the East-Indies, for the Conversion of the Heathens in Malabar"*(London, 1718)를 읽고 영혼 구원과 돌봄에 대한 책임을 인식했기 때문이었다.

해 개척된 북미 식민지역에 석방된 수인들이나 경제적으로 불우한 사람들을 영국과 독일 등지에서 이주시켜 생활 터전을 마련해 주는 일을 담당하고 있었다. 이 위원회는 북미 이민 계획을 추진하면서 복음선전회(the Society for the Propagation of the Gospel)의 협조를 받아 선교사도 함께 파송하였는데, 그 적임자가 John Wesley였다.[319]

1735년 10월 14일 Wesley는 Oglethorpe의 비서로 선발된 그의 동생 Charles Wesley와 신성클럽 회원인 Benjamin Ingham과 한 상인의 아들인 Charles Delamotte와 함께 220톤급의 시몬즈 호(the Simmonds)에 승선하였다. 이 배에는 Nitschman 감독이 인솔하는 모라비안 형제단과 80여 명의 영국인이 동승하고 있었다.[320]

Wesley가 품고 있었던 선교 동기는 그의 일기와 서간 등의 내용을 종합해 볼 때에, '영혼 구원'과 '복음전파' 그리고 '이웃 사랑 실천'을 통한 '하나님께 영광'이었다. 그는 결코 낭만주의적 해외 동경이나 경제적인 풍요, 정치적인 명예, 혹은 신대륙 탐험의 야망 등의 갖지 않았다. 무엇보다도 웨슬리는 영혼구원에 대한 열망으로 가득 차 선상에서부터 개인기도와 연구 그리고 성찬과 예배를 집례하고, 사람들을 주의 말씀으로 가르치고 권면하는 일을 시도하였다. 그의 관심은 언제나 '영원의 문턱(brink of eternity)', '죽음의 불안', '하나님과의 대면' 등의 인간 영혼의 구원 문제였다. 그는 폭풍 중에 죽음의 위협에서 두려워하지 않지 않고 찬송하는 모라비안 교도들과 그들의 부녀자들, 그리고 어린 자녀들에게서 진정한 신앙과 헌신적인 봉사에 대하여 큰 감명을 받았다. 그는 죽음을 두려워하지 않는 담대한 신앙에 대하여 모라비안 목사인 Spangenberg에게서 배우게 되있다. 그것은 하나님의 성령이 인간의 영과 더불어 그가 하나님의 자녀임을 증거해야 한다는 것이었다.[321] 성령의 증거와 믿음의 확신은 웨슬리의 평생 선교의 주제가 되었다.

그의 조지아에서 선교 활동은 크게 둘로 대별될 수 있다. 그 하나는 영국 독일 프랑스 이탈리아, 스페인 각지로부터 이주해 온 서구인들을 대상으로 선교 활동을 하는 것이요, 다른 하나는 북미 본토 인디언[토착원주민]들과 흑인들에게 선교하는 것이었다. 그는 사바나를 중심

---

319) Schmidt, 124-126. 웨슬리는 대학 7년 선배인 Johns Burton 박사의 제안으로 미국 조지아에 개척된 식민 정착지 목사로 가게 되었다. 그곳은 스페인 전투와 벨그라데(Belgrade) 전투에서 승리하고 돌아온 젊은 장교 Oglethorpe이 출옥한 자들의 삶의 터전을 만들어주기 위해 개척한 식민지였다. 그는 전쟁터에서 옥스퍼드로 돌아와 부친의 가산을 물려받은 후, 계몽주의 인간 박애(philanthropy) 정신을 실천하기 위하여 수감제도 개혁, 사회 향락과 부조리 제거, 실직자 구제 등 사회 안전망 보호 등의 사역에 헌신하였다.

320) John Wesley, *The Bicentennial Edition of the Works of John Wesley, vol. 18, Journal and Diaries, I, 1735-38*, edited by W. Reginald Ward and Richard P. Heitzenrater (Nashville, TN: Abingdon Press, 1988), 136-7.

321) Wesley, 137-147.

으로 인근 여러 마을을 돌아다니며 순회 선교활동을 했다. 주일에는 새벽 5시에 새벽예배를 인도하고, 오전 11시에 성찬식과 설교를, 그리고 오후 3시에 오후 기도회를 인도하였다. 이밖에도 독일 모라비안 예배, 프랑스인, 이태리인 예배에 참석하거나 토요 집회인 경우에는 직접 인도해주기도 하였다. 그는 스페인계 유대인들을 전도하기 위하여 스페인어를 배우기도 하였다.[322]

그는 설교와 예배 인도뿐만 아니라 빈자와 병자를 돌보는 일에 헌신하였다. 그리고 그의 독특한 선교 방식인 소그룹 모임을 통해 서로 기도하고 권면하는 제자훈련 사역을 병행하였다. 그는 영국 국교회의 도덕과 윤리의 잣대로 사바나 이주민들의 생활을 혹독하게 비판하였고, 그의 사바나에서의 선교 활동의 결과 댄스홀이 한산하게 되었고, 사치와 향락 풍조가 현저하게 사라졌다. 그러나 그것도 오래가지 못하였다. 그의 엄격한 고교회주의와 타협할 줄 모르는 강인한 도덕주의는 일반 신도들의 호감을 잃고 말았다. 그는 영국 국교회의 권위와 의식을 존중하여 영국 교회로부터 세례를 받지 않은 자에게는 성찬과 장례식을 제한하였으며, 비국교도 자녀들에게 세례를 다시 주었으며, 세례는 반드시 침례로 행하였다. 그는 새로운 북미 대륙에 이주해 온 사람들에게 엄격한 영국 국교회의 교리와 윤리의식을 고집스럽게 강요함으로써 결국 그들로부터 불신임을 받게 되었다.[323]

이제 Wesley의 현지 인디언 선교 활동에 대하여 살펴보자. 그가 처음으로 조지아에 도착했을 때에, 현지 인디언들이 그에게 찾아와 기독교의 가르침을 배울 수 있도록 요청한 사건이 있었다. 그들의 대표 격인 Tomochichi라는 자가 통역 Musgrove 여사를 통해 스페인들의 강압적인 방식보다는 말씀을 듣고 깨달은 후에 기독교인이 되는 방식으로 자신들을 가르쳐달라고 요청하였다. 그때 그는 기꺼이 그들에게 복음을 설명하지 않고, 하나님의 뜻이 있다면 그들이 배울 수 있을 것이지만 우리는 할 수 없다고 거절하였다.[324] 그는 선교의 중요한 기회를 놓친 것이었다.

그는 사바나에 머무는 동안 조지아의 평의원회에 의해서 사바나 교구 목사로 임명받았고, 그 사역을 자의반 타의반 수행해야 했다. 그러나 그는 인디언 선교를 위해 조지아에 왔으므로 인디언 지역으로 들어가야 한다는 의무감을 지니고 있었다. 사바나에 머문 지 약 넉 달 후인

---

322) Wesley, 148-178.
323) Wesley, 179-207.
324) Wesley, "February 14, 1736," 356-57.

1736년 7월 1일에 그는 Chigilly라고 하는 백발의 척타우족(Choctaw) 추장을 만나 창조주와 좋은 책(the Good Book)에 대하여 이야기할 기회를 가졌다. 그 추장은 창조주를 믿고 있었고 백인들의 좋은 책을 가르쳐달라고 Wesley에게 요청하였다. 웨슬리는 그에게 그들의 나쁜 구습을 버리지 않는 한 하나님이 가르쳐 주지 않을 것이라고 주장했고, 결국 그 추장은 그에게 조언하기를, "당신의 하나님은 우리 마음이 하얗게 되지 않는 한 우리를 가르치지 않을 것이다" 말하기도 하였다. 이는 Wesley가 척타우족이 가지고 있던 창조주에 대한 믿음과 성경에 대한 긍정적인 받아들임을 하나님의 선행적인 은총으로 받아들이지 못하였기 때문이었다. 그는 그들이 행하고 있었던 관습의 잘못된 점을 문화적인 관점에서 이해하기보다는 영국 국교회의 윤리적 기준으로 지나치게 정죄하여 하나님의 은총의 복음을 전파하지 못한 결과를 초래하였다. 결국 웨슬리는 그들이 복음을 향하여 마음을 열지 않는 것으로 판단해 이교도들에게 문이 열리기까지 선교 사역을 중단하기로 결정했다.[325]

또한 당시 인디언 지역에서 전투가 벌어지는 상황이나 사바나 지역에 후임 목사가 오지 않는 상황은 그에게 "이교도들을 향한 선교의 문"이 아직 열리지 않고 있다는 증거로 보였다. 그래서 그는 사바나에서 목회활동을 계속하였다. 이때도 Paustoobee나 Mingo Mattaw 같은 현지 인디언들은 그들과 서구인들 사이에 평화를 중재해 줄 것과 이를 통해 기독교 복음 전파를 Wesley에게 요청했지만, 그에게는 역부족이었던 같다.[326] 그 이후 그는 사바나 지역의 신도들과의 갈등과 자신의 청혼자였던 Sophia[Williams 부인]의 성찬 거부 사건으로 인하여 법정에 고소를 당하자 곧 영국으로 돌아가라는 하나님의 뜻으로 받아들이고 귀국하였다. 이로써 그가 기독교의 본질을 인디언들에게 가르치기 위해 떠났던 조지아 선교는 1년 9개월 남짓의 아무런 성과 없이 오명만 뒤집어쓰고 실패로 끝났다.

조지아 선교 실패는 Wesley의 기독교 선교에 끼친 긍정적인 영향 때문에 과도하게 가려져 있는 부분이다. 성결의 복음을 온 세계로 전하려고 했던 그의 선교열정은 그 방법론에 있어서 총과 칼을 들고 가는 것은 아니었다. 하지만 영혼 구원을 위한 열정이 크다 보니 자기중심적으로 되어 무지한 사람들을 하나님의 말씀으로 변화시켜 보려고 시도하였다. 그러나 그것은 잘못된 선교방법이었다. 그는 선교지의 사람들의 문화와 삶을 먼저 이해하고 동정하며 하나

---

325) Wesley, 163–64.
326) Wesley, "November 23, 1736," 163, 173. 결국 Oglethorpe는 1739년 척타우족 추장 Chigilly와 영국 국왕의 이름으로1739년에 스페인에 공동 대적하기로 협약했다. 웨슬리가 후일 이를 잘 활용했다면 인디언 선교에 매우 큰 효과를 볼 수 있었을 것이다.

님의 은총의 말씀을 전해야 했다.[327] 그러나 그는 엄격한 영국 국교회의 가치와 신앙 기준을 가지고 신세계의 무지하고 가난한 사람들을 가르치려 들었다. 그래서 선교지 사람들에게 그의 윤리적인 설교와 엄격한 도덕적 태도는 그들의 문화와 삶을 있는 그대로 인정하지 않고 무시하고 억압하는 폭력적인 태도로밖에 이해될 수 없었다. 결국 그는 Williamson 부인의 성찬 참여를 거부하였고, 그 일로 "정신적 독재"를 일삼고 불법적 권위를 자행하는 목사라고 고소되어 법정에 서게 되었다.[328] 그가 설교하면 할수록 사람들은 그의 말에 귀를 닫았다. 한 신도[Mr. Horton]는 그에게 "우리는 자신을 능멸하는 당신의 말씀을 더 이상 듣지 않을 것입니다. … 그리고 당신이 여기 오신 이래로 줄곧 싸움만 계속되고 있습니다. 이 마을의 남자든 여자든 당신의 말씀을 염두에 둘 사람은 아무도 없습니다. 그러니 당신이 설교를 아무리 길게 할지라도 아무도 그 말씀을 듣기위해 오지 않을 것입니다"라고 사실을 직언하기도 했다.[329]

사실 그는 조지아 선교에서 사바나는 인디언 지역으로 들어가기 전에 잠시 머무르기 위한 곳이었다. 그런데 그곳에 목회자가 필요하여 잠시 머물었던 차에, 신도들과 주민들에게 갈등을 유발시킨 것이었다. 그의 관심은 언제나 현지 인디언들의 개종에 있었다. 그는 강압적인 폭력을 사용하여 인디언들을 개종할 의사가 전혀 없었다. 그러나 그는 현지인들에게 하나님의 말씀을 가르쳐서 교화시켜 하나님의 백성들이 되도록 하려고 했다. 그는 현지인들에 대한 문화적 이해보다 감상적인 태도를 가졌다. 아마도 그는 당시 낭만주의자들이 가지고 있었던 '고귀한 야만인(noble savage)' 개념을 가지고 있었을 것이다.[330] 곧, 현지 인디언들은 자연 상태에 머물기에 순수하여 선악을 구별하지 못할 것이라는 다소 감상적인 태도였다. 그러나 그의 낭만적인 사고는 곧 깨지고 말았다. 그는 북미 남부지역 인디언들을 평가하는데, 게걸스럽게 먹는 사람들, 술주정뱅이들, 거짓말쟁이들, 도둑들, 배울 바가 전혀 없는 자들이라고 경

---

327) Charles H. Kraft, *Anthropology for Christian Witness* (Maryknoll, NY: Orbis Books, 1996), 85–96.

328) Wesley, 190–91. 법원에 제출된 고소장에는 Williamson 부인 성만찬 금지건 외에도 그녀에게 남편의 동의 없이 말을 걸고 편지를 보낸 일, 주일 예배를 나눈 일, Parker씨의 병약한 아이의 세례를 침례로 고집하다가 이를 거부한 일, William Gough 씨에게 성만찬 금지, Nathanael Phlphill 씨의 장례식 집전 거부, William Aglionby와 Jacob Matthews의 대부로 인정 거부 등 10여 건의 고소가 기록되어 접수되었다.

329) Wesley, 161–62.

330) John Wesley, *The Letters of John Wesley*, vol. 1, 1721–1741, edited by John Telford (London: Epworth, 1960), 188–191. 고귀한 야만인의 개념은 당시 루소의 낭만주의 철학을 따르는 자들의 생각이었다. 웨슬리는 조지아 선교 동기로 거짓된 욕망이 없이 순수한 사람들[인디언]과 함께 살면서 자신의 영혼을 모든 죄된 욕망에서 깨끗하게 보전하고 싶었다고 언급했다. 그는 낭만주의자들처럼 아메리칸 인디언이 자연 상태의 단순하고 순수한 인간으로서 선과 악을 모르며 어린아이처럼 깨끗한 영혼을 가지고 있다고 생각했다.

멸하였다. 그는 이들을 "네 발로 걷는 형제들, 재주 있는 동물들"로 경멸하며, 아프리카 이방인들은 정의와 도덕이 부족한 데 비해 미국 이방인들은 별반 나을 것이 없노라고 판단하였다. 그들의 집은 영국의 개집보다도 못하고, 옷은 부적절하며, 최소한의 철학이나 개념도 없다고 판단했다. 그는 큰 죄악에 노예가 되지 않은 이방인을 한 사람도 보지 못했노라고 말하며, 명목상의 기독교인들도 문제지만, 현지 이방인들과 비교한다면 그들이 훨씬 부드럽고, 예의바르고, 얘기가 통하는 사람들이라고 평가하였다.[331] 결국 그는 인디언들이 하나님의 가르침을 받을 준비가 되어있지 않다고 판단하고 선교를 포기하였다.

Wesley의 조지아 선교를 평가하자면, 그는 영혼 구원의 열정을 가졌지만 서구인들의 일반적인 생각과 태도를 견지하였던 것 같다. 그는 현지인들과 만남이나 대화에서 타자의 새로움을 발견하는 데 목적을 두지 않았다. 그의 선교의 목적은 타자의 '다름'을 자신의 고교회적 인식 틀로 중화시켜 그것을 복음으로 감싸안고 동화시키려 했다. 그는 상호 간 문화 배움을 통하여 대화(converse)하지 않고 일방적으로 바꾸려고만(convert) 했다. 변화하고 바꾸는 것은 일방적으로 강압되는 것이 아니다. 하나님의 은총과 성령의 은혜로 타자의 다름을 인정해줄 때에, 타자가 서서히 변화되는 것이다. 겨자씨에서 작은 싹이 나듯이 성령의 역사는 강압적인 것이 아니라 다름을 인정하고 받아줄 때, 그리고 하나님의 은총으로 사랑으로 감싸 안을 때에 일어나는 것이다.[332] 사실, Wesley의 선교 방식은 새로운 삶의 정착지에서 적응하기 위해 갈등하고 힘들어 하고 있던 최하층의 현지인들과 제국주의 군대의 침입으로 생존권을 위협받고 있던 현지 인디언들의 관심을 끌 수 없있을 것이다. 오히려 그들은 Wesley의 고교회적 엘리트주의 선교 방식에 감정이 상하기도 하였다. 그러므로 현지인을 영국 국교회의 가치 기준으로 비윤리적으로 매도하고 무시하며 경멸하는 그의 선교적 태도는 현지인들의 대화의 창구를 닫히게 만들었을 것이고 선교 실패로 이어졌다.

---

331) John Wesley, *The Works of John Wesley*, vol. 9 (Kansas City, MI: Beacon Hill Press, 1984), 239-242.
332) Eric R. Severson, "Ethical Dialogue: Trinitarian Externality as a Pattern for Evangelism and Missioons," *Wesleyan Theological Journal*, vol. 38, no. 1 (Spring, 2003): 105-124. Severson은 웨슬리의 조지아 선교 실패 이유를 상대방의 차이를 인정하지 아니하고 자신의 것만을 제안하며 옹호하는 서구 변증학적인 담화 방식 때문이라고 분석하고 있다.

3. John Wesley의 조지아 선교 실패 이후 변화

조지아 선교 실패 이후 Wesley는 1737년 12월 22일, 귀국을 위해서 영국행 사무엘 호에 승선하였다. 여행 중에 그는 20여 명의 승객들을 중심으로 아침과 저녁 두 차례 예배를 인도하였고, 지속적으로 흑인 소년 한 명과 영어를 못하는 프랑스인에게 성경을 읽어주고 교리를 가르쳤다. 그는 폭풍 중에 죽음의 위협에서 자신의 영혼이 두려움과 혼란에 빠지는 것으로 인하여 실의에 빠졌는데, 그의 생각에 복음이 거짓이라면 자신은 모든 사람들 중에서 가장 어리석은 자일 것이라 자책하였다. 그는 결국 죽음의 공포에서 벗어나는 길을 찾았는데, 그것은 조용히 주님의 일을 계속하는 것으로 결정하였다. 그는 쉬지 않고 기도하는 일과 자신의 행위로 믿음을 보이겠다는 결의와 더불어 하나님의 명령이라면 내 몸을 불사르게 내어줄 수 있고 물에 빠져 죽을 수 있다고 생각했다. 그것이 그에게는 죽음의 공포에서 벗어나는 영혼구원의 길이요, 그리스도의 사랑을 이루는 길이었다.[333]

1738년 2월 1일 그는 인디언을 가르치기 위해 영국을 떠난 지 2년 4개월 만에 런던에 다시 도착하였다. 그는 그 심정을 고백하기를, 다른 사람들을 회개시켜 하나님 앞으로 돌아오게 하려고 아메리카에 갔던 그가 자신은 회개하지 않고 하나님께 돌아서지 못했다라고 했다.[334] 그의 이러한 심경 고백은 그의 조지아 선교 실패의 원인을 간접적으로 증언하고 있는 것이었다. 그가 당시 갖고 있었던 영국 지도층으로서 엘리트 의식과 영국 국교회에 대한 자부심, 그로 인한 현지인들의 문화와 삶에 대한 정죄와 질시 등은 복음의 전달 과정을 방해하는 가장 중요한 요인들이었다. 복음은 하나님의 은총으로 누구나 만민이 어떠한 문화와 상황에 처할지라도 성령의 능력으로 적용될 수 있음에도 불구하고, Wesley는 18세기 영국 런던의 문화와 국교회의 성례전과 윤리 강령에 억매여 하나님의 선교를 역선교하게 만들었다. 이것은 선교사가 아무리 훌륭한 신학 교육과 선교 동기를 가지고 선교에 임한다고 할지라도 현지 문화이해와 동일시(identification) 그리고 타문화 전달 방법론을 체득하지 않고서는 복음의 전달이 불가능하다는 것을 교훈한다.[335] 그러나 이 실패는 이후 Wesley의 변화와 연결되어 그의 주

---

333) John Wesley, *The Works of John Wesley*, vol. 1., 74-5.
334) John Wesley, *The Works of John Wesley*, vol. 1., 75-7.
335) Dean S. Gilliand ed., *The Word Among Us: Contextualizing Theology for Mission Today* (Dallas: Word Publishing, 1989), 9-31.

요 강조점인 '성서적 성결을 온 세계로' 전하는 선교 사역 확산 운동의 원동력이 되었다.

1738년 5월 24일 Wesley는 런던 올더스게이트 거리의 작은 집회에서 한 사람이 루터의 로마서 주석 서문을 읽고, "그리스도를 믿는 믿음을 통하여 하나님께서 마음의 변화를 일으키신다"는 말씀을 들었다. 그때 그는 마음이 이상하게 뜨거워지는 것을 느꼈고, 그리스도만을 믿음으로써 모든 죄에서 용서함 받고 죄와 사망의 법에서 구원받았음을 확신하였다. 그는 이후로 죄와 사망의 권세에서 해방받는 영혼 구원에 대하여 부흥설교가로서 뉴게이트 교도소, 보칼도 시립 형무소, 글로체스터 그린 빈민원, 그리고 교회와 야외에서 설교사역을 감당하였다. 그는 교구에 얽매이지 않고 '온 세계를 나의 교구'로 하나님이 맡겨주셨다는 확신을 가지고 온 세계에 구원의 기쁜 소식을 선포하는 일에 헌신하였다.[336]

이제 그는 값없이 주는 구원의 기쁜 소식 곧 회개와 죄의 용서에 관하여 설교하였다. 그는 종교적 명목주의에 반대하여 가슴으로 느끼는 복음에 대하여 설교하였다. 그는 외적인 종교 의식보다 중생과 변화된 성결한 삶을 가르쳤다.[337] 그리고 무엇보다도 교리나 성경에 대한 이론 정립보다 하나님 말씀 그 자체인 하나님의 사랑과 마음의 변화를 추구했다. 이제 그는 이제 하나님의 사랑을 체험함으로써 영혼구원을 최우선적인 그의 선교 사명으로 정립하였다.

4. John Wesley의 선교 목적: 영혼 구원

Wesley의 영혼 구원에 대한 최우선적인 강조는 그와 초기 감리교 설교자들이 1745년 연회(conference)에서 확정했던 12개 항 중에서 11번째 항목을 살펴보면 그 중요성을 알 수 있다. 그것은 평신도 지도자들에게 "영혼 구원하는 일 외에는 다른 일이 없다(You have nothing to do but to save souls)"고 강조하였다.[338] 그리고 초기 감리교 설교가의 부인인 Mary Tucker는 자신의 남편의 사역에 대하여, "위대한 영혼 구원 사역"이라고 평가했다. 그녀는 공식적으로 복음 전파 사역을 원했지만, 그렇지 못하였기에 남편의 영혼 구원 사역에 전 생애를 바쳐 힘을 다해 돕겠다고 했다.[339]

---

336) John Wesley, *The Works of John Wesley*, vol. 1., 201-2.
337) John Wesley, *The Works of John Wesley*, vol. 1., 204-5.
338) John Wesley, *The Works of John Wesley*, vol. 8 (Grand Rapids, MI: Baker, 1984), 309-310.

사실, Wesley는 "온 세계는 나의 교구"라고 선언하고, 교회와 야외 집회에서 하나님의 구원에 대하여 선포하였다. 그의 설교는 영혼 구원을 위한 선교적 메시지였다. 블랙 히스(Black Heath) 지역 성회에는 만 이천에서 만 사천 명 정도 모였는데, 그는 "하나님으로부터 우리에게 지혜와 의와 성화와 구원이 되시는 예수 그리스도(Jesus Christ, who of God is made unto us wisdom, righteousness, sanctification, and redemption)"에 관하여 설교했다. 어퍼 무어필드(Upper Moorfields) 지역에서는 약 6천~7천 명의 사람들에게 "목마른 자들은 누구든지 물로 나아오라(Ho, every one that thirsteth, come ye to the waters)"는 말씀을 전하였다. 케닝턴 코먼(Kennington Common)에서는 약 만 오천 명의 군중에게 "땅 끝의 모든 자여, 나[하나님]를 앙망하라. 그러면 구원을 얻으리라(Look unto me, and be ye saved, all ye ends of the earth)"는 말씀을 전하였다.340)

Wesley의 설교 사역에서 영혼 구원과 부흥의 역사가 일어났는데, 그 은혜의 양상을 보면 다음과 같다: 어린 양의 피로 깨끗함을 얻는 은혜, 죄사함의 값없이 주시는 은총, 그리고 성령의 부으심(an out-pouring of his Spirit), 은혜의 부으심(general shower of grace), 평강과 기쁨의 충만(filled with peace and joy), 자유하게 됨(set at liberty) 등이다.341) 특히 그의 집회에서는 쓰러지는 역사가 나타나기도 했다. 1738년 송년의 날 패터래인에서 약 60여 명의 신도들이 철야하며 기도하였는데, 새벽 3시경 하나님의 능력이 임하여 사람들이 쓰러져 기쁨으로 소리치는 역사가 일어나기도 했다.342) 1739년 5월 21일 브리스톨에서 Wesley의 옥외 집회 중에 사람들이 하나님의 능력으로 쓰러지는 현상이 일어났다. 그리고 그날 저녁 니콜라스 신도회에서 회개와 구원에 대하여 설교하였을 때에 몇몇 사람들이 쓰러져 땅에 죽은 자같이 되었는데, Thomas Maxfield라는 청년은 바닥에 쓰러져 악한 영에 사로잡혀 부르짖으며 몸을 땅에 부딪쳤고, 신도들이 진정시키며 기도하여 평안을 얻기도 하였다. 이외에도 Wesley 앞에서 발작을 일으키며 부르짖는 경우가 많이 일어났으며 성령의 역사로 그들은 영혼의 평안을 누릴 수 있었다.343)

---

339) John H. Wigger, 71.
340) John Wesley, *The Heart of Wesley's Journal*, edited by William J. Petersen and Warner A. Hutchinson (New Canaan, CT: Keats Publishing, 1979), 57-59. "땅 끝의 모든 자여, 나[하나님]를 앙망하라. 그러면 구원을 얻으리라"는 설교는 그의 주요 선교 설교로서 1739년 6월 18일 브리스톨에서도 설교했다. 1739년 7월 17일에 베어 필드(Bear Field) 언덕에서 그는 천여 명의 마을 사람들에게 "지혜와 의와 성화와 구원이 되시는 그리스도"(Jesus Christ, who of God is made unto us wisdom, righteousness, frsanctification, and redemption)에 대하여 설교하였다.
341) Robert G. Tuttle, Jr., *John Wesley: His Life and Theology* (Grand Rapids, MI: Zondervan Publishing House, 1978), 244-5.
342) Robert G. Tuttle, Jr., 251.

이처럼 그의 선교 사역의 중심은 언제나 영혼에 관심을 집중하고 영혼을 구원하는 일이었다. 그에 따르면, 영혼 구원은 하나님의 역사하심으로써 죽음의 두려움에서 벗어나는 일이었다. 그는 죽음을 대단히 두려워했고, 죄의 결과로 자신이 죄인으로 죽어야 한다는 죽음의 공포에서 벗어나길 원했다. 그가 초기 옥스퍼드에 머무는 동안 "죽음은 아무것도 아니며, 사후에는 아무것도 존재하지 않는다(post mortem nihil est; ipsaque mors nihil)"라는 말의 진리성에 대하여 궁구하면서, 죽음 이후에 삶이 있다는 것을 암시하듯 유령(apparitions) 이야기에 관심을 보이기도 했다. 그는 모라비안 형제단이 풍랑 중에서도 어린아이들조차 죽음의 공포에서 자유로운 것을 보고, 모라비안의 신앙에 빠지기도 하였다. 그는 거의 25년(1714~1738)간 구원의 내적 확신을 추구하였는데, 올더스게이트 회심의 체험에서 그는 구원의 확신을 얻었고, 그 확신은 그에게서 죽음의 공포를 몰아내었다.[344] 그는 이후 죽음의 공포에서 고통당하는 사람들에게 구원의 확신을 통하여 하나님의 평강을 누리도록 사역하는 데 중점을 두었다. 한 예로, 1739년 1월 21일 한 중년 부인이 그의 설교를 듣고 강한 죄책감으로 인하여 죽음의 고통(the agonies of death)에서 부르짖을 때에, 하나님은 "좌우의 날선 검보다 예리한" 성령의 역사로 그녀의 상처받은 영(her wounded spirit)을 치유하였다. 같은 해 3월 6일 Wesley를 반대하던 Compton 부인이 죄사함의 은혜를 받고 영생(immortality)의 완전한 소망을 증거하기도 하였다. 그는 이와 같은 경험으로 구원의 확신이 없어서 야기되었던 우울증에서 완전히 치유되었고, 그 이후 25년이 넘도록 깊은 낙심을 경험하지 않았다고 한다.[345]

또한 Wesley는 영혼 구원을 공포와 질망의 영(the spirit of fear, horror, despair)에서 빗어나 사랑과 기쁨과 평화의 영(the spirit of love, joy, and peace)으로 변화되는 것으로 설명했다. 그것은 죄로 가득 찬 욕망(sinful desire)에서 벗어나 하나님의 뜻을 행하려는 순수한 욕망(a pure desire)으로 변화하는 것을 말한다.[346] 그것은 죄를 용서함 받고 성령을 선물로 받는 은혜이다. 때때로 환상이나 꿈을 통하여 십자가상의 그리스도나 영광의 그리스도를 마음의 눈으로 만나는 경험을 하는 사람들도 있고, 쓰러지거나 진동을 일으키는 경우도 있으며, 신음 소리를 내거나 소리를 내어 우는 경우도 있는데, 이것만이 영혼 구원의 결과라고 말할 수 없

---

343) Robert G. Tuttle, Jr., 247-8; 273. 킹스우드에서 악마에 사로잡혀 귀신들린 Sally Nones라는 젊은 여인을 성령의 역사로 치유한 사건도 있다.
344) Robert G. Tuttle, Jr., 74-7.
345) Robert G. Tuttle, Jr., 252-3.
346) John Wesley, *The Heart of Wesley's Journal*, 52.

고, 생활의 성결로 증명된다고 웨슬리는 주장했다.[347] 그에 따르면, 영혼 구원의 결과, 사자와 같던 자가 어린 양이 되고, 술주정뱅이가 술을 끊고 모범적인 사람이 되며, 방탕한 자가 육신으로 더럽혀진 옷을 미워하는 사람이 되는 등 영혼 구원의 결과는 확실한 삶의 변화로 증명된다고 보았다.

이러한 사실을 종합해 볼 때에, Wesley에게 영혼 구원의 의미는 죄를 자각(conviction of sin)하고 회개하는 일뿐만 아니라, 중생(regeneration)하여 선행을 실천하는 것까지 포함한다고 볼 수 있다. 그리고 영혼 구원은 하나님의 자녀임을 성령의 증거로 확신하는 일과 그리스도의 사랑 안에서 완전함(perfection in love)을 성취하는 일까지도 포함된다고 볼 수 있다. 왜냐하면, 완전한 사랑과 동의어인 성결에 대하여 웨슬리는 육체적 금욕이나 종교적 수행의 외적 수단이 아니라, 오히려 내적인 것으로서 동기의 순수성, 사람의 영혼 안에 있는 하나님의 생명, 신적 본성(divine nature)에 참여, 그리스도의 마음 닮기, 하나님의 형상을 닮아가는 영혼의 갱신(a renewal of the soul)이라고 보았기 때문이다.[348]

그래서 Wesley에게 영혼 구원 명령(the mandate to save souls)은 값싼 회심(cheap conversion)으로 축소되지 않고, 세상의 빛과 소금이 되는 제자삼기사역으로 확장되었다. 그는 "영혼과 육체가 인간을 만들지만, 성령과 훈련(the Spirit and discipline)이 그리스도인을 만든다"는 웨슬리안 표현대로 영적 훈련을 통한 제자 삼기 사역을 통하여 영혼 구원 사역을 완성하려고 노력하였다.[349] 그는 그리스도인의 완전이 고독한 완전이 아니라 사람들의 상호 관계 속에서 하나님의 형상을 회복하는 영적이며 선교적인 완전으로 보았다.[350] 그래서 그는 그리스도인의 완전을 그의 제자훈련 소그룹인 신도반(bands)을 통해서 경험하고 실천하도록 장려하였다. 이는 그리스도인의 완전이 하나님의 형상을 회복하고 하나님의 사랑의 충만이기에 그 본질상 선교적이라는 사실과 연결된다. 특히, 그는 집회에서 선행적 은총에 응답하여 회개하는 회심자들을 11~12명 단위로 조직하여 구역(class meetings)을 만들고, 그들의 신앙 성숙을 위해 격려하고 돌보는 사역을 감당할 평신도 지도자들을 훈련했는데, 그것이 신도반이다. 신도반에서 성결의 은혜가 확실히 증명된 사람들은 따로 모아 선발 신도회(select

---

347) John Wesley, The Heart of Wesley's Journal, 51-52. 신중한 사람들은 환상이나 꿈이나 황홀경 등이 죄 용서를 의미하는 것이 아니며 외관상 울고 눈물을 흘리며 고백하는 것 때문에 죄가 용서되는 것은 아니라고 웨슬리의 영혼 구원 사역을 비판하였다.
348) Robert G. Tuttle, Jr.,124-5; 270.
349) Robert G. Tuttle, Jr.,76.
350) Stephen W. Rankin, "A Perfect Church: Toward a Wesleyan Missional Ecclesiology," Wesleyan Theological Journal, vol. 38, no. 1 (Spring, 2003): 100-102.

society)로 Wesley의 참모들이 되었다. 이처럼, 그의 영혼 구원 선교 방식은 먼저 대중 집회를 통해 복음에 응답한 회심자들을 소그룹으로 나누고, 그들을 양육하고 돌보는 제자 훈련을 통해서 성령 체험과 신앙의 성숙 그리고 그리스도인의 완전을 경험하고 실천하게 하는 것이었다.

5. John Wesley의 영혼 구원 선교의 21세기 적용

그러면 Wesley의 영혼 구원 선교가 21세기 현대 후기 사회에 영향력을 지속적으로 발휘할 수 있을까? 21세기는 톨레랑스(Tolerance)의 다름을 인정하는 다원주의 시대이다. 기독교는 점차 공적 종교에서 사적 종교로 자리매김당하고 있고, 소수화 주변화의 길로 내쫓기고 있다. Wesley와 같이 영혼구원을 위한 회심과 성결의 은혜를 추구하는 기독교 선교는 사회로부터 경고와 의혹 심지어 두려움의 대상이 되고 있다. 그것은 관용과 상호 인정의 시대에 자신의 신앙 체험만을 강요하는 강압적이고 독선적인 모습으로 사회 심리에 비치고 있다.

웨슬리안 단체나 교단에서조차 초기 웨슬리즘이 18세기 영국의 시대 상황의 산물일 뿐 더 이상 21세기 사회에 적용될 수 없다고 주장한다. Wesley는 당시 무신론적 세속주의와 명목상의 신자를 배출해내는 죽은 정통주의 사이에서 이성과 경험을 충족시키는 패러다임을 정립했을 뿐이라는 것이다. 그의 시대는 영국 국교회의 전통 속에서 신앙고백이 국가관리임용에 주요한 기준이 되었던 형식적 정통주의 시대였다. 그리고 지식인들은 자연신론에 빠져 무신론적 경향을 보였던 시대였다. 그때 Wesley는 무신론자이든, 정통주의자이든, 그들의 영혼이 구원받아야 함을 최고의 관심사로 정립하였고, 이것을 그의 설교와 사역, 교리문답교육과 소그룹 영적 제자훈련, 그리고 그의 삶의 중심으로 삼았다. 그러나 21세기에는 그의 구역, 신도반, 선발 신도회, 신앙 규율 등에서 그리스도인의 완전 혹은 성결의 은혜의 경험이 사라지고 있다.

사실, 21세기 서구의 주요 교단 교회들은 Wesley의 후예인 미국 연합감리교회를 비롯하여 전통적인 신앙고백에 저항하는 모습을 보이고 있다. 기독교 변증가들은 기독교 교리에 대한 변증을 포기하고 있고 서구의 신학대학원 학생들은 점차 회의론자들이 되어가고 있다.[351] 그리고 Wesley의 체험 중심의 성결론은 점차 18~19세기 사회 혼란과 변혁기에 따르는 문화 종교현상으로 해석될 뿐이다. 더 이상 누구도 심지어 Wesley의 체험적 신앙 실천을 지속적으로 추구한다는 자칭 보수적 웨슬리안주의자들도 일반적인 복음주의의 신학적 확신과 행태를 따라가도록 압력을 받고 있다.352)

심지어 영적 체험 중심적인 Wesley의 방식은 현 시대와 맞지 않음으로 폐기처분되어야 한다는 주장도 나오고 있다. 미국 뉴왁(Newark) 교구에서 24년간 봉직하고 은퇴한 Spong 감독은 Wesley의 영혼 구원에 중심을 둔 선교 방법은 구시대적 방식으로 폐기처분하고 새로운 시대에 맞는 전략을 개발해야 한다고 주장한다. 그는 성령 잉태, 동정녀 탄생, 부활, 승천, 재림 등의 전통 교리와 초자연적인 유신론을 더 이상 믿을 수 없다고 주장하고, 하나님 체험의 용어는 새로운 시대에 부합하는 용어, 즉 "생명의 원천이나 존재의 근거"로 재해석되어야 한다고 주장했다. 그리고 이방인들을 개종시키려는 복음주의 선교활동들을 우월감과 적대감의 표현으로서 비천하다고 평가절하하고 있다.353) 그러나 Spong 감독이 놓치고 있는 것은 그가 사역했던 뉴왁을 비롯한 세계 도시에는 존재의 근원이신 하나님을 인식하며 믿으려하는 사람들보다, 아직도 공동체에서 하나님의 사랑을 경험하며 실제적인 삶의 현장에서 하나님의 임재를 더욱 갈망하는 사람들이 많다고 하는 점이다. 한국을 비롯한 비서구권에서 하나님의 초자연적인 개입으로 인하여 예수를 믿게 된 사람들이 많이 있다. 그들은 예수님이 죽음에서 부활하셨기에 영생의 소망을 줄 수 있다고 믿으며, 또한 주님이 승천하셨기에 천국의 처소에 영원히 주님과 함께 거할 소망을 가지고 재림의 소망을 가지고 죽음의 공포를 이기고 있다. 또한 한국을 비롯한 동양권의 복음주의 선교사들은 우월감과 적대감으로 이방인을 억지로 개종하는 선교를 하는 것이 아니라, 소외되고 낙후된 지역을 찾아가 그리스도의 사랑의 실천하며, 현대 후기 사회에서 버림받은 '강도 만난 이웃'을 치유하며 돌보는 사역을 감당하고 있다.354)

이처럼 Wesley의 영혼구원에 대한 강조와 실천은 오늘날 변화하는 시대에도 적용될 가능성이 있다고 본다. 그의 시대가 문화의 세속주의, 교회의 정통주의, 지성의 자연주의로 기독

---

351) William J. Abraham, "Saving Souls in the Twenty-first Century: A Missiological Midrash on John Wesley," *Wesleyan Theological Journal*, vol. 38. no. 1. (Spring, 2003): 14.

352) John N. Oswalt, "성결은 기독교인의 생득권입니다." 『성결교회와 신학』 제10호(2003, 가을): 9-14. 미국 감리교회 내 복음주의 자요 성결 설교자로 알려진 전 에즈베리 신학대학 총장인 John N. Oswalt 박사는 미국 성결 운동은 더 이상 결집력을 보이지 않고 공통된 헌신에서 멀리 떨어지려 하고 있다고 주장하였다.

353) John Shelby Spong, 『기독교 변하지 않으면 죽는다』, 김준우 역 (서울: 한국기독교연구소, 2001), 94, 262-4.

354) 노윤식, 『성경에 선교가 있는가: 선교신학담론』 (서울: 한들출판사, 2005), 274-5.

교 선교의 가능성이 희박했던 때였지만, 그는 그 돌파구를 하나님 체험을 통한 개인 영혼의 신생과 하나님의 사랑을 실천하는 성결한 생활을 통해 사회를 개혁할 수 있다는 확신을 가지고 이를 실천하였다. 오늘날의 상황도 그 시대의 상황보다 선교의 환경이 더 낫다고 볼 수 없다. 오늘날의 시대는 선교적 관점에서 볼 때에 영혼구원을 위한 영적 복음 전파망이 더욱 훼손되어 있다. 타종교와 뉴 에이지 운동의 영성이 종교성이 남아 있는 사람들에게 호감을 주고 있다. 그리고 세속적인 사람들에게는 종교적인 위안을 상업주의로 보상받고 있다. 하나님께 대한 기도와 찬송과 경배를 통해 얻어지는 영적인 평안은 인터넷의 채팅과 노래방과 대형할인점의 상품에 대한 소비로 대체되어 버렸다. 하나님의 사랑을 체험하고 나누는 소그룹은 각종 취미와 필요 중심의 동호회로 대체되었다. 그럼에도 불구하고 교회의 위기는 선교의 기회를 창출한다는 점을 깨달아야 한다. Wesley가 영혼 구원 사역을 완성함에 있어서, 복음 전파와 그로 인한 회심자들을 소그룹인 구역으로 조직하고, 그들을 돌보고 목양하도록 지도자들을 제자 훈련한 것처럼, 오늘날 교회와 선교에 Wesley의 영혼 구원의 선교 방법론이 계속적으로 강화되고 실천되어야 할 것이다.

6. 영혼 구원 선교의 실천: 소그룹 운동과 제자훈련

Wesley의 영혼 구원 선교에서 그 핵심적인 하나님 체험의 내용은 '그리스도만을 믿음'으로 죄와 사망의 권세에서 영혼이 구원받는 체험이었다. 그러므로 죄와 사망의 권세에서 자유함을 누리고 영생의 소망을 갖는 경험은 기독교 선교의 가장 기본적인 기초가 되어야 할 것이다. 이러한 신앙 체험이야말로 잘못된 문화우월주의와 형식적인 명목주의 신앙에서 벗어날 수 있게 할 수 있다.

그리고 영혼 구원의 선교는 죽음을 두려워하지 않는 '마음으로 믿는 신앙'에 머물지 않고, 소그룹이나 공동체내에서 하나님의 완전한 사랑을 체험하여 그것을 실천하는 선교적 성숙으로 나아가야 할 것이다. 그것이 Wesley가 추구했던 '성서적 성결'을 이루는 길이고 '성서적 완전'을 성취하는 길인 것이다.

끝으로, Wesley는 당시 문화적·교회적·지성적 상황이 와해되었을 때에, 즉 영적 복음

전파망이 훼손되었을 때에, 사람들을 하나님의 나라에 이끌 수 있는 매우 실제적인 방법을 고안해 냈다. 그것은 소그룹 운동과 제자훈련이었다. 그곳에서 기도와 말씀 그리고 권면과 친교 활동이 이루어졌고, 이를 통하여 그리스도인의 완전, 곧 하나님의 사랑이 충만히 경험되었고 상호 실천되었다. 그곳은 하나님 체험의 장이요, 영혼 신생의 산터요, 그리고 성결한 신자를 양육하는 제자 삼는 선교의 장이 되었다. 그러므로 이러한 소그룹 운동을 통한 제자양육 방식은 Wesley의 영혼 구원 선교 방식일 뿐만 아니라, 21세기 교회와 선교의 주요한 선교 방식이 되어야 할 것이다.

제14장 복음주의 선교학의 정체성과 과제

2010년은 1910년 에든버러 대회(Edinburgh Conference in 1910) 100주년을 기념하는 해이다.[355] 세계 교회는 "에든버러 1910년"을 회고하면서, 2010년에 에든버러 선교 정신의 회복을 준비하고 있다. 사실, 에든버러 대회의 정신은 "선교를 위한 교회의 연합"으로서, 이 선교 대회에서 세계 교회 간의 협력과 연합의 필요성이 천명되었던 것이다. 바로, 교회의 선교를 위한 에든버러 대회가 교회 연합 운동의 기원이 되었다는 점은 복음주의 정체성과 과제를 제시하는 데에 도전을 주고 있다. 즉, 세계교회가 에든버러에 선교 사역의 연합이라는 목적을 가지고 모였던 것처럼, 한국의 복음주의 운동도 연합체로서 "선교 목적성(mission-oriented purpose)"을 회복해야 한다고 본다.

실제적으로, 한국의 복음주의 운동역시 한국 교회 초기 복음주의 선교사들의 선교를 위한 연합에서부터 시작했다. 초기 복음주의 선교사들은 "재한 복음주의 선교 공의회(복음주의 선교사 협의회)"를 조직하여 선교 사역을 위하여 연합하였던 것이다.[356] 후일, 1971년 아시아 복음화와 세계 선교에 동참하는 복음주의 신학자들을 중심으로 복음주의신학회가 조직되었고 오늘에 이르고 있다. 그러므로 금번 제51차 한국 복음주의 신학회의 정기 논문발표회의 주제인 "한국 복음주의 신학의 정체성과 과제"를 논함에 있어, 선교신학분과에서는 한국 복음주의 신학이 "선교 목적성"을 회복할 수 있도록 "한국 복음주의 선교신학의 정체성과 과제"를 제시하고자 했다.

본 장에서 주장하려고 하는 것은 복음주의 신학이 그 정체성과 과제에 있어서 선교를 위한

---

355) Kenneth R. Ross, "The Centenary of Edinburgh 1910: Its Possibilities," *International Bulletin of Missionary Research* (2006, 10): 177–179. "국제 선교 회보"(IBMR) 2006년 10월호는 "에든버러 1910년"을 회고하면서, 2010년을 에든버러 선교 정신을 되살리는 해로 기념하자며 그것을 특집으로 싣고 있다.

356) 김의환, 「21세기 한국 복음주의 신학의 방향과 과제」, 한국복음주의신학회, 『성경과 신학』 제32권 (2002. 10): 15–29.

연합, 즉 "선교 목적성"을 회복하여야 하고, 교파주의에 머물러 종파적 헌신에만 머무르는 분리주의적 활동을 지양하고, 그리스도의 사랑을 온 세상에 실천하는 통전적 활동(holistic mission)으로 나아가야 한다는 점이다. 이를 위해서 복음주의 선교신학은 복음주의 신학을 "분리주의적"이 아니라 "통전적"으로 만들 책임이 있다.357)

사실, 복음주의 선교신학에서 그동안 선교를 논함에 있어서 "복음의 효과적인 전달"과 "타문화와 종교 이해"에 그 강조점을 두어 왔을 뿐, 서로 다른 신학 전통 간의 선교를 위한 통전적 협력(holistic cooperation)에는 크게 관심을 기울이지 못하였다.358) 물론 복음의 전달과 그것을 위한 타문화 종교의 이해는 선교의 가장 근본적인 과제로서 그 중요성을 평가 절하할 수 없다. 그러나 선교는 그 본질상 교파주의를 넘어서 민족과 세계의 사람들에게 그리스도의 복된 소식과 사랑을 전하는 것으로서, 분열된 교회의 모습으로는 선교목적을 효과적으로 이루어낼 수가 없는 것이 자명하다. 그러므로 복음주의 신학은 편협한 교파주의에 머무르지 말고, 교파 간 연합을 통하여 통전적 선교를 지향해야 한다. 이렇게 복음주의 선교신학이 복음주의 신학의 "선교 목적성"을 회복시키면, 한국 교회뿐 아니라 세계 교회 간 상호 갈등을 해소시키고 선교를 위해 협력할 수 있도록 하는 역할을 감당할 수 있게 될 것이다.

이제 본 장에서는 복음주의 신학의 정체성과 과제가 선교와 목적론적인 관계, 즉 '선교 목적성(mission-oriented purpose)'으로 연결되어 있다는 점을 밝히려고 한다. 그리고 복음주의 신학의 분과 학문분야인 "복음주의 선교신학의 정체성과 과제"가 바로 복음주의 신학으로 하여금 본래 정체성과 과제인 연합을 통한 "선교 목적성"을 회복하게 하는 것이라는 점을 주장하려 한다.

---

357) Samuel Escobar, "Evangelical Missiology: Peering into the Future at the Turn of the Century." In *Global Missiology for the 21st Century*, edited by William D. Taylor (Grand Rapids, MI: Baker Academy, 2000), 105–107. 통전적 선교에 대하여 복음주의 선교신학은 그 우선순위를 복음전도와 영혼구원에 두는 한도 내에서 받아들이고 있다(로잔 언약 4–6항). 에스코바는 로잔 I, II에서 통전적 선교(holistic mission)와 통전적 형태의 선교(holistic forms of mission)가 강조되었음을 주장하고 있다. 사실, 에큐메니칼의 통전적 선교에 있어서 복음의 영성보다 사회실천적인 면이 강조됨으로써 보수적인 선교신학자들과의 논쟁이 계속되고 있으나, 통전적 선교는 복음주의 선교신학에서 폭넓게 받아들여지고 있다.

358) 한국 복음주의 선교신학회 논문집을 살펴보면, 연구 주제가 "구원의 대상", "미전도 종족", "전방개척선교", "평신도 선교 사역", "여성의 역할", "이슬람", "캄보디아", "힌두권", "선교상담", "전도훈련", "교회성장", "종교다원주의", "선교 정책", "경건주의", "개혁주의" 등이고 선교협력에 대한 연구는 미비하다. 한국 선교신학회의 논문집을 살펴보면, "선교사상", "선교 역사", "선교방법론", "복지선교", "인터넷 선교", "교회개척", "부흥운동", "복음과 문화", "종족 중심 패러다임", "통일과 북한선교", "이슬람" 등이다. 참고. 한국복음주의선교신학회, 『복음과 선교』 제6권 1호(2006)와 제7권 2호(2006), 한국선교신학회, 『선교신학』 제15집 2권(2007), 제16집 3권(2007), 제17집 1권(2008).

1. 복음주의 신학의 정체성과 과제

1) 복음주의 신학의 정체성에 대한 몇 가지 오류들

복음주의는 어느 특정 지역의 특정 단체를 지칭하는 용어가 아니라, 전 세계적인 복음적 기독교인들의 하나의 합의된 기독교 운동 양태를 가리킨다.[359] 보통 범하기 쉬운 오류 중의 하나는 복음주의의 정체성을 논할 때에, "세계교회협의회(the World Council of Churches: WCC)와 대립하는 그리스도인들을 복음주의자로 지칭"하려고 하는 것이다. 이러한 대립적 태도로 인하여 복음주의자들은 복음적인 신학을 가지고 있으나 편협한 분리주의자로 오해되기도 한다. 물론, 복음주의 신학과 세계교회협의회의 신학은 분명한 차이가 있다. 복음주의 신학은 세계교회협의회의 종교다원주의와 자유주의 신학 사상 그리고 문서설과 성서 편집설 등을 받아들이지 않는다. 그럼에도 불구하고, 복음주의 신학은 복음의 중심성을 가지고 있기 때문에, 세계교회협의회의 에큐메니칼 교회연합주의자들보다 더욱 큰 포용력을 가지고, 타종교와 자유주의를 용인하는 포용력이 아니라, 복음전도와 선교의 사명을 성취하기 위한 포용력으로, 세계교회협의회의 자유주의 신학 사상을 복음적인 신학 사상으로 변혁시킬 사명이 있다. 무조건적으로 세계교회협의회와 장벽을 쌓고 대립하며 지낼 것이 아니라, 에큐메니칼주의자들에게 성경을 영감 된 하나님의 말씀으로 믿게 하고, 타종교와 대화보다는 영혼 구령을 위하여 복음 선포 사역에 매진할 수 있도록 선도해야 할 것이다.

웨버(Robert Webber)의 15개 복음주의 하부 문화(subcultures)를 5개 범주로 평가한 글라서(Arthur F. Glasser)는 "하나의 거룩하고 보편적인 사도적 교회(the One, Holy, Catholic, Apostolic Church)", 즉 교회연합을 추구하는 복음주의자들(ecumenical evangelicals)을 언급하고 있다.[360] "21세기를 향한 한국 복음주의 신학의 방향과 과제"라는 주제로 모인 제39차 한국 복음주의 신학회에서 주제 발표를 했던 김의환 박사 역시, 에큐메니칼 교회연합 운동에 대한 복음주의 신학의 과제에 대하여 언급하기도 했다. 즉, 그는 복음주의 운동의 과제로서,

---

359) James M. Phillips and Robert T. Coote eds., *Toward the 21st Century in Christian Mission* (Grand Rapids, MI: William B. Eerdmans, 1993), 10.
360) Arthur F. Glasser, "Evangelical Missions," In *Toward the 21st Century in Christian Mission*, 12. 에큐메니칼 복음주의자들은 비판적으로 학문함에 대한 긍정적 가치를 조심스럽게 받아들이고, 성경에 복종한다는 열망으로 교회연합과 일치, 그리고 교회갱신을 주도하고 사회적 책임을 감당한다.

"교학 협동의 새로운 패러다임 구축과 한국 복음주의 신학회의 세계화 그리고 교회론에 대한 바른 정립, 복음주의 신학의 토착화, 신학 기금 조성" 등을 주장하였는데, 특히, 교회론의 바른 정립에서, "에큐메니칼 운동에 역행하는 참담할 지경에 이른" 한국 교회 분열에 대하여 지적하며, 교회연합운동에 대하여 복음주의 신학이 방향제시를 할 필요성에 대하여 언급하였다.361) 그리고 한국 복음주의 신학회 회장을 역임한 김영한 교수는 「새천년과 한국 신학의 새 패러다임」에서 "성경적 에큐메니칼"이라는 용어를 사용하여 "자기 교파나 자기 교회의 아집과 독선에 머물지 않고 자기 교단의 신학을 절대시하는 교만에 빠지지 않고, 성경을 하나님 말씀으로 받아들이는…" 모든 교단과 연합하여 복음을 전하는 "에큐메니칼 정신"이 요구된다고 주장하였다.362)

복음주의 신학의 정체성을 논할 때에 떠오르는 또 다른 오류는 복음주의 신학을 칼빈주의자들(the Calvinists)의 전유물로 인식하려고 하는 것이다. 물론 칼빈주의자들이 한국에서 주류교단을 대표하고 있고, 세계 복음주의 연맹과 한국 복음주의 신학회에서 주요한 역할을 감당하고 있기는 하지만, 복음주의 신학은 칼빈주의 신학만을 의미하는 것이 아니라는 점이다. 세계복음주의연맹(World Evangelical Fellowship/Alliance)의 신학위원회(Theological Commission)는 "비전 선언문"(밴쿠버, 2000)을 통하여 서로 다른 신학 전통의 신학자들에게 "성경의 진리를 찾아내며 그리스도의 복음을 변증하며 교회를 섬기는 목적을 가지는 한" 각자의 고유한 신학 사상과 그 연구에 대한 국제적인 협력을 요구하고 있다.363)

제39차 한국 복음주의 신학회에서 김영한 교수 역시 개회사에서 복음주의를 다섯 가지 유형으로 구분하면서, 다양한 신학전통의 연합체인 "개혁 신학적 복음주의"를 주장하였다. 그에 따르면, 신학 유형의 성향에 따라 5가지 복음주의 분류가 있다. 복음의 정체성을 강조하는 근본주의 성향 복음주의, 자유주의가 무시한 하나님의 말씀을 복권시킨 신정통주의 성향 복음주의, 모더니티(modernity)를 긍정적으로 수용하는 신복음주의, 포스트모더니티(postmodernity)를 긍정적으로 수용하는 포스트-보수적 복음주의, 그리고 위의 4가지 유형의 장점을 수용하고 단점을 배제한 개혁 신학적 성향의 복음주의이다. 개혁 신학적 성향의 복음주의란 근본주의 장점

361) 김의환, 「21세기 한국 복음주의 신학의 방향과 과제」, 26-28.
362) 김영한, 「새천년과 한국 신학의 새 패러다임」, 한국복음주의신학회, 『성경과 신학』 제28권 (2000. 10): 372-397.
363) David Parker, *Discerning the Obedience of Faith: A Short History of the World Evangelical Alliance Theological Commission* (Bangalore, India: Theological Book Trust, 2005), 119.

인 복음의 근본 정체성 강조, 신정통주의 장점인 사건으로서 계시의 말씀 수용, 신복음주의의 현실 책임성 인정, 포스트 보수주의의 감성, 전인적 관점, 생태의식 등의 포스트모더니티를 긍정적으로 수용하는 폭넓은 복음주의를 말한다. 그리고 그것은 근본주의 단점인 현실도피성, 신정통주의의 계시 사건의 비현실적 실재성, 신복음주의의 지나친 인간 이성의 자율성 의존, 후기 보수주의의 지나친 포스트모던 문화 의존성을 비판하며, 하나님 말씀에 기초하여 인간 이성과 현실 문화에 대한 비판적 조명을 가능케 하는 종교 개혁적 영성을 가진 종교 개혁적 성향의 복음주의를 말한다. 즉, 개혁 신학적 성향의 복음주의는 칼빈주의만을 의미하는 개혁주의가 아니라, 광의적 의미의 종교개혁 신학이란 맥락에서 개혁신학을 의미하는 것이다.[364] 그러므로 복음주의 신학에는 칼빈주의 신학을 비롯하여 웨슬리안 알미니안 신학, 세대주의 신학, 오순절 신학 등이 포함되고 있음을 알아야 한다.

그러나 복음주의권 안에 있는 각기 다른 신학적 전통들은 하나님의 주권, 종말론, 그리고 성령의 은사론에 있어서 각각 다른 신학적 견해를 고수하고 있으며, 심지어 대립하여 왔다.[365] 칼빈주의 신학과 웨슬리안 알미니안 신학은 하나님의 주권과 인간의 자유의지에 대하여 서로 다른 견해를 가지고 있고, 세대주의 신학과 오순절 신학은 종말론과 성령의 은사에 대하여 각기 고유한 신학사상을 견지하고 있다.[366] 이러한 신학적 사상 대립은 각각의 신학 전통들에게 포기할 수 없는 영역이지만, 복음주의 신학이라고 하는 큰 틀에서 각기 독특한 신학사상만을 견지할 것이 아니라, 선교를 위한 "연합과 협력"이라는 큰 틀에서 폭넓은 복음주의 신학의 징제성을 회복할 필요가 있다.

---

364) 김영한, 「21세기를 향한 한국 복음주의 신학을 전망하면서」, 한국복음주의신학회, 『성경과 신학』 제32권 (2002, 10): 6–14.

365) 사실, 칼빈주의의 약점은 예정론과 연결하여 "저항할 수 없는 은혜(irresistible grace)"와 "성도의 견인(perseverance of the saints)" 사상이 성경 주석학의 입장에서 볼 때에 적합하지 않다는 점이다. 히브리서 6장 1–6절에 보면, 당시 유대 그리스도인들이 로마의 압제와 탄압으로 인해 그들이 입었던 하나님의 은혜를 저버리고 믿음을 떠나 배교하는 일이 발생하였는데, 이것은 칼빈주의의 "저항할 수 없는 은혜"와 "성도의 견인" 사상으로 설명할 수 없는 부분이다.
웨슬리안 알미니안주의 역시 심각한 약점을 가지고 있는데, 그것은 이 세상에서 "완전"을 경험할 수 있다는 "그리스도인의 완전" 교리이다. 이 교리는 인간이 이 세상에서 완전함을 경험할 수 있다고 주장함으로써, 하나님만이 완전하신 분이라는 신앙에 도전하며, 인간의 도덕적 교만을 불러일으키는 듯한 오해를 양산하고 있다. 사실, 존 웨슬리가 주장한 "그리스도인의 완전" 교리는 하나님의 완전한 사랑(perfect love of God)을 체험하고, 죽음의 두려움에서 벗어나서 하나님을 사랑하고 이웃을 사랑하는 인간의 실천 교리로서, 하나님의 완전을 말하려고 하는 것은 아니다. 그래서 웨슬리안 알미니안주의자들은 "그리스도인의 완전"을 연약성을 지닌 완전, 약함을 인정하는 완전, 동기의 순수성, 하나님과 같은 완전이 아닌 인간의 허물을 가진 완전이라고 변증하고 있다. cf. Randy L. Maddox, *Responsible Grace: John Wesley's Practical Theology* (Nashiville, TN: Abingdon Press, 1994), 179–190.

366) 성령의 은사와 기적이 그리스도와 제자들의 시대에 끝났다고 주장하는 세대주의자들과 성령의 오순절 역사가 지금 여기에서 다시 재현되고 있음을 확신하는 오순절주의자들 역시 각각 성령의 역사를 성서에 제한하려는 약점과 구속사적인 관점에서 성령의 유일회적인 오순절의 역사를 일반화시키려는 약점을 가진다.

2. 복음주의 신학의 과제: 선교 목적성의 회복(Recovery of the Mission–Oriented Purpose)

이상에서 살펴본 칼빈주의 신학, 웨슬리안 알미니안 신학, 세대주의 신학, 오순절 신학의 서로 다른 혹 서로 대립되는 신학 전통 가운데에서 무엇을 위하여 이들은 모두 복음주의라는 큰 틀 안에서 "연합과 협력"을 해야 하는가라는 질문이 대두된다. 왜 서로 다른 혹 서로 대립되는 신학 전통들이 복음주의 신학이라는 이름으로 서로 용인하고 연합하며 협력해야 하는가? 그것은 바로 예수 그리스도의 복음 전파라는 피할 수 없는 "선교 목적성" 때문이다.

서로 다른 신학 전통들은 그리스도의 복음전파를 위하여 "선교 목적성"을 가지고 종교개혁의 전통과 모더니티와 포스트모더니티의 이상을 조화롭게 결합함으로써 상호 협력하였다. 일례로 한국복음주의신학회와 한국복음주의협의회의 태동과 활동 역사를 살펴보면 협력과 조화가 확연히 드러난다. 한국복음주의신학회는 1970년대 초 아시아 복음화와 선교를 위한 목적으로 서로 다른 신학 전통을 가진 복음주의 신학자들의 합의와 협력으로부터 시작되었다. 그 이후 복음주의 신학자들은 1981년 이후 학술발표 대회를 열어 종말론, 이단, 사회참여, 종교다원주의, 성령론, 교회론, 장례문화, 세계 선교 등의 주제를 가지고 상호 배움과 이해의 폭을 넓히고, 수차례에 걸쳐 복음주의와 복음주의 신학의 정체성과 방향성에 대하여 논의하였다.[367]

한국복음주의협의회는 세계복음주의연맹(World Evangelical Alliance)과 관계를 꾸준히 맺으며, 1974년 세계복음주의자들이 세계 선교를 위해 모인 "로잔 대회" 이후 한국의 복음주의자들을 중심으로 세계 선교라는 지상대위임(the Great Commission) 아래 상호 배움과 협력을 통하여, 복음 그 자체를 위하여 서로 반목을 그치고, 서로가 가진 약점을 상호 보완하며, 복음 전도와 기독교 선교에 그 뜻을 합치하고 있다. 일례로, 2006년 6월 7일에서 10일까지 할렐루야 교회에서 개최되었던 '2006 세계 선교 대회'에서 한국의 복음주의자들은 한국 선교 미래 25년의 청사진과 2030 세계 선교 프로젝트를 선포하였고 그 구체적 전략을 논의하였다.[368]

---

367) 1984년 6월 11일 Peter Beyerhaus 박사의 "현대 선교신학회의 동향과 복음주의신학회의 방향"이라는 공개 신학 강좌를 필두로 1989년 4월 28~29일 제13차 복음주의신학회 논문발표회에서 "복음주의신학이란 무엇인가?" 1995년 10월 27~28일 제26차 대회에서 "복음주의란 무엇인가?" 1996년 10월 18~19일 제28차 대회에서 "복음주의신학의 최근 동향," 2000년 4월 21~22일 제35차 대회에서 "새천년과 복음주의 신학의 과제," 2000년 10월 27~28일 제36차 대회에서 "복음주의신학과 한국교회," 2001년 4월 27~28일 제37차 대회에서 "서양신학을 향한 한국복음주의의 제언," 2001년 10월 26~28일 제38차 대회에서 세계복음주의신학자대회를 겸하여 "21세기 세계복음주의신학의 방향"을 논하였고, 2002년 4월 26~27일 제39차 대회에서 "21세기 한국복음주의신학회의 방향과 과제"에 대하여 논문발표 및 논의의 장을 가졌다.
368) NCOWE IV 전략기획팀, 『2030년까지 선교사 수요예측』, in 전호진 외 23인, 『2006 세계 선교대회/NCOWE IV 주제발제 자료집』

그러므로 복음주의 신학의 과제는 앞에서 살펴본 각기 다른 신학전통들이 "선교 목적성"의 방향성으로, 종교개혁의 최우선적인 가치인 *Sola Scriptura*(오직 성경으로)와 *Semper Refomanda*(항상 개혁되는) 원칙으로 포용하여, 복음전도와 기독교 선교를 위하여 상호 간 서로 협력하고 화합하여 그 폭을 넓혀가는 큰 우산(big umbrella)이 되어야 한다는 점이다. 그러면, 복음주의 신학의 정체성과 과제에 있어 "선교 목적성"을 회복시키는 데 있어, 역할을 감당해야 하는 선교학의 정체성과 과제는 무엇인가? 이에 대하여 고찰하고자 한다. 먼저, 선교신학이 속해 있는 선교학의 학문적 정체성과 과제를 살펴보고, 그 후 복음주의 선교신학의 정체성과 과제를 언급하기로 한다.

3. 선교학의 학문적 정체성과 과제

1) 선교학은 복음 전달학 혹은 복음 전달 방법론에 머물러야 하는가?

선교학의 정체성에 대하여 선교학을 복음 전도학 혹은 복음 전달학 등으로만 규정하려는 시도가 있어 왔다. 이러한 주장들의 근저를 분석하여 보면, 선교학을 복음 전도를 위한 프로그램이나 실천으로 이해하고 있음을 알 수 있다. 이러한 실천 중심의 정체성 노력은 선교학을 복음 전달학 방법론으로 국한시키는 데 일조를 하였다. 이들은 선교학을 "대학에서 학문으로 배우기보다는 선교 현장에 가서 직접 부딪치며 복음을 전달하면 된다"라고 생각하는 사람들이다. 이러한 실천 중심으로 선교학의 정체성을 주장하는 사람들은, 만일, 선교학의 정체성을 복음 전달에 두지 않고, 복음의 이해나 해석, 복음 수혜자의 문화 이해에만 그 중심을 두다 보면, 복음 전달이나 전도에 가시적인 열매나 효과가 나타나지 않는다는 점을 강조한다. 이들은 선교학이란 실천되는 학문이지 상아탑에 머무르는 탁상에서 되는 공론이 아니라는 것이다.

그러나 선교가 복음전도나 복음전달의 실천으로만 그 목적을 달성할 수 있다면 얼마나 좋겠는가! 사실, 선교학이 실천학문의 분야로서 선교실천을 위한 연구영역임을 감안할 때에 복

(한국세계 선교협의회, 2006), 250-271. Target 2030 한국 선교 미래 25년 개발을 위하여 선교단체의 전문화, 한국 교회 선교역량 강화, 선교 인프라 구축 및 선교 시스템 강화(동원, 훈련, 파송, 재배치, 토털케어, 선교행정), 선교적 교회론 개발, 선교지역 연구, 현지 선교 전략 및 한국적 선교 이론 개발 등 주요 역점 과제가 남아 있다.

음전도 실천은 매우 중요한 핵심적인 사항이다. 그러나 선교학이 실천에만 머무를 수 없다. 선교학은 복음자체에 대한 이해와 해석에까지 그 지평을 넓혀야 하고, 복음이 전달되는 현장에 대한 정치, 경제, 종교, 문화, 사회학적 연구도 통전적으로(holistically) 포함해야 한다. 왜 냐하면, 선교학은 복음 전도의 현장과 사람들에 대하여 문화인류학, 종교현상학, 정치학, 경제학, 사회학 등의 사회과학의 도움을 받아 분석하고 선교 전략을 세우는 교회를 위한 주요한 학문분야이기 때문이다.[369]

특히, 21세기 선교학의 연구 분야에서 전 세계적인 현상인 다문화주의를 비롯하여 대중종교, 시민종교, 토착종교, 특히 대중종교현상에 대한 연구가 시급하다고 본다. 선교 현장에서 만나게 되는 사람들이 대부분 대중종교의 영향을 받은 사람들이기 때문이다. 그러나 대중종교에 대한 연구는 미국 지성인들의 유럽이나 서구에 대한 문화적 열등 콤플렉스로(cultural inferiority complex) 인하여 연구가 미비한 상황이다. 그래서 학자들로 하여금 소위 대중문화나 종교보다는 고급문화나 세계 종교에 대하여 연구하도록 했다.[370] 그러나 1990년대 이후 대중종교에 대한 연구는 기독교선교를 위한 주요 연구과제로 대두되었는데, 그 이유는 실제로 기독교 복음이 빈자나 사회약자들의 대중 문화이해나 문화변혁에 더 긴밀하게 연결되어 있기 때문이다. 대중은 철학적 사고나 고급문화나 종교를 통해 변화되기보다는 실제적인 초월적 경험과 삶의 역동성을 통해 변화되기 때문에, 이에 대하여 선교학에서도 심도 깊게 연구할 필요성이 있다.

2) 선교학은 이론 신학인가 아니면 이론과 실천 양대 영역을 통전적으로 포괄하는 실천 신학인가?

선교학은 이론과 실천의 양대 영역을 통전적으로 포괄해야 한다. 선교학이 실천을 위한 이론으로만 상아탑에 남아 있을 수는 없고, 또한 이론 없이 현장에서 실천되어서도 안 된다. 선교학은 이론과 실천의 영역에서 선교현장과의 긴밀한 상호 협조체제를 통하여 그 정체성을 확고히 해야 할 것이다. 특히, 선교학 연구에 있어서 한국인 선교사들의 선교 실천과 경험이

---

369) Charles Van Engen, *Mission On the Way: Issues in Mission Theology* (Grand Rapids, MI: Baker Books, 1996), 17-26.
370) Peter W. Williams, *Popular Religion in America: Symbolic Change and the Modernization Process in Historical Perspective* (Chicago: University of Illinois Press, 1989), 5-7.

중요하게 다루어져야 한다고 생각한다. 선교학 전반에 대한 체계적 연구에서 한국인 선교사들의 선교 실천과 경험이 제대로 반영되지 못한 결과, 선교학은 서구의 이론적 잣대를 앞세우는 고질적인 학문적 종속성을 벗어나지 못하고 있는 것이 현실이다.

이제 한국의 선교학자에 의해 창조되는 선교학 이론은 한국인 선교사들의 선교실천과 경험을 집대성한 실천적 선교 활동의 복합적 결과물이 되어야 할 것이다. 그러므로 선교학 이론은 선교 현실(missional contexts)에서 나와야 하며, 선교학 이론 밖의 선교 현실이 변화할 경우, 침묵하거나 텍스트 해석만을 반복하는 것이 아니라, 그 현실에 근거한 새로운 이론을 도출해 내어야 할 것이 우리 선교학자들의 몫이라 생각한다. 선교학자들은 선교 현장에서 축적된 경험과 선교 전략들을 이론화하고, 그것을 다시 선교현장에서 실천을 통하여 재검증해 나갈 때에 선교학은 "통전적인 현장 실천 학문"으로서 그 독자적인 자리 매김을 할 수 있을 것이고, 선교 현장에 유익한 학문분야가 될 것이다.[371]

3) 선교학의 학문적 방향성은 어떻게 나아가야 하는가?

우선, 기본적으로 선교학의 방향성은 선교학의 학문적 정체성을 확립하고 그것을 효과적으로 교육하는 선교 교육 시스템 정립을 향하여 나아가야 할 것이다. 국내에서는 한국복음주의 선교신학회와 한국선교신학회를 중심으로 선교학 관련 교과목 개발 및 선교신학의 정체성을 찾기 위한 시도가 선교학사들의 연구, 공동저술, 교재개발 등으로 그 결과를 내고 있다. 외국에서는 선교학술지 *Missiology*를 통하여 최근 선교학의 정체성과 선교 교육에 대한 연구 논문들이 게재되고 있다.

다음으로, 선교학은 문화를 넘어 복음을 전하는 일(mission)에 대한 전반적인 연구이기 때문에, 각 나라와 문화권에 복음이 효과적으로 전달되고(communicated), 뿌리 내리게(indigenized) 하는 구체적인 방법론을 개발하는 쪽으로 그 방향성을 잡아가야 할 것이다. 이러한 작업은 문화인류학의 연구 결과를 활용하여 이루어지고 있다. 최근 문화인류학은 문화발전론을 넘어

---

371) 국내에서는 선교대학원과 신학대학원에 선교학을 전공으로 하는 석박사과정이 개설되어 있고, 그곳에서 학위과정을 하고 있는 현장 선교사들과 현지인들이 세계 각지에서 쌓아온 선교 경험들을 이론화시키는 작업을 하고 있다. 선교학이 현장 경험을 이론화할 수 있고, 그것을 근거로 선교 실천이 이루어진다면, 선교현장에서 선교사들이 따라 갈 수 있는 선교 로드 맵(mission road map) 혹은 선교 매뉴얼(mission manual)이 작성될 수 있을 것이다. 외국의 경우, 국제 선교 회보(IBMR) 2007년 10월호에 따르면, 한국을 비롯하여 베네수엘라, 필리핀, 미국, 라이베리아, 중국, 카메룬, 가나, 노르웨이, 에티오피아, 나이지리아, 유럽, 아프리카, 홍콩 등에서 선교 경험의 이론화 작업과 복음의 상황화(contextualization) 실천에 대하여 박사학위 논문들과 저술들이 나오고 있다.

서 문화상대주의로 그 자리매김을 하고 있는데, 그것은 문화의 다양성과 각기 문화의 고유성을 인정하고 존중해 주자는 것이다.372) 이러한 문화인류학의 발전을 통해, 문화의 고유성은 그 문화의 특정 종교와 깊이 관련되어 있고, 종교적 활동이나 종교 상징체계는 특정 사회의 문화 통합에 기여하고 있음이 밝혀졌다. 그래서 현재 선교학 영역에서 논쟁적인 부분은 현지 문화 종교 전통을 유지하면서, 기독교 복음의 전달과 실천이 어느 정도까지 가능할 것인가에 대한 것이다.

일례로, 존 트라비스(John Travis)의 상황화 레벨 C1에서 C6까지 어느 단계까지 허용해야 하는 것인가에 대한 논쟁이 있다. 복음주의 교회는 C1(외래어 사용교회), C2(현지어 사용교회), C3(현지어 사용 및 중립적 문화형태 사용), C4(현지어와 성경적으로 허락되는 현지문화 사용), C6(비밀 지하교회)까지는 허용되지만, C5(현지어와 비기독교적 현지문화 사용) 형태는 아직 논란 중에 있다. 예를 들어 C5에 속하는 이들이 무슬림 문화권에서 삼위일체를 인정하지 않는다든지, 모스크에서 이슬람식으로 기도한다든지, 쿠란을 하나님의 말씀으로 인정하며, 쿠란 독경 시 하나님을 경험한다든지 하는 것은 매우 논란의 여지가 많다. 무슬림 기독교인이라고 주장하는 이들을 기독교 선교에서 인정해야 하는가 아닌가 하는 것은 아직도 논쟁 중이다.373) 이러한 문화와 선교 영역에서 효과적 복음전달과 정착에 대한 기준과 방법론에 대한 연구는 계속해서 진행되어야 할 것이다.

마지막으로, 선교학은 교회와 선교회의 다양한 선교 사역에 관심을 가지고, 연구 주제를 다양하고 폭넓게 채택하여 연구함으로써, 교회와 선교회의 선교실천에 지원과 도전을 주어야 한다. 1970~80년대 선교학이 사회과학 방법론의 사용으로 통합학문의 경향성으로 갔다면, 최근에는 교회와 선교회의 선교활동에 집중하여, 선교 영역의 여러 분야들에서 선교적 지원과 도전을 주는 방향으로 나아가고 있다. 선교학자들의 연구 분야는 북한이주민, 다문화가정, 사회복지, 동남아, 서남아, 동북아, 중앙아시아 등 지역연구, 문화와 종교 영역 등으로 다양해졌다. 그리고 21세기 다원화된 사회를 맞이하여 선교 주제도 매우 다양해졌으므로, 선교학은 현장 선교회와 교회의 선교 활동에 그 이론적 근거와 전략을 제시하기 위하여 다양한 연구주제에 관심을 가지고, 보다 효과적인 선교실천을 도와야 될 것이다.

---

372) Carol R. Ember and Melvin Ember, *Cultural Anthropology* (Englewood Cliffs, NJ: Prentice Hall, 1993), 14-15.
373) Phil Parshall, *New Paths in Muslim Evangelism: Evangelical Approaches to Contextualization*, 채슬기 역, 『무슬림 전도의 새로운 방향』 (서울: 예루살렘, 2003), 67-83.

이상으로 선교학의 현장 실천 학문으로서의 정체성과 선교 현장에 유익을 줄 수 있는 학문으로서의 과제를 살펴보았다. 다음으로 선교학의 세부 분야인 선교신학, 특히 복음주의 선교신학의 정체성과 과제를 고찰해 보고자 한다.

4. 복음주의 선교신학의 정체성과 과제

1) 국내 복음 전도의 위기와 복음주의 신학의 "선교 목적성" 회복

복음주의 선교신학의 정체성은 선교 이론과 실천에서 "복음전도", 즉 "영혼 구원"을 강조한다는 데 있다. 복음주의 선교신학이 복음전도와 사회참여의 양대 날개를 가지고 하나님의 나라를 도래 혹은 확장한다는 데 그 일치점을 보이지만, 언제나 그 우선순위는 복음전도와 영혼구원이 되어 왔다. 그러나 21세기 한국과 세계의 상황은 복음전도에 대하여 "공격적", 혹은 "문화 침략적" 행위로 규탄하고 있다. 복음전도가 국내에서 이미 호의적인 때는 지났고, 기독교인들조차도 교회의 전도활동에 무관심하거나 비판적인 자세로 바뀌어가고 있다. 교회성장연구소 교회경쟁력연구센터의 「한국교회 경쟁력 보고서」에 따르면, 한국 교회는 약 97% 이상이 전도 전략을 담당할 전도위원회와 전담 교역자가 부족하며, 불신자 초청 특별행사도 없으며, 교인의 10%도 선교사역에 참여하지 않는 것으로 나타났다.[374]

이것은 21세기 상대주의와 다원주의의 영향력으로 인하여 복음주의 선교신학이 심각한 도전을 받고 있는 것과 맞물리고 있다. 종교다원주의(Religious Pluralism)는 하나님의 절대적 계시에 도전을 하며, 그리스도의 완전성과 최종성에 대하여 의문을 제시하고 있다.[375] 문화상대주의(cultural relativism)는 타문화에 대한 온건한 접근과 타종교에 대한 경의를 요구하고, 서양 기독교의 종교전쟁, 잔악함, 인종차별 등의 과거사 회개를 촉구하고 있다. 이러한

---

374) 교회성장연구소 교회경쟁력연구센터, 『한국교회 경쟁력 보고서』(서울: 교회성장연구소, 2006), 64.에 따르면, 한국 교회는 약 97% 이상이 전도 전략을 담당할 전도위원회와 전담 교역자가 부족

375) Paul F. Knitter, *No Other Name?: A Critical Survey of Christian Attitudes Toward the World Religions* (Maryknoll, NY: Orbis, 1986). cf. John Hick and Paul F. Knitter eds. *The Myth of Christian Uniqueness: Toward a Pluralistic Theology of Religions* (Maryknoll, NY: Orbis, 1995). 니터의 사도행전 4장 12절의 "구원 얻을 만한 다른 이름이 없나니?"라는 그리스도 유일성에 대한 종교다원주의 질문을 Carl Braaten은 "다른 복음은 없다"라고 응답하였다. Carl E. Braaten, *No Other Gospel!: Christianity among the World's Religions* (Minneapolis: Fortress Press, 1992).

종교다원주의와 문화상대주의의 영향은 기독교의 근간인 예수 그리스도의 신성과 유일성에 대한 성육신 교리와 삼위일체 교리를 훼손시키고, 이와 더불어 성경의 권위를 약화시켰다.[376] 성경의 권위가 상대적으로 약화되면서, 구원의 의미도 전통적인 속죄, 칭의, 중생, 성화의 개념에서 사회적 차원의 억압과 차별로부터의 구원, 육체와 정서적 차원의 질병과 상한 감정으로부터 구원 등으로 다양화되었고, 상대적으로 영혼 구원의 영역은 점차 약화되고 있다.[377]

한국의 경우도 그 예외가 아니다. 2002년 한신대 신학연구소의 "한국 사회에서 개신교의 역할과 활동에 대한 의식과 태도" 조사에 따르면, 조사 대상의 61.5%가 성경을 하나님의 말씀으로 믿지 않고 있으며, 61.7%가 선한 사람이 예수 믿지 않아도 죽은 후에 구원받는다고 응답하였다. 전도에 대하여는 76.2%가 개신교의 전도활동에 대하여 비판했으며, 72.1%는 공공장소에서의 전도행위가 바람직하지 않다고 응답하였다.[378] 이것은 한국 사회에 이미 종교다원주의와 문화상대주의의 영향으로 성경의 권위가 약화되었으며, 이에 따라 교회의 선교와 전도활동에 대하여 부정적인 평가가 확산되고 있다는 증거인 것이다.

이미 2006년 통계청 종교인구 조사에 따르면, 개신교는 1995년부터 2005년 10년간 약 876만 명에서 약 861만 명으로 1.6% 감소했고, 가톨릭은 약 295만 명에서 약 514만 명으로 74.4% 성장했다. 한국 개신교는 2005년 기준으로 불교 1,072만 6,000명에 비해 861만 6,000명으로 전체 인구 대비 18.3%에 머물고 있다.[379] 이러한 한국 교회 성장의 퇴조현상은 95년 이후 기독교의 후원자였던 미국의 보호 무역 장치의 해제와 유교권과 힌두권역인 중국과 인도의 경제 블록화 그리고 정부의 교회에 대한 정치적 탄압에도 직간접인 원인이 있지만, 세속화와 종교다원주의 그리고 문화상대주의라는 선교환경의 급격한 변화로 인한 것이라 볼 수 있다. 특히, 물질문명의 대변자인 서구 미국 중심의 기독교 교회 성장주의는 1990년대 이후 더 이상 영향력을 발휘하지 못하고, 오히려 개교회주의와 물량주의로 비판받았고, 교회의 사

---

376) 한신대학교 학술원 신학연구소, 『한국 개신교와 한국 근현대의 사회 문화적 변동』(서울: 한울, 2003). 한신대 학술원 신학연구소에서 전국 만 20세 이상 성인 남녀 중 1,000명을 다단층화 비례할당 추출법으로 선별하여, 연령, 권역, 직업, 학력, 소득 등으로 구분하여 2003년 2월 20일~3월 20일까지 현대 리서치 연구소의 표준적 실사방식으로 한국 사회에서 개신교의 역할과 활동에 대한 의식과 태도에 대하여 조사하였다. 그 결과 종교인 49.9%, 비종교인 50.1%이었고, 개신교에 대하여 68.9%가 교파, 개교회 중심적에 대하여, 52.8%가 무자격 성직자에 대하여 부정적으로 보았다.

377) Roy B. Zuck ed. *Vital Missions Issues: Examining Challenges and Changes in World Evangelization*(Grand Rapids, MI: Kregel, 1998), 121-130. 예수 그리스도의 유일성과 구원의 범주에 대하여 의문이 제기되면, 영혼구원 선교에 도전이 아닐 수 없다. 복음을 듣지 못한 자의 영혼이 멸망하지 않는다면?(롬 2:6-7), 현세 구원받지 못한 자가 죽은 후에 구원의 가능성이 있다면?(벧전 4:6), 사후 영벌이 지속되지 않고, 단지 존재가 없어진다면?(계21:4) 등의 질문들은 선교신학적으로 해결되어야 한다.

378) 한신대학교 학술원 신학연구소, 『한국 개신교와 한국 근현대의 사회 문화적 변동』, 69-72.

379) 통계청, 『인구동태통계』, 2006.

회적 영향력이 감소되었으며, 결국 교회가 사회로부터 외면당하는 지경에 이르게 되었다.[380]

지난 2007년 10월 SBS 서울방송은 "그것이 알고 싶다"라는 시사 다큐 프로그램에서 '길거리 전도'에 대한 비평 방송을 하였다.[381] 이 프로는 이미 한국 사회에 혐오감을 주는 정도로 변질되어 버린 지하철이나 버스, 공공장소나 거리 등에서 행해지는 전도 활동에 대하여 상식적인 일반인의 눈으로 바라보며, 교회의 공격적 선교에 대하여 자제할 것을 요청하는 내용이었다. 이 방송은 처음에는 사회적인 책임을 감당하지 않고, 자신의 가정과 자녀들을 버려두고, 길거리 전도에 나선 사람들을 광신적인 정신 이상으로 매도하다가, 나중에는 그 근본 원인을 기독교의 교리에서 찾고, 특히 그것을 설교와 신학을 통해 가르치는 보수교단의 지도자들에게 화살을 돌리고 있다.

예를 들어, 선교의 근거 구절(proof text)인 예수 그리스도의 지상 대 위임(the Great Commission)인 마태복음 28장 19~20절 "너희는 가서 모든 민족으로 제자를 삼아, 아버지와 아들과 성령의 이름으로 세례를 주고, 내가 너희에게 분부한 모든 것을 가르쳐 지키게 하라"는 말씀과 디모데후서 4장 2절 "너희는 때를 얻든지 못 얻든지 말씀을 전파하라"는 말씀을 자유주의 학자들의 입을 빌려, "그것은 후대 편집으로 초대 교회의 염원을 이야기한 것이지, 예수 그리스도나 바울의 본 말이 아니다"라고 주장했다.[382] 그리고 본디 전도와 선교란 삶 속에서 현존하는 선교로서 가난하고 상처입고 어려운 이웃들을 찾아가 돌보는 것이지, 길거리 다니면서 "불신지옥 예수천당"이라고 막무가내로 떠드는 것이 아니라고 주장했다.

위의 방송은 성경의 편집설을 주장하는 자유주의 신학자들과 목회자들의 의견을 반영하면서, "신학교에서는 그렇게 배우는데, 목회 현장에서 실천하지 않는다"라고 주장하면서, 기독교의 본질인 성경이 하나님 말씀이 아니라 인간이 편집한 것이라고 주장하였다. 특히, 마태복음 28장 19~20절의 주님의 지상 대위임(the Great Commission)이 예수 그리스도의 명령이 아니라 후대 교회의 편집이라는 것이 주장되어 물의를 빚기도 하였다.[383] 물론, 이러한 주장

---

380) 박창식. 이우성 편, 『한국교회여, 미래사회를 대비하라』(서울: 기독교산업사회연구소, 2006), 21-36; 243-300.

381) SBS는 "그것이 알고 싶다"에서 길거리전도의 문제점을 제시하다가, 갑자기 그것의 본질적인 문제를 대형교회 지도자들과 보수적인 교회의 책임으로 떠넘겨버렸다.

382) Donald Senior and Carroll Stuhlmueller, The Biblical Foundations for Mission (Maryknoll, NY: Orbis, 1994), 233-253. Donald S. Senior의 경우에, 마태복음 28장 16~20절을 보편적 선교의 관점에서 해석하고 있다. 그는 이 말씀에서 66~73년 유대 반란 이후 유대 기독교인들의 정체성의 위기 상황에서 복음의 참 본질을 회복하고 예수님의 가르침을 모든 민족들에게 전파하려는 초대교회의 의도를 발견하였다.

383) Johannes Blauw, The Missionary Nature of the Church: A Survey of the Biblical Theology of Mission, 전재옥 외 2인 역, 『교회의 선교적 본질』(서울: 한국장로교출판사, 1988), 76-77. Johannes Blauw는 선교 위임령의 내용에는 다니엘서 7장 14절의 인자 본문을 상기시키는 예수 그리스도의 선언에서 "하늘과 땅의 모든 권세를 내게 주셨으니…"로 시작하는데, 이는 선교 위임령의 주체

은 전도와 선교가 현실의 삶의 상황과 유리된 채, '예수 천당 불신지옥'을 외친다고 되는 것이 아니라, 현실의 상황에서 그리스도인의 사랑의 실천으로 가능한 것이라는 의도였을 것이다. 그러나 이러한 의도는 왜곡되었고, 마치 성경이 하나님 말씀이 아니라 인간의 편집된 신앙 공동체의 고백이나 이야기로 간주되었다.[384]

이러한 주장은 일부 방송사의 기독교를 탄압하려는 의도된 편집이나, 혹은 자유주의 신학자들의 소수 의견 개진일 뿐이라고 그 의미를 축소시켜버릴 수 있으나, 좀 더 숙고해 보면 성경을 성령의 영감에 의한 하나님의 말씀으로 믿고, 하나님의 뜻과 소원인 복음전도와 영혼 구원을 최우선적인 선교 사명으로 보는 복음주의 선교신학의 입장에서는 이보다 더 심각한 도전이 없을 것이다. 복음주의 신학에서는 "모든 성경이 하나님의 감동으로 된 것으로, 교훈과 책망과 바르게 함과 의로 교육하기에 유익하다"(딤후 3:16)라고 믿고 있다. 그리고 복음주의 선교신학에서는 하나님이 "전도의 미련한 것으로 믿는 자들을 구원"(고전 1:21)하심을 믿고 있다. 그러므로 복음주의 선교신학에서는 이들이 주장하는 문서 편집설과 마태공동체, 베드로공동체, 마가공동체, Q자료, M자료 등이 하나의 가설에 불과하다는 것을 짚고 넘어가야 할 것이다. 특히, 가설을 가지고 성경을 해석할 때에, 그것으로 그리스도 중심성과 교회의 권위를 훼손하는 방향으로 나아가서는 안 된다는 점도 강조해야 할 것이다. 복음주의 선교신학은 성경 해석이 교회에 유익이 되어야 하며, 선교와 전도의 실천을 가로막는 장해물이 되어서는 안 될 것임을 분명히 해야 한다. 예수 그리스도는 복음전파를 위해 성육신하셨고, 영혼구원을 위해 추수할 일꾼들을 찾으시며, 그들에게 선교위임을 하시며, 그들을 세상으로 파송하셨기 때문이다(마 4:23~24; 9:37; 10:14).

그러므로 복음주의 선교신학의 과제는 이러한 현장 복음전도의 위기가 복음전도의 방법론의 문제만이 아니라, 복음주의 신학 전반에 걸쳐 연결되어 있음을 주지시키는 일이다. 즉, 복

는 하나님의 아들이며 신적인 권위를 가지신 예수 그리스도라는 것이다. 그리고 보냄 받은 자들의 목적은 "제자 삼기"인데, 그것은 예수 그리스도에 대한 믿음과 회심 그리고 삶의 변화를 의미한다. 또한 선교 위임은 특수주의를 넘어서 모든 민족을 포함하는 보편적 선교로 나아가고, 선교적 선포는 "세례를 주고 가르치라"는 말씀대로, 하나님 나라의 가치인 자비, 긍휼, 화평을 이루는 교회의 형성을 포함하고 있다.

384) Johannes Nissen, *New Testament and Mission: Historical and Hermeneutical Perspectives*, 최동규 역 『신약성경과 선교』(서울: 기독교문서선교회, 2005), 33-35. 덴마크의 아르후스 대학 신학과 교수인 Johannes Nissen은 선교 대위임을 단순히 생각해서 "명령-복종"이라는 도식적이고 율법주의인 해석을 금하라고 요청하고 있다. 그는 선교에 대하여 예수 그리스도께서 명령보다는 위임하셨다고 본다. Nissen은 선교 위임을 예수 그리스도의 당부라고 보았으며, 단지 선교 명령으로 해석하게 되면, 그것이 초래할 선교의 비인간화를 경계하였던 것이다. 즉, 선교가 거룩한 전쟁에 참여하는 기독교 군대의 출정명령이 되어버리고, "제자를 삼아라"는 목적을 가진 강제적이고 공격적인 전투명령이 되어버리면, 예수 그리스도의 진정한 선교 부탁의 의미가 상실된다는 것이다. 선교의 수행은 전투적인 방식보다는 그 분을 따르기를 원하는 일종의 초대에 대한 감사의 응답과 헌신의 표현으로 되어져야 한다. 그 분의 의도는 선교가 다른 종교와 문화를 파괴하고 싸우는 폭력적인 행위가 되어서는 안 된다는 것이다.

음주의 신학이 "선교 목적성"을 회복하여, 복음의 권위를 훼손하는 사상과 신학에 대하여 대응하도록 해야 한다는 것이다. 다시 말해, 작금에 몰아닥친 복음전도의 위기에 대하여 적합한 선교신학적 대응을 복음주의 신학이 나서야 할 것이다. 조직신학자들은 "선교 목적성"을 회복하여 현장에서 일어나고 있는 복음에 대한 종교다원주의적인 해석의 문제를 해결해야 할 것이다. 그리고 성서학자들은 현장에서 제기되는 복음의 텍스트에 대한 문서설과 편집설로 인한 하나님의 말씀으로서 성경의 권위 훼손에 대하여 응답해야 할 것이다. 복음주의 신학이 "선교적 목적성"을 회복하지 않으면, 세속화된 사람들, 타종교인들, 복음 거부자들, 기독교 비판자들, 복음에 무관심한 자들에게 전도하는 길이 원천적으로 봉쇄될 것이다.

2) 국외 선교 활동의 위기와 복음주의 선교신학의 "선교 목적성" 회복

복음주의 선교신학에 대한 또 다른 도전과 위기는 작년 아프가니스탄 가즈니 주에서 탈레반에 의해 시도되었던 샘물교회 단기선교 팀 20명과 현지 안내인 3인의 납치 사건이었다.[385] 이 사건은 소위 "한국 교회의 무분별한 해외 선교 활동"에 대하여 일반 여론의 비판을 불러일으켰으며, 선교단체와 기독교계는 타종교지역에 대한 무분별한 선교 자제를 요청받기도 하였다. 특히 일반 대중들에 의해 기독교 선교가 타종교지역에서 지나치게 공격적이라는 비난을 받았고, 분쟁지역에서 기독교 선교 봉사 활동에 대한 자성과 재검토의 요구를 받았다.

아프가니스탄 인질 사건은 한국 사회의 교회와 선교에 대한 그동안 쌓여 왔던 부정적인 민심을 자극하였다. 결국 여론은 한국인이 인질로 잡혔는데도 불구하고, 그들의 안위는 뒤로하고 오히려 한국 교회의 과도하고 모험주의적 선교활동을 비판하고 나섰다. 특히, 한국 사회에 증가하는 종교다원주의 가치로 인하여 교회와 선교단체의 타종교인 대상 선교활동은 비판받게 되었다. 다시 말해, 이번 아프간 납치 사건의 배경은 서구열강 곧 미국과 영국이 아프가니스탄의 석유 매장 이권을 둘러싼 제국주의 침략전쟁을 일으킨 상황에서 한국인들이 고난을 당하고 있는 상황인데도 불구하고, 오히려 서구 열강의 침략으로 난민이 된 650만 아프간 난민들을 위한 한국 기독 청년들의 단기 선교 봉사, 즉 선한 목적인 의료 봉사 활동이 비판받았

---

385) 신재연, "인질사태 해결 과정서 대한민국 국격도 억류당했다", 〈한국일보〉 2007년 8월 30일, A5면. 2007년 7월 25일 피랍 5일 만에 인솔자인 배형규 목사가 피살되었고, 7월 30일 심성민 씨가 두 번째로 피살되었고, 8월 13일 김경자, 김지나 씨가 석방되었고, 이후 8월 30일 43일 만에 모든 인질이 석방되어 아프가니스탄 피랍사태가 끝났다.

던 것이다.386)

이번 탈레반 인질 사건을 통하여 주목할 수 있는 것은 바로 한국인들에게 있어 종교관은 바로 국가주의에 예속되어 있다는 것이다. 종교 역시 예외가 없다. 한국인에게는 모든 활동이 국가를 위해 존재하고 행동할 때 그 가치와 존재가 인정된다. 한국 기독교는 구한말 한민족의 위기에 독립운동과 애국애족 운동의 중심이 되었고, 1950년대 한국전쟁 당시 공산주의에 맞서 자유민주주의 수호에 기여했다. 그리고 1960년대 이후 1980년대까지 국가 경제발전의 주요 동인으로서 사람들에게 "할 수 있다(Can Do)"는 신앙심을 넣어주어 경제발전에 주요 가치를 제공했다. 여기에 경제발전의 부정적인 측면인 대가족 전통의 유교 정신문화 파괴, 향락 문화와 소비문화로 인한 불교 전통 가치의 퇴락과 그에 따른 죄책감을 "그리스도의 십자가의 용서"라는 심리적이고 종교적인 면죄부를 찾기 위해 많은 사람들이 교회로 몰려들었고, 교회는 성장하였다. 세계 선교는 1980년대 후반 88올림픽으로 인하여 세계여행의 자유가 주어지자, 봇물 터지듯이 이루어졌고, 그것이 곧 한국 경제 발전에 대한 하나님의 뜻이라고 보여졌다. "남을 도와주어 내가 잘된다", "내가 잘되려면 남을 도와주어야 한다"라는 논리는 세계 선교의 주요 동인이었다. 곧 나라와 민족이 잘되게 하기 위하여 세계를 돕고 선교해야 한다는 것이다. 이것은 세계주의 역시 곧 우리 민족주의 국가주의와 맥을 같이 한다고 볼 수 있다. 세계 선교의 선두주자였던 바울조차도 유대민족의 구원을 위하여 세계에 복음을 전하는 민족주의자였음이 밝혀지고 있다.387) 그러나 최근 세계 선교의 목적이 세계 선교 그 자체가 되어버리고, 그것이 교회성장의 하나의 방법론이 되어버린 현실은 한국 사회에서 교회와 선교가 하나의 비판의 대상이 되는 결과를 낳았다.

그러면 아프간 사건 이후 한국 교회의 선교 전략은 어떻게 되어야 하는가? 한국 교회가 배 목사와 심 형제의 순교와 청년들의 선교 헌신을 "왜 한국 사회가 몰라주는가?"라고 강변할 수 없다. 한국 교회는 이번 사건을 통하여 더욱 한국 사회에서 멀어져 가고 있는 느낌을 사람들에게 주고 있다. 기독교인들에게조차도 "너무 무리한 강행", "무모한 선교", "전략 없는 홍

---

386) 탈레반 인질 사건에 대하여 한국 여론은 이것을 국가주의 관점에서 비판하고 나섰다; (1) 인질 구출에 소요되는 600억 이상의 한국 국가 예산의 낭비, (2) 현지 민간 관(군) 봉사단체의 실질적 봉사 중단, (3) 철군에서 인질교환으로 악화된 외교적 딜레마로 인한 외교 어려움, (4) 현실적으로 한국 외교의 실패, 모든 것이 미국 주도하에 있어, 미국에 끌려가는 외교, (4) 향후 아프간에서 경제, 국제 정치에 있어서 국가 주도권 상실 등이다.

387) 소기천, 「유대인 선교와 이방인 선교의 상관관계」, 한국선교신학회 세미나 발제, 2001년 6월 16일, 14-17. 바울은 이방인 선교의 궁극적인 목표로 이스라엘의 구원에 두었다. 이방인의 구원이 이스라엘을 질투케 하여 구원을 받도록 한 것이다. 참고 로마서 11:1-6, 25절 이하.

보성 자기 과시성 선교", "캠코더 선교" 등등 의견이 분분하다.

여기에 복음주의 선교신학의 과제가 있다. 아프가니스탄의 인질 사태를 통해 드러나고 있는 일반인들의 한국 교회와 선교에 대한 부정적인 반감과 한국 사회에서 계속적으로 이반되어 가고 있는 한국기독교와 선교에 대하여 복음주의 선교신학은 바른 방향성을 제시하고 선도해야 할 책임이 있다. 이 시대 국외 선교 활동에 대한 사회적 비난에 대하여 한국 복음주의 선교신학적 대안은 바로 제국주의적, 문화침략적 선교에 대한 반성과 더불어 진정한 "선교 목적성"의 회복에서 찾아야 한다.

복음주의 선교신학은 진정한 "선교 목적성"을 찾아야 하는데, 그것은 다른 종교와 문화를 파괴하고 싸우는 폭력적인 행위로서 복음전도와 선교가 아니라, 하나님 나라의 가치인 자비, 긍휼, 화평을 전하며 하나님의 사랑을 공유하는 복음전도와 선교 실천임을 복음주의 선교신학은 주창할 필요가 있다. 이것은 하나님의 경륜으로 설명될 수 있을 것이다. 아프간 선교봉사가 지금은 한국 사회에 막대한 경제적이고 국제적인 손실을 야기하는 무모한 선교활동으로 보이지만, 그것이 하나님의 경륜의 입장에 볼 때에는 하나님이 한국 민족을 "세상을 구원하시기 위한 선교의 도구로 사용하시고자 하는 축복의 통로"라고 생각하는 것이다. 하나님이 한국 민족에 걸고 있는 세계 약소국들에 대한 연대와 핍박받고 있는 세계인들과의 "평화적 연대"는 한민족을 세계 민족 위에 드높이는 또 다른 길이 될 것이다.

아프간 탈레반 납치 사건의 본질은 "무모한 청년들의 과시적 일회성 선교"에서 비롯된 것이 아니라, 신교와 봉사로서 시구 열깅의 침략주의 진쟁에 대항하는 "작지만 조그마한 평화의 사도"로서 해석되어야 한다. 그리고 그것이 한국인들에게 한국 민족의 번영과 발전을 위한 하나의 씨앗(밀알)이 됨을 인식할 수 있도록 선교적 노력을 경주할 때이다. 한국 민족은 서구 열강과 제국주의 선교와는 다르게 세계 평화와 긍휼을 전파하고 있다는 인식을 온 세계 기독교인들뿐만 아니라 비기독교자들에게도 인식시켜야 할 것이다. 그리고 복음주의 선교신학은 선교와 전도 활동이 국가와 사회에 불필요한 폐해가 아니라, 오히려 평화의 사도로서 전 세계적으로 국가와 사회의 국위선양에 필요한 평화행위임을 알리는 선교 전략을 강구해 나가야 할 것이다. 이번 아프간 사태로 인하여 결코 한국 교회 선교는 위축되거나 여론몰이 재판에 빠져들어 가서는 안 될 것이며, 오히려 하나님의 선교백성으로서 담대하게 세계 평화를 위해 나아가는 한국 교회의 모습을 보여야 할 것이다.

5. 복음주의 선교신학의 정체성: 복음전도를 통한 영혼 구원 선교

지금까지 복음주의 신학, 선교학, 그리고 복음주의 선교신학의 정체성과 과제에 대하여 생각해 보았다. 먼저, 복음주의 신학은 '선교 목적성'을 가지고, 복음을 중심으로 하는 정체성과 그 복음을 전도하고 선교하는 과제가 있음을 살펴보았다. 이를 위해서 복음주의 신학은 종교 개혁의 최우선적 가치인 *Sola Scriptura*(오직 성경으로)와 *Semper Refomanda*(항상 개혁되는)라는 대 원칙하에, 칼빈주의 신학을 비롯하여 웨슬리안 알미니안 신학, 세대주의 신학, 오순절 신학을 포함하는 모든 복음적 기독교인들의 합의와 협력을 통하여, 복음전도와 세계 선교에 그 힘을 결집하여 민족 복음화와 세계 선교에 매진해야 할 사명이 있다.

선교학의 정체성은 복음 전도학, 복음 전달학, 전도 프로그램 등의 선교 방법론을 넘어서, 복음과 상황에 대한 신학적 해석과 사회과학적 연구를 포함해야 한다. 선교학의 과제는 이론과 실천의 양대 영역을 포괄하여 선교 현장에 유익한 학문분야가 되어야 한다는 점이다. 선교학자들은 선교 현장에서 축적된 경험을 선교 전략으로 이론화하고, 그것을 다시 선교현장에서 실천을 통하여 재검증해야 할 나갈 때에, 선교학은 현장 실천 학문으로서 그 독자적인 자리매김을 할 수 있을 것이다. 선교학의 방향성은 (1) 선교학의 학문적 정체성 확립과 선교 교육 시스템 정립, (2) 각 문화권 내 복음의 효과적인 전달과 정착 방법론 개발, (3) 교회와 선교회의 다양한 선교 사역에 대한 관심과 연구를 통하여 교회와 선교회의 선교실천에 대한 지원과 도전 등이다.

복음주의 선교신학의 정체성은 선교 이론과 실천에서 "복음전도", 즉 "영혼 구원"을 강조한다는 데 있다. 그러나 21세기 문화상대주의와 종교다원주의로 인하여 복음전도의 문이 닫히고 있는 때에, 복음주의 선교신학의 과제는 매우 중차대하다. 종교다원주의와 문화상대주의는 기독교의 근간인 예수 그리스도의 신성과 유일성에 대한 성육신 교리와 삼위일체 교리를 훼손시키고, 이와 더불어 성경의 권위를 약화시켰는데, 복음주의 선교신학은 복음주의 신학의 "선교 목적성"을 일깨워서, 성경 영감설과 복음전도의 우선성을 확고히 하는 선교신학을 확고히 해야 한다. 그러나 복음주의 선교신학은 다른 종교와 문화를 파괴하고 싸우는 폭력적인 행위로서 복음전도와 선교가 아니라, 하나님 나라의 가치인 자비, 긍휼, 화평을 전하며 하나님의 사랑을 공유하는 복음전도와 선교 실천으로 나아가야 할 것이다. 그리고 복음주의 선교신학은 선교와 전도 활동이 국가와 사회에 불필요한 폐해가 아니라, 오히려 국가와 사회의 필요에 적절하게 대응해 나갈 수 있는 전략을 강구해 나가야 할 것이다.

결론적으로, 복음주의 선교신학은 복음의 중심성을 지킬 뿐만 아니라, 복음 중심성이 배타적인 것이 아니라 선교와 전도를 통하여 세계 보편성을 향하여 나아가야 할 것임을 확고히 해야 할 것이다. 그래야 복음주의 선교가 타자에 대한 이해와 배려의 모습이 결여되어 있는 호전적인 양태로 진행되지 않을 것이다.

제15장 영암 김응조 박사의 사중복음 선교

사중복음은 성결교회를 특징짓는 핵심적인 신학이기 때문에 성결교회는 어느 영역에서든 사중복음을 강조하고 있다.[388] 즉, 성결교회의 교회학교 교육 과정을 보면, 사중복음이 강조되어 있고, 목사고시 중 논문 시험에 사중복음에 대한 소논문은 해마다 출제되고 있으며, 특히 성결 교단이 운영하고 있는 성결대학교 각 건물들 명칭이 사중복음의 이름을 따라 중생관, 성결관, 신유관, 재림관으로 되어 있음은 주지의 사실이다.

이처럼 성결 교단에 중요한 사중복음을 하나의 신학적 준거 틀(frame of reference)로 설정하고, 이것을 사용하여 예수교 대한성결교회의 형성에 지대한 공헌을 하신 영암 김응조 박사의 생애와 선교신학에 대하여 연구하는 것은 성결교회 발전을 위해 매우 바람직한 일이라 하겠다.[389] 저자에게 주어진 "영암의 생애와 선교신학"에 대한 연구라는 주제는 필자에게나 성결교회에 매우 도움이 될 것이다. 왜냐하면, 성결교회의 중요한 초기 지도자 중의 한 사람인 영암의 생애와 선교신학을 성결교회의 신학인 사중복음의 준거 틀 안에서 새롭게 해석해 본다는 것은 성결교회의 선교신학의 발전은 물론 성결교회의 선교 동원 사역에 매우 큰 도움이 될 것이기 때문이다. 그러면 먼저 영암의 생애를 사중복음의 준거 틀 안에서 해석해 보도록 하자.

---

388) 우리 성결교회는 다른 장로교회나 감리교회와 비교해서 분명한 신학적 특징이 있다. 즉, 장로교회는 하나님 중심주의의 예정론을 강조하는 칼빈 신학을 따르고, 감리교회는 하나님의 은총과 인간의 책임을 창의적으로 결합한 웨슬레 신학을 따른다. 그런데, 성결교회는 감리교회처럼 웨슬리 신학을 따르면서도 19세기 미국 성결운동의 총체인 사중복음을 교단의 신학으로 정립하여 특성화시켰다는 점에서 타교단과 다르다. 참조: 조종남, 「웨슬레 신학과 성결교회」, 『요한 웨슬레의 신학』 (서울: 대한기독교출판사, 1984), 215-247; 이성주, 『웨슬리 신학』 (서울: 성광문화사, 1987), 285-288; Dale M. Yocum, 『기독교 신조 대조』, 손택구 역 (서울: 예수교 대한성결교회 출판부, 1988), 9-11.
389) 성결교회를 성결교회답게 특징지우는 것은 바로 사중복음이다. 사중복음이야말로 성결교회가 가지고 있는 역사적 유산이자 성결교회의 정체성을 만들어 주는 성결교회의 신학인 것이다. 이성주, 「사중복음의 전래에 관한 연구」, 『사중복음』 (안양: 성결교신학대학출판부, 1993), 326-328.

1. 사중복음을 통해 본 영암의 생애

1) 영암 생애의 약사

영암 김응조 박사는 1896년 구한말 경북에서 출생하였다. 그는 한학을 공부하였으며 13세 때에 서당의 훈장으로부터 예수교에 대하여 들었으며, 14세 때에 기독교 사상에 의해 세워진 계동 학교에서 신학문을 배우면서 15세 때 피득 선교사로부터 세례를 받게 되었다. 그는 계성 중학교에서 4년을 공부하고 21세에 법과에 응시하였으나 낙방하고 하향하여 소학교에서 교편 생활을 하기도 하였다. 1917년 4월 영암은 동양선교회 복음전도관 성서학원에 입학하여 목회자의 소명을 받고 카우만의 초청에 응하여 전도대로서 일본에 가서 노상 전도를 하기도 하였다.[390] 영암은 성서학원을 졸업한 후 목회자, 부흥사, 전도자, 주경학자, 신학자, 성결교 신학교 교장, 교단 총회장 등 하나님의 종으로서 큰 사역을 감당하다가 1991년 소천하셨다.

2) 사중복음과 영암의 생애

(1) 영암과 중생

영암의 생애에 사중복음과 관련하여 특징적인 면모가 발견되고 있다. 우선, 영암은 중생의 체험을 그의 나이 15세 때에 경험하게 되었다. 영암은 중생의 체험을 통해서 그리스도와 함께 새 사람으로 태어나는 거듭남의 분명한 체험을 하였다.

> … 세례문답을 지나서 '성부 성자, 성령의 이름으로 세례를 준다'는 기도가 끝나자 나의 심령은 변하였다. 나는 이제 세상 사람이 아니라 하나님이 아들이라는 믿음이 마음에 철장같이 선다. 마음이 한없이 기뻐진다. 하나님께서 주님이 수세하실 때에 나타난 사 실을 내게도 주셨구나(마 3:17). 그때에 하나님이 벌써 나를 택하셨다는 확신을 가지게 되었다.[391]

(2) 영암과 성결

영암은 성서학원 재학 중인 1917년에 일본으로 전도 여행을 가게 되었는데, 그곳에서 성결

---

390) 김응조, 『은총 90년』(서울: 성광문화사, 1983), 17, 35.
391) 김응조, 『은총 90년』, 23.

의 은혜를 체험하였다. 일본 선교 현장에서의 성결의 체험은 선교를 위한 동력으로서의 성결이라는 연관성을 깊이 통찰하게 한다.

> … 나[영암]는 이때까지 성결이니 재림이니 하는 진리를 알지 못했다. 그 이유는 내가 신학교에 들어가던 즉시로 일본에 온 것 때문에 그러한 진리를 받을 기회가 없었던 것이다. 나는 이 같은 영광의 주님을 맞이하려면 내 심령이 '깨끗하여야' 하겠다는 결심으로 그 이튿날 밤에는 골방에 들어가 기도하기 시작했다. 내 마음에 빛이 임하면서 내 죄가 낱낱이 드러났다. 나는 눈물로 회개했다. 나는 지금까지 도덕상으로는 별로 큰 죄 라 할 만한 것이 없었다. 그러나 심령이 더러운 것을 깨달았다. 꿈에 보던 주님의 영광과 내 심령을 대조해 보니 나는 지옥밖에 갈 자격이 없다고 느꼈다. 부지중에 '주여, 내 죄를 용서하시고 나로 깨끗하게 하옵소서' 눈물과 기도가 교잡하였다. 주의 음성에 '내가 너를 깨끗게 하노라' 이 순간에 내 마음은 유리같이 맑아지고 마음에는 기쁨이 충만했다. 옳다. 지금은 영광의 주님을 맞이할 수 있다는 자신이 확실해진다. '주여, 감사합니다.' 하고 일어나서 시계는 12시 종을 친다. 나는 이 간증을 여러 곳에서 하였으나 동경으로 간다. 홀리네스 교회에서 할 때에는 수백 명 청중에게 큰 감동을 주었다. 이것은 일생에 잊을 수 없는 체험이다.[392]

(3) 영암과 신유

사중복음의 세 번째 은혜인 신유(神癒, Divine Healing)에 대하여 영암은 자신이 하나님의 능력으로 질병에서 놓임 받음으로 직접 체험하게 되었다. 1920년 이후 철원교회 시무를 시작으로 1930년 목포로 내려가기까지 10년 동안 70여 교회의 개척, 만주 봉천을 중심으로 한 만주 선교 등으로 인하여 영암은 심신이 지쳐 있었고, 요양차 목포로 내려가 백일 작정 기도를 유달산 바위에서 매일 기도하였다. 그는 1930년 9월 10일 자신의 모든 질병에서부터 신유의 은혜를 체험했다.

> 이때에 목포는 일 년 전에 신 개척한 교회인데 초가집 셋방에 신자는 불과 10명이다. 한 지방의 책임자로 활동하던 나에게는 눈에 걸리지 않는다. 그리고 주택은 단칸방에 5인 식구가 새우잠을 잔다. 그때도 한재가 심하여 기차로 물을 운반하는데 한 통에 그때 돈으로 15전이다. 수난, 주택난, 질병난 등 다섯 가지 재난 속에 매일 지내니 없는 병도 생길 판이다. 몸은 점점 쇠약하여 갖은 병이 다 생긴다. 신경쇠약, 소화불량, 피몽, 신경통, 치질, 폐렴 여섯 가지 질병이 나를 집중 공격한다. 그때 내가 생각하기를 하루 빨리 죽는 것이 축복이요, 하루 더 사는 것은 저주라고 생각하였다. 나는 절망 상태에 빠졌다. … 기도를 마치고 나니 몸이 노곤해지면서 잠이 든다. 비몽사몽

---

392) 김응조, 『은총 90년』, 34–35.

중에 내가 앉은 바위가 갈라진다. 내가 생각할 때에는 10길이나 깊은 것 같았다. 밑에서부터 육백 수 같은 생수가 굽이굽이 돌아서 올라온다. 필경 내가 앉은 자리까지 넘친다. 내가 물 위에 둥둥 뜬 것 같았다. 그리고나서 내 마음에 무엇이 꽉 찬다. 그리고 순간에 내 몸을 보여주는데 내 몸이 유리알같이 맑아진다. 정신을 차려 깨고 보니 위대한 환상이다. 그때부터 내 마음과 몸에 큰 변화가 생긴다. 마음에는 기쁨, 사랑, 능력, 소망이 솟아오른다. 그리고 내 몸은 유리알처럼 맑으면서 날아갈 것같이 가벼웁다. 그때에 내가 말하기를 '주여, 감사합니다. 나는 살았습니다.' 일어서니 심신이 뜨거워진다. 뛰면서 부르는 찬송은 '목마른 자들아, 다 이리오라, 이곳에 좋은 샘 흐르도다'(합동 239장), 내가 이 찬송을 몇 십 번 불렀는지 알 수 없다. 그때에 하나님이 내 목을 완전케 하시므로 아무리 설교해도 목소리가 변하지 않은 것은 이때부터다. 산에서 내려오는데 몸이 날아갈 것 같고 발이 땅에 붙지 않는 감이 생긴다. 여섯 가지 질병은 한꺼번에 물러갔 다. 그때부터 오늘까지 39년 동안 한 번도 병으로 고생해 보지 않고 건강하게 지내왔다. 내가 분명히 알기는 하나님이 내 심령과 육체를 새롭게 해 주신 줄 믿는다. 돌이켜 생각하니 하나님이 내게 이 같은 은혜를 주시려고 6가지 병으로 몰아서 하나님을 찾게 하신 섭리로 생각하고 감사하는 바이다.[393]

(4) 영암과 재림

마지막으로 영암은 재림에 대하여도 분명한 체험을 하였다. 그가 1917년 신학교 재학 중 일본 전도여행을 하면서 그는 재림에 대한 체험을 하게 되었다.[394] 그때의 체험을 영암은 이렇게 간증하고 있다.

… 때는 1917년 9월 13일이다. 부산현(富山縣) 복정시(福井市) 약송(若松)여관에 우리 일행은 근거지로 정하고 전도하였다. 나는 그때까지 재림에 관한 신앙이나 지식이 없었다. 이날 밤 여관 방에서 자는데 나는 한복판에 누웠다. 밤중에 비몽사몽간에 하늘이 별안간에 환해지면서 수많은 천사가 나팔을 불고 예수께서는 흰 구름을 타시고 영광스러운 광채의 몸으로 천사의 호위 하에 강림하신다. 그때에 나는 너무 기뻐서 여러분 정신 차리라. 예수가 재림하신다. 하면서 큰소리로 외치며 손을 흔들고 야단을 쳤다. 일본 사람들이 자다가 깨어 정신 차리라고 주의를 준다. 그 환상이 없어지면서 공중에서 소리가 나는데 '요한일서 3장 3절' 하는지라 아침에 일어나서 생각하니 그 광경과 그 음성이 역력히 기억난다. 일본사람에게 그 성경을 읽어 달라 하였더니 '주를 향하여 이 소망을 가진 자마다 그의 깨끗하심과 같이 자기도 깨끗하게 하느니라'라는 바로 재림을 증거하는 말씀이었다. 주님이 내게 재림의 광경을 보여주는 동시에 내게 성결하라고 암시하신 모양이다. 오늘 내가 재림의 주를 열심히 증거하는 것도 이때의 계시를 받은 때문이다. 주님은 내게 귀한 환상을 보여 주신 줄 믿었다.[395]

---

393) 김응조, 『은총 90년』, 47-50.
394) 김응조, 『은총 90년』, 23-33.
395) 김응조, 『은총 90년』, 33-34.

이상에서 살펴보았듯이 영암은 성결교회의 신학인 사중복음에 대하여 체험적으로 믿었고, 이를 증거하였다. 다음으로 구체적으로 영암의 선교 사상을 사중복음의 준거 틀 속에서 살펴보도록 하자.

2. 사중복음을 통해 본 영암의 선교신학

1) 영암과 중생의 복음: 선교의 내용

사중복음 중 첫 번째는 중생의 복음이다. 중생의 복음은 요한복음 3장 3절의 말씀 그대로 인간의 영이 물과 성령으로 "거듭남(regeneration)"을 말한다.[396] 이 중생의 복음은 하나님의 인간 구원 사역의 한 단면을 잘 나타내 주고 있다. 즉, 하나님이 인간을 구원하시는 사역을 살펴보면, 하나님은 먼저 하나님을 떠난 인간에게 선행적 은총(prevenient grace)으로 역사하사 죄를 깨닫게 하는 은혜(convincing grace)로 "각성"하게 하시고, 자신의 죄를 "회개"(시 32:5)하게 하시며, 예수 그리스도의 보혈의 공로를 "믿게"(요 3:16, 20:31; 롬 1:16; 엡 2:8) 하신다. 그 이후에 하나님은 그 죄인을 의롭게 하는 은혜(justifying grace)로 "칭의"(롬 4:25; 5:18)하시고, 그뿐만 아니라 성결하게 하는 은혜(sanctifying grace)로 그 영을 다시 나게 "중생"(요 3:3, 5; 벧전 1:23) 하게 하시며, 하나님의 자녀로 "양자"(요 1:12) 삼아주신다.[397] 이러한 하나님의 구원 사역에서 중생은 인간 영의 거듭남을 지칭하는 용어로 초기적 성결(initial sanctification)이라 불리었고, 웨슬레의 경우 신생(new birth)이라고 표현되기도 했는데, 이는 하나님의 구원사역에서 인간 외적인 지위나 상태의 상대적인 변화보다는 인간 내부의 실제적인 변화를 강조하고 있기 때문이었다.[398] 이렇게 중생의 복음이 구원 과정에서 인간 내부의 실제적인 변화를 강조하는데, 그 인간 내부의 변화는 크게 두 가지로 해석되고 있다. 즉, 죄의 부패성[399]에서 깨끗해지고 거룩해짐과 하나님과의 관계단절로부터 화해, 혹은

---

396) 이성주, 『사중복음』, 34-37.
397) 조종남, 『요한 웨슬레의 신학』, 124.
398) 조종남, 『요한 웨슬레의 신학』, 129.
399) 조종남, 『요한 웨슬레의 신학』, 125-6. 죄에는 객관적인 결과인 죄책(guilty)과 주관적인 결과인 부패성(depravity)이 있다. 구원의 과정에서 하나님은 인간의 칭의(justification)에서 죄책을 사해주시고, 중생에서 부패성을 씻어주신다. 초기적 성결(initial sanctification)

영적 죽음에서부터의 출생이나 회복 등이다. 보통, 서구신학에서는 즉, 심프슨, 웨슬레, 칼빈, 루터 신학에서는 인간의 원죄에 대한 강조와 그에 대한 죄 씻음이 중요한 위치를 차지하고 있다. 심프슨의 경우, 그의 사중복음에서 그 첫 번째로 구원의 복음을 언급하는데, 하나님의 진노, 저주, 죽음, 악, 죄책, 죄의 근원인 악한 마음으로부터 구원받음과 죄용서, 살아갈 은총과 도우심의 축복이 강조되고 있다.[400] 웨슬레는 그의 구원론 가운데 신생을 설명하면서 죄인이 의롭다함을 받을 뿐만 아니라 실제적으로 죄의 부패성에서 씻김 받음을 강조하고 있다.[401] 루터는 초기 어거스틴주의의 경향성을 따라 아담의 외래적인 원죄로 인해 죄인된 인간이 그리스도의 외래적 의를 신앙함으로 칭의 됨을 강조하였다.[402] 칼빈은 중생과 의인을 설명하면서, 모두 사죄와 거룩하게 하는 그리스도와 연계시키면서, 칭의 된 성도 안에서 거룩하게 하시는 그리스도를 강조하고 있다.[403]

이렇게 서구 신학이 인간의 죄와 죄 씻음에 대한 강조를 하는 데 비해, 한국의 성결신학에서는 이와 아울러 하나님과의 잃었던 관계의 회복, 즉 잃었던 것의 되찾음을 강조하였다. 예를 들면, 서구신학에서는 죄로부터의 구원을 매우 강조하고 있는 데 반해, 성결교회의 김상준 목사, 이명직 목사, 김응조 박사의 신학에서는 하나님과의 관계의 회복을 영적으로 해석하여 강조하고 있다. 김상준 목사는 그의 사중교리에서 맨 처음으로 신생을 다루는데, 그는 죄에 대한 회개와 사죄의 은혜에 앞서서 한국 사람들에게 이해되기 쉽게 먼저 인간의 영에 대하여 설명하고 그 영의 신생을 강조하고 있다.[404] 이명직 목사는 중생을 "영적 변화"로 보았으며, 영이신 하나님과의 관계에서 의로움과 거룩힘과 자유힘과 아들의 민물 상속권과 영생 등의 "원상회복"임을 강조하였다.[405] 김응조 박사는 중생을 설명하면서, "그리스도 중심의 구원론적 관점의 영해"[406]를 통해 하나님의 잃어버린 형상을 되찾아 원상회복함을 강조하고 있다.

중생은 신창조이다. … 중생은 부활(영적부활) … 새 마음을 받는 심령상 변화라 할 수 있다. … 중생은 영으로 나는 것이다. … 중생을 간단히 말하면 타락한 인간이 원상회복인 동시에 죽었던

인 중생에서 원죄의 부패성이 부분적 씻김 받고, 온전한 성결(entire sanctification)에서 온전히 씻어 진다.

400) A. B. Simpson, 『사중의 복음』, 손택구 역 (서울: 한국복음문서간행회, 1997), 14-20.
401) 조종남, 『요한 웨슬레의 신학』, 124-125.
402) B. Haegglund, 「루터의 의인론의 배경으로서 중세 후기 신학」, 지원용 편, 『루터사상의 진수』 (서울: 컨콜디아사, 1989), 69-103.
403) Wilhelm Niesel, 『칼빈의 신학』, 이종성 역 (서울: 대한기독교서회, 1989), 124-136.
404) 김상준, 『사중교리』 (경성: 동양선교회성서학원, 1921), 9-23.
405) 이명직, 『기독교의 사대복음』 (서울: 기독교대한성결교출판부, 1952), 10-18.
406) 김성영, 「영암 김응조 목사의 영해 이해」, 『성결신학연구』 2집 (1997), 91.

영이 사는 것이요 … 하나님의 도덕적 형상을 도로 찾아서 저와 같은 형상으로 화하나니(고후 3:18) 이것을 가리켜 원상회복이라 하나니라.407)

이처럼 서구신학에서 중생의 복음을 설명할 때와 영암 김응조 박사를 비롯한 한국 성결교회 신학에서 중생을 설명할 때에 각기 그 강조점이 차이가 나는 것은 선교신학적 입장에서 볼 때 매우 의미심장한 일이다. 왜냐하면, 하나님의 복음이 각 시대와 서로 다른 나라와 민족 사람들의 문화와 종교 상황에 맞게 적절히 전해졌기 때문이다. 이는 선교신학의 기본적인 논리이다. 다시 말해, 20세기 초반 중생의 복음이 한국 민족에게 전해질 때, 그저 서구신학의 복사판으로 전해지지 않았고, 영암 김응조 박사를 비롯한 한국의 성결교회 지도자들에 의해 한국 사람들에게 맞도록 재해석되었다는 점은 선교신학에서 말하는 복음의 수용성과 복음의 토착화가 이미 한국 성결교회 내에서 일어났으며 계속되고 있음을 발견하게 된 것이다.408) 사실, 한국 사람들에게는 한국식으로 복음이 전해져야 한다. 즉, 우리에게는 하나님과 영의 개념이 살아있고, 잃어버린 것의 회복과 하나님과의 조화 사상이 있다. 이런 바탕에 성결교회의 중생의 복음은 죽었던 영을 살리고 하나님의 온갖 형상을 되찾는 것으로 재해석되어서 우리 민중의 가슴에 깊이 이해되어 민중 속에 살아있는 중생의 복음이 된 것이었다.

이처럼 중생의 복음을 서구 문화권을 넘어 한국의 민중에게 의미 있게 전하려는 한국 성결교회의 영암 김응조 박사를 비롯한 성결교회 지도자들의 "중생의 복음의 한국적 토착화 (Korean indigenization of the gospel of regeneration)"를 위한 노력은 후학들에게서 계속되어야 할 것이다. 그리고 이러한 한국 성결교회의 전례는 한국 성결교회의 선교 정책에도 영향을 주어야 한다. 즉, 타 문화권에 대한 문화 종교적인 이해 없이 무조건적으로 어느 한 문화권에서만 맞는 어느 신학(a theology)을 번역하여 주입시키는 일은 자제되어야 할 것이다. 즉, 중생의 복음을 선교의 내용으로 전할 때에 16~19세기 루터, 칼빈, 웨슬레, 심프슨 등은 서구 사람들에게 맞도록 "죄 씻음"의 측면을 강조하였고, 20세기 초반 김상준 목사, 이명직 목사, 김응조 박사 등은 한국 사람들에게 이해되기 쉽도록 "잃었던 것의 회복"을 강조하여 설명한 것처럼, 타 문화권 선교에 있어서 선교지 사람들의 가슴에 와 닿을 수 있도록 그들의 세계관의 틀에 맞도록 중생의 복음을 전해야 할 것이다. 예를 들면, 인도나 태국 등 힌두교나

---

407) 김응조, 『성서적 정통신학』 (서울: 성광문화사, 1969), 184-186.
408) Robert Schreiter, *Constructing Local Theologies* (Maryknoll, New York: Orbis, 1993), 16-21.

불교권에 중생의 복음을 전할 경우, 이들이 인간 내부의 변화를 중시한다는 사실을 먼저 알아야 한다.[409] 그리고 이들의 내적 경험에서 예수 그리스도를 만나도록 도와야 한다. 즉, 이들은 자아의 상실을 통해 절대자와의 하나 됨(oneness with the ultimate), 혹은 절대 무의 경험(experience of the ultimate nothingness)을 추구하는데, 복음을 해석할 때에 기독교 중생의 변화는 자아의 상실이 아니라 자아의 변화(not disappeared but transfigured)임을 강조하면 복음은 쉽게 이해될 수 있을 것이다.

이상에서 살펴본 대로 영암이 강조하였던 중생의 복음은 "죄로부터의 구원"으로 서구에서 지나쳐버리기 쉬웠던 "잃어버린 것에 대한 회복"에 대한 진리를 보완하였다. 이는 중생의 복음을 서구 문화권을 넘어 한국의 민중에게 전하려는 영암을 비롯한 한국 성결교회 지도자들의 "중생의 복음의 한국적 토착화"로 가능한 것이었다. 이와 같이 성결교회의 선교에 있어서 중생의 복음은 그 내용이 될 수 있으나, 중생의 복음을 전할 때에, 선교대상국가에 적합하게 토착화가 이루어지도록 진지한 노력을 경주해야 할 것이다. 그렇지 않으면 하나님의 구원은 피상적으로 전달될 것이고 선교지 사람들의 삶과 가치관의 변혁을 불러일으키지 못하고, 그들의 삶과 가치관, 세계관에 아무런 영향력을 줄 수 없는 형식적인 기독교인들을 만들어 낼 위험이 있을 것이다.

2) 영암과 성결의 복음: 선교의 동력

사중복음 중 두 번째로 강조된 성결의 복음은 한국 성결교회의 특징적인 부분이다. 교단의 이름도 성결교회이고, 성결교회가 운영하는 대학의 이름도 성결대학교이다. 그리고 예성 창립 90주년 원로 기념문집의 제호도 『성결의 생명강수』이다. 이 예성 원로 문집 중에 「한국 성결교회의 역사와 전망」이라는 글을 보면, 성결교회의 성결신학을 정립하기 위해 일생을 바치신 원로 손택구 박사는 성결교회는 그 역사적으로 "성결에 대한 요한 웨슬레적 강조"를 해 왔다고 회고하고 있다. 즉, 성결교회 성결론의 특징은 요한 웨슬레가 강조한 성서적 성결(scripture Holiness) 곧 "내재의 죄성에서 깨끗함을 받는 온전한 성결"로서, 전기적인 경험(crisis experience)인 "성령세례(불세례)"로 이루어짐을 강조하고 있다.[410]

---

409) David Knipe, *Hiduism* (New York: Harper-collins Publications, 1991), 75-118.

영암 김응조 박사는 성결을 삼위일체 하나님의 사역으로 이해하고 있다.[411] 즉, 성결은 성부 하나님의 창세 전의 계획과 뜻(엡 1:4; 살전 4:3, 7)으로서, 성도를 그리스도 안에서 거룩하고 흠이 없게 하신다. 성결은 그리스도의 십자가 대속의 결과로서, 인간의 범죄만 용서할 뿐만 아니라 죄의 본성까지 정결케 하셨다. 그리고 성결은 성령의 역사를 통해 받게 된다. 그래서 영암에게 있어서, 성결을 부정하는 것은 성부를 거역하고(살전 4:7~8; 히 3:18~19), 성자의 피를 무시하며(히 9:14, 10:29, 13:12), 성령을 거역하고 소멸하는 행위가 된다(히 9:14, 10:29, 12:32; 살전 5:19). 그러므로 성도는 삼위일체 하나님의 사역에 순종함으로 성결의 은혜를 사모하고 받아야 한다(살전 5:23; 요일 3:3).

영암은 웨슬레적인 성결의 은혜, 즉 인간의 죄성에서 깨끗함을 받는 온전한 성결을 원칙적으로 인정하고 있다. 그리고 영암은 성결의 은혜가 절대적 성결이 아니라 상대적 성결이므로 죄를 지을 수 없는(can not sin) 상태가 되는 것이 아니라 인간의 자유의지와 연약의 소치로 죄를 지을 수 있다(do sin)는 견해를 주장하고 있다. 또한 영암은 성결과 성화를 구분하고 있는데, 성결은 순간적인 은혜요, 성화는 평생 지속되는 은혜라고 본다. 그래서 영암은 성결을 유지하는 방법을 권면하는데, 그것은 외래의 유혹을 방지하기 위하여 마음과 행동을 지키시는 성령을 항상 내주케 하고(고전 3:16; 마 12:45; 롬 8:9), 그리스도 안에 거하며(롬 8:1, 33~34; 요 15:5), 기도와 말씀으로 항상 경건한 생활을 하는 것이다(마 13:52; 고전 16:13; 벧전 5:8; 계 16:15).[412]

영암의 이러한 성결에 대한 강조는 성결의 복음을 개인적인 차원의 원죄의 씻음이나 인간의 "근본적 내심의 부패에서 청결함"을 주시는 성령 세례 등 신앙 경험의 단계에만 머무르지 아니하고 동시에 교회의 사역을 위한 동력으로서 이해하고 있다.

> 성령의 세례는 동일하나 필요를 따라서 성령은 특수인물을 선택하사 그에게 은사를 주시고 직분을 맡기사 각각 맡은 바 직분을 따라서 또는 받은 바 은사를 따라서 역사하게 하시나니 그 결과는 천국 사업에 귀일케 하사 그리스도의 지체되신 교회를 위하게 하셨느니라.[413]

---

410) 손택구, "한국 성결교회의 역사와 전망," 예성원로목사회 공저, 『성결의 생명강수』 (서울: 들소리, 1997), 28, 36.
411) 김응조, 『성서적 정통 신학』, 200-207.
412) 김응조, 『성서적 정통 신학』, 200-217.
413) 김응조, 『성서적 정통 신학』, 243.

즉, 성령 세례를 통해 성결의 은혜를 받아 헌신된 자들은 교회를 개척하고 주님의 사역자로 선교하고 봉사하게 되는 것이다. 교회사적으로 보면, 웨슬레(John Wesley)의 성결체험은 미국 선교로 이어져 세계적 감리교단의 창설과 아울러 성결의 복음을 온 세계에 전하게 되었다.414) 카우만(Charles Cowman)과 길보른(Ernest Kilbourne)의 성결체험 역시 마틴 냅(Martin Knapp)이 이끄는 만국성결연합(International Holiness Union)을 통해 일본과 한국에 웨슬레안적 성결의 복음을 전하게 되었다. 특히, 성결의 은혜와 세계 선교와의 관계성에 대한 강조는 기독교연합선교회(C&MA)를 창시한 심프슨(Albert B. Simpson)에게 잘 나타나고 있다.415)

사실, 영암의 성결 신학도 성결 자체가 목적이 아니라 언제나 주님의 교회의 선교 사역이 목적이었다. 그래서 영암으로부터 사사받은 후학들은 영혼 구령의 사명을 감당하기 위하여 교회를 개척하였고, 그러한 교회들은 현재 부흥하는 대교회가 되었고, 영암의 성결 신학에 따라 목회와 선교에 사명을 잘 감당하고 있는 것이다. 바로, 영암의 성결 신학은 하나님으로부터 성결함을 받은 크리스천들이 그 동력을 전도와 선교하는 데에 매진하도록 실제적인 역할을 한 것이다. 영암은 지난 19세기 미국 성결파 교회들 중 소수의 교회가 그러했던 것처럼 무리한 세속과의 결별을 통해 분파주의로 나아가려는 유혹을 단호히 거부하였다.416) 성결은 무엇을 안 먹고 안 보고 안 입는 문제 위에 그 목적이 주님의 교회를 섬기는 데 필요한, 즉

---

414) 이성주, 『사중복음』, (안양: 성결교신학대학 출판부, 1993), 88–90, 93–98.
415) A. B. Simpson, "The New Testament Pattern of Mission," *Missionary Messages* (New York: The Christian Alliance Publishing Co., 1925), 26.
　　심프슨은 사도행전 1장 8절의 말씀을 매우 좋아하며 이 구절을 선교 주제로 설교했다. 이는 그리스도인들이 성령 충만을 받아야 예루살렘과 온 유다와 사마리아 땅 끝까지 주님의 증인이 될 수 있기 때문임을 확신했기 때문이었다. 그래서 그는 선교사의 자격을 성결의 은혜를 경험하고 하나님께 전적으로 헌신한 자로 엄격히 제한했다. 왜냐하면 성결의 은혜를 체험하여 깊이 헌신된 크리스천 (deeply committed Christians)이 아니고는 전도와 선교 현장에서 현대 사회에서 맞게 되는 수없이 많은 장애물을 극복해 나갈 수 없기 때문이었다. 특히, "선교의 논리(The Logic of Missions)"라는 설교에서 그는 세계 선교의 필요성과 긴급성을 역설하면서, 바울이 주께 받았던 복음전파의 열심과 죽어 가는 영혼들에 대한 불타는 사랑[성결의 은혜]이야말로 세계 선교의 중요한 동기가 된다고 강조하였다. Simpson, "The Logic of Missions," *The Best of A. B. Simpson* (Camp Hill, PA: Christian Publications, 1987), 110.
　　즉, 성결함 혹은 성령 충만의 또 다른 측면인 영혼에 대한 사랑을 가진 자가 선교사로 갈 자격이 있다는 것이다. 그는 선교의 사명을 감당하기 위하여 성령 충만, 사랑의 충만, 곧 성결의 은혜를 받아야 하는 것을 강조함으로써 성결과 세계 선교의 긴밀한 관계성을 연결시켰던 것이다. 그리고 그는 1899년 나약 대회(Nyack Convention)에서 선교사를 파송하는 모든 선교 기관들 역시 "영적으로 깊은[성결한] 삶(deeper spiritual life)에 그 근원을 두어야 한다"고 강조하였다. 심프슨에게 선교 사역은 하나님이 우리 안에(in us), 우리와 함께(with us), 그리고 우리를 넘어서(beyond us) 하나님의 위대하신 능력의 손으로 이루어진다고 보았다. 그러므로 하나님의 성결의 은혜를 체험한 자, 인간적인 노력과 힘에 의지하지 아니하고 하나님의 능력에 깊이 헌신하는 자만이 하나님의 선교 사역을 성취할 수 있다는 것이다. 이렇게 심프슨에게 있어 성결의 은혜는 선교를 가능하게 하고 완성시키는 선교의 동력인 것이다. A. B. Simpson, "Aggressive Chrsitianity," *The Christian and Missionary Alliance Weekly* 23 (September 23, 1899): 260.
416) David Bosch, *Transforming Mission: Paradigm Shifts in Theology of Mission* (Maryknoll, New York: 1993), 318. 19세기 미국 성결파 사람들이 개인적인 성결을 유지하는 실천적인 방안으로는 개인적인 오락이나 극장에 가지 않는 것, 춤추지 않는 것, 술과 담배의 사용금지, 주일신문 구독금지 등이었다. 이들은 사회 구조적인 악이나 죄를 등한시하였다는 비판을 받았으나, 대부분 이들의 개인적인 성결 운동은 사회개혁으로 이어졌고 세계 선교 사역으로 이어졌다. 그러나 소수의 성결파 사람들은 세속과의 인연을 끊고 애팔래치아 산맥으로 들어가 집단촌을 형성하며 은둔 생활에 들어가기도 했다.

하나님의 사랑을 온 세상에 전하는 동력임을 그는 깨달았던 것이다. 영암의 성결 사상을 이어 받은 성결교회는 1978년 기독교연합선교회(Christian and Missionary Alliance) 교단과의 협력 을 통해 새롭게 세계 선교의 사명을 깨닫게 되었고, 국내 1,000여 개의 교회 30여 만의 성도 로 성장하였고, 1980년대 후반부터 선교사를 필리핀, 대만, 일본, 파라과이, 브라질, 몰도바, 러시아 등으로 파송하는 열심을 보이고 있다.[417]

이러한 영암과 성결과 [선교] 사역의 연계성 강조는 우리 성결교회에 커다란 선교적 도전을 주고 있다. 하나님이 우리 성결교회를 한국 땅에 설립하시고 부흥을 주시는 이유는 주께 헌신 된 성결한 사람들을 결집하여 세계 선교를 잘 감당하라는 사명을 주심임을 깨달아야 한다. 즉, 성결교회는 성결의 복음이 선교를 가능하게 하는 동력이 될 수 있음을 이해하고, 선교에 집중적인 힘을 결집함으로써 교단의 분열상을 극복하고, 세계 선교로서 하나님의 뜻을 이루 어 드리는 성숙한 성결교회가 되어야 할 것이다.

3) 영암과 신유의 복음: 선교의 방법

신유의 복음은 성결교회에서 전통적으로 강조하는 복음으로서, 인간의 병든 몸을 하나님이 고쳐주시고 성도의 몸을 강건하게 하는 신비로운 은혜로서, 그리스도의 구속의 은총에 속한 다.[418] 그런데 과학과 의학이 발달한 현대 사회에서 하나님의 치유하심의 복음이 흡사 미신 적이거나 광신적인 것으로 현대인들에게 비추어질 위험성을 안고 있어, 현대 교회 목회자들 이 성경대로 "병 낫기를 위해 서로 기도"(약 5:16)하지 아니하고 지나치게 약과 의학에 의존 하는 경향성이 많아지고 있다.

이러한 현실의 근원을 찾아 연구해 보면 서구 기독교의 19세기 선교의 문제점과 그 맥을 같이하는 것을 볼 수 있다. 19세기 서구 선교는 서구 문명을 심는 전파자로서, 기독교가 그 해당 지역의 문화와 종교 상황 속에 깊이 뿌리박지 못 하게 하였다는 점이었다.[419] 물론, 서 구 문명으로 대변되는 서구식 교육 시스템과 병원 등 의료사업 등은 문명의 이기를 체험하지 못한 제3세계 가난한 사람들에게 하나님의 사랑을 전할 수 있는 훌륭한 매개체가 되었다. 그

417) 손택구, 『한국 성결교회의 역사와 전망』, 36-38.
418) 이성주, 『사중복음』, 146-201.
419) David Bosch, *Transforming Mission: Paradigm Shifts in Theology of Mission* (Maryknoll, New York: 1993), 291-298.

러나 이러한 교육, 의료 사업 등은 기독교의 토착화와 함께 진행되지 못했던 결점을 안고 있었다. 즉, 이러한 외적인 사회사업은 언제나 기독교의 영성인 예수 그리스도의 복음과 연결되어 그 문화와 종교 상황에 뿌리내려야 했으나, 그렇지 못하였던 것이다. 예를 들어, 가족 중에서 병이 들면, 예전에는 조상신이 노했거나 귀신이나 악령의 역사로 보았는데, 선교사가 운영하는 병원에서 서구 의학의 방법으로 낫게 될 경우, 과거에 믿었던 영적인 세계는 모두 거부되어 버렸다. 이 경우, 병을 치유하는 예수 그리스도에 대한 믿음도 강조되었어야 했다. 그리고 학교에서 배우는 서양식 교육으로 인해 이성과 합리성 등 과학적인 가치관이 함양되었으나, 이에 반해 인간에게 있는 종교성이나 영성은 점차 약화되어 갔다. 즉, 기독교 선교의 결과 영성은 약화시키고 이성이나 합리적인 사고를 강화시키는 결과가 되었다는 점이다. 물론, 이성이나 합리성이 강화되는 것은 좋은 일이나, 이와 함께 하나님을 찾는 영성, 종교성도 같이 강화되었어야 했다.

이렇게 그리스도의 복음은 각 나라 문화와 종교 속에서 과학적이고 기술적인 문명을 소개하고 발전시키는 데 기여했지만, 사람들의 전통적으로 가지고 있던 종교성, 영성, 즉 영혼에 대한 믿음, 악령과 귀신에 대한 두려움, 절대적인 초월자에 대한 체험적 신앙 등을 약화시켰다. 그래서 기독교인 중에 지극히 합리적이고 이성적인 사람들이 생겨나게 되었고, 이들은 영적인 세계를 믿지 못하는 무종교인들과 별반 다를 것이 없는 자들이 되었다. 이들에게 기독교는 여전히 서양종교로 남아 있었고, 기독교는 교육, 의료 사업을 하는 사회기관이 되 버렸다.

그러나 영암 김응조 박사는 자신이 신유의 은혜를 직접 체험하여 6가지 질병에서 나음을 받았고, 신유의 복음을 또한 강조하고 있다. 그는 신유에 대하여 부정하는 자들에게 경험과 성서에 의존하여 다음과 같이 반박한다.

> 또 혹자는 기적[신유]은 불필요하다 하는 자가 있는데, 그 이유는 다름 아니라 기적[신유]이 가장 필요한 근본 이유는 하나님의 계시를 증명하고자 함인데, 하나님의 계시는 예수 그리스도로 말미암아 이미 성취되었으니 기적[신유]은 그때부터 불필요하게 되었다는 말이다. 그러나 오늘에도 많은 기적[신유]이 나타나고 있으며 하나님께서도 오늘에도 여러 가지 기적[신유]으로 사람을 경성시키시며 그 존재를 능력 있게 증명하시느니라.[420]

영암은 17~19세기 합리주의 이성주의의 위협에 대처하기 위해 하나님을 창조주로 고백하

---

420) 김응조, 『성서적 정통 신학』, 96.

는 개혁 신학적인 배경과는 거리가 있다.[421] 개혁주의 신학은 하나님의 직접적인 인간사의 개입을 주장하지 않는다. 더욱이 이들에게 하나님의 직접적인 신유의 역사는 바람직하지 않은 것이다. 왜냐하면, 신유의 역사는 예수 그리스도의 지상 사역 기간에 이적으로 나타난 것일 뿐이기 때문이다. 이들은 인간은 창조주 하나님으로부터 받은 세계 통치 책임을 가지고 의학을 통해 질병을 치료해야 한다고 믿는다. 이러한 개혁주의 사상은 개인의 경건과 기도 위에 서지 못할 경우, 극단의 불신앙적인 인본주의로 나아갈 수도 있는 위험성이 있다. 하나님의 뜻을 이 사회에서 실현한다고 하면서 하나님이 없는 것처럼 행동하기 쉽다는 것이다. 이러한 극단을 영암은 우려하였고, 지금도 역사하시는 하나님의 신유의 은혜를 확신하였던 것이다. 그래서 영암은 성령의 내주를 통한 성결한 삶과 재림의 주를 고대하는 경건한 삶을 통해서 신유의 능력을 부정하지 않았고, 이를 통하여 선교의 주요한 방법으로 삼았던 것이다.

4) 영암과 재림의 복음: 선교의 목적

재림의 복음은 그리스도가 심판주로서 이 세상에 다시 강림하여 천 년 동안 왕으로서 통치하시고 그 이후 산 자와 죽은 자, 그리고 마귀 사탄의 세력을 심판하신다는 복음이다.[422] 성결교회는 이 재림의 복음을 매우 강조하였고, 일제하에 재림의 교리로 인하여 성결교회가 수난을 당하고 해체당하기까지 하였다.[423] 재림의 교리에 대하여 박사학위 논문을 쓴 성결교회의 조직신학자인 성기호 박사는 재림의 복음을 중심으로 사중복음을 설명하였다. 그는 심프슨의 재림론을 연구하며 재림의 복음이야말로 사중복음의 핵심 축이라고 생각했다. 즉, 재림의 날이 가까워 올수록 영혼 구원인 중생의 복음을 전해야 하고, 재림하시는 주님을 맞기 위해 성결함을 입어야 하며, 주님 오시기까지 주의 복음을 증거하며 충성하기 위해 하나님의 은혜로 건강하게 하시는 신유의 은혜가 필요하다고 보았다.[424] 이러한 재림의 복음의 강조는 초기 성결교회의 전통을 계승한 것으로 평가된다. 즉, 20세기 초반 『사중교리』라는 책을 집

---

421) 즉, 하나님은 창조주로서 초월적인 분이심임으로 인간에게 피조 세계를 다스리도록 위임하였는데, 인간은 피조물을 경배하거나 두려워해서는 안 되고, 자연적, 사회적, 정치적 환경을 하나님의 뜻에 맞게 개선시켜 나아가야 한다는 것이다.

422) 성기호, 『이야기신학』 (서울: 국민일보사, 1997), 336~355.

423) 박현명, 「성결교회는 왜 해산되었는가?」, 『활천』(1946, 신년호), 34.

424) 성기호, 「재림론을 중심한 심프슨의 사중복음」, 『믿음으로 일하며: 광영 한강수 장로 명예 신학박사 학위 취득 및 팔순 기념 논문집』 (안양: 성결대학교출판부, 1996), 116; 참조, Ki Ho Seong, "The Doctrine of the Second Advent of Jesus Christ in the Writings of A. B. Simpson," Ph. D. dissertation, Drew University, 1990.

필한 김상준 목사는 재림에 대하여 그 중요성을 강조하였고, 동시대의 성결교회 지도자인 영암 역시 주의 재림에 대하여 그의 『말세와 예수의 재림』이라는 저술을 통해 강조하고 있다.

> 시대는 마지막이 되었다. 새 시대의 주인공 되실 주 예수의 재림하실 때도 가까웠다. 지금은 잘 때가 아니요, 깰 때이다. 교제 일찍이 입산 기도 중 재림의 환상을 묵시 중에 직접 주로부터 받았다. 그때에 나의 영감에 부딪친 것은 주의 재림에 대한 선전의 사명이 내게 임한 줄로 믿어졌다. 이 사명은 나를 일으키고 약동시켰다. "성도여, 재림의 주를 맞이할 준비가 되었습니까?" 하는 것이 교제가 해방 후 남한 각지를 돌아다니면서 부르짖은 호소요, 소위 재림 준비 촉진 운동이라는 것이다. 이 호소에 호응하여 많은 성도가 경성하고 많은 영혼이 회개하고 돌아온다.[425]

사실, 성결교회의 재림론의 특징은 전천년주의를 따르는 데 있다. 교회사적으로 살펴보면, 재림론에서 전천년주의 운동(the premillennialist movement)은 '19세기 부흥운동(revivalism)', 복음주의(evangelicalism), 경건주의(pietism), 미국주의(Americanism), 그리고 다양한 정통주의(varient orthodoxies)에서 비롯되어 성결운동(the holiness movement), 근본주의(fundamentalism), 오순절주의(pentacostalism), 그리고 보수적 복음주의(conservative evangelicalism)와 깊이 연결되어 왔다.[426] 그런데 특징적인 것은, 전천년주의 운동을 벌인 모든 단체들은 그 신학이나 교리의 차이점이 다소 있더라도, 그 강조점은 예외 없이 세계 선교 사역이었고, 전 세계적으로 선교운동을 활발하게 전개하였다는 점이다.[427] 왜냐하면, 이들은 마태복음 24장 14절의 말씀을 주요 선교 본문으로 삼고, 주님의 지상명령대로, 그리스도의 재림 이전에 복음이 세상 끝 모든 족속에게 전해져야 한다는 당위성과 긴급성을 선교의 주요 동기로 강조하였기 때문이었다. 이러한 주의 재림의 목적을 이루기 위하여 아펜젤러(H. G. Appenzeller)는 한국으로, 아도니람 저드슨(Adoniram Judson)은 미얀마로, 알렉산더 더프(Alexander Duff)는 인도로, 허드슨 테일러(Hudson Taylor)는 중국으로 갔다.[428] 특히, 심프슨(A. B. Simpson)은 세계 선교 사역을 통해 주님의 재림을 촉진시켜(hasten His return), 이 세상에 천년왕국 도래를 앞당길 수 있다고 믿고 있었고, 선교의 긴급성을 매우 강조하였다.[429] 영암 김응조 목사 역시 재

---

425) 김응조, 『말세와 예수의 재림』(서울: 성청사, 1973), 1.

426) George Marsden, *Fundamentalism and American Culture: The Shaping of Twentieth Century Evangelicalism: 1870–1925* (New York: Oxford University Press, 1980), 201.

427) David Bosch, *Transforming Mission*, 315.

428) Stephen Neill, *A History of Christian Missions* (New York: Penguin Books, 1990), 233, 248–9, 290.

429) A. B. Simpson, "The Lord's Coming and Missions," *The Challenge of Missions* (New York: Christian Alliance Publishing, 1926), 55.

림의 목적을 이루기 위하여 세계 선교의 중요성을 강조하고 있다.

> "천국 복음을 온 세상에 전하여 모든 백성에게 증거한 후에 끝이 이르리라" 마 24장 16절의 예
> 언의 말씀은 19세기 전에 팔레스틴 한 모퉁이에서 12제자로 이루어진 한 단체에 하신 예언이다.
> 일천 구백 년간 이 예언은 유대를 중심으로 세계적으로 착착 진행되어 만민에게 증거 되었다. …
> 이 예언은 부인할 수 없는 역사적 사실이다. … 지금 우리가 전파할 전도 제목은 회개하고 복음을
> 믿으라는 것보다 회개하라 심판의 주가 오신다는 것이 시대에 적당한 전도제목이다. 이는 다름이
> 아니라 파종기가 아니라 추수기인 까닭이다.[430]

다시 말해, 그는 주의 복음이 온 세상에 전파된 후에야 주님의 재림이 실현되리라고 믿었
으므로, 주의 복음을 전할 세계 선교 사명을 매우 강조하였던 것이다.

이상에서 살펴본 대로, 재림의 복음은 세계 선교와 그 목적론적으로 매우 밀접하게 관련되
어 있음을 알 수 있다. 즉, 성결교회가 재림의 복음을 강조한다면 이 강조점이 선교와 연결되
어야 한다는 것이다. 다시 말해, 선교의 목적은 주의 재림을 촉진시키어 하나님 나라의 임하
심을 이루게 하기 위해서인 것이다. 이를 위해 복음을 전파하고 복음을 받아들인 자들을 예수
그리스도의 제자를 삼는 것이다. 그러므로 이 세상에 대한 하나님의 통치가 인간의 도덕적이
고 과학적인 노력 등의 사회개혁(social reform)으로 된다고 생각하는 후천년주의자들과 달리,
예수 그리스도의 복음 전파를 통한 주의 재림으로 완성됨을 믿는 성경적 전천년주의를 믿는
성결교회는 주님의 재림의 시기를 빠르게 앞당길 수 있도록 선교함으로써, 주의 재림 시 신부
로서 맞이할 사람들을 불러 모아 제자화시켜야 되는 선교의 사명이 다른 교단들보다도 더 크
다는 사실을 기억해야 할 것이다.[431]

3. 영암의 사중복음 선교 실천

지금까지 성결교회의 전도표제이자 중요한 교단 신학인 사중복음을 해석의 준거 틀로 하여
영암 김응조 박사의 생애와 선교신학을 고찰해 보았다. 영암의 생애와 선교신학은 사중복음

---

430) 김응조, 『말세와 예수의 재림』, 9-10.
431) 노윤식, 『새천년 성결 선교신학』(안양: 성결대학교 출판부, 2001), 243-251.

의 중생, 성결, 신유, 재림과 연결되어 있고 선교라는 중심으로 모아지고 있다. 즉, 중생은 선교의 내용이고, 성결은 선교의 동력이며, 신유는 선교의 방법이고, 재림은 선교의 목적이 된다. 그러므로 선교는 예수 그리스도가 구주가 되심을 온 세상에 전하는 것으로서, 성결함으로 준비된 헌신자가 성령 충만함으로 능력받아 선교지로 파송되며, 그리스도의 신유의 복음으로 병든 자를 고치고 악한 영의 세계를 물리치며, 선교지의 사람들을 주께로 인도하여 주의 제자를 삼으므로, 그리스도의 재림할 때에 그의 신부로서 준비시키는 것이다. 이제 본 장을 마치면서 사중복음의 준거 틀로 해석한 영암의 생애와 선교신학을 통해서 성결교회에 몇 가지 제안을 하고자 한다.

첫째, 성결교회는 사중복음이 성결교회의 전도표제로서 그리고 하나의 특징적인 성결교회 신학으로서 선교와 긴밀히 연관됨을 재발견하고, 영암 김응조 박사처럼 선교에 매진하도록 노력해야 한다. 지금까지 사중복음에 대한 이해에 있어, 성결신학계에서는 조직신학과 역사신학의 분야에서만 논의되어 왔다. 물론 그 논의로 사중복음의 원류를 찾는 작업은 일단락되었다고 본다. 즉, 사중복음은 그 명칭과 신학체계로 보면 심프슨의 사중복음에서 시작되었으나, 성결론에서 마틴 냅을 중심으로 하는 만국성결운동의 선교사로 파송된 카우만과 길보른의 웨슬레안적 성결론을 김상준 목사, 이명직 목사, 김응조 박사 등이 받아들였고, 손택구 박사, 조종남 박사, 이성주 박사, 성기호 박사 등에 의해 사중복음의 교단 신학화가 마무리되었다고 본다. 이제는 사중복음의 선교적 적용과 실천이 필요한 때라고 본다. 성결교회의 역량을 하나로 모아서 사중복음의 본 취지인 전도와 세계 신교를 더욱 체계적이고 심층적으로 실행해야 할 것이다.

둘째, 사중복음의 선교적 실천과 적용을 위해 성결교회는 선교연합이 필요하다. 먼저 성결대학과 총회 그리고 각 지역의 선교사들 간의 선교 협력 체계가 필요하다. 선교학이 학문으로 연구되는 대학을 중심으로 총회와 각 지역 선교사들 간의 선교 협력이 필요하다고 본다. 장신대학교 세계 선교대학원의 경우 이러한 협력이 잘 진행되고 있다. 예를 들어 선교사훈련의 경우 총회직영에서 성결대학교 선교대학원으로의 전이가 필요하다. 그리고 총회 선교위원회의 각종 정책 결정과 업무에 선교학 교수들이 자문위원으로 참여할 필요가 있다고 본다. 그리고 현지 선교사들과의 협력 부문에 있어서, 선교대학원과 신학대학원의 학생들이 인턴으로 한 학기 정도 선교지에서 사역하여 현지 선교사들을 도울 뿐 아니라 선교 경험을 쌓는 귀한 기회를 선교대학원을 중심으로 실행하여야 할 것이다. 이를 위해 총회와 각 교회는 선교 분담금을 책정하여 지원하는 방법도 간구되면 좋을 것이다.

셋째, 이 모든 일 중에서 가장 중요한 것은 선교 사역에 있어 성결한 선교후보자를 양성하는 일이다. 1998년 8월 초 부천에서 "21세기 선교를 향한 최후의 개척자들"이라는 주제로 열린 "제6회 청년 학생 선교대회"에서 오천여 명의 젊은이들이 모여 "98 선교 한국" 대회를 치르며 선교에 헌신하는 행사를 가졌다. 이 대회의 주 강사 데이비드 버넷(David Burnett) 박사는 "21세기에는 많은 수의 선교사보다 질 높은 선교사가 필요한 때"라고 강조하였다. 2000 선교 한국 주강사인 하워드 슈나이더 박사는 저자에게 선교의 동기가 무엇보다도 중요함을 역설하였다. 이 말은 21세기를 맞이하는 우리 성결교회에 큰 도전과 사명의식을 주고 있다. 즉, 우리 성결교회는 사중복음에 충실한 성결한 선교지도자들을 양육하고 배출하여야 한다는 말이다. 이제 선교 사역에는 그 수나 양이 문제가 아니라 질, 즉 성결함이 요구되는 것임을 다시 한 번 깨달아야 한다. 그러므로 우리 성결교회는 21세기를 맞이하여, 사중복음이라는 주요한 신학적 유산을 전도와 선교 표제로 사용함으로써 하나님께 쓰임 받는 선교 지향적 교단이 되기를 바란다.

제16장 활석 노태철 박사와 세계 선교

　이제 20세기는 역사의 뒤안길로 사라지고 21세기의 여명이 동터 왔다. 20세기는 특별히 서구 일변도인 세계 선교 영역에서 우리 한국 교회가 하나의 주역으로 등장하여 6천여 우리 한국 선교사들이 전 세계의 구석구석에서 하나님의 일(God's Mission)을 수행하였던 의미 있는 세기였다. 이러한 한국 선교의 큰 현장에서 제일성결교회도 선교의 한몫을 감당하였다.

　1966년 9월 14일에 당시 수재민 촌인 시흥동에 현 당회장 활석 노태철 박사에 의해 제일교회가 설립되었다. 활석은 제일교회를 설립한 후에 1960~70년대에는 시흥동을 중심으로 한 빈민 선교와 치유 선교에 주력했다. 그리고 1980년대 초반 한국 성결교회와 자매기관인 미국의 기독교연합선교회(Christian & Missionary Alliance)와 협력하여 해외 선교에 관심을 가지게 되었고, 88올림픽을 성공적으로 치른 후 1980년대 후반 고 지말용 목사를 필리핀으로 파송하는 것을 시자으로 세계 선교에 구체적으로 참여하게 되었다. 그 이후에 제일교회는 미얀마, 인도, 베트남, 카자흐스탄, 러시아, 캄보디아, 케냐, 독일, 미국, 중국 등 10여 개 국가에서 사역하고 있는 선교사들과 협력하고 있다. 2000년대 들어서 제일교회는 세계 선교의 수행과 더불어 지역 사회의 청소년 노인들에 대한 사회복지 선교를 강화하고 있다.[432] 본 장에서는 제일교회의 선교 사역의 중심에 언제나 계셨던 활석 노태철 박사의 세계 선교 사상을 살펴보고, 앞으로 제일교회의 세계 선교 사명을 논하고자 한다.

---

432) 한현숙, 「제일교회 사회봉사국 활동 보고서」, 『물 한 그릇』, 2000년 제2호.

1. 활석 노태철 박사와 세계 선교

1) 부흥운동을 통한 세계 선교

한국 기독교의 성장은 동양권에서 보기 드문 대성공이었다. 물론, 1995년 통계로 볼 때 필리핀과 중국의 기독교인 수는 6,100만, 인도는 3,300만, 인도네시아는 2,500만으로 한국의 기독교인들보다 수적으로 많다. 그러나 인구 비율로 볼 때에, 한국은 35%의 기독교인들을 가진 기독교 성장 국가이다. 참고로 홍콩 14%, 인도네시아 13%, 싱가포르 12%, 베트남 9%, 스리랑카 8%, 말레이시아 7%, 미얀마 6%, 중국 5%, 인도 2%의 기독교인들을 가지고 있다.[433]

이러한 한국 기독교의 성장 원인을 '하나님'이라는 신 명칭의 영향으로 되었다는 종교 철학자들의 견해도 무시할 수 없지만, 그보다 근본적인 원인은 부흥운동을 통한 성령의 역사라고 생각한다. 왜냐하면, 한국 교회는 지속적인 부흥운동을 통해 많은 회심자와 지역 교회의 부흥을 이루어냈기 때문이다. 선교는 성령의 부흥운동의 역사 없이는 되지 않는다. 이는 성령으로 하지 않고는 누구든지 예수를 주라 시인할 자가 없기 때문이다(고전 12:3).

역사적으로 1907년 평양 대 부흥운동에 버금가는 부흥운동이 1950년대 이후에 성결교회의 이성봉 목사와 김응조 박사를 통해 일어났다. 활석은 이 시대에 이분들에 의해 주님의 은혜를 체험하게 되었고, 주의 종으로 부르심을 받았다.[434] 이러한 부흥운동은 지금까지 계속되고 있는데, 이는 1960~80년대에는 이만신, 신현균 목사를 중심으로 민족복음화와 세계복음화 운동으로 이어졌다. 그리고 1990년대 이후에는 활석을 중심으로 한국 부흥운동의 흐름이 이어졌다. 즉, 활석은 여러 부흥운동 기관들 중에 중추적인 기관인 성신클럽 회장, 민족복음화운동본부장, 한국기독교부흥협의회 대표회장, 세계한민족복음화협의회 총재 등에 취임하면서 부흥운동의 선도자로서 한국 교계의 부흥운동을 이끌어 나갔다.[435]

한국 기독교의 부흥운동은 한국 교회 성장에 매우 큰 역할을 담당하였다. 성령이 주도하는 부흥운동을 통해 성장한 한국 교회는 개교회주의에 빠지지 않고, 복을 나누어주는 사명을 잘 감당하였다. 교회마다 지교회를 설립하고 개척교회를 돕는 등 민족복음화운동에 전력을 기울

---

433) Bryant L. Myers, *The New Context of World Mission* (Monrovia, CA: MARC, 1996), 39.
434) 가진수 (편), 『마스터 처치 100』(서울: 국민일보사, 2000), 352-358.
435) "순교자적 각오로 세계를 향해 부흥의 불길을 일으킨다", 〈크리스찬 21세기〉 1997. 3.

였던 것이다. 특히 1977년 77민족복음화대성회는 이러한 한국 교회의 실정을 잘 대변하였고 민족복음화운동에 불을 지폈던 것이다. 1980년대 이후 활석은 교회성장이 세계 선교를 하라고 하나님께서 한국 교회를 크게 부흥시켜 주셨다는 사실을 깨달았다. 88올림픽을 계기로 88세계복음화 대성회가 열렸고, 활석은 대회장으로 대회를 이끌었으며, 이를 계기로 더욱 활발하게 세계 선교에 온 한국 교회가 동참하기 시작했다. 1990년대 들어서 세계는 급변하기 시작하였고, 구소련이 해체되고 독립국가연합이 탄생되었다. 당시 세계주의(globalization)가 전 세계 경제 정치 종교계에 영향을 미쳤고, 이에 대비하여 부흥운동계에서는 1992년 세계성령화대성회를 개최하였는데, 활석은 상임대회장으로서 이 대회를 주도하였고, 한국 교회를 영적으로 성숙하게 하는 데 기여하였다.

이렇듯 활석 노태철 박사는 부흥운동을 통하여 한국 기독교의 영성을 선도하였다. 그리고 활석은 새로운 시대를 맞이하는 한국 교회로 하여금 성령으로 준비하게 하여 한국 교회를 성장하게 하는 데에 견인차 역할을 하였다. 그리고 이러한 부흥운동을 전 세계에 흩어져 있는 디아스포라 한민족에게 연결시켰고, 세계 한민족 복음화를 통한 세계 선교 사역에 역점을 두었다. 활석에게 부흥운동은 그 자체를 위한 것이 아니라, 언제나 한민족 복음화를 통한 세계 선교를 지향하고 있는 것이다. 그러면 다음으로 활석과 한민족 복음화를 통한 세계 선교에 대하여 살펴보도록 하자.

2) 한민족 복음화를 통한 세계 선교

서구 선교의 문제점 중 오늘날 크게 부각되고 있는 점은 19~20세기 선교가 서구 문명을 심는 전파자로서 역할을 했다는 점이다. 선교는 하나님의 복음을 전파하여 현지 문화에 뿌리 내리도록 해야 하는데, 복음이 현지 문화에 뿌리내리기보다는 서양 종교로 배척되곤 하였다. 기독교는 서양 종교로 취급당하였고, 그 해당 지역의 문화와 종교 상황 속에 깊이 뿌리내리지 못하게 되었다.

사실, 그리스도의 복음은 각 나라 문화와 종교 속에서 과학적이고 기술적인 문명을 소개하고 발전시키는 데 기여했지만, 사람들의 종교적인 삶에는 만족감을 주지 못하였던 것이다. 사람들은 교육은 기독교 학교에서 받기를 원했고, 병이 나면 기독교 병원에 가기를 원했으며,

사회적 부조금을 타기 위해 기독교 사회복지기관으로 찾아가기를 원했지만, 종교적인 문제를 해결하기 위해서는 자신들의 전통적인 종교와 사제들을 찾아가기에 바빴다는 것이다. 그리고 자신들의 조상에 대한 제사문제, 마을 단위로 행해지는 공동체 의식, 결혼이나 장례의식 등에서 기독교식은 어딘지 계속 서구적으로 느껴지고 그 기독교의 성직자들은 그들의 문제를 시원스럽게 해결해 주지 못한다는 것이다. 이제, 21세기를 맞이하여 태국이나 인도 등 대부분의 나라 사람들은 자신들의 언어를 사용하는 컴퓨터 시스템을 이용하고 있다. 이제 병원에 가기 위해서, 질 높은 교육을 받기 위해서, 사회 복지 혜택을 누리기 위해서 기독교를 찾아가던 때는 지났다. 사회교육과 복지에 눈을 늦게 뜬 이슬람이나 불교 등은 이제 기독교보다 더 효과적으로 교육하고 봉사하고 있다. 일부다처제로 유명한 이슬람도 차츰 일부일처제를 수용하고 있고, 여성에 대한 차별을 없애는 데 앞장서고 있다.

그런데 시대가 바뀌었는데도, 아직도 제3세계 교회, 특히 한국 교회는 기독교의 영성을 강화하는 데 전력을 쏟지 못하고 있다. 다시 말하면, 이제 제3세계도 문명의 혜택을 누리고 살게 되니까, 19세기 서구 선교의 길을 뒤따라가고 있다는 것이다. 복음을 그 나라 토양에 뿌리박게 하려는 선교가 아니라, 외적인 교육이나 의료, 사회사업 등으로 선교를 하려고 한다. 우리는 21세기를 맞이하여 그러한 잘못을 되풀이해서는 안 된다. 예수 그리스도가 그 나라 사람들의 문화와 종교 속에서 구세주로 받아들여지고 뿌리내리게 하는 복음의 뿌리내림이야말로 우리 한국 교회를 비롯한 제3세계 교회들이 21세기 세계 선교를 향해 나아갈 지표와 방향이 되어야 할 것이다.

그런데 외국인이 그 나라의 문화와 종교 상황의 뿌리를 알고 그리스도의 복음을 뿌리내리게 하는 일이 가능할 것인가? 성령의 능력으로 불가능할 것은 없겠지만, 그것은 매우 어려운 일이다. 외국인 선교사가 현지에서 결혼하여 아이를 낳고 한 3대쯤 지나면 가능할 것이다. 그런데 만약 현지에 겉모습은 외국인인데, 그 나라와 민족의 언어와 풍습 등 문화 종교들을 속속들이 다 알고 있는 사람들이 있다면, 그리고 그들이 하나님의 복음의 동역자들이 되어 준다면 선교는 얼마나 효과적으로 진행될 것이며, 그리스도 복음은 얼마나 빨리 토양 속에 뿌리박을 수 있겠는가!

지금 전 세계적으로 하나님의 섭리와 경륜 속에 각 문화와 민족들 속에서 흩어져 살고 있는 500여만 명의 한민족 디아스포라들이 있다. 1937년 스탈린에 의해 강제 이주당해 타슈켄트, 알마타 등 중앙아시아에 살고 있는 46만여 명의 카레이스키 고려인들, 중국 연변 등을 중심으로 자치구를 만들고 있는 190만 조선족들, 일본의 70만 재일 교포들, 그리고 미국의 뉴욕과 나성을 중심으로 살고 있는 150만 미주교포들이 있다.[436) 그 밖의 지역에도 우리 한인들이 거주하며 사는 지역은 수도 없이 많다. 이에 대하여 활석은 21세기 지구의 마지막 문명이 될지도 모르는 시대에 세계 선교를 위해 하나님이 한민족을 쓰시기 위하여 준비시켜 주신 선교의 보고라고 생각하며, 한국 교회는 세계로 흩어진 한민족을 복음화하는 일에 앞장서야 할 것이라고 주장하고 있다.

> 지금 우리는 어느 시점에 와 있다고 볼 수 있습니까. 지금 이 시대는 21세기를 맞이한 최고로 발달한 물질문명을 누리고 있습니다. 그러나 21세기는 여러 가지 면에서 볼 때 지구의 마지막 문명이 될지도 모르는 위기도 함께 맞고 있습니다. 세계 인구는 60억이 되었고 지구의 자원은 고갈되고 공해와 폐기물로 종말을 향해 질주하고 있습니다. 그런데 이 마지막 세상 끝의 직전에 "온 세상에 복음이 전파될 것이라"고 주님께서 말씀했습니다. 과연 인류의 마지막 문명을 장식할 세계 선교의 주역을 어느 민족이 맡을 수 있겠습니까.
> 베드로전서 2장 9절 말씀에 "오직 너희는 택하신 족속이요…"라고 했습니다. 족속이란 한 민족, 다시 말해서 단일 민족을 의미합니다. 이 지구상에 지금 단일민족으로 존재하는 민족은 극히 소수입니다. 그중에 하나님의 복음을 위해 일할 수 있는 민족은 우리 한민족이 될 것입니다. … 오늘날 마지막 복음 문명의 주동적 사명은 제3세계 중에서도 한국에 있음을 알게 됩니다.[437)

활석은 이러한 한민족복음화와 세계 선교에 대한 사상을 가지고, 무엇보다도 먼저 세계에 흩어져 있는 한민족에게 하나님을 믿는 기독교가 수요 종교가 되게 하고, 기독교가 이늘의 전 생애와 문화에 뿌리내릴 수 있도록 도와야 함을 강조하고 있다. 그리고 이들을 통해 각 나라와 민족들에게 기독교의 복음을 전하는 데 열심을 내야 한다고 주장하고 있다.

이러한 세계에 흩어져 있는 한민족을 복음화하기 위하여 활석 노태철 박사는 1991년 10월 3일 세계한민족복음화협의회를 창설하여 대표회장을 비롯하여 현재 총재로 이 단체를 이끌어 나가고 있다. 활석은 세계한민족복음화협의회 창설 취지를 다음과 같이 말하고 있다.

> 그러므로 통일을 전후로 전개될 세계한민족복음화 운동을 남과 북, 그리고 전 세계에 흩어져 활동하고 있는 우리 민족의 힘을 결집하여 민족의 복음화는 물론 세계 60억 인류를 구원할 성숙한

---

436) 이구홍, 『해외동포는 한국의 전략 무기이다』, *Win*, 1996. 1:130-136.
437) 노태철, 진리 깃발 더욱 높이", 〈국민일보〉, 제3789호, 2001년 4월 24일.

선교 공동체로서의 도약을 위해서 우리 그리스도인들은 다 함께 세계한민족복음화를 위하여 힘을 모아야 하겠다.438)

활석은 세계한민족복음화협의회를 통하여 선교사 파송 및 부흥 선교대회를 나라별로 개최하여 세계에 흩어져 있는 한민족을 복음화하였고, 한민족 복음화를 통하여 세계 선교 사역에도 주력하였다.439) 우선, 활석의 세계한민족복음화협의회를 통한 국내 사역으로는 수십 차례에 걸친 나라와 민족을 위한 구국기도성회, 지역별 연합성회, 기도원 축복성회, 절기별 산상축복성회, 1일 강단교류성회 등이 실시되었으며, 특히 청장년과 함께하는 기독교 청소년 문화세미나, '96 청소년 예수사랑 캠프, 실행위원 부부수양회, 2002년 월드컵 유치를 위한 1일 기도성회 등을 실시하였다.

한편 해외 사역으로는 필리핀선교대회 1차(93년 5월), 2차(96년 5월), 중국선교대회 1차(93년 8월), 2차(94년 7월), 미주지역 부흥성회(94년 10월), 구소련 타지키스탄 선교대회(95년 6월), 미얀마 선교대회(95년 12월), 남미 브라질 선교대회(96년 8월), 구소련 우크라이나 선교대회(97년 4월), 베트남 선교대회(97년 11월), 인도 선교대회(99년 2월) 등을 갖고 이를 통해 필리핀 마닐라에 선교 센터 건립을 위한 대지 구입과 미얀마의 세계희망교회, 중국의 북산교회, 우크라이나의 키에브 한인연합교회, 인도 캘커타에 에벤에셀 교회를 설립하여 복음화 운동을 펼쳐가고 있다.440)

이상에서 살펴본 대로, 활석은 한민족과 세계민족을 다리 놓을 수 있는 '하나님의 가교(Bridges of God)'로서 한민족 디아스포라의 중요성을 인식하였고, 이들의 복음화를 통한 세계 선교 사역을 진행시키고 있다.

3) 복의 근원이 되어 복을 나누어주는 세계 선교

교회는 그리스도의 몸으로서 유기체적인 성격을 띠기 때문에, 참된 교회는 몸이 성장하듯 계속 성장하여야 한다(엡 1:23; 골 1:18). 그런데 교회가 성장해야 하는 목표는 온 세상을 향한 구원 사역인 세계 선교를 수행함에 있다. 활석은 교회 성장의 목표가 세계 선교라는 분명

---

438) 노태철, "세계한민족복음화협의회 취지문", 1991. 10. 3.
439) 강주성, 「아버지의 순교 정신 따라 나 주를 위해 살리라」, 『선교 21세기』 1995년 3–4월호. 5–6.
440) 노태철, "세계한민족복음화협의회 설립목적과 목표사업", 〈세계한민족타임즈〉. 1999년 여름호. 1–4.

한 교회론을 가지고 있다.

> … 그리고 주님의 몸으로서 계속해서 성장하는 교회는 그리스도의 지상명령(The Great Commission)
> 인 민족복음화와 세계 선교를 준행해야 합니다. 아이가 자라 성숙한 어른이 되면 한 가정을 이끌
> 고, 사회와 국가, 세계를 위해 일을 해야 하는 것처럼 교회가 성장하면 교회의 사명인 민족복음화
> 와 세계 선교를 위해 일해야 합니다.441)

활석은 교회의 선교 사명 중에서 특히, 복의 근원이 되어 복을 나누어주는 선교 사상을 가지고 있다. 이러한 활석의 선교 사상은 한국 교회와 부흥운동이 빠지기 쉬운 기복 신앙에서 벗어날 수 있는 장점이 있다. 또한 한국인들뿐만 아니라, 전 세계적인 사람들의 심성에 뿌리 내릴 수 있다는 장점이 있으며, 그것이 매우 성경적인 선교사상이라는 장점이 있다.

우선, 활석은 구약 창세기 12장 1절에서 4절을 해석하면서, 하나님은 아브라함을 불러내어, 선민을 삼으셨고, 그를 복의 근원을 삼아 온 세계 만민에게 복을 나누어주신다고 언약하셨는데, 여기에 교회의 존재의미와 가치가 있다고 보았다. 그리고 신약 마 28:19~20에 근거하여, 주님께서 교회의 실체를 이루는 구속 사업을 완성하시고, 하늘로 승천하시기 직전에, 지상명령으로 "모든 족속을 제자로 삼으라"고 명령하셨는데, 이는 아브라함의 복을 온 세상에 전하라는 선교 명령으로 이해하고 있다. 또한 사도행전 1장 8절에 근거하여, 하나님은 지상교회를 세우시기 위해 성령을 보내시며, 교회에게 "오직 성령이 임하시면 너희가 권능을 받고, 예루살렘과 온 유다와 사마리아와 땅 끝까지 이르러 내 증인이 되리라"고 말씀하셨는데, 이는 현재 교회가 이루어야 할 선교 사명이라고 보았다. 이상의 주님의 말씀에 근거하여, 활석은 교회는 복음을 전하되, 우리 주변으로부터 시작하여 마지막 목표는 세계 선교에 두어야 할 것을 주장하고 있다. 그리고 활석은 복음은 구체적으로 아브라함이 받은 복과 연결되어 있다고 강조하고 있다.

> 하나님은 타락한 인류를 구원하시기 위해 아브라함의 자손을 통해 우리 구주 예수 그리스도를 보내
> 주셨고, 누구든지 그리스도 안에 있는 자마다 구원해 주시고(갈 3:29) 그렇게 부르심을 받은 자들
> 로 교회를 구성하였습니다. 하나님이 아브라함에게 하신 언약은 그들이 복을 받되, 세계 민족이 그
> 들로 인하여 복을 받으리라는 것이었음을 알 수 있습니다. 아브라함을 통해 우리에게 전해진 그리스

---

441) 노태철, 『빛을 발하라: 노태철 칼럼』, "민족복음화와 세계 선교" (서울: 들소리, 1996), 103-105.

도를 통한 구원의 복은 나만의 것이 아니라, 나를 통한 세계의 것이 되어야 한다는 것입니다.442)

활석은 나만을 위한 구원, 교회성장만을 위한 교회성장은 기복신앙이 될 여지가 많고 진정한 교회의 사명인 "복을 나누어주는 복의 근원"의 선교 사명을 강조하고 있다. 활석은 만일 교회가 선교 사명을 감당치 않으면, 무익한 교회가 되고, 주님의 지상명령을 불순종하는 악하고 게으른 종이 될 수밖에 없다고 주장하며, 교회의 세계 선교를 위한 최종적인 목표를 강조하고 있다.

4) 제일교회의 교회성장과 세계 선교

1966년 9월 16일에 창립된 제일교회는 최초 교인 3명이 가마니 7장을 깔아 놓고 예배를 드림으로 시작되었다.443) 처음에는 미약한 천막교회로부터 시작되었으나 성령의 역사하심으로 매년 성장하기 시작했다. 활석은 처음부터 도움 받는 교회보다는 도와주는 교회가 되자고 교우들에게 가르쳤다. 제일교회는 1972년부터 어려운 중에도 도와주는 교회로 변해가고 있었고 교회도 계속 부흥되었다. 1976년 교인 1,000여 명의 교세로 성장했다. 당시 박용규 교수는 『부흥의 비결』이라는 책에서 "30대 목사가 성결 교단 대 교회로 발전시킨 [시흥]제일교회와 노태철 목사"라는 제목으로 개척 당시의 형편, 심방, 기도생활, 설교, 목회의 비결, 가정과 교회 예산, 직원 인사 문제 등을 상세하게 다루었다.444) 활석의 헌신적인 목회를 통한 제일교회의 성장은 주님의 교회가 성장하는 데 필요한 복음 중심의 선교, 즉 말씀 중심과 성령 충만, 그리고 남을 돕고자 하는 간절한 선교의 열망에 대한 결과인 것이다.

그 후 제일교회는 주님의 지상명령을 구체적으로 실천하기 위하여 1977.1.1에 밀알 선교회를 조직하고 국내 미자립 교회를 지원하던 중 1980년도에 들어서서 세계 선교의 꿈을 갖게 되었고 1982년 미국 기독교연합선교회(Christian & Missionary Alliance)의 데이비드 스트롱(David Strong) 선교사의 선교협력을 받게 된다.

---

442) 노태철, 『빛을 발하라: 노태철 칼럼』, "교회성장과 선교", 259.
443) 가진수 (편), 『마스터플랜 2000』(서울: 국민일보사, 2000), 354.
444) 박용규, 『부흥의 비결』(서울: 복음문서선교회, 1976), 111-126.

내가 한국에 선교사로 처음 왔을 때, 나는 고아인 것 같은 생각을 했습니다. 나를 키워 주신 부모와 가까이 지내던 친척과 벗들, 그리고 내가 배웠던 우리나라 말과 풍습을 모두 조국에 버려두고 낯선 한국에 왔기 때문입니다. … 제일교회는 우리 양부모인 것 같기 때문입니다. 제일교회에서 한국 생활과 한국어에 대하여 처음 배웠다는 말입니다. … 마지막으로 우리 제일교회에서부터 젊은이들을 선교사로 땅 끝까지 보내기를 바랍니다. … 우리가 한국에 오기로 했을 때, 한국 교회들에 다른 나라, 다른 문화권에 선교사들을 많이 보내야 한다는 비전을 전파하기로 했습니다.[445]

그는 본 교회에서 협동목회를 하면서 제일교회 성도들에게 선교에 대한 비전과 사명을 심어주었고 그 결과 1985년 11월 14일 본 교회는 고 지말용 목사를 필리핀 선교사로 파송하게 되었다. 이상의 선교 사역은 선교단계에서 3~4단계에 해당된다. 참고로 와그너의 선교 4단계를 살펴보면 다음과 같다.[446]

1단계: 선교사가 복음을 전하고 믿는 자에게 세례를 베풀어 교회를 조직한다.
2단계: 선교사는 선교지 교회에 책임을 이양한다.
3단계: 선교사는 현지 교회 지도자 밑에서 협력하며 현지교회가 선교하는 교회가 되도록 고무한다.
4단계: 현지 교회가 선교사를 파송한다.

이상에서 살펴본 대로 선교의 3~4단계에서 스트롱 목사의 사역은 훌륭했다. 그는 선교에 대해서 잘 모르는 교인들이 한국과 같이 부흥된 나라에 선교사가 필요하냐는 질문에 항상 필요하다고 대답한 것은 이러한 이유 때문이었다.

선교 4단계에 이른 제일교회는 필리핀 선교를 결정하고 고 지말용 목사를 파송하여 알라이언스 성결교회를 개척하여(대지 구입, 건물 건축, 교역자 생활비 등 지원) 그 교회를 현지인 라카자(Racaza) 목사와 벨라스코(Joy L. Velasco) 선교사에게 이양하였다.

우리가 만난 필리핀 목사 라카자는 이미 1986년 2월 15일에 목회를 시작했고 그날 목사님의 도움으로 생활의 걱정 없이 하나님 사업에 전념할 수 있음을 감사하게 생각하고 있습니다. … 목사님의 성원으로 우리는 기필코 주님의 터전을 그곳에 이룩할 것입니다.[447]

알라이언스 성결교회는 연부년 성장하였고, 2대 담임목사인 릭 목사의 1993년 3월 17일자

445) 노태철, 『빛을 발하라』(서울: 들소리, 1996), "David Strong 선교사 선교 편지", 245.
446) Peter Wagner, *Frontiers in Missionary Strategy*, 전호진 역 (서울: 생명의 말씀사, 1978), 160-178.
447) Valmike B. Apuzen, "기도편지", 1987년 2월 3일.

편지에 따르면, 빈민가의 가정 성경공부 모임에서 시작하였던 알라이언스 성결교회는 1993년 창립 6주년을 맞이하였고, 여름 캠프를 열고 교회 지도자 교육과 더불어 교회가 성장하고 있다고 하였다.[448]

이후 제일교회는 필리핀의 모정천, 서태원, 박애숙 선교사를 협력하여 후원하였는데, 이들이 보낸 선교 기도 편지는 다음과 같다.

> 노 목사님 상서. 동기부여를 해 주시는 리더자. 그래서 다시 숯덩이에 불이 붙듯 활활 타오르게 하는 생명력 있는 말씀이 하늘나라 확장에 소명을 가진 저희들에게는 얼마나 긴요한지 모릅니다.[449]

> 노 목사님. 필리핀이야말로 다사다난했던 한 해였습니다. 특별히 홍수와 태풍으로 많은 집들의 손실과 이변을 낳은 한 해였습니다. 그동안 동남아 선교센터를 통하여 교사훈련, 직분자교육, 제4회 전국 교회 수련회, 베델성서대학 1기 배출, 단기선교, 유치원 교육 등 많은 일을 하였습니다.[450]

> 필리핀 중부지방 일로일로 파나이섬에서 문안드립니다. … 지난 한 해 동안의 사역을 나누고자 합니다. 1) 교회 개척 및 건축사역 … 2) 목회자 훈련원 사역 … 3) 유치원 사역 … 4) 캠퍼스 사역 … 5) 교도소 및 신학교 사역 … 필리핀의 영혼들을 뜨겁게 사랑하고 섬기면서 담대히 복음을 증거하는 신실한 증인의 사명을 잘 감당할 수 있도록 기도 부탁드립니다.[451]

그리고 필리핀 이외에도 캄보디아의 김한주 선교사, 휘지의 이재경 선교사, 케냐의 강성진 선교사, 그리고 베트남의 장요나 선교사의 사랑의 병원 사역 및 의료 선교 사역을 협력 후원하였는데, 이들이 보낸 편지는 다음과 같다.

> 노태철 목사님 귀하. … 저희 가정은 목사님과 성도님들의 기도와 후원으로 이곳 프놈펜에서 영적인 전투를 계속해 나가고 있습니다. 그동안 저희 가정과 캄보디아의 복음화를 위하여 기도해 주시고 값진 후원을 해 주신 목사님과 성도님들께 진심으로 감사를 드립니다.[452]

> 노 목사님! … 지금 사역하고 있는 인도인 교회에서 어린이들을 위한 주일학교를 지난 6월 20일부터 시작하였으며 방학을 이용한 성경학교도 하려고 합니다. … 대부분이 초신자들이기 때문에 기술적인 면보다는 그들의 헌신에 초점을 맞추어 하나님을 경험하는 삶을 교재로 하여 함께 공부

---

448) Rev. Ric B. Recla's Prayer Letter, March 17, 1993.
449) 박애숙, "선교사 기도편지", 1989년 6월 17일.
450) 모정천, "종합선교보고서(1995년도)", 1995년 12월.
451) 서태원, "선교사 기도편지", 1995년 12월 20일.
452) 김한주, "선교사 기도편지", 1996년 2월 13일.

하고 있습니다.453)

> 노 목사님! … 콩나물시루 같은 비좁은 공간에 60여 명이 그래도 감사하며 케냐(29명중 공무원 16
> 명)뿐만 아니라, 에티오피아(14명), 우간다(2명), 소말리아(1명), 탄자니아(7명), 자이레(5명), 수단(6
> 명)에서온 목회 지도자감들이 악조건을 무릅쓰고 새벽을 깨우면서 훈련에 전념하고 있습니다.454)

> 사도행전에 나타난 초대교회의 역사를 보면 "선교와 구제"를 두 축으로 하여 설립됩니다. 100여
> 년 전 우리나라의 초대교회 설립도 마찬가지로 의료봉사 구제와 선교가 수레바퀴 역할을 하며
> 일어납니다. 특히 이곳 베트남은 복음이 금지되고 종교 활동이 제한되어 있는 공산사회주의 국가
> 로서 선교를 하기 위해서는 가난한 자, 소외된 자, 병든 자들을 찾아가 사랑으로 구제하고 상처를
> 치유해 주며 더불어 고통을 이해하면서 삶을 같이 나누는 것이 단순히 복음을 말로만 전하고 듣게
> 하는 것보다 그리스도의 사랑이 전제된 사회의료봉사는 선교 사역의 필수적인 동반자임을 거듭
> 확신합니다.455)

이 밖에도 미얀마의 수안자 파우 목사와 러시아의 원성업 선교사, 우크라이나 정광섭 선교
사, 인도의 이은옥 선교사의 선교 사역을 후원하였다. 파우 목사에게는 그가 필리핀 알라이언
스 성서신학교에서 목회학 석사과정 3년 졸업할 때까지 전액 장학금을 지원하였고, 그가 졸
업 후 미얀마에 희망의 말씀(Word of Hope) 교회를 설립할 때에 건축자금과 교회차량을 제
공한 바 있다. 그리고 우크라이나 선교 교회의 건축과 인도의 어린이 교육 선교회의 기숙사
건물을 건축하는 데 많은 도움을 제공한 바 있다.

2. 선교의 방향성은 성경에서 찾아야

19~20세기 기독교 선교의 위대한 시기(the Great Century)인 나폴레옹의 쇠망 이후 1910년
에든버러 세계선교대회(a World Missionary Conference in Edinburgh)에 이르기까지, 이 당
시 식민지에서 압박당하던 사람들은 기독교를 서구 지배자의 종교로 인식했고, 자기 나라의
독립과 더불어 기독교도 같이 배척하였다. 선교라는 말은 제국주의자들의 용어로 동일시되었
고, 신생독립국가들의 선교사 입국 금지령(Moratorium)은 일반화되었다.

---

453) 이재경, "선교사 기도편지", 1993년 7월 1일.
454) 강성진, "선교사 기도편지", 1997년 7월 16일.
455) 장요나, "선교사 기도편지", 1995년 12월 13일.

상황이 그렇다고 하나님의 위대한 선교 사역이 끝을 맞이할 수 있겠는가! 이러한 때를 대비하여 하나님은 20~21세기 한국 교회를 준비해 놓으셨다. 기독교 선교에 있어 비서구권 교회가 선교 사역에 동참해야 될 필연성이 역사적으로 성숙해져가고 있었던 때에 한국 교회는 선교현장에 선교사를 투입하기 시작했다. 세계기독교회가 지역을 넘어서 회심자(converts)를 얻고 교회를 설립하는 선교를 포기할 수 없었던 차에, 한국 교회는 이 역사적인 선교 임무에 매우 적절한 나라였다. 한국의 기독교는 전 국민의 25%의 기독교인을 가지고 있고 또 그 선교 열정도 매우 풍부하였다. 한국은 이제 제3세계권에서 가장 많은 선교사를 파송하는 선교 대국이 되었다.

이러한 선교 한국의 대열에 참여한 제일교회가 이제 35주년을 맞이하여 청장년의 원숙한 때를 맞이하였다. 앞으로 21세기 선교를 위해 제일교회는 활석 노태철 박사를 중심으로 지금까지 중점적으로 실천해 왔던 빈민선교, 치유선교, 청소년 노인복지 선교, 세계 한민족 복음화와 세계 선교 사역에 더욱 힘차게 박차를 가해야 할 것이다. 이를 위해 제일교회 성도들은 하나님의 말씀인 성경을 중심으로 선교의 기초와 본질을 찾고 재확인하는 작업을 다시 강화해야 할 것이다.

성경을 선교적 관점에서 읽으면, 우리는 먼저 하나님이 인류에 대하여 끊임없이 뜨거운 관심과 사랑을 보이시는 것을 볼 수 있다. 하나님은 죄와 반역의 사람들을 구원하기 위하여 이스라엘을 택하시고 선지자와 그의 아들까지 이 세상에 보내셨다. 이러한 하나님의 선택과 사랑은 후기 유대주의자들이 말하는 이스라엘만을 위한 하나님의 선호주의(God's favoritism)가 아니라 이스라엘의 범위를 넘어선 전 인류에 대한 사랑으로 확인된다. 하나님의 아들 예수 그리스도의 사역도 사회의 규범적 지위를 넘어서 가난한 자, 주변인들, 고아, 과부, 어린이, 부녀자들에 대하여 그리고 영적으로 가난한 자에게 역시 불쌍함을 가졌다. 하나님과 예수님의 제자들로서 제일교회 성도들은 그와 똑같은 하나님의 불쌍히 여기는 심정을 가져야 할 것이다. 이것이 선교의 첫걸음이다.

성경을 선교적 관점에서 계속 읽다 보면, 하나님의 심정을 가진 자들이 그 하나님의 마음을 전하려는 숭고한 노력들을 볼 수 있다. 그리스어로 증거는 마티스(martys)로 순교의 의미가 있다. 즉, 고난과 죽음을 통해 증거가 된다는 뜻이다. 순교와 고난은 선교의 기본정신이라고 성경은 증거한다. 구약에서 보는 바와 같이 이스라엘이 강성했을 때 선교의 정신은 약화되었으나, 바벨론 포로기의 이스라엘은 가장 약한 때이고, 고난받는 때임에도 불구하고, 하나님의 선교정신으로 불탔다. 타인을 위해 고난받는 종의 사상이 나타나는 이사야 53장은 가장 고귀한 선교정신을 나타내 준다. 예수 그리스도는 바로 그 고난받는 종으로서 인류구원을 위해 오셨다. 그리스도를 주님으로 따르는 제자들과 바울의 선교 사역 역시 고난과 순교의 삶이었다.

이제 제일교회는 성경의 선교정신, 즉 하나님의 심정을 고난과 순교로 증거하는 선교하는 교회로서의 사명을 계속해서 감당해야 할 것이다. 고난과 순교로 선교하는 삶은 선교지의 교회들과 선교사님들의 사역에 계속해서 나타나고 있으므로, 제일교회는 한국의 대형교회로서 선교지의 교회들과 선교사님들을 지속적으로 지원해야 할 것이다.

2000년 2월 초순에 세계한민족복음화협의회에서 인도선교대회를 개신교 선교의 아버지로 유명한 월리엄 캐리가 약 200년 전에 세운 유서 깊은 캘커타 캐리 침례교회에서 개최하였다. 개회 설교에서 활석은 순교정신에 대하여 말씀하셨는데, 로마서 14:8절 "우리가 살아도 주를 위해 살고 죽어도 주를 위해 죽나니 우리가 사나 죽으나 주의 것이로다"라는 말씀이었다. 이 메시지는 현지 인도 사정에 매우 적합하였다. 활석과 그 일행이 도착하기 2주 전에 인도의 음성 나환자촌에서 30여 년을 봉사하던 호주 선교사님과 그 두 아들이 자동차 안에 갇힌 채 불 타 순교한 사건이 벌어졌던 것이다. 대회 기간에 천주교 수녀가 폭도들에게 계획적인 성폭행을 당하였으며, 기독교 십대 청소년 두 명이 순교당하기도 하였다. 이러한 급박한 상황 속에서 인도 캘커타 교회 지도자들과 선교사들은 인도 교회의 핍박과 순교에 대하여 하나님의 뜻을 찾는 중에 있었고, 그 선교 대회 기간에 한국 교회의 순교 정신이 교회 성장의 원동력이 되었음을 깨닫고, 더욱 하나님의 선교에 순교할 각오를 다지는 계기가 되었다.

그러므로 21세기 제일교회 선교의 방향성은 성경에서 찾아야 한다. 성경을 선교적으로 읽으면, 하나님의 인류에 대한 심정을 느끼게 되고, 그 하나님의 마음을 증거하기 위한 순교정신을 알게 된다. 이것을 깨달으면 선교의 방향성이 제대로 정해진다. 선교가 어디로 가야 하는가? 21세기 선교는 지난 19세기에 서구 선교가 했던 제국주의적 서구 문화 전달식 선교를 자제하여야 한다. 오히려 성경에서 말하는 대로 인간을 불쌍히 여기는 하나님의 마음을 각 지역, 지구촌 구석구석까지 순교정신으로 전달하는 방향으로 나아가야 할 것이다. 제일교회는 21세기를 맞이하는 시점에서 지난 세기에 시작한 제3세계 선교와 공산권 선교에 더욱 박차를 가해야 할 것이다. 제일교회는 활석을 중심으로 하나님께서 제일교회를 성장시키신 이유는 세계 선교를 위한 복음 전파의 도구로 쓰시기 위하여 제일교회를 준비하셨다는 사실을 다시 한 번 깨닫고 더욱더 세계 선교에 매진하여야 할 것이다.

제17장 예수교 대한성결교회 선교 방향성

선교란 교회의 존재 목적(mission)으로서 인간의 문화 속에서 하나님의 복음으로 사람들을 변화시키는 총체적인 전 과정을 말한다.[456] 그래서 선교는 복음을 전달하는 커뮤니케이션의 분야로 제한되지 아니하고, 인간을 변화시키는 종합적인 체제로 변모해 가고 있다. 또한 선교는 더 이상 지정학적인 규정을 넘어서서 인간이 살고 있는 모든 문화권을 선교의 대상으로 삼고 있다. 특정 문화 속에서 살아가고 있는 모든 사람들은 하나님의 복음 진리로 변화를 받아야 할 필요성이 있다.

예수교 대한성결교회(이하 예성)는 세속주의와 다원주의, 그리고 자유주의 신학사상에 반대하여 성결의 복음을 온 세계에 전하는 목적(mission)을 가지고 태동하였다. 이 선교 사명을 가진 예성은 지난 1960년대 이후 꾸준한 성장을 보여 왔다. 그러나 예성이 교회의 본질인 선교 사명을 잘 감당해 왔는가에 대해서는 지금까지의 연구는 극히 미비하다고 볼 수밖에 없다. 본 장에서는 먼저 예성의 선교 현황을 조사 분석하고, 다음으로 예성 선교의 나아갈 방향성을 제시하고자 한다. 우선, 본 연구를 위하여 연구 범위를 국내선교와 해외선교로 한정하고, 그 자료는 1991~2001년 총회 회의록(70~80회)과 "2000년 예성 선교사 요람", 신문자료 등을 참고하고자 한다.

---

456) 노윤식, 『새천년 성결 선교신학』 (안양: 성결대학교 출판부, 2001), 13.

1. 예수교 대한성결교회 선교 현황과 전망

1) 국내 선교

예성 교단은 교회, 목회자, 일반 교인의 수가 지난 10년간 꾸준히 증가하였다. 1990/91년 제70회 총회 보고서와 2000/2001 제80회 총회 보고서에 따르면, 예배당은 749개 처소에서 2000/2001에 1,000개로 약 33% 성장하였다.[457] 90/91년에 교역자 수도 목사 536명, 전도사 692명 도합 1,228명에서 2000/2001년에는 목사 1,172명, 전도사 682명 도합 1,854명으로 약 50% 증가하였다. 교회제직도 장로 328명에서 575명(약 75% 증가), 권사 1,737명에서 4,457명 (156% 증가), 집사 17,071명에서 25,290명(약 48% 증가)으로 성장하였다. 지난 10년간 예성의 교세 증감에 대하여 표로 그리면 다음과 같다.[458]

〈표 1〉 지난 10년간(90/91-2000/2001) 예성 교세 증감표[459]

연도 구분	90/91	91/92	92/93	93/94	94/95	95/96	96/97	97/98	98/99	99/2000	2000/01
교 회	749	778	766	819	802	–	–	932	1064	936	1000
목 사	536	567	617	704	779	–	–	877	1047	1062	1172
전도사	692	542	770	821	805	–	–	707	691	682	682
장 로	328	333	325	374	414	–	–	478	525	565	574
권 사	1,737	2,109	2,361	2,336	3,082	–	–	4,244	4,022	4,392	4,457
집 사	17,071	18,769	19,471	21,000	22,662	–	–	29,035	25,873	24,405	25,290
교 세	362,434	167,459	170,130	184,443	195,710	–	–	245,646	206,786	247,166	253,114

〈표 1〉을 분석해 보면, 예성은 대체적으로 그 교세 면에서 꾸준한 성장세를 보인 것으로 알 수 있다. 그런데 한 가지 의문 가는 점은 1990/91년도 교세와 그 이후 연도의 교세들과 너무나 차이가 난다는 사실이다.[460] 지난 90/91년 교세 통계가 362,434명이고, 2000/2001년 교세가 253,114명이면, 감소 폭이 -109,320명으로 숫자적으로 보면 약 -31% 줄어들었다. 특히

---

457) 예수교 대한성결교회 총회, "제70회 총회록," (1991), 82; "제80회 총회록," (2001), 229.
458) 예수교 대한성결교회 총회, "제70회 총회록"부터 "제80회 총회록" 참조(제75~76회 총회록 제외).
459) 75, 76회 총회 자료인 95/96년도 96/97년도는 교단분열에 따라 통계가 미비하며 전체 교세를 대변하지 못함으로 생략하였다.
460) 연도 표시가 90/91, 91/92 … 2000/2001 등으로 표시되는 것은 예성 총회가 매년 4월에 열리고, 총회 회의록의 각종 교세 통계가 지방회의 매년 1~2월 최종보고에 의존하기 때문이다. 즉, 총회는 91년 4월에 진행되지만, 총회 회의록의 통계는 91년도 통계가 아니라, 정확히 말하자면, 90.3~91.2까지의 통계를 말하기에 년도 표기는 90/91 등으로 표기하는 것이다.

90/91년도 교세는 362,434명이고, 91/92년도 교세는 167,459명으로 일 년 사이에 약 19만 명이 감소하였다는 사실은 90/91년도 통계에 대하여 그 정확성을 의심할 수밖에 없게 만든다.[461] 천재지변이나 교단 분열 혹은 전쟁이 아니고서야 갑자기 1년 사이에 교인수가 -194,975명이나 감소할 수는 없기 때문이다.

사실, 예성의 교인 수는 90/91년도를 통계적으로 제외하고, 지난 10년간 급격한 변화가 없이 꾸준히 성장하고 있음을 〈표 1〉에서 볼 수 있다. 또한 91/92년도에도 교회 수, 제직, 교역자 수도 증가 일로에 있음을 알 수 있다. 특히, 다음 해인 92/93년도 신자 수가 170,130명, 93/94년도 184,443명, 94/95년도 195,710명, 95/96년도 교단 분열로 자료 미비, 97/98년도 245,646명, 98/99년도 206,786명, 99/2000년도 247,166명, 2000/2001년도 253,114명으로 계수되고 있는데, 이는 지난 10여 년간 예성의 교세가 약 16만 명에서 약 25만 명으로 점차 증가함을 볼 수 있다. 그러므로 90/91년도에만 유독 일반신도가 약 36만 명이라고 하는 것은 그 수가 배로 부풀려진 가능성이 많다. 당시 교세 통계는 제직을 제외하고 일반 신도들에 대하여 2중 3중으로 계수되어 있었을 것이다. 그러므로 90/91년도에서 다음 해까지 숫자적으로 급격한 감소는 설득력이 없다고 본다.

또한 〈표 1〉을 분석해 보면, 92/93년도(72회 총회) 교세가 170,130명에서 93/94년도(73회 총회) 184,443명으로 약 8.4% 성장하였는데, 이것은 일반 교인들 혹은 세례교인들의 증가라고 보기에 어려운 점이 있다. 사실, 73회 총회부터 교세 통계에 주일학교 학생들과 청년부를 포함시켰고, 이들 중 상당수는 구도인과 세례교인으로 이중 계수되었기 때문이다. 실제로, 93/94년도(73회 총회)부터 94/95년도(74회 총회) 교세 성장은 184,443명에서 195,710명으로 11,267명(6.1% 성장) 증가되었으나, 당해 연도 일반 교인 증가를 살펴볼 때에는, 91,490명에서 92,180명으로 약 0.75%의 미비한 성장에 불과한 것으로 나타난다. 세례 교인 증가도 마찬가지로 미비하다. 곧, 세례교인은 54,970명에서 56,812명으로 약 0.33%의 성장에 그치는 것을 볼 수 있다.

그러므로 예성 교단의 통계표로는 지난 10년간 꾸준하게 성장을 보여 온 것으로 평가되지만, 실제적인 일반 교인 성장은 1% 내외의 매우 미비한 것으로 분석된다. 그리고 그 미비한

---

461) 예성 총회 회의록에 나타난 몇몇 통계에서는 교세 합산에서 초보적인 계산의 오류를 보이고 있다. 실 예로 71, 72, 73회 총회 회의록에 나타난 91/92, 92/93, 93/94년도의 교인 수 합계는 각각 168,237명, 169,570명, 27,164명으로 되어 있으나, 실제로 계산한 결과 167,459명, 170,130명, 184,443명으로 나타났다. 또한 78회 총회 회의록에 206,688명으로 나와 있지만, 실제 합산 결과는 206,786명이었다.

성장세도 교인들의 실제적인 회심 성장률로 볼 때에 3~5% 내외의 매우 낮은 것으로 평가된다. 이러한 점은 93/94년도 이후 학습, 세례, 구도자의 증감을 나타내는 〈표 2〉를 살펴볼 때에 자명해진다.

〈표 2〉 예성의 구도, 학습, 세례 교인 증감표[462]

연도 구분	90/91	91/92	92/93	93/94	94/95	95/96	96/97	97/98	98/99	99-00	2000/01
세례인	-	-	-	54,970	56,812	-	-	63,275	62,119	75,330	79,675
학습인	-	-	-	9,129	9,606	-	-	12,071	7,555	14,508	16,295
구도자	-	-	-	27,391	25,762	-	-	36,887	30,224	45,887	49,668

회심 성장을 측정할 수 있는 세례교인의 증감을 살펴보면, 93/94년도(73회 총회)에는 세례교인이 54,970명이었는데, 94/95년도(74회 총회)에는 56,812명으로 3.35%인 1,842명 증가하였다. 그리고 99/2000년도(79회 총회)에는 75,330명이었고, 다음 해인 2000/2001년도(80회 총회)에는 79,675명으로 5.76%인 4,345명 증가하였다. 또한, 98/99년도(78회 총회) 세례교인 수가 62,119명으로 작년 대비 1,156명 감소하였는데, 그다음 해인 99/2000년도(79회 총회)에서는 13,211명으로 갑자기 21%의 유례없는 성장을 가져왔다. 이것은 전체적인 10년 교세 통계를 비교해 볼 때에, 98/99년도에만 세례교인이 감소하고 다음 해에 급증하였다는 점은 실제적인 성장 통계라기보다는 총회 보고상의 문제라고 여겨진다. 즉, 98/99년도(78회 총회)에 각 지교회의 세례교인비 절감을 위한 세례교인 수 감소보고 가능성과 99/2000년도(79회 총회)에 총회 대의원권 확보를 위한 세례교인 부풀림의 가능성도 무시할 수 없다.

그러면 〈표 1〉, 〈표 2〉의 분석에 따른 예성의 국내 선교에 대한 전망을 살펴보자.

첫째, 예성은 교회 수의 증가와 맞물려 특정지역 편중현상이 나타나고 있는데, 이것은 선교적인 차원에서 극복되어야 할 것이다. 2000/2001년도 예성 교회의 전국 분포도를 보면, 서울과 경기에 각각 265개(26.5%)와 308개(30.8%)로 전체의 50%를 상회하고 있고, 다음으로 충청(131개), 전라(92개), 경상(53개), 강원(30개), 군(32개), 해외(89개) 등으로 나타나고 있다.[463] 이것은 예성 교회가 전국적인 분포를 띠고 있기는 하지만, 지방 군소 도시나 농어촌에

---

462) 93/94년도 73회 총회 회의록에서부터 세례, 학습, 구도인 통계가 나타나고 있다. 그 이전에는 통계치가 일반교인으로 포괄적으로 나타나고 있다. 75, 76회 총회 자료인 95/96년도 96/97년도는 교단분열에 따라 통계가 미비하며 전체 교세를 대변하지 못하므로 생략하였다.

는 그 수가 매우 미약한 것을 의미한다. 그러므로 예성이 전국 단위의 균형 있는 교회 성장과 발전을 위해서는 선교적 차원에서 총회 지도부가 예성 교회가 아직 들어가지 않은 지역을 우선적으로 선정하여 교회를 건축하고 그곳에 목회자를 파송하고 지원해야 할 것이다. 그리고 농어촌 교회의 도농 연합 망(network)을 설정하여 농어촌 선교의 활성화를 진작시켜야 할 것이다.[464]

둘째, 목사의 증가에 따른 교단 특수 선교의 길을 총회 차원에서 마련해야 할 것이다. 〈표 1〉에 따르면, 1999/2000년부터 예성 목사의 숫자가 교회의 숫자를 웃돌고 있다. 즉, 1999/2000년에 교회는 936개소인 데 비하여 목사는 1062명으로 목사가 126명이나 많다. 그리고 2000/2001년도에는 목사의 수가 교회의 수보다 172명이나 많은 실정이다. 이것은 중대형 교회의 부목사와 기관 협동목사, 그리고 원로목사와 특수 사역 목사, 해외 선교사, 무임목사 등을 포함한 숫자이다. 이에 대하여 예성은 총회 차원에서 교회 사역 이외의 특수 목회 사역 등 선교 사역에 목사들을 교육 훈련 파송하는 시스템을 구축해야 할 것이다. 특히, 원로목사, 기관 협동목사, 특수 사역 목사 등을 교회 사역과 연결시킬 수 있는 연결망(network)을 구축하여 원활한 유대감과 교회 성장에 상호 협조하여야 할 것이다. 21세기에는 사회의 다변화에 따라서, 목사의 사역은 전통적인 교회 담임과 목회라는 범주를 넘어서서, 사회의 장애우, 교도소, 찬양, 행정, 법무, 교육, 상담, 선교, 봉사 등의 특수 목회 사역에 이르기까지 그 개념과 범주가 확장되고 있다. 이러한 변화에 발맞추어 예성은 총회 차원에서 특수 선교를 위한 전문직인 목사의 발굴과 훈련 시스템을 개발할 필요가 있다. 이것이야말로 예성 교단에서 계속해서 증가하는 목사의 수와 교회를 맡지 아니하는 목회자에 대한 현실적인 대안이라고 생각한다. 예성이 교회 개척 사역과 더불어 특수 목회 등 선교 사역을 역시 강화시켜야 할 필요성이 있다.

셋째, 전도사의 수적 정체 현상 혹은 감소는 앞으로 교단 성장에 부정적인 영향을 미칠 것임으로 목회자 양성을 활성화 시켜야 한다. 전도사의 수적 감소 현상의 원인으로는 대사회적으로 몰락한 교회의 이미지와 목회자에 대한 명예의 실추도 간접적인 원인이겠지만, 가장 중요한 원인은 개척 교회의 어려움과 개척교회의 폐쇄율의 증가일 것이다.[465] 사실, 전통적인

---

463) "제80회 총회 회의록" 참조.
464) "등촌 제일교회 주보", 제31권 34호, 2003년 8월 24일자. 4. 농어촌 선교에 탁월한 교회는 등촌제일교회(담임; 강의구 목사)일 것이다. 전라도와 경상도의 도서지역에 40여 교회를 개척하고 교역자를 파송하여 지원함으로 예성 교단의 중소 도시 편중을 어느 정도 극복하는 데 공헌하고 있다. 또한 예성 교회가 없었던 제주도에 개척된 제주 비양교회, 우도제일교회, 제주신앙교회를 지원하고 있다.

개념과 범주에서 전도사는 목사가 되기 전의 과정으로서 전도 사역을 통해서 자신의 목양지를 개척하는 전도사역자로 인식되어 왔다. 그래서 목사 안수를 받기 위해서는 개척 교회를 설립해야 했으나, 미숙한 경험과 나이의 한계로 개척 교회는 성장하지 못하고 미자립 교회로 남아 결국 교회 폐쇄와 더불어 목회자에게 커다란 패배감과 상처를 안겨 주는 실정이다. 이러한 개척 교회 전도사의 생계의 어려움과 이로 인한 사회적인 문제는 신학대학 및 신학대학원 지원율의 감소로 이어졌고, 이에 따라 신학대학과 신학대학원을 졸업하고 전도사로 사역하는 인원 역시 점차 줄어들고 있다. 〈표 1〉에 따르면, 전도사의 수는 93/94년도를 정점으로 하향 곡선을 그리고 있다. 즉, 93/94년도 821명의 정점에서 94/95년도 805명, 97/98년도 707명, 98/99년도 691명, 그리고 2000년도 682명으로 서서히 감소하고 있다. 교회의 숫자는 증가했으나 전도사의 숫자는 해마다 감소하므로 교회마다 전도사 수급에 차질이 생기고 있는 실정이다.

전도사의 수적 감소는 몇 년 후 목사의 감소로 이어지기 때문에 전도사의 수급문제는 미래의 교단 목회자 수급에 매우 커다란 영향을 미칠 것이다. 향후 미래 교단의 지도자로 성장해야 할 전도사의 수적 감소를 해결하기 위해서는 젊은 신학도들에게 교단의 미래와 전망을 확실하게 제시하여야 할 것이다. 교단 지도부는 젊은 신학도들에게 교단의 비전과 청사진을 제시하고, 장학금 제도와 졸업 후 사역지의 보장 및 개척교회 목회자에 대한 사회 안전 보장제도의 강구에 힘써야 할 것이다. 특별히, 개척 교회 폐지율이 지난 10년간 54%에 육박함으로써 총회는 교회 개척에 대한 선교 정책을 마련할 필요가 있다. 교회 개척에 대하여 지금까지 개척의 주체를 개인에게 두었던 것을 지방회나 총회 차원에서 공동 지원하여 개척 및 미자립 교회 문제를 위한 전문 기구, 소위 '교회개척위원회' 혹은 '개척교회관리위원회'를 신설하고, 교회 개척자의 교육, 훈련, 자질 심사, 개척 지역 실태 조사, 교회 부지 매입 및 건물건축 지원, 후원교회 연결, 지속적인 성장을 위한 감독 등의 제도적인 뒷받침을 해 주어야 할 것이다.466) 개척과 미자립교회 문제는 이러한 체계적이고 교단적인 연합 지원과 지속적인 대책이

---

465) 제70회부터 80회 총회 회의록 참조; 교회 개척은 매년 꾸준히 되고 있다. 즉, 90/91년도 57개 교회, 91/92년도 50개, 92/93년도 58개, 93/94년도 68개, 94/95년도 49개, 95/96년도 교단분열로 자료 불확실, 96/97년도 30개, 97/98년도 42개, 98/99년도 51개, 99/2000년도 46개, 2000/01년도 49개 교회가 개척되었다. 이 자료에 따르면, 매년 약 50개 내외의 교회가 개척되며, 지난 10여 년간 약 500여개의 신개척 교회가 세워졌다는 것이다. 그러나 2003년도 "전국교회 주소록"과 그동안 개척된 교회의 명단을 대조해 본 결과, 개척 교회가 지속된 경우[폐지된 경우( )로 표시], 90/91년도에 12개(45개), 91/92년도 17개(33개), 92/93년도 19개(39개), 93/94년도 33개(35개), 94/95년도 18개(31개), 95/96년도 자료미비, 96/97년도 17개(13개), 97/98년도 20개(22개), 98/99년도 23개(28개), 99/2000년도 32개(14개), 2000/01년도 39개(10개) 등 총 500여개 교회 중에서 46%인 230개 교회만 지속하고, 54%인 270개의 교회는 폐지되었다.

없는 한 미해결로 남을 것이며 결국 개척자 한사람과 그 가족의 끝없는 희생만이 요구되어질 뿐이다.

넷째, 평신도 지도자 특히 장로, 권사, 집사의 수적 증가가 교회 성장에 미칠 영향이다. 실질적으로 예성 교단은 지난 10여 년간 평신도 지도자인 장로, 권사, 집사의 수적 증가가 괄목할 만하다. 즉, 90/91년도에 32명이었던 장로의 수는 2000/2001년도에 575명으로 10년간 543명 증가하였다. 그리고 1,737명(90/91년도)이었던 권사의 수는 10년 후 4,457명(2000/2001년도)으로 2,720명이 증가하였다. 집사의 수도 17,071명에서 25,290명으로 8221명 증가하였다.

이러한 평신도 지도자들의 수적 증가는 교회 성장에 순기능과 역기능 양면의 영향을 미칠 수 있다. 만일, 이들이 교회에서 순기능적으로 교회의 성장과 발전을 위해 선교적 자세로 일을 한다면, 교회 성장에 바람직한 영향을 미칠 수 있다. 즉, 평신도 지도자들로서 이들이 새 신자 전도와 양육 그리고 교회 발전을 위한 헌신적인 봉사와 전문인 선교에로의 활발한 참여 등을 통하여 주님의 교회를 바람직하게 성장시킬 수 있을 것이다. 이들은 새로운 평신도 시대에 훈련된 지도자들로서 목회자를 도와 교회 성장에 능동적인 참여자들이 될 수 있을 것이다.

그러나 만일, 이들이 교회 내에서 양적인 수적 증가로 인하여 자신들의 입지 강화에 나서면서, 평신도 협의회를 만들고, 혹 친교단체를 조성하여 자신들의 울타리를 높이 쌓는다면 교회의 성장과 발전에 치명적인 저해가 될 수 있다. 예성의 교단 역사가 100주년을 내다보면서, 교회가 노령화되고 평신도 지도자들도 노령화되고 있는 상황에서, 보다 역동적이고 능동적인 평신도 지도자 상의 개발이 필요한 시점이다. 이를 위해서 총회 차원에서 교회 조직의 쇄신이 필요하다고 본다. 교회는 하나님의 백성으로서 성령 안에서 교제하며 세상을 향해 선교하는 그리스도의 몸으로서 역동적이어야 한다. 그래서 교회는 건물 중심이나 몇몇 지도자들에 의해서 움직이는 기관이 아니고, 주님의 뜻대로 상호 격려하며 하나님의 뜻을 추구하며 하나님 나라를 향해 달려가는 성도들의 모임이 되어야 한다.[467] 새 포도주는 새 부대에 담으라는 주님의 말씀대로, 이제 21세기 평신도 지도자가 많이 양성된 상황에서 교회의 조직 구조를 기존의 남녀 전도회나 장로회, 권사회, 안수집사회, 구역회 등으로부터 작은 교회 운동으로 발전시켜야 할 것이다. 작은 교회 운동은 경건주의와 웨슬레 운동의 대표적인 평신도 조직으로 교회

---

466) 김경모 외 3인, "기획특집(1) 미자립교회", 〈크리스찬 뉴스위크〉 176호, 2003년 3월 8일자, 7.
467) Howard Snyder, *The Problem of Wine Skins: Church Structure in a Technological Age* (Downers Grove, IL: InterVarsity, 1975), 16-17, 68, 75-77, 82-83.

안의 작은 교회(ecclesiola in ecclesia)를 만드는 운동이다. 즉, 평신도 지도자들을 직분별로 조직하던 것을 다양한 직분을 포함하는 여러 성도들을 묶어 교회 안의 하나의 작은 교회를 만드는 것이다. 이 작은 교회에는 장로, 권사, 집사, 새 신자, 청년, 어린이까지 모두 포함되어 평신도 사역 공동체로 발전할 수 있다.

이러한 작은 교회 운동은 초대 교회의 가정 교회(house church) 모델과 그 맥을 같이한다. 사회가 인간소외로 각박해지고 가정이 파괴되어가는 시대에 교회는 평신도 지도자들을 중심으로 자체 지도자만 모일 것이 아니라, 선교적 자세로 교회 온 성도들에게 퍼져서 그물망을 형성하여 하나님의 참된 가정을 이루듯 친교와 봉사하는 선교 공동체로 되어야 한다. 가정 교회 운동은 이미 1980년대 후반 미국의 교회에서 시작하여 지금 그 운동이 교회 안에 받아들여져 셀 그룹 모임 등의 형태로 정착하고 있다.[468] 이러한 작은 교회 운동을 교회 내부에서 실행하려면, 평신도 지도자들에게 열린 마음, 관용과 용서하는 마음, 남을 배려하는 마음, 인내와 자기 훈련 등의 높은 신앙 인격이 요구된다. 이러한 선교적 자세가 준비되지 않았을 경우, 이것이 또 하나의 굳어진 구조로 박제화될 수도 있다. 그럼에도 불구하고, 예성 교단 교회가 이 교회 구조를 채택해야 하는 당위성은, 현대 후기 교회와 사회의 문제인 관계와 사랑 그리고 인격적 만남의 부족함을 이러한 평신도 지도자들의 파송을 통한 작은 교회 운동으로 회복될 수 있는 가능성이 있기 때문이다. 또한 이렇게 함으로써 교회는 선교적 구조를 가지게 되고, 계속해서 교회가 성장해가는 건강한 구조를 가지게 될 것이다. 그렇지 아니하면, 이제 몇 년 안 가서 교회의 전 교인이 새로운 신자의 전입 없이 권사와 장로 등 평신도 지도자들만 남게 되는 결과가 올 수도 있는 것이다. 그러므로 예성의 평신도 지도자의 수적 증가는 작은 교회 운동으로 이어져야 하고, 결국 예성 교회를 선교적 구조로 바꾸어야 할 것이다.

2) 해외 선교

2000년 예성 해외 선교사 요람에 따르면, 예성 선교사는 아프리카 가나를 비롯하여 28개국에 85명이 사역하는 것으로 보고되고 있다.[469] 이 중에 수적으로 가장 많은 선교사들이 사역

---

468) Del Birkey, *The House Church* (Scottdale: Herald, 1988), 11–13.
469) 예수교 대한성결교회 총회, 「2000년 예수교 대한성결교회 선교사 요람 및 사역 현황」, 2000, 4–126. 본 논문에서는 선교사를 계수할 때에 부부를 합산하여 계산하지 아니하고, 주 사역자 1명만을 합산하였다. 만일 부부를 선교사로 모두 계수한다면 예성 선교사

하는 곳은 필리핀으로 전체의 17%인 15명의 사역자가 신학교 사역과 현지인 목회 및 구제와 개발 사역 등을 감당하고 있다. 다음으로는 미국에 11명의 선교사들이 교포와 현지인 대상으로 사역하고 있고, 영국, 캐나다, 호주, 뉴질랜드, 남아공 등 영어권 지역에 각각 5명, 5명, 4명, 2명, 1명 등 17명이 사역하고 있다. 미국을 비롯한 영어권 서구 지역에서 사역하는 선교사의 총 수는 28명으로서 전체 선교사의 32%를 차지하고 있다. 그리고 아시아권에서 사역하는 선교사는 필리핀을 비롯하여 한국, 대만, 말레이시아, 베트남, 스리랑카, 인도, 일본, 중국, 태국, 카자흐스탄 등에 44명 등 51%에 이른다. 이외에 유럽권인 독일, 그리스, 러시아, 몰도바, 불가리아, 헝가리 등에 8명의 선교사가 사역하고 있고, 기타 남미권인 파라과이와 브라질에 각각 2명, 1명, 그리고 아프리카권인 가나와 이집트에 각각 1명씩 사역하고 있다.

앞의 자료를 참고하여 예성의 선교 현황을 분석해 보면, 그 특징은 다음과 같다.

첫째, 많은 지역과 국가에 다수의 선교사들을 파송하지는 못하였어도, 복음화율이 낮은 10/40창 지역에 예성의 32%에 해당되는 선교사들이 파송되어 사역하고 있다는 점이다. 이것은 예성 선교지 28개국 중에 35%에 해당되는 10개 국가, 즉 대만, 말레이시아, 베트남, 스리랑카, 인도, 이집트, 일본, 중국, 카자흐스탄, 태국 등에서 전체 85명의 선교사 중에 28명, 즉 전체의 32%에 해당되는 선교사들이 미전도 종족을 위하여 직간접적으로 선교하고 있다는 것을 의미한다. 한 종족의 복음화율이 20% 미만인 미전도 종족이 다수 분포되어 있는 10/40창의 지역에서 우리 예성 선교사들은 이들의 복음화를 위해서 주님의 선교 사역을 감당하고 있다. 사실, 세계의 신교사들 중에 약 8%의 사역자들만이 이 지역에서 사역하는 것을 볼 때에, 예성의 선교사들은 그리스도의 지상 명령을 본질적으로 따라가고 있음을 의미한다.[470] 비록, 예성이 세계 192개국(유럽 36개국, 아프리카 53개국, 아시아 39개국, 독립국가연합 및 발틱 15개국, 오세아니아 14개국, 북미 23개국, 남미 12개국)[471]에 모두 선교사를 파송하고 있지 못하지만, 선교사를 파송하는 28개 지역 중 미전도 종족 선교 사역에 힘을 쏟고 있다는 사실

의 숫자는 현 85명에서 그 배인 170여 명으로 늘어날 것이다.

470) A. Scott Moreau ed., *Evangelical Dictionary of World Missions* (Grand Rapids, MI: 2000), 938. 10/40창은 북위 10도에서 40도 사이의 직사각형으로 그려진 창으로서, 이 지역에 60개 이상의 국가, 20억 이상의 전도되지 않은 사람들(unreached people)이 살고 있다. 이들에게 복음을 전할 선교의 본질적인 사명이 교회에게 주어져 있다. 10/40창에 대한 언급은 1974년 Ralph Winter가 미전도종족에 대하여 관심을 촉구한 이후, 1989년 마닐라 로잔 대회 때에 그 구체적 전략으로 Luis Bush가 이 용어를 사용하였다. 10/40 지역에는 힌두교, 불교, 이슬람 등 세계 종교가 왕성한 곳이고, 극빈자들이 곤궁하게 살아가는 지역이며, 전 세계의 선교사들 중 약 8%만이 사역하는 곳이다. 서기 2000년과 그 이후 운동(AD 2000 and Beyond Movement)을 주도하는 Luis Bush는 성경대로 그리스도의 명령을 따라 미전도종족에게 가장 우선적으로 그리스도의 복음을 전해야하는 당위성을 강조하였다.

471) 김태희, 『세계 각국 주요 데이터』(안양: 서전지구, 2003), 1.

은 선교 사역의 본질을 고려할 때 매우 바람직한 현상이라고 볼 수 있다. 그러나 예성의 해외 선교가 28개국에만 머무르지 말고, 예성 선교의 전 세계적 확산을 위하여 선교사 미 파송지역인 164개국을 향하여 교단 선교 차원에서 선교사 후보생을 발굴하고, 훈련시킨 후 파송하는 단계로 발전해야 할 것이다.

둘째, 예성의 선교사 분포를 보면, 영국을 비롯한 영어권 서구 국가에서의 선교 활동이 활발하다는 것이다. 전체의 32%에 해당되는 28명의 선교사들이 이 지역에서 선교활동을 하고 있다. 이것은 서구 국가도 이제는 세속화되어 선교의 수혜국이 되어가고 있는 현실을 반영하는 것일 뿐만 아니라, 한민족 디아스포라, 즉 교포 선교에 예성의 선교사들이 활발하게 활동하고 있기 때문이다.[472] 영국의 경우 현대 후기 세속화 시대에 기독교회는 그 힘을 잃어가고 있다. 이제 영국은 선교국이라는 말이 무색할 정도로 피선교지가 되어가고 있다. 위대한 선교의 세기를 주도하였던 윌리엄 캐리를 파송한 침례교 선교회를 비롯하여 유망한 선교회를 가진 유서 깊은 선교의 주도국인 영국은 이제 기독교회의 세속화와 설상가상으로 이슬람교도들의 선교활동으로 인하여 기독교의 회생이 필요한 미전도 종족이 되어가고 있다. 이러한 때에 서구 지역에서 선교활동이 활발한 우리 예성의 선교사들은 더욱 영어권 선교 사역을 강화하여야 할 것이다. 특히 서구 영어권 선교사들은 선교 사역에 있어서 미전도 종족 아시아권 선교사들에 비해 상대적으로 어렵지 않게 선교 사역을 감당한다는 비판과 선교가 아니라 학위 취득을 위한 이름뿐인 선교라는 비난을 받고 있지만, 이러한 비평에 얽매이지 말고, 자신이 파송된 서구 영어권 선교지에서 하나님과 교회 앞에 당당하게 실제적인 선교 사역, 즉 교포 선교와 현지인 선교를 실천하여야 할 것이다. 서구 영어권 지역 선교나 미전도 종족 아시아권 선교 모두가 하나님의 선교의 한 축이라는 사실을 인식하고, 자신에게 부여된 선교의 사명을 잘 감당하면 될 것이다. 실제적으로, 영어권 선교사들은 서구 세계에 흩어져 있는 선교의 자원인 디아스포라 한인들을 복음화하여 이를 선교 거점으로 삼아 미전도 종족 선교의 전초기지로 삼는다면 선교 전략상 매우 효과적인 성과가 예상된다.

셋째, 예성 선교사들이 가장 많이 파송되어 사역하고 있는 필리핀 선교에 대하여 교단 차원의 선교 연합 정책이 필요하다. 필리핀 주재 예성 선교사들 간의 선교사 자신과 선교사 자

---

472) 이구홍, "해외 동포 대 통합으로 가는 길," Win (January 1996):135. 영어권 국가에 살고 있는 한민족 디아스포라는 96년 통계로 보면, 미국에 1,533,577명, 캐나다에 70,181명, 뉴질랜드에 3,049명, 호주에 39,572명, 영국에 6,049명, 남아공에 337명 등 1,652,765명으로 집계되었는데, 97년 이후 IMF와 교육 이민 등으로 영어권 국가로 이주한 한인들과 통계에 합산되지 아니한 불법 체류 이민자들의 수를 합하면 그 수가 200여 만 명을 넘을 것으로 보여진다.

녀 및 가정, 그리고 섬기는 현지인을 위한 선교 복지 대책이 현지에서 강구되어야 할 것이다. 이를 위하여 교단 선교부와 현지 선교부 그리고 현지인들 간의 실질적인 연합과 상호 지원 체제 구성은 매우 시급한 실정이다. 이러한 선교 복지 지원 체제는 교단 선교부에서 현지에 선교 복지 타운을 건설하고, 이곳에 사회복지사 출신의 복지 행정 선교사를 파견하여 주도적으로 행정을 지원해 주어야 할 것이다. 그리고 선교 복지 행정은 실제적인 선교 복지 혜택이 현장의 필요에 부응할 수 있도록 체계적이며 실제적으로 이루어져야 할 것이다.

또한, 필리핀 선교가 약 17여 년을 넘어가고 있는 상황에서 필리핀 자립교단 생성의 필요성이 대두되고 있다. 교단 선교부에서는 필리핀에서 예성 선교사들이 세운 신학교에서 배출되고 있는 목회자들에게 수년 전부터 목사 안수례를 베풀고 있는데, 여기에 그칠 것이 아니라, 현지인 목사들의 교회를 하나의 독립 지방회로 발전시키고 육성해 줄 필요가 있다. 그리고 실제적으로 이들 현지 지방회가 독립될 수 있도록 신학적인 지도자 교육, 행적적인 지원, 그리고 경제적인 후원 등이 필요하다고 본다. 무엇보다도 현지 지도자들의 계속적인 신학 교육을 성결대학교와 연계하여 실시하며, 특별히 자매교단인 필리핀 C&MA 교회와의 협력 관계를 더욱 돈독하게 할 필요가 있다.

넷째, 예성 선교사의 분포를 목회자와 평신도로 나누어 볼 때에, 특징적인 면은 전체 85명의 선교사들 중에 평신도 선교사가 2명에 불과하다는 점이다.[473] 이것은 21세기 전문인 선교의 시대에 발맞추지 못한 결과로 보인다. 21세기 지역 세계화(glocalization) 시대에 세계 선교 사역은 예전의 목회자 중심의 사역보다는 보다 일반직인 직업을 통한 벤처 선교(venture mission) 사역으로 전환되고 있다. 즉, 21세기 선교는 전문적인 컴퓨터 정보통신망과 체육과 예술 그리고 의료 사역 등을 통한 세계 선교, 즉 전문인 선교 활동으로 변천하고 있다.

최근의 각종 선교 대회마다 전문인 선교사로 창의적 접근 지역을 위해 헌신하는 평신도 지도자들이 늘어나고 있다. 이제 창의적 접근 지역인 10/40창의 20억 미전도 종족에 들어가 사역하기 위해서는 목회자의 신분보다는 평신도 전문인의 자격이 훨씬 유리한 실정이다. 사실, 세계 약 40만 명의 선교사 중에 목사 선교사 28만 명의 수로는 미전도 종족 약 20억의 미전도 종족을 담당할 수가 없는 것이다.[474] 그러므로 예성에서는 21세기 세계 선교에 한 몫을 담당

---

473) "2000년 예성 선교사 요람 및 사역현황"에 따르면, 평신도 선교사는 헝가리의 하예전 선교사와 필리핀의 임창만 선교사 등 2명이다.
474) 김태연, 『전문인 선교사로 살아라』 (서울: 치유, 2003), 43.

하기 위하여 평신도 전문인 사역자를 양성할 필요가 있다. 논자가 국내 선교의 분석에서 지적하였던 것처럼, 예성의 평신도 지도자의 숫자는 교회 내에서 증가일로로 있으므로 그 자원은 풍부하다고 볼 수 있다. 그러나 이들의 임무는 친교의 단계에 머물러 있을 뿐, 선교나 교회 성장의 걸림돌이 되는 경우가 많은데, 이들은 교회의 본질적인 임무인 하나님 나라를 위한 변혁과 세계 선교보다는 기존 조직의 유지만을 강화시키고 있다. 만일, 예성의 교회 구조가 선교 구조로 변혁되지 아니하면, 교회 구조가 기형적인 역삼각형 구도로 되어, 새로 전입된 신자는 줄어들고 기존의 신자가 전체 지도자화로 될 위험성이 남아 있다. 그러므로 교회에서 신앙 연조가 깊은 평신도 지도자들은 세계 선교의 과제를 수행할 수 있도록 훈련되고 파송되며 후원되어야 할 것이다. 이를 위하여 교단 선교훈련원의 활성화와 전문인 선교훈련원과의 연계, 그리고 평신도 선교사의 위상의 확립 등 체계적인 교육과 후원이 필요하다고 본다. 만일, 평신도 지도자들이 솔선하여 세계복음화의 지상 과제를 완수하기 위하여 전문인 선교로 나선다면, 침체된 교회에 활력을 불어 일으킬 것이고, 예성 교회의 성장으로 이어질 것이다.

2. 한국 성결교회-선교적 구조로 변화 필요

지금까지 예성의 선교 현황과 전망에 대하여 고찰하였다. 우선 국내 선교에 있어서, 지난 1990년대 10년간 나타난 특징적인 현상을 살펴보면, 교회의 특정 지역 편중 현상, 목사의 수가 교회의 수를 추월하는 현상, 전도사의 수적 정체 및 감소 현상, 평신도 지도자의 수적 증가 현상 등이었다. 이러한 현상들은 예성의 교회 성장에 역기능으로 도전할 것이므로, 예성의 교회 구조는 21세기를 맞이하여 선교적 구조로 변화되어야 함을 본 장에서 주장하였다. 그 방법론으로 본 장에서 제시된 것은 예성 교회의 국내 전 지역으로 향한 선교적 확산, 특수 선교 목회의 활성화와 개척 교회 지원 체제 확립, 그리고 평신도 지도자 중심의 가정 교회 운동 확산 등이었다. 해외 선교의 경우, 예성은 복음화율이 낮은 10/40창의 창의적 접근 지역 선교에 상대적으로 높은 비율로 참여하고 있고, 영어권 서구 국가와 필리핀 지역에 선교가 집중적으로 이루어지고 있으며, 이에 비해 평신도 선교사 비율은 극히 낮은 상태에 있음이 발견되었다. 이러한 현상은 선교의 세계 전 지역화를 위한 선교사 투입과 활성화의 필요성, 지역 선교를 위한 선교 복지 행정 체제 시스템의 가동, 그리고 평신도 전문인 선교사 양성의 과제를 촉구하고 있다.

끝으로, 본 연구를 통해 아쉬운 점은, 예성 교단의 선교 현황을 분석해 볼 때에 가난한 이웃인 외국인 이주노동자 선교와 북한 선교, 군 선교, 교정 선교, 장애인 선교, 실직자나 노숙자 등 사회 빈민 선교, 비영리기관인 NGO(Non-Governmental Organization) 선교, 해외 구호 개발 선교 등에 교단 차원의 관심이나 지원이 극히 미비하고 이에 대한 자료도 거의 없다는 점이다. 총회 선교부는 위의 선교 사역을 위해 헌신하는 국내 전문 사역자들을 특수 선교 사역을 위한 선교사로서 교단 내에서 위상을 정립해 줄 필요가 있다. 이를 위하여 사역자들을 위한 선교위원회와 후원단체를 조직하고, 선교 정책과 행정 그리고 후원 사역을 통하여 하나님이 예성에 맡겨 주신 선교 사명을 성실하고 충실하게 감당해야 할 것이다.

제18장 한국 성결교회 100주년과 동북아 선교 전략

　우리 예성과 기성은 웨슬리 신학과 사중복음을 근간으로 하는 형제교단으로서, 지난 40여
년간 주어진 삶의 자리에서 그 역할을 잘 감당하였다. 그러던 중 예성과 기성은 2000년 5월
성결교회 교류협력위원회를 조직하였고, 그 이듬해 한국 성결교회연합회로 발돋움하였다. 이
는 21세기 사회의 세속화와 문화의 다원주의로 인하여 기독교 선교가 장벽에 부딪치고 있는
때에 매우 시의적절한 성결교회의 선택이었다. 그러나 2000년대 중반을 넘어서면서 양 교단
의 교류 협력 사업은 시들해졌고, 결국 양 교단 통합의 꿈은 사라져 버리는 듯하였다. 그러나
2010년을 맞이하여 양 교단의 총회장이 새롭게 교류 협력을 시도하고 있는 상황에서, 우리
성결신학대학원과 서울신학대학원의 교류 협력이 시작되게 되었다. 당시 이러한 시대적 상황
에서 성결신학대학원장을 맡았던 저자는 "100주년 성결교회! 미래의 선교 전망을 말한다"라
는 주제로 한국 성결교회 향후 100년을 향한 선교전망에 대하여 서울신학대학원 원우회로부
터 연구과제와 주제발표 요청을 받았고 2010년 가을 서울신학대학원 축제 특별 강좌에 초대
되어 주제발표를 하였다.

　주제발표에서 저자는 한국 성결교회의 향후 100년을 향한 선교전망을 살펴볼 때에, 선교
역사적 관점에서 동북아 선교에 관심을 가지고, 하나님이 맡겨준 시대적 사명을 잘 감당해야
함을 주장하였다. 저자는 한국 성결교회 향후 100년을 향한 선교전망을 예견하기 위해서, 먼
저 100여 년 전인 한국 교회 선교의 초기 역사의 과정에서 한국 성결교회의 역할을 탐구해
보았다. 즉, 19세기 말 20세기 초, 동북아 권역의 지배구조가 재편될 때에, 기독교가 미국에서
유입되었는데, 그 과정과 결과를 살펴보고, 그 후에 구한말 기독교 수용과정에서 한국 성결교
회의 역할이 무엇이었는가를 고찰해 보았다. 그다음으로 1세기 전의 국제 정치 상황처럼 21
세기에 새롭게 대두되는 동북아 시대의 패권 경쟁의 각축전에서, 한국 기독교의 역할은 무엇

이고 그 가운데서 한국 성결교회가 향후 100년을 향해 나아갈 때에 어떻게 동북아권역에서 선교적 역할을 감당해야 할 것인가를 본 장에서 선교 전략적인 차원에서 고찰하였다.

1. 구한말 제국주의 열강들의 동북아 패권 경쟁과 기독교의 유입

한국 성결교회 100주년과 동북아 선교와의 상관성을 찾기 위해서는 구한말 동북아 세력 개편의 시대에 기독교가 서구로부터 조선 땅에 유입되었던 상황을 이해할 필요가 있다. 왜냐하면 동북아와 선교의 주제는 오늘날에만 다루어진 주제가 아니라, 이미 120여 년 전 19세기 말 조선을 둘러싼 국제 정치 상황과 연결되었기 때문이다.

1) 구한말 조선을 둘러싼 제국주의 열강들의 패권 경쟁

조선 사회는 19세기 들어서면서 세도 정치의 폐해로 나타났던 부정부패와 각종 수탈로 인하여 대규모 민란이 발생하는 등 혼란기로 접어들었다.475) 특히, 1811년 평안도 농민전쟁에서 홍경래를 중심으로 봉기한 농민들은 4개월 만에 정부군에 의해 진압되었고, 살아남은 자 3,000여 명 중 여자와 아이들을 뺀 2,000여 명은 즉결 처형되었다. 그리고 1814년과 1833년 두 차례에 걸쳐 한성에서 굶주림에 시달리는 민중들의 쌀 폭동이 일어나기도 했다.

이러한 조선 사회의 혼란기에 청, 일, 러, 영, 프, 미 등 제국주의 열강들의 이양선들이 전라, 황해, 강원, 함경 등지에 출현하기 시작했고, 급기야 1876년 2월 2일 일본 군함의 무력시위에 눌려 강화도 조약을 체결하게 되었다.476)

한편, 조선에 대한 일본의 영향력 증가와 러시아의 남하를 경계하던 청은 1882년 10월에

---

475) 하일식, 『연표와 사진으로 보는 한국사』 (서울: 일빛, 1998), 180-181. 1805년 순조의 장인 김조순이 집권하면서 안동 김씨의 세도정치(~1863)가 시작되었다. 이들은 권력을 독점하여 매관매직과 각종 이권을 나누어 가졌다. 이 시기 백성의 수탈과 부정부패는 극에 달해 대규모 민란(순조 8년, 함경도 민란, 순조 11년 평안도 농민전쟁, 순조 14년 한성 폭동, 순조 27년 천주교도 체포, 순조 33년 한성 쌀 폭동)이 일어나는 계기가 되었다.

476) 하일식, 『연표와 사진으로 보는 한국사』, 182-196. 1816년 7월 영국 군함 충청도 마량진에 출현하여 해도 측량; 1832년 6월 영국 상선 로드 암허르스트(the Road Amherst)호 황해도 출현 통상요구; 1845년 6월 영국 군함 사마랑(Samrang)호 전라도 해안 및 제주도 측량; 1850년 2월 이양선이 강원도 울진에 출현 군인과 민간인 살상; 1853년 4월 러시아 함대 동해안 측량; 1854년 4월 러시아 선박이 함경도 해안에서 민간인 살상; 1855년 영국 군함 독도 측량, 프랑스 군함 동해안 측량; 1866년 제너럴셔먼호 사건 등이다.

조·중 상민 수륙 무역장정이라는 불평등조약을 체결하고 조선에 대한 영향력을 주장하였다. 중국은 조선의 종주국임을 내세워 연안 어업을 비롯한 특수 이익을 독점하려고 했으나 다른 제국주의 열강들에 의해 체결된 조약들에 의하여 조선의 경제적 이익은 분산 배분되었고, 이로 인해 조선 경제의 파탄은 가속화되었다.[477]

열강들의 이권침탈에 대하여 구체적으로 살펴보면, 일본은 경부 및 경인 철도 부설권, 평양 탄광 석탄 전매권, 충남 직산 금광 채굴권, 경기·충청·황해·평안도 연해 어업권, 인삼 독점 수출권 등을 독점했다. 미국은 평북 운산 금광 채굴권, 서울 전기 수도 시설권, 서울 전차 부설권 등을 가졌고, 러시아는 함북 경원, 종성 금광 채굴권, 압록강 유역, 울릉도 산림 벌채권, 동해안 포경권, 인천 월미도, 부산 절영도 저탄소 설치권 등을 독점했다. 그 밖에 영국과 프랑스 독일은 각기 평남 은산 금광, 평북 창성 금광, 강원도 당현 금광 채굴권을 가졌다.[478]

특히, 1885년 거문도 사건은 제국주의 열강들의 패권 다툼의 실체였다. 러시아는 부동항의 필요로 조선과 비밀 교섭을 통하여 영흥만을 제공받기로 했으나, 아프가니스탄을 비롯한 세계 각지에서 러시아와 대립 중인 영국이 러시아의 남하를 저지하기 위하여 거문도를 무력으로 점령하는 일이 발생하였다. 청은 러시아 남하 방지와 조선에 대한 종주권 확립을 위해 영국의 거문도 정복을 묵인하려 했으나, 일본의 조선 영토 점령을 우려하여 청·러·영 간의 회담을 통하여 러시아의 조선 영토 점령 불가 원칙을 확인하였고, 영국이 이를 받아들여 거문도에서 철수한 것이다.[479]

다른 제국주의 열강들에 비해 일본의 경제적 침투는 치밀하였고, 임오군란 후 제물포 조약을 통하여 1883년 1월에 인천항이 개항되었다. 그런데 역설적이게도 일본에 의해 통상 압력으로 개항된 그 인천항을 통해 1884년 최초의 미국인 선교사 알렌(Allen, H. N.)이 입국하였고, 이듬해 4월 5일 부활절에 장로교 선교사 언더우드(Underwood, Horace G.)와 감리교 선교사 아펜젤러(Appenzeller, Henry D.)가 기독교의 복음을 들고 인천항에 들어오게 되었다. 알렌은 1885년 2월에 최초의 서구식 근대 병원인 광혜원을 설립하였고, 그해 8월 3일 아펜젤러는 최초의 근대식 중·고등 교육기관인 배재학당을 설립하였고, 1886년 4월 28일 미국의

---

477) 이현희, 『이야기 한국사』 (서울: 청아출판사, 2003), 585-592.
478) 정구선, 『한국사의 새로운 인식』 (서울: 국학 자료원, 2003), 77-78. 평북 운산 금광의 경우, 미국이 고종에게 낸 사례금 20만 원과 매월 4,100원을 내고 차지한 이 금광에서 1902년에서 1915년까지 4,950만원의 금을 생산했다. 당시 조선의 세입 총액이 600여만 원이었고, 일본에게 진 빚이 1300만 원인 것을 생각해보면, 이권 침탈이 얼마나 극심한 것이었는지 알 수 있다.
479) 최문형, 『한국을 둘러싼 제국주의 열강의 각축』(서울: 지식산업사, 2002), 63-72.

북감리교 여선교사 스크랜튼(Scranton, M. F.)은 최초의 여성 전문 교육기관인 이화학당을 설립하였다. 미국인 선교사 베어드는 1897년 10월 10일 평양에 숭실학교를 설립하기도 하였다. 그리고 아펜젤러는 1887년 4월 8일 정동 감리교회를 창립하였고, 언더우드는 같은 해 9월 새문안 장로교회를 설립하였다.

2) 기독교의 유입: 서구 문명의 대변자로서 간접 선교

19세기 말 동북아시아 세력 개편의 시대에 기독교는 서구 문명의 옷을 입고 제국주의에 의해 열린 통상의 문을 통해 조선 땅에 들어왔다. 기독교는 전통 사회의 반대에 부딪치면서 서구 물질문명의 대변자로서 전통 종교가 줄 수 없었던 서구 근대 문명의 이기를 전통 사회에 기독교와 함께 전달하였다. 그래서 기독교는 문명의 상징(a sign of civilization)이 되었고, 문명개화론의 선두주자가 되었다. 이렇게 19세기 말 20세기 초반 조선에서 서구 근대성 수용의 흐름의 주류로서 그 역할을 감당했던 기독교는 조선 사회에 강력한 사회 문화적 영향력을 행사하였다.

기독교는 교육, 의료, 사회사업 등 간접 선교 전략을 통하여 기독교 스스로의 평판을 제고시켰다. 서구 근대화 세력의 후원자로서 자리를 매긴 기독교의 교육, 의료, 사회사업 등의 간접 선교는 당시 헐벗고 굶주린 백성들에게 매우 효과적이었다. 당시 유교 중심의 전통 사회의 근간이 무너지고 있을 때에, 기독교는 자유와 평등 그리고 인권의 존엄성이라는 새로운 가치관과 서구의 개발, 진보, 독립, 개인주의 등 계몽주의 세계관을 전파하였다.

당시 조선 왕조는 통치 이념이자 주요 종교인 유교의 전통 사상에 의지하여 쇄국정책을 고수하였으나 그것으로는 제국주의 열강의 침탈에 맞서 대항할 수 없었고, 결국 일본의 식민지로 전락하게 되었다. 이러한 사실로 인하여 조선 시대의 주요 종교요, 사회 질서 체계의 근간인 유교는 그 세력을 잃게 되었다. 조선 왕조의 멸망과 일제 식민지배에 대한 책임을 당시 집권층인 유림에게 묻는 것은 기존 기독교 선교의 입장이었다. 유교는 당쟁이나 분파를 조성하였고, 과거 지향적 내부 폐쇄성으로 인하여 새로운 근대화의 주 세력에서 밀려날 수밖에 없었지만, 기독교는 진취적 미래 개방성으로 인하여 근대화의 도구로 사용되어 조선의 근대화에 큰 기여를 하였다는 평가가 있다.

그러나 최근 한국 유학자들이나 역사학자들 사이에서 한국 근대 사회에서 부정적으로 나타났던 한국 유교의 전근대성을 부분적으로 인정하지만, 그것이 유교의 본질적인 면은 아니었다고 주장하고 있다.[480] 이들은 조선 왕조의 멸망이 유교 자체에 문제가 있어서가 아니라, 당시 제국주의 열강의 식민지 찬탈의 과정에서 힘없는 조선이 멸망할 수밖에 없었다는 것이다. 이들은 유교의 가족 윤리, 교육열, 충성심, 근면 성실성, 공동체성 등은 유교 문화권인 동북아시아의 경제 발전상의 밑거름이 되었다고 주장하고 있다. 그래서 이들은 기독교가 서구 물질문명의 경제적인 지원과 제국주의의 정치 군사적인 후원을 받지 않았다면, 정신 사상적 측면이나 종교 영성의 측면에서 유교가 기독교에 밀리지 않았을 것이라는 지적이다. 근대 기독교의 유입에 대하여 기독교가 제국주의 침략의 교두보 역할을 했다는 주장이 또한 대두되고 있다. 그 이유는 동양에 기독교가 제국주의와 동시에 전파되면서 전통 사회의 정신문화를 파괴하여 현지 사람들의 저항력을 무력하게 만들었다는 것이다. 즉, 기독교는 제국주의의 길라잡이로 식민지에 먼저 들어와서 사람들의 정신세계를 혼미하게 하여 저항과 독립의식을 무마시킨다는 것이다. 이것은 극단적인 견해로, 북한의 신천 박물관의 사례가 그 예이다. 그곳은 6·25전쟁 시 미군 해리슨 부대에 의해 학살된 민간인 35,353명의 죽음을 기리는 곳으로, 16개 전시실에 당시 참상의 전개 과정과 읍면별 참상, 계층별 참상, 학살 도구 등이 전시되어 있다. 북한은 미군의 잔혹한 살상을 미국에 대한 증오심으로 표출하였고, 그것을 미국을 통해 전파된 개신교에 대하여 증폭시켰던 것이다. 무고한 북한 양민 학살의 원흉은 미국이고, 기독교가 미국에서 들어왔으니 기독교는 미 제국주의의 앞잡이라는 단순한 등식이다.[481] 이러한 분석은 미국의 정치·군사·경제·종교의 다양성을 인식하지 못하고 단순 논리로 사안을 평가한 것으로 오류가 있다. 그리고 미군의 6·25전쟁 시 양민학살은 구한말 기독교의 유입과정과 전혀 상관이 없으며, 생명과 평화의 복음을 전하는 기독교 선교사를 살인과 전쟁을 일삼는 제국주의의 앞잡이라고 단순 규정하는 것은 환원주의(reductionism)의 오류에 해당된다고 본다.

---

480) 조동걸, 『한국 근현대사의 탐구』 (서울: 경인 문화사, 2003), 175-179. 조동걸은 경북 영양 출신으로 안동대 교수와 국민대 교수를 역임하고 박물관장, 한국독립운동사 연구소장, 한국국학진흥원장을 역임했다. 그는 기독교가 초기 전파될 때에 토착 사회의 양심을 파괴하고 민족 기력을 무력하게 만들었다고 본다. 그런데 1910년을 전후하여 서양 제국주의와 일본 제국주의가 이해를 달리하면서 선교 정책이 변화하여 기독교가 민족세력과 손을 잡았다는 분석이다. 그래서 기독교 유입 과정에서 제국주의 미국의 선발대로 역할에서 일본 제국주의의 조선 침략으로 인하여 서양 제국주의를 대변한 기독교가 일본 제국주의를 대변한 신교(Sintoism)와 대립하게 되었고 식민지 조선을 대변한 경우가 많았다. 특히 1915년 조선 총독부의 포교규칙이 선포되면서 그러한 역학 관계는 심화되었다.

481) 조동걸, 『한국 근현대사의 탐구』, 556-557. 그는 2003년 2월 18~25일까지 남북한 역사학자 평양 학술대회에 참석하여 일제 조선인 강제연행에 대한 학술 발표와 연구를 진행하였고, 북한의 유적지를 답사하였다. 그중에 신천박물관을 관람하였고, 6·25전쟁 당시 미군의 만행을 근거로 북한의 미국과 기독교에 대한 적대감을 그대로 수용하고 있는 것 같다.

물론, 기독교의 유입이 서구 계몽주의와 물질문명 그리고 제국주의와 연결되어 있었던 것은 사실이다. 자유와 평등 그리고 인권과 독립에 대한 계몽주의 사상은 서구 근대 기독교의 준거 틀(frame of reference)로서 당시 구한말 일제의 침략에 대하여 침묵할 수 없었던 애국 애족의 독립지사들에게 하나의 사상체계를 제공하였다. 당시 선교사들이 설립한 교회로 민족애를 지닌 청년들이 모여들었다. 한국 기독교의 민족운동은 각 교회 청년회를 통해 진행되었던 것이다. 정동감리교회의 정동엡 청년회, 상동감리교회의 상동엡 청년회, 연동장로교회의 국민교육회, 그리고 황성기독교청년회(YMCA) 등은 계몽운동을 통한 민족운동을 실천하였다.[482]

정동교회를 중심으로 한 한 민족운동은 선교사들의 영향력 아래 있었기에 항일운동 양상보다는 계몽주의로 흐를 수밖에 없었다. 정동엡 청년회 임원진은 배재학당 학생들이 조직한 협성회와 독립협회의 인사들로 구성되었다. 최병헌, 양홍목, 주시경, 신흥우 등은 독립협회 출신으로 정동교회의 정동의법회에 회원으로 가입하여 활동하였다. 1902년 아펜젤러가 사망한 후, 1903년 최병헌이 정동교회를 맡게 되었는데, 그는 정교 분리 원칙을 지켰고, 이것은 감리교 선교사들의 영향으로 보인다. 당시 감리교 선교사 중에는 기독교인의 정치 참여를 죄악시 하였고, 실제로 이상재를 비롯한 옥중 개종자들이 1904년 석방된 뒤 감리교회를 먼저 찾았지만, 기독교도로서 정치 참여를 혐오하는 선교사들은 이들을 받아들이지 않았다.[483]

상동교회의 상황도 이와 비슷했다. 당시 상동교회를 맡고 있었던 선교사 스크랜턴(W. B. Scranton) 역시 교인들의 정치 활동을 매우 비판적으로 보았기에 항일활동은 힘들었다. 그러나 1903년 진덕기가 본처 전도인(local preacher)을 맡고 난 후 구연영, 김정환, 박용민, 이권직, 이동령, 이승만, 이준, 주시경, 최재학 등 독립협회 출신들이 대거 참여하였다. 상동청년회는 독립협회 후신으로 여겨졌고, 한규설, 이재극, 이상설, 민영환 등도 관계를 맺었고, 김구, 김태연, 신상민, 이상길 등 서북 지역 인사들과도 연관을 맺고 있었다. 을사조약 이후 상동청년회가 정치 문제에 관여하여 배일활동을 하자 게일 선교사의 권유에 따라 스크랜턴은 청년회를 해산하였다.[484]

연동교회의 경우, 김정식, 이상재, 이승인, 홍재기 등 출감한 12명의 독립협회 출신 개종자

482) 한규무, 「1900년대 서울지역 기독교회와 민족 운동의 동향」, 한국민족운동사연구회 편, 『한국민족운동과 종교』 (서울: 국학자료원, 1998), 5–6.
483) 한규무, 「1900년대 서울지역 기독교회와 민족 운동의 동향」, 7–10.
484) 한규무, 「1900년대 서울지역 기독교회와 민족 운동의 동향」, 11–15.

들에 의해 국민교육회가 창설되었다. 연동교회는 또 다른 독립협회 출신들의 모임이 되었다. 이들은 선교사 게일(Gale)의 영향을 받았고, 게일은 한국인의 자질과 성품은 높이 평가했으나 한국의 장래에 대하여는 부정적이었다. 그는 한국은 어차피 망해가는 나라이므로 총독부의 규칙에 복종하기를 원했다. 이들은 출옥 후 정치적 활동을 자제하고 계몽운동에 전력하기로 한 것과 게일의 신앙의 비정치화와 연결되어 결국 교회의 보호 아래 항일이 아닌 계몽운동에 주력하였다.[485]

이상에서 살펴본 대로, 구한말 기독교의 유입은 서구 물질문명과 계몽주의 사상의 대변자로서 당시 몰락하던 대한제국의 민족 청년들에게 독립의식을 고취시켰으나, 선교사들의 기독교의 비정치화라는 선교 정책에 따라 항일 투쟁으로 연결되지 못하였고, 민중을 전통 사회에서 근대사회로 적응시키기 위하여 계몽시키는 역할만을 감당하였다. 그 이유는 구한말 유입된 기독교의 역할은 서구 근대 계몽주의의 영향을 받은 기독교의 전파로 한정될 수밖에 없었기 때문이다. 그리고 이와 동시에 서구 물질문명도 서구 계몽주의 기독교와 같이 전달될 수밖에 없었고, 그 전파 통로는 당시 제국주의 열강들이 통상압력으로 열어 놓은 통로일 수밖에 없었다는 것이다. 동북아의 영성을 책임지고 있던 전통 종교인 유교의 무력화로 인하여 새롭게 조성된 선교 상황에서, 기독교는 기존 전통 종교의 대체 영성으로서 기능을 다해야 했지만, 그 기능보다는 근대화와 계몽주의의 도구로서의 기능에 더욱 충실했던 것 같다.

3) 성결교회의 태동과 역할: 영성 강조와 직접 선교

성결교회의 태동을 한국 선교 역사의 맥락에서 살펴보자. 한국 성결교회가 이 땅에 설립된 1907년에는 이미 장로교회와 감리교회가 이미 약 사반세기의 선교 역사를 지니고 있던 때였다. 미국 북 장로회는 서울과 평양을 근거지로 평안남북도·황해도·남만주에 이르기까지 선교하였고, 미국 북 감리회는 서울을 중심으로 경기도·강원도·황해도 일부에 선교활동을 진행하고 있었다. 미국 남 감리교 선교사들은 개성을 중심으로 원산·해주·강원도 일부에 선교하였고, 남 장로회 선교사들은 목포·광주·전주 등에서 선교 활동을 성공적으로 하고 있었다. 캐나다 장로회 선교부는 함흥·원산을 중심으로 함경북도와 동북 만주에 진출하여 의

---

485) 한규무, 「1900년대 서울지역 기독교회와 민족 운동의 동향」, 16-18.

료와 교육 사업을 실시하였다. 호주 장로회 선교부는 대구를 중심으로 경상북도에 선교하였다. 이 밖에도 영국 성공회는 1890년에 한국에 들어와 선교활동을 하고 있었다.[486]

이들 교회는 교회 정치 조직과 신도들을 거느린 한국의 주류 교회들로 성장하고 있었다.

특히 1903년 원산 명사십리 감리교선교사 하기수양회의 성경공부와 기도모임에서 시발되었던 한국 교회의 부흥운동은 1906년 캐나다 대학 파송 의료 선교사인 하디 선교사(R. A. Hardie)가 평양 선교사 주최 부흥집회 주강사로 말씀을 전파하면서 불길이 타올랐다. 1907년 1월 6일 평양 중앙교회에서 열린 사경회 저녁 집회에서 남자 교인만 1,500여 명이 모였는데, 이곳에서 성령의 역사가 나타났고, 선교사 간의 우월감과 화합하지 못함을 회개하는 역사와 교우 간에 모든 죄를 통회 자복하고 용서받는 역사가 있었다.[487] 이후 성령의 역사는 평양의 숭실대학과 평양신학교에 파급되어 신학생들에게 사명감을 고취시켰고, 곧 전국 교회 하기성경학교를 통하여 부흥운동이 전개되었다. 1907년 한국 교회의 부흥운동의 시기에 한국 성결교회는 그 첫발을 내딛는다.

한국 성결교회가 한국 교회의 대부흥운동의 중심에서 태동되었다고 하는 것은 바로 한국 성결교회가 어떠한 교회인지 단적으로 보여준다. 곧, 한국 성결교회는 부흥운동의 한가운데서 영성을 간직한 교회라는 것이다. 박명수는 당시 대부흥운동의 이유에 대하여 (1) 한국인의 복음에 대한 호의, (2) 한국인의 영적인 통찰력, (3) 회심 후 복음 전도 능력, (4) 지적 욕망과 미래지향 발전 노력 등으로 분석했는데, 한국 성결교회는 한국인의 영성에 선교 초기부터 그 강조점을 두었고, 그 영성을 진도하는 데 노력을 집중하였다.[488] 이는 성경대로 성령이 임하면 예루살렘과 온 유다와 사마리아와 땅 끝까지 주님의 증인이 되는 것이다(행 1:8).

한국에 불어오는 성령의 대부흥운동의 기간에 태동된 한국 성결교회는 영혼의 중생과 성결 곧 성령 세례를 받아 그 은혜를 건강한 몸과 성결한 마음으로 주님의 재림을 기다리며 선교하는 순수한 사중복음을 전파하는 교회였다. 그래서 한국 성결교회는 초기 한국 선교 역사에서처럼 장로교와 감리교 선교부의 교육과 의료 사업을 통한 간접선교 방식을 따르지 아니했다. 이는 동양선교회의 선교 정책대로 현지인 중심의 선교 전략과 근대 복음주의 선교 전략과 그 맥을 같이한다. 선교사들이 주도적으로 사역했던 한국 장로교와 감리교와는 달리 한국 성결

---

486) 이천영, 『한국성결교회사』 (서울: 기독교대한성결교회 출판부, 1970), 14-15.
487) 이천영, 『한국성결교회사』, 16-17.
488) 박명수, 『초기 한국성결교회사』, (서울: 대한기독교서회, 2001), 352-353.

교회는 김상준, 정빈 두 한국인 전도인에 의하여 주도적으로 시작되었고, 이들은 직접 거리로 나가 선교하는 방식인 노방 전도를 실천하였다. 그리고 이들은 천막 부흥회와 한국인으로 조직된 성경사경회 그리고 전도 집회 등 직접 전도 방식을 통하여 성결교회를 부흥시켰다.[489] 이렇듯 한국 성결교회는 의료, 교육, 사회복지 실천의 간접 선교 방식보다는 순수한 신앙과 복음전도의 뜨거운 열정을 가지고 직접 거리로 나가 사람들을 만나 설득하는 직접 선교 방식을 실천했다.[490] 그래서 초기에는 성결교회가 하나의 선교회로 존재하였다. 한국 성결교회의 전신은 동양선교회 복음전도관으로서 직접 전도의 열정을 간직하고 있었다.[491] 한국 성결교회는 초창기 1921년 이전까지 교회 조직을 정비하지 않았다. 한국 성결교회는 동양선교회 복음 전도관의 명칭을 가지고 직접 전도하는 방식으로 교인들을 모았고, 주일 오후 성별회를 통해 성령 세례와 성결의 은사를 받는 부흥 집회를 하였다. 한국 성결교회는 그리스도의 온전한 복음(full gospel)만이 절망 가운데 있는 한국 민중의 희망이라고 확신했다. 그래서 사람들에게 직접 찾아가며 설득하였고, 전도된 사람들을 교회로 모았고, 성결의 은혜를 사모하는 부흥집회를 열었던 것이다.

2. 21세기 동북아시아의 세력 개편 시대와 한국 기독교의 동북아 선교 전략

공교롭게도 21세기 한국은 또다시 미국 · 중국 · 일본 등과 같은 국제 정치 세력들의 동북아시아 세력 다툼의 현장에서 회오리의 혼돈과 흔들림을 경험하고 있다. 구한말 서구 열강들과 일본 제국주의에 의해서 동북아시아 패권 다툼의 현장이 돼버렸던 조선 땅에서, 기독교가 서구 세력의 대변자와 서구 물질문명의 담지자가 되어 조선의 근대화에 기여하였다면, 이제 21세기를 맞이하여 새로운 동북아시아 패권 경쟁 시대에 한국 기독교의 선교적 역할은 무엇이고, 특히 이 급변하는 시대 상황 속에서 한국 성결교회의 선교적 사명은 무엇인가를 탐구할 필요가 있다.

---

489) 김회창, 『성결교회 역사와 선교』 (서울: 새순출판사, 1999), 22.
490) 노윤식, 『새천년 성결 선교신학』 (안양: 성결대학교 출판부, 2002), 161.
491) 박명수, 『초기한국성결교회사』, 360-361. 초기 한국 성결교회는 교육이나 의료사업 등 간접 선교를 반대했는데, 그 이유는 근대 복음주의 선교관의 영향 때문이었다. 19세기 제국주의 선교는 선교를 서구문화화로 이해하였는데, 이에 대한 반발로 A. J. Gorden, A. B. Simpson, Arthur T. Pierson, Hudson Taylor 등은 교육이나 의료 사역보다는 영혼 구령을 위한 직접 전도를 진정한 선교라고 보았다.

1) 21세기 한국을 둘러싼 동북아시아 국제 질서의 변화

근대 이후 서구 열강과 일본의 제국주의에 의해 새롭게 편성된 동북아 국제 질서는 21세기 중국의 신흥 도약으로 인하여 새로운 기조를 맞고 있다. 경제 대국으로 성장을 거듭하는 중국은 동북아의 새로운 중심으로 떠오르고 있고, 이에 따라 중국의 전통적인 중화사상이 부활하고 있다. 중화사상은 세계의 중심을 중국으로 보고 중국 중심의 동북아 질서를 유지한다는 전통적인 동북아 사상 체계이다. 이 체계는 구한말 이후 조선이 일본 제국주의의 식민지가 되고, 중국이 청일 전쟁에서 패한 이후에, 동북아에서 완전히 사라졌다. 이후 동북아질서는 일본과 미국을 중심으로 하는 세계국제질서로 변화하였다. 그러나 구한말 이후 미국과 일본 제국주의에 의해서 결행된 힘의 논리에 따른 동북아시아 질서 재편은 평화적 발전을 지향하는 것이 아니라, 침략에 의한 전통적인 동북아 질서 파괴였기 때문에, 21세기 중국과 한국이 경제적으로 급부상하는 시대를 맞이하여, 외세에 의존했던 기형적인 동북아 질서는 동북아시아 평화 공존을 위한 동북아 질서의 재편이 요구되고 있는 실정이다.[492]

그런데 문제는 평화 공존을 위한 동북아 질서 재편이 중국과 한국 그리고 일본의 균형적인 조화와 발전을 가져다 줄 수 있느냐는 것이다. 중국은 미국 주도의 세계 질서 개편에 반기를 들고, 제3세계론이나 중간 지대론의 외교 노선을 주장하고 있다. 중국은 21세기에 경제의 급속한 성장과 이에 상응하는 군사력으로 세계 질서 재편에 있어서 한반도 주변 동북아시아의 패권 경쟁에서 우위를 신점하리라고 보여진다. 일본은 중국에 세계 제2위의 경제대국으로서 위치를 넘겨주어야 하는 위기의식에서 군사력 강화에 군비를 확장하고 있고, 북한 핵개발과 미사일 개발의 위협과 중국과 러시아의 군사적 위협에서 자국을 보호한다는 미명하에 미국의 허락 하에 자위대의 군사력을 증강하여 동북아시아 평화에 심악한 위협을 주고 있다.

한편, 미소 냉전체제의 대립 갈등에서 1980년대 말 소련의 해체로 인하여 초강대국이 된 미국은 세계를 미국적 질서로 만들기 위하여 자유 시장 경제를 통하여 세계 질서의 위계를 잡으려고 시도하고 있는데, 그 대표적인 예가 신자유주의 경제체제인 WHO 체제 출범이다. 세계를 미국적 질서로 만들기 위한 경제적 변화는 군사, 정치, 외교적 변화를 요구하고 있는데, 한국은 현재 미국의 세계질서 재편의 가능성이 실험되는 장으로 이용되고 있다. 러시아는

---

492) 김승일. 이은우. 『한반도와 동아시아 세계』 (서울: 지식마당, 2002), 331-332.

경제 개혁 개방 실패로 인하여 과거 미국과 대등한 국제적 지위의 획득이 요원해졌으나, 한반도를 둘러싼 동북아시아 질서 개편에 따라, 과거 지위 회복의 가능성을 점치고 있다. 러시아는 그것을 위하여 한반도 통일문제와 경제개발 문제에 개입하리하고 예견된다.

이러한 국제 정치의 변화와 경제의 변용에 따라 새롭게 재편되는 동북아시아의 현실에서 한국은 능동적이고 주체적으로 대응하기 위하여 노심초사하고 있는 형편이다. 구소련의 해체로 세계 공산주의는 실용주의 노선으로 변화하였지만, 북한의 변화는 한국의 바람대로 급속하게 따라오지 않고 있다. 한국은 기존의 우방인 미국과 일본의 협력 하에 북방 정책을 사용하여 적대국이었던 중국과 러시아와 교유하며 북한에 대해서도 햇볕 정책으로 포용하고 있다. 북한은 이에 대하여 일본과 미국에 대한 대화 채널로 핵개발과 미사일 발사 등 강경일변도로 나가면서 자신들의 자율성과 주체성 유지, 그리고 새롭게 편성되는 동북아시아 질서 재편에서 소외되지 않으려고 애쓰고 있다.

지금까지 살펴본 대로, 21세기 새롭게 재편되는 동북아시아 질서 재편의 핵심은 초강대국 미국 일변도의 세계 질서 재편에 반기를 들고 나오는 중국의 강경한 입장이라고 볼 수 있다. 중국은 지난 1세기 전에 당했던 외세의 타율적 힘에 의한 동북아 질서 편성이 21세기에 또다시 재현되어서는 안 된다고 굳게 믿고 있다. 그리고 한국의 주요 정치계와 학계에서도 새로운 21세기 동북아 질서 재편에서 한국이 결코 소외되거나 이용되어서는 안 된다고 보고 있다. 오히려 동북아 질서의 중심이 되어서 전쟁과 힘의 논리, 즉 정복과 복종의 논리를 넘어서서 평화와 공존의 역할을 감당해야 함을 주장하고 있다.

2) 한국 기독교의 정체성 혼란과 쇠락의 위기

21세기 동북아시아 질서 재편의 시대에 한국 기독교는 그 정체성에 혼돈을 갖기 시작했다. 한국 기독교는 지난 1세기 이상을 미국의 지원과 보호아래 성장 발전했으며, 더욱이 한국 교회는 미국의 강력한 지지자로 일반에게 알려져 있는 실정이다. 구한말 한국 선교 상황에서부터 해방 후 미군정을 지나 이승만 자유당 시절, 그리고 6 · 25전쟁 복구와 구호 개발, 1970~80년대 경제 지원 등 미국 기독교의 지원은 한국의 기독교의 위상을 높여주었고, 기독교는 미국의 종교라는 등식을 성립하게 만드는 데 기여하였다. 실상, 한국 기독교의 3대 교단인 장로교 ·

감리교·성결교, 그 밖의 침례교, 하나님의 성회 등의 교단은 모두 미국의 교단들과 연결되어 있고, 그들은 한국 기독교 발전에 크게 기여한 바 있다.

문제는 21세기 들어서면서 동북아시아 질서 재편의 과정에서, 미국 일변도의 세계화, 자유 시장 경제 강화, 미군부대 평택 이동, 효순이 장갑차 사건, 미군 6·25전쟁 당시 민간인 살상 공개 등이 보도되면서, 한국 지식인들의 미국에 대한 재인식이 사회 전반에 확산되고 있다. 미국이 진정한 우방인가에서부터 시작하여 미국을 비롯한 서구 물질문명에 대한 회의와 그리고 서구 문명의 사상적 근간인 기독교에 대한 비판이 시작되었다. 이로 인해 미국의 가치인 자유, 평등, 개인 인권 등 서구 계몽주의 사상에 대한 비판적 고찰과 더불어 미국의 대변자인 한국 기독교에 대한 윤리적 비판도 폭넓게 진행되었다. 서구 계몽주의 사상과 그것의 담지자 인 기독교는 과거 근대화의 과정에서 서구 문명의 대변자로 역할을 했으나, 새로운 21세기 동북아 지역의 화해와 공존을 위해서는 별반 필요가 없다는 것이다. 이제 서구 문명의 대변자 로 한국 사회 발전에 공헌했다고 자처했던 기독교가 한국 사회의 비판의 대상이 되고 있다.

1세기 전 구한말 동북아 질서 재편에서 참패를 당했던 중국과 중국의 사상체계인 유교를 따랐던 한국의 지식인들은, 21세기 새로운 동북아 질서 재편의 시대에 미국 주도의 세계화에 제동을 걸고 나왔다. 이것은 기독교에 대한 서구 제국주의의 앞잡이라는 북한의 평가와도 맞 물리고 중국의 제3세계론이나 중간지대론의 외교 정책 그리고 전통적인 유교의 중화사상과도 그 맥을 같이하고 있다. 한국이 동북아 재편에서 미국을 일방적으로 따르지 아니하고 중국이 나 북한과 등거리 외교를 하는 것은 이러한 국제 정치 역학의 배경하에 진행되는 것이다. 즉, 미국이 군사 경제적인 힘으로 세계 질서를 지배하려는 의도가 중국과 한국 그리고 북한의 반 대에 직면하고 있는 것이다. 또한 한국의 지식인들과 정부 지도자들은 편향적인 미국 지지 일변도를 벗어나 동북아 질서에서 평화와 공존의 필요성을 주장하고 있다.

이러한 주장의 한 예는 역사학자 김승일의 중화사상의 실천을 통한 동북아 질서 재편론이 다. 그는 『한반도와 동아시아 세계』라는 책에서 동북아는 중국 문명을 중심으로 영향을 받았 던 주변국 한국과 일본의 고유문화로 결합된 "자기 완결적 문화권"이라고 규정하고 있다.[493] 즉, 그는 동북아시아를 정의하면서, 그것은 중국 문화의 영향을 공통적으로 받았으나 독자적 이고 자율적인 문화를 발전시킨 "자기 완결적 문화권"이라는 것이다. 그래서 그는 문화권이

---

493) 김승일, 이은우, 『한반도와 동아시아 세계』, 342-347.

다른 미국 중심의 동북아 질서 재편을 위한 세계화에 반대하고, 동일 문화권인 중국의 중화사상을 중심으로 한 동북아 질서 재편을 주장하고 있는 것이다. 그의 주장의 핵심은 바로 중국을 중심으로 한 중화사상에서 평화 공존 사상을 찾아내고 그것을 실천하자는 것이다. 다시 말해, 중국의 중화사상의 영향권인 한국과 일본이 그 저변에 깔린 유교적 세계관과 원리에 기초하여 평화와 공존의 동북아 세계 질서를 이룩해야 한다는 것이다.

이러한 주장은 한국 기독교의 입장에서 볼 때에 매우 부당한 것이다. 평화와 공존의 사상이 중화사상에 근거한다는 점과 한국과 일본이 중국 문명의 영향력 하에 있는 소위 "자기 완결적 문화권"이라는 사실은 한국과 일본의 현실을 제대로 파악하고 있지 못한 것이다. 소위 중화사상의 평화 공존 사상은 중국을 종주국으로 했던 근대 이전의 세계관으로서 더 이상 새로운 21세기의 세계관으로 대체될 수 없는 수구적인 사상이다. 물론, 평화 공존이라는 사상은 새로운 통합적 세계관으로 21세기 세계 통합의 시대에 적절한 것이지만, 그것의 근거가 굳이 유교의 가치 체계에서 나올 필요가 없다고 본다. 유교의 가치 체계는 근대 이전 동북아 질서의 가치체계이지 현실적으로 미국이 초강대국으로 부상한 21세기에, 그리고 교육, 의료, 경제, 정치, 사회 전반적인 면에서 미국의 영향을 끊임없이 받고 있는 세계화의 시대에, 적합하지 않는 것이다.

이러한 과거 회귀적 주장이 나오게 된 배경은 1990년대 변화하는 시대적인 상황과 결코 분리하여 생각할 수 없다. 1990년대 미국의 세계화에 대하여 중국은 비판적인 견제 세력으로서 급부상하고 있었고, 한국과 북한은 통일 정책에서 미국의 영향력을 최소화하기 위하여 민족주의 공조 정책을 현실로 실천하였다. 설상가상으로 미국의 종교로 인식되어 왔던 기독교의 대사회 부정적 요소들, 즉 1990년대 이후 시한부 종말론의 폐해와 기독교 지도자들의 윤리적 탈선 그리고 기독교회의 개교회 중심의 반사회성 등의 악재는 한국 사회에 미국에 대한 재인식과 더불어 전통 종교에 대한 재평가가 이루어졌다.

이러한 시류에 유교 근본주의자들은 자신들의 목소리를 내기 시작했다. 특히, 유교 연구가 도올 김용옥은 공중파에 유교를 공공연히 전파하며 기독교를 비판하였고, 민족 공조 사상을 일반에게 전파하였다. 이들은 소위 "아시아의 가치" 신화에 매달려 동북아시아의 경제 성장의 원인을 동북아시아 사회들이 공유한 전통적인 유교적 가치에서 찾아내고 있다.[494]

---

494) Arif Dirlik, 「역사와 대립되는 문화인가? 동아시아 정체성의 정치학」, 정문길 외 3인 편, 『발견으로서의 동아시아』 (서울: 문학과

이것은 리콴유나 말레이시아의 마하티르 같은 독재자들에 의해 제기된 견해로서 서구적 가치에 대한 아시아 보수 정치인들의 정치적 반발에서 비롯되었는데, 문제는 전혀 사회과학적 근거에 기초한 이론이 아닌데도 불구하고, 동북아시아의 유교 근본주의자들에게 하나의 동북아시아 문화담론처럼 받아들여지고 있다는 점이다. 이러한 이론은 동아시아 전통을 억압해온 서구 중심주의에 대한 오래된 불만이 1970~80년대 서구 자본주의의 경제 위기의 시기에 동아시아 경제 성장에 고무되어 나온 이론일 뿐이다. 그 이후 서구 경제가 회복되자 유교 자본주의는 정실자본주의로 비판의 도마에 올랐다. 결국 유교 근본주의자들의 주장은 동북아시아 근대화가 지니고 있고 반동적 근대화에 대한 철저한 성찰 없이, 20세기 후반 경제 성장을 이룬 경제 개발 국가의 열등감을 보상하고 자존심을 되살리는 수구적 이데올로기에 이용되었을 뿐이다.[495]

사실, 이들의 주장은 동북아시아의 평화 공존을 위해 서구 문화권의 중심인 미국은 물러나 있고, 동북아 문화권의 중심인 중국이 중심이 되어서 서로 각자의 문화권에서 평화 공존하자는 것이다. 그러나 이러한 논리는 근대 이전의 세계로 돌아가자는 것이고, 동북아의 평화 공존이 아니라, 오히려 동북아를 중국의 종속 체계로 되돌리는 오류에 빠지게 하는 것일 뿐이다. 중국은 동북아 질서 패권을 잡기 위하여 한국의 고대사인 고구려사를 동북공정의 역사왜곡으로 그 속내를 드러내었다. 한국은 유교 근본주의자들의 주장을 무비판적으로 받아들여 또다시 과거 중화사상의 영향력에서 편협한 사대주의로 빠져서는 안 될 것이다. 또한 일부 기독교 지도자들의 무조건적 미국 사대주의 행태를 받아들여 한민족의 이해를 무시하고 극단적으로 미국을 추종하여 반민족 외세에 협조하는 매판으로 매도되어서도 안 될 것이다.

3) 동북아시아 질서 재편의 시대에 한국 기독교의 동북아 선교 전략

첫째, 21세기 동북아 질서 재편에 적극적으로 나서고 있는 유교 근본주의자들의 도전에 한국 기독교는 선교 전략적으로 "기독교와 민족주의 결합 강화"로 체계적인 응전을 해야 한다. 유교는 하나의 종교 체제에 안주하지 않고 민족주의와 연결하여 한국 민족 전통을 계승하

지성사, 2000), 80-112. 이 점은 Arif Dirlik의 "Confucius in Borderlands: Global Capitalism and the Reinvention of Confucianism," *Boundary* 2, vol. 22, no. 3(1995년 11월), 229-273 참조.

495) 신광영, 『동아시아 산업화와 민주화』 (서울: 문학과 지성사, 1999), 8-9.

고, 한국학과 연계하여 국수주의를 초월한 보편성을 추구하고 있다. 조선 후기 유학 사조인 실학과 함께 대두된 근대적 민족주의 사조는 개항 이후 동도서기론을 만들어 냈고, 구한말의 계몽주의 논리와 식민지 시기의 독립운동 논리를 개척하면서, 한국 근대사의 근대 민족운동의 중심 사조를 이루었다.[496]

이러한 민족주의 특성을 담지 하였던 유교는 구한말 힘의 논리에 서구 제국주의에 밀렸으나, 21세기 동북아 질서 재편의 시기에는 오히려 한국인의 민족 정서와 잘 맞아 한국인의 전통 의식과 민족 주체성에 기여를 하고 있다. 사실, 한국인의 특성 중 하나는 세계 다른 나라와는 다르게 종교보다 민족을 우선시 한다는 점이다. 예를 들어 태국인은 불교도, 인도인은 힌두교도, 러시아는 러시아 정교도, 아랍인은 회교도로 그 정체성이 확실하지만 한국인은 종교에 그 정체성을 두기보다 같은 민족이라는 점에 그 정체성을 두고 있다. 그 예로 3·1운동의 경우나 작금의 남북나눔운동본부나 국제 디아스포라 구호재단(International Diaspora Foundation) 등의 북한 돕기 운동 등은 민족 공동 변영을 위한 종교를 초월한 협력관계를 잘 나타내 주고 있다.

이러한 한국인의 민족주의적 특성에 적극적으로 적용하는 것이 바로 유교 근본주의자들이다. 이들은 유교를 하나의 종교 체계로 특성화시키기보다 윤리 생활체계로서 유가 민족주의로 그 영역을 확장하고 있다. 사실, 조동걸에 따르면, 대한민국의 독립을 위한 공동 목적을 위해 사회주의 좌파에서도 이상룡, 김동삼, 조소앙 등의 지도자는 공산주의와 유교 공동체 사상을 결합하였고, 공산주의 유물론은 유교의 무신론과 연결하였다고 한다. 그리고 자유 민주주의 우파 지도자인 박은식, 김창숙, 이시영, 정진보 등도 극단적 서구 개인주의를 극복하기 위하여 유교의 공동체적 성격을 강조하기도 하였고, 독립운동가 중 유림이었던 이상룡, 박은식, 이시영, 안희제 등은 대종교에 입교하여 "서양 제국주의의 예호바신"과 "일본 제국주의의 천조대신"에 대항하기도 하였다고 한다.[497]

또한 유교 근본주의자들은 기존 종교 형태인 불교나 기독교에 유교의 윤리와 사상 체계를 스며들게 하는 종교 간 혼합주의를 긍정적으로 평가하고 있다. 즉, 조동걸에 따르면, 유교를 독자적인 종교로서 그 체제를 유지하기보다 기존 종교 특히 기독교의 교리나 생활에 스며들

---

496) 조동걸, 『한국 근현대사의 탐구』, 175~176. 명나라의 성리학을 따르는 위정척사 운동을 벌였던 중국 중심의 유교(성리학)보편주의는 조선 특수주의와 배타주의로 흘러 청을 비롯한 일본과 서구 기독교에 이르기 까지 명의 성리학이 아닌 모든 것을 배척하였다. 이들은 전기 의병운동(1894~96) 이후에 근대 민족운동 노선에 합류하였다.
497) 조동걸, 『한국 근현대사의 탐구』, 176~182. 조동걸은 대종교에 입교했다고 해서 유림이 아니라고 볼 수 없다고 주장한다. 그는 유림, 유가, 유생의 기준을 유교 가례를 생활 윤리로 지키는 여부를 가지고 판단해야 한다고 주장한다.

어 민족 교회 형성에 영향을 미치게 하여 결국 기독교도 유교화시키자는 것이다. 예를 들어 한국 교회의 기독교 윤리나 교회 생활 규칙 등에 유교적인 요소가 자연스레 포함되게 하여 기독교의 본질에서 벗어나 유교로 자연스럽게 이항하도록 하자는 것이다.[498]

이제 한국 기독교는 미국의 영향력에서 벗어날 때가 되었다고 생각한다. 한국 기독교는 21세기 동북아 질서 재편의 시기에 혹시 미국의 기독교로 인식되어 한국 사회에서 몰락의 길로 접어들었는지도 모른다. 한반도 통일과 동북아 질서 재편에서 민족주체성과 화해와 공존의 사상적 기반을 동북아 전통 종교인 유교에게 내어 주어서는 안 된다. 한국 기독교가 21세기 제2의 선교적 도약을 하기 위해서는 기독교의 뿌리가 미국이 아니라 전 세계적인 하나님이라는 사실을 강조하여야 하고, 이를 근간으로 새로운 대사회적 선교 전략을 세워 전 방위적 선교활동에 한국 기독교는 돌입하여야 할 것이다. 한국 기독교가 21세기 새롭게 재편되는 동북아시아의 질서하에 살아남고 지속적으로 부흥 발전하기 위해서는 새로운 시대에 새로운 전략으로 대응하여야 한다.

둘째, 한국 기독교는 동북아시아 질서 재편의 시기에 동북아 평화 정착을 위한 총체적인 기독교적 선교 전략적 실천을 해야 한다. 즉, 한국기독교는 다양한 선교단체와 교단들의 참여하에 개인전도, 생활 속의 전도, 매스 미디어를 통한 전도, 유학생 선교, 비즈니스 선교, 구제와 사회사업 선교 등 다양한 방법을 동원하여 동북아 평화 정착을 위해 총체적으로 선교 실천을 해야 할 것이다.

에큐메니칼 진영에서는 한국기독교장로회를 중심으로 "평화공동체 운동본부"를 세우고, 구체적인 동북아 선교 전략을 세우고 이를 실천하고 있다. 이들은 기독교 선교의 중심을 평화를 만드는 일이라 선언하고, "전시 체제에 있는 남북의 상황을 평화 교류 체제"로 만들기 위해 노력하고 있다. 그리고 이들은 "남북핵문제로 인한 미국과 북한의 갈등 해소"만이 동북아시아 평화를 이룩하는 일이라 생각하고, 미국의 북한 선제공격이나 경제 제재 조치에 대하여 반대하고 있다. 그리고 이들은 동북아 교회들의 네트워크를 가동하여 평화 운동의 지지그룹을 형성하고, 해외 기독교 발전 기구와 연대하여 가난한 교회 및 북한 사회 개발을 위한 컨소시엄을 구축하기 위해 노력하고 있다.

가톨릭교회의 경우, 교황 베네딕트 16세가 제3천년기의 교회의 당면 과제를 아시아 대륙의

---

498) 조동걸, 『한국 근현대사의 탐구』, 187.

복음화로 선정하였는데, 이는 제1천년기에 유럽복음화, 제2천년기에 아메리카와 아프리카 복음화에 이어 제3천년기를 내다보는 광대한 선교 전략이다. 이 선교 전략에 따라 한국을 동북아 선교의 교두보로 삼고자 정진석 서울 대교구장이 추기경으로 임명된 것이다. 정 추기경은 한국이 2명 이상의 추기경을 보유한 나라이기에 민족 복음화를 넘어서 아시아 복음화 특히 북한을 비롯한 중국 몽골 등 동북아 선교에 역량을 기울일 것을 강조하였다. 정 추기경은 기존의 '정의구현평화사제단'의 동북아 평화를 위한 활동 외에도 이미 수년 전부터 중국의 신학생을 초청해 사제 양성을 받게 했고, 타국의 신학생들에 대한 사제 양성 계획도 수립하고 있다.

에큐메니칼 진영의 동북아 선교 전략은 평화운동에 집중되어 교회개척이나 영혼 구령 활동에 미진한 약점이 있고, 가톨릭교회의 동북아 선교 전략은 사제양성 프로그램이나 수도회(성 베네딕도 수녀회, 살레시오회, 예수 수도회 등) 중심의 선교활동으로 매우 제한적으로 이루어진다는 데 그 한계가 있다. 이에 대해 기독교 동북아 선교 전략은 다양한 선교단체와 교단들의 참여로 개인전도, 생활 속의 전도, 매스 미디어를 통한 전도, 유학생 선교, 비즈니스 선교, 구제와 사회사업 선교 등 다양한 방법을 동원하여 동북아 평화 정착을 위해 총체적으로 선교 실천을 해야 할 것이다.[499]

3. 한국 성결교회의 사중복음의 동북아 평화 공존을 위한 집합적 해석

한국 성결교회는 초기 중국과 일본 그리고 한국을 복음화 하기 위하여 동양선교회로 출발한 것을 기억해야 한다. 동양선교회는 이미 1910년 한국이 일본에 강점당하는 때에도 동아시아의 중심으로 한국을 주목하였고, 한국을 통하여 아시아가 복음화될 것을 예견하기도 했다. 동양선교회 총재인 E. A. Gilbourne 역시 "한국의 중생이 한국의 천이백만 백성을 위한 것이 아니라 중국 북부의 수백만의 사람을 위한 것이다"라고 주장했다.[500] 결국 동양선교회는

---

499) 엄복용 편, 「예수교 대한성결교회 해외선교 정책」(서울: 예수교 대한성결교회 선교국, 2003), 5. 성결교회는 동북아 선교에 대하여 지난 100년간 선교 정책이나 전략 혹은 집중적인 인적 물적 자원의 선교 지원 등이 매우 미력했다. 선교 현황의 바로미터라고 볼 수 있는 선교사 파견 현황을 보면, 예성은 2004년 선교국 통계에 의하면 해외 선교사 35개국 204명 중에서 동북아로 분류되는 중국에 10명, 일본에 4명, 몽골에 1명, 대만에 4명 도합 19명으로 10%에도 못 미치는 현황이다. 선교사 명단은 다음과 같다. 중국에 김00, 박00, 손00, 신00, 이00, 이00, 이00, 조00, 추00, 일본에 강덕형, 고성욱, 노준환, 변기남, 몽골에 김성철, 대만에 김기문, 김기영, 이기석, 이지구 이다. 참고로 지난 2003년 한국세계 선교협의회의 지역별 통계에서 전체 한국 선교사 11,614명 중에 동북아 선교사는 2,430명으로 약 21% 에 육박하고 있다. 강승삼 편, 『KWMA 한국 세계 선교 총람』(서울: 한국세계 선교협의회, 2003), 11.

1911년 3월 11일에 경성성서학원을 세워 한국 선교를 강화했으며 1925년 3월 이정원 전도사를 만주 용정에 보내 용정 교회를 설립함을 기점으로 북방 선교에 발을 내디뎠다.[501] 이후 황성택 목사가 하얼빈과 봉천에 성결교회를 개척하였고, 박문익 목사가 도문교회, 이정원 목사가 연길교회를 설립하는 등 한국 성결교회가 동만주 선교 10년 만에 대부분의 도시에 성결교회를 설립하여 선교하였다. 중국의 경우, 상해에 1933년 이헌영에 의해 상해교회를 설립하였고, 일본의 경우, 1927년 윤낙영 목사에 의해 동경교회와 풍교교회가 설립되었다. 윤 목사는 계속하여 1930년에 대판교회, 나고야 교회를 개척하였고, 1937년 최익수 목사는 광도교회를 개척하였다.[502]

이렇게 초기 한국 성결교회는 동북아 선교의 사명을 안고 시작되었고, 그 사명을 실천하였음을 기억하고, 21세기 동북아 질서 재편의 시기에 한국 기독교의 주요 교단으로 선교 전략을 개발하여 선교실천을 해야 할 것이다. 즉, 한국 성결교회는 한국을 둘러싼 동북아 평화 공존을 위해서 한국기독교의 정체성 확립 체계를 총체적으로 지원하는 선교 전략을 개발하여야 한다. 이를 위해서 이제 한국 성결교회는 한국 기독교의 정체성을 서구 신학에서 더 이상 찾아서는 안 될 것이다. 서구 기독교는 복음을 개인 신앙 차원의 윤리로 제한하여 민족 공동체 형성이나 동북아의 평화 공존에 근거로서 사용하기에 그 유용성의 차원에서 매우 미약하다고 평가된다. 이제 한국 성결교회는 한국의 동북아 질서 재편의 시기에 적절하게 대응해야 할 책임을 가지고 있다. 그러므로 한국 성결교회는 기독교 복음의 동북아 평화 공존을 위한 해석의 필요성에 대하여 신교신학적으로 대응해야 할 것이다. 이를 위해서 한국 성결교회는 전통적인 사중복음에 대하여 재해석을 시도해야 하는데, 그것은 동북아 평화 공존을 위한 동북아적 사중복음의 해석이다. 여기에서는 한국 성결교회의 전통 전도 표제인 사중복음의 동북아적 해석을 그 제언으로 제시하고자 한다.

우선, 중생의 복음의 동북아적 해석이다. 한국 성결교회 전통은 요한복음 3장 3절의 말씀 그대로 인간의 영이 물과 성령으로 '거듭남(regeneration)'을 중생으로 해석한다. 이것은 중생을 개인 신앙의 차원에서 해석한 것으로, 기존의 서구 신학인 웨슬리 신학의 전통과 연결되어 하나님의 인간 개인 구원 사역의 단계로 규정되었다. 그러나 새로운 동북아 질서 재편의 시기

500) E. A. Kilbourne, "In Korea," *Electric Messages*(November 1910), 8, 박명수, 『초기 한국 성결교회사』, 354에서 재인용.
501) 안수훈, 『한국성결교회 성장사』(L. A.: 기독교미주성결교회 출판부, 1981), 101, 150-151.
502) 안수훈, 『한국성결교회 성장사』, 150-154.

를 맞이하여 한국 성결교회의 중생의 복음은 개인 신앙의 차원을 간직하되 그것을 넘어서서 동북아 평화 공존을 위한 집합적 해석(collective hermeneutic)으로 한 단계 더 나아가 해석되어야 한다.[503] 즉, 중생의 복음은 개인 신앙의 차원을 넘어서 한국 성결교회의 집합적인 신앙고백적 행위로 하나님과 인간의 화해(에베소서 2장 14~16절), 만유의 하나 됨과 통일(에베소서 4장 6절), 갈등과 분열을 넘어선 십자가의 화해와 평화(에베소서 1장 10절)로 해석되어야 한다.

성결의 복음도 마찬가지이다. 하나님의 성품을 닮는 성결의 복음은 개인 차원의 신앙 윤리를 넘어서 동북아 평화 공존을 위한 한국 성결교회의 성령 세례와 성령 충만으로 집합적으로 해석(collective hermeneutic)되어야 한다. 사도행전 2장의 오순절 성령 강림의 사건 역시 개인의 성령 충만이 아니라 120명 집단적인 성령 충만 이었음을 새롭게 발견하고, 그들의 성령 충만의 결과로 온 세계 민족 언어가 하나의 언어로 통일되며 하나님의 성령의 역사로 의사소통되었음을 또한 강조하여야 할 것이다. 그리고 베드로와 초대 교회가 성령 충만의 결과 담대히 하나님의 뜻을 전파하였듯이(사도행전 4장 31절), 곧 동북아 평화 공존을 위해 한국 성결교회는 십자가와 부활의 평화의 복음을 성령의 능력으로 북한을 비롯한 동북아에 전달하는 용기를 가져야 할 것이다.

신유의 복음 역시 개인 신앙 체험의 영역을 넘어서 한국 성결교회의 집합적 신유 신앙 행위(collective divine healing practice)로 발전해야 할 것이다. 즉, 지금까지 개인과 그리스도의 신앙 역학 관계로 능력화된 신유의 복음이 교회 중심의 집합적 치유 행위로 동북아 평화 공존을 위해 사용되어야 할 것이다. 그 성서적 근거는 전통적인 신유 성구인 야고보서 5장 14절에서 찾을 수 있다. 신유는 개인의 신앙 활동으로만 협소하게 정의될 수 없다. 신유는 개인의 활동을 넘어서 교회의 활동으로 확장되어야 하는데, 그것은 곧 "교회의 장로들"이 믿음의 기도로 기름을 바르며 치유 활동을 해야 하는 것이다. 이 말씀을 근거로, 한국 성결교회는 한국 의료 선교단체인 누가회나 의료품과 약품을 통해 선교하는 UN 산하 NGO인 국제 디

---

503) 조종남, 『요한 웨슬레의 신학』(서울: 대한 기독교 출판사, 1984), 124-125; B. Haegglund, "루터의 의인론의 배경으로서 중세 후기 신학," 지원용 편, 『루터사상의 진수』, (서울: 컨콜디아사, 1989), 69-103; Wilhelm Niesel, 『칼빈의 신학』, 이종성 역 (서울: 대한기독교서회, 1989), 124-136. 웨슬리는 그의 구원론 가운데 신생을 설명하면서 죄인이 의롭다함을 받을 뿐만 아니라 실제적으로 죄의 부패성에서 씻김 받음을 강조하고 있다. 웨슬리 신학에 따르면, 하나님은 죄인에게 선행적 은총(prevenient grace), 깨닫게 하는 은총(convincing grace), 의롭게 하는 은총(justifying grace), 성결하게 하는 은총(sanctifying grace)으로 그 영을 다시 나게 "중생"(요3:3,5; 벧전 1:23)하게 하시며, 하나님의 자녀로 "양자"(요1:12) 삼아주신다. 루터는 초기 어거스틴주의의 경향성을 따라 아담의 외래적인 원죄로 인해 죄인된 인간이 그리스도의 외래적 의를 신앙함으로 칭의됨을 강조하였다. 칼빈은 중생과 의인을 설명하면서, 모두 사죄와 거룩하게 하는 그리스도와 연계시키면서, 칭의된 성도 안에서 거룩하게 하시는 그리스도를 강조하고 있다.

아스포라 구호재단(International Diaspora Foundation)이나 국내 NGO인 나눔 International, 남북 나눔 운동본부 등과 협력하여 신유 사역을 폭넓게 진행하여야 할 것이다.

재림의 복음도 마찬가지이다. 주님의 재림은 개인 홀로 맞이하는 고독한 신앙 양태가 아니다. 주님을 맞이하는 일은 개인의 신앙 영역을 넘어서 전체 성도들의 집합적 신앙 행위(collective faith practice)이다. 그 성서적 근거는 요한계시록 7장 9절의 "각 나라와 족속과 백성과 방언에서 아무라도 능히 셀 수 없는 큰 무리가 흰 옷을 입고 손에 종려나무를 들고 보좌 앞과 어린 양 앞에 서서"라는 말씀이다. 주님의 재림은 개인의 구원을 넘어서 모든 민족과 나라와 백성들이 집합적으로 구원받은 일이다. 이것은 한국 성결교회가 동북아 선교를 위해 적극적으로 참여해야 하는 근거이기도 하다. 동북아시아 민족들과 백성들은 주님의 재림에 신부로서 참여할 자격이 있으므로 한국 성결교회는 동북아의 사람들에게 재림의 복음을 적극적으로 전해야 할 것이다.

이러한 사중복음의 동북아적 재해석은 21세기 동북아 평화 공존과 질서 재편의 시기에 적절한 선교 전략으로 계속해서 계발되어야 할 것이다. 한국 성결교회는 지속적으로 동북아 평화 공존 사상의 근거를 찾는 신학적 작업에서 유교에서 제시할 수 있는 것보다 더 큰 틀을 제시하여 그 주도권을 빼앗기지 말아야 할 것이다.

한국 성결교회가 선교 100주년을 맞이하는 2007년은 한국이 동북아 패권 경쟁에서 주요한 역할을 해야 하는 역사적인 때와 맞물리고 있다. 우리 한국 성결교회는 한민족을 향한 하나님의 섭리라는 역사의식을 가지고, 동북아 세력 경쟁에서 한국 기독교가 그 주요한 역할을 담당할 수 있도록 동북아 선교에 관심을 집중하여, 사중복음의 동북아 평화 공존을 위한 집합적 해석을 근간으로 하여 동북아 평화 공존을 실현시키는 총체적인 선교 전략을 개발 실천함으로써 한국 역사와 시대적 변화에 민감하게 대처해야 할 것이다.

제 4 부

· · ·

기독교 선교 역사와
선교 연구 방법론

제19장 초기 아시아 기독교 선교 역사

　세계교회사 연구에서 초기 아시아 기독교회사는 교회 역사의 동서 형평성의 입장에서 존중되어야 함에도 불구하고 평가절하되어 왔다. 방대한 분량의 세계교회사를 저술한 필립 샤프(Philip Schaff)의 경우, 그의 『기독교 확장사』에서 초기 아시아 기독교에 대한 언급은 두 페이지에 불과하며, 그것도 아시아 기독교의 신학과 교회 역사가 아닌, 단순한 기독교 전파 지역 언급에만 머물러 있다. 즉, 그는 2세기에 기독교 복음이 에뎃사, 메소포타미아, 미디아, 박트리아, 파르티아 왕국에 그리고 3세기에 아르메니아와 아라비아에 이르기까지 전파되었음을 간략히 서술하고 있다.[504]

　세계 선교 역사에 대한 연구 역시, 서구 교회의 역사적 관점에서 이루어져 왔다. 기독교 선교의 역사를 서술한 대표적인 선교 역사가인 스테판 닐(Stephen Neill)의 경우, 그는 세계 선교의 역사를 서구 교회의 신교 역사로서 기술하고 있다.[505] 그는 초기 로마 세계의 정복에서 시작하여 중세 암흑시대를 거쳐 초기 유럽의 팽창과 로마 가톨릭 선교 그리고 유럽과 아메리카의 제국주의 식민주의 선교를 세계 선교 역사로 서술하고 있다. 닐(Neill)의 이러한 세계 선교 역사 서술에 있어서, 문제는 세계 선교 역사 서술임에도 불구하고, 아시아 교회 선교 역사가 상대적으로 서구 교회 선교 역사로부터 소외되고 있다는 점이다.

　한 예로, 닐은 2세기 이상 인도 국경 지역에 존재했던 "어떤 헬라계 왕국"의 존재를 언급하고 있으나, 그 왕국이 실제로 기독교의 확장에 공헌한 것에 대해서는 언급하지 않고 있다.[506]

---

504) Philip Schaff, *History of the Christian Church*, vol. 2 (Grand Rapids, MI: Eerdmans Pub., 1976), 23-24.

505) Stephen Neill, *A History of Christian Missions* (London: Penguin Books, 1986). cf. Adolf von Harnack, *What is Christianity?* (Philadelphia: Fortress, 1986), 190-209. 서구 대표적인 신학자인 하르낙은 동방의 영지주의(Gnosticism)에 대항하기 위해 헬라 교회, 로마 교회, 개신교회가 함께 기독교의 보편주의(Catholicism)를 회복해야 함을 주장하였으나, 그의 보편주의에는 동양 아시아기독교의 참여가 없는 서구적 보편주의라고 볼 수 있다. 서구 신학의 역사 기술은 세계 보편성을 이야기 하지만, 그것은 서구중심의 보편주의일 뿐이다.

또한 그는 사도행전 2장 9절에 베드로의 설교를 들었던 파르티아인들(Parthians)과 베드로전서 5장 13절에 나타나는 "바벨론에 있는 교회"의 존재에 대하여 언급하고 있으나, 파르티아인들과 북메소포타미아 지역의 구체적인 교회의 실상에 대하여는 침묵하고 있다. 그는 메소포타미아에 뿌리내린 교회 존재의 가능성만 언급할 뿐이었다.[507] 그리고 예루살렘 멸망 이후 안디옥 교회의 중요성을 당시 3순위인 로마 교회보다 앞선 두 번째로 평가하고 있지만, 안디옥 교회에 대한 서술보다는 알렉산드리아 교회와 로마교회에 대부분의 지면을 할애하고 있으며, 당시 아시아 기독교의 중심인 에뎃사를 중심으로 한 시리아 기독교에 대하여는 다루고 있지 않다.[508]

기독교 선교 역사에 있어서 시리아 교회를 비롯한 동방 교회의 역할은 지대하였으나, 초기 기독교 선교 역사 연구 및 서술 분야에서는 동방교회의 선교적 역할의 중요성에 비해 그 선교 역사는 평가 절하되고 있는 현실이다.[509] 그러므로 본 장에서는 초기 기독교 선교 역사에서 소외된 동방 교회 역사에 대하여 특히, 인도 교회, 시리아 교회, 그리고 페르시아 교회 초기 역사에 대하여 선교신학적 관점에서 그 중요성이 정히 평가받아야 됨을 주장하고자 한다. 여기에서 선교신학적 관점이란 교회 역사와 문화를 서구 교회의 관점에서만이 아니라, 아시아 교회의 입장에서 분석하고 평가하여, 그것을 통전적으로 이해하려고 연구하는 관점을 말한다.[510] 그러면 다음으로 사도 도마로부터 선교를 받아 형성된 인도 교회, 아다이[다대오]에 의해 복음을 받은 시리아교회, 그리고 시리아 기독교도들에 의해 설립된 페르시아 교회에 대하여 논의해 보자.

---

506) Ibid., 24–25. 이 왕국은 BC 250년경 그리스 장군들에 의해 세워진 박트리아 왕국으로서 헬라–인도 문명의 형성에 영향을 주었다.

507) Ibid., 27. Neill은 또한 영국인이기 때문에 선교 역사 기술에서 영국 교회의 선교에 대하여 상대적으로 자세하게 묘사하고 있다.

508) Ibid., 29. 안디옥에서 그리스도인이란 이름이 불리었고(행 11:26), 4세기 말 John Chrysostom 시대에 안디옥의 인구는 약 50만 명 이상이었고 그중 기독교인은 50%를 넘었다. 안디옥 교회는 초기 기독교 역사상 1054년 동서방교회 분리 이전까지 서방교회에 속해 있었다.

509) Keith Crim ed., The Perennial Dictionary of World Religions (Nashiville, TN: Abingdon Press, 1989), 170. 동방교회(Church of the East)는 4세기 로마가 동로마 서로마로 분열될 때, 지리적으로 소속된 교회를 언급하며, 또한 1054년 로마 가톨릭에서 갈라진 동방 교회는 동방정교회(Eastern Orthodox)라고 칭한다. 아시아 교회는 동방교회가 시작되기 전의 아시아에 속한 교회, 즉, 시리아 교회, 인도 교회, 페르시아 교회를 말하며, 424년 페르시아 교회의 독립선언이후 네스토리안의 합류와 그 선교의 결과 태동된 교회들은 '시리아–동방교회'라 칭한다. cf. 노성기, 「페르시아에 정착한 시리아 동방 교회의 역사(485–651)」, 『신학과 사상』 제61호 (2008 여름): 162–191.

510) 노윤식, 『새천년 성결 선교신학』 (안양: 성결대학교 출판부, 2001), 19.

1. 1~2세기 인도 교회의 시작과 사도적 기원

1) 인도 교회의 사도적 기원

Neill은 그의 세계 선교 역사에서 인도 교회의 기원에 대한 '도마행전(Acts of Thomas)'의 이야기를 간단하게 언급하고 있다. 그는 이 이야기, 곧 군드나파르(Gundnaphar, 헬라명 Gundaphorus) 인도 왕이 궁전을 짓기 위해 도마를 불러온다는 내용을 짧게 서술하고, 이것을 인도 도마 교회의 사도적 기원의 증거로 채택하기에는 역사적 확실성이 부족하다고 평가 절하하고 있다.[511]

도마행전은 3세기 에뎃사에서 시리아어로 저술된 '인도로 가서 복음을 전한 사도 유다 도마의 행전'으로서, 13권 170장의 전문이 보전되어 있다. 초대교회의 에피파니우스, 아우구스티누스, 아스토르가의 투리부스 등은 이것에 대하여 증언하였고, 특히 투리부스는 스페인의 프리쉴리안파가 5세기경 이것을 사용하였다고 한다.[512] 그 내용을 보면, 인도 군드나파르 왕의 궁을 짓기 위해 예수님의 제사 도마가 인도로 파송된다. 도마는 공사대금을 받아 왕궁을 짓지 않고, 그 돈으로 가난한 자들을 구제하며 악령을 쫓으며 병자를 치유한다. 결국 왕궁을 짓지 아니하여 왕에게 소환된 도마는 투옥되고 만다. 그러나 왕의 꿈에 죽은 동생이 나타나 그의 왕궁은 도마에 의해 지상이 아니라 천상에 지어졌음을 깨닫게 하여, 그 왕은 도마에게 세례를 받고 기독교인이 된다.[513]

보른캄(G. Bornkamm)은 도마행전의 해설에서, 그것을 영지주의적 구세주 신화(the Gnostic-Redeemer-Myth)가 전체에 면면히 흐르는 영지주의적 문서로 평가하였다. 즉, 그것은 천상과 지상의 이원론적 배경에서 믿는 자가 지상에서 천상의 구세주와 친밀한 교제를 통한 구원의 모티브라고 한다.[514] 엘리엇(J. K. Elliott)은 도마 행전을 조작적이고, 현지색채가 없으며, 등장인물의 중요성도 없는 것으로 평가하고, 도마가 인도 교회의 창시자라고 하는 남인

---

511) Neill, *op. cit.*, 44-46.
512) 이동진 편역, 『제2의 성서: 아포크리파 신약시대』(서울: 해누리, 2003), 327.
513) *Ibid.*, 328-385.
514) G. Bornkamm, "The Acts of Thomas," Wilhelm Schneemelcher and R. M. Wilson eds., *New Testament Apocrypha*, vol. 2 (Tuebingen: Lutterworth, 1975), 425-430. 보른캄은 도마행전을 영지주의 기독교의 다양한 헬라-동양 소설(Christian Gnostic variety of the Hellenistic-Oriental romance)이라고 평한다.

도 말라바(Malabar) 기독교인들의 주장을 가치 없게 여기고 있다.[515] 이들의 주장대로, 도마 행전에 나오는 이야기에 영지주의적이며 신화적인 표현도 섞여 있지만, 사도행전 2장 9절에 베드로의 설교를 들었던 파르티아인들과 그들의 동족인 군드나파르 왕의 이름이 거명되었다는 것은 그것이 역사적 사실임을 암시하고 있다. 그리고 당시 인도와 로마제국 사이를 오가는 여행, 즉 5월에서 9월 사이 몬순 바람으로 항해하면 94일 정도 소요되는 항해가 가능했다는 것을 생각해볼 때에 역사적 신빙성이 있어 보인다.[516]

사실, 1세기 전반 인도에는 군드나파르 왕이 현존하였다. 1834년 아프가니스탄 카불에서 1세기 고대 동전이 발견되었는데, 그것에 군드나파르 왕의 이름이 새겨져 있었다. 그리고 19세기 말 인도-박트리안 언어로 된 6줄 석판이 발견되었는데, 거기에는 "군드나파르 대왕 26년 삼밧 103년"이 기록되어 있었다. 이는 주전 58년 시작된 삼밧(sambat year)으로 연수로 계산하면 주후 45~46년경 도마가 인도에 도착한 연수와 비슷하다. 군드나파르 왕은 파르티안 왕국(주전 225~주후 226)의 왕들 중 가장 위대한 왕으로서, 주전 75년에 스구디아인들과 파르티아인들이 연합하여 북 아프가니스탄과 편잡 지역에 있던 헬라계 박트리아 왕국을 점령하여 이룩한 스키토-파르티아(Scytho-Parthia) 제국 혹은 스키토-인디아(Scytho-India) 제국을 주후 19년부터 45년까지 통치하였다. 즉, 그는 당시 지금의 아프가니스탄의 카불과 칸다하르에서 북인도 편잡 지역과 인도 동남쪽 인더스강 유역까지 로마나 페르시아보다 더 강력한 제국의 통치자였던 것이다.[517]

또한 인도 남서부 기독교 공동체의 결혼 축가인 '도마의 노래(Thomas Rabban Pattu)' 등 인도의 전승들에 따르면, 도마가 고대 인도의 무지리스(Muziris) 항구 근처 말라바 해안에 주후 50~52년경 상륙하여, 그 지역에 일곱 교회와 일곱 개의 성 도마의 십자가를 세웠다고 한다. 도마는 두 명의 교회 감독을 세웠고, 7개의 마을 촌장들과 6,850명의 브라만, 2,590명의 크샤트리아, 3,780명의 바이샤들이 개종하였다고 한다. 도마는 인도 동서로 다니며 복음을 전하였고, 인도 동부 마드라스 근처 밀라포르(Mylapore)설에서 임종했는데, 그의 무덤이 오늘날까지 보전되고 있다.[518]

---

515) J. K. Elliott, *The Apocryphal Jesus: Legends of the Early Church* (Oxford, NY: Oxford University Press, 1996), 161-162.
516) G. M. Moraes, *A History of Christianity in India*, vol. 1 (Bombay: Manaktalas, 1964), 22-24.
517) 이장식, 『아시아 고대 기독교회사: 1-16세기』(서울: 기독교문사, 1990), 169-175. 당시 인도는 지금의 아프가니스탄 중부 힌두쿠시 산맥에서부터 인더스강 유역까지를 말한다.
518) Samuel Hugh Moffett, *A History of Christianity in Asia: Volume I: Beginnings to 1500* (New York: HarperSanFrancisco, 1992), 34-35.

지금까지 논의를 종합해 보면, 인도 교회의 사도적 기원은 도마에게서 비롯되며, 도마가 군드나파르 왕이 생존하였던 아프가니스탄 북부와 인도 북부 편잡 지역에서 복음 선교를 시작하여, 마드라스 지역에서 순교하기까지 인도의 남서부와 남동부 왕국들에 복음을 전하고 교회를 설립하였다고 결론지을 수 있다.[519]

2) 인도 교회로 선교한 사도적 교회 신학자, 판테누스

당시 초기 인도 교회에 인도 출신의 신학자가 존재했다는 기록은 없다. 다만, 2세기 후반 알렉산드리아 교회가 인도에 선교사로 파송했던 신학자인 판테누스(Pantaenus)가 있다. 그는 유대인으로서 시실리에서 헬라 철학을 공부하고 기독교로 개종한 후 알렉산드리아로 이주하였다. 그곳에서 그는 성서 주석가로서 유명하였고, 학자적 자질로 인하여 알렉산드리아 교리학교 교장으로 임명되었고, 위대한 기독교 신학자인 클레멘트와 오리겐을 배출하기도 하였다. 그는 인도의 브라만과 힌두교 철학자들에게 그리스도의 복음을 변증하라는 알렉산드리아 교회 대표단의 요구에 반응하여 인도를 방문하게 되었다.[520] 그는 신학자로서 제자들을 가르치는 일뿐만 아니라, 인도를 향해 선교하러 나가는 사도적 선교의 실천가였다.

당시 가장 탁월한 신학자인 판테누스가 인도로 가서 선교할 수 있도록 배려한 것은 당시 알렉산드리아 제12대 감독인 데메트리우스(Demetrius)였다. 그는 지방 농부 출신의 문맹자로서 선임 감독의 꿈에 나타난 하나님의 음성에 따라 강제로 임명된 평신도였음에도 불구하고, 교리 교육과 훈련의 중요성을 가지고 있었다. 그는 특히 세계 선교의 긴박성을 그의 사역에 최우선순위로 두고, 당시 교리학교에서 가장 뛰어난 판테누스를 선택하여 선교사로 파송하였다. 판테누스가 인도에 도착했을 때에 인도에 존재하고 있던 유대인 공동체에 이미 히브리어로 기록된 마태복음사본이 존재했고, 그는 유대 공동체를 시작으로 브라만들에게 복음을 전하였다.[521] 사도적 교회 신학자 판테누스가 있기까지 그 배후에는 그를 인정하고 파송했던

---

519) *Ibid.*, 43. J. N. Farquhar, Juhanon Mar Thoma, Moraes, G. M. Rae 등은 도마가 인도 북부와 남부에서 모두 사역했음을 주장하고 있다. 북부 사역 이론은 A. Philipose의 *The Apostolic Origin and Early History of the Syrian Church of Malabar*, T. K. Joseph의 "Constantine and Indias," Brown의 *The Inidan Chriatians* 등이다. 남부 사역 이론은 Mundadan의 *Sixteenth-Century Traditions*, Panikkar의 *Studies in Indian History*, Pothan의 *The Syrian Churches of Kerala*, E. Tisserant의 *Eastern Christianity in India*등이다.

520) Moffet, *op. cit.*, 36-39. 유대인 공동체는 봄베이 근처 칼얀(Kalyan)의 베네 이스라엘(Bene-Israel)이 유명한데, 이는 제2성전 시대인 헤롯의 통치 시대에 존재했다고 한다. 그리고 주후 70년 예루살렘 멸망 이후 유대 피난민들로 형성되었던 말라바 해안 남쪽 코친(Cochin)의 유대공동체들이 있다.

521) *Ibid.*

사도적 감독 데메트리우스가 있었던 것이다.

3) 인도 교회의 사도적 기원이 갖는 선교적 중요성

교회 선교 역사에서 인도 교회의 사도적 기원은 선교신학적 중요성에 있어서 평가절하 되어서는 안 될 것이다. 이를 선교신학적으로 평가할 때에, 인도 교회의 사도적 기원이 갖는 선교적 중요성은 다음과 같다.

첫째, 인도 교회의 사도적 기원이 갖는 선교적 중요성은 도마의 인도선교가 아시아 기독교의 사도적 기원과 맞물리기 때문에, 현재 인도 교회를 비롯한 아시아 기독교회에게 직접 예수 그리스도의 사도로부터 복음을 전수받았다는 긍지와 자부심을 갖도록 기여할 수 있다는 점이다.

둘째, 인도 교회의 사도적 기원이 갖는 선교적 중요성은 인도 교회를 비롯한 아시아 교회가 이러한 긍지와 자부심을 가지고, 서구 교회와 신학으로부터 독립하여, 아시아 교회의 정체성을 확립할 수 있도록 독려한다는 점이다. 예수 그리스도의 사도로부터 직접 전수받은 복음을 지닌 인도 교회는 아시아 기독교의 일원으로서 복음의 사도적 본질 회복과 아시아적 해석에 그 역량을 집중하여야 할 것이다.

셋째, 인도 교회의 사도적 기원이 갖는 선교적 중요성은 아시아 교회의 선교 역사 발굴 및 서술이 아시아인에 의해서 이루어져야 하는 당위성과 필요성에 대하여 촉구한다는 점이다. 지금까지 선교 역사의 서술이 서구 로마 가톨릭과 종교 개혁주의 중심의 역사관과 신학적 관점으로만 되어졌는데, 이제는 아시아인에 의한 아시아적 관점에서 아시아기독교회사가 서술되어야 할 필요성이 있다.

마지막으로, 인도 교회의 사도적 기원이 갖는 선교적 중요성은 오늘날 현지 인도와 아프가니스탄 등 중앙아시아에서 사역하는 한국 선교사들에게 사도적 기원을 가지고 있는 현지 교회와 그 지도자들에 대하여 제국주의적인 온정주의(paternalism)를 버리고 진정한 동반자로 협력할 수 있도록 격려한다는 점이다. 더 나아가 오히려 선교 역사가 유수한 인도와 중앙아시아 교회로부터 선교와 신학 그리고 목회에 대하여 배우려는 자세로 마음을 열수 있도록 한다는 데 있어서, 인도 교회의 사도적 기원은 그 선교적 중요성을 갖고 있는 것이다.

2. 2~3세기 초 기독교의 중심, 시리아 교회

닐(Neill)은 그의『세계 선교 역사』에서 초기 시리아 교회의 기원에 대하여 간략하게 언급하고 있다. 그는 메소포타미아 북쪽 지역인 에뎃사에 존재했던 오스르에네(Osrhoene)라는 고대 기독교 왕국을 극히 일부분 소개하며, 기독교의 전래과정을 소개하고 있다. 즉, 그는 오스르에네 왕국의 아브가(Abgar) 왕이 자신의 치병을 위해 예수께 도움의 편지를 쓴다는 초기 기독교 전설을 짧게 소개하면서, 이 전설을 통해 기독교가 팔레스틴에서 메소포타미아 지역, 특히 시리아어를 사용하는 에뎃사로 전파되었음을 추론하고 있다. 그리고 그는 에뎃사 지역의 시리아 교회에 대하여 "시리아 교인들은 단순하고 보다 직접적이며, 내면지향적(inward-looking)이며, 신앙에 있어서 어느 한편 신비적 성질(mystical quality)"을 가졌다고 평가하였다.[522] 그의 시리아 교회에 대한 평가는 시리아 지역에 대한 역사적 중요성에 대한 간과, 그리고 예루살렘 교회의 멸망 이후에 시리아 교회의 선교적 중요성에 대한 미언급 등 시리아 교회 전반에 대한 선교신학적 평가가 매우 부족하다고 보여진다. 그러면 시리아 교회가 속해 있었던 에뎃사 지역의 지리적인 중요성과 시리아 교회의 선교적 중요성에 대하여 고찰해 보자.

1) 시리아 교회의 형성과 신학자들

시리아 교회가 시작되었던 오스르에네 왕국은 고내 아시아의 경세적 중심시로서 로마와 페르시아의 경계에 있는 완충지였다. 예루살렘 북동쪽 475마일에 위치한 이곳은 아브라함이 거주하였던 하란 근처이며, 이삭의 아내 리브가의 고향이며, 야곱과 라헬이 만났던 곳이었다. 고대 아시아 대상의 교차점으로 상업과 국제 무역의 중심지였던 이곳을 거쳐 국제 대상들은 로마에서 이집트와 아라비아 그리고 중국으로 이동하였다. 알렉산더 제국 이후 헬라 장군 셀류커스 왕조에 의해 지배되었을 때에, 그 수도인 올하이(Orhay)는 헬라명인 에뎃사로 변경되었고 그 이후 계속해서 그렇게 불렸다. 에뎃사는 주전 130년경 파르티안 왕조에 의해 페르시아 제국이 건립된 이후 주후 214년경 로마에게 패하기 전까지 약 3세기 반 동안 페르시아 제국에 속해있었다. 예루살렘이 주후 70년에 로마에 의해 멸망당하자, 예루살렘 교회 교인들은

---

522) Neill, *op. cit.*, 42-43.

페르시아 제국에 속해있던 에뎃사로 신앙의 자유를 찾아 이주하였고, 그곳에 시리아 교회가 설립된 것이다.[523]

에뎃사의 시리아 교회의 대표적인 신학자로는 바다이산을 들 수 있다. 그는 154년경 페르시아 피난민의 아들로 태어나 로마에서 교육받았고, 179년 25세 때에 아다이가 세운 시리아 교회의 감독 히스타스페스(Hystaspes)의 성서 해석을 듣고 신앙을 받아들이고 세례를 받았다. 그는 말시온 이단에 대항하여 그들의 용어인 에온(aeons)과 데미우르게스(demiurges)의 사용을 거부하고, 창조 사역이 선하며 성(性)은 죄가 아님을 주장하였다.[524]

또한 아르벨라 왕국의 앗시리아 기독교인이 존재했는데, 이들은 아다이의 후계자 아가이 혹은 마리라는 선교사에 의해 복음을 전해 받았다. 앗시리아 교회 혹은 아르벨라 교회(the Church of Arbela)의 초대 감독은 프키다(Pkidha)로서 그는 104년 아다이로부터 최초의 감독 안수를 받았다. 이 교회가 배출한 신학자는 타티안(Tatian)으로서, 그는 고대 앗시리아 이교도 부모에게서 출생하여 150년경 로마에서 순교한 저스틴의 문하생으로 신학을 전수받았다.[525] 저스틴의 순교 후 로마에 학교를 세웠으나, 그는 172년 고향인 앗시리아로 귀국하였다. 그는 귀국하기 직전 사복음서를 연속적인 시대별로 배열하여 시리아어로 번역하였다. 그리고 그 이름을 『디아테사론(Diatesaron)』, 즉 『조화복음서』라고 불렀다.[526]

이제 논의를 종합해 보면, 기독교 선교는 이미 1세기경 북메소포타미아 에뎃사 지역에 이르렀고, 삼위일체와 그리스도 사랑을 강조하는 시리아 기독교가 설립되었다는 것이다. 그리고 기독교 역사상 최초의 찬송가인 '솔로몬의 찬송'과 최초의 시리아어 번역 성서인 『조화복음서』의 발간 등이 동방 기독교에 의해서 진행되었다는 점은 선교신학적으로 매우 의미심장

---

523) 바다이산은 삼위일체 신앙과 창조신앙을 주장하였으나, 현지 문화에 대한 과도한 토착화의 시도로 몰락하게 되었다. 예를 들어, 성부와 성모의 성적 결합으로 아들 그리스도가 출생했다던지, 로고스가 마리아를 통과해 예수 안에 거처를 삼았다던지, 성부는 태양, 성령은 달, 구원은 달이 태양에서 빛을 받아 인간에게 전하는 로고스에 대한 지식이라고 복음을 해석하기도 하였다.

524) 발렌티누스 이단은 에온(aeons)을 사용하여 하나님을 설명하였다. 즉 하나님은 삼위일체가 아니라, 모든 영적 존재가 합쳐진 30개의 에온들이라고 주장하였다. 첫 8개 상층 에온은 "심오와 침묵, 정신과 진리, 로고스이고, 조물주 데미우르게스(Demiurges)는 신적 세계에 속한 자가 아닌 물질세계와 인간 창조에 관여한 악신이라고 주장했다. 인간의 내부에 '영의 씨앗'이 존재하는데, 이것을 상층 신적 세계로 올려보내기 위해 한쌍의 에온인 '그리스도와 성령'이 창조되었다고 한다. 그리스도는 육체가 아니라, 순수한 영적존재이고, 신적인 지식 그노시스를 받아들이는 자는 구원을 받는다.

525) Moffett, op. cit., 72-74. 타티안은 디모데전서 4장 1~6절의 혼인을 금하고 식물을 폐하려는 극단적 금욕주의자(encratites)로 인식되어 서방교회로부터 이단정죄를 받았다. 이레니우스는 185년경 엔크라티즘의 책임을 타티안에게 돌렸다. 그러나 금욕적 자기부정은 이집트의 은둔주의자들과 달리, 선교 사명으로 이어져 페르시아 동부 및 중앙 아시아 선교로 발전되었다. 앗시리아 인들은 무역전통과 여행 기동력을 도구로 순회선교 사역을 감당하였다.

526) 배종수, 「디아테사론에 의한 막 16:9-20의 진정성에 대한 논증」, 『신학과 선교』 제32집 (2006): 126-169. 1933년 3월 5일 가죽 단편 하나가 북 유프라테스 지역 두라 유로포스(Dura-Europos)에서 발견되었는데, 이것은 A.D. 220년경으로 추정되는 헬라어 디아테사론의 일부였다.

한 일인 것이다. 헬라어로 갇혀 있었던 복음을 고대 아시아의 상업 용어요, 마을 서민들의 언어인 시리아어로 번역 출간한 것은 기독교가 헬라어권 도시들 밖 아시아로 확산되는 계기가 되었고, 이는 선교신학적으로 선교 확장을 위한 성서 번역의 중요성을 일깨워 주고 있다.

2) 기독교의 생명력을 보존한 시리아 교회

로마의 핍박을 피해 이주하여 세워진 시리아 기독교는 기독교의 생명력과 그 원형(archtype)을 보존하였다. 시리아 에뎃사에 기독교가 전래된 것에 대한 전승에는 두 가지가 있다.[527] 하나는 에뎃사왕 아브가 5세가 자신의 질병 치유를 위해 예수께 편지를 보냈고, 그 응답으로 파송된 누가복음 10장 1절의 칠십 인 제자 중 한 사람인 다대오(시리아 어로 Addai)가 복음을 전하고 교회를 세웠다는 "아브가 전승(the Abgar tradition)" 주장이다. 다른 하나는 주후 390~430년 사이 쓰인 "아다이 교리(the Doctrine of Addai)"에 나타나는 "아다이 전승(the Addai tradition)"으로서, 예수의 제자 아다이가 시리아 유대 공동체를 중심으로 복음을 전하고, 이어 왕실, 종교지도자, 그리고 평민에게 선교했는데, 선교 사역 중에 기적이 나타났고 이를 통해서 다수의 평민들이 믿게 되었다는 내용이다.

이상의 두 전승을 평가해보면, 1세기 말 메소포타미아 북부 유프라테스 강 북부 지역에 아시아 기독교가 존재했다는 가능성이 있다. 1세기 말 로마에 의한 예루살렘 교회의 수난과 핍박은 기독교 공동체를 페르시아 세국에 속한 에뎃사로 향하게 했을 것이다. 아브가 전승에서 서방에서의 박해와 동방으로의 피난제의는 역사적 개연성이 있다. 에뎃사에 복음을 전했던 아다이[다대오]는 가이사랴 빌립보 출신으로 유대인 공동체, 비단 상인들에게 선교했다. 사실, 주후 70년 예루살렘 교회 멸망 이후 안디옥이 헬라-로마 서방 기독교의 중심이 되었다면, 에뎃사는 유대 기독교적 동방 기독교의 중심이 되었다.[528]

이 두 전승뿐 아니라, 성서의 내증에 따르면, 사도행전 8장 1절에 보면, 스데반의 순교 이후 예루살렘 교회는 핍박으로 인하여 "사도 외에는 다 유대와 사마리아 모든 땅으로" 흩어졌

---

527) Eusebius, *Ecclesiastical History*, trans. by C. F. Cruse (Peabody, MA: Hendrickson, 1998), 29-32. 유세비우스는 아브가왕과 예수님과의 편지 내왕에 대한 아브가 전승에 대하여 자세하게 그의 역사서에 기록하고 있다.

528) 황정욱, 『예루살렘에서 장안까지: 그리스도교의 당 전래와 경교 문헌과 유물에 나타난 중국종교의 영향에 대한 연구』(수원: 한신대학교 출판부, 2005), 25-34.

다고 한다. 그리고 사도행전 11장 19절에, 스데반 환난 이후 "베니게와 구브로와 안디옥"에까지 복음이 유대인에게만 전해지다가, 이방인에게도 전하여져서, 다수가 믿고 "주께 돌아"왔음이 증언되고 있다. 당시 헬라파 유대인들은 남 이집트 국경과 북 안디옥까지 흩어졌는데, 에뎃사는 안디옥과 예루살렘의 중간 지점에 위치한 곳이므로 그곳에 유대 기독교인들이 정착할 개연성이 높은 것이다. 그리고 1909년 발견된 시리아 교회의 최초의 찬송가인 '솔로몬의 찬송(Odes of Solomon)'에 따르면, 에뎃사 지역의 유대 기독교 공동체는 삼위일체와 사랑을 강조하였고, 내부지향적이 아니라 선교지향적으로 선교의 긴급성과 신앙 선교 열정으로 유대인 중심 선교와 이방인 선교에 앞장섰다.

3) 시리아 교회의 선교적 중요성

2~3세기 시리아 교회가 예루살렘 교회의 멸망 이후 아시아 기독교의 중심의 역할을 감당했다는 사실은 선교적으로 매우 중요하다. 그 중요성에 대하여 구체적으로 살펴보자.

첫째로, 시리아 기독교의 에뎃사 진출은 고대 근동 지방의 선교 거점으로서 그 선교적 중요성이 있다. 에뎃사는 동서 무역의 이동 경로로서 복음의 아시아 진출의 교두보로서 지리적 중요성이 있다.

둘째, 시리아 기독교의 신학과 교회는 예루살렘에서 시작된 기독교의 초기 원형을 잘 보존하여 그것을 후세에 전달하였다는 데 선교적 중요성이 있다. 바다이산의 신학적 전통은 육체를 죄악시함으로써 이원론적 영지주의에 빠지기 쉬운 동방교회에 성서적 몸에 대한 신학을 확립할 수 있도록 기여했다.

셋째, 기독교 선교 역사에서 그 영역의 중요성은 성경번역에 있는데, 최초의 성경번역은 서구 교회가 아닌 시리아 교회에서 이루어졌다는 점에 선교적 중요성이 있다. 170년경 고대 앗시리아[아람] 출신의 타티안(Tatian)은 당시 상인들과 일반인들의 언어인 시리아어로 사복음서를 시대별로 분류하여 '조화복음서(Diatesaron)'라는 이름으로 번역하여 편집하였는데, 이것은 기독교 선교 역사상 로마교회나 아르메니아 교회의 성서 번역보다 앞선 것이었다. 즉, 타티안의 조화복음서는 4세기 후반 카파토키아인 아버지와 고트족 어머니 사이에 출생한 울필라스(Ulfilas)가 고트족 언어인 고딕어를 문자화하여 성경을 번역한 것보다, 아르메니아 감독 메스롭(Mesrob)이 아르메니안 문자를 창안하여 신약성서를 410년경에 번역한 것보다 2~3세기 앞선 것이었다.

3. 3~4세기 페르시아 교회의 선교적 중요성

동방 기독교의 중심이 에뎃사에서 페르시아의 수도인 셀루시아-크테시폰으로 옮겨짐에 따라서, 신학교는 니시비스로 옮겨갔으며 페르시아 교회는 로마-헬라 서방 교회와의 연관성보다는 동방교회인 시리아 교회와 인도 도마 교회에 협조하며, 중국에 선교 확장을 이루어 내었다. 다음으로 페르시아 교회 형성 과정과 신앙 양태 그리고 신학자들 및 선교적 중요성에 대하여 논하도록 하자.

1) 페르시아 교회의 형성 과정과 신앙 양태

2~3세기 동방 기독교의 중심인 에뎃사가 로마에 의해 점령되자, 시리아 기독교도들은 페르시아로 이주하여 기독교 신앙을 꽃피웠다. 그 당시 226년에 페르시아에는 파르티안 왕조가 무너지고 사산 왕조(the Sassanids)가 시작되는 때였는데, 그 이후 사산왕조 기간인 4세기 동안 동방 기독교는 페르시아를 중심으로 발전하게 되었다. 그래서 이 시기에 동방 기독교의 역사는 시리아 시대에서 페르시아 시대(the Persian period)로 이행되었다.[529]

"4세기 페르시아 교회 연대표"에 따르면, 285년경 셀루시아 크테시폰(Selusia-Ctesiphon)의 사제인 파파 바-아가이(Papa bar-Aggai)가 감독이 되자, 주변의 모든 감독을 자신의 권력하에 두어, 페르시아 교회를 통합하려 했다. 그러나 315년경 셀루시아 공의회가 소집되어 파파의 제안은 거부되었다. 왜냐하면 그것은 당시 감독의 평등성의 사상에 위배되는 것이기 때문이었다. 특히, 바-아가이를 감독으로 승격시켰던 아벨라의 감독 샤클루파(Shaklupa)와 수사

---

529) 노성기, 「시리아-동방 교회의 기원」, 『신학전망』 제152호 (2006 봄): 25-52. 4세기 로마가 동로마 서로마로 분열된 후, 페르시아 교회가 424년 에데사와 안디옥 교회로부터 독립을 선언한 후, 네스토리안이 페르시아 교회로 집단 이주하여 페르시아 교회에 소속된 것을 '시리아-동방교회'의 시작으로 본다. 페르시아 교회는 '시리아-동방교회' 이전의 페르시아 교회를 말한다. 로마는 214년경 오스르에네 왕국을 점령하였고, 동방 시리아 기독교인들은 그 수도인 에뎃사를 떠나 페르시아의 수도 셀루시아-테시폰으로 이주하였다.

(Susa)의 감독 밀레스(Miles)는 바아가이의 권력에로의 추구를 교만함으로 정죄하여 그를 면직시켰다. 그러나 결국 교회의 국가적인 수장의 필요성, 즉 비기독교적인 군주에 대한 실제적인 교회 대표의 접촉 필요성에 따라 파파의 중앙집권적인 총감독제는 통과되어 그가 20여 년간 페르시아 교회의 수장의 역할을 수행하였다.[530]

이처럼 페르시아 국가 교회의 중앙집권적인 조직은 아람사람(the Aramaean)으로 불리던 파파 바아가이의 권력 투쟁으로부터 시작되었으나, 페르시아 교회의 공인된 지도력과 명확한 사도적 권위를 정립하는 데 큰 역할을 하게 되었다. 페르시아 제국의 수도에 국가 교회의 조직이 형성되었다는 것은 분산되어 있었던 페르시아 교회의 분열을 막고 초기 페르시아 교회의 존립에 큰 역할을 한 것으로 평가된다.

3~4세기 페르시아 교회의 신앙 양태는 시리아어로 쓰인 '사도들의 교훈(Didascalia Apostolorun)'을 통해서 어느 정도 알 수 있다.[531] 이들은 정통적, 성서적, 그리고 직선적(straightforward)인 신학을 가지고, 가난한 자와 갇힌 자 및 빈자와 과부 보호, 죄의 회개의 표현으로서 세례의 유효성과 결혼의 중요성, 노동과 부부간의 사랑의 기쁨을 하나님의 선물로 인식, 주일성수와 마음의 할례의 강조, 그리고 영지주의와 엔크라티즘을 반대하고, 감사로 사용하는 하나님의 선한 물질관을 강조하였다. 이들의 교회 신앙생활에서 한 주간의 첫날인 일요일 주일성수는 매우 중요하였는데, 결석은 그리스도의 몸을 조각내어 분열시키는 것으로 엄단되었다. 장로는 연장자들과 제단 앞쪽 지성소에 감독과 같이 앉았고, 남자는 앞에 여자는 뒤에, 젊은이는 옆에 혹 남은 자리가 없으면 서서 예배를 드렸다. 집사들은 신자들에게 자리를 안내하는 안내자의 역할을 했다. 특히, 감독은 설교 도중에 부자나 고관이 들어오더라도 개의치 말고 설교를 계속해야 했고, 만일 가난한 자나 병약한 자들에게 자리가 없을 때에는 감독이 바닥에 앉더라도 자리를 내어주어야 했다.[532]

이상에서 살펴본 일반적인 교회 생활보다 더 엄격하고 더 헌신적인 방식의 신앙을 요구하는 "계약의 아들들과 딸들"(시리아어 benai- and benatqeyama)이라는 분리된 독신주의 공동체가 동방교회에 나타났다. 3~4세기 페르시아 교회에 나타난 금욕적 공동체는 일반에게 존경받았고, 성적 금욕과 금주를 통하여 육체의 순결, 마음의 헌신, 그리스도와의 신비적 합일을

---

530) Moffet, op. cit., 119-122.
531) 황정욱, op. cit., 34.
532) Moffet, op. cit. 94-97.

추구하였다. 동방 페르시아 교회는 이러한 계약의 자녀들을 존경하였지만, 극단적 금욕주의 만이 제자도의 길이요, 헌신의 절대 기준이라고 강요하지 않았다. 전적 헌신으로서 독신은 훌륭한 신앙이지만 금욕주의자만이 가장 순순한 신앙의 헌신이라고 평가하지는 않았다.[533]

동방 페르시아 기독교의 금욕주의 운동은 교회 내부에서 분리주의적 위험성을 가지고 있었으나, 외부적으로는 세계 선교에 있어서 긍정적인 기여를 하였다. "계약의 아들들과 딸들"인 금욕주의자들은 선교는 물러남이 아니라 어둠의 세력들에 대항해 전진해 나가는 것으로 해석하였고, 이들은 죽음의 전투에 몸을 던지기 위하여 자신들의 집과 가족들을 떠났다. 이들은 유랑 선교사(wandering missioners)로서 아시아 선교의 견인차 역할을 하였으며, '무엇으로부터 분리가 아닌 무엇을 향한 분리' 곧 선교와 개혁을 위한 독신주의를 선택하여 교회의 선교 확장과 교회의 내적 갱신을 추구하였다.

2) 페르시아 교회의 신학자

4세기 초 동방 교회의 대표적인 신학자는 페르시아인 아프라핫(Aphrahat)이다. 그는 조로아스터교로부터 개종한 앗시리아 인으로서 아다이벤 근처 북부 메소포타미아 출신이었다. 그는 독신 서약을 하고 은둔생활을 했으며 후일 티그리스 상류의 마르 마타이[성 마태]의 수도원장이 되었다. 그는 336년부터 345년 사이에 성경교육과 경건훈련을 강조하는 『논증(Demonstrations)』이라는 지시를 남겼다. 그는 페르시아와 로마 사이의 전투에 대하여 교훈하였고, 북부 메소포타미아 지역에서 기독교 확장에 걸림돌이 되었던 유대주의에 반대하였으며, 계약의 아들들과 딸들의 느슨해진 서약을 책망하였고, 셀루시아-크테시폰의 감독들의 교만함과 페르시아 도시 교회 교인들이 방종함에 대하여 믿음, 금식, 기도, 겸손의 교훈을 주었다. 그는 모든 것 위에 성경을 최상의 삶과 신앙의 권위로 인정하였고, 성경으로부터 직접적인 해석을 주장하였다. 그는 아람어 번역 성서인 팔레스틴 탈굼 전통에 정통했고, 성서해석에 있어서 성서 본문을 해설하는 탈굼 전통을 사용하였다.[534]

하나님은 아들이 없다고 주장하는 유대주의자들의 공격에 그는 시리아역 페쉬타의 구약과

---

533) 4세기 경 시리아 기독교 문서인 "순결에 대하여(On Virginity)"에서는 독신 서약과 예배 시 "거룩한 입맞춤(kiss of peace)"이 상호 어긋남으로 오른손을 내밀 때에는 옷소매로 가리어 살이 직접 닿지 않도록 하라는 구체적 내용이 나온다. 이는 극단적 금욕주의의 율법주의화된 부정적인 실례이다.

534) 황정욱, 「에데싸 교회의 기원에 대한 연구」, 『신학 연구』 제41집 (2000): 392-393.

신약의 증거를 제시하면서, 메시아가 '인자'로 불림을 주장하였다. 그는 창조주 하나님에 대한 믿음, 하나님의 아들이신 예수께서 하나님이심을 믿는 신앙, 그리고 죽은 자의 부활과 세례를 믿는 것이 하나님의 교회의 신앙이라고 주장하였다. 그리고 그는 신앙인의 행위(works of the faiths)가 점술과 예언(divinations and sorceries), 점성술과 마술(magic and astrology), 음행과 간음(fornication and adultery), 헛된 교리와 독설(vain doctrines and blasphemy)에서 떠나, 반석이신 그리스도위에 집을 세워야 한다고 주장했다.535) 페르시아인 신학자 아프라핫은 성경중심의 신학으로 유대인들과 페르시아 종교들의 도전에 선교적 응전을 성공적으로 수행하였다.

3) 페르시아 교회의 선교적 중요성

페르시아 교회의 선교적 중요성은 선교와 봉사로 승화된 금욕주의 운동에서 찾아볼 수 있다. 금욕과 은둔 생활을 하는 헌신자들은 은둔 생활을 조직화하여 코에노비움(Coenobium) 수도원 운동으로 발전시켰다.536) 금욕주의자들의 육체의 희생과 고난을 통한 개인적 영적 증진은 보다 높은 그리스도인의 목표인 봉사와 선교로 연결되었다. 이들의 개인적인 은둔 독방들이 로라(Laura)라는 동일화된 집단으로 변화되고, 여러 로라 집단들이 연결되고 확대되면서, 이들은 교회와 세상을 향한 하나의 통합된 코에노비움(Coenobium) 수도원 체제로 진입하게 된다. 이들은 자기 부인의 서원을 통해 수도사로서 결의를 하며, 수도원에 들어와서 수도원장이나 감독의 권위 아래 수도적 공동체의 일원으로 선교와 봉사에 헌신하였다.

300년경의 "시어트의 연대기(Chronicle of Seert)"는 페르시아 연안 도시인 알 바스라(al-Basra)의 감독 두디(Dudi)에 의한 인도 남동부 선교 확장에 대하여 기록하고 있다.537) 그리고 니케야 공의회에 참석한 페르시아 교회의 감독은 페르시아 남동부의 레와다쉬르(Rewardashir)의 감독으로 여겨지는데, 당시 페르시아 교회와 인도 교회와의 선교적 연결망이 형성되어 있음을 추론할 수 있다. 페르시아 교회는 알 바스라에서 해로로 레와다쉬르를

---

535) Moffet, *op. cit.*, 125-130.
536) *Ibid.*, 123-124.
537) A. Mingana, "The Early Spread of Christianity in Central Asia and the Far East," *Bulletin of the John Rylands Library*, vol. 9, no. 2(July 1925): 299. recited in Moffet, 100-101. 마르 아우긴(Mar Augin)에 의해 330년경 니시비스 북쪽에 수도원이 설립되었고, 4세기 말 수도원은 페르시아 만의 섬들로부터 안바(Anbar) 광야에 이르기까지, 바레인과 흑도에서 피루크 샤푸르(Piruk Shapur)와 베이트 카트래에(Beit Katraye)에 이르기까지 페르시아 남부에 퍼져 있었다.

통한 육로로 선교활동을 하였다. Mingana의 "중앙 아시아와 극동에 초기 기독교 확장"이라는 논문에서 340년경 이미 페르시아 만에서 아라비아해 연안에 이르는 사막지역에 페르시아 교회의 수도원들이 존재했으며, 이들을 통해 인도 및 중앙아시아와 극동에 이르기까지 기독교의 복음이 전파되었다고 본다. 이들의 선교 결과, 중앙아시아의 조로아스터교의 모베스와 샤머니즘의 주술가들을 포함한 101개 원시 종교 집단 사제들의 영향력이 감소하였고 기독교의 복음이 아시아로 퍼져가게 되었다.

페르시아 교회의 선교 지향성은 금욕주의 운동에서 비롯되었는데, 이것은 그리스도를 위한 희생과 헌신이 그 자체로서 은둔되어 버리는 폐쇄적 은둔주의가 아니었다. 오히려 그것은 육체의 고난과 희생을 통한 개인의 영적 증진과 더불어 불신세상의 복음화와 가난한 세계와의 연대를 통한 선교적 봉사로 평가된다. 그러므로 페르시아 교회는 3~4세기 복음의 진정한 담지자 및 전달자로서 영성과 봉사 그리고 선교에 기념비적인 역할을 감당한 교회라는 데 그 선교적 의의가 크다고 본다.

4. 아시아 기독교에 대한 겸손한 배움의 자세

지금까지 본 장에서는 초기 기독교 선교 역사에서 소외된 동방 교회 역사에 대하여 특히, 1~2세기 인도 교회, 2~3세기 시리아 교회, 그리고 3~5세기 페르시아 교회 초기 역사에 대하여 선교신학적 관점에서 그 선교적 중요성을 평가하였다. 그리고 기독교 세계교회의 보편적 차원에서 교회 역사와 신학을 서구 교회의 관점에서만이 아니라, 동방교회, 곧 아시아 교회의 입장에서 통전적으로 이해하며 분석하고 평가할 것을 제안하였다.

이러한 세계교회에 대한 균형적인 연구는 선교현장에 있는 선교사들에게 현지 기독교에 대한 이해와 현지 기독교 지도자들과 성도들에 대한 경의를 표할 수 있도록 만들어 줄 것이다. 특히, 한국 선교사들이 사역하고 있는 중앙아시아와 중동, 그리고 인도 지역에 현지 사람들이 초기 기독교 선교 역사에서 그리스도의 복음을 먼저 받고 실천하였던 초기 아시아 기독교인들의 후예라고 생각한다면, 선교사들의 선교접근방법은 더욱 현지의 신학과 문화 전통에 대하여 겸손한 배움의 자세를 견지하도록 만들 것이다.

제20장 사도적 선교 실천가 허드슨 테일러

　호남신학대학교 종교 개혁제 행사를 위해서 선교신학연구소에서는 저자에게 19세기 위대한 세기(the Great Century) 동안에 탁월한 선교 사역을 감당한 중국 내지 선교회(China Inland Mission)의 창설자 허드슨 테일러(James Hudson Taylor, 1832~1905)의 신학적 배경을 평가하고, 그의 선교 사역의 내용을 분석 평가한 후에, 오늘의 한국 교회의 선교적 상황과 연결시켜서 21세기 한국 선교의 새로운 방향성을 제시해 달라는 요청을 하였다. 그래서 본장에서는 허드슨 테일러의 신학적 배경과 선교 사역에 대한 분석과 평가를 위해서, 먼저 그의 생애와 사역을 알아야 하기 때문에, 허드슨 테일러의 출생과 회심, 중국 선교사로서의 헌신과 사역 등에 대하여 기본적인 고찰을 하려고 한다.

　이러한 고찰 이후에 저자는 그의 신학적 배경으로 19세기 웨슬레안 부흥 성결 운동(Wesleyan Revival Holiness Movement)과 칼빈주의적 케직 성결 운동(Keswick Holiness Movement)을 포괄하는 영국의 성결 운동, 조지 뮬러의 신앙 운동(Faith Movement), 그리고 평신도 운동(Lay Movement) 등에 대하여 살펴보려고 한다. 그다음으로, 저자는 허드슨 테일러의 선교 사역에 대하여 선교학적 평가를 내리려고 하는데, 그것들은 첫째, 사도적 선교의 실천, 둘째, 토착적 원칙의 고수, 셋째, 복음을 위한 에큐메니칼 협력 등이 될 것이다. 결론적으로, 저자는 허드슨 테일러의 생애와 사역을 분석하고 평가하면서, 21세기 한국 교회 선교의 나아갈 방향성을 찾아보았는데, 그것은 사도적 선교의 실천과 아울러 하나님 나라의 확장으로 모아질 수 있겠다. 그러면 이제 허드슨 테일러의 생애와 사역을 간략하게 살펴보도록 하자.

1. 허드슨 테일러의 생애와 사역

1) 출생과 회심, 그리고 온전한 성화(Entire Sanctification)

허드슨 테일러는 1832년 5월 21일 영국의 반즐리(Barnsley)에 사는 신실한 감리교도 부모인 제임스 테일러(James Taylor)와 아멜리아 테일러(Amelia Taylor) 사이에서 태어났다. 이들 부부는 아들의 이름을 정할 때에, 아버지의 이름인 제임스를 첫 이름으로 정하고, 어머니의 결혼 전 성인 허드슨을 중간 이름으로 하여 제임스 허드슨 테일러(James Hudson Taylor)라 명명했다. 이것은 허드슨의 부모가 하나님께서 아들을 주시면 그를 중국 선교사로 사역하도록 서원기도를 할 정도로, 두 부부의 중국 선교에 대한 간절한 염원이 아들 허드슨에게 표현된 것이었다.[538]

중국 선교를 열망하는 경건한 감리교도의 가정에서 성장한 허드슨은 그의 부모의 경건한 생활과 가르침에 따라 중국 선교사의 꿈을 키우지만, 청소년기를 맞이한 그는 하나님의 존재와 자신의 구원에 대한 영적인 방황을 갖기도 하였다. 그러나 그는 17세 되던 해에 아버지의 서재에서 『그리스도의 완성된 사역(The Finished Work of Christ)』이라는 복음에 대한 소책자를 읽고, 그리스도 속죄의 완전성을 믿게 되었는데, 그때 바로 예수 그리스도를 자신의 구주로 영접하게 되었다. 흥미로운 것은 허드슨이 회심의 체험을 하는 그 순간 그의 어머니는 허드슨의 회심을 위해 수십 마일이나 떨어신 그녀의 사매 집에서 방문을 걸어 잠그고 응답받을 때까지 기도를 했다는 사실이다.[539]

회심 이후로 허드슨은 한마음으로(a single-minded) 중국 선교를 위한 준비 활동에 들어갔다. 그는 하나님의 가장 좋은 은총(God's best blessing)인 온전한 성화의 은혜를 추구하였다. 그는 무엇이든지 주의 이름으로 구하면 들어주시리라는 믿음을 가지고 깊이 기도하던 중에 '말할 수 없는 경외감과 기쁨(unspeakable awe and joy)'을 체험하였다. 그는 하나님의 베풀어주신 구원의 은총에 대하여 감격하였고, 자신의 영혼을 하나님의 제단 앞에 쏟아 부으며, 하나님의 선교 사역에 자신을 전적으로 헌신하였다.[540]

---

538) J. Herbert Kane, "J. Hudson Taylor 1832–1905: Founder of the China Inland Mission," *Mission Legacies*, edited by Gerald H. Anderson et. al. (New Haven, CT: Overseas Ministries Center, 1994), 197.

539) Dr. and Mrs. Howard Taylor, *Hudson Taylor's Spiritual Secret* (London: China Inland Mission, 1955), 13–15.

2) 중국 선교 준비와 선교 사역 제1기(1854~1860): 상해와 닝보(Ningbo)에서의 사역

허드슨은 선교 활동에 필요하다고 생각되는 중국어를 비롯한 라틴어·헬라어·히브리어 공부, 의학 연구, 지역 복음전도 실습과 단순한 생활의 훈련, 그리고 하나님을 의지하는 법에 대하여 실천적으로 매진하였다. 허드슨 테일러는 중국복음화협의회(China Evangelization Society)에 선교사 후보로 허입되었고, 1853년 9월 19일 월요일에 영국 리버풀(Liverpool) 항을 떠나 험난한 항해 끝에 1854년 3월 1일 상하이에 도착하였다.[541]

그는 6개월여간의 항해에서 풍랑을 맞아 좌초의 위기에서도 하나님을 믿고 의지하며 기도로 불가능한 상황을 극복하였고, 상하이에 도착하여서도 태평천국의 난으로 인한 정부군과 반란군의 전시 상황에서 부상자를 치료하며 복음을 전도하였다. 그의 초기 선교 활동은 난징조약(1842)에서 체결된 5개 조약 항 가운데 하나인 닝보(Ningbo)를 중심으로 아편 중독자를 치료하는 의료 선교와 현지인 양성 그리고 교회 개척 및 복음 전도 활동을 펼쳐 나갔다. 그가 개척한 닝보의 브리지 스트리트(Bridge Street) 교회는 그가 중국을 떠나기 전 21명의 성도로 부흥되었다.[542]

그러던 중, 1858년 6월 러시아·프랑스·영국·미국은 중국과 더불어 천진조약을 체결했는데, 열 개의 항구와 양자강 전역이 외국인의 거주와 무역에 추가로 개방되었고, 모든 외국인은 조약 항 이외의 지역에서도 사업을 할 수 있게 되었고, 기독교의 승인이 보장되었다. 이에 대하여 허드슨을 파송한 중국복음화선교회(CES)는 그들의 반세기의 기도가 응답되어서, 전 중국 복음화의 길이 열렸다고 믿었다. 그러나 이 선교회는 중국 내지 선교에 대한 꿈이 높았음에도 불구하고, 현지 중국 실정에 대한 무지함과 재정과 경험의 부족으로 곤란을 겪다가, 결국 허드슨 테일러가 간장염으로 인해 6년여간의 중국에서의 첫 번째 선교 사역을 마치고 귀국하고 있던 때에 해체되고 말았다.

---

540) Roger Steer, J. Hudson Taylor, 윤종석 역, 『중국복음화의 문을 연 사람: 허드슨 테일러』 (상) (서울: 두란노서원, 1990), 20-22.
541) Ibid., 65-75.
542) Ibid., 200-202.

3) 영국에서의 제1차 선교 동원 사역(1860~1866)과 중국 내지 선교회(CIM) 설립

1860년 11월 20일 영국에 귀국한 테일러는 먼저 선교 활동 중에 얻게 된 간장염(hepatitis)을 치료받았고 향후 몇 년간 요양을 권고 받았다. 그러나 그는 중국 복음화를 위한 준비 사역과 선교 보고에 건강을 돌볼 처지가 아니었다. 그는 선교 사역 중에 공인된 자격이 없음으로 인해 많은 장애들을 경험한 터라 의학 공부를 재개하였고, 영국 성서 공회에서 출판을 약속한 닝보 방언 신약성서 개정 작업에 들어갔다.[543] 그는 2년여의 의학공부를 하고 시험에 통과하여 왕립 외과대학 정회원이 되었고, 그 이후에 왕립 외과대학의 산부인과 자격시험에 합격하여 산부인과 전문의가 되었다.

그는 의학공부뿐만 아니라, 중국 복음화와 관련된 일을 하였다. 그는 닝보 방언으로 된 찬송가와 신약성서 개정 출판, 중국에 대한 잡지 기고, 그리고『중국 그 영적인 필요와 요청(China Its Spiritual Need and Claims)』이라는 소책자의 발간 등을 통하여 영국인의 중국에 대한 반감을 약화시키고 선교에 대한 열정을 불러일으켰다. 그는 초청이 오는 곳이면 어디든지 가서 말씀을 전하였다. 그는 영국 국교회, 침례교, 감리교, 장로교, 형제교회, 혹은 그 밖의 다른 교파들의 초청에 응하였는데, 이는 그가 선교지에서 다양한 선교회 사람들과 함께 일했던 에큐메니칼 정신에서 비롯되었다. 그는 1864년 이후 후일 케직 사경회(Keswick Convention)로 계승되는 밀드메이 수련회(Mildmay Conference)에 참석하기도 하였다.[544]

1864년 정부군이 남경을 탈환함으로써 2천여 만 명의 목숨을 앗아갔던 16년간의 태평천국의 난이 실패로 돌아갔다. 기독교 세계에 대한 열렬한 낙관론으로 시작한 이 운동은 결국 기독교에 대한 서투른 모방에 그친 전쟁과 살상으로 끝나고 말았다. 태평천국의 난이 종국을 맞이하여 전시에서 평화의 시기가 왔을 때에, 허드슨 테일러는 아직 복음이 들어가지 않은 중국 내륙의 11개의 성과 몽고 복음화를 위해 24명의 선교사를 파송하기를 원했다. 그래서 그는 기도 응답을 통해 인도와 공급은 오직 하나님만을 의뢰하는 방식으로 전도와 교회설립 그리고 지도자 훈련을 위한 중국 내지 선교회(China Inland Mission)를 조직하였다. 이 선교회는 기존의 중국선교회(CMS)나 런던선교회(LMS)의 선교 정책과는 다르게, 선교사 선발의 기

---

543) Howard Taylor, *op. cit.*, 76-77.
544) Roger Steer, *op. cit.*, 207-209.

준을 안수 받은 목사나 대졸자 우선이 아니라, 하나님의 임재에 대한 흔들림 없는 확신과 그분을 신뢰할 수 있는 능력 및 자원하는 마음에 두었고, 이 기준은 남녀 동등하게 적용되었다.545)

4) 중국 선교 사역 제2기(1866~1870): 중국 내륙 항주, 양주에서의 사역

1866년 허드슨은 6년 전 중국에서 귀국할 수밖에 없도록 만들었던 그 질병에서 완전히 회복되었다. 그는 그해 5월 26일에 대장장이 니콜(Lewis Nichol) 부부를 비롯한 대부분의 평신도 전문인들 16명과 그의 아내 마리아와 4자녀를 동행하고 레머뮤어(Lammermuir) 호를 타고 중국 상하이를 향하여 떠났다. 이들 16명(남 6, 여 10)의 CIM 선교사들 중에 9명의 미혼 여성이 포함되어 있었다. 이들은 4개월여 간의 힘든 항해와 폭풍의 피해를 입어 좌초될 위험을 겪으며 9월 30일 상해에 도착하였다.546)

상해에 도착한 허드슨은 중국 내지 선교회의 정신대로 상해에서 벗어나 항주라는 내륙 마을 뉴래인(New Lane)에 선교기지를 세우고, 선교사들에게 중국식 복장과 변발을 하도록 권유하고, 병원과 교회를 시작하였다. 이러한 허드슨의 사역은 내부적으로 니콜을 비롯한 몇 사람들에게서 반발을 사게 되었고, 외부적으로는 당시 상해의 CMS 선교사인 모울(George Moule) 목사를 비롯한 서구 선교사들로부터 선교사의 이미지를 손상시킨다고 빈축을 사기도 했다. 그리고 테일러와 미혼 여성인 선교사들과의 좋지 못한 소문도 나게 되었다. 그러나 테일러는 내외적인 온갖 야유와 반대에도 불구하고, 그의 선교 정책인 중국식 변발과 복장 착용, 그리고 여성 사역자들의 동등한 선교활동에 대하여 소신 있게 밀고 나갔다.547)

1867년 6월 허드슨은 존 멕카시, 조지 던컨, 츄 등과 함께 항주에서 서남부 지역으로 콴탄(Qiantans) 강을 따라 전도 여행에 나섰다. 그는 통글루(Tonglu)와 랑시(Lanxi)에서 사람들이 모여 있는 곳이면 어디든지 찾아가, 사찰이나 찻집 혹은 거리에서 만나는 사람에게 쪽 복음을 나누어주면서, 우상을 버리고 살아 계신 하나님을 경배하라는 구원의 복음을 전파하였다. 전도 여행을 마치고 항주로 돌아왔을 때에, 그의 8살배기 딸 그레이스가 뇌막염으로 쓰러지고 결국 8월 23일 금요일 저녁 8시 40분에 폐렴으로 숨을 거두게 되었고, 이는 허드슨에게

---

545) *Ibid.*, 213-220.
546) Roger Steer, *J. Hudson Taylor*, 윤종석 역, 『중국복음화의 문을 연 사람: 허드슨 테일러』 (하) (서울: 두란노서원, 1990), 7-14.
547) *Ibid.*, 18-20.

커다란 상처를 안겨주었다. 허드슨도 과도한 업무로 인하여 신경성 두통에 시달렸고, 건강이 좋지 않았으나, 선교기지를 항주에만 머무르게 하지 아니하고, 더 내륙 쪽인 양주로 확장을 하였다. 그는 1868년 6월 1일 항주의 선교기지의 인원을 멕카시 부부와 제니 폴링만으로 감축하였고, 그와 마리아 그리고 그의 4자녀를 비롯하여 대부분의 CIM 선교사들이 양주로 이동하였다.[548]

그러나 양주에서의 정착은 매우 힘들었다. 양주의 유학자들과 군인들이 서양귀신들이 어린 아이를 잡아먹는다는 유언비어를 유포하여 양주의 주민들 1만여 명에게 선교본부가 포위를 당하였다. 그때 허드슨은 중국 현지 정부 당국에 보호를 요청하였으나, 결국 과도한 폭도들에게 그의 가족과 선교사들은 폭행을 당하게 되었다. 이 일에 대하여 허드슨은 영국 영사에게 보고하였고, 군함을 대동한 영국 영사는 양주 시장에게 책임을 추궁하여 주모자 2명을 체포하고, 허드슨의 선교 본부를 재보수하도록 하는 한편, 외국인의 안전과 보호에 대하여 각서를 받게 되었다. 이 일로 인해 영국 하원에서는 군함을 앞세운 기독교 선교라는 반대와 함께 중국 내륙에서 선교사들을 송환해야 한다는 안건이 발의되었지만 부결되기도 했다.[549]

1869년 허드슨은 폐렴을 비롯한 중병에 시달리면서 매일매일의 격무 속에서 짜증과 불신앙이 커져 갔으며, 자신의 선교사로서의 소명감마저 상실해 가고 있었다. 그는 영적 쇠퇴에 빠지는 자신을 바라보면서, 금식과 기도 명상 등의 방법을 동원해보지만, 자신의 무력감과 죄책감으로 인하여 좌절하였다. 이때에 케직 운동의 '그리스도와의 연합' 사상의 영향을 받아 영직인 슬럼프를 극복하게 되었다. 즉, 그리스도와의 연합을 통해 그리스도를 의지하고 동행하는 삶의 역동성을 회복하게 된 것이었다.[550]

그러나 영적인 회복도 잠시, 1870년 사랑하는 아내 마리아를 결핵성 장염으로 잃게 되고, 갓 태어난 아들 노엘도 설사병으로 하늘의 본향으로 보냈다. 이러한 극도의 혼란과 고통 속에서도 그리스도의 충만과 내주하심으로 인하여 좌절하지 아니하고 CIM 선교 후원자들과의 관계를 돈독하게 하기 위하여 영국으로 떠나게 되었다.

---

548) *Ibid.*, 35-44.
549) *Ibid.*, 53-68.
550) Howard Taylor, *op. cit.*, 110-116.

5) 영국에서의 제2차 선교 동원 사역(1871~72)과 제3기 중국 선교 사역
   (1872~74)

영국에 머무는 동안 허드슨은 영국으로 돌아갈 때에 함께 동승했던 CIM 선교사 제니 폴딩과 1871년 11월 28일 재혼을 하였다. 그는 중국 내륙의 CIM 선교사가 없는 9개 성에 들어갈 18명의 선교사 후보를 모집하고, 영국 선교 본부 행정 업무를 정비하며, 중국내륙선교회의 새 운영 이사회와 고문 이사회 위원들을 선임하는 등 분주한 활동을 벌였다. 특히 런던에서 개최된 밀드메이 회의에서 허드슨은 전도자 무디(D. L. Moody)와 나란히 강단에 서서 선교의 사명에 대하여 역설하고 선교사 후보를 모집하였다. 그의 선교 전략은 성마다 감독자를 세우고, 두 명의 외국인 협력자를 두며, 주요 도시에는 중국인 협력자들을 배치하고, 다른 도시에는 성경 배포자를 두는 것이었다. 그는 중국의 복음화가 내륙의 중국 그리스도인에 의해서 진행되어야 하며, 외국인 선교사는 건물의 터와 같이 기초의 역할만 감당하여야 한다고 생각했다.[551]

1872년 10월 허드슨은 아내 제니와 함께 중국으로 돌아가 항주에 거처를 정하고, 항주 남방 도시들을 순방하면서 중국 선교 제3기의 시대(1872~74)를 열었다. 이 기간에 허드슨은 주로 CIM 선교기지들을 순방하고 선교사들과 현지 중국인 사역자들에게 설교와 훈련을 통해 격려와 지도 감독하는 사역을 하였다. 1874년 CIM 선교회는 중국에서 50개 이상의 학교, 교회, 건물 등을 소유하고 5개 성에서 사역을 할 정도로 그 규모 면에서 괄목할 만한 성장을 이룩하였다. 한편, 1874년 6월 허드슨은 찰스 저드와 함께 양자강 상류 쪽으로 800km 정도 떨어져 있는 우한(Wuhan) 지역 전도 여행을 가던 중에 배에서 내릴 때에 잘못하여 척추와 발목뼈에 큰 부상을 입게 되었다. 그해 8월 요양차 영국의 펄랜드가 6번지 집으로 돌아가 12월까지 등과 두 다리가 거의 마비된 채로 침대에 누워 지내게 되었다.[552]

6) 영국에서의 제3차 선교 동원 사역(1874~76)과 제4기 중국 선교 사역
   (1876~77)

영국으로 돌아간 허드슨은 1874년 크리스마스를 전후로 건강이 회복되려고 하자마자, 이듬

---

551) Roger Steer, op. cit. (하), 89-96.
552) Ibid., 95-102.

해에 중국 내의 미개척 아홉 개 성에 파견할 18명의 선교사 후보생들을 모집하기 시작하였다. 그의 활발한 선교 동원 사역에 스무 명의 젊은이가 응답을 하였다. 그의 사역은 주로 강연회나 설교를 통해서뿐만 아니라, 무엇보다도 『오케저널 페이퍼즈』라는 CIM 선교잡지를 통해서 진행되었다. 이 잡지는 『중국의 수억의 사람들과 우리의 사역』이라는 이름으로 개명되었고, 후일 『중국의 수억의 사람들(China's Millions)』로 축약되었다.

1876년 10월 허드슨은 제3차 선교 동원 사역을 마치고, 영국에서 상해로 도착하여, 제4기 중국 선교 사역(1876~77)을 시작하였다. 이 기간에 체푸 조약으로 인하여 중국 내지 선교는 괄목할 만한 진보를 이루게 되었다. 곧, 1876년 9월 14일 체푸 조약(Chefoo Convention)이 체결되었는데, 이 조약으로 인해 외국인들이 여권만 있으면 중국 전역으로 안전을 보장받으며 자유롭게 여행을 할 수 있게 되었다. 이 조약 이후에 CIM 선교사들은 4개월 안에 외국인의 발길이 닿지 않았던 6개의 성에 들어가게 되었다.

1877년 5월 상해에 18개 선교회와 3개의 성서공회로부터 약 140여 명의 선교사들이 연합 선교회의를 하기 위해 모였다. 테일러는 교회 설립을 위한 준비 단계로 복음을 가지고 내륙에 들어가 직접 전도해야 함을 역설하였고, 많은 이들의 호응을 받았다. 그러나 중국에서 미신을 제거하기 위하여 과학과 일반 문학의 교육이 종교보다 우선되어야 한다는 의견도 있었으나 거의 지지를 받지 못했다.[553]

7) 영국에서의 제4차 선교 동원 사역(1877·~79)과 제5기 중국 선교 사역 (1879~83)

영국으로 돌아온 허드슨은 중국 북부 산시(Shansi) 성을 휩쓴 중국 역사 이래의 최악의 기근(1877~79)에 대하여 간행물과 모임 등을 통하여 영국 여론에 알렸다. 그는 CIM 선교사들을 기근 지역에 급파하였고, 200여 명의 극빈 아동들과 고아들을 돌보도록 지시했다. 그리고 당시 2살, 3살 난 아이를 양육하고 있는 자신의 아내 제니를 직접 중국에 파송하여 빈민 구제 사역을 지휘하도록 했다. 제니는 일곱 명의 남녀 선교사를 인솔하고 중국에 들어갔는데, 당시 산시 성에 함께 들어간 젊은 2명의 여선교사들은 중국 내륙에 최초로 들어간 여 선교사들이

---

553) *Ibid.*, 109-112.

었다. 한편, 허드슨은 급성 말라리아로 건강이 악화되었고, 1878년 여름 스위스에 가서 요양을 한 후에, 1879년 2월 영국을 떠나 중국으로 돌아가 아내 제니의 사역에 합류하였다. 상해에 도착했을 때에 쇠약해진 그는 이질에 다시 걸렸고, 작은 산으로 둘러싸인 북쪽의 체푸 항에 가서 요양을 하게 되었고, 그곳에 CIM 요양소를 짓게 되었다.[554)

그런데 CIM 선교회는 젊고 능력 있는 웨일스 출신의 침례교 선교사인 티모시 리차드(Timothy Richard)로 인하여 어려움을 겪기도 하였다. 리차드는 처음에 CIM 선교사로 가입 신청을 했으나 침례교 소속 선교회로 나가는 것이 좋을 것이라는 조언을 듣고 중국에 온 선교사였다. 그는 빈자들과 억눌린 자들을 폭정에서 보호하여 이 땅에 하나님의 나라를 세워야 한다는 사상과, 종교다원주의, 즉 하나님이 유교나 불교, 도교 등 다른 종교들을 통하여 일해 오셨다는 주장을 펼쳤다. 그의 선교 방법론으로 서양의 최신 문물과 과학 기술 교육을 통한 중국 근대화의 추구와 중국의 고전 혹은 종교 서적들의 연구를 통한 기독교와의 접촉점을 찾는 데 있었다. 이러한 리차드의 선교 사상은 CIM 선교사들에게 영향을 미쳐, 몇몇은 복음전도의 열정을 잃어버리고 선교사직을 포기하였으며, 몇몇은 CIM을 탈퇴하기도 하였다. 리차드 자신도 사고가 더욱 자유분방해짐에 따라 침례교 선교회에서 탈퇴하여 중국에서 50여 년간 산시성에 대학교를 세우는 일을 비롯하여 자신의 일을 계속하였다. 허드슨은 리차드에 대하여 복음 전도보다는 도덕적인 책자들에 심취하여 사망으로 이르게 하는 이론을 펼쳐나간다고 평가하였다.[555)

이제 중국 CIM 선교회는 70개의 기지에 100여 명의 중국인 동료들과 더불어 96명의 선교사들이 사역하는 모임으로 발전하였다. 그러나 허드슨은 중국 복음화를 위해 아직도 남아있는 미전도 지역을 생각하였다. 그리고 이를 위해 선교회의 규모를 더욱 확장하기로 하고, 42명의 남자와 28명의 여자 선교사 모집을 위하여 장기 계획을 세우고 기도에 들어갔다. 그러나 기도에 대한 응답은 지연되었고, 몇몇 선교사들은 선교회를 탈퇴하기도 하였으며, 어느 기지에서는 번창하기보다는 침체되고 있었다. 허드슨은 악화되고 있는 선교 자금 자정을 해결하기 위해 영국으로 귀국하게 되었다.

---

554) *Ibid.*, 113–119.
555) Roger Steer, "Pushing Inward," *Christian History*, vol 15, 52(4): 10.

8) 영국에서의 제5차 선교 동원 사역(1883～85)과 제6기 중국 선교 사역 (1885～87)

CIM 선교회가 여성 사역자를 포함하여 중국 내륙 개척 선교에 성공한 소식은 영국 여론에 급속하게 퍼져 나갔다. 영국 여론은 CIM이 일절의 자금 모금 없이 오직 하나님만을 의뢰하는 방식으로 거의 모든 성에 복음을 심고 있다는 사실에 대하여 긍정적인 평가를 내리고 있었다. 이러한 때에 영국에 돌아온 허드슨 테일러는 샐리스베리(Salisbury) 수련회에서 선교 강연을 비롯하여 눈코 뜰 새 없는 강연 요청을 받아들여 분주한 선교 동원 사역을 하였다. 그는 1983년에서 1984년 사이에 걸친 10개월 동안에 2,600여 통이 넘는 편지를 처리하였다. 허드슨은 1983년에 20여 명 그리고 1984년도에 46명의 신입 선교사들을 중국으로 파송하였는데, 이는 그의 70명의 새로운 선교사에 대한 그동안의 기도의 응답이었다.[556]

허드슨은 영국에서 CIM 선교회 모든 회원들에게 중국에도 조직적인 중국 선교를 위하여 총재를 도울 이사회가 필요하다는 내용의 편지를 발송하였다. 허드슨은 이제 중국에도 행정적 지원이 필요하다고 생각하였기 때문이다. 그는 1985년 1월 중국에 다시 건너가 중국 이사회를 결성하고, 감독들과 부총재를 임명하였다. 그러나 허드슨의 중국 이사회 결성은 전 회원에게 잘 받아들여지지 않았는데, 이는 전 회원이 허드슨의 직접적인 감독 체제를 선호하기 때문이었다. 그러나 초기 허드슨 감독 체제는 가족적인 의식을 선교사들에게 심어주는 효과가 있었지만, 선교회가 커신 상태에서 각 시구의 감독이 필요하게 되있기에, 당시의 반대와 오해에도 불구하고 실행되었다.

허드슨은 3년여 제6기 중국 선교 사역 동안, 산시 성을 비롯한 홍통(Hongtong) 등의 선교사들과 현지인들에게 집회와 수련회를 통해 영적인 능력을 체험하도록 도왔다. 그리고 그는 홍통 지역에서 현지인 사역자 쒸(Hsi)의 목사 안수 예배를 집례하였고, 그 지역의 모든 선교사들을 모아 쒸에게 손을 얹어 안수했다. 또한 그는 계속적인 중국 복음화를 위하여 중국 내지 선교회의 새로운 선교사 후보 100명을 모집하기 위해 기도하였고, 또한 이 일을 위해 영국으로 귀국하였다.[557]

---

556) Roger Steer, J. *Hudson Taylor* (하), 129–132.
557) *Ibid.*, 139–147.

9) 영국에서의 제6차 선교 동원 사역(1887~88)과 제7기 중국 선교 사역 (1888~89)

1887년 55세가 된 허드슨은 100명의 선교 후보생을 동원하기 위해 편지와 집회 등 여러 방법을 동원하였다. 결국, 그는 CIM 선교 사역 21주년 집회를 열었는데, 전국에서 100명 선교사 파송 후원비가 답지되었다. 에든버러의 집회에서는 120명의 사람들이 선교에 헌신하였고, 1887년 11월 초에 선교사 후보생 600명 중에서 102명이 선발되었는데, 이 중 2명이 협동 선교사로 헌신하여, 정확히 100명의 선교사가 중국으로 파송되었다.[558]

1888년 1월 테일러는 규모가 매우 커진 CIM 선교회의 총재로 취임하였다. 그는 미국에 건너가 나이아가라 호반 집회에서 선교 집회를 인도하였고, 시카고의 무디 목사의 집회에서 선교 강사로서 사역하였으며, 토론토 등지에서 선교 집회를 인도하였다. 집회 때마다 학생들을 포함한 많은 젊은이들이 중국 선교사로 자원하였고, 헌금도 쉬지 않고 들어왔다. 허드슨은 집회 시에 헌금을 요구하지 않았고, 헌금보다는 직접 사람들이 중국 선교사로 헌신하기를 원했다.

1888년 10월 밴쿠버에서 배를 타고 중국으로 제7기 선교 사역을 위해 떠났다. 이 기간에 그는 CIM 선교회의 중국 본부 건물의 설계도 작성에 심혈을 기울였고, 선교 사무실, 기도 전용실, 실무 진행실, 스태프들 관사가 포함되었다. 그리고 그는 미국 CIM 선교회 지부 설치에 대하여 런던 이사회의 반대, 중국 이사회와 런던 이사회 사이의 갈등, 그리고 테일러에 대한 리더십 유형에 대한 불만 등에 대하여 대책을 강구하기 위하여 영국으로 떠났다.[559]

10) 영국에서의 제7차 선교 동원 사역(1889~90)과 제8기 중국 선교 사역 (1890~92)

영국으로 돌아간 허드슨 테일러는 중국의 만민에게 복음을 전하려는 원대한 계획을 품었다. 곧 그는 "차이니즈 밀리언"지에 2억 5천만의 중국인에게 1,000명의 전도자들이 각각 하

---

558) *Ibid.,* 151-152.
559) *Ibid.,* 157-169.

루에 250명에게만 전하면 1,000일 후에는 전 중국의 사람들이 복음을 듣게 될 것이라는 비전을 가지고 "만민에게"라는 원고를 실었다. 그는 이 일을 위하여, (1) 중국 내 1,000명의 전도자를 위한 기도, (2) 연합된 모든 그리스도인들의 자원하는 행동, (3) 빠지거나 중복됨 없는 세심한 협력, (4) 개인이나 교회의 희생적인 후원 등의 구체안을 제시하였다. 그는 이 밖에도 스웨덴과 덴마크에 가서 선교 동원 사역을 하기도 하였다.[560]

1890년 봄에 테일러는 상해에서 개최되는 연합선교회의에서 개회설교를 요청받고 중국으로 떠났다. 그는 중국의 만민에게 1,000명의 전도자가 1,000일간 전도하자는 말씀으로 선교사들에게 도전을 주었다. 그는 이 일이 예수 그리스도의 임재와 성령 충만함을 통해서 가능하리라 주장하였다. 그는 선교회마다 25명의 전도자들을 확보하면 곧 1,000명의 전도자를 확보한다고 보았고, 연합선교회의는 향후 5년 이내에 교사 및 의사를 포함한 모든 형태의 선교 사역에 1,000명의 선교사를 중국에 오게 한다는 결의문을 채택하였다. 이후에 중국 CIM 선교회는 오스트레일리아, 유럽, 미국, 캐나다 등지에서 온 78명의 새 선교사들과 스칸디나비아 연합선교회 소속 50명의 선교사들을 협동 선교사로 허입하고 함께 동역하였다.[561]

1891년 중국에서는 반외 감정이 깊어 갔고, 선교사들은 중국을 눈독 들이고 있는 서구 열강들의 최전선 부대라는 인식이 확산되면서, 양자강 강변에서 배를 기다리던 한 감리교 선교사가 학살되는 사건이 벌어졌다. 외국 정부들은 자국인을 보호하기 위해 군함을 출동시키고, 지방 정부에게 선교사 보호령을 내려줄 것을 요구하였다. 허드슨은 이러한 사건들을 보면서, 상해 신교회의에서 채택된 1,000명 선교사 증강 결의에 대한 사탄의 역공이라고 판단하였다. 그러나 이후로 계속적인 학살이나 방화 그리고 폭동의 소식들이 끊이지 않았고, 허드슨은 그리스도를 위한 핍박과 손해를 감수해야 한다고 가르쳤다.

이러한 복잡하고 어려운 선교 상황 중에, 영국 런던 이사회와 중국 이사회 간의 주도권 문제로 30여 명의 선교사들이 CIM을 탈퇴하였다. 런던 이사회는 허드슨의 리더십에 반기를 들고 나섰다. 이사회는 허드슨이 선교회 운영에서 손을 떼고 성경 해석과 교회 양육에만 전념할 것을 원했다. 그리고 이사회는 허드슨의 자문 기구에서 실질적인 정책 결정과 권한을 양도받기를 원했다. 이러한 런던 이사회의 주장은 중국 이사회 위에 군림하여 정책을 런던 이사회가

---

560) *Ibid.*, 171-174.
561) *Ibid.*, 174-179.

결정하고자 한 것이었으므로, 본래 CIM 창설 정신인 "지휘는 중국현지에서"라는 기본 원칙에 어긋나는 것이었다. 1891년 11월 허드슨은 전에 없던 최고의 위기를 직면하고 있음을 느끼고, 성령께 더욱 의지해야 함을 강조하였다. 그는 말씀 묵상과 은밀한 기도를 소홀히 하지 말 것을 강조하였고, 경박한 대화나 농담, 부정적인 사고나 언행 등을 삼가도록 지시하였다.[562]

11) 영국에서의 제8차 선교 동원 사역(1892~94)과 제9기 중국선교 사역 (1894~96)

허드슨은 1892년 5월 캐나다를 방문하여 북미이사회를 개최하고, 영국으로 돌아와 런던이사회를 소집하였다. 런던이사회는 조직상의 어려움뿐만 아니라, 자금난에 빠져 있었다. 이는 선교회 운영을 싸고 계속된 오래된 논쟁에 대한 소문으로 인해서 헌금액이 감소하였기 때문이었다. 그러나 허드슨의 활동으로 선교 헌금이 충원되었고, 조직 면에서도 허드슨의 중재로 런던이사회, 중국이사회, 북미이사회 각 총재들이 어느 한쪽의 실권을 아예 없애자는 쪽으로 의견을 모으게 되었다.

1894년 허드슨은 아내 제니와 함께 중국으로 떠났고, 북부의 몇몇 성에 문제가 발생한 것을 듣고 사태의 해결을 위해 그곳들을 방문하여 선교사들과 중국 성도들을 격려하고 믿음을 굳세게 하였다. 특히, 허난 성 북부의 주자쿠라는 상업도시에 도착했을 때에, 그곳의 70여 명의 중국 교회 성도들은 그를 맞이하였다. 이들은 허드슨의 선교 사역으로 인하여 중국 교회의 설립과 발전이 있었음에 대하여 감사와 존경을 표하였다.

허드슨은 1895년 중일전쟁이 끝나던 그해에, 상해 연합 선교 회의에서 결의한 1,000명의 선교사 모집에 대한 결과 보고 위원회의 위원장으로 선임되었다. 허드슨이 제안하여 채택된 이 운동은 5년 만에 1,153명의 새로운 선교사들이 중국 사역에 동참하게 되었으므로 성공리에 끝이 났다. 그러나 이들이 중국 동부에 집중되어 있었기에, 아직도 중국 전역에 복음을 전파하는 일은 여전히 수행해야 할 과제로 남게 되었다. 이제 63세가 된 허드슨은 여전히 CIM 전 회원들에게 더욱더 많은 성령 충만한 선교사들이 중국에 파송될 수 있도록 기도하자는 편지를 발송하였다. 1895년 당시 CIM의 선교사 수는 621명이었고 모두 122개의 주요 기지에서 사역하

---

562) *Ibid.*, 182-186.

고 있었으며, 그 주에 90곳은 전혀 복음이 들어가지 않은 내륙의 성들에 위치하고 있었다.[563]

12) 영국에서의 제9차 선교 동원 사역(1896~98)과 제10기 중국 선교 사역 (1898~1901)

1896년 영국에 돌아온 테일러는 계속해서 "촉진운동"에 매진하였다. 이는 교회와 모임 등에 강사나 설교가로서, 성도들에게 만민에게 복음을 전하라는 부르심에 응답하라고 촉진하는 선교 동원 사역이었다. 그는 이제 CIM 사역의 모든 일들이 자신 없이도 수행될 수 있도록 만들어지기를 원했다. 1897년 65세가 된 테일러는 독일에 방문하여 루터 교회 지도자들과 만남을 가졌는데, 그들은 CIM의 초교파성에 대하여 부정적인 생각을 가지고 있었고, 믿음으로 자금을 채움 받는다는 선교 정책에 회의를 내비쳤다. 그러나 이들의 생각은 허드슨의 선교를 위한 에큐메니칼적인 협력에 대한 믿음과 하나님만을 의뢰한다는 신앙 선교(faith mission)의 확신을 꺾을 수 없었다.[564]

런던에서 도매업을 하는 모튼(J. T. Morton)이라는 독지가가 선교회에 자신의 재산 4분의 1을 남겼는데, 이 금액은 선교회에서 10년을 족히 쓸 수 있는 금액이었다. 허드슨은 이 돈을 그동안 자신이 8년간 꾸준히 기도해 왔던 중국의 만민에게 예수의 복음을 전하는 일을 후원하는 데 쓰기로 작정하고 1897년 11월 다시 중국에 들어갔다. 그러나 중국의 상황은 매우 악화되어 있었다. 일본에의 패선, 유럽 열강들의 항구 장악, 외국인들의 철도 건실, 기근의 빈생, 일부 선교사들에 대한 뿌리 깊은 쓴 감정 등으로 인한 중국 내의 반외 감정은 극에 달해 있었다. 1895년 쓰촨성 폭동에서 CIM 선교회는 재산 피해를 입게 되었다. 그 후 푸지안(Fujian) 성의 폭동에서는 8명의 CMS 선교사들이 살해당했다. 테일러는 1866년 중국에 CIM 선교사가 온 이후 32년간 단 한 명의 CIM 선교사가 폭동이나 사고 혹은 여행 중에 목숨을 잃은 일이 없음을 하나님께 감사를 드렸으나, 서서히 중국 내 선교사들과 가족들의 안전을 보호하시던 하나님의 손길이 거두어져 감을 느끼고 있었다.

그는 열 번째 중국 선교 사역 기간에 병이 재발하여 몇 달 동안 요양을 해야 했다. 그러나

---

563) *Ibid.*, 199-200.
564) *Ibid.*, 203-205.

그는 병 중에도 200여 명의 CIM 선교사들과 면담을 하였고, 청칭(Chungqing) 지역 서부 지역 선교사 수련회를 인도하였으며, 1898년 1월부터 1899년 9월 사이에 있었던 8번의 중국이 사회의 회의를 한 번을 제외하고는 모두 참석하였다. 그리고 1900년 4월 뉴욕의 카네기홀에서 열린 세계 선교사 회의에서, 전 세계 100개 이상의 선교회에서 파견된 1,900여 명의 공식 참석자들을 포함한 3,500명의 관중에게 허드슨은 "해외 선교 사역을 위한 능력의 원천"이라는 메시지를 전달하였다. 그의 메시지의 중심은 고난과 능력의 상관관계였다.[565]

13) 영국에서의 제10차 선교 동원 사역(1901~05)과 제11기 중국 선교 사역 (1905~05.6.3)

1900년 6월 허드슨은 기억력과 정신능력의 장애를 유발하는 "다소 심각한 쇠약증세"를 보이게 되어 영국으로 귀환하게 되었다. 그는 회의에 참석하는 것은 고사하고 편지 한 장도 쓸 수 없는 지경에 이르게 되었고, 아내와 함께 스위스의 다보스로 요양을 가게 되었다.

중국에서는 1900년 반외세운동인 의화단의 난이 일어났고, 이로 인해 선교사들과 중국 기독교인들이 핍박과 수난을 받게 되었다. 폭동은 북동부 지역에서 극렬했고, 로마 가톨릭 신자 15,000~20,000명이 북경 지역에서 살해당했고, 마테오 리치를 비롯한 17~18세기 선교사들의 무덤도 파헤쳐졌다. 산시성에서도 2,000여 명의 가톨릭 신자들이 죽임을 당했는데, 그중에는 두 명의 주교와 많은 신부들이 포함되어 있었다. CIM 선교사들도 예외가 될 수는 없었다. 보딩(Boading)에서 CIM 및 두 개의 미국 선교회 소속의 선교사 15명이 살해되었다. 샤오위(Xiaoyi)와 훤주(Fenzhou)에서는 각각 CIM 선교사 2명 및 3명이 순교하였다. 추시안(Qu Xian)에서는 폭도들이 CIM 선교사 11명을 살해하였다. 이 시기의 개신교 선교사의 피해는 중국 전역을 통틀어 130여 명이나 되었고, 그중에 CIM은 58명의 선교사와 21명의 자녀가 포함되어 있었다. 중국 현지 기독교인 2,000여 명도 함께 피살되었다.[566]

---

565) *Ibid.*, 209-215.
566) Mark Galli, "Fury Unleashed," *Christian History*, vol 15. 52(4): 31. 1840년대 이후 유럽과 일본 등 외국인에 의해 점유되는 중국 토지는 상당한 양에 이르렀다. 외국인들은 중국인들을 경멸하였고, 외국 선원들은 중국의 접대부들을 살해하기도 하였으나, 치외 법권의 권리를 누리기도 했다. 많은 선교사들은(허드슨 테일러는 아니지만) 영국 당국과 긴밀한 관계를 가지고 있었고, 선원들과 축구를 하며 그들의 위로자가 되어 주었다. 그리고 1899년 선교사들은 중국 지방 관리 수준의 동등한 권리를 보장받았던 것이 확근이었다. 많은 선교사들이 자신의 기독교 이외의 것은 이방 우상이라고 격하하는 "상하이 정신(Shanghai Mentality)"에 사로잡혀, 합법적으로 공개석상에서 중국인들의 전통 종교 의식인 조상제사와 유교의 도리들을 어리석은 우상숭배자의 것이라고 경멸하기도 했다. 그리고 불교 사찰에 들어가 종교 행위를 하는 사람들에게 우상 숭배를 하지 말 것을 강요하기도 하였다. 1900년도 의화단의 난

테일러는 중국에서 날아드는 잇단 비보들을 들었지만, 선교사들 중에 단 한 사람도 신앙을 포기하려 했다든지 죽음 앞에서 요동했던 사람이 없음을 알았다. 그는 선교사들이 폭도들을 떠나 주님의 존전, 주님의 품, 주님의 미소 속에 안겨 들어가는 황홀한 기쁨을 생각하고, 요한 계시록 3장 4절의 순교자들에게 주어질 썩지 아니할 면류관의 영광을 신뢰하며, 슬픔을 극복하였다. 그리고 폭동이 수습된 이후, 허드슨은 그리스도의 온유하심과 자비하심을 실천하는 방편으로, 중국 정부로부터 나오게 될 보상금을 받지 않기로 결정하였다.[567]

다시 건강이 좋아진 허드슨은 1905년 4월 중국 상해에 도착하였다. 37년 전 극심한 폭동 가운데 목숨을 건졌던 양주를 방문하였고, 전장에 가서 아내 마리아와 네 자녀가 묻힌 강변의 묘지를 돌아보았다. 그리고 북쪽 허난성의 7개의 CIM 기지들을 순방하였고, 허난성의 성도인 창샤를 방문하여 CIM 선교센터에 머물게 되었다. 그는 6월 3일 창샤의 6개의 선교회에서 온 선교사들과 리셉션을 마치고 2층 방에 올라가, 그곳 선교사 베리(Barrie)와 대화 중 "오직 하나님만 신뢰하라"는 말을 마지막으로 남기고 침대에 누운 채로 하나님의 안식에 들어갔다. 허드슨이 임종했을 때에, CIM 선교회는 중국 18개 모든 성에 825명의 선교사들을 파송한 상태였고, 이들은 300여 선교 기지에서 500명 이상의 중국 현지인 협력자들과 더불어 12만 5천여 명의 회심자들을 양육하고 있었다.[568] 이로써 허드슨의 전 중국 복음화를 위한 기초사역은 그의 전 생애를 통해 실현되었던 것이다. 그러면 이제 허드슨 테일러의 생애와 사역에 나타난 그의 신학적 배경을 살펴보도록 하자.

2. 허드슨 테일러의 신학적 배경

1) 영국의 성결 운동(Holiness Movement)

19세기 후반에 시작된 영국의 성결운동은 세계 선교운동을 동력화하는 기관실과 같았다. 성결의 체험은 세계 선교로 이어졌다. 19세기 중국 내지 선교의 문을 열었던 허드슨 테일러

은 바로 외국인에 대한 반감에서 비롯된 것이었다. 이들은 타도 대상 인간을 3등급으로 나누었는데, 1등급은 외국인들, 2등급은 기독교로 개종한 중국인들, 3등급은 외국인들과 동역하거나 협조한 자들이었다.
567) *Ibid.*, 217-223.
568) Gerald H. Anderson ed. *Biographical Dictionary of Christian Missions* (Grand Rapids, MI: Eerdmans, 1998), 657-658.

는 당시 영국에서 일어나기 시작한 성결운동에 깊은 영향을 받았다. 19세기 영국의 성결 운동에는 웨슬리언 성결 부흥운동과 칼빈주의적 케직 성결 운동으로 나뉘는데, 그는 감리교도로서 웨슬리언 성결 부흥운동의 신앙적 체험을 경험하였다. 그리고 그는 1860년대 영국에서 후일 케직 사경회로 확장되는 밀드웨이 집회에 정기적으로 참석함으로써, 칼빈주의적 케직 성결 운동에서도 깊은 영향을 받게 되었다. 이처럼 허드슨 테일러의 신학적 배경은 19세기 영국의 성결 운동과 매우 깊은 관련을 맺고 있다.[569]

먼저, 허드슨이 웨슬리언 성결 부흥운동의 영향을 받은 것에 대하여 살펴보자. 그의 신학적 배경에서 웨슬리언 성결 부흥운동의 측면은 그의 집안에서 감리교 신앙을 전수받는 과정과 연결되어 있다. 허드슨은 독실한 감리교도의 집안에서 태어나, 감리교도인 부모로부터 경건한 신앙으로 양육되었다. 특히, 그의 증조부는 석수장이로 반즐리의 감리교 예배당을 직접 지었고, 1786년 존 웨슬리가 반즐리에 방문하였을 때에 바로 허드슨의 증조부의 집에서 머물렀을 정도로, 그의 집안은 독실한 감리교 집안이었다.[570] 감리교도로 양육받은 허드슨은 신생(rebirth)과 온전한 성화(entire sanctification)를 강조하는 감리교회의 전통대로, 17세 때에 먼저 죄사함의 은총을 통해 신생을 경험하였는데, 그는 이 경험을 성령이 그의 영혼에 빛을 비추는 것 같은 것이라고 표현하였다.[571]

신생 후에 허드슨은 온전한 성화, 즉 완전한 거룩함을 사모하게 되었다.[572] 그는 『웨슬리언 매거진』의 "거룩함의 아름다움"이라는 기사와 그즈음 그에게 주어진 교회 회원증에 기록된 에스겔 36장 26절 말씀, 즉 "새 영과 새 마음"에 대한 말씀을 통해 완전한 거룩함에 대하여 사모하고 있었고, 핏 스트리트 교회의 부흥 집회에 참석한 후 그날 저녁 자신의 방에서 그 이전에 알지 못했던, 그 어느 것과도 비길 수 없는 하나님의 임재를 느꼈고, 이는 말할 수 없는 기쁨과 하나님의 사역, 곧 중국 선교에로의 헌신으로 이어졌다.[573] 허드슨은 이러한 신생과 온전한 성화의 경험을 통해 잃어버린 영혼에 대한 불타는 열정이 살아났고, 그의 삶을

---

569) 1867년 미국 뉴저지에서 시작된 성결 증진을 위한 캠프집회연합회에 뿌리를 둔 19세기 말의 웨슬리언 성결운동은 마음의 정결로 설명되는 성결론을 강조했다. 웨슬리언들은 이런 마음의 정결은 십자가의 보혈과 성령 세례로 가능하다고 보았다. 이 운동은 곧 바로 감리교와 다른 교파들까지도 영향을 주게 되었으며, 결과적으로 오순절운동을 만들었다.

570) Roger Steer, op. cit.(상), 13-14.

571) Ibid., 19.

572) 박명수, 『근대복음주의의 주요 흐름』(서울: 대한 기독교 서회, 1998), 83-84. 칼빈은 그리스도와의 새로운 연합으로 가능해지는 중생을 성화의 시작으로 강조했다. 그는 성화를 하나님의 형상의 회복이라고 보았는데, 인간의 육체와 죄악은 불가분의 관계에 있음으로, 인간이 육체를 가지고 있는 한 온전한 성화에 이를 수 없다고 보았다. 그러나 웨슬리는 칼빈과는 달리 인간이 온전한 성화에 이를 수 있다고 주장하였는데, 이는 온전한 성화가 죄 없는 상태가 아니라, 하나님과의 온전한 관계 회복이라고 보았기 때문이다.

573) Ibid., 21-22.

사회사업(social service)이 아니라 영혼 구원(soul's salvation)을 위한 선교사로 헌신하게 되었다. 이것은 자신의 우월감에서가 아니라, 예수 그리스도에 대한 개인적이고 깊은 사랑(a deep, personal love to the Lord Jesus Christ)에 근거하였다.[574]

허드슨의 이러한 신생과 온전한 성화의 체험이라는 웨슬리언 성결 부흥운동의 특징적 요소는 그의 전 사역에 있어서 주요한 신학적 배경이 되었고, 실천적 강령이 되었다. 그는 중국의 영혼들의 신생을 위하여 구령의 열정을 가지고 직접 전도 사역을 실천하였으며, 구도된 신자들을 성서와 기도로 훈련시키고, 그리스도를 온전히 사랑하는 사역자들로 만들었다. 그는 CIM 선교기지를 정기적으로 방문하면서 선교사들과 중국인 사역자들로 하여금 그리스도에 대한 온전한 사랑이 충만하도록 격려하고 훈련시켰다. 1886년 중국 산시성 집회에서 허드슨은 반만 구원된 상태로는 영혼들을 주님께 데리고 오는 데 실패하기 때문에, 온전한 구원을 통한 영혼 구령의 승리에 대하여 강조하였다. 그는 의료 사역이나 교육 사역이 심령을 변화시키는 복음 전파의 자리를 대체할 수 없다고 주장하였다. 즉, 허드슨은 영혼이 그리스도와 만나 일어나는 영적 회심이 특정 교육 과정을 통해서가 아닌 중생(regeneration)의 재창조를 통해 가능하다고 믿었던 것이다.[575]

또한 그는 전 세계적으로 순회하며 집회를 인도했다. 그 가운데, 19세기 말, 벅스톤이 일본에서 영어권의 선교사들을 위하여 성결 집회를 매해 개최하였는데, 이때 중국내지선교회의 허드슨 테일러가 강사로 초청되어 설교하였다. 이 집회에서 일본전도대 창립에 주도적 역할을 하였던 윌케스는 지식으로만 믿었던 웨슬리언 성결론을 분명하게 체험하게 되었고, 이때부터 윌케스는 더욱 분명한 확신을 갖고 성결의 복음을 전하게 되었다. 그는 인간의 모든 문제의 근원이 인간의 부패성이며 성령의 능력에 의한 죄의 제거만이 승리의 삶을 가져올 수 있음을 확신하였고, 역시 일본 선교에 대하여 강조하였다.

허드슨에게 있어서 선교의 성패는 선교사가 영혼의 신생과 온전한 성화, 곧 온전한 사랑을 경험하고 자신을 주님의 사역에 온전히 헌신하였는가에 달려 있다고 보았다. 그에게 선교는 황무지 같은 중국 땅에 교회들을 세우는 것이나 중국 사람들이 복음을 듣고 미개한 삶에서 벗어나는 것이 아니었다. 그가 선교를 하는 이유는 "중국이 사랑스러워서도 아니고, 모래 바

---

574) Howard Taylor, *op. cit.*, 14–15.
575) Roger Steer, *op. cit.* (하), 137–139.

람이 일고 미개한 사람들이 살고 있는 이 문명의 불모지"인 중국 생활이 즐거워서도 아니었다. 오히려 그리스도가 그를 위하여 죽으셨기 때문에 그가 그리스도의 십자가의 사랑에 붙잡혀 조금도 사랑스럽지 않은 것을 그리스도로 말미암아 사랑하게 되었기 때문이었다.

그러므로 허드슨의 이러한 신학적 배경은 19세기 웨슬리언 성결 부흥운동의 영향이라고 볼 수 있다. 19세기 웨슬리언 성결 부흥운동의 주요한 특징은 죄의 자각과 회개, 그리스도의 보혈, 마음의 청결, 성령의 능력과 충만, 그리스도에게 전적으로 순종한 결과인 평화와 기쁨 등이었는데, 허드슨의 신앙 체험과 그의 선교 사역의 주요 강조점과 일치하고 있다.

허드슨은 19세기 웨슬리언 성결 부흥운동 외에 케직 성결 운동에도 영향을 받았다.576) 그는 케직 사경회(Keswick Convention)로 계승되는 밀드메이 수련회(Mildmay Conference)에 정기적으로 참석하였고, 강사로서 강연하기도 하였다.577) 허드슨은 케직 성결 운동의 영향으로 마음의 정결이라는 전형적인 웨슬리안의 메시지에 머무르지 아니하고, 케직 운동의 특징인 봉사를 위한 능력 받음, 더 깊은 그리스도의 삶 등에 강조를 두었다. 그러므로 그는 웨슬리언 성결 운동의 특징인 온전한 성화 혹은 성결의 은혜와 칼빈주의적 케직 성결 운동의 특징인 더 깊은 삶 혹은 "봉사를 위한 능력 받음"을 결합시켜 중국 선교를 위해 매진하였던 것이다.

2) 신앙 운동(Faith Movement)

허드슨에게 영향을 미친 신학적 배경 중에 영국 성결 운동 외에도 조지 뮬러를 중심으로

---

576) 박명수, *op. cit.*, 82. 이후 참조. 1870년대 미국의 성결운동가였던 스미스 부인(Mrs. Hannah W. Smith)의 영국 사역에 뿌리를 둔 케직 사경회는 성령의 능력을 통한 승리하는 삶을 강조했다. 한나 스미스는 1873년 영국에 도착하여 성결집회를 인도하였다. 당시에 한나 스미스와 더불어 영국을 휩쓸던 부흥사가 있었는데 그가 바로 무디였다. 그러나 무디의 메시지는 구원에 관한 메시지일 뿐 그다음에 온전한 크리스천에 대한 강조는 없었다. 그래서 무디의 집회에서 은혜를 받은 사람들 가운데 많은 사람들이 영적인 갈급함을 느끼고 있었고, 그들 가운데 많은 사람들이 온전한 크리스천의 삶을 강조하는 스미스의 집회에 참석하게 되었다.
스미스의 성결운동과 무디의 부흥운동 사이에 갈등이 일어났다. 무디의 진영에 있는 사람들은 스미스의 온전한 성화에 대한 강조가 환상주의라고 비판하였다. 즉, 이 세상에서는 온전한 성화가 불가능하다는 것이다. 하지만 이런 무디 진영의 비판에도 불구하고, 스미스의 성결운동은 큰 성과를 거두었다. 많은 사람들이 단순한 죄에서의 용서가 아니라 죄의 세력에서 해방되는 성결의 체험을 하게 되었다. 성결운동은 근본적으로 인간의 죄성을 강조하기보다는 성령의 능력을 통한 죄의 정복을 강조한다. 따라서 사람들은 성결운동에서 신앙의 한 차원 높은 단계를 본 것이다.
하지만 스미스의 성결운동은 무디 진영의 비판을 이기기 어려웠다. 무디 진영은 영국의 보수적인 칼빈주의자들의 지원을 받고 있었다. 이런 상황에서 스미스의 남편인 로버트 스미스가 스캔들에 휘말리게 되자 영국에서 스미스의 성결운동은 큰 시련을 맞게 되었다. 그래서 스미스 부부는 영국 성결운동의 일선에서 물러나게 되었다. 그러나 스미스의 집회에서 은혜를 받은 사람들 가운데서 몇몇 사람이 다시금 성결운동을 일으키게 되었는데 그것이 바로 케직 성결운동이다. 케직 성결운동은 스미스의 성결운동의 계승이다. 그러나 케직 운동은 영국의 보수적인 칼빈주의자들의 비판을 의식해서 스미스의 성결론을 칼빈주의적인 용어를 써서 설명했다. 케직 성결운동은 웨슬리언 성결론을 부드럽게 표현하였다. 이런 케직의 입장은 많은 영국의 복음주의자들에게 호응을 얻게 되었고, 나중에는 영국 복음주의에서 중심적인 위치를 갖게 되었다. 물론 극단적인 칼빈주의자들은 이런 주장마저도 받아들이지 않았지만 많은 복음주의자들은 케직의 주장에 동의하게 되었다.
577) Roger Steer, *op. cit.* (상), 207-209.

하는 하나님만을 의지하는 신앙 운동이 있다.[578] 신앙 운동의 특징은 주로 영국 국교회의 신앙과 실천을 부정적으로 바라보며, 제도로서의 교회를 반대하고, 성직자와 평신도의 엄격한 구별을 배격하였다. 허드슨의 평신도 중심 신학은 다음 항에서 살펴보고, 여기서는 신앙 운동에 대하여 살펴보도록 하자.

허드슨 시대에 뮬러를 중심으로 하는 신앙 운동(faith movement)이 일어났는데, 이는 하나님의 임재와 능력을 믿는 운동이었다. 이 신앙 운동은 일반적인 영국 국교회가 가지고 있던 고교회(high church) 전통에 대하여 반기를 든 것이었다. 고교회 전통에서는, 하나님이 인간사에 개입하시지 아니하고 창조주로서 그리고 전적 타자로서 멀리 계시며, 인간사는 하나님의 형상을 입은 인간에게 위임하신다는 인간 중심의 신앙을 가지고 있었다.[579] 사실, 이러한 일반적 영국 국교회의 경향성은 하나님의 직접적인 현실 개입보다는 하나님의 말씀이자 법인 계시된 성서를 통하여 하나님의 경륜이 나타난다고 보았다. 그러나 브리스톨의 뮬러는 "하나님의 일에 현실성이 있다"는 확신을 가지고 오직 기도와 믿음으로 하나님은 실재하시는 분이라는 사실을 믿었다. 그는 특정한 사람에게 후원을 요청하기보다는 하나님을 향한 기도와 믿음으로 고아원을 세워 운영하였다.[580] 허드슨은 뮬러의 신앙 운동을 따라서, 하나님은 멀리 계신 분이 아니라, 가까이 계시며 인간의 선교 현장에 함께 하시는 분이심을 믿었다. 모든 필요를 기도로 공급받는 고아의 아버지 뮬러를 본받아 허드슨은 모든 재정적 필요를 사람에게 호소하는 것이 아니라 하나님에게 직접 기도하여 얻는 신앙 선교(faith mission)를 실천하였다. 허드슨과 뮬러는 "내가 내 마음에 죄악을 품으면 주께서 듣지 아니하시리라"는 시편 66:18절 말씀과 "여호와께서 … 정직히 행하는 자에게 좋은 것을 아끼지 아니하실 것임이니이다"라는 시편 84:11절과 같은 말씀을 매우 진지하게 생각하며 매일매일의 삶을 돌아보았다.[581]

그는 기도란 주문이나 의무가 아니라, 하나님께서 우리에게 주신 특권이요, 특혜라고 생각했다. 그는 "기도한 것은 무엇이든지 다 받은 줄로 믿으라"(막 11:24), "너는 내게 부르짖으라 내가 네게 응답하겠고 네가 알지 못하는 크고 비밀한 일을 네게 보이리라"(렘 33:3)는 하나님의 말씀을 믿고 실천하였다. 그는 기도란 하나님의 능력이 나타나는 통로이므로, 불가능한

578) Roger Steer, *op. cit.* (상), 152, (하), 95. 1872년 허드슨은 조지 뮬러에게 CIM 선교회 고문 이사회의 이사로 위촉하였다.
579) Peter Williams, *Popular Religion in America* (Chicago, IL: University of Illinois Press, 1989), 119-120.
580) Roger Steer, *op. cit.* (상), 34.
581) Roger Steer, *Hudson Taylor - Lessons in Discipleship*, 안보현 역, 『허드슨 테일러에게서 배우는 100가지 교훈』(서울: 생명의 말씀사, 1998), 74.

일, 어려운 일, 어떠한 일이든지 하나님의 영광을 위한 일이라면 하나님께서 반드시 그 기도에 응답하신다고 믿었다.[582] 그래서 허드슨이 선교사 선발의 기준에서도 학력이나 사회적 경력보다는 하나님의 임재에 대한 흔들리지 아니하는 확신과 그분을 신뢰할 수 있는 능력에 두었다는 점은 그의 신앙 운동의 원칙을 여실히 볼 수 있는 증거이다.

그의 이러한 신앙 운동을 통한 신앙 선교는 기존의 교회와 선교회의 빈축을 샀는데, 이들은 신본주의적인 신앙보다는 이성과 합리주의적인 신앙 양태인 인본주의 신앙을 넘어설 수 없었기 때문이었다. 허드슨에게 있어서 선교 사역에서 가장 중요한 것은 자금 모금이 아니라, 하나님의 임재요, 능력의 체험이었다. 그는 모든 것의 근원 되신 하나님 체험이 없이 진행되는 선교는 실패라고 생각하였던 것이다.

3) 평신도 운동(Lay Movement)

허드슨은 선교 사역을 위하여 성직자와 평신도의 구별, 혹은 학력이나 성별 등의 차별을 두지 않았다. 이는 그가 평신도 중심의 신학을 가지고 있기 때문이었다. 기존 선교 단체들은 대학 교육과 안수 받은 남성을 선교사로 허입하였다. 그러나 허드슨은 선교사 선발 기준에서 복잡한 신학 이론을 많이 아는 것보다는 복음에 대한 불타는 열정을 더 높이 평가하였다. 그래서 그의 선교회의 선교사들은 거의 정규 교육을 받지 않았던 목수, 대장장이 등의 직업을 가지고 있는 사람이 많았다.[583] 사실, 그는 선교사들이 투철한 소명의식과 잃어버린 영혼에 대한 사랑으로 가득 차 있으면, 세상의 표준으로 볼 때 엘리트가 아니라고 할지라도, 선교 사역에 많은 열매를 맺을 수 있다고 믿었다. 허드슨 테일러 역시 중국으로 선교사로 나아가게 될 때에는 안수 받은 목사나 의사가 아니었다.

그리고 허드슨은 여성들에게도 선교 사역의 길을 열어 주었다. 그가 CIM 선교회를 시작한 지 20년도 안된 해인 1882년 통계를 보면, 여성 사역자 수가 151명이나 되었는데, 그중 기혼이 56명, 미혼 여성이 95명이나 되었다.[584] 기혼 여성들은 남편과 함께 선교 사역에 임했고, 미혼 여성들은 가정에 얽매이지 아니하기 때문에, 가난하고 병든 사람이 많은 중국 내륙 선교

---

582) *Ibid.,* 218.
583) J. Herbert Kane, *A Concise History of the Christian World Mission* (Grand Rapids, MI: Baker Book House, 1994), 96.
584) Ruth A. Tucker, "Unbecoming Ladies," *Christian History,* vol. 15, 52(4): 28.

에 좀 더 효과적으로 사역할 수 있었다. 허드슨은 중국의 자라나는 세대들에게 종교적으로 영향력을 미칠 수 있는 선교사는 남성보다 여성이라고 생각하였고, 여성 사역사들의 선교 사역에 힘을 실어 주었다. 다른 선교회에서는 미혼 여성을 선교사로 기용하는 것을 분별없는 처사라고 반대했지만, 허드슨은 여성을 선교사로 채용하고, 합당한 훈련을 시켰다. 특히, 허드슨은 1880년 2월 우한 시에서 중국 내륙의 서부 성들을 개척하기 위한 선교여행에 여성들을 참여시켰다. 그는 일주일간 매일 성경 공부, 기도회, 중국인과의 생활 접촉에 대한 실제적인 조언 등의 훈련을 여성 선교사들에게 실시하였다. 제인 키드(Jane Kidd)를 비롯하여 엘렌 멕카시, 엘리자베드 윌슨, 포셋 양은 아무런 해를 입지 아니하고 중국 내륙 개척 선교 여행을 완수하였다. 이들은 여성들이 뉴욕이나 런던에서보다 중국에서 훨씬 안전하다고 말하였다.[585] 이 밖에도 삼총사라 불리는 케이블(Mildred Cable), 이바(Eva), 프렌치(Francesca French) 선교사들은 20여 년의 중국 선교의 경험을 가지고, 중국 북서부 선교 여행에 나섰다. 이들은 수개월간의 마차 여행을 통해 고비 사막을 넘어 만리장성 내의 마지막 도시에 들어가 복음을 전하기도 하였다.[586]

CIM 여성 선교사들 중에 엘리자베드 윌슨(Elizabeth Wilson)은 중국 선교에 헌신하였으나, 그의 부모의 간병으로 인해 선교 사역을 후일로 미루었다. 그러던 중 그녀가 30년 동안 부모를 돌본 후에 부모가 모두 돌아가시자, 곧 그녀는 50의 나이로 CIM 선교회의 선교사 후보로 신청하였는데 바로 허입되었다. 그 이후 그녀는 중국에 파송되어 신실하게 선교 사역을 감당하였다.[587] 이외에도 허드슨의 첫 부인인 마리아는 여성 신교사로서 허드슨과 더불어 중국 내지 선교회 창설의 주도적 역할을 하였다.[588] 또한 1877년 중국 북부 지역에 기근이 들었을 때에 허드슨은 두 번째 아내 제니를 새롭게 헌신한 여성 선교후보생들의 인솔자로 세워 중국으로 파송하였고, 그 지역에서 고아와 빈민 아동들을 돌보도록 했는데, 그녀는 순종하였다.[589] CIM의 탁월한 여성 선교사인 솔타우(Henrietta Eliza Soltau)는 20대 초반에 허드슨 테일러의 설교를 듣고 중국 선교에 헌신하였으나, 병약하여 그 뜻을 이루지 못하였다. 그러다가 32세에 중국 내지 선교회 선교사로 허입되었고, 선교사 자녀들의 훈육을 담당하였다. 그 이후

---

585) Roger Steer, *op. cit.* (하), 123–125.
586) Ruth A. Tucker, "Unbecoming Ladies," *op. cit.*, 28.
587) Ruth A. Tucker, *From Jerusalem to Irian Jaya* (Grand Rapids, MI: Zondervan Publishing House, 1983), 184.
588) Ruth Tucker, *Guardians of the Great Commission: The Story of Women in Modern Missions* (Grand Rapids, MI: Zondervan Publishing House, 1988), 32.
589) *Ibid.*, 47.

그녀는 CIM 여성 선교 후보자들이 중국에 도착했을 때에 초기 훈련을 시키는 담당자로 사역하였고, 그녀가 훈련시킨 여선교사만 해도 547명이 넘었다.[590]

3. 허드슨 테일러의 사역에 대한 평가

1) 사도적 선교(Apostolic Mission)의 실천

허드슨은 영혼 구령을 최우선으로 하는 사도적 선교(apostolic mission)의 실천가였다. 예수 그리스도의 제자들, 즉 사도들이 그리스도의 십자가의 죽으심과 부활을 통한 죄사함의 복음을 전하였던 것처럼, 허드슨의 주요 사역은 중국의 잃어버린 영혼들에게 죄사함의 복음을 전하여 그들로 하여금 예수 그리스도를 믿고 하나님의 자녀가 되도록 하는 것이었다. 그래서 그는 사람들이 모여 있는 거리나 찻집, 심지어 절에 들어가 사람들에게 쪽복음을 나누어 주면서 그리스도를 통한 죄사함의 복음을 전하였다. 그는 특히, 우상 숭배를 배격하였으며, 속죄와 영혼의 구원을 강조하였다. 그는 선교사들과 현지 지도자들은 온전한 성화를 체험하고, 하나님과의 동행하는 삶을 통하여 영혼 구령 사역에 헌신하기를 바랐다. 그의 사역의 중심은 언제나 의료 사역이나 교육 사역이 아니라, 심령을 변화시키는 복음 전파의 사도적 선교 사역이었다. 허드슨은 영혼 구원은 교육을 통해서가 아닌 중생(regeneration)의 재창조를 통해 가능하다고 믿었다.[591]

그러나 그의 이러한 사도적 선교, 즉 복음을 직접 전도하는 방식은 몇몇 사람들의 호응을 받아 회심자를 얻기도 하였지만, 대부분 많은 어려움과 핍박을 동반하였다. 특히, 허드슨은 중국 현지인들에게는 침략자인 영국의 사람으로 비칠 수밖에 없었다. 이들은 영국 제국주의자들이 선교사들을 앞세워 내륙을 자신들의 식민지로 만들려고 한다고 생각하였다.[592] 즉, 서구 열강의 중국 침략과 더불어 서구 선교사가 중국 땅에 들어와 선교를 시작하기에는 서구 열강의 선교의 한계성을 가지고 있을 수밖에 없었다. 믿음이 없는 자들에게는 선교가 식민지

---

590) *Ibid.*, 111-114.
591) Roger Steer, *op. cit.* (하), 137-139.
592) "The Miracles after Missions: An Interview with Kim-Kwong Chan," *Christian History*, vol 15. 52(4): 42.

통치의 한 수단으로 볼 수밖에 없었던 것이다. 허드슨이 복음을 전하는 곳마다 그곳의 유학자들과 관리들은 사람들을 선동하여 서양 귀신이 아이들의 눈을 빼고 잡아먹는다는 헛소문을 내어 수없이 많은 오해와 핍박을 받게 하였다. 허드슨은 양주에서 1만여 명의 폭도들에게 죽음의 고비를 넘기었고, 그 외에도 수 없이 많은 핍박을 당하였는데, 이는 사도들의 수난과 필적할 만한 것이었다. 그러나 이러한 핍박과 수난에도 불구하고, 허드슨은 서구 열강과의 제휴를 통해, 즉 영국 영사에게 도움을 청하지 아니하고, 현지 중국 정부에 도움을 요청하여 문제를 해결하려고 했던 것은 서구 제국주의 시대에 매우 고무적인 일이라고 생각한다.

2) 토착화 원칙(Principle of Indigenization)의 고수

허드슨의 사역에 가장 괄목할 만한 것은 토착화 원칙을 고수하였다는 점이다. 중국식으로 옷을 입고 머리를 변발하고, 중국 내륙의 집에서 살며, 중국말로 복음을 전하며 사역을 하였다. 그가 토착화 원칙을 고수하였던 이유는 이것이야말로 그리스도의 복음을 중국 내륙에 가장 효과적으로 전달할 수 있는 수단이었기 때문이었다. 그에게 토착화 원칙은 그 자체가 목적이 아니라, 복음 전도의 수단이었던 것이다. 사실, 그와 CIM 선교회는 현지 회심자를 얻어서 현지 교회를 설립하고 토착 교회 지도자들을 훈련시키는 데에 최종 목적을 두지 않았다. 오히려 케넷 라투렛에 따르면 CIM의 목적은 복음을 신속하게 전 중국의 만민에게 전달하는 것이었다.[593]

이러한 그의 토착화 원칙에 대하여 상해 외국인 거주 지역에 무리지어 살고 있던 서구 선교사들은 그것이 외국인의 자긍심을 해치는 것이고, 선교에 오히려 방해가 된다고 허드슨을 배척하였다. 또한 중국 내지 선교회 내부에서 니콜 부부와 그에 동조하는 몇몇 선교사들도 허드슨의 토착화 원칙에 반발하고 나섰고, 결국 선교회에서 탈퇴하기도 하였다.

그럼에도 불구하고 허드슨은 그의 토착화 원칙을 굳게 사수하였고, 이러한 그의 토착화 원칙은 서구 선교사들이 우려했던 선교사의 위엄이 상실되는 것이 아니라, 오히려 중국 내지 선교에 매우 효과적인 것으로 판명되게 되었다. 중국 내지 사람들은 테일러의 복음에 대한 메시지보다는 그의 복장과 태도에 호기심을 느꼈고, 중국인의 옷을 입고 풍습을 따르는 허드

---

593) Kenneth S. Latourette, *The Great Century: North Africa and Asia, vol. 6 of A History of the Expansion of Christianity* (Grand Rapids, MI: Zondervan, 1970), 329.

슨과 그의 선교사들에게 호감을 가졌던 것이다. 물론, 예수회 선교사들을 비롯하여 가톨릭 선교사들이 이런 방식으로 많은 성공을 거두었지만, 대부분의 개신교 선교사들은 이 방식이 전통적 방법을 떠난 파격적인 것으로서 올바른 선교 방법이 아니라고 생각하였고, 결국 그들은 기독교가 서양 문화의 옷을 입지 않으면 '잘못된 것'이라고 여겼던 것이다. 중국옷을 입었다고 해서 내지에서 사역하는 모든 어려움들이 해결되는 것은 아니었다. 허드슨의 사역에서 토착화의 고수는 복음전도의 효율성을 위한 차원이었지, 토착 교회를 위한 신학화의 작업에까지 도달하지 못하였다는 아쉬움이 남는다.

3) 복음을 위한 에큐메니칼 협력

신앙 선교를 하는 사람들은 보통 편협한 분리주의자로 오해를 받아왔다. 그러나 허드슨 테일러는 선교 사역을 위하여 교파 간의 벽을 무너Em리고 협력 선교를 하였다.[594] 그는 선교를 위해서는 모든 교단 선교부나 선교회와 협력할 자세가 되어 있었다. 특히, 그가 1890년 상해에서 열린 연합 선교사 수련회(the General Missionary Conference)에서 향후 5년간 일천 명의 선교사가 중국에 파송되어야 한다는 설교를 했을 때에, 대부분의 선교사들이 동의하였고, 유럽과 북미에서 서로 다른 교파와 선교회에서 협력하였다.[595] 그는 영국에서 10차에 걸친 선교 동원 사역에 있어서도 초청이 오는 곳이면 어디든지 가서 말씀을 전하였다. 그는 영국 국교회, 침례교, 감리교, 장로교, 형제교회, 혹은 그 밖의 다른 교파들의 초청에 응하였는데, 이는 그가 선교지에서 다양한 선교회 사람들과 함께 일했던 에큐메니칼 정신에서 비롯되었다. 그는 미국에서도 무디(Dwight Moody), 피어슨(A. T. Pierson), 모트(John Mott), 스피어(Robert Speer) 등 초교파적인 에큐메니칼 지도자들과 함께 교류하며 강단 사역을 하기도 하였다.

그가 초교파적으로 에큐메니칼 연합 운동을 할 수 있었던 것은 그의 넉넉하고(generous) 넓은(broad), 겸손한 성격 때문이었다. 그가 멜버른의 한 장로교회에서 사회자가 자신을 '저명한 강사'라고 소개했을 때, 곧 그는 저명한 분은 주님밖에 없으며 자신은 그분의 작은 종에 불과하다고 말하였다고 한다.[596] 그의 관심은 오직 주님의 명령대로 만민에게 복음을 전파하

---

594) Stephen Neill, *A History of Christian Missions* (New York: Penguin Books, 1986), 282-283.
595) J. Herbert Kane, "J. Hudson Taylor," *op. cit.*, 199.

여 영혼을 구원에 이르도록 하는 것이지, 자신의 선교회를 확장하는 데 있는 것이 아니었다. 그래서 중국 내지 복음화를 위해 다른 교파나 선교회와 경쟁하지 아니하고 협력하였던 것이다. 그는 이미 다른 선교회가 활동하고 있는 항구도시들에 들어가 사역하지 아니하고, 복음이 아직 들어가지 아니한 중국 내륙에 선교의 거점을 삼고, 직접 전도에 나섰던 것이다. 그는 교단 교리로 무장하여 교단의 교세를 확장시키려는 사람이 아니었다. 그는 극단적 칼빈주의, 극단적 세대주의, 알미니안주의, 은사주의, 무천년주의, 후천년주의, 침례만이 참된 구원의 표지라는 교리, 유아세례, 성직자 제도 등을 주장하는 선교사가 아니었다. 오직 예수 그리스도의 죽으심과 부활하심을 마음으로 믿음으로써, 회개와 죄사함을 통해 새사람이 된다는 구원의 복음만을 만민에게 전할 뿐이었다. 이 복음을 위해서 그는 모든 교파와 선교회와 협력하였던 것이다.

물론, 허드슨은 서구 제국주의 열강의 아편 무역이나 식민지 정책에 대하여 중국 인민의 편에 서서 교회의 에큐메니칼 연대를 펼친 것은 아니었지만, 어느 정도 관여는 한 것으로 보인다. 그는 서구 열강의 식민지 체제의 악함을 인식하였기에, 그의 선교회 사람들에게 서구 제국주의자들에게 보호를 요청하지 말고, 오직 살아계신 하나님만을 의뢰하라고 가르쳤다. 실제로 1868년 양주에서 폭동이 일어났을 때에, 허드슨과 그의 동료 선교사들은 영국 영사보다는 현지 중국 당국에 도움을 요청하였다. 그리고 허드슨은 아편 무역에 대하여도 함구하지 아니하였다. 그는 CIM 선교회 총무(general secretary)인 브룸홀(Benjamin Broomhall)과 함께 차이나 밀리언스(China Millions)라는 CIM 신교회보를 통해 영국 정부의 아편 무역에 대하여 반대하였다. 그와 함께 아편 무역 반대 운동을 시작했던 브룸홀은 아편무역에 영국 정부가 심각하게 연결되어 있음을 성토하기 위해서 기독교 연합 단체를 맥스웰(James L. Maxwell)과 함께 구성하였고, 반아편운동의 공식 기관지인 『국가의 정의(National Righteousness)』의 편집장을 맡기도 하였다.[597]

---

596) *Ibid.*
597) *Ibid.*, 200.

4. 21세기 한국 교회 선교의 나아갈 방향성

지금까지 허드슨 테일러의 생애와 사역을 살펴보았다. 그는 19세기 영국 부흥운동의 영향을 받아 하나님의 임재와 능력을 체험하고, 중국 내륙의 복음화를 위해 일평생 사도적 선교를 실천한 선교사였다. 그의 생애와 사역을 한마디로 결론짓는다면 '사도적 선교의 실천가'라는 점일 것이다. 그의 중국 복음화를 위한 생애와 선교 사역은 오늘 21세기를 사는 한국 교회의 선교 사역이 어떠해야 하는지에 대한 중요한 이정표가 되고 있다. 바로, 오늘날 한국 교회의 선교는 허드슨 테일러의 생애와 사역의 관점에서 볼 때에, 하나님 중심의 선교에서 너무나 멀리 벗어나 있는 인위적이고 작위적인 선교가 아닌가 라는 반성이 앞선다.

사실, 선교를 연구하는 선교학 역시 지난 20세기에는 주로 미국의 행동과학의 발달로 인하여 사회학, 문화인류학, 종교현상학, 커뮤니케이션학 등의 방법론을 사용하여 복음의 문화화, 상황화, 토착화 등의 문제를 논의하는 데 중점을 두었었다. 물론, 이러한 20세기 현상은 위대한 선교시대인 19세기 허드슨 테일러의 시대에 행해졌던 복음 중심의 영혼구원선교에 대한 또 다른 반응일 수 있다. 19세기 선교는 허드슨 테일러를 비롯한 하나님의 복음을 체험한 성령 충만한 선교사들이 각 대륙과 태평양 군도에 그리스도의 재림을 선포하며 회개와 죄사함의 복음을 전파하였다. 그러나 19세기 선교는 제국주의와 식민주의 선교와 연결되면서, 회개와 죄사함의 복음이 사회의 구조적인 악의 제거와 변혁에 기여하기보다는 기존 지배세력의 통치 이념으로 이용되거나, 입으로만 믿고 행동이 따르지 않는 명목적 기독교인들을 양산하게 되었다. 이에 대한 반응으로 20세기 선교는 하나님의 복음이 전파되는 대상인 인간에 대한 연구에 집중하게 되었고, 인간의 사회, 문화, 종교, 정치, 경제 등에 대하여 행동과학과 인문 사회 과학의 도움으로 파악하게 되었다.

그러나 문제는 인간에 대한 연구는 만족할 만큼 진행되었으나, 정작 그 인간을 변화시켜야 하는 하나님의 복음에 대한 강조는 시들해져서, 복음의 능력이 선교의 현장에서 실천되고 있지 않다는 점이다.[598] 선교 현장에서 보이지 아니하는 하나님에 대한 신앙의 추구보다는 보이는 가난하고 핍절한 빈민들에게 빈민 구제 사회 복지 사역과 의료 사역, 그리고 교육 사역으로 선교사들은 다가가고 있다. 물론, 가난하고 병든 사람들에게 죄사함과 영혼 구원, 그리

---

598) 노윤식, 『새천년 성결 선교신학』 (안양: 성결대학교, 2000), 74-77.

고 하늘나라의 소망 등은 지극히 비현실적으로 비추어질 수 있으나, 허드슨 테일러가 지녔던 영혼 구령의 열정은 다시금 21세기 선교 사역에 회복되어야 할 것이라고 생각한다. 21세기 선교는 하나님의 복음, 즉, 회개와 죄사함을 통한 영혼 구원에 다시 한 번 초점을 맞추어야 한다. 물론, 지난 20세기 선교의 행동과학의 방법론의 성과를 평가절하 하자는 것은 아니다. 다만, 선교의 본질을 다시 한 번 생각하고, 선교의 본질이 행동과학을 통한 인간이해에서 멈출 것이 아니라, 그 인간을 하나님의 복음을 통해 구원받게 하자는 것이다.

그러므로 21세기를 맞이하는 한국 교회는 허드슨 테일러의 모범을 따라 사도적 선교(an apostolic mission)를 실천하여야 한다. 20세기 선교가 인간 구원을 위한 인간의 문화와 종교를 이해하는 간접 선교였다면, 21세기에는 보다 직접적으로 회개와 죄사함의 복음을 전하여 영혼을 구원하는 데 매진하는 직접적인 사도적 선교의 이상을 실현해야 한다.

제21장 20세기 부흥운동과 선교

기독교는 유일신(a monotheistic religion) 종교로서 유일하신 하나님에 대한 신앙을 근간으로 하고 있다. 그래서 기독교는 종교현상학적으로 볼 때에, "궁극적 존재, 만물의 원초적 원인, 창조자, 세계의 중심"과 연결되어 있다고 볼 수 있다.[599] 다른 말로 하면, 하나님은 모든 세계의 중심으로서 모든 인류를 창조하였고, 모든 인류는 하나님께 돌아와야 한다는 것이다.

하나님은 구약에서 '질투하시는 하나님'으로서 어떠한 다른 신들과 경쟁의 대상이 될 수 없다고 한다(신명기 6:15). 신약에서는 하나님의 아들 예수 그리스도께서 제자들에게 지상 대명령(the Great Commission)을 부여하셨는데, 그것은 모든 민족을 "제자로 삼아, 아버지와 아들과 성령의 이름으로 세례를 주고, [예수 그리스도께서] 분부한 모든 것을 가르쳐 지키게 하라"는 것이었다(마태복음 28:19). 기독교의 이러한 유일신 신앙과 지상 대 명령은 20세기 기독교 부흥운동(revivalism)을 통하여 실현되어 갔다.[600]

본 장의 목적은 '부흥운동과 선교의 관련성'을 입증하는 것이다. 다시 말해, 20세기 기독교 부흥운동이 20세기 선교 열정을 불러일으켰고, 더불어 선교 활동을 활발하게 진행시켰던 원동력이라는 사실을 종교 사회학적인 관점에서 밝혀내는 것이다. 이를 위해서 20세기 부흥운동과 선교의 역사를 서술하고, 부흥운동과 선교의 특징들을 분석한 후에, 종교 사회적, 정치경제적, 사회 문화적 평가를 내리고자 한다.

---

599) 노윤식, 『종교현상학 이론과 실제: 형태론적 입장에서 본 비교종교학 방법론』 (서울: 한울림, 2000), 98.

600) 부흥이라고 부르는 종교현상에 대하여 정의가 필요하다. 부흥이라는 용어는 보통 '침체로부터 회복'을 의미하는데, 이것이 종교적인 용어로 사용될 때에는 '종교적 열정의 회복'으로 정의될 수 있다. 부흥의 용어는 교회의 부흥 혹은 기독교의 부흥으로 연결되어 사용되었는데, 초대 교회의 부흥, 18세기 영국 교회의 부흥, 19세기 미국 교회의 부흥, 그리고 20세기 한국 교회의 부흥 등이다.

1. 20세기 부흥운동과 선교의 역사

1) '20세기 부흥운동과 선교의 역사' 서술을 위한 20세기에 대한 정의

기독교 20세기 부흥운동과 선교의 역사를 서술하기 위해서 20세기에 대한 정의는 매우 중요하다. 한 세기는 100년의 기간을 의미하는데, 20세기는 1901년에서 시작하여 2000년에 걸친 100년을 말한다. 본 글에서는 '기독교 20세기의 부흥운동과 선교'라는 주제를 고려하여, 20세기의 시작과 끝을 '부흥운동과 선교'에 맞는 두 사건에 초점을 맞추려고 한다.

그 특징적인 두 사건 중 하나는 20세기 부흥운동의 시작을 알리는 매우 중요한 사건으로서, 베델 성서 대학을 설립한 Charles Parham의 지도 아래 캔자스의 토페카(Topeka)에서 그의 학생들이 성령의 불세례를 경험하였던 사건이다. 그 날짜는 공교롭게도 1901년 1월 1일 20세기가 시작되는 바로 그날이었다. 토페카의 불세례 사건을 통하여 Parham은 '불세례 성결 연맹(Fire Baptized Holiness Association)'과 함께 성결-오순절 성령운동을 전 세계에 급격히 확산시키게 되었다.

20세기 마지막의 다른 특징적인 사건은 선교와 연결된 사건으로서, 2000년 8월 9~12일에 서울에서 열린 '2000 서울 세계 선교 대회(World Missions Seoul 2000)'이다. 한국 세계 선교 협의회(Korean World Missions Association)와 국제선교협력위원회(International Missions Cooperation Committee)의 후원으로 이루어진 이 대회에서 '지구촌 협력 선언문(The Global Partnership Declaration)'이 공표되었는데, 세계 선교 사역에서 국제적인 협력의 필요성이 합의되었다.[601]

20세기 초 토페카의 성령의 불세례 사건과 20세기 끝의 '2000 서울 세계 선교 대회'가 의미하는 바는 20세기가 성령을 통한 부흥운동으로 시작되어 땅 끝까지 복음을 전하는 선교로 마쳐졌다는 사실이다. 이것은 2000년 교회 역사에서 부흥과 선교가 성령의 역사로 긴밀하게 연결되어 진행되었다는 사실을 20세기에도 확실하게 보여주는 사례라 할 것이다.

---

601) World Missions Seoul 2000, "International Consultation on Global Partnership," International Missions Cooperation Committee and Korea World Missions Association, 2000.

2) 미국의 부흥운동과 선교

20세기가 시작되는 1901년 1월 1일 베델 성서 대학을 설립한 Charles Parham의 지도 아래 미국 캔자스의 토페카에서 학생들은 성령의 불세례를 경험하였다. Parham은 Irwin이 설립한 '불세례 성결 연맹'의 회원으로서 신앙 치유를 경험하였고, 방언의 은사를 말 그대로 외국인에게 복음을 전하기 위한 은사로 믿었다. 그가 1905년 휴스턴에 성경학교를 세우고 학생들을 가르쳤으며, 그의 가르침, 곧 방언이 성령세례의 증거로 나타남을 믿는 오순절 운동이 전 세계로 급격하게 확산되는 계기가 되었다.[602]

한편 미국 캘리포니아의 아주사 거리에서 William J. Seymour가 성경적 오순절의 은사들을 회복하는 집회를 갖고 기도회를 인도하였는데, 그의 기도회가 미국의 부흥운동으로 이어졌다. 이 모임에는 처음에 십여 명이 참석하였으나, 곧이은 샌프란시스코 지진으로 인하여 캘리포니아 사람들이 종교적인 각성을 하게 되자, 로스앤젤레스 데일리 타임스의 보도는 그 모임에 대한 호기심을 대중에게 불러일으켰다. 그곳에 다양한 민족의 배경을 가진 사람들이 그곳에 모여들어 기도하게 되었고, 에티오피아, 중국, 인도, 멕시코, 유럽, 이스라엘, 아프리카 배경을 가진 사람들이 성령의 임재를 경험하였다. 이들은 오순절 성령 강림의 첫 역사와 동일한 능력을 체험하였다고 믿었고, 곧 그리스도의 재림이 임박했음을 또한 믿었다.[603]

이것을 계기로 일어난 성결-오순절 부흥운동은 세계 선교의 열정을 회복시켰고, 20세기 전 세계적인 조망을 갖게 되었다.[604]

성결-오순절 운동 이외에도 미국에서는 영국 웨일스 부흥운동의 영향을 받아, 1904년 12월 펜실베이니아에서 부흥이 일어났고, 뉴저지와 뉴어크 지역 그리고 뉴욕에 부흥운동이 확산되었다. 애틀랜타에서는 천여 명의 평신도 사업가들이 성령 강림을 위해 기도회를 열었고, 켄터

---

602) Rick Joyner, *The Power to Change the World*, 『세계를 변화시키는 능력』, 김주성 역(서울: 순전한 나드, 2006), 119-120.
603) Rick Joyner, 137-146. William J. Seymour는 아프리카 출신 미국 설교가로서 '저녁 빛 성도들'(the Evening Light Saints)이라는 급진적 웨슬리안 단체와 연결되어 있었는데, 그는 전적 성화, 기적적 신앙 치유, 신약의 성령의 은사들의 회복, 임박한 예수 그리스도의 재림을 믿었다.
604) Yong-Chul Han, *The Acts of Pentecost* (Seoul: Hanyeong Theological University, 1998). 성결-오순절 운동을 하는 신앙 단체들은 19세기 말 20세기 초 독립하여 독자적인 교단으로 발전하였다: 하나님의 교회(Church of God in Christ, Church of God in Cleveland, Tennessee), 오순절 성결교회(Pentecostal Holiness Church), 하나님의 성회(the Assemblies of God), 국제 사방 복음교회(the International Church of the Foursquare Gospel), 연합 오순절 교회(the United Pentecostal Church), 나사렛 교회(the Church of the Nazarene), 필그림 성결교회(the Pilgrim Holiness Church), 불기둥 교회(the Pillar of Fire Church), 사도교회(Apostolic Church), 오순절 자유의지 침례교회(Pentecostal Free Will Baptist Church), 그 외 독립 성결파(Independent Holiness People) 등이 있다.

키 루이빌, 서부의 덴버, 로스앤젤레스, 오리건의 포틀랜드 등에서 부흥집회가 열렸으며, 성령의 역사하심에 따라 죄의 회개를 통한 수많은 회심자와 새로운 차원의 영적 갱신을 통한 교회성장이 실현되었다. 이 기간에 감리교회는 200백만 구령운동을 벌이기도 했다. 에즈베리 대학을 비롯한 기독교 대학에서는 기도모임이 활성화되었고, 성령의 임재를 통하여 수천 명의 학생들이 선교사로 자원했다. 그중에 한 명이 인도 선교사의 아버지인 E. Stanley Jones였다.[605]

미국의 20세기 초반 부흥운동을 주도한 대중 부흥사 중에 대표적인 인물은 William A. (Billy) Sunday(1862~1935)였다. 그는 전직 야구 선수 출신으로 일반 대중에 알려져 있던 스포츠 스타였다. 그는 일반인들에게 친숙한 용어나 경험들을 사용하면서 복음을 전하였다. 특히 근본주의(fundamentalism) 신앙에 근거해서 그는 미국의 중산층에게 영향을 미쳤다. 그러나 일차 세계 대전 이후의 피폐해진 민심에 따라 독일을 적으로 규정하고 근대화의 폐해와 음주를 금기시하였고, 미국식 애국주의에 따라 성조기를 설교단에서 흔들기도 하였다.[606]

20세기 중반 이후에는 William F. (Billy) Graham에 의해 부흥운동이 주도되었다. 그는 1949년 로스앤젤레스 십자군 운동(Los Angeles Crusade)을 기점으로 야외나 집회장에서 대중 집회를 인도하였다. 그는 "하나의 공동된 권위(성경), 하나의 공동된 체험(영접), 그리고 하나의 공동된 소명(세계복음화)으로 하나 되어" 죄인들을 회개하게 하고, 믿는 자들로 성경의 지상 명령에 순종하게 하여 세계 복음화의 일꾼이 되게 하였다. 그가 30여 년의 세계 복음화 사역의 결과, 1983년 7월 암스테르담에서 '순회복음전도자 국제대회(International Conference of Itinerant Evangelists)'를 개최하였는데, 132개국의 대표들이 참석하였고, 이 중 70%가 제3세계 국가로부터 온 사람들이었다. 이 대회에서 암스테르담 선언이 공표되었는데, "하나님 말씀으로서 무오한 성경의 권위, 성경에 계시된 예수 그리스도의 주되심, 주님의 지상 명령에 대한 복음전도자로서의 헌신, 복음 선포에서 예수 그리스도의 주되심과 구원자로서 따르게 하는 결단의 중요성, 교회의 사회적 참여와 책임" 등에 대하여 선언하였다. 그는 폐회 연설에서 "인간의 사회적 곤핍은 … 오직 복음 안에서만 복음을 통해서만 충족될 수 있다"고 선언함으로써 그의 복음주의적 경향을 확고히 하였다.[607]

---

605) Wesley Duewel, *Revival Fire*, 『세계를 뒤바꾼 부흥의 불길』, 안보현 역(서울: 생명의 말씀사, 1996), 240–251.

606) David Edwards, *Christianity: the First Two Thousand Years* (Maryknoll, NY: Orbis Books, 1997), 497.

607) Garth M. Rosell, 「빌리 그래함과 세계복음화」, Ronald C. White, Jr., Louis B. Weeks, and Garth M. Rosell ed., *American Christianity*, 『미국 기독교: 사례중심연구』, 맹용길 역(서울: 한국 장로교 출판사, 1998), 257–263. 빌리 그래함은 대중 집회 뿐만 아니라 1950년 설립된 Billy Graham 전도협회를 중심으로 1950년 라디오방송인 '결단의 시간(hour of decision)'을 송출하였고, 1956년 '오늘의 기독교(Christianity Tody)' 기독교 시사 잡지 발행, 1960년 '결단(Decision)' 신앙 정기 간행물 발간, 그리고

20세기 부흥운동을 통해 나타난 선교열정은 강력한 종교적인 형태를 취하며 신앙의 '순수함(purity)'과 연결되었고, '거듭남(born again)'의 중생의 은혜는 선교의 기본 주제가 되었다. 거듭남의 복음은 사람들에게 나누어 져야 했는데, 가족과 친척, 그리고 친구들이 그 목표가 되었고, 그것은 또한 전 세계적으로 전파되었다.

부흥은 선교를 위한 것이라는 선교 열정은 복음주의 교회의 성장으로 이어졌고, 교단마다 해외선교위원회를 조직하였다. 그리고 파라 처치(para-church) 구조로 교회 조직보다 '신앙 선교'를 목적으로 하는 기능중심의 선교회가 생겨나기 시작했다.[608] 대표적인 신앙 선교 단체 '외국 선교를 위한 학생 자원운동(the Student Volunteer Movement for Foreign Missions)' 등을 꼽을 수 있다. 신앙선교로 시작된 학생 선교운동은 1906년 뉴욕에서 평신도 사업가들의 선교운동으로 발전하였다. 평신도 선교운동(the Laymen's Missionary Movement)은 외국 선교 활동을 재정적으로 돕자는 취지로 시작되었고, 그것은 일반에게 호응이 매우 컸다. 자본이 모여 기독교 기업을 만드는 데 사용되었고, 해외 선교지에 복음 선교 재단을 설립하기도 했다. 복음을 전파하는 것은 기업선교(business missions)가 되었고, 해외 선교지에서 매우 좋은 자본 투자가 되었다.[609]

1900년까지 전 세계 선교사의 1/4이 미국 선교사였으나, 1930년대에는 전 세계 선교사의 1/2을 미국 선교사가 차지하였다. 그러나 선교사의 수적인 증가에 반비례하여, 세기말 20세기 초의 열정적인 신앙, 곧 성경대로 임박한 재림을 믿는 세대주의적 전천년주의와 성령의 능력과 성령 세례에 대한 신학적인 확신은 점차 감소하였다. 결국 1932년 평신도 외국 선교 조사단(the Laymen's Foreign Mission Inquiry)의 William E. Hocking은 기업가인 J. D. Rockefeller의 후원으로 동남아시아 선교현장을 조사한 후, '재고해야 할 선교(Rethinking Missions: A Laymens' Inquiry after One Hundred Years)'라는 비판적인 보고서를 발표하였다. 선교사는

1980년 빌리 그래함 센터 봉헌 등을 통하여 미국과 전 세계의 복음화를 위해 부흥운동을 전개하였다. 그는 미국 대통령들의 신임을 얻게 되었고, 복음주의적 보수주의자로 정치적인 영향력을 발휘하기도 했다. 그는 1970년대 Richard M. Nixon 대통령을 지지하였다가, 워터게이트 스캔들로 인하여 깊이 상처를 받았고, 1980년대에는 핵전쟁과 페르시안 걸프전쟁을 반대하는 등 평화 운동에 나서기도 하였다. 그는 세계의 종말이 곧 오리라는 설교로 대중들을 깨웠으나 그것이 핵전쟁에 대한 반대로 나아갔다.

608) 신앙 선교는 선교회의 재정에 의존하지 않고, 기도로 하나님께 직접 그 필요를 아뢰고, 현지인의 언어와 문화에 동화되어 살아가며 복음을 증거하는 신앙 운동을 말한다.

609) SVM은 1920년에 미국에서 가장 탁월한 선교단체였고, 1959년 쇠퇴할 때까지 전세계에 20,000여명의 선교사들을 파송하기도 하였다. SVM이 John R. Mott의 지도력 하에 에큐메니칼 방향으로 나아갔으나, 세계 1차 대전 이후 선교 사역에 있어서 복음주의자들과 에큐메니칼 사이의 분리는 없었고, 모두 열린 마음으로 주님의 재림이 임박한 때에 복음 전파는 협력 사업이라고 생각하였다. 19세기 말 20세기 초반 한국, 일본, 중국과의 개항으로 인하여 수많은 선교사들이 파송 받았고, 선교지에서 선교협력이 일어났다. 이들은 통제할 수 없는 제국주의에 대하여 우려했으나, 그것을 긍정적으로 받아들여 문화적이고 영적인 확장주의(a cultural and spiritual expansionism)로 대체되리라 낙관하였다.

선교 현지의 종교를 존중하고 그들을 개종시키려는 노력을 중단해야 한다는 그의 주장은 주요 교단 선교부의 선교 의지를 약화시켰고, 종교 간 대화와 협력의 중요한 수단으로 사용되었다. 호킹 보고서 이후 주요 교단 선교부는 선교 현지에서 현지인들에게 점차적으로 지도력을 이양하였다.[610]

그러나 호킹 보고서 충격 이후에도 보수적인 복음주의 교단들은 지속적으로 선교에 참여하여 1930년대 중반 선교사들의 수가 중국에서 전체 선교사들 중에 25%, 일본에서 10%, 인도에서 16%에 달했지만, 1980년에는 전체 35,000명의 미국 선교사들 중에 32,000여 명이 복음주의 선교사들이었다. 또한 1930년대 중반 전체 미국 선교사는 11,000명이었으나, 보수적 복음주의자들의 지속적인 헌신으로 1980년대 북미 선교사는 라틴아메리카에만 11,000명이 활동하게 되었다. 그리고 1980년대 유럽이 세속화되어 피선교국이 되자 4,000여 명의 북미 선교사들이 그곳의 복음화를 위해 파송되었다.

교단 해외 선교부 외에도 대형 중앙 조직을 갖춘 선교회가 출현하였다. 1917년 신앙 선교를 원칙으로 하는 선교단체들의 연합으로 '국제 해외 선교 협의회(the International Foreign Mission Association, IFMA)'가 조직되었다. 그리고 1940년대에 출현했던 '전국 복음주의 연맹(the National Association of Evangelicals)' 소속 교단과 단체들이 '복음주의 해외 선교 협의회(the Evangelical Foreign Missions Association, IFMA)'를 조직하였다. 이 두 조직은 해외 선교를 위하여 6개 합동 위원회를 설립하고, 복음주의 선교 정보 서비스(The Evangelical Missions Information Service) 센터를 공동으로 운영하였고, 정기 간행물 Evangelical Missionary Quarterly(EMQ)를 발행하였다. 1966년 이들은 휘튼 대학에서 '교회의 세계 선교 총회(Congress on the Church's Worldwide Mission)'를 개최하고 선교의 복음적 목표들을 제시하고 휘튼 선언문(the Wheaton Declaration)을 공표하였다.[611]

그러나 모든 선교단체가 이 조직에서 움직이지는 않았다. 1980년대 들어 이 조직과 상관없이 독자적인 선교 활동 단체들이 등장하였다. 이는 20세기 선교 활동이 어떠한 중앙 집권적 선교회나 교회 조직이 중요한 것이 아니라, 하나님의 복음 전파를 위한 초대교회의 열정의 회복이 중요한 것임을 나타낸다. 선교는 조직으로 하는 것이 아니라, 개개인의 깊은 하나님과

610) James H. Nichols, *History of Christianity 1650-1950: Secularization of the West*, 『현대교회사』, 서영일 역(서울: 기독교문서선교회, 1994), 461-462.
611) J. Herbert Kane, *Understanding Christian Missions* (Grand Rapids, MI: Baker, 1974), 181-182.

의 만남, 회심, 성령 세례, 성령 충만, 성령의 능력으로 가능한 것이다. 선교는 성경을 하나님의 말씀으로 믿고, 이 세상의 종말의 때에 주님의 재림을 고대하였던, 기독교의 처음의 순수로 돌아가려고 하는 사람들에 의해서 계속해서 진행될 것이다.

3) 영국과 한국의 부흥과 선교

Evan Roberts를 통한 웨일스 지방의 부흥은 수년 전부터 해마다 열리는 케직 사경회의 세계적인 부흥을 위한 토요일 밤 기도회와 연결되어 있었다. 웨일스에서는 1903년 랜드린도드 웰스(Landrindod Wells)에서 13인의 웨일스 성도들이 케직 사경회의 토요 집회와 같은 모임을 개최했다. 웨일스, 지역 목사들은 회개, 변상과 화해, 예수 그리스도의 주되심, 성령께 완전한 복종 등에 대하여 설교하기 시작했다. 1904년 8월 웨일스의 두 번째 케직 사경회에서 자정 기도 시간에 부흥을 위해 기도하였고, 웨일스의 교회마다 매일 밤 기도회를 개최하였고, 어느 기도회는 여덟 시간 동안이나 계속되기도 하였다. 그 이후 네 명의 웨일스 청년들은 부흥을 위한 기도회를 매일 밤 개최하였고, 죽어가는 영혼들에 대한 새로운 열정이 타오르기 시작했다. 어느 교회에서는 청년들의 영적 갈증으로 인하여 주일 저녁마다 특별 부흥 집회를 개최하였는데, 매번 성령의 임재가 강하게 나타나 영혼들을 그리스도께로 인도하는 성도들로 가득 차게 되었다.[612]

1904년 남 웨일스의 러퍼(Loughor)에서 Evan Roberts에게 성령이 임하셨다. 그는 1891년 13세 때부터 성령 충만함과 웨일스의 부흥을 위하여 기도하였다. 그가 26세 되던 해, 1904년 10월 28일 9시 예배 시간에 그는 성령의 임재를 체험하였고, 10만 명이 그리스도를 믿게 될 것을 확신하였다. 그는 환상 중에 세상을 향해 뻗은 팔과 그 손에 "10만"이라는 숫자가 적힌 종이를 보았다. 그가 기도할 때에 활활 타고 있는 지옥 불에 수많은 사람들이 달려가는 환상과 백옥처럼 흰 옷 입은 주님이 검으로 사탄을 물리치는 환상을 보았다.[613]

그는 이후 부흥회를 매일 저녁 인도하였는데, 부흥회는 찬양과 성경 읽기, 공개적인 죄의 자복과 통곡, 성령의 임재를 위한 "예수 그리스도를 위하여 지금 성령을 보내주소서!"라는 직

---

612) R. B. Jones, *Rent Heavens* (London: Stanley Martin & Co., 1930), 36. recited in Wesley Duewel, 211.
613) Evans, *Revival Comes to Wales*, 70–74. recited in Wesley Duewel, 219.

통기도 혹은 사슬기도의 반복, 그 이후에 나타나는 성령의 강한 임재 곧 성령 세례 체험, 마지막으로 부흥을 위한 기도와 외국 선교를 위한 헌금 순서로 이어졌다. Evan Roberts는 성령의 역사하심 속에서 웨일스 지방과 런던을 순회하며 복음을 증거 하였고, 부흥회가 시작되는 곳마다 성령의 거룩한 불이 임하였다.[614] 이후로 웨일스 지방의 부흥운동은 급속도로 확산되어 갔다.

웨일스의 부흥의 불길은 1904년 북아일랜드로 1905년 영국으로 번져갔다. 그리고 1905년 노르웨이의 오슬로와 덴마크, 그리고 핀란드 헬싱키에 이르렀다. 세계 도처에 있던 기도 그룹들은 성령의 임재를 위해 기도하기 시작했고, 영국을 비롯하여 노르웨이, 스웨덴, 핀란드, 덴마크, 독일, 프랑스 및 기타 지역에 죄를 자백하는 부흥운동이 지속적으로 일어났다. 부흥의 불길은 해외 선교지로 번져나가 인도에서는 선교사들이 일하고 있는 지역에서 강력한 부흥이 임하였고; 1905년과 1906년 사이에 기독교인이 수가 70% 이상 증가하였다. 미얀마 침례교회에서는 1905년에 3,113명이 세례를 받았고, 말레이시아 니아스(Nias) 섬에서는 1908년 부흥운동이 시작되었는데, 종족 운동(people movements)과 대각성(the Great Repentance) 운동으로 인하여 주민의 2/3가 기독교인이 되었다. 남태평양 지역에서도 급격한 교회 성장을 이루었고, 한국에서는 1903년, 1905년, 1907년 세 차례에 걸쳐 부흥이 임하였다.[615]

한국 기독교의 부흥은 성령의 불길과 더불어 기독교가 민족종교로서 역할을 다할 때에 일어났다. 구한말 한민족의 위기에 기독교는 독립운동과 애국애족 운동과 연결되어 민족종교 역할의 중심에 있었다. 1950년대 한국전쟁 당시 한국 기독교는 공산주의에 맞서 자유민주주의 수호에 기여했고, 1960년대 이후 1980년대까지 한국 기독교는 국가 경제발전의 주요 동인으로서 사람들에게 "할 수 있다"는 신앙심을 넣어주어 경제발전에 주요 가치를 제공했다. 한국의 1970~80년대 경제성장 시대에 예수 믿으라는 것은 "예수 믿고 실패에서 벗어나, 가난에서 벗어나고자 하는 한국 국민들의 염원"과 같이 갔던 것이다. 이것은 일제시대에 예수 믿으라고 하는 것이 "일제의 압제에서 출애굽 하듯 해방을 맞이하고자 하는 한국 민족의 염원"과 같이 갔던 것과 그 맥을 같이 한다.[616]

---

614) Evans, 95~104. recited in Wesley Duewel, 227~231, Evan Roberts 런던에 1904년 11월부터 1906년 1월까지 4차례 순회하며 부흥회를 인도하였다. 부흥회는 하루 4번, 오전 7:30 기도회, 오전 10시 예배, 오후 2시 예배, 저녁 7시 집회였다. 마지막 저녁 집회는 자정이나 익일 새벽까지 이어지곤 했다. 부흥회의 특색은 설교가 없는 찬양 중심의 예배로서, 기도하다 찬양하다 성령의 감동이 있으면 간증하는 것으로 이어졌다.
615) Wesley Duewel, 240~245, 260~261, 참조. 이창기, 『1903-1907 한국 교회 초기 부흥운동』(서울: 보이스사, 2006), 38~114. 이 시기의 부흥운동에 대하여는 이창기의 위의 책과 홍기영의 논문을 참조하라.

한국 기독교의 부흥운동은 세계 선교로 이어졌다. 1980년대 들어서면서 88올림픽으로 인하여 한국 사회는 경제부흥의 기회를 잡게 되었다. 성공적인 88 올림픽 개최와 기독교의 부흥 그리고 세계 선교를 위해 교계에서는 '88 세계 복음화 대성회'에 온 힘을 모았다.[617] 이를 기점으로 세계여행의 자유가 주어지자, 세계 선교는 봇물 터지듯이 이루어졌고, 그것이 곧 한국 경제 발전에 대한 하나님의 뜻이라고 보았다. "남을 도와주어 내가 잘된다" "내가 잘되려면 남을 도와주어야 한다"라는 논리는 세계 선교의 주요 동인이었다. 곧 나라와 민족이 잘되게 하기 위하여 세계를 돕고 선교해야 한다는 것이다. 이것은 세계주의 역시 곧 민족주의 국가주의와 맥을 같이 한다고 볼 수 있다.

부흥운동의 결과 일어난 한국 선교운동은 각 교단 선교부와 전문 선교단체들을 통하여 활발하게 진행되고 있다.[618] 특히 한국 선교는 평신도들의 괄목할 만한 참여로 활성화되었다. 한 예로, 1981년에 직장선교의 활성화를 통한 민족복음화와 세계 선교를 목적으로 창립된 한국기독교 직장선교연합회는 1993년에 세계 직장인의 복음 생활화를 통한 세계 기독교 문화창조 및 국제 평신도 초교파 연합운동을 통한 세계교회 일치를 위하여 '세계 기독교 직장선교회'로 확대 개편되어 활동하였다.[619] 이것은 기존의 한국 교회 선교의 목회자 중심 선교현상을 극복하는 계기가 되었고, 평신도 선교에 대한 선교신학의 정립과 평신도 전문인 선교사의 개발과 훈련으로 이어졌다. 대표적인 예가 전문인선교회와 전문인 선교훈련원으로서, 이 기관은 전신자 선교사주의(every believer's missionarihood)라는 이론적 틀로 실제적인 직업군에 속한 다양한 평신도들을 선교 훈련하여 파송하고 있다.[620]

한국 누가회를 비롯한 의료선교회는 선교지 병원 설립의 선교 전략을 가지고, 1990년 히말

---

616) 물론, 경제발전의 부정적인 측면인 대가족 전통의 유교 정신문화 파괴, 향락문화와 소비문화로 인한 불교 전통 가치의 퇴락과 그에 따른 죄책감을 "그리스도의 십자가의 용서"라는 심리적이고 종교적인 면죄부를 찾기 위해 많은 사람들이 교회로 몰려들었고, 교회가 성장한 측면도 부정할 수는 없다.

617) 김두식 편, 『'88 세계 복음화 대성회 기록문집』(서울: 세계복음화중앙협의회, 1989). 이 대회에서 김창인, 한경직, 이만신, 신현균, 조용기, 김충기, 피종진, 노태철, 한진관, 김우영, 조종남 등의 한국 교계 원로와 신학자 그리고 부흥사들이 1988년 올림픽을 계기로 한국에 제2 오순절 성령의 바람이 불어 세계 선교에 한민족이 쓰임 받아야 한다고 역설하였다.

618) 김상복, 「세계 선교 마지막 주자의 소원」, 『한국선교 KMQ』, vol. 5. no. 3 (2006, 여름 가을호), 14-15. 1988년 제1차 한인세계 선교대회시 한국은 세계 선교 순위로 54위 한국 선교사의 수는 550명에 불과했으나, 2000년 말까지 한국 선교사의 수는 일만 명에 육박하였다. 1980년대 이후, GBT, 인터콥, OMF, 모퉁이돌 선교회, 중국복음선교회, 안디옥선교회, OM, TIM, HOPE, AAP, GP, 알타이선교회, 중동선교회, 이슬람선교회, 일본선교회, 아프리카선교회, 전문인선교회 등 권역별 및 사역별로 선교회가 설립되었다.

619) 박흥일, "21세기 직장 선교와 세계 선교," 『2000년 세계 선교대회 평신도/전문인 선교대회』(서울: 한국세계 선교협의회, 2000), 21-24. 1999년 까지 한국에 32개 지역별, 31개 직능별, 6,000여 개의 직장신우회가 조직되어 있다.

620) James M. Phillips & Robert T. Coote ed., *Toward the 21st Century in Christian Mission* (Grand Rapids, MI: Eerdmans, 1993), 271. 전신자 선교주의는 루터의 만인제사장에서 비롯되어 예수 그리스도의 지상대명령을 최전방에서 준행하는 타문화권 셀그룹 리더들을 가리킨다. 이것은 1590년 아드리아누스 사라비아에 의해 주장되었다.

라야 산지 네팔 가오리상카에 첫 선교지병원을 설립한 이후, 파키스탄 선한 사마리아 병원, 몽골 연세친선병원, 인도네시아 아가페 메디칼 센터, 베트남 아가페 병원, 방글라데시의 꼬람돌리 병원, NGO와 교회 단체들의 선교지병원 등을 설립하고 운영하고 있다.[621] 한 예로, 연세의료선교후원회는 1993년 몽골국립의대와 연세의료원의 자매결연, 교환교수로 의료선교사 파송, 1994년 울란바토르 연세친선병원 설립 등을 통해 지속적인 선교 후원 및 선교활동에 참여하고 있으며, CHE(Community Health Evangelism) 지역사회 보건 선교의 필요성을 촉구하고 있다. 즉, 의료선교가 단순진료와 의료 기자재 보급만을 넘어, 지역사회 문화와 풍습에 맞는 지역사회보건 교육 프로그램을 개발하자는 것이다.[622]

한국 선교는 20세기에 통전적 선교(holistic mission)라는 선교신학의 확립을 통하여, 교회 개척과 영혼구령 사역이라는 좁은 선교의 개념을 넘어서, 선교 사역을 구호와 개발의 NGO 사역, 사회복지와 교육 선교의 영역으로 확장시키고 있다. 미전도종족의 95% 이상이 소속되어 있는 10/40창의 북한, 이라크, 이란, 아프가니스탄, 파키스탄, 중앙아시아, 몽골, 중국, 베트남, 캄보디아, 미얀마, 태국 등의 나라에 NGO의 지역사회개발과 구호사역, 사회복지 및 교육 의료사역들을 통해 한국 기독교는 통전적 선교 활동을 펼치고 있다.[623] 그리고 한국 선교는 '2000 서울 세계 선교 대회'를 통하여 '지구촌 협력 선언문'을 공표하고, 선교 사역에 있어서 지구촌 협력을 강화하기로 다짐하였다.

2. 20세기 부흥운동과 선교의 특징

1) 회개운동의 확산

20세기 부흥운동은 18세기 1차 대각성 운동과 19세기 2차 대각성 운동을 계승하여 회개운동을 통하여 지속되었으며 죄의 자백을 통한 거듭남, 곧 중생의 체험과 죄의 세력에서 구원과

---

621) 박상은, 「선교지 병원의 현황과 전망」, 『2000년 세계 선교대회 평신도/전문인 선교대회』 (서울: 한국세계 선교협의회, 2000), 57-63.
622) 장승기, 「의료 선교」, 『2000년 세계 선교대회 평신도/전문인 선교대회』 (서울: 한국세계 선교협의회, 2000), 64-66.
623) 미전도종족이 속해 있는 나라는 경제개발도상국이거나 근대화를 추구하는 나라들이다. 이들은 강력한 종교문화적 정체성을 가지고 기독교에 대하여 배척하고 탄압하기까지 한다. 미전도종족의 선교를 위하여 NGO 사역을 통하여 이들의 반기독교 반서구 감정을 치유하는 노력이 선행되어야 한다.

능력받는 성령 세례가 강조되었다.[624] 이 당시 부흥운동은 주로 부흥회를 통하여 진행되었는데, 먼 거리로부터 사람들이 은혜를 받기 위하여 교회나 강당 등 집회 장소에 운집하였고, 장로교, 감리교, 성결교, 침례교 등 교단을 초월하여 부흥 강사들이 동일한 예배에서 설교하기도 하였다. 설교단은 앞쪽에 높이 만들었고, 그 아래에 죄인들이 회개할 수 있는 장소를 두었고, 그 뒤에 청중이 앉을 수 있도록 되어 있었다. 집회마다 죄인들이 죄를 공개적으로 고백하였고 그리스도를 구주로 영접하였고, 신자들은 성령 세례를 경험했으며 성령의 능력으로 복음의 증인들이 되었다. 이들은 부흥회를 통하여 하나님과의 깊은 만남을 갖게 되었고, 이것은 곧바로 증거를 위한 선교 열정으로 연결되었다.

2) 근본주의 운동과 복음주의 운동의 확산

1910년 미국 북 장로교회는 '나이아가라 신경(Niagara Creed)'의 대부분을 수용하였는데, 성경무오, 예수의 신성, 동정녀 탄생, 인류 대속을 위한 십자가의 죽으심, 육체의 부활, 기적의 역사성 등의 교리가 이에 속하였다.[625] 이들은 성경의 내적 권위를 옹호하여 성경으로 성경을 해석하였고, 천년왕국에 대한 관심과 성경 무오설을 연결시키려고 노력하였다.[626]

성경 무오설(the doctrine of inerrancy)은 성경의 말세 예언에 대한 기록들을 문자 그대로 믿게 하였고, 데살로니가 전서 4장 15~17절의 휴거와 그리스도의 공중 재림을 문자 그대로 믿는 세대주의(dispensationalism)와 연결되었다. 프리무스 형제단(Plymouth Brethren)의 지도자인 John N. Darby를 비롯한 그의 추종자들인 세대주의자들은 세상에 악이 점차 증가하

---

624) 18세기 부흥운동은 영국과 미국에서 John Wesley(1703-1791), George Whitefield(1714-1770), Jonathan Edwards에 의해 주도되었는데, 이를 1차 대 각성운동(the First Great Awakening)이라 부른다. 19세기 부흥운동은 1802년 미국의 예일 대학에서부터 시작되었는데, Edwards의 손자인 Timothy Dwight(1752-1817)의 설교 시 성령의 부으심의 역사가 일어났다. 그 이후 Dwight의 제자 중 한 사람인 Nathaniel W. Taylor(1786-1858)가 초기 19세기 부흥운동의 신학적인 기반을 마련하였고, 예일 대학의 졸업생들이 미 전역에 퍼져 부흥운동을 주도하였다. 이 기간, 즉 1800~1830년의 대 부흥을 제2차 대각성운동(the Second Great Awakening)이라 부른다. 이 기간에 Charles G. Finney(1792-1875)는 오벌린 대학(Oberlin College in Ohio)의 학장이자 신학교수로 또한 카리스마적 부흥사로 부흥운동을 이끌었다. Charles Finney는 '완전주의(perfectionism)'을 주창하였는데, 그것은 '죄 없는 완전'이 아니라 사회를 변혁시키기 위하여 성령으로 능력받는 것(empowerment)을 의미하였다. 그의 부흥운동은 완전주의(perfectionism)로 인하여 도덕과 사회개혁으로 발전하였다. 또한 Dwight Moody(1837-1899)는 19세기 후반 시민전쟁 이후 부흥운동을 주도하였는데, 도시 일반 대중에게 맞는 성경이야기설교, 죄와 심판, 지옥과 천국, 예수의 피와 구원에 대한 평이한 설교, 그리고 Ira Sankey(1837-1899)의 찬양과 영접카드 작성 등은 그 특징적인 면모라 볼 수 있다.
625) George Marsden, *Fundamentalism and American Culture*(New York: Oxford University Press, 1980), 117, 136-37, 167, 172, 180. 19세기 말 기독교 보수주의자들은 초대 교회의 신앙 근본(fundamentals)을 회복하려고 하였다. 이들은 1878년에 나이아가라 성경 대회(the Niagara Bible Conference)를 열고 '나이아가라 신경(Niagara Creed)'을 채택하였다.
626) Ronald C. White, Jr., 148-150.

고, 적그리스도가 출현하여 세상을 통치할 것인데, 교회와 성도들은 공중으로 휴거하여 그리스도와 함께 있게 되고, 땅에는 대 환란의 시대가 올 것임을 성경대로 믿었다. 이들은 예수께서 재림하셔서 적그리스도를 물리치고 천년왕국을 통치하시는 전천년설을 역사적인 사실로 믿었다. 이들은 교회의 선교를 통해서만이 주님의 천년왕국이 준비되고 시작될 것임을 믿었다. 이러한 역사적 종말론을 믿는 세대주의는 선교와 연결되어 세계 선교를 통하여 주님의 재림을 준비하게 만들었다.

1930~40년대 근본주의 운동이 반사회적 극단적 분리주의 성향으로 나아가자, 1942년 소장파 근본주의자들을 중심으로 미국복음주의협의회(NAE)가 설립되었다. 이후 복음주의자들은 근본주의 신학적 전통을 계승하며 그동안 미비했던 교회의 대 사회적 책임을 강조하여 균형 잡힌 기독교 부흥을 도모하였다. 1952년 복음주의자들은 세계복음주의협의회(WEF)를 조직하고 세계적인 복음주의 운동을 전개하였다. 1960년대 이후 복음주의 운동은 1966년 휘튼 선언, 1970년 프랑크푸르트 선언, 1974년 로잔 언약, 1975년 서울 선언, 1988년 마닐라 선언 등을 통하여 복음주의 신앙의 회복과 사회적 책임 그리고 세계 복음화에 대한 헌신을 다짐하였다.[627]

3) 성결-오순절 운동의 확산

성경의 근본으로 돌아가자는 근본주의 운동은 초대 교회의 원형을 되살리려고 하는 성결-오순절 운동과 연결되어있다. 성결-오순절 운동의 뿌리는 John Wesley의 '그리스도인의 완전(the Christian perfection)'이라는 감리교 교리에서 비롯되었다. 웨슬리는 신생(new birth)을 초기적 성결이라 보았고, 인간 내부에 깊이 자리 잡고 있는 죄의 본성으로부터 깨끗함을 받는 것을 '완전한 성화(entire sanctification)'로 보았다. 웨슬리는 신생에서 완전한 성화에 이르기까지를 지속적인 하나님의 은혜(continuing God's grace)로 보았고 그것은 영화(glorification)로 완성된다고 보았다.[628] 웨슬리의 성화 교리는 미국적 문화 속에서 점진적이고 지속적인 측면보다는, 성령의 세례라고 불리는 제2차 은혜(the second work of grace)로서 순간적이고

---

627) 박용규, 『한국교회를 깨운 복음주의 운동』 (서울: 두란노, 1998), 42-61. 1943년 부흥사 Charles Fuller의 후원아래 복음주의 운동의 산실인 풀러 신학교가 설립되었고, Carl Henry, George Ladd, Billy Graham 등이 참여하였다. 1960년대 풀러 신학교가 초창기 복음주의 정신에서 멀어지게 되면서, 트리니티 복음주의 신학교가 미국 복음주의 운동의 구심적 역할을 하게 되었다.
628) Harald Lindstroem, *Wesley and Sanctification* (London: Epworth Press, 1946), 113-125.

특별한 상태를 가리키는 것으로 강조되었다.[629]

웨슬리의 '완전한 성화' 교리는 19세기 중반 Phoebe Palmer를 중심으로 하는 성결 부흥운동에 영향을 주었고, Charles G. Finney와 D. L. Moody를 거쳐 영국 성공회의 케직 운동으로 연결되었다.[630] 이것은 20세기 세속화되어가는 미국 문화 속에서 신앙 부흥운동을 지향하는 수많은 신앙 단체에 영향을 주었다. 이들은 신약의 초대 교회의 신앙을 복원하려고 하였고, 오순절 성령강림 사건을 사도적 신앙의 원형으로 강조하였다.[631]

성결-오순절 운동의 특징은 '신앙 치유(faith healing)'를 강조한다는 것이다. 19세기 말에 미국의 북동부와 중서부 지역을 중심으로 '신앙 치유'를 강조하는 단체들이 나타났는데, 이들은 기존의 병자를 위한 기도와 기름부음을 더욱 강조하여 그리스도의 직접적인 질병 치유를 강조하였다. 이들은 예수 그리스도의 영적인 구원이 육체적 질병까지 구원하는 것으로 믿었고 가르치며 실행하였다. 이들은 완전한 성화와 신앙 치유 외에도 신약의 성령의 은사들의 회복, 임박한 예수 그리스도의 재림을 믿었고, 이를 전 세계적으로 확산시키는 데 기여하였다. 성결-오순절 운동을 하는 신앙 단체들은 19세기 말, 20세기 초 독립하여 독자적인 교단으로 발전하였고 세계 선교에 열정을 쏟아부었다.

4) 세계 선교운동의 확산

부흥운동은 예수 그리스도의 동정녀 탄생, 부활, 그리고 전천년적 재림을 성경 그대로 믿는 근본주의와 온전한 성화[성결]과 성령의 불세례, 그리고 신앙 치유 등 체험적 신앙을 강조하는 성결-오순절 운동, 그리고 사회책임을 강조하는 복음주의와 연결되어 세계 선교로 나아갔다.[632] 성경의 초월적인 내용들을 문자 그대로 하나님의 말씀으로 믿는 근본주의의 교리적인

---

629) J. Kenneth Grider, *A Wesleyan Holiness Theology* (Kansas City: Beacon Hill Press, 1994), 421–455.
630) 칼빈주의적 케직 운동은 "더 높은 삶(the higher life)"를 강조하는 성령 부흥운동이었다. 즉, 회심은 기독교인의 삶의 시작일 뿐이고, 성도는 계속적인 성장을 통하여 성령으로 능력 받아서 선교와 봉사로의 더 높은 삶으로 나아가야 한다는 것이다.
631) Donald W. Dayton, "오순절 주의의 출현," Ronald C. White, Jr., Louis B. Weeks, and Garth M. Rosell ed., *American Christianity*, 179–185. 이들 부흥운동 중심에는 캠벨계열(Cambellite)의 크리스천 교회(Christian Churches)와 그리스도의 교회들(the Churches of Christ)도 포함된다.
632) 1860년대 미국의 시민전쟁 이후 세계 선교에 대한 관심이 약화되었으나, 전쟁 후 회복기인 1880년대부터 세기말 재림 기대, 신앙 치유, 성결-오순절 운동에 힘입어 세계 선교는 다시 회복되기 시작하였다. 특히, 전쟁 이후 고아, 과부, 병자, 알코올 중독자, 부랑자, 빈자 등 사회 약자를 돌보는 사회 복음(Social Gospel)의 영향으로 선교는 사회봉사를 통한 사회 참여로 발전하였다. Josiah Strong(1847–1916)은 당시 세기말 20세기 초 만연한 전천년적 재림의 기대 속에서 인간의 선한 사회 사업을 통하여 주님의 재림을 준비하자는 후천년설을 주장하기도 했다. 그는 "과학적 인종주의(scientific racism)"를 주장하였는데, 앵글로 색슨 종족은 순수한 정치 형태인 민주주의와 순수한 종교 형태인 기독교를 담지하고 있는 우수한 종족으로 기독교 전파뿐만 아니라 문명도 함께 전파하

핵심은 성결[온전한 성화]의 내적인 체험과 성령의 엑스터시를 강조하는 성결-오순절 운동에 의하여 체험적인 경험으로 확인되었고, 복음주의자들에 의해 사회 개혁의 방향으로 나아갔다.

근본주의와 성결-오순절 운동 그리고 복음주의가 동일하게 추구하는 바는 바로 20세기 기독교 부흥운동이었다. 부흥운동을 통하여 회개하고 용서받은 죄인들은 하나님과 관계가 회복되었고, 그들의 일상적인 삶 속에서 초월적인 경험을 한 선택받은 하나님의 백성으로서 정체성을 찾게 되었다. 그리고 초월적인 하나님의 백성으로서 정체성 회복은 이 세상의 종말과 그리스도의 천년왕국을 믿게 했으며, 그 결과 그리스도인의 사회적 책임과 더 나아가 복음을 세계로 증거하는 세계 선교를 활성화 시키게 되었다.[633]

3. 20세기 부흥운동과 선교에 대한 선교학적 평가

20세기 기독교 부흥과 선교는 아무것도 없는 공백에서 시작된 것이 아니었다. 기독교 부흥과 선교를 종교 변화의 하나의 현상으로 본다면, 그것은 일반적으로 한 사회의 문화 변동과 맥을 같이할 수밖에 없다. 이는 종교가 한 사회의 문화를 이끌어가는 심층구조이자 그 문화를 변혁시키는 주체일 뿐만 아니라, 또한 종교가 그 문화로부터 상대적으로 영향을 받고 변화하는 문화변동의 객체이기 때문이다.[634] 그러므로 그 부흥과 선교 활동의 배경에는 언제나 당대의 성지 경제 사회 문화적인 삶의 사리(Sitz im Leben)와 연결되어 있었다. 그러면 20세기 부흥운동과 선교에 대하여 종교 사회적, 정치 경제적, 사회 문화적 관점에서 평가해보자.

여 세계를 계몽시켜야 한다고 주장하였고, 당시 대중의 큰 호응을 얻었다. 이후 미국 선교는 그리스도의 복음과 미국 문화의 우월성이 혼합되어 같이 전파되는 결과를 낳았다. 1920년대까지 선교는 엘리트 사고의 문명론자들에 의해 진해되었고, 복음과 문명의 구별이 쉽게 이루어지지 않았다.

633) 성결-오순절 운동의 전천년주의자들의 선교 열정은 후천년주의자들과 달랐다. 이들은 사회복음을 통한 사회개혁이 아니었다. 이들은 그리스도의 재림이 임박하였기 때문에 영혼 구령의 열정으로 복음을 전혀 들어보지 못한 자들에게 복음을 전하고 교회를 설립하는 일이었다. 복음을 듣고 믿어 구원을 얻는 자들은 그리스도 재림하실 때에 모두 7년대 환난을 겪지 않고 공중에서 주를 맞이하고, 천년 왕국에서 복락을 누릴 것이다. 여기에 전천년주의자들인 개혁주의(Reformed)와 케직 운동에 속한 사람들은 "봉사를 위한 성령의 능력"을 강조하기 때문에, 사회봉사와 문명화도 세계 선교의 하나의 기능으로 인정하기도 하였다.

634) Martin Luther의 종교 개혁이 당대 인문주의 부흥과 산업 기술사회의 도래와 그 맥을 같이 하는 것처럼, 20세 기독교의 부흥은 1, 2차 세계 대전으로 인한 세계사적 지구 종말의 위기와 그 이후 경제적인 물질문명의 급속한 발전 속에서 이루어졌다.

1) 종교 사회적 평가

종교 사회적으로 볼 때에, 20세기 부흥은 일상적인 삶 속에서 그 영역을 넘어 초월적이고 범상한(extraordinary) 경험을 추구할 때에 일어났다. 그래서 부흥운동은 항상 카리스마적 지도자, 천년왕국의 기대, 기적적인 신유, 열광적인 춤과 노래 등의 특징적인 면모들과 연관되었고, 부흥의 열정은 세계 도처에서 지속적으로 나타나기도 했다.

1950~60년대 종교 사회학의 '세속화론'에 따르면 물질문명의 발전은 개인의 의식과 사회 차원에서 종교의 쇠퇴를 낳는다고 주장되었으나, 그것은 오류로 드러났다. 종교의 사회적 기능과 역할의 점진적 축소와 소멸에 대한 논의는 20세기 부흥 현상을 볼 때에 잘못된 것이었다. 대부분의 진보주의 성향의 기독교인들과 계몽주의 사상가들은 세속화란 미신적이고 반동적인 종교현상들을 없애 버리는 것으로 좋게 평가하였으나, 오히려 세속화는 반세속화 운동을 더욱 자극하여, 반동적 초자연주의적인 분위기가 충만한 신앙과 의례를 수반한 종교 운동을 부흥시켰다.[635]

초월적인 영성을 부정하지 않는 복음주의와 초월적 영성을 추구하는 오순절주의, 그리고 건강과 부를 강조하는 신-오순절주의(Neo-Pentecostalism)를 따르는 교회들이 중국, 한국, 필리핀, 남태평양, 사하라이남 아프리카, 남미 등지에서 급격한 부흥을 경험하였다. 이들은 성서적 정통성과 도덕적 엄격성, 엑스터시의 체험을 중시하는 예배, 성령 치유의 강조, 성령의 은사, 예언, 치유, 방언 등의 사역을 통해 20세기 부흥운동을 이끌어갔다.[636]

이처럼 성령의 역사하심으로 시작되었던 20세기 부흥운동은 기독교의 원형(archtype)을 찾도록 성도들에게 열정을 회복시켰고, 그 노력은 부흥과 선교로 이어졌다. 기독교의 원형은 오순절 성령 강림 사건으로서, 예수 그리스도의 죽으심과 부활 그리고 가르침을 순교의 각오로 증언하는 초대교회의 신앙에서 찾아졌다. 세기말 그리고 두 차례에 걸친 세계 전쟁 그리고 급격한 물질문명의 변화 속에서 초월적인 신앙의 회복은 새 예루살렘의 도래와 예수 그리스도의 재림을 통한 천년왕국의 실현 등의 명제와 연결되었고, 20세기 선교열정으로 이어져 세

---

635) Peter Berger ed., *The Desecularization of the World: Resurgent Religion and World Politics*, 『세속화냐? 탈세속화냐?: 종교의 부흥과 세계 정치』, 김덕영, 송재룡 역 (서울: 대한 기독교서회, 2002), 7-9, 17-23, Emile Durkheim은 산업사회로의 전환기에 전통 종교의 의미와 가치는 퇴색한다고 보았다. Max Weber 역시 세계의 탈주술화, 탈미몽화를 통해 종교의 사회적 정당화와 그 기능은 점차 축소되어 끝내 소멸되리라 보았다.

636) Philip Jenkins, *The New Faces of Christiantiy: Believing the Bible in the Global South* (New York: Oxford University Press, 2006), 4-9.

계 선교사명과 사회변혁 사명을 불러일으켰다.

2) 정치 경제적 평가

20세기 물질문명의 급속한 발전을 통하여 도시화가 급격히 진행되었고, 이로 인해 농촌의 전통적인 생활양식이 점차 파괴되어 갔다. 서구에서 16세기 칼빈니즘(Calvinism)이 근대성 (modernity)의 세력을 옹호한 것처럼, 20세기 기독교는 새롭게 형성되는 중산층에게 가치관과 삶의 의미를 제공하였다. 기독교는 중산층의 사람들에게 기독교는 영혼 구원뿐만 아니라, 물질적인 부와 세속적인 지위의 향상, 즉 '구속적 상향(redemptive lift)'을 약속하는 종교가 되었다.637)

세계 최대 교회인 여의도 순복음교회를 비롯하여, 나이지리아의 중산층 카리스마파 교회들은 부흥하고 있고, 짐바브웨의 "하나님의 성회" 교파는 전체 인구의 10%를 차지하고 있다. 그리고 인도 복음주의적 카리스마파 교회들 역시 성령 은사를 강조하며 부흥하였고, 전통적인 가치체계인 위계질서보다 평신도 사역 중심과 여성들의 참여 기회를 확대시켰다. 포르투갈에서는 로마 가톨릭에 필적하는 만국 교회(Universal Church)의 급속한 부흥으로 이어졌고, 동유럽 헝가리의 신조교회(Faith Church)는 로마 가톨릭, 칼빈, 루터 파에 이은 4번째 교회로 성장하였다. 브라질의 15% 이상이 중산층 복음주의적 카리스마파이고, 페루에서는 복음주의자들이 전체 인구의 7%, 과테말라에는 30%를 차지하고 있고, 이들은 성령의 초자연적인 역사를 강조하고 치유 사역에 참여하고 있다.638)

중산층 복음주의적 카리스마파 교회들의 부흥은 정치적으로 종교적 우익(religious right)과 연결되었다. 이들은 1960년대까지만 하더라도 소련과 중공 등을 적그리스도로 규정하였고, 그 이후에도 정치적으로 종교적 우익을 견지하며 미국에 우호적인 정치 집단으로 발전하였다. 미국 내에서도 부흥운동가인 Billy Sunday와 Billy Graham은 정치적 우파로서 활동하였다. 베트남 전쟁 시에 대중 부흥사인 Billy Graham은 외국의 전쟁에서 미국의 승리를 위해 기도하기도 했다. 기독교 부흥운동은 미국인들에게 세계 평화의 중심에서 미국의 역할을 고

---

637) Donald A. McGavran, *Understanding Church Growth* (Grand Rapids, MI: Eerdmans, 1990), 212–214.
638) Peter Berger ed., 67–73.

조시키는 데 중요한 역할을 한다고 자부하기도 하였다. 또한 정치적인 선거철에 보이는 카리스마적 정치지도자의 열정적인 대중 연설과 그에 대한 대중의 열광적인 반응 등은 부흥운동의 열정 그것과 유사한 점이 많다.

정치 경제적으로 20세기 부흥운동은 사회 중산층을 형성하는 데 기여하였고, 종교적 우익으로 미국 우호적인 기독교인들을 양성했다. 그러나 이러한 것은 물질주의와 미국적 실용주의 그리고 민주주의 정치체제와 기독교의 등식관계를 형성시켰고, 세계 교회의 고유한 특성들을 개발하는 데 미흡하게 만들었다. 미국적 기독교를 따라가는 한국을 비롯한 아프리카, 남미, 아시아 제3세계 교회들은 자신들의 고유한 초월적 영성을 성경에서 찾아 고유한 영적 부흥을 이루어 내야 할 것이다.

3) 사회 문화적 평가

20세기 부흥운동이 영향을 미친 것은 교회 성장과 선교 뿐 만이 아니었다. 부흥운동은 사회 문화적인 영향력을 발휘했는데, 미국의 우드스톡 락 페스티발(Woodstock Rock Festival)의 경우는 이를 잘 대변해준다. 1960년대 미국 청년들은 락 음악을 중심으로 하나(oneness)가 되는 경험을 하였다. 대중 집회의 특징적인 문화 양태는 부흥운동의 특징인 원초적인 귀환, 체험과 느낌, 회개와 용서, 새로운 공동체 형성을 제공하였다. 1960년대 이후 부흥운동을 통해서 드러난 감성의 중요성은 사회화되었고, 대중문화의 주요 테마가 되었으며, 사람들을 통제하게 되었다.

이제 20세기 후반의 사람들은 전반기의 사람들이 교회에서 부흥운동을 통해 체험했던 느낌들을 대중문화에서 느끼고 있다. 대중문화는 20세기 후반의 사람들을 교회로부터 발을 돌리게 만들고, 교회에서 주는 것보다 더 매력적인 이 세상적인 느낌과 하나 됨의 경험을 선사하고 있다. 부흥운동과 선교의 본질은 언제나 성령의 역사와 연결되어 시작되었으나, 성령의 역사로 인한 부흥운동과 선교는 시대적인 문화와 사회 속에서 그 본래적인 특성을 유지하기보다는 결국 문화에 적응(adjustment)하거나 순응(accommodation)하거나 문화화(inculturation)되어 버렸다. 결국, 초월적인(super-natural) 영성은 자연적인(natural) 영성으로 일상화되었고, 개혁적인(reformational) 영성은 형식적(formal) 영성으로 현실적이 되어 버렸다.

20세기 말, 부흥운동과 선교는 내리막길로 가고 있다. 사람들은 부흥운동에서 경험하였던 초월적인 영성을 집단 대중문화에서 충족하고 있다. 그리고 부흥운동을 통하여 하나가 되는 공동체 경험을 소비문화 속에서 경험하고 있다. 또한 부흥운동의 결과 태동되었던 선교열정은 다원주의 영향으로 식어지고 있다.

4. 부흥운동의 참된 의미인 선교

지금까지 20세기에 나타난 부흥운동과 선교에 대하여 고찰하였다. 부흥운동은 회개하고 용서받은 죄인들의 공동체인 복음적인 교회들과 선교회를 형성시켰다. 그리고 교회와 선교회를 중심으로 하는 새로운 신앙 공동체는 복음에 대한 헌신을 통하여 선교 사역에 매진하였다. 부흥운동의 결과 태동된 선교 열정은 먼저 복음을 가족과 친척 그리고 이웃과 세계로 전파하게 만들었고, 그 결과, 20세기 미국과 한국 교회는 성장했고, 각각 선교 1위 2위 선교 대국이 되었다.

20세기 부흥운동은, 종교 사회학적인 평가에서 보면, 초월적인 영성을 회복시켜 선교열정을 불러일으켰고, 세속화론을 무력하게 만들었다. 그러나 정치 경제적인 측면에서 평가해 보면, 그렇게 긍정적이지만은 않다. 즉, 20세기 부흥운동과 선교는 물질주의와 미국식 실용주의 그리고 민주주의 정치체제를 옹호하는 종교적 우익 집단과 너무 긴밀히 연결되어 있기 때문이다. 또한 사회 문화적 평가에서 20세기 부흥운동과 선교 열정은 대중문화와 소비문화 그리고 다원화 사회에서 대체되거나 소멸되어 버릴 위기에 처해 있다.

향후 부흥운동과 선교는 성서적인 초대 교회의 원형 회복을 통한 진정한 부흥을 경험하는 것이 우선적으로 필요할 것이다. 그리고 그 부흥이 어느 특정 국가나 정치, 경제, 문화 체제에만 사로 잡혀 있어서는 안 될 것이다. 오히려, 현대후기 사회와 문화 속에서 각 나라와 민족의 고유한 언어와 경험 속에 초대 교회의 원형의 참된 의미를 찾아나가는 선교적 과제가 남아 있다고 보여진다.

제22장 기독교 선교의 영적 전쟁 연구방법론

세계 2차 대전이 종료된 1945년부터 제1차 오일쇼크가 강타했던 1973년까지 세계는 인류 역사상 경제적 황금기를 누리게 되었다. 이 시기에 산업의 발달로 인류는 농사를 짓기 않아도 생존이 가능하게 되었고, 높은 교육열로 인하여 문화적 발전을 이루어 내었다.[639] 이 시기 이후에 문화 경제적인 발전이 가져다 준 사회적 결과는 전통과 근대, 공동체와 개인, 눌림과 자유와, 인간화와 비인간화, 자유와 평등 등 상치하는 혼돈된 가치로 인하여 문화상대주의로 나아가게 되었고, 결국 보편 진리에 대한 회의에 이르게 되었다. 결국, 그것은 인간 개인의 가치관이나 세계관은 그/그녀가 속한 집단이나 사회에서 공동으로 합의된 사회적 사실에 의해 형성된다는 사회문화화(inculturation)의 과정으로 귀결되었다.[640]

종교 연구에 있어서도 사회문화화의 영향력은 기존의 종교적 엘리트들에 의해 무시당해 왔던 민간종교나 신흥종교 그리고 부흥운동 등의 연구에 대하여 종교 연구가들에게 그 영역의 중요성을 일깨워 주었다.[641] 기독교의 경우에도, 1989년 필리핀 마닐라에서 개최된 제2차 로 잔대회에서 그동안 기독교 정통교회에서 금기시 되었던 영적 전투에 대하여 성서적 근거와 경험의 정당성을 부여하였다.[642] 이 대회 이전의 복음주의 선교신학은 주로 서구 교회 지도 자들에 의해 현대 문명화에 대한 복음 진리 사수에 초점이 맞추어져 있었다. 1966년 빌리 그래함의 베를린 대회나 1974년 스위스 로잔에서 열린 제1차 로잔대회 등은 모두 서구 복음주

---

639) Yves Michaud, *Universite de Tous Les Savoirs: Qu'est-ce que la Culture?* 강주헌 역, 『문화란 무엇인가 1』(서울: 네오 아카데미, 2003), 48–49.

640) Aylward Shorter, *Toward a Theology of Inculturation* (Maryknoll, NY: Orbis, 1995), 31–43.

641) Philip Jenkins, *The New Faces of Christianity: Believing the Bible in the Global South* (New York: Oxford University Press, 2006), 1–17.

642) James A. Scherer and Stephen B. Bevans eds., *New Directions in Mission and Evangelization 1: Basic Statements 1974–1991* (Maryknoll, NY: Orbis, 1992), 292–305. 21개 항의 'The Manila Manifesto' 마닐라 선언문 중 11번째 항은 "우리가 확신하는바 영적 전쟁은 영적 무기들을 필요로 하는데, 이는 성령의 능력으로 말씀을 선포하고, 계속 기도함으로써 악의 정사와 권세(principalities and powers of evil)를 능가하는 그리스도의 승리로 입성하는 것이다."

의자들이 현대문화와 이성의 시대에 적응하는 기독교 복음의 이해를 촉구하였다. 이들의 세계관은 복음의 영적 전쟁의 측면을 도외시하였고, 제3세계나 민간 종교에서 흔히 보고되고 있는 점술이나 마법, 환상이나 예언, 악한 영의 저주, 치병과 기복 등에 대하여 무지하였다. 그러나 1989년 마닐라 로잔 대회에서는 온전한 복음(wholistic gospel)을 선포하면서 제3세계 교회와 민간 종교에서 발생하고 있는 영적 전쟁에 대한 기독교적 응전 방식을 인정하였다. 그동안 이단으로 정죄되고 사이비로 무시되며 정통교회에서 추방되었던 영적 전쟁의 영역은 피터 와그너, 존 웜버, 폴 히버트 등에 의하여 선교학적으로 연구되었고, 이에 대한 연구 결과가 석·박사 학위논문과 단행본과 연구저널이 발표되고 있다.

지난 1980년대 이후 지속적으로 진행되고 있는 영적 전쟁에 대한 연구는 영적 전쟁에 대한 신학적 고찰로서 귀신이나 악한 영의 존재 증명과 그것들을 제압하는 예수 그리스도의 능력에 대하여 집중되어 왔다.[643] 이러한 신학적 고찰은 다양한 영적 전쟁에 대한 사례들을 사탄의 세력과 그에 대응하는 예수 그리스도의 능력으로 이원화시켰고, 예수 이름으로 모든 영적 전쟁에서 승리할 수 있다는 단순한 결론을 도출하였다. 이것은 일반 기독교인들에게 영적 전쟁의 복잡성과 다양성을 이해하지 못하게 하였고, 단순하게 '예수 이름을 선포하는 믿음만 있다면 모든 영적 전쟁에서 승리할 수 있다'라는 낙관적인 기대감을 갖게 하였다. 영적 전쟁에 대한 단순하며 낙관적인 신학적 연구 방식은 영적 전쟁을 규정하는 데 있어서, 인간의 모든 영역, 즉 정치, 경제, 사회, 문화 각 영역에서 그리스도의 주권이 선포되는 것이 바로 영적 전쟁이라는 포괄적 정의로 나아가게 되었다.[644] 그리고 이에 반해서 귀신 쫓기 영역으로만 영적 전쟁을 협소하게 정의하는 신학적 연구방법론도 주장되기도 하였다.[645]

본 장에서는 영적 전쟁에 대한 신학적 연구의 단순성을 극복하고 기독교 선교를 위하여 영적 전쟁에 대한 보다 체계적인 이해를 돕기 위하여 '기독교 선교의 영적 전쟁 연구방법론'을

---

643) 영적 전쟁에서 그리스도의 능력과 승리를 강조하는 저술들은 존 도우슨의 『하나님을 위하여 도시를 점령하라』, 티모시 워너의 『영적 전투: 어둠의 권세에 승리하는 비결』, 존 프랭클린과 척 롤리스의 『영적 전쟁: 승리를 위한 성경의 진리』, 배리 오스틴과 마거릿 허드슨의 『이기는 싸움을 시작하라: 언제 어디서나 승리하는 영적 생활 전투의 기술』, 게리 웨스톤의 허철의 『영적 전쟁에서의 승리』 등이 있다.

644) 영적 전쟁에 대한 포괄적인 관점이 저술로는 Edward Rommen의 *Spiritual Power and Missions*, 정흥호의 『선교의 눈으로 바라본 영적 전쟁 균형 잡기』, 신성종의 『그리스도인이 알아야 할 영적 전쟁 이야기』, 안점식의 『세계관과 영적 전쟁』, 리로이 아임스의 『영적 전쟁의 성서적 원리』, 에드 머피의 『영적 전쟁핸드북』 등이 있다.

645) 영적 전쟁에 대한 귀신 쫓기의 협소한 관점을 가진 저술로는 제리 로버슨의 『먼저 강한 자를 결박하고 1, 2』, 퀸 쉐러의 『사탄의 굴레에서 벗어나라』, Kevin Springer와 John Wimber의 *Power Encounter, Power Evangelism, Power Healing*과 Peter Wagner의 *Engaging the Enemy: How to Fight and Defeat Territorial Spirits, Confronting the Powers,* 그리고 *Wrestling With Dark Angels* 등이 있다.

제시하고자 한다. 사실, 그동안의 영적 전쟁 연구는 영적 전쟁에 대한 사례 제공과 그 대응방식에 집중되어 있어서, 영적 전쟁에 대한 본질에 대한 연구가 미흡하였다. 즉, 그동안의 연구는 영적 전쟁의 양상에 대한 본질적인 접근이 부족하였던 것이다. 기존의 연구방식은 영적 전쟁에 대하여 그 본질이 무엇이고 그 양상은 어떠한가에 대한 서술과 분석이 없이, 영적 전쟁에 대한 연구의 결론이 영적 전쟁에 대한 부정적 정죄 혹은 긍정적 시행 방식 등의 제시로만 결론지어졌던 것이다.

그러므로 본 장에서는 영적 전쟁에 대하여 그 본질을 파악하기 위하여 종교현상학과 지식사회학 연구방법론 그리고 문화인류학과 민간종교 연구방법론을 제시하여 영적 전쟁을 연구하는 선교학도들에게 영적 전쟁의 본질을 탐구하는 영적 전쟁에 대한 연구 지침을 제공하고자 한다. 선교학은 종합학문 분야로서 복음을 전파하기 위하여 종교와 사회 현상을 이해하고 분석하는 일을 일차적으로 수행한다. 이를 위해서 종교와 사회 문화를 이해하는 데 인접 학문 분야의 연구방법론을 차용하는데, 본 논문에서는 영적 전쟁의 종교 사회 문화적 이해를 돕기 위한 연구방법론으로 상기한 종교현상학과 지식사회학 연구방법론 그리고 문화인류학과 민간종교 연구방법론을 제시하고자 한다.

1. 기독교 선교의 영적 전쟁 연구방법론

1) 종교현상학(Phenomenology of Religion) 연구방법론

종교현상학은 후설의 현상학적 방법론인 '판단중지'를 종교현상을 이해하는 데 적용한 것이다. '판단중지'의 용어 '에포헤(Epoche)'를 영어로 번역하면 '가로 묶기(Bracketing)'로서, 종교현상을 객관적으로 이해하기 위해서는 연구자의 선입견이나 가치관을 잠시 가로로 묶어 판단을 유보하자는 것이다. 그 이후에 종교현상에 대한 가치 판단은 종교현상학의 기술(describe)의 과정을 모두 마치고 나서, 그 종교현상에 대한 객관적 이해가 되었을 때에, 종교 철학이나 신학의 영역으로 넘기자는 것이다.[646]

---

646) Gerardus van der Leeuw, *Inleiding tot de Phaenomenologie von den Godsdienst*, 손봉호, 길희성 역, 『종교현상학 입문』(왜관:

이러한 종교현상학의 목적인 종교현상의 진정한 의미(the authentic meaning)를 이해하기 위해서는, 유사한 종교현상들이 유형(patterns)과 범주(categories)별로 체계적으로 조직화될 필요성이 대두되는데, 이것을 종교현상의 형태론(typology) 혹은 유형학적 분류라고 부른다.[647] 종교현상의 진정한 의미는 그 현상들이 지니는 구조 속에서 나타나게 되는데, 다양한 종교현상을 체계적으로 분류하고 기술하다보면, 각각의 종교현상들의 구조가 파악되고 결국 그 종교 형태가 결정된다는 것이다.

종교현상을 범주와 형태별로 서술하는 형태론적 종교현상학적 방법론은 샹뜨삐 드 라 쏘쌔이(Chantepie de la Saussaye)에 의해 처음으로 시도되었다. 그 이후 펜실베이니아 대학 교수였던 모리스 제이스트로(Morris Jastrow)는 '동감적 태도(sympathetic attitude)'로 방대한 양의 종교현상의 자료들을 체계적으로 백과사전식으로 정리하여 그의 정신적 지평(mental horizon)을 넓히려 하였다. 라이덴 대학의 교수였던 크리스텐센(W. Brede Kristensen)은 종교현상의 본질을 찾기 위해서 종합적인 혹은 종합하는 측면(synthetic or synthesizing dimension)을 강조하였다. 그는 다양한 종교현상들을 단순히 비교하는 것을 넘어서서 그것들이 조직적 분류(systematic classification)를 통해 종합하여 이해하려고 했다. 개신교 목사요, 종교학자였던 레에우(Geraardus van der Leeuw)는 종교현상학 방법론을 형태론적으로(a typological way) 사용하여, 모든 힘의 근원을 파악하고, 기독교 예배의 대상인 하나님께 영광을 돌리는 데 종교현상학 방법론을 사용하였다.[648]

독일의 개신교 신학자이자 종교현상학자인 하일러(Friedrich Heiler)의 형태론적 종교현상학 방법론은 영적 전쟁 연구방법론에 매우 적절하게 활용될 수 있도록, 그 범주와 형태들을 제공하고 있다. 하일러는 종교현상의 형태와 본질을 서술하기 위해 3가지의 범주를 규정한다. 즉, 종교현상의 세계(die Erscheinungswelt), 종교개념의 세계(die Vorstellungswelt), 그리고 종교경험의 세계(die Erlebniswelt)이다. 종교현상의 세계에는 (1) 성스러운 대상물: 돌, 산, 땅, 물, 불, 천둥, 번개, 바람, 태양, 달, 별, 하늘, 빛, 나무, 식물, 동물, 자연, 주물, 무기, 지팡이, 깃발, 거울, 반지, 성의, 성스러운 색감, 십자가 등 인간의 손으로 만든 가공물; (2) 성스러

분도출판사, 1995), 9-32.

647) 노윤식, 『종교현상학 이론과 실제: 형태론적 입장에서 본 비교종교학 방법론』 (서울: 한울림, 2000), 28-34. 네덜란드 개신교 신학자이자 종교학자인 샹뜨삐 드 라 쏘쌔이(Chantepie de la Saussaye)가 1887년 처음으로 "현상학"이라는 용어를 사용하였는데, 그것은 종교현상들을 형태별로 분류하는 것을 칭하였다.

648) Walter H. Capps, *Religious Studies: the Making of a Discipline* (Minneapolis, MN: Augusburg Fortress, 1995), 120-132.

운 장소: 열린 공간, 굴, 집, 성전, 성스러운 도시 등 닫힌 공간, 공간의 방향성, 끝없는 공간; (3) 성스러운 시간: 자연축제, 구원의 축제, 성스러운 연도, 세계의 시대; (4) 성스러운 숫자; (5) 성스러운 행위: 정결의식, 정화의식, 통합 의식; (6) 성스러운 말씀: 노래, 중얼거림, 말, 연설, 신탁, 예언, 전설, 이야기, 신화, 금언, 비유, 우화, 설교, 기도, 맹세, 감사, 청원, 호소 등; (7) 성스러운 글씨; (8) 성스러운 사람; (9) 성스러운 공동체 등이 분류된다. 종교 개념의 세계에는 하나님, 영, 진리, 선함, 힘, 사랑, 창조, 천사, 귀신, 계시, 타락, 종말, 영생, 하나님 안에 그리고 하나님과 함께 하는 삶(Leben mit und in Gott) 등이 포함된다. 마지막으로 종교 경험의 세계에는 경외, 놀람, 신앙, 소망, 사랑, 자유, 기쁨, 소통의 열정, 그리고 영감, 환상, 환청, 회심, 무아지경, 독심(Kardiognosie), 공중부양(Levitation), 유체이탈(Bilokation), 치병 (Heilungen) 등이 분류된다.[649]

종교현상학은 상기 기술한 대로 학문 분야상 종교현상의 객관적 이해를 목적으로 하기 때문에, 영적 전쟁과 같은 종교현상을 연구하는 데 매우 적합하다. 그래서 선교학에 있어서 종교현상학 연구방법론은 매우 유용한 방법론으로 채택되고 있다. 선교학자 딘 길리런드(Dean Gillinand)는 종교현상학 방법론을 선교 방법론으로 채택할 것을 이미 30년 전에 그의 논문 「선교 방법으로서 현상학(Phenomenology as Mission Method)」을 통하여 선교학계에 제안한 바 있다.[650] 그는 아프리카에서 20년 동안 선교 사역을 하면서, 타종교나 기독교 분파 그리고 아프리카 독립교회의 종교현상들을 이해하려고 노력하였다. 특히, 그는 아프리카 독립교회 중 하나인 '체루빔과 세라핌(Cherubim and Seraphim)' 교회의 비정통적인 예배에 대하여 무조건 미개하고 비정통(primitive and unorthodox)이라고 정죄하고 판단할 것이 아니라, 그 예배의 본질을 현상학적으로 파악하고 이해하여야 한다고 주장하였다. 그는 선교학도들이 가져야 하는 바람직한 연구 태도는 종교현상의 이해를 위한 편견 없는 겸손한 태도라고 주장한다. 그에 따르면, 선교학도들은 직접 그 종교현상을 참여하여 관찰하고(participatory observation), 그들이 무엇을 믿고 있는지, 어떻게 신앙의 표현을 하고 있는지에 대하여 객관적으로 기술할(descriptive) 필요가 있다고 한다. 이러한 종교현상학적 연구를 통하여 복음이 그들에게 전해질 때에, 그들에게 적합하고(relative) 의미 있는(meaningful) 복음의 의사소통

---

649) Friedrich Heiler, *Erscheingungsformen und Wesen der Religion* (Stuttgart: W. Kohlhammer Verlag, 1961), VII–XIII.
650) Dean Gilliland, "Phenoenology as Mission Method," *Missiology: An International Review*, Vol. VII, No. 4 (Oct. 1979): 451–459.

이 가능해질 것이다.

2) 지식사회학(Sociology of Knowledge) 연구방법론

지식사회학은 지식과 사회 사이의 관계를 분석하는 기초 이론적 특수사회학의 한 분야이다.[651] 지식사회학은 문화상대주의의 위기와 진리에 대한 보편적 회의주의의 도전에 대하여 비판적 자기 명료화의 응전의 방식으로 나타났다. 그것은 다양한 관점과 세계관의 상대주의적 혼돈으로부터 그 본질적인 지식, 곧 집단 혹은 사회의 본질적 이해를 추구하는 담론의 세계(universe of discourse)를 조화롭게 하는 방식이다. 지식사회학은 현 시대의 문제를 인간과 사회의 상호 관계, 곧, 사회 역사적 공동성의 관점에서 이해하고, 그 문제의 본질을 찾아내려고 하는 시도를 가지고 있다.[652] 이를 위해서 지식사회학은 인식론의 원리에서 출발하여 그것을 경험적으로 증명하려는 연구방법론을 사용한다. 인간 의식의 형성과 사회적 조건과의 관계를 연구하는 지식사회학은 인간 현상의 사회학적 총체적 연구로서 정치적 이데올로기의 도구로 사용되려는 것을 거부하고, 객관적 진리 탐구의 몰가치적 연구 방법을 사용한다.[653] 지식사회학의 주창자인 칼 만하임(Karl Mannheim)은 지식사회학의 연구방법론을 '의심의 체계화'로 제시하며 해석학적 방법론을 제시하였는데, 그것은 불확실하고 모호한 현상을 의심하고, 그 의심의 체계화를 통하여 인간 사고의 편파적 경향성을 드러내며, 모든 진리의 존재를 부정하는 것이 아니라, 사회적 현상에 대한 객관적 지식을 획립하기 위하여, 긍정적이고 공감적인 이해와 해석으로 나아가려는 것이라고 주장하였다.[654]

영적 전쟁에 대한 연구방법론에 지식사회학적인 방법론을 적용하려는 시도는 만하임이 시도하였던 탈정치화의 목적과 다르지만, 현상의 본질을 파악하려고 하는 방법론적인 측면에서 보면, 그 유용성이 매우 크다고 볼 수 있다. 만하임은 당시 정치적 권력 집단의 속임수와 거짓을 밝혀내어 허위적 관점에서 벗어나 사회적 진실을 나타내주려고 지식사회학을 연구하였다. 그러나 본 연구에서는 영적 전쟁에 대하여 지식사회학의 방법론을 연결시키려 하는 것은,

---

651) Marlis Krueger, *Wissenssoziologie*, 심윤종 역, 『지식사회학』(서울: 경문사, 1981), 1-2.
652) 송호근, 『지식사회학』(서울: 나남, 1990), 12-16.
653) 송호근, 『지식사회학』, 36.
654) Susan J. Hekman, *Hermeneutics and the Sociology of Knowledge*, 윤병희 역, 『해석학과 지식사회학』(서울: 교육과학사, 1993), 67-115.

지식사회학의 정치사회적 성격이 아니라, 진실을 찾으려고 추구하는 방법론을 차용하자는 것이다. 곧, 인간의 인지적 본질과 진리를 향한 추구에 대한 공감적 이해의 시도로서 지식사회학의 방법론을 사용하여 영적 전쟁의 본질과 객관적인 이해를 돕고자 하는 것이다. 이는 지식사회학이 인간 사고의 본질을 사회와 연결시켜서 이해하려고 하는 연구방법론을 가지고 있기 때문이다.

지식사회학의 방법론을 영적 전쟁에 응용해 보면, 영적 전쟁의 본질, 곧 선과 악의 싸움이 종교현상으로 나타날 때에 그것이 당시 교회와 사회의 현실에서 어떠한 "유의미한 본질"로서 역할을 하는가에 대한 지식사회학적 이해가 필요하다는 것이다. 그러므로 지식사회학은 인간 지식의 사회적 본질을 사회 윤리적 기준으로 판단 혹은 평가를 하는 방법론이 아니라, 객관적으로 그것을 찾아내어 해석하는 방법론을 가지고 있기 때문에 영적 전쟁의 본질 파악에 필요한 방법론인 것이다.

구체적으로 지식사회학 방법론을 영적 전쟁 연구방법론으로 채택한다면 다음과 같은 연구질문을 던질 수 있다. 즉, 왜 영적 전쟁 현상이 특정한 시대의 특정한 집단이나 사회단체에서만 발생하고 있는가? 이러한 질문에 대한 연구는 영적 전쟁 현상과 특정 사회 집단과의 관계성을 찾아내려는 것으로서, 영적 전쟁 현상의 본질인 세계관이 특정 사회의 관념 체계를 형성시켰는지 아니면 특정 사회의 관념체계가 각 개인의 영적 전쟁 현상을 유발하였는지 연구하여 결과를 도출해 내야 할 것이다. 그러므로 영적 전쟁에 대한 연구방법론으로 지식사회학 방법론을 사용하는 것은 영적 전쟁 현상에 대한 다양한 양식(different forms)의 표현들(expressions)을 확인하고, 이것들과 사회적 상황(social conditions)과의 관계를 파악하는 데 매우 유익하다고 본다.655)

슈라이터(Robert J. Schreiter)는 지식사회학 방법론을 종교 연구에 차용할 때에 몇 가지 고려해야 할 가정들을 다음과 같이 제시하고 있다: (1) 종교현상과 사회 상황과의 상호 연관성, (2) 종교와 사회 문화 사이의 합법화(legitimation)와 사회화(socialization), 보존(conservation)과 혁신(innovation)의 복잡성(complex set of relations), (3) 사상과 교리로서의 종교보다 삶의 인생관(view of life)과 삶의 방식(way of life)으로서의 종교관, (4) 종교 상징의 형태와 의미 해석의 중요성, (5) 다양한 종교현상의 공존, (6) 종교현상과 사회 상황과의 관계 기술의

---

655) Robert J. Schreiter, Constructing Local Theologies (Maryknoll, NY: Orbis, 1993), 78-79.

중요성과 어려움 등이다.656)

영적 전쟁이라는 종교현상에 대한 지식사회학적 연구를 통하여 첫째, 그것들이 지닌 특성을 사회적 관계성 안에서 파악하고, 둘째, 종교현상들의 특별한 강점들과 한계성을 이해하며, 셋째, 그것들을 특정 영역에서 효과적으로 활용할 수 있는 방안을 강구할 수 있다.

3) 문화인류학(Cultural Anthropology) 연구방법론

문화인류학은 인간의 문화와 관습 그리고 사람들의 행동 양태를 연구하는 행동과학으로서, 선교학 연구의 주요 연구방법론으로 차용되어 왔다. 복음 전파를 위해서 문화인류학은 인간과 문화 이해의 인식 틀로서 선교의 도구로 사용되었다. 유진 나이다(Eugene Nida)는 언어학자로서 문화인류학을 선교학 연구에 접목시켰고, 그 이후 데이비드 헤셀그레이브(David Hesselgrave), 폴 히버트(Paul G. Hiebert)와 찰스 크라프트(Charles Kraft), 링겐펠터(Sherwood G. Lingenfelter)와 말빈 메이어스(Marvin Mayers), 그리고 더렐 화이트만(Darrell Whiteman) 등의 문화인류학자들이 문화인류학 방법론을 선교학에 접목시켰다.657)

문화인류학의 연구방법론은 크게 (1) 통전적 방법(the holistic approach)과 (2) 비교 방법(the comparative approach), (3) 인터뷰와 참여 관찰법(the interview and participatory observation) 등이 있다.658) 통전적 방법론은 문화 그 자체만을 대상으로 연구하기보다는 문화와 연결된 환경을 종합적으로 연구하는 방법론이다. 예를 들어, 음식 문화를 연구할 때에 음식 자체에 대한 연구와 더불어 음식에 대한 사회적, 종교적 음식 규정(codes)도 함께 관찰되고 연구된다. 그리고 비교방법론은 한 문화에 대한 다양한 문화와 비교함으로써 그 문화의 독특성을 찾아내는 방법론을 말하며. 인터뷰와 참여관찰의 방법론은 책이나 문서로 연구하는 것이 아니라, 문화 현상 그 자체를 직접 참여하여 체험하고, 체험하지 못하는 것은 체험한 사

656) Robert J. Schreiter, 79. 슈라이터는 지식사회학 방법론을 종교 연구에 차용하는데, 특히, 교회의 신학 전통을 연구하는데 사용한다. 그래서 그는 다양한 지역의 상황에 따라 발생한 지역 신학(local theologies)을 찾아내어 신학과 시대 상황과의 관계를 체계적으로 정립하고 있다.

657) 문화인류학을 선교학에 접목시킨 학자들과 그 대표적인 저서들은 다음과 같다; Eugene Nida의 Customs and Cultures: Anthropology for Christian Missions, David J. Hesselgrave의 Communicating Christ Cross-Culturally, Paul G. Hiebert의 Anthropological Insights for Missionaries와 Anthropological Reflections on Missiological Issues, Charles H. Kraft의 Christianity in Culture와 Communication Theory for Christian Witness, Sherwood G. Lingenfelter의 Transforing Culture와 Marvin Meyers의 Christianity Confronts Culture, Darrell Whiteman의 Melanesians and Missionaries 등이 있다.

658) Louis J. Luzbetak, The Church and Cultures: New Perspectives in Missiological Anthropology (Maryknoll, NY: Orbis, 1995), 23-63.

람과의 인터뷰를 통하여 그 지식을 알아내는 것이다. 예를 들어, 음식 문화를 연구할 때에 어느 특정 집단의 음식을 그 사람들과 함께 직접 먹어보고, 그 음식을 먹는 사람들과 인터뷰를 통해 그들에게 그 음식은 어떤 문화적 의미가 있는지 밝혀보는 것이다.

영적 전쟁에 대한 연구에 이상에서 언급한 문화인류학적 연구방법론이 매우 필요하다. 특히, 영적 전쟁 영역이 종교 문화의 변동과 관련이 깊으므로, 이에 대하여 연구하기 위해서는 문화인류학자 안토니 월러스의 종교변화 이론의 사용이 매우 필요하다. 그는 문화변동, 특히, 종교 문화 변동 이론을 American Anthropologist에 '갱신운동(revitalization movements)'이라는 논문을 통하여 발표하였다.[659] 그가 논문에서 주장한 것은 종교 변화나 사회 변화의 근저에는 동일한 기본 형태가 나타나는데, 그것이 '갱신(revitalization)'이라는 것이다. 사회나 종교 구성원들은 기존의 문화나 종교에 만족하지 않을 경우, 더욱 만족할 만한 문화나 종교를 찾는데, 이것이 기존의 문화나 종교 내에서 일어날 경우 '갱신'이라 칭할 수 있다. 그는 갱신 운동이 일어나기까지 기본적으로 3가지 요소를 언급하고 있는데, 첫째, 기존 문화를 하나의 구조로 인식함, 둘째, 기존 구조에 대한 불만족, 셋째, 조직적인 기존 구조에 대한 변화 요구 등이다.

월러스는 갱신 운동이 그 사례마다 특징이 있지만, 그 기본적인 과정은 동일하다고 보았으며, 그것을 5단계로 나누었다: (1) 안정 단계(Steady State): 조직 안정, 변화가 거의 없는 단계, (2) 개인적인 불만이 증가하는 기간(Period of Increased Individual Stress): 조직이 경제적으로 개개인의 필요를 채우지 못하여 불만이 고조되는 단계, (3) 문화의 뒤틀림 기간(Period of Cultural Distortion): 개개인의 경제적인 불만이 마약이나 알코올 등의 뒤틀린 방법으로 해소되는 기간, 기존의 가치관과 방향성(mazeway)이 깨어지는 기간, (4) 갱신의 기간(Period of Revitalization): 새로운 가치관과 방향성을 잡는 기간으로 6가지 기능 포함(규범 형성, 규범 전파, 새로운 조직 구성, 발전 및 적응, 새로운 문화 변혁(cultural transformation), 문화 지속), (5) 새로운 안정 단계(New Steady State): 불안정기에서 안정기로 이양됨 등이다.

이러한 월러스의 갱신 이론은 영적 전쟁 현상이 어느 단계에서 주로 일어나고 있고, 만일

---

659) Anthony Wallace, "revitalization movements,"*American Anthropologist* (April 1956): 264-281. cf. Joas s Carlos Lopes, "Revitalization and the Church" (D. Miss. Dissertation: Asbury Theological Seminary, 1989), 8-9. 이 논문은 교회 성장과 선교학 분야에서 교회 갱신의 사회학적 측면을 분석하는데 자주 인용되고 있다. 앨런 티펫(Alan Tippet)은 이 이론을 종교 변화를 설명하는데 중요한 것으로 평가하였고, 장로교 선교학자인 폴 롱(Paul Long)은 월러스의 개념을 가지고 브라질 장로교회의 성장과 갱신에 대하여 평가하였고, 라틴 아메리카의 선교학자 로페즈(Joao Lopes)는 월러스의 개념으로 브라질 감리교회의 성장과 갱신을 분석하기도 하였다.

갱신의 기간에 속한다면, 6가지 기능 중 어느 기능에 와 있는지, 새로운 종교 규범 형성이 되었는지, 아니면 이미 되어서 조직이 구성되어 전파되고 있는지 등에 대하여 연구 과제를 던져주고 있다.

4) 민간종교(Folk Religion) 연구방법론

영적 전쟁에 대한 연구는 정규 정통 신학의 연구 주제이기보다, 선교 현장에서 보고되는 사례들에 대한 선교학적 연구에 머물러 왔다. 영적 전쟁의 주제는 고교회적인(high-churched) 신학적인 논의나 윤리적 논의에 속하기보다는, 민간 신앙의 측면과 부합하는 경우가 많기 때문이었다. 즉, 영적 전쟁은 신적 개입의 증거(signs of divine intervention) 혹은 일상에서 신적 현존(manifestation), 성령의 임재나 절박한 천년왕국의 기대, 기적적인 치유와 소위 신적 혹은 사탄적 작용, 그리고 여러 형태의 다양한 영적 경험들을 포함하고 있다.[660] 그러므로 영적 전쟁에 대한 연구는 신학적인 접근 방법보다는 민간 종교 연구방법론을 적용하여 그 현상의 본질에 접근할 필요가 있다.

민간종교 연구방법론은 첫째, 종교현상에서 다원적 연속성(pluralistic continuity)의 세계관을 중요하게 생각하며 그것을 탐구하는 방법론이다. 이를 위해서 연구자는 신과 인간, 인간과 자연, 과거와 현재, 현재와 미래 등 철저한 서구 이원론적 세계관을 극복하여야 한다. 이들에게 세계는 이원적으로 양분되고 나누어진 세계가 아니라, 일원론적인 융합된 세계이기 때문이다. 이들에게 신적 능력이란 절대자에게게만 귀속된 능력이 아니라, 자연과 인간의 세계에 인격화(personification)된 것으로 이해된다. 역사는 직선(linear)적이 아니라, 과거·현재·미래가 동시에 공존(coexist)하며, 자연과 초자연은 계속성(continuity)을 가진다. 그러므로 영적 전쟁 연구자는 민간종교 연구방법론을 사용하여 영적 전쟁 현상에서 융합된 세계관을 찾아내고 다원적 연속성을 분석해내야 한다.

둘째, 민간종교 연구방법론은 개념보다 행동을 주요하게 여기며, 행동 그 자체의 본질을 찾아내려고 노력하는 방법론이다. 연구자는 영적 전쟁 현상을 분석하면서 사고와 표현 그리고

---

660) Peter W. Williams, *Popular Religion in America: Symbolic Change and the Modernization Process in Historical Perspective* (Chicago: University of Illinois Press, 1989), 17-18.

행동을 분리해서는 안 된다. 실제로, 연구자는 영적 전쟁에서 서책에 기록된 문서를 중심으로 연구하기보다는 영적 전쟁의 현장을 직접 찾아가 관찰하며 기록하고, 자료를 수집하여야 한다. 특히, 춤이나 드럼에 의한 신들림(spirit-possession) 혹은 영교(spirit communication) 현상, 주술적(magical) 혹은 마술적(thaumaturgical) 치유 현상 그리고 의례(ritual) 중에 나타나는 신적 능력에 대한 체험 등은 영상 녹화나 기록 등을 통하여 그 자료를 수집하여 분석하여야 한다.

셋째, 민간종교 연구방법론은 종교현상의 심층에 자리 잡고 있는 상징적 행동의 형태들(patterns of symbolic activity)을 분류하는 방법론이다. 이 방법론은 일상생활의 문제들과 연관된 삶의 전환기의 의례들과 연관되어 있는데, 그것들은 일상적인 삶의 문제들을 직접적으로 해결하려는 방식들을 말한다. 즉, (1) 음식, (2) 건강과 질병, (3) 삶의 주기, (4) 죽은 자, (5) 미래의 예언, (6) 악과 불운 등의 일상적인 문제들에 대하여 정통 종교에서는 즉각적인 해결책을 제시하지 못하는 반면에, 민간종교에서는 상징적인 의례를 통하여 그 해결책을 모색하고 있다.661) 민간종교 연구방법론은 위에서 제시한 범주를 사용하여 영적 전쟁에 대한 분석과 기술에 도움을 줄 수가 있다.

2. 인간의 사회 문화 종교적 삶의 주기와 연결하여 해석하는 영적 전쟁 연구방법론: 선교학적 인간 삶의 위기 대처 방법론

지금까지 기독교 선교의 주요 영역인 영적 전쟁에 대한 연구방법론에 대하여 살펴보았다. 영적 전쟁의 영역을 귀신이나 악한 영의 활동에 대한 그리스도의 능력 대결로만 한정하는 것은 이원적 방법론(a dualistic approach)으로, 영적 전쟁의 일원적 세계관을 이원적으로 단순화시키는 약점을 가지고 있다. 이에 비해 영적 전쟁을 전 사회 영역에 확산시켜 해석하는 것은 일반적 방법론(a general approach)으로 영적 전쟁의 영적 영역을 사회 일반적 영역으로 확대하여 그 영역을 일반화시키는 약점을 가지고 있다. 이러한 일반적이고 이원론적 연구방법론은 영적 전쟁의 다양성과 복잡성을 포괄적으로 이해하기에는 역부족이라 말할 수 있다.

---

661) Peter W. Williams, 65-66.

이에 저자는 제3의 영적 전쟁 연구방법론을 제시하였다. 이는 종교현상학, 지식사회학, 문화인류학, 민간종교 등의 연구방법론을 차용하자는 것이다. 이러한 방법론들은 사용하여 영적 전쟁을 분석하고 연구하면, 영적 전쟁에 대한 본질적 이해를 가질 수 있게 되고, 이를 바탕으로 선교학적인 접근 전략이 나올 수 있게 되는 것이다. 영적 전쟁에 대하여 종교, 문화, 사회, 민간의 차원에서 영적 전쟁을 다양한 각도에서 바라보는 방법론은 영적 전쟁의 사회 문화 종교적 상황을 이해하게 만들며, 영적 전쟁이 일어나는 특정 상황에서 선교학적 대처 방안을 적절하게 강구하도록 돕는다. 이러한 연구방법론으로 영적 전쟁을 이해하다 보면, 영적 전쟁은 말 그대로 "영들만의 전쟁"이 아닌, 인간 세상에서 인간의 삶의 문제 한복판에서 일어나는 영적인 전쟁으로 이해될 수 있다. 영적 전쟁이 인간 세상의 상황에서 인간의 삶이 문제 속에서 발생하는 것이라면, 영적 전쟁에서 선교학적인 대처 대응 전략이 시의 적절하게 탐구될 수 있는 것이다. 그러므로 영적 전쟁 연구방법론은 인간 개인의 삶의 주기(passages of the personal life)에 따라 발생하는 영적 현상들을 연구하고 해석할 뿐만 아니라, 선교학적 인간 '삶의 위기 대처 방법론(a life-crisis responsible approach)'까지 나아가야 한다. 인간의 삶의 주기 가운데 영적으로 맞게 되는 위기(crisis)에 선교학적으로 대응하는 인간의 방식은 영적 전쟁에 대한 연구의 목적이라고 볼 수 있다. 인간의 삶의 위기에 나타나는 영적 현상을 적합하게 이해하는 '삶의 위기 대처 방법론'은 영적 전쟁을 단순한 축귀사역이나 치병사역으로 오해할 수 없도록 하며, 또한 진보적인 정치 사회적인 활동조차도 영적 전쟁이라고 주장하는 오류를 시정할 수 있게 된다. 그리고 인간의 사회 문화 종교적 삶의 주기와 연결하여 해석하는 영적 전쟁 연구방법론은 인간 개인의 영적 삶과 영혼구원을 목적으로 하는 복음주의 기독교 선교의 과정을 가장 의미 있게 만들 수 있는 장점이 있다고 본다.

제23장 기독교 북한 선교 연구방법론

그리스도인의 최대 의무는 선교이다.[662] 선교는 성부 하나님의 소원이고(딤전 2:4), 성자 예수 그리스도의 명령이며(마 28:19~20), 성령 하나님의 역사이다(행 1:8). 그리스도의 몸된 교회는 선교의 사명을 수행하여야 하는데, 초대 교회 이후 지금까지 전 세계의 복음화를 위하여 하나님의 선교에 참여하고 있다

기독교 선교의 흐름을 2가지로 대별한다면, 하나는 제국주의적 선교요 다른 하나는 문화존중 선교라고 말할 수 있다. 제국주의 선교와 문화존중 선교를 비유로 설명하자면 전자는 진주를 파는 상인과 같고 후자는 진주를 스스로 찾게 해주는 협력자와 같다. 그리고 제국주의 선교는 나무를 무자비하게 자르고 파괴하는 나무꾼이라면, 문화존중 선교는 과수원 실과를 잘 양육하는 과수원 지기와도 같다.[663]

19세기 말 20세기 초엽까지 서구 제국주의 국가들은 남태평양군도와 동방 아시아 그리고 아프리카와 라틴 아메리카에 그들의 식민지배와 더불어 기독교를 일방적으로 이식시키는 제국주의 선교를 실행했다. 그래서 기독교는 서구 제국주의 종교라는 인식이 피선교지 사람들에게 널리 인식되었다. 20세기 중엽 이후 제3세계 독립이 가속화되면서 제국주의 선교의 시대는 막을 내리고, 그와 동시에 서구 선교는 사양길에 접어들었다. 제국주의 국가였다는 서구 사회의 콤플렉스는 20세기 후반부터 선교의 방향성을 제국주의 선교에서 문화존중 선교로 바꾸도록 영향을 미쳤다. 선교지의 현지 문화를 존중하고 지배자로서가 아니라 협력자로서의 선교가 진행되고 있다.

기독교 선교의 두 가지 큰 흐름 가운데, 20세기 후반 피선교지요, 식민지 지배의 경험을

---

662) 노윤식, 『새천년성결선교신학』(안양: 성결대학교출판부, 2001), 16.
663) Louis Luzbetak, *The Church and Cultures*(Maryknoll, NY: Orbis, 1995), 67.

지난 한국은 세계 선교의 대열에 합세하게 되었다. 한국의 선교는 제국주의 국가가 아님에도 불구하고 전 세계적인 선교에 뛰어들었다. 그것은 식민지배와 상관없는 기독교의 폭발적인 성장의 결과 기독교인의 당면 과제인 선교에 대한 책임감 때문이었다. 한국 교회의 선교 활동 결과, 한국은 2002년 통계로 10,422명의 선교사를 164개국에 파송하는 선교 대국이 되었다.[664] 그런데, 안타까운 것은 세계 미 전도종족에게까지 선교사를 파송하는 한국 교회가 가장 가까운 형제가 살고 있는 북한 땅에는 단 한 명의 선교사도 파송하지 못하고 있다는 사실이다. 물론, 북한 사회에서 활동하는 선교사가 없다는 것이 북한 선교 활동이 전무하다는 것을 의미하지는 않는다. 남한의 교회는 1980년대 후반부터 꾸준히 북한 사회를 경제적으로 돕고 있고, 남북한 기독교인들이 정기적으로 교류하고 있다. 그러나 실제적인 북한 지역에서의 기독교 복음의 전파라는 의미에서 선교 활동은 없다.

본 장에서는 우선, 북한 사회에 대한 여러 가지 선교 접근 방법론을 살펴보려고 한다. 그것들은 내부자적, 외부자적, 그리고 통전적 선교 접근 방법론이다. 이후에 통전적인 선교 접근 방법론을 사용하여 북한 사회와 북한 기독교를 분석하고 그 이후에 북한 선교의 나아갈 방향성을 제시하고자 한다. 본 장의 목적은 북한 사회의 기독교에 대한 인식 변화를 통전적인 관점에서 살펴보고, 그것을 기초로 향후 북한 선교의 방향성을 모색하려는 것이다.

I. 북한 사회에 대한 여러 가지 선교 접근 방법론

1) 내부자적 선교 접근 방법론(An Emic Approach of Missions)

지금까지 북한 선교에 대하여 여러 가지 연구 관점들이 있어왔다. 먼저 그 하나는 선교학 연구의 방법론 중의 하나인 내부자적 관점(emic view)으로서 북한을 그 사회의 가치관과 세계관 그리고 문화에 따라 분석하고 이해하자는 것이다.[665] 이러한 관점은 사회학의 영역에서도 북한 사회의 이해를 위해 하나의 방법론으로 제시되기도 했다. 요즘 국가보안법 재판으로

---

664) 한국선교연구원, 『한국선교핸드북 2003-2004』(서울: 한국선교연구원, 2004).
665) 한국복음주의 선교신학회, 『선교를 위한 문화인류학』(서울: 이레서원, 2001), 75. 파이크(Kenneth Pike)는 언어학적 용어인 음성론(phonetic)과 음소론(phonemic)에 착안하여 접미어 '에틱(etic)'과 '에믹(emic)'을 추출하였고, 각기 외부자적 관점과 내부자적 관점을 나타내는 문화인류학적 용어로 사용하였다.

문제가 되었던 송두율 교수는 이미 1980년대 후반 국내 학계에 북한 사회 분석 방법론을 새롭게 제시했다.[666] 그것은 내재적(immanent) 사회주의 분석에 기초한 북한 연구방법론이다. 이것은 북한에 대한 분석과 평가가 자본주의적인 잣대가 아니라 사회주의의 자체 기준에 의해서 되어야 한다는 것이다. 다시 말하면, 북한 사회를 외부자적 관점에서 비판만 할 것이 아니라, 내부자적 관점에서 이해하고 북한 사회의 가치관과 세계관에 따라 평가하자는 것이다. 물론, 북한의 사회주의적 가치관과 세계관으로 인하여 1950~70년대 북한 기독교와 남한의 교회 지도자들은 교회 폐쇄를 당하고 박해와 투옥 그리고 순교로 점철되었다. 이것은 불행했던 한민족의 역사였다. 그러나 남북한 경제 교류와 남북 기독교 교류의 결과 북한 사회에서 기독교에 대한 긍정적인 인식의 변화가 일어나고 있다. 기독교가 사회주의 체제를 위협하는 종교가 아니라는 의식이 점차로 확산되고 있다. 남한 기독교의 민족 통일과 사회 평등을 위해 노력하는 박애와 사랑의 실천은 북한 사회에 기독교에 대한 긍정적인 이미지를 갖게 하고 있다. 그리고 북한의 사회주의 이념과 체제하에서 제한적으로나마 신앙생활을 하고 있는 북한의 기독교인들의 존재는 사회주의 체제인 북한에서의 기독교 선교의 가능성을 밝혀주고 있다.

이러한 내부자적 선교 접근 방법론은 북한을 이해할 때에, 북한 사람들과 북한 사회를 사회주의 사회에 내재하는 척도, 즉 그들 자체의 이념과 정책에 비추어 평가할 수 있다는 장점이 있다. 만일, 북한 선교의 문이 열려 선교의 자유가 주어진다면, 먼저 사회주의 권역인 북한 사회와 북한 사람들을 이해해야 하는데, 내부자적 선교 접근 방법론은 크게 도움이 될 것이다. 이 관점에 따르면, 북한의 현존하는 기독교회와 교인들은 사회주의 사회에서 살아남아 적응한 사람들로 이해할 수 있다. 이러한 내부적인 북한 기독교에 대한 이해는 향후 북한 선교의 가능성을 높이는 데 기여할 수 있다. 그러나 북한의 기독교를 내부적인 입장에서 평가하는 내부자적 선교 접근 방법론은 남한과 서구 기독교의 영향으로 인하여 북한 교회가 점진적으로 변화하는 현상에 대하여 부정적으로 평가할 수밖에 없는 약점이 있다. 그리고 내부자적 선교 접근 방법론은 사회주의 이념과 정책에 따라 북한 기독교를 파악하기 때문에, 기독교의 본질인 영혼 구원, 성령의 생명, 영성 부흥, 하나님 나라의 피안적 성격과 미래성 등에 대하여 조심스럽게 접근할 수밖에 없는 약점을 가지고 있다.

---

666) 송두율, 「북한 사회를 어떻게 볼 것인가」, 『사회와 사상』 4 (1988. 12): 104-116. 송두율, 「북한: 내재적 접근법을 통한 전망」, 『역사비평』 54 (2001. 2): 115-125.

2) 외부자적 선교 접근 방법론(An Etic Approach of Missions)

북한 선교에 대한 또 다른 접근 방식은 외부자적 선교 접근 방법론이다. 이것은 선교학적 방법론의 하나인 외부자적 관점(etic view)을 기초로 한다. 외부자적 관점은 한 사회를 분석하고 평가할 때에 자체 평가 기준이 아닌 외부적인 기준을 적용시키는 방법론이다.[667] 기독교 선교를 위해 북한 사회를 분석하고 평가할 때에, 외부자적 선교 접근 방법론이란 북한 사회에 대하여 사회주의 사회가 가지고 있는 자체 기준을 가지고 실증적으로 평가하고 분석하는 것이 아니라, 외부적인 자유 민주주의 이념으로 평가하고 판단하는 것을 말한다. 이러한 접근 방식은 폐쇄된 북한 사회를 자유 개방된 외부적인 세계적 관점에서 분석하고 평가하기 때문에 장기적으로 북한 사회를 자유세계로 이끌어 낼 수 있다는 장점이 있다. 그리고 기독교 선교에 있어서 사회주의나 주체사상에 의하여 제한된 북한 기독교를 영성과 성령의 생명, 부활의 신비, 사후 세계에 대한 소망 등의 기독교의 본질을 향하여 나아가게 할 수 있다는 장점이 있다. 또한 북한 사람들의 인권의 문제도 전 세계적인 관점에서 분석 평가하여 북한의 인권 현황을 개선시킬 수 있다는 장점이 있다.[668]

그러나 외부자적 선교 접근 방법론은 현지 사람들이 원하지도 않는 불필요한 것들을 외부로부터 강제적으로 주입할 수 있다는 심각한 약점을 지니고 있다. 기독교의 본질인 영혼 구원과 내세의 교리 등은 소위 "인민의 혁명의지"를 약화시키는 것으로 북한 사람들에게 인식될 수노 있다. 북한 사회의 인권 개선을 위한 자유세계의 노력도 내정간섭으로 비쳐질 수 있을 것이다. 사실, 21세기 기독교 선교의 방향은 현지 사람들이 내부로부터 요청하는 필요한 것들을 스스로 찾아낼 수 있도록 도와주는 것으로 나아가고 있다. 그러나 이러한 선교의 방향성은 북한 사회에 무비판적으로 적용될 경우, 많은 문제가 발생할 것이다. 우선, 북한 사람들과 북한 사회에서 자신들이 필요로 하는 것에 대하여 자유롭게 의견을 개진할 수 있는가 라는 문제이다. 물론, 기독교 신앙의 자유에 대한 언급이나 표현들이 간혹 북한 자료들에서 발견되는 경우가 있는데, 그것에 대한 객관적 사실성을 확실하게 확증할 수 없다. 통제된 북한 사회에서 발행되는 자료들은 사회주의 정권의 목적에 따라 편향되거나 왜곡될 수 있기 때문이다.

---

667) 한국복음주의 선교신학회, *op. cit.*
668) Jack Donnelly, "Ethics and International Human Rights," In *Ethics and International Affairs*, edited by Jean-Marc Coicaud and Daniel Warner (New York: United Nations University Press, 2001), 142-143.

외부자적 선교 접근 방법론의 또 다른 약점은 이 방법론이 냉전 이데올로기와 북한 정권에 의하여 왜곡되어 이용당한다면 심각한 위험성을 내포하고 있다는 점이다. 외부자적 선교 접근 방법론은 폐쇄된 북한을 자유 신앙 세계로 나오게 하는 적극적인 방법론이다. 그런데 이것을 잘못 이해하여 북한 당국이 북한 사회의 존립 기반을 흔드는 냉전 이데올로기를 강조하는 방향으로 나아간다면, 결국 이 방법론은 북한 선교에 위협적인 요소로 작용할 수 있다. 이러한 예는 탈북자 선교에서 극명하게 나타나고 있다. 1990년대 중반 이후 극심한 경제난에 중국 국경을 넘는 탈북자들을 대상으로 남한 및 서구 기독교 선교 단체들은 경제적 지원과 더불어 기독교 신앙을 갖게 하였다. 그리고 선교단체들은 이들을 훈련시켜 다시 북한으로 선교사로 파송하였으나, 많은 이들이 북한 당국에 검거되어 북한 체제를 위협하는 민족반역자로 처형당하고 있다는 미확인 보도가 나오고 있다. 탈북자들은 대부분 북한의 변방 지역과 체제의 주변부에 위치한 사람들이 많다.[669] 그런데 이들 중에 기독교 신앙을 받아들인 사람들이 복음의 선교사로 다시 북한으로 재입국하여 기독교 복음을 전하게 될 때에, 이미 이들은 국경을 불법적으로 월경하였던 범죄자들로 체포되어 투옥되거나 사형된다는 것이다. 북한 당국의 입장에서 보면, 탈북하였다가 기독교신앙을 가지고 재입국하는 사람들은 단순한 기독교인들이 아니라 체제를 전복하려는 불순분자로 여겨질 것이다. 만일, 이들이 순수한 마음과 신앙으로 복음 전파 사역을 할 경우에도, 북한 당국은 이러한 선교와 전도 활동을 왜곡하고 호도하여 외부세력과 연결된 불법 행위로 처벌할 것은 당연하다.

3) 통전적 선교 접근 방법론(A Holistic Approach of Missions)

북한 선교의 제3의 방법론은 통전적인 선교 접근 방법론이다. 이 방법론은 내부자적 관점과 외부자적 관점을 모두 수용하되 사회주의와 자본주의 관점 외에도 종교와 전통의 다양한 관점을 포함시켜 하나의 목적을 위하여 분석하는 방법론이다. 북한 선교를 위해서 북한 사회를 내부자적 관점으로 분석하되, 사회주의 체제의 가치관과 세계관의 입장에서만 바라볼 필요는 없다. 그리고 북한 선교를 위해서 서구 자본주의적 잣대로 북한 사회를 외부적 관점으로

---

669) 좋은 벗들 편, 『북한 사회 무엇이 변하고 있는가』(서울: 정토출판사, 2001), 13-20. 중국 길림성, 연변 조선족 자치주, 요녕시와 심양시, 흑룡강성 영안시 등에서 탈북자에 대한 설문조사가 사단법인 좋은 벗들에 의해서 2000년 2월 26일에서 3월 31일까지 실시되었다. 설문에 참여한 20세 이상 탈북자들인 1027명 중 819명(약 80%)이 함경남북도 출신이었고, 평양 출신은 6명으로서 1%에도 미치지 못하였다.

만 분석할 필요도 없다. 북한 사회에는 사회주의 이데올로기뿐만 아니라, 다양한 가치관과 세계관이 존재하고 있기 때문이다. 일예로, 전통적인 가치 체계인 가족 중심과 효 사상은 북한 사회를 분석하는 또 하나의 방식이 될 수 있다.

김일성이 타계한 후 김정일은 당 총비서와 주석 직을 곧바로 승계하지 않았다. 김정일은 3년 후에서야 비로소 당 총비서직에 취임하였다. 이러한 현상에 대한 일반적인 분석은 김정일의 권력 약화에 가장 큰 비중을 두었으나, 북한 사회의 전통적인 정서를 모르고 분석한 것이다. 이들은 김일성 사후 3년간 당과 행정기구가 정상적으로 가동되지 않았다고 분석하였으나 그것은 잘못된 분석이었다.[670] 김정일은 김일성이 사망한 1994년 7월 이전인 1993년 4월에 국방위원장으로 추대되었고, 국방위원장은 1992년 개정헌법에 따르면, 국가 주권의 최고 군사 지도기구의 장으로서 국가 주석 다음의 권력 서열이었다.[671] 그는 최상위 권력에 서 있었고 그의 권력기반은 탄탄했다. 그가 당 총비서직을 급하게 승계하지 않은 이유는 북한 사회를 움직이고 있는 전통적인 가족 체계와 효 사상 때문이었을 것이다.

한국의 전통적인 상례에 따르면 부모가 돌아가시면 3년간 자식은 그 부모를 위해 묘살이를 하여 효를 나타냈다. 김정일이 부친의 사망 이후 곧바로 국가 최고 권력직에 취임하지 아니하고 3년 후에야 승계한 것은 전통적인 가족 중심 체제에서 살아온 북한 사람들에게 민심을 얻기 위한 정치적인 행위라고 분석할 수도 있다. 그는 아들이자 정치가로서 아버지의 죽음에 대하여 효와 정치적인 예의를 표하여 민심을 얻은 것이다. 사실, 북한은 정치 경제적으로는 사회주의 사회이지만 마르크스 레닌의 가족 소멸론을 따르지 않고 가족 공고회 정책을 지향하였다. 북한은 가족을 사회주의 건설을 위한 효율적 기초단위로 삼았다. 가족 관계에서 부모에 대한 효는 김일성 정권의 권력 정착과 세습에 그대로 적용되었다. 북한 사람들은 김일성을 어버이로 숭배하였고, 권력은 전통 왕정시대의 관습대로 아들에게 세습되었다.[672] 북한 사람들에게 강하게 작용하고 있는 전통적인 가족관계의 성격과 기능면에서 볼 때에, 김정일이 3년 후에서야 비로소 당 총비서직에 오른 것은 전통적인 가치관과 세계관에서 살고 있는 북한 사람들의 민심을 얻기 위한 정치적인 행위라고 볼 수 있는 것이다. 마치 종교학에서 말하는 '의전적 통곡(ritual weeping)'과도 같은 것으로 다윗이 정적인 사울의 죽음 앞에 의전적인 통

---

670) 김경호, 『현대북한사회연구』(부산: 세종출판사, 2003), 37.

671) *Ibid.*, 41.

672) 염홍철 외 12인, 『북한사회의 구조와 변화』(서울: 경남대학교 극동문제연구소, 1987), 278-279.

곡을 했던 것과 같다. 다윗은 사울의 죽음으로 흉흉해진 민심을 얻고 왕통을 계승하려는 정치적이고 종교적인 의식을 행하였다. 이러한 맥락에서 김정일이 주석 직은 김일성에게만 해당된다고 선언하고 김일성을 영원한 주석으로 추대하였다는 것도 이해할 수 있다.

그러므로 북한 사회를 사회주의라는 내부적 관점의 틀로만 해석해서는 안 된다. 그리고 북한 사회를 외부자적 관점에서 자본주의 경제 체제와 자유민주주의 세계관으로만 바라볼 필요도 없다. 북한 사회에는 사회주의 체제하에서 기득권을 누리고 있는 핵심계층만 있는 것이 아니라, 기본 계층인 동요 계층과 소외되고 탄압받고 있는 적대 계층이 존재하고 있다.[673] 북한 사회와 사람들에 대하여 바르게 이해하기 위해서는 다양하고 통전적인 관점이 필요하다. 이러한 통전적인 관점, 곧 사회주의나 자본주의의 관점을 넘어서 실제 북한 사회를 움직이고 있는 전통적인 관점과 종교의 관점 등 다양한 관점을 통합하여 북한 사회와 사람들을 이해하고 그것을 기초로 북한 선교 접근 방법론을 실천해야 할 것이다. 그래서 북한 사람들이 여러 다양한 방면에서 단계적으로 세계 사람들이 요구하는 수준으로 스스로 변화할 수 있도록 도와야 할 것이다. 다양한 계층으로 이루어진 북한 사회는 변화하고 있고 그 변화를 하나님의 나라의 관점에서 촉진 시켜야 한다. 이것이 통전적인 관점에서 북한 사회를 분석해야 하는 당위성이다.

2. 변화하는 북한 사회와 북한 기독교

1) 북한 사회의 기독교에 대한 인식

북한 사회는 '종교는 인민의 아편'이라고 주장하는 마르크스주의의 공산주의 유물론에 의하여 조직화된 사회로서 공산주의 이상을 추구한다. 북한 사회는 궁극적으로 남한의 자본주의와 미 제국주의를 소멸시키고 무계급의 민주적 정치체제와 공산주의라는 경제체제로 한반도를 통일시키려는 목적을 가지고 있다. 공산주의 이상을 실현하려는 북한 사회에서 기독교는 북한 체제에 위협적인 요소로 8 · 15 해방 전후와 한국전쟁 이후 부정적으로 인식되었다.

---

673) 우정, 『북한 사회 구성론』(서울: 진솔북스, 2000), 174–175.

북한 사회에서 기독교는 친일적이며 친미 부르주아적이고 반공주의 집단으로서 숙청의 대상이었다. 실제로 한국전쟁을 전후로 수많은 기독교인들이 성분 불량자로 간주되어 무자비하게 고문을 받거나 처형되었다. 1958년부터 시작된 중앙당 집중 지도 사업으로 기독교의 경우 약 1,500개의 교회와 30여만 명의 신도들이 사라졌다. 김일성은 1972년 사회안전부에서 행한 연설에서 기독교 집사 이상의 간부들을 모두 재판하여 처단했다고 공공연히 주장하였다.[674]

사실, 북한 사회주의 정권 수립 당시 기독교인들은 정치적으로 부르주아적 우익이었으며 친미적이었고 반공을 공공연히 내세웠다. 김일성이 이끄는 사회주의 정권의 토지개혁, 노동법령, 국유화법령 등의 일련의 조치는 기독교인들에게 갈등을 불러일으켰다. 해방 직후 북한 기독교인들의 사회 경제적인 이익을 지키기 위해 정치적 움직임이 교회 재건보다 빨리 진행되었다는 점은 이를 잘 반증하고 있다. 신의주 제1교회의 윤하영 목사와 제2교회의 한경직 목사는 1945년 9월 해방 직후 북한의 최초의 정당인 기독교사회민주당을 결성하여 기독교 정치세력의 기반을 닦고 급격히 권력 기반을 확대해가던 공산주의 세력에 대항하여 기독교인들의 이익을 대변하였다.[675] 또한 신사참배를 거부할 정도로 성경적 보수 신앙을 가지고 있던 출옥성도들로 이루어진 '재건파' 기독교인들 역시 공민증을 '적그리스도 짐승의 표'로 정죄하였다. 이북 5도 연합노회는 1946년 10월에 임시 인민위원회에 일요일에 예정된 인민위원회 선거에 불참하겠다는 선언을 하고 인민정권은 마귀이며 선거표는 마귀표라고 정죄하기도 했다.[676] 이들에게 공산주의는 '광야의 여인' 곧 교회를 핍박하는 '붉은 용'의 세력으로 인식되었다. 김일성은 "력사적인 민주선거를 앞두고"라는 연설을 통해서 교회의 이러한 신앙적 행위를 조국과 인민을 기만하려는 흉악한 의도를 가진 반동분자들의 획책이라고 평가하고 있다.[677] 교회의 신앙적 행위는 북한 사회에 정치적인 반동분자들로 인식되었다. 6·25 한국전쟁 이후 북한 사회에 기독교는 미 제국주의의 앞잡이로 인식되었다. 전쟁 중에 미군들이 저지른 잔학 행위와 미군기의 폭격으로 인한 국토와 시설의 파괴는 북한 사회에 반미감정을 극에 달하도록 자극하였다. 미군의 공습에 대한 공포는 미국 종교인 기독교에 대한 분노로 전이되었고, 북한 기독교인들에게는 미 제국주의자들의 앞잡이라는 지울 수 없는 낙인이 찍혔다. 북

---

674) 이서행, 『새로운 북한학』(서울: 백산서당, 2002), 297-298.
675) 김흥수, 류대영, 『북한종교의 새로운 이해』(서울: 다산글방, 2002), 56-83.
676) Ibid, 76-77.
677) Ibid.

한 정권은 이 점을 지속적으로 이용하였다. 이들은 미국 선교사들을 정탐행위를 일삼는 미 제국주의 침략의 앞잡이들이라고 호도하였고, 선교사들이 만든 학교와 병원들은 숭미 사상을 불어넣는 도구라고 평가 절하하였다.[678] 심지어 미군의 학살 만행과 선교사들을 연결시켜 호도하기도 했다. 한 예로 김일성은 미국 선교사들이 십자가 대신에 카빈총을 들고 임산부를 총살하며 탱크로 어린애를 깔고 넘어갔다고 거짓을 유포하기도 했다.[679] 미군의 폭격 시 교회로 가면 안전할 것이라는 믿음 때문에 폭사한 사람들도 많았다. 미군은 교회나 신학교 건물에 무차별로 포격하여 북한교회의 대부분이 소실되었다.[680] 기독교는 미국의 종교로 인식되었고 반미 감정이 극에 달한 북한 사회에 교회와 교인들은 설 곳을 잃었다.

한국전쟁 후 기독교와 미 제국주의와의 관련성으로 인한 북한 사회의 기독교 박해는 지금까지 계속되고 있다. 한 예로, 북한 계층의 분류표에 따르면 기독교인은 간첩 관계자와 정치범 등이 속한 적대계층으로 분류되고 있다. 참고로 북한에 3계층이 존재하는데, 핵심계층에는 혁명 유가족, 노동당원, 혁명 인텔리 등이 소속되고, 동요계층에는 당원이 아닌 일반 노동자, 기술자, 농민, 사무원, 교원 및 그의 가족 등이 소속되며, 적대 계층에는 계급적 적대자와 민족적 적대자인 과거 지주나 자본가 가족, 종교인 가족, 반혁명 종파분자, 정치범, 간첩 관계자 등이 소속된다.[681] 적대 계층에 소속된 자들은 대학 진학, 입당, 군 장교 등의 자격이 원천적으로 박탈된다. 북한 사회에서 기독교인이 된다는 것이 무엇을 의미하는지 자명하다.

2) 북한 사회의 기독교에 대한 인식의 변화

1972년 북한의 헌법은 종교의 자유와 동시에 반종교 선전의 자유에 대하여 언급함으로써 사실상 기독교인들은 제한적인 신앙의 자유를 가질 뿐이었다. 김일성의 교시에 보면, 기독교에 대한 본질과 그 해독성을 북한의 학생들뿐만 아니라 남한의 기독교인들에게도 알려서 기독교를 포함한 종교와 투쟁을 해야 한다고 주장했다.[682] 반종교 선전에 따르면, 기독교는 세상에서 가장 힘 있는 존재인 인간을 철두철미 신에게 예속된 보잘 것 없는 존재로 왜곡하여,

678) 하종필, 『북한의 종교문화』(서울: 선인, 2003), 42; 북한은 언더우드와 알렌 등 초기 선교사들을 제국주의 노예사상과 숭미사대주의 사상을 퍼드리고 정치 모략을 일삼으며 경제약탈을 직업으로 하는 자들이라고 호도하고 있다.
679) 김흥수, 류대영, op.cit. 93.
680) Ibid., 92.
681) 이태건 외 3, 『21세기 북한학 특강』(고양: 인간사랑, 2003), 275-277.
682) 김흥수, 류대영, op.cit., 119.

근로 인민 대중에게 노예적 굴종을 설교함으로써 자주적이고 창조적인 생활을 위한 혁명투쟁을 저해하고 있다는 것이다. 기독교에 대한 북한 정권의 반종교 선전과 북한 사람들의 적대감과 집단 따돌림을 감수하면서 북한의 기독교인들은 자신들의 신앙을 정당하게 드러내지 못한 채 개인적인 차원에서 믿음을 지킬 수밖에 없었다. 기독교 신앙을 가지는 사람들은 자연적으로 사회에서 소외된 노년층과 부녀자들 그리고 사회 약자들에게 한정되었다.

1960년대 후반 이후 "사회주의 건설의 황금시대"를 맞이한 북한 정권은 기독교인들의 처소 예배를 용인하였다. 북한 사회는 당시 사회주의 경제정책의 결과 주택, 교육, 의료의 무상 제공과 8시간 근로시간 확립 등 생활수준의 향상으로 인하여 고무되어 있었다. 전쟁의 폐허에서 이루어낸 경제적인 자립은 북한 사람들에게 자부심과 자신감을 주었고, 기독교의 신앙은 인간을 나약하게 만드는 미신적인 것으로 비쳐졌다. 북한 사회에서 제대로 교육을 받은 사람들은 인간을 나약하게 만드는 기독교와 같은 미신에 빠지지 않을 것이라는 확신이 기독교인들에게 처소교회를 허락한 배경이었다.[683] 주체적이고 창조적인 노동을 통하여 자연을 변화시키는 기적을 이룬 북한 사회에 기독교는 외세로부터 교통이 끊어진 허약한 미신에 불과했다. 기독교는 북한 사회를 위협하는 종교가 더 이상 아니었던 것이다. 북한 사람들에게 역사의 주인으로서의 인간의 자주성과 창조성을 강조하는 주체사상은 북한 사람들에게 유사종교의 역할로서 종교성을 해소시켰다.

그런데 1980년대 후반 이후 소련의 해체와 동구권 공산주의의 붕괴, 한국의 북방외교와 국제사회의 핵사찰 입력 등으로 북한 사회는 경제난의 심화, 외교적 고립, 안보난 가중 등의 3중고를 겪게 되었다. 여기에 1994년 7월 8일 김일성의 사망으로 인하여 혁명 세대는 지나가고 실용주의와 현실적 의식을 강조하는 김정일 시대가 되었다.[684] 북한 사회는 체제 유지를 위한 전방위 외교와 대외 개방 정책으로 나아갔다. 북한은 군부 중시의 비상 위기관리 체제를 통해 내부적 안정을 꾀하고, 외부적으로 경제난 해결을 위해 도입정책과 외교적 고립 탈피를 위한 유인외교를 추진하였다.[685]

이러한 국내외적인 변화는 기독교에 대한 시각의 변화를 가져왔다. 먼저 기독교는 북한 사회의 외교적 고립이나 경제적 위기를 타개해나가는 데 좋은 매개체로 여겨졌다. 북한 정권은

---

683) *Ibid.*, 107-108.
684) 리영희, 「남북한 화해와 북한의 변화」, 『인제통일논총 5』, 인제대학교 인문사회과학연구소 (2000. 10), 4.
685) 이태건 외 3인, *op. cit.*, 158.

기독교가 인간 해방의 장애요소요 궁극적으로 극복되어야 할 대상으로 규정함에도 불구하고 통일전선을 위해 타협해야 하는 단계적인 집단으로 보았다. 혁명 주체가 혁명역량이 부족할 때에는 그 단계에서 비 혁명세력과 연합하여 주요 극복대상을 공격하는 것이 통일전선이다. 통일전선의 관점에서 기독교는 사회주의 혁명을 위해 이용가치가 있을 경우 조직될 수 있고 제한적으로 활성화될 수도 있다.[686]

1992년 북한의 개정 헌법 제68조 1항에는 종교 건물의 건축과 종교의식의 허용에 대한 내용이 첨가되었고, 이에 반해 그동안 지속되었던 "반종교선전의 자유"의 내용이 삭제되었다. 이것은 변화의 시기에 형식적이나마 종교의 자유를 허용할 수밖에 없었던 북한 사회의 단면을 잘 나타낸다고 볼 수 있다. 그러나 제68조 2항에 보면, 종교를 빙자한 외세 개입을 철저하게 금지하고 있기 때문에 북한 당국이 허용하는 종교의 자유가 무엇을 뜻하는지 알 수 있다.[687] 1988년 봉수교회와 1992년 칠골 교회가 평양에 설립되었는데, 이것은 북한 내의 처소 교회에서 요청한 것이 아니었다. 북한 당국은 해외 한인들의 계속되는 요청과 해외 방문객들의 종교적 편의를 제공하기 위하여 정책적으로 예배당을 건축한 것이었다. 북한의 기독교 신자들은 노령화되어서 가까운 처소교회에서 예배를 드리는 것에 익숙해 있었다. 그러나 북한 방문 기독교인들이 처소교회를 방문하게 되자, 그 많은 인원을 처소교회가 감당할 수 없었다. 그래서 평양 만경대 구역 봉수동과 칠골에 예배당을 세우게 되었다. 예배당 건립 후 평양 지역의 예배처소는 88년 500여 처소교회에서 94년 50여 처소교회로 감소하였다.[688] 교회 건축은 북한 기독교 신자 공동체의 요구가 아니라 외부 기독교인의 요구와 정치적 필요로 세워진 것이다. 오히려 이 건축으로 인하여 기존의 처소교회가 감소하게 되는 결과를 가져왔고 노년층의 기독교인들에게 불편함을 안겨줄 따름이었다.

북한 당국의 기독교에 대한 인식 변화가 통일전선의 관점에서 이루어지는 동시에, 북한 사회에서는 기독교 신앙인들에 대하여 미 제국주의의 앞잡이라는 선입견이 점차 사라졌다. 1989년 문익환, 임수경의 북한 방문은 북한 사회에 충격으로 다가갔고, 북한 언론은 1970년대 중반 이후 남한 종교인들의 민주화 통일 운동을 긍정적으로 소개하기 시작했다. 기독교는 더 이상 미제의 앞잡이가 아니라 민족 통일을 위한 민족 종교라는 인식이 점차 확산되기 시작

---

686) 김흥수, 류대영, *op. cit.*, 31-32.
687) 이서행, *op. cit.*, 298.
688) 김흥수, 류대영, *op. cit.*, 156-157.

했다.[689] 1981년『현대 조선말 사전』과 1992년『조선말대전』을 비교하면 그 차이가 분명하다. 1981년『현대 조선말 사전』에서 종교를 "인민대중의 혁명의식을 마비시키고 착취와 억압에 무조건 무저항주의를 고취하는 아편"으로 정의하고, "예수교"를 "…낡은 사회의 사회적 불평등과 착취를 가리우고 … 허황된 천당을 미끼로 … 지배계급에게 순종할 것을 설교하는 종교"라고 규정하며, 전도사를 "사람들을 찾아다니면서 예수교를 퍼뜨리면서 미제를 비롯한 제국주의 침략자들과 착취자들에게 복무하는 자"라고 터무니없이 정의하고 있다. 그러나 1992년『조선말대전』에서는 종교란 "초자연적이고 초인간적인 존재에 대한 절대적인 신앙"이라고 설명하고, "예수교"는 "하나님의 아들로서 인류를 구원하기 위하여 하늘에서 내려온 예수가 십자가에 못 박혀 죽었다가 다시 부활한 그리스도의 교훈을 잘 지키면 천당에 간다는 것을 설교하는 종교"라고 평가하며, 전도사를 정의하기를 "예수교를 보급하는 사명을 지닌… 교회의 직무에 있는 남자"라고 설명하고 있다. 1995년에 발간된『조선 대 백과사전』은 미신과 종교를 구분하면서, 미신은 귀신과 같은 단순하고 단편적 신앙인 점, 관상, 손금 등이라고 규정하는 반면에, 종교는 신앙 대상이 일정하고 체계화된 교리를 가진 신앙 체계라고 정의하고 있다. 북한 사회는 기독교에 대한 비판적인 태도를 바꾸었지만 아직도 기독교는 일반 사람들에게 "오른뺨을 맞으면 왼뺨을 돌려대라"는 예수 그리스도의 말씀을 따르는 무기력하고 나약한 종교라는 인식이 강하다.[690]

3. 북한 선교 전략: 가난한 북한 교회와의 연대

만일, 친한 친구가 서로 돕다가 어느 날 갑자기 한 친구의 어려움을 알면서도 더 이상 돕지 않고, 도와줄 능력이 있음에도 불구하고 해결 능력이 없는 친구에게 스스로 해결하라고 한다면 그것이 그리스도의 사랑일까? 우리는 북한 선교에 있어서 문화 차이를 고려해야 한다. 한 문화는 자본주의 자유경쟁 가치관으로 재정 독립과 자기 충족을 강조하고, 다른 문화는 사회주의 가치관으로 상호 연결과 나눔을 강조한다. 선교에 있어서 가장 기본적인 선교 후원의

---

689) *Ibid.*, 164-167.
690) 김철웅. "피아니스트 김철웅 간증". 2004년 7월 4일 오후 2시 제일교회.

문제는 바로 이러한 문화차이에서 발생하고 있다. 한편에서는 재정 독립을 요구하고, 다른 한편에서는 재정 후원을 지속적으로 받기를 원한다. 이쪽에서는 독립성과 자력갱생을 우선적인 가치로 생각하고 저쪽에서는 상호 연대와 공생을 우선적인 가치로 생각한다. 한쪽에서는 가난함이 "악하고 게으른 종"이 하나님의 주신 재능을 사용하지 않고 땅에 묻어두었기 때문이라고 본다. 다른 한쪽에서는 하나님의 재물을 맡은 "부유하고 풍요로운 청지기"가 물질을 나누어 도와주지 않는 것은 그리스도의 사랑 실천에 위배되는 것이라고 생각한다. 둘 다 맞는 말이다. 전자는 시장 경제가 지배하는 자본주의 사회를 대변한 것이요, 후자는 계획경제와 배분이 강조되는 사회주의 사회를 대변하는 것이다.

말리노프스키(Bronislaw Malinowski)는 뉴기니 근처 트로브리안(Trobriand) 군도에서 부족 간의 교역 형태인 쿨라(the Kula) 시스템에 대하여 연구하였다. 부족들은 물물의 상호 교환시스템을 통해 적대적인 환경 속에서도 평화를 유지하였다. 이 시스템은 이타주의의 관용의 단계에서부터 값을 흥정하며 옥신각신하는 단계에 이르기까지 다양하였다.[691] 마르셀 모스(Marcel Mauss)는 말리노프스키의 상호 호혜성 이론에 대하여 서구적인 입장에서 분석되었다고 비평하며, 물건이나 선물을 줄 때에 보상이나 대가를 바라지 않고 주는 "순수한 선물"도 있음을 지적하였다.[692]

전통 사회뿐만 아니라 한국을 비롯한 제3세계, 아니 서구에서조차 "선물을 주는" 문화는 현대 후기 사회에서도 존재한다. 서구에서 아이를 낳기 전에 하는 의식인 "베이비 샤워"는 산모에게 출산의 불안을 덜어주기 위해 친구들이 선물을 주는 경우이다. 한국에서도 존경하는 스승이나 종교 지도자들에게 조그마한 선물을 주는 것은 "선물을 주는" 방식으로 이해하면 좋다. 성경에서도 "사람의 선물은 그의 길을 넓게 하며 또 존귀한 자 앞으로 그를 인도하느니라" 말하며 선물의 중요성을 지적했다(잠 19:16). 물론 성경은 이익을 탐하거나 뇌물을 받는 것을 금하고 있다(잠 15:27). 그러나 최근 '감사의 선물'이 그 선을 넘어 '대가성 뇌물'이 되는 경우도 많아 사회적 지탄의 대상이 되기도 하였다. 물론 부정직한 뇌물은 잘못된 것이지만, 친밀한 관계 형성을 위해 '선물을 주는' 문화는 전 세계적일 뿐만 아니라 성경적인 문화이기도 하다. 이러한 문화는 선교에 적용할 필요가 있다. 그러므로 선물을 주는 방식이

---

691) Bronislaw Malinowski, *Argonauts of the Western Pacific* (New York: E. P. Dutton, 1953), 177-189.
692) Marcel Mauss, *The Gift: Forms and Functions of Exchange in Archaic Societies* (London: Cohen & West, 1966).

친밀한 인간관계를 형성한다는 데 목적이 있음을 알고, 이것을 통해 성경적인 청지기직을 이해할 필요가 있다. 성경적인 청지기직은 하나님과의 관계성 속에서 재조명되어야 한다. 부와 재산은 모두 하나님과의 친밀한 관계에서 비롯되어야 한다. 하나님이 주시지 않으면 우리의 부와 재산은 헛된 것이다. 성경은 "네 손이 선을 베풀 힘이 있거든 마땅히 받을 자에게 베풀기를 아끼지 말라"고 하였다(잠 3:27). 그러므로 부와 재산을 가지고 교회 지도자들과 가난한 성도들을 지원하고 후원하는 것은 성경적이고, 하나님의 사람들과의 좋은 관계를 맺는 것으로 이해할 수 있다.

바울 사도는 고린도 교회에 편지하기를 가난한 성도들을 위한 자발적인 헌금의 중요성을 강조하였다. 고린도후서 8장 4절에, 마케도니아 교회 성도들은 유대의 가난한 성도들을 위하여 자발적으로 헌금을 하여 "성도 섬기는 일에 참여"하였다. 이들은 의무적으로 헌금을 한 것이 아니라 하나님께 감사함으로 순순한 헌물을 바쳤다. 이들의 자발적 헌금은 성도 간의 사랑의 진실함을 표현이었다(고후 8:8). 헌금의 정신은 바로 "부유하신 그리스도의 가난하게 되심을 실천함으로 가난한 자들을 부유하게 하심"이다(고후 8:9).

북한 선교에서 선교 후원 전략은 이러한 성경적 원칙을 따라야 한다. 풍족한 교회가 부족한 교회의 필요를 채워 하나님의 사랑의 관계를 실천하라는 것이다. 그런데 재정의 독립을 강조하는 선교부는 재정적으로 고통받는 현지 교회들의 요구를 일방적으로 거절하고 후원을 삭감하는 예가 많은 것이 현실이다. 부유한 선교 본부와 가난한 현지 교회의 관계에서 삼자 원칙, 즉 자주, 자립, 자전의 원칙은 종종 현지 교회에 고통을 줄 수 있다. 처음부터 경제적인 지원을 전혀 하지 않는 선교부에서부터 자립할 때까지 지원을 점차 줄이는 선교부에 이르기까지 현지 교회는 경제적인 어려움을 감내하지 않으면 안 되는 현실이다. 무조건 독립만을 외칠 것이 아니라, 상호 관계에 있어서 직접 방문하여 서로의 어려움을 공감하고 서로가 도울 수 있는 방법을 모색하는 것이 좋은 방안이다. 현지 교회가 얼마나 어려운지, 자립은 가능한지, 그리고 선교부가 선교 자금 모금에 얼마나 힘이 드는지 서로가 이해하고 그 과정을 통해 신뢰감을 쌓아야 할 것이다. 만일 선교부의 정치적인 변화에 의하여 선교지에 경제적 지원이 삭감되는 일이 발생된다면 그것을 통해 친밀했던 상호 관계는 악화될 것이다. 한편에서의 일방적인 지원 거부는 친밀한 관계를 의미하는 부의 공유를 거부하는 것이고 그 관계를 끊자는 말과 같다. 재정이 넉넉한 데에도 불구하고 현지에서 고통받는 교회를 지원하지 않는 것은 심각한 관계훼손이며, 그리스도인의 세계 연대에 금을 가게 하는 것이다.

고린도 후서 8장 13절에서 14절에, "이는 다른 사람들은 평안하게 하고, 너희는 곤고하게 하려는 것이 아니요, 균등하게 하려 함이니, 이제 너희의 넉넉한 것으로 그들의 부족한 것을 보충함은 후에 그들의 넉넉한 것으로 너희의 부족한 것을 보충하여 균등하게 하려 함이라" 말씀했다. 북한 선교에서 부의 분배와 공유 그리고 가난한 북한 교회와의 연대를 통한 균형적인 발전은 선교 현장의 가장 긴급하게 풀어야 할 숙제이다. 상호 방문을 통하여 무엇이 어려운 점인가를 파악하고 공동 연대할 수 있는 방식을 통하여 상호 신뢰와 협조를 활성화시켜야 할 것이다.

4. 북한 선교의 과제와 전망

1980년대 후반 소련과 동구권의 몰락으로 경제 협력이 중단되고 세계 경제 질서가 재편되자 북한은 1992년 외국인 합작 법을 제정하고 1993년 1월 자유 경제 무역지대를 설치하며 외자유치와 경제 협력을 위하여 미국과 한국과의 관계를 개선시키려고 하고 있다. 기독교는 이러한 목적에 부응하는 종교로서 북한 사회에서 억압만 받다가 1980년대 후반부터 점차적으로 종교 의식 거행과 건물 건축 등을 허가받게 되었다. 그리고 북한 사회를 향한 남한 기독교인들과 해외 기독교인들의 구호 사업과 잦은 방문 등으로 인하여, 북한 사회는 기독교인들에 대하여 "외세를 끌어들인 민족반역자"라는 꼬리표를 떼어 버리고, 민족 동포애를 발휘하는 사랑의 사도로서 긍정적으로 평가하였다.

이러한 변화의 시기에 한국 교회의 북한 선교의 방향성은 첫째, 북한 사회를 남한과 서구 세계와 원활하게 교류할 수 있도록 그리스도의 복음으로 매개하는 역할을 수행하여 통일의 길로 나아가게 하는 것이다. 그리스도의 복음은 "하늘에 있는 것이나 땅에 있는 것이나 그리스도 안에서 통일되게" 하는 것이다(엡 1:10). 에베소서 4장 1절에서 6절에 보면, 몸이 하나요 성령도 하나임으로 성령의 하나 되게 하는 평안의 매는 줄로 하나가 되라고 했다. 하나님은 만유를 통일하시는 분이시기에 북한 사회가 남한과 세계와의 교류 가운데 통일의 길로 나아가도록 한국 교회는 힘써야 할 것이다. 그리스도께서 십자가에서 평화와 화해의 복음을 실천하셨듯이 그리스도를 따르는 기독교인들은 남북의 화해와 평화를 위하여 궁극적으로 통일을 위하여 선교하여야 할 것이다.

둘째, 북한 선교의 방향성은 과거 제국주의 선교의 과오를 되풀이하는 쪽으로 나아가서는 안 될 것이다. 북한 교회가 절대로 한국 교회의 과시욕와 성취욕(triumphalism)의 대상이 되어서는 안 된다. 무조건 남한의 자본주의 사회에서 뿌리내린 자본주의적 기독교의 신앙양태를 북한 사회에 무비판적으로 심어서는 안 될 것이다. 자본주의 사회의 무한경쟁 속에서 살아남기 위해 파행적으로 시도되었던 신앙 양태들, 곧 교파주의, 개교회주의, 기복신앙, 물질축복, 개인주의 신앙 등을 북한 기독교에 심어서는 안 될 것이다.

셋째, 북한 선교는 남북 기독교가 기독교의 민족주의적 성격을 찾아내 발굴하고 애국주의적 요소들을 북한 사람들에게 알리는 방향으로 나아가야 할 것이다. 이미 1980년대 후반부터 북한 사회에서 기독교에 대한 오해가 서서히 사라지고 긍정적인 평가를 내리고 있다. 북한에서 살고 있는 사람들과 해외로 이주한 사람들에게 기독교의 민족주의적 성격과 민족 통일을 위한 노력의 발자취를 발굴하여 이와 함께 기독교 신앙을 전할 때 기독교 신앙을 더욱 의미 있게 받아들일 수 있을 것이다.

제 5 부

. . .

선교 특강 및 논평

제24장 한국 교회 부흥운동의 5가지 토착적 형태

한국 교회 부흥운동은 부흥회를 중심으로 일어났다. 부흥회에서 강조되고 있는 신앙 실천 형태를 5가지로 살펴볼 수 있다. (1) 성수주일: 거룩한 시간, (2) 성전 중심: 거룩한 장소, (3) 십일조, 기도, 안수 강조: 거룩한 행동, (4) 설교와 성경말씀: 거룩한 말과 글, (5) 목회자 섬김: 거룩한 사람 등이다.

본 장에서는 이러한 다섯 가지 한국 기독교의 토착적 형태에 대하여 평가하려고 한다. 결론적으로 위의 토착적 패턴들은 하나님과의 관계를 더욱 친밀하게 하여 은혜를 받도록 하자는 것이지, 하나님을 부리려고 하는 마술적인 도구가 될 수 없다는 것이다.

지난 몇 해 전 대학로 알과 핵 소극장에서 공연된 'Oh! My Gods'에서 한국 기독교 현실에 대하여 풍자하였는데, 그 내용에는 부흥회에서 열광적인 찬양과 안수기도, 신유, 헌금 강요, 그리고 열광적인 예수 재림에 대한 기다림과 재림 약속의 연기 등이 포함되었다. 이 기획자가 소속된 교회는 장로교의 모 교회로서 부흥회를 열광주의로 묘사하고 성서를 읽고 배우는 것을 제자훈련으로 하는 교회였다. 당연히 이 연극에서 부흥회적 열심과 재림 소망의 열심이 여지없이 광신으로 비치고 이단시되었다. 이 연극에서 부흥회적 열심, 박수치고 성령 충만을 위해 기도하고, 병 고치는 신유의 집회 등을 이단시 했는데, 물론 건전한 부흥회를 비판하는 것은 아닐 것이다. 부흥회를 통해 하나님을 부리려는 태도를 꼬집은 것이다.

그러나 문제는 그것을 어떻게 판단하느냐는 것이다. 물론 여신도 성폭행, 종교를 빙자한 사기 등 겉으로 드러나는 것은 여지없이 비판받아야 마땅하다. 그러나 열심 있는 신앙을 표현하는 신앙 실천이 이단시된다는 것은 문제가 있다. 만일 순수한 신앙의 열정으로 부흥회에서 참여하였는데, 병 고침을 못 받았다고 해서 그 부흥회나 교회가 사기를 친 것은 아니다. 그리고 보통 교회에서 실행하는 박수치고 아멘하고 신유기도하고 헌금기도하는 것이 광신은 아닌 것이다. 그러나 일반인들에게는 이러한 모습들이 언론의 영향으로 인해 광신이나 이단으로 비치고 있는지도 모른다. 우리는 건전한 부흥회와 사이비 부흥회를 구분해야 한다. 건전한 부흥회는 말씀 중심 사경회이고, 불건전한 부흥회는 열정적 성령 중심 신유 집회라고 단정적으로 판단할 수 없다. 오히려 한국 기독교의 토착적 형태로서 그 신앙 양태들이 분석되어야 한다.

1. 한국 기독교의 토착적 형태에 대한 평가

1) 한국 기독교의 토착적 형태들(Indigenous Korean Christian Patterns)

한국에 지난 16년간 미국 연합감리교 선교사로 사역했던 문화인류학자 그레이슨(James Grayson)의 분석에 따르면, 한국 종교 문화 속에 개신 교회에 의해 깊이 뿌리박힌 한국 기독교의 토착적 형태는 추도 예배, 심령부흥회와 산기도원 기도회 등이 있다고 하였다(1995: 52~55). 저자는 그레이슨이 지적한 토착적 기독교 형태 중 산기도원 기도회와 심령부흥성회를 통해 그 구체적 요소인 다섯 가지 "한국 기독교의 토착적 형태들(Indigenous Korean Christian Patterns)"을 찾아내었다. 그것들은 (1) 하나님과 신자들의 관계 사이에 '회복(restoration)'과 '축복(blessing)'의 메시지를 강조하고 받아들임, (2) 하나님께 예배하기 위해 시간과 물질을 바침, (3) 목사의 영력(spiritual power)에 대한 신뢰, (4) 성스러운 시간과 장소에서의 여러 형태의 참여적 기도(participatory prayer), 즉 큰 소리로, 소리 없이, 금식하며, 자유롭게 기도함, (5) 목사와 신자들 간에 친밀한 관계 등이다.

이러한 한국 기독교의 토착적 형태들은 그 형태(form)로 보아서 한국 현대 샤머니즘의 그것들과 비슷하다. 즉, 신령과의 관계와 조화의 강조, 시간과 물질의 바침, 무당의 영험을 의지함, 성스러운 시간과 장소에서의 자유로운 기도, 무당과 단골과의 친밀성 등 모두 샤머니즘에서 강조되는 종교현상들이다. 샤머니즘과 그 형태의 유사성 때문에, 이러한 한국 기독교의 토착적 형태들은 지금까지 '샤머니즘적' 혹은 '마술적(magical)'이라든지, 혹은 기독교의 순수성을 어지럽히는 '혼합적'이라는 딱지가 붙어 온 것이 사실이다(손봉호, 1983: 337~339; 유부웅, 1986: 74; Douglass, 1991: 23). 그러나 저자는 위의 토착적 기독교 형태들이 결코, 하나님을 부리려고 하는 마술적인 도구이거나, 샤머니즘적으로 혼합되어 기독교의 본질과 순수성을 흐려 놓는 것이 아니라, 오히려 샤머니즘을 찾아가는 혼합적 민중 기독교인들을 다시 기독교로 되돌려 놓을 수 있는 실제적이고 유효한 '토착적 기독교 형태'임을 주장하고자 한다. 이러한 주장을 돕기 위해 성경적 근거(Biblical Foundations), 웨슬리(John Wesley) 신학의 '은혜의 수단' 개념, 더렐 화이트만(Darrell Whiteman)의 '회심'과 '토착화'의 개념들을 이용하고자 한다.

2) 한국 기독교의 토착적 형태에 대한 평가

(1) 성경적 근거(Biblical Foundations)

성경은 기독교 신앙의 토착화에 대하여 매우 긍정적으로 증언한다. 구약에서 주 하나님은 이스라엘 주변 민족들의 종교적 의식과 문화적 형태들을 사용하여 이스라엘의 문화와 종교를 보충하셨다(Davies, 1997: 198). 예를 들면, 창세기 15장의 동물을 둘로 쪼개어 아브라함과 언약을 체결하신 것은 당시 가나안 문화를 따른 것이다(Rowley, 1967: 37). 그리고 할례의식은 팔레스타인의 결혼 전 통과 의례를 하나님과의 몸에 새긴 언약으로 변혁한 것이고, 유월절 의식은 첫 새끼를 악을 쫓기 위해 바쳤던 유목민의 봄철 축제를 출애굽과 연결 변혁시킨 것이다(De Vaux, 1961: 47~48; Rowley, 1967: 37). 또한 성막과 성전의 경우 모세 이전의 이집트의 건축 구조와 양식을 따온 것이고, 싱서의 지혜문학은 소위 이방 지혜문학에서 빌려 온 것이 많다(Davies, 1997: 203).

신약에서는 예수 그리스도의 메시지가 여러 다양한 문화 속에 뿌리박는 것을 볼 수 있다. 복음은 각각 유대인과 헬라인에게 맞도록 기록되었고, 예수님은 당시 세례 의식과 유대인의 유월절 만찬을 이용하여 당신의 죽으심의 의미를 표현하셨다(누가복음 14:14~23). 사도행전 15장의 예루살렘 공의회는 이방인들에게 복음을 전하는데, 유대인의 할례의식을 강요하지 아니하고 이방인의 문화를 존중해 주는 것을 볼 수 있다.

이상에서 살펴본 대로, 성경은 각 문화권의 문화들을 무조건 배척하지 아니하고, 그것을 하나님의 메시지를 담는 그릇으로 변혁하여 사용하는 것을 볼 수 있다. 그러나 성경에는 받아들일 수 없는 형태도 있음을 지적한다. 즉, 이집트나 바벨론, 그리고 가나안의 우상 숭배, 종교적 성장으로 인한 성적 부도덕성, 그리고 정치 경제적인 착취 등은 받아들여지지 않았다 (Robinson, 1964: 45).

그러면 한국 기독교의 토착적 형태가 어느 쪽에 속하느냐는 분명하다. 그것은 성적 부도덕성이나 우상숭배, 혹은 정치 경제적인 착취에 속하지 않는다. 물론, 그것을 잘못 도용하는 경우 혼합적인 요소가 나타날 수 도 있으나, 현장 기독교인들의 입장에서는 자신들의 간절한 소망을 하나님께 기도하는 것이 결코 혼합적으로 비칠 수 없고 오히려 진실한 토착화의 결과가 될 것이다.

(2) 웨슬리 신학의 '은혜의 수단'

웨슬리(John Wesley)는 성서의 두 가지 진리인 하나님의 은총과 인간의 책임성을 창의적으로 종합하였다(Snyder, 1980: 143~144). 그는 하나님의 은총은 인간의 책임성과 떨어질 수 없고 오히려 항상 긴밀하게 연결되어 있음을 주장하였다(Wesley, 1872d: 185ff). 레오 콕스는 웨슬리가 한편으로 강조한 인간의 책임성을 하나님의 은총으로 회복된 인간의 능력으로 가능하다고 설명하고 이를 "은총의 능력(gracious ability)"이라고 했다(1964: 39~45). 즉, 기독교인은 하나님의 은총으로 회복된 "은총의 능력"이 있어서 하나님의 사역에 능동적으로 참여할 수가 있는 것이다. 기독교인은 은총의 능력으로 인하여 "하나님께 복종"하고, "주께 성결"하며, "사랑으로 역사 하는 믿음"을 실천할 수 있는 것이다(Wynkoop, 1972: 168~169, 206, 210, 246, 273). 이러한 실천적인 기독교인의 능력은 기도, 성서 읽기와 듣기, 성만찬 참여, 예배, 세례, 공동체로서 기독교인의 모임, 상호 격려와 경책 등의 "은총의 수단(means of grace)"을 통해 발휘된다(Wesley, 1872d: 199; Snyder, 1980: 46; Curnock, 1938: 360).

이런 의미에서, 저자는 한국 기독교의 토착적 패턴이 웨슬리 신학의 관점에서 한국적 상황에 잘 맞는 '은총의 수단'임을 주장하고자 한다. 즉, 이것이 "하나님과 신자들의 관계 사이에서 회복(restoration)과 축복(blessing)의 메시지를 강조하고 받아들임"은 성서의 말씀을 듣는 은혜의 수단이고, "하나님께 예배하기 위해 시간과 물질을 바침" 역시 예배를 통한 은혜의 수단의 활용인 것이다. "성스러운 시간과 장소에서의 여러 형태의 참여적 기도(participatory prayer), 즉 큰 소리로, 소리 없이, 금식하며, 자유롭게 기도함" 역시 하나님께 기도하는 은혜의 수단이고, "목사의 영력(spiritual power)에 대한 신뢰"와 "목사와 신자들 간에 친밀한 관계" 등은 서로 격려하고 권면하는 은혜의 수단인 것이다.

(3) 화이트만(Darrell Whiteman)의 '회심'과 '토착화' 개념들

에즈베리 신학대학원의 선교학 교수인 문화인류학자 화이트만은 멜라네시안의 회심을 설명하면서, "회심은 신앙 없음에서 신앙 있음으로 전환하는 것이 아니라, 한 신앙에서 다른 신앙, 즉 조상신에 대한 헌신에서 예수 그리스도께 헌신함으로 전환되는 것이다"라고 하였다(1983: 371). 그리고 토착화에 대해 정의하기를, "자신들의 문화 밖에서 빌려 온 것을 그 문화 안에서 자신들의 것으로 삼는 전 과정"이라 했다(1983: 412). 그리고 그는 형태와 의미(form and meaning)라는 용어로 이를 설명하는데, "토착적 기독교는 전통적인 형태를 차용하여 기독교 안에서 발견된 새로운 의미를 표현한다"고 하였다(1983: 417).

이러한 회심과 토착화에 대한 정의는 한국 기독교의 토착적 형태에 대한 평가에 결정적인 역할을 한다. 즉, 토착적 한국 기독교는 전통적인 한국적 형태, 즉 샤머니즘적인 패턴을 이용하여 기독교내에서 발견한 예수 그리스도를 높이고 찬양하는 데 사용된다는 것이다. 예를 들어, 산에서 기도하는 것, 치병을 위해 기도하는 것, 물질과 돈을 바치는 행위, 그리고 큰 소리로 하는 통성기도 등은 샤머니즘의 신령에게 하는 것이 아니라 예수 그리스도를 통해 하나님께 드리는 것일 경우 기독교의 토착적 형태가 된다. 그리고 '회복'에 대한 메시지나 목사의 영력에 대한 신뢰는 신령을 통한 신령과의 회복이 아니라 하나님과 신자 사이에 그리스도의 중재를 통해서 받는 신직 능력과 관계 회복을 말할 경우 기독교의 토착적 형태가 될 수 있다.

한국 기독교인들이 기독교의 토착적 형태를 이용할 때에, 하나님의 영광을 위한 것보다는 자신들을 위해 하나님을 부릴(manipulative) 경우 혼합적이 된다. 부흥회에서 강조되는 여러 형태의 토착적 형태가 혼합적으로 되지 않기 위해서는 하나님에 대한 순수한 사랑에 근거하여 신앙을 실천해야 하겠다.

우리는 이 두 가지 차이점을 분명히 구분하여야 할 것이다. 그래서 형태가 샤머니즘적이라고 무조건적으로 비판하고 매도할 것이 아니라, 그 표현하는 내용과 의미를 잘 살펴 삶의 현장에서 어려움을 당하고 있는 현장 기독교인들에게 그 토착적 형태를 잘 이용하여 하나님께 영광 돌릴 뿐 아니라 그들의 문제도 하나님의 도우심으로 해결함을 받도록 해야 할 것이다.

2. 한국 기독교회의 부흥과 성장에 기여한 한국 기독교의 토착적 형태

한국은 아시아에서 보기 드물게 기독교가 급성장한 나라이다. 한국은 기독교 전파 약 120년 만에 약 860만의 기독교 인구를 가지고 있다. 이는 2005년 인구 주택 총 조사에 따르면, 47,041,434명의 한국 인구 중에 약 18%인 8,616,438명이 기독교인이라는 말이다. 다른 말로 하면, 5명 중 1명이 교회를 다니고 있다는 뜻이다. 이러한 한국 교회의 성장에 대하여 그 원인을 분석하기 위하여 여러 가지 학설이 있다.

사회학적 고찰에서 보면, 한국 사회에 기독교가 들어올 때인, 19세기 말 한국 사회는 왕정 정치의 폐단과 일본을 비롯한 외세의 압박에 의하여 사회가 불안하고 가치가 혼돈된 시기였기 때문에, 서구의 기독교가 거부감 없이 정착할 수 있었다는 것이다.

종교적으로 보면, 한국에 기독교가 들어올 때인 구한말은 기존의 종교인 유교, 불교, 샤머니즘이 그 세력을 잃고 있었기에 기독교의 전파가 용이하였다는 것이다. 그리고 기독교는 한국 사람들이 기존에 믿고 있었던 최고신인 하나님 개념을 그대로 차용하여 기독교의 창조주 하나님 여호와를 설명하는 데 사용하였는데, 이것이 한국 사람들에게 거부감이 없이 기독교를 받아들이게 했다는 것이다.

그러나 한국에 들어온 기독교가 처음부터 승승장구한 것은 아니었다. 초기 기독교 전파에 있어서, 초기 기독교인들은 기존의 종교적 전통과 사회적 관습으로 인하여 수없이 많은 핍박을 견뎌 나가야 했다. 겉으로 보기에는 가치가 혼란하고 사회가 불안한 것 같아 보였어도, 사람들은 종교적으로는 전통적인 불교와 샤머니즘의 관습을 따라가고 있었고, 정치 경제 사회 생활에서는 유교의 가치를 따르고 있었다. 기독교 전래 이후 기독교인들은 한국 사회에 정착하기 위해서 유교와 불교, 샤머니즘의 저항에 부딪쳐야 했고, 이 과정에서 한국 사회에 적응하기 위하여 기독교는 서양 종교가 아니라, 한국인의 종교임을 증명해야 했다. 또한 한국 기독교인들은 일제 식민지시대에 한국의 독립을 위하여 일제에 대항하여 독립운동을 했고, 일제의 신사참배에 대항하였으며, 이로 인하여 수많은 기독교 지도자들이 순교했다. 그리고 1945년 해방 이후 한국전쟁 중에 많은 기독교 지도자들이 전쟁으로 인하여 순교당하며 교회들은 파괴되기도 하였다. 이러한 시련과 고통의 시간이 지난 이제 한국에서 기독교는 서양 종교가 아니라 한국의 기독교로 당당히 한국 사회와 문화를 이끌어가는 개혁적인 주체가 되고 있다.

다음으로 한국 기독교회의 부흥과 성장에 기여한 실제적인 교회내적 이유에 대하여 5가지 측면에서 살펴보고자 한다. 그것은 "(1) 성수주일, 교회 절기 강조: 거룩한 시간, (2) 성전 중심: 거룩한 장소, (3) 십일조 바침: 거룩한 행동, (4) 기도, 설교, 성경말씀: 거룩한 말과 글, (5) 목회자 섬김: 거룩한 사람" 등 한국의 교회 성장을 일으킨 한국 교회의 5가지 특징적인 면모를 살펴보는 것이다.

3. 한국의 교회 성장을 일으킨 한국 기독교의 토착적 5가지 특징적인 면모

1) 성수주일, 교회절기 강조 : 거룩한 시간(Sacred Time)

대부분의 종교 전통에서 거룩한 시간은 자연의 순환질서와 연결되어 있고, 우리 기독교도 예외가 아니다. 성서에서는 이스라엘인이 제 칠 일째 되는 날을 안식일로 지키고, 일 년 중 세 차례 무교절, 맥추절, 수장절을 하나님 앞에 지키도록 되어 있었다. 이스라엘이 유목 사회에서 가나안 농경 사회로 넘어가면서 채택한 이 세 절기는 각각 출애굽 사건과 연결되어 출애굽 원년을 기념하는 유월절, 시내산에서 하나님의 율법을 받은 오순절, 그리고 광야의 유랑생활을 기억하기 위한 상막절로 재해석하여 이스라엘에 뿌리내렸다.

초대 교회 이후 이러한 절기들은 기독교에서 예수 그리스도의 삶과 죽음에 연결되어 재해석되었다. 게르만족의 겨울 쫓아내기 봄맞이 의식은 기독교 전통의 부활절과 연결되었고, 로마의 만월(full moon)을 기념하는 추수제는 기독교의 추수감사절로 연결되었으며, 로마의 해를 숭상하는 축제인 '솔 인빅투스(Sol invictus)', 즉 '정복할 수 없는 태양'의 축제는 참 빛이신 그리스도의 탄생일인 성탄절로 기독교에 뿌리내렸다(McKenzie, 1988: 21, 61~62).

현대 한국 교회는 전통적인 성스러운 시간인 3일, 21일, 40일, 100일, 새벽, 밤 등의 기독교적 적용으로 각종 기도회와 특별 예배, 즉 새벽기도회, 금요심야기도회, 특별 작정기도회 등을 개최하고 있다. 그리고 현대 한국 교회에서는 일요일을 주님이 부활하신 주의 날이라 하여 예배하는 날로 지키고, 특별 절기로는 그리스도의 구원사의 차례와 농경 사회의 자연 순환

질서를 모두 채택하여 성탄절(Christmas), 부활절(Easter), 성령강림절(Pentecost), 맥추절(the festival of the first barley harvest), 그리고 추수감사절(Thanksgiving Day) 등을 지키고 있다.

이러한 현대 한국 교회의 절기는 서구 교회 전통과 구약의 전통이 모두 섞여 있는 복합적 절기라는 데 그 특징이 있다. 즉, 주님의 탄생과 부활, 성령강림 등의 날짜와 농경사회의 자연 순환 주기와 맞도록 토착화한 서구 교회의 전통인 성탄절과 부활절 그리고 성령강림절을 지킬 뿐만 아니라, 구약의 이스라엘 농경 사회 전통인 맥추절과 수장절 모두를 절기로서 현대 한국 교회는 지키기 때문이다. 이스라엘이 가나안의 농경 절기를 그들의 출애굽 사상으로 변혁시키고, 바알 숭배 사상을 여호와 경배 사상으로 변혁시킨 것처럼, 한국 교회는 한국의 전통 절기를 기독교적인 명절로 변혁시키고 있다. 많은 교회에서 추석의 계절에 조상에게 차례를 드리고 성묘하는 전통 예식을 기독교식으로 조상의 은덕을 기리며 하나님께 예배하는 차례예배와 성묘예배로 토착화시킨 것은 매우 바람직한 현상이라 하겠다.

2) 성전 중심: 거룩한 장소(Sacred Space)

하나님의 집(domus Dei)은 공간 중에서 가장 거룩한 곳으로 여겨지는 성소이다(McKenzie 1988: 50). 이스라엘은 하나님이 예루살렘 성전에 거하신다고 믿었다. 그래서 그들은 하나님의 집인 성전에서 하나님을 만나고 하나님의 음성을 듣고 꿈을 꾸며 도피처로서 보호를 받았다(시편 27:4, 84:1f; 열왕기상 8:13; 에스겔 43:7; 이사야 6:1). 그러나 도덕적 삶과 윤리적 행동 없는 성전 예배는 하나님 앞에 가증한 것이 되었다(예레미야 7:4~7; 이사야 6:1f). 이사야는 하나님이 성전에만 계신 것이 아니라 하늘이 하나님의 보좌요, 땅이 그분의 발등상이라고 말하며 부도덕한 부류들의 성전 건축을 책망하였다(이사야 66:1). 신약에서는 성전보다 크신 예수 그리스도가 오셨고, 기존의 예루살렘 성전을 헐고 그리스도 그분 자체가 성전이 될 수 있음을 강조하셨다(마태복음 12:6, 24:2; 마가복음 14:58).

그러나 그리스도는 12세 때 성전을 "하나님의 집"으로 말씀하셨고, 성전에서 물건을 매매하는 상인들을 축출하시기도 하셨다(누가복음 2:49; 19:45~46). 예수 그리스도 이후 바울은 하나님의 집에 대한 영적인 해석을 강조하였다. 그는 건물로서의 하나님의 집이라는 개념을 건물에서 신자들 자신이라고 새롭게 해석하였다. 로마와 유대교로부터 박해를 받으며 비밀리에 장소를 옮기며 모였던 초대교회에서는 이 해석을 받아들여 하나님의 집 교회는 건물보다는 교인 모임이나 공동체라는 사실에 더욱 강조하게 되었다(고린도전서 3:16, 6:19; 에베소서 2:20; 베드로전서 2:5).

현대 한국 교회는 하나님의 집인 성전에 대하여 사람들의 모임보다는 건물이라는 측면을 중요하게 생각하고 있다. 현대 한국 교회 신자들은 하나님의 집인 교회의 예배당에 들어선 후에 가만히 자리에 앉아서 먼저 하나님 앞에 머리 숙여 기도한다. 목회자들 역시 설교단에 올라가 제단에 무릎 꿇고 하나님께 기도한다. 특별히 현대 한국 교회는 설교단만 강조하는 칼빈 전통보다는 설교단과 제단을 다 강조하는 루터교회나 감리교회의 방식을 따르고 있다. 이는 교회를 성도들의 모임이라는 성격과 아울러 성전 혹은 하나님의 집이라는 성전의 거룩성이 강조되고 있는 것이다. 특히 교회 건축은 하나님의 집을 지어드린다는 사랑의 표현으로 해석되며, 재정적으로 어려운 가운데에서도 목회자와 신자들은 하나님의 집인 교회를 건축하는 열심을 가진다. 그러나 사회 불의와 부도덕에 반대하여 사회 변혁을 시도하는 운동에 교회가 재정적으로 참여하지 아니하고 교회 건축만 한다는 사회적 비난이 없는 것은 아니지만, 한국 교회 건축의 열기는 하나님의 집을 지음으로 신자 공동체의 하나님께 대한 실제적인 사랑과 헌신을 표현하는 중요한 신앙 표현 현상임을 부정할 수 없다.

3) 십일조 바침: 거룩한 행동(Sacred Action)

여러 종교에서 신께 대한 봉헌은 희생적 바침이라는 종교 행위로 표현된다. 이러한 봉헌 행위는 신과의 원활한 교제와 교통을 원하는 신자들의 염원과 연결되어 있다고 볼 수 있다 (McKenzie, 1988:94). 현대 한국 교회에서 이러한 희생적 바침의 신앙 행위는 각종 헌금을 드림으로 나타나고 있으며, 꽃이나 과일 혹은 곡물을 자치는 것으로 표현되기도 한다. 특히, 한국 교회는 성경의 말라기서 3장 8절에서 11절 말씀을 따라 십일조 헌금을 강조하는데, 이는 그리스도인들의 기본적인 의무로 되어 있다. 이 십일조는 성도들의 수입 중 십의 일은 성스러운 것으로 하나님께 바친다는 신앙심이 깃든 헌금으로 이해된다. 또한 하나님의 구원의 은혜와 일상생활에 대한 감사의 표현으로 드리는 감사헌금과 신자들의 생활 속에서 만난 여러 문제들이 풀어지기를 소원하는 각종 헌금, 그리고 예배 중에 하나님께 드리는 연보가 있다.

이렇게 하나님께 드려진 각종 헌금은 목회자의 기도를 통해 하나님께 봉헌된다. 한국 교회 목회자들의 헌금 기도는 하나님의 은혜에 대한 감사의 표현과 함께 하나님으로부터 하늘의 복과 땅의 복을 내려달라는 내용을 모두 포함되어 있다(노윤식, 1997a: 118). 특히, 이러한 목회자의 축복의 기도는 한국 교회의 봉헌 행위에 있어서 특징적인 면과 연결되는데, 이는 기독교 신자들이 직접 설교단에 예물을 바치거나 목회자의 심방 예배 시 직접 헌금을 봉헌함으로써 목회자로부터 헌금 기도를 받는 측면이다. 이러한 한국 교회에 나타나는 희생적 바침의 신앙 행위는 한국의 전통 종교들의 봉헌 방식과 내용에 있어서 그 유사성을 나타내고 있으며, 매우 신앙 영성이 강하게 표현되는 행위로 평가할 수 있겠다.

4) 기도, 설교, 성경말씀: 성스러운 말과 글(Sacred Words and Writings)

현대 한국 기독교에서 사용되는 말과 글은 일상적인 시장이나 거리에서 사용되는 언어와 다른 그 무엇이 있다. 먼저, 성스러운 말에는 여러 종류의 기도의 내용들이 이 범주에 속한다. 기도는 한국 교회의 특징적인 부분으로서 현재 언어보다는 "믿사옵나이다", "주시옵소서" 등 고어체의 사용이 아직도 남아 있는 부분이다. 특히, 축사나 병든 자를 위해 기도할 때, "나사렛 예수의 이름으로 … 떠나갈지어다"라는 우리 옛말의 명령법이 사용되기도 한다. 또한 "할렐루야"와 "아멘", "여호와", 혹은 "방언" 등은 그 용어와 의미가 낯설지만 그만큼 성스러움의 의미를 잘 간직하여 사용되고 있다(노윤식, 1997: 117).

그리고 강단에서 목회자에 의해 선포되는 설교 역시 성스러운 언어의 범주에 속한다. 설교는 평범한 연설이나 논설이 아니라 신자들에게는 하나님의 말씀으로 받아들여지고 있다. 그 말씀은 듣는 중에 역사하여 병을 고치기도하고, 삶의 현장에서 실천됨으로써 믿는 자들에게 살아갈 힘과 용기를 제공하여 여러 가지 문제 해결의 원동력이 되고 있다(노윤식, 1997:87). 그래서 목회자들은 평신도들에게 은혜 받기 위하여 강단권을 비판하지 말라고 가르친다. 이는 구약 시대의 성소와 지성소에 범인이 들어가면 죽게 되는 예와 같이 해석되는데, 하나님의 말씀인 설교를 아멘, 즉 예로 받아들이지 아니하면 그 영혼이 죽게 된다는 것이다.

선포되는 하나님의 말씀인 설교 외에 또 다른 측면의 하나님의 기록된 말씀은 신·구약 성경전서이다. 현대 한국 교회는 성서에 대하여 종교적인 경전의 예를 갖추어 성경이라 부른다.

본래 한 책(Biblos)의 의미를 갖는 성서는 한국 교인들에게는 다른 종교의 경전과 비교하여 손색이 없는 하나의 경전이 된다. 성경 안에 기록된 모든 말씀도 하나님의 기록된 말씀으로 여겨지고 그 말씀의 실천을 중요하게 생각하고 있다. 또한 성경책 자체도 귀중하게 여기는 데, 교회의 전면 제단 위에 대형 성경책이 놓여 있으며, 많은 신자들이 손으로 그것을 감아쥐어 가슴에 앉고 걷는 모습은 현대 한국 교회에서 흔히 볼 수 있는 모습이다(노윤식, 1997: 70). 그리고 한국 교회의 신자들 중에는 성경말씀이 나무판이나 종이에 쓰인 표구나 병풍, 달력 등을 가정 집 앞에 혹은 집의 벽면에 걸어두기도 하는 데, 여기에서 성구의 쓰인 언어로서 거룩성을 찾아 볼 수도 있겠다.

5) 목회자 섬김: 성스러운 사람(Sacred Person)

목회자는 현대 한국 교회의 교인들에게 어느 정도 성스러움을 지닌 모습으로 이해되고 있다. 특히, 목사는 하나님으로부터 소명을 받아 기독교 신학 교육을 받았으며, 하나님의 말씀을 선포하고 성례를 집례하며, 각종 통과의례를 담당하고 축도의 권한을 갖는다. 한국 교회는 부흥회를 통해 목사의 권위를 높이는데, 대부분의 부흥강사들은 하나님으로부터 복을 받는 비결로서 하나님의 종인 목회자를 섬기는 일을 강조하고 있다(노윤식, 1997: 110). 그리고 신자들은 하나님의 종인 목사로부터 병고침의 안수 기도와 축복 기도를 받기 원하고 심방을 통해 위로 받기를 원한다.

최근 한국 교회에서 목회자를 하나님의 종으로 섬기는 전통적인 기독교 형태에 대하여 어떻게 사람인 목회자를 섬기므로 신격화시킬 수 있느냐는 비판이 일고 있다. 그러나 성서의 정신이나 동양의 종교적 측면에서 섬김은 신격화라기보다 대접하는 차원이고 대접하는 자들에게 신적인 복이 온다는 것과 연결되어 있다(마태복음 10:40~42). 목회자는 하나님을 대접하고 싶은 일반 기독교인들에게 하나님의 종을 대접함으로 그 종교성을 채워줄 수 있는 것이다. 불교에서도 수도승이 시주를 받으러 다닐 때, 쌀을 주는 신도가 오히려 고마워하고 인사를 한다. 이는 자신이 공덕을 베풀 수 있는 기회를 그 수도승이 주었다고 생각하기 때문이다. 이와 같이, 목회자를 섬기는 신앙 현상을 이성적이고 합리적인 사회과학적 논리로 분석해서는 안 되고 신앙 현상으로 해석해야 한다.

요즘 '종으로서 지도자(servant leadership)', 즉 '섬김 받는 것이 아니라 섬기는 지도자'에 대하여 서구신학기관과 그에 영향력 아래 있는 국내 신학기관에서 강조하는데, 이는 현장 기독교인들의 아래서부터 나온 요구라기보다 엘리트 신학교육을 받은 자들의 위로부터의 개혁이라는 측면이 강하다. 그러므로 저자는 '섬김'과 '섬김 받음'이라는 이 두 양극을 종합하는 것이 좋을 성싶다. 즉, 목회자 자신은 소명 받은 하나님의 종이라는 소명의식이 중요하다. 그러나 그 소명의식을 일반 기독교인들에게 강요할 수 없다. 오히려 일반 기독교인들이 목회자를 하나님의 종으로 대접하고 섬기기를 원할 때는 섬김을 받아주는 것이 좋다고 생각한다. 그러나 사회과학의 이성적 합리적인 테두리에 사는 소위 엘리트 기독교인들의 비판에도 귀를 기울여야 한다. 사회과학의 민주주의 원리뿐 아니라 성서에서 역시 "섬기러 오신 종으로서 예수"가 목회자들의 행동 모델이 되기 때문이다. 21세기에는 섬김을 받을 수도 있고 섬길 수도 있는 통합적 사고(holistic thinking)를 지닌 목회자가 필요하다고 본다.

4. 21세기 한국 교회 참된 영성 회복을 위하여

지금까지 한국 교회 성장을 가져다준 5가지 특징적인 면모를 살펴보았다. 현대 한국 교회는 주일을 거룩한 시간으로 여기며 그날에 세속적인 행사를 지양하고 거룩하게 성수한다. 그리고 하나님께 예배드리는 성전을 하나님의 집이라 하여 거룩한 장소로 구별시키고 성전에 대한 거룩성을 매우 강조하고 있다. 신자들은 수입의 십일조를 하나님의 것으로 거룩히 여겨 헌금한다. 또한 예배에서 선포되는 설교를 사사로운 인간의 말이 아니라 거룩한 하나님의 말씀으로 구별하며, 성례를 집행하는 목사님에 대하여 거룩한 성직자로 대접한다. 이렇게 한국 교회의 주일성수, 십일조, 성전중심, 그리고 말씀 중심과 목회자 섬김의 신앙 현상은 한국 교회의 성장의 비결인 것이다. 바로 이것이 한국 교회를 한국 교회 되게 한 한국 교회의 정체성의 기반이고 교회성장의 밑거름인 것이다. 즉, 거룩한 성일인 주일에 모이기를 힘쓰고, 물질을 구별하여 하나님께 바치기를 즐겨하며, 성경 말씀과 선포되는 설교를 통해 하나님의 말씀을 듣고, 목회자를 하나님의 종으로 섬기며, 하나님의 집인 성전을 건축하는 데 열심인 한국 교회가 어떻게 부흥하고 성장하지 않을 수 있겠는가!

그러나 점차 과학과 의학의 발달로 인하여 현대 한국 사회에서는 신앙 영성과 거룩성이 인간의 이성과 합리성으로 대치되어 왔다. 특히, 경제개발정책으로 인한 1970~80년대의 경제 체제는 물질만능주의와 향락주의와 맞물리게 되었고, 1990년대에는 급성장한 세속문화의 영향으로 인해서 그 본질을 알 수 없다는 X세대가 출현하게 되었다. 이들의 출현과 세속화의 물결은 교회로 유입되었고 앞으로 21세기를 맞이하는 한국 교회는 거룩성과 신앙 영성의 약화를 우려하지 않을 수 없게 되었다. 그래서 한국 교회는 신앙, 즉 영성을 되찾자는 운동을 범 교회적으로 벌이고 있는 것이다.

교회가 그 신앙 열정을 잃어버리면 그 생명은 끝이 난다. 교회를 교회 되게 하는 영성이 없어지기 때문이다. 1960년대 교회의 세속화를 부르짖었던 하비 콕스(Harvery Cox)는 1990년대 그 방향을 수정하여 『Fire From Heaven』이라는 책을 통해 기독교의 살 길은 영성의 회복이라고 보았다. 그리고 그 희망을 아직도 그 영성을 소유하고 있는 한국 교회를 비롯한 제3세계 교회로 보았다. 한국 교회뿐만 아니라 인도네시아 교회는 참 영성, 신앙과 거룩을 매우 풍부하게 소유하고 있음을 알아야 한다. 바로 한국 교회와 인도네시아 교회가 한국과 인도네시아 땅에 뿌리박고 그 맥을 면면히 이어갈 수 있는 이유는 이 신앙 때문일 것이다. 21세기 인도네시아 교회는 누가 종교를 소개해 달라고 물을 때 기독교를 소개할 수 있도록 인도네시아 기독교회의 영성, 즉 신앙 영성과 거룩성을 더욱 강화시켜 나가야 할 것이다.

제25장 예수교 대한성결교회 선교신학

성결교회 선교신학의 중심에는 늘 성결성 회복이 있다. 성결성이란 성결교회를 성결교회답게 만드는 특성으로서 성결교회를 장로교회나 감리교회와 다르게 특성화시키는 그 무엇인 것이다. 그러면 그것은 무엇인가? 사실, 감리교회는 웨슬리 신학을 따르고 있고, 장로교회는 칼빈 신학을 따르는 데 반해, 우리 성결교회는 사중복음을 신학화하여 실천하고 있는데, 이것이 성결교회의 특성이라고 본다. 특별히 사중복음 중 두 번째로 강조된 성결의 복음은 한국 성결교회의 특징적인 부분이고, 성결성의 핵심적인 요소라고 생각한다.

성결교회의 성결성 회복을 위해서 누구보다도 열정적으로 일생을 바치신 분은 성결신학의 대가이신 원로 손택구 박사일 것이다. 그는 성결교회는 그 역사적으로 "성결에 대한 요한 웨슬리적 강조"를 해 왔으며 이를 더욱 강화해야 한다고 주장하고 있다. 즉, 성결교회의 성결성 회복은 요한 웨슬리가 강조한 성서적 성결(scripture holiness) 곧 "내재의 죄성에서 깨끗함을 받는 온전한 성결"로서, 전기적인 경험(crisis experience)인 "성령세례(불세례)"를 통해 이루어짐을 강조하고 있다. 그러므로 성결성 회복은 성결교회의 목회자와 평신도 모두가 성령세례를 통해 성결함을 얻어 성결교회를 성결교회답게 회복시키면 되는 것이다. 그런데 왜 우리는 성결신학, 성결선교신학, 성결성 회복에 대하여 21세기에 논의를 하고 있는가? 무엇 때문에 성결성 회복을 해야 하는 것인가? 이러한 질문에 대한 대답이 바로 성결성 회복에 대한 선교신학적 관점과 연결되는 것이다.

역사적으로 한국 성결교회는 성결의 복음을 개인적인 차원의 원죄의 씻음이나 성령 세례 등 신앙 경험의 단계를 강조하면서, 동시에 세계 선교 사역을 위한 동력으로서 이해하고 실천하는 데 부족했었다. 즉, 성결로 헌신된 지도자들을 결집하여 세계로 선교하도록 하는 성결에 대한 선교신학적 노력이 부족하였다. 그래서 하나님으로부터 성결함을 받은 크리스천들이 그

동력을 선교하는 데에 매진하지 못하고 오히려 19세기 미국 성결파 교회들 중 소수의 교회가 그러했던 것처럼 무리한 세속과의 결별을 통해 분파주의로 나아가게 되었다. 데이비드 보쉬는 19세기 미국 성결파 사람들이 개인적인 성결을 유지하는 실천적인 방안으로는 개인적인 오락이나 극장에 가지 않는 것, 춤추지 않는 것, 술과 담배의 사용 금지, 주일신문 구독 금지 등이었다고 지적한다. 이들은 사회 구조적인 악이나 죄를 등한시하였다는 비판을 받았으나, 대부분 이들의 개인적인 성결 운동은 사회개혁으로 이어졌고 세계 선교 사역으로 이어졌다. 그러나 소수의 성결파 사람들은 세속과의 인연을 끊고 애팔래치아 산맥으로 들어가 집단촌을 형성하며 은둔 생활에 들어가기도 했다. 성결은 무엇을 안 먹고 안 보고 안 입는 문제 위에 그 목적이 하나님의 사랑을 온 세상에 전하는 동력임을 깨닫지 못했던 것이다.

다행하게도 1978년 기독교연합선교회(Christian and Missionary Alliance) 교단과의 협력을 통해 한국 성결교회는 선교의 사명을 깨닫게 되었고, 1988년 분열상을 극복하고 교단 합동의 감격적인 전기를 맞아 선교로 힘을 모으는 것 같았다. 그래서 성결교회는 1980년대 후반부터 선교사를 필리핀, 대만, 일본, 파라과이, 브라질, 몰도바, 러시아 등으로 파송하는 열심은 보였으나, 교단적인 선교 정책의 미비, 선교지의 토착 교단과의 협력선교에 대한 무지, 그리고 선교사에 대한 교단적인 지원 체제가 매우 미흡하였다. 더욱이 1990년대 와서 교단 내부세력 간의 갈등은 심화되었고, 아직도 내부적으로 서로 화합하지 못하고 있는 현실은 선교의 열심을 식게 하였다. 교단 내부가 정비가 안 된 상태에서 선교의 사명을 감당하기에는 무리였던 것이다.

이렇게 한국 성결교회에서 성결과 선교와의 연계성을 소홀히 하고 있는 점과는 달리, 교회 사적으로 보면, 웨슬리(John Wesley)의 성결 체험은 미국 선교로 이어져 세계적 감리교단의 창설과 아울러 성결의 복음을 온 세계에 전하게 되었다. 카우만(Charles Cowman)과 길보른(Ernest Kilbourne)의 성결 체험 역시 마틴 냅(Martin Knapp)이 이끄는 만국성결연합(International Holiness Union)을 통해 일본과 한국에 만국성결교회의 성결의 복음을 전하게 되었다. 기독교연합선교회(C&MA)를 창시한 심프슨(Albert B. Simpson)의 성결 체험 역시 세계 선교와 관련되어 강조되었다.

사실, 사도행전 1장 8절 말씀대로, 성령 충만을 통한 성결성 회복의 목적은 선교인 것이다. 출애굽기 19장 2~3절 말씀대로, 성결성이 회복되어 하나님의 거룩한 백성이 된 것은 선교를 위한 제사장 나라가 되기 위함인 것이다. 그러므로 그리스도인의 성결성 회복은 그 자체가 목적이 아니라, 선교의 사명을 감당하기 위함임을 알아야 한다. 성령 충만을 받아야 예루살렘과 온 유다와 사마리아 땅 끝까지 주님의 증인이 될 수 있는 것이다.

성결성 회복과 선교와의 목적론적 관계성은 선교사의 자격을 성결의 은혜를 경험하고 하나님께 전적으로 헌신한 자로 엄격히 제한할 수밖에 없다. 왜냐하면 성결의 은혜를 체험하여 깊이 헌신된 사명자가 아니고는 선교 현장에서 맞게 되는 수없이 많은 장애물들을 극복해 나갈 수 없기 때문이다. 바울이 주께 받았던 복음전파의 열심과 죽어 가는 영혼들에 대한 불타는 사랑은 성결성 회복의 주요한 결과이며 선교의 중요한 동기가 되는 것이다. 즉, 성결함 혹은 성령 충만의 또 다른 측면인 영혼에 대한 사랑을 가진 자가 선교사로 갈 자격이 있다는 것이다. 그러므로 선교의 사명을 감당하기 위하여 성령 충만, 사랑의 충만, 곧 성결성을 회복하는 성결의 은혜를 받아야 하는 것이다.

성결성 회복과 선교의 연계성 강조는 우리 성결교회에 커다란 선교적 도전을 주고 있다. 우리 성결교회는 하나님의 성결의 은혜를 체험한 자, 인간적인 노력과 힘에 의지하지 아니하고 하나님의 능력에 깊이 헌신하는 자만이 하나님의 선교 사역을 감당할 수 있도록 해야 할 것이다. 하나님이 우리 성결교회를 한국 땅에 설립하시고 부흥을 주시는 이유는 주께 헌신된 성결한 사람들을 결집하여 선교의 사명을 잘 감당하도록 하기 위해서임을 깨달아야 한다. 즉, 성결교회는 성결의 복음이 선교를 가능하게 하는 동력이 될 수 있음을 이해하고, 선교에 집중적인 힘을 결집함으로써, 교단의 분열상을 극복하고, 선교로서 하나님의 뜻을 이루어드리는 성숙한 성결교회가 되어야 할 것이다. 그러면 성결교회 선교신학의 정체성에 대하여 살펴보자.

1. 성결교회 선교신학의 정체성, 성결의 복음을 온 세계에 전하는 사도적 선교

성결 신학의 정체성에 대한 고찰은 먼저, 선교신학의 3가지 큰 모델, 즉 로마 가톨릭, 에큐메니칼, 그리고 복음주의로 묶어 그 특징적인 면모를 분석하고, 그 이후에 우리 성결교회 선교신학의 정체성을 발견하고자 한다.

1) 로마 가톨릭 선교신학의 특징

로마 가톨릭에서 선교에 대한 이해는 제2차 바티칸 공의회(1962~65) 이후 주요 방향이 재설정되었고, 21세기에도 계속 진행될 것이다. 바티칸 공의회 이후 증가하는 관심은 상황과 신앙의 통합이라는 주제로 상황화 신학이었다. 라틴 아메리카의 해방 신학을 비롯한 상황화 신학의 기초는 역사의 뿌리로서의 현재의 상황들을 강조하였는데, 공의회는 시대의 징조들을 읽을 필요성에 관심을 둘 것을 요구하며 이러한 접근 방식에 대한 방향을 제시하였다. 로마 가톨릭의 상황화 신학의 구체화는 가난한 자들을 연합하여 변화시킨 지역 단위의 기독교 기초 공동체들(Base Christian Communities)의 구성으로 나타났다. 이 공동체는 라틴 아메리카의 브라질 북동 지역의 빈민들 사이에서 시작되었는데, 가난한 사람들과 억압받는 민중이 하나님의 말씀을 중심으로 모여 공동체를 조직했으며, 점차적으로 구원과 변혁의 메시지를 자기 공동체를 넘어서 다른 곳으로 옮기는 선교적 역동성을 가지게 되었다. 그러나 지난 1960년대 후반 제2차 바티칸 공의회 이후 로마 가톨릭 신자들 사이에서 선교의 열정이 식어버렸는데, 이는 하나님의 구원이 모든 사람들에게 이른다는 점이 강조될 때와 같이 하였다. 보통 선교의 동기가 되어 왔던 멸망으로부터 영혼 구원은 더 이상 적절한 동기로 여겨지지 않았다. 이제 다른 신앙 전통 공동체에서 살고 있는 선교사들은 다른 신앙들을 존중하면서도, 기독교인들에게는 그리스도의 신비를 증거해야 할 필요성이 있음을 다시 주장하고 있다. 가톨릭은 다른 신앙 전통들에 소속된 거대한 인구층을 대면하면서, 특히 아시아에서 유일성의 질문보다는 관계를 위한 출발점을 제공하여 미래를 향한 길을 제시하는 접근 방법의 중요성을 비판적으로 발견하였다. 이것이 선교를 위한 "삶의 대화" 접근 방식이다. 삶의 대화는 "형제애[자매애], 도움, 마음을 엶, 그리고 친절"을 날마다 실천하는 것이고, "일치, 사랑, 진리, 정의와 평화로 인도하는 것"에 헌신하는 것으로 표현될 수 있다. 이러한 식의 이해는 "타종교에 대하여 열린 마음을 가지고 다른 신앙을 가진 사람들과 종교 경험들을 함께 나누고 협력하며 조화롭게 사는" 하나의 생활 방식을 대화로 보게 한다. 이러한 삶의 대화는 특정 상황들 속에서 삶의 대화가 개발됨으로써 교회 성장이라는 방향보다는 하나님 나라의 도래라는 방향으로 인간 공동체를 세우는 데 헌신적으로 이끌어지고 있다. 그러므로 로마 가톨릭 선교신학은 대화를 선교의 한 방편으로 생각하고 있다. 선교사는 다른 종교를 믿는 사람들에게 삶의 대화를 통해 하나님의 나라를 선포하라는 복음 명령을 하나의 삶의 방식으로 살아내는 것이다. 이러한 선교에 대한 이해는 타자에 대한 질적 현존(quality presence), 즉 선교적 삶 속에서 그리스도의 탁월성과 하나님의 사랑의 경험, 정의, 진리, 평화를 위한 헌신, 그리고 하나님 나라 발전을 위한 인간 삶의 역할 등을 선포하는 것을 포함한다.

2) 에큐메니칼 선교신학의 특징

에큐메니칼 선교신학은 에큐메니칼협의회, 특히 WCC에서 표명된 견해들과 자신들을 "에큐메니칼"이라고 규정하는 교회들의 선교에 대한 입장들을 포함한다. 이 중에서 에큐메니칼 선교에 대한 가장 간결하고 명확한 이해는 1982년 7월 세계교회협의회 중앙 위원회에서 공인된 "선교와 전도: 에큐메니칼 선언"이라는 문서에 잘 나타나있다. 이 선언문은 복음주의, 개신교 주요 교단, 성공회, 정교회, 그리고 로마 가톨릭 지도자들 사이에서 폭넓은 찬사와 지원을 받고 있다. 이 문서의 핵심은 7개의 "에큐메니칼 확신들"로서 다음과 같은 주제들에 집중되어 있다. 이 주제들은 회심, 복음의 삶의 전 영역화, 하나님의 선교 안에서 교회와 일치, 그리스도의 방법으로 선교, 가난한 자들을 위한 복음, 6대륙 안에서와 6대륙을 향한 선교, 살아있는 다른 신앙들을 가지고 있는 사람들 사이에서 증거 등이다. 이 중에서 현재 선교에 대한 에큐메니칼 사상 내에서 일치, 가난한 자들, 타종교와의 대화 등의 주제들은 에큐메니칼 선교신학의 특징적인 면모들일 것이다.

1989년 샌 안토니오(San Antonio) "WCC 세계 선교와 전도 대회"에서 확인된 점은 기독교회의 일치(unity in the Christian family)가 보다 더 효과적인 기독교 선교를 위해 하나의 기반으로서 꼭 필요하다는 점이었다. 기독교회들 안과 그 가운데 존재하는 불일치에 대한 많은 증거들은 한 그리스도를 세계에 전해야 함에 있어 하나의 심각한 약점이었다. 에큐메니칼 선교신학은 선교를 위해 교회 연합과 협력의 필요성을 계속해서 강조하고 있다.

에큐메니칼 선교신학의 또 다른 중심주제는 가난한 자들을 위한 복음이다. 1980년 멜버른에서 개최된 WCC의 "선교와 전도에 대한 세계대회"에서 중심 주제는 "가난한 자들에게 복음을"이었다. 그리고 광범위하게 인식된 점은 이 세상에서 복음화되지 않은 사람들 대부분이 경제적으로도 가난하다는 사실이었다. 가난한 자들에 의한 정의를 위한 투쟁, 그리고 전체 기독교 공동체의 빈자들과의 연대는 기독교 선교로부터 그 본질상 분리할 수 없기 때문에 에큐메니칼 세계 내에서 점차 증가하고 있다. 부자 나라들과 가난으로 처절해진 나라들 사이의 틈은 점점 더 가난한 사람들의 곤궁함을 증가시키고, 빈곤은 차별, 억압, 그리고 지구의 황폐화와 생태계 파괴로 이어질 수밖에 없어, 기독교 선교는 "정의, 평화, 창조 질서의 보전"이라는 구절로 요약되고 있다.

에큐메니칼 선교신학은 타종교와의 대화를 지지하고 있다. 그렇다고 해서 예수는 모든 것의 주가 되신다는 점과 기독교 선교가 흘려버리거나 잊어버려서는 안 될 교회의 사명이라는 확신을 한순간도 희생시키지는 않는다. 그래서 대화는 기독교 선교의 한 부분으로 간주되기에, 모든 선교의 노력들은 다른 신앙을 가진 사람들 사이에서나 혹은 그렇지 않은 사람들 사이에서든 본질적으로 대화적이 되어야 한다고 본다.

그러나 에큐메니칼의 대화의 임무는 쉬운 것이 아니다. 이들은 대화의 목적을 "삶의 가장 깊은 차원들에서 일어나는 경험들을 서로 나누는 진정한 만남"으로 본다. 삶의 가장 깊은 차원들은 이웃의 고통받는 상황과 연결되고, 기독교 선교는 억압받는 자들의 자유와 평화, 그리고 인권을 위해 함께 연대하여야 한다는 것이다. 이들은 복음 선포에 대한 책임보다는 공동체의 평화 정의를 위해 연대함을 강조하고 있다.

3) 복음주의 선교신학의 특징

복음주의는 특정 기관을 대표하기보다, 오히려 세계 도처의 기독교회와 선교 단체들 가운데 실제적으로 모든 교회와 선교 단체들의 전통 속에 존재하는 하나의 공통적인 합의적 운동 양태를 말한다. 교회 선교사 협회(the Church Missionary Society) 지도자인 막스 워렌(Max Warren)은 복음주의를 다음과 같은 신학적 특성을 견지하는 운동으로 정의하였다: (1) 하나님의 말씀으로서 성서의 권위와 가치에 대한 의심 없는 복종; (2) 하나님의 현존과 친교의 관계를 위한 그리스도의 속죄의 근본성; (3) 인간 존재 구원을 위한 성령과의 만남; 그리고 (4) 성서적으로 적합한 성례전의 사용 등이다. 로버트 웨버(Robert Webber)는 복음주의를 최소한 14개의 주요 하부 문화들(subcultures)로 나누었는데, 이 중에서 크게 4가지로 나눌 수 있겠다. 분리주의적 근본주의자들(separatist fundamentalists), 세대주의적 복음주의자들(dispensational evangelicals), 은사주의적 복음주의자들(charismatic evangelicals), 에큐메니칼 복음주의자들 (ecumenical evangelicals)이 있다.

이러한 다양한 복음주의 전통들 가운데 세계 복음주의 협의회와 로잔 운동은 동과 서, 남과 북을 연결시키는 세계적 규모의 복음주의들의 연합체가 되고 있다. 세계복음주의협의회는 로마 가톨릭 교회, 세계교회협의회, 동방정교회, 은사주의 운동 등에 대하여 단호하게 분리되기를 원한다. 이에 반해 빌리 그래함(Billy Graham)의 지지로 태동된 로잔 운동은 1966년 베를린 세계 전도 대회(world congresses on evangelism) 이후 1972년 로잔 대회와 1989년 제2차 로잔 대회에서 은사주의자들이 대거 참여하여 복음주의 선교신학을 대표하고 있다. 복음주의 선교신학의 특징은 1974년 7월 스위스 로잔에서 "전도와 영혼 구원이야말로 교회의 가장 생동적인 임무(the vital mission)이기에, 온 교회(the whole church)는 온전한 복음(the whole gospel)을 온 세계(the whole world)에 전하기 위해 동력화되어야 한다"라는 입장에 잘 나타나고 있다. 즉, 복음주의 선교신학은 교회를 중심점으로 유일한 구세주인 예수 그리스도의 복음전파를 통해 전 세계 영혼 구원, 즉 세계 복음화를 최우선적인 임무로 삼는다.

그러나 억압적인 정치와 경제적 빈곤의 심화로 인한 인권 탄압이 계속되는 1970~80년대에 복음주의자들은 더 이상 정치 경제적 불의와 불평등에 대하여 방관할 수 없었다. 그래서 이들은 1960년대 개인의 영혼구원에만 강조점을 두었던 견해를 수정하여 사회참여에도 열린 자세를 보였다. 존 스토트(John Stott)를 중심으로 한 1974년 로잔 언약(the Lausanne Covenant)은 전도와 장치 사회적 책임(social responsibility)을 주요한 교회의 선교로 확인하였다. 로잔 이후 전도와 사회적 책임에 대한 주제는 복음주의 선교신학의 주요한 두 축이 되어 왔다. 로잔 이후 1982년 그랜드 래피즈(Grand Rapids)의 "전도와 사회적 책임의 관계에 대한 협의 (Consultation On the Relationship between Evangelism and Social Responsibility)"와 1989년 로잔 제2차 세계복음화대회에서 사회적 책임은 복음주의 선교의 중요한 부분을 차지하고 있다. 그러나 그 용인은 제한적 용인이었다. 즉, 로잔 언약은 사회 참여를 선교신학에 포함하였으나, 에큐메니칼 하나님의 선교신학을 전적으로 채용한 것은 아니었다. 이들은 하나님과의 화해와 타인과의 화해를 구분하였고, 사회적 행동(social action)과 전도를 분리하였고, 정치적 해방과 구원을 엄밀하게 나누었던 것이다. 복음주의자들은 "사회 행동(social action)"이라는 용어를 받아들이지 않았는데, 이 용어는 사회 구조 변혁을 위한 정치 경제적인 활동을 가리키기 때문이었다. 왈돈 스코트(Waldon Scott)에 따르면, 사회적 책임(social concern)의 영역에는 구호(relief)와 개발(development), 그리고 해방(liberation)이 있다. 그런데 복음주의자들은 사회적 책임의 영역을 구제와 개발 사역으로 제한하고 있다. 그래서 복음주의 교회들은 사회 구조 변화를 위한 단체 활동이나 혁명적 폭력을 거부한다. 이들에게 사회 구조의 개혁은 부활하신 그리스도와의 만남을 통해 회심과 삶의 변화를 체험한 개인이 그리스도의 사랑을 전할 때에 가능한 것으로 본다.

복음주의 선교신학은 타종교와의 대화 영역에서 배타주의(exclusivism) 혹은 절대주의(Absolutism) 방법론에 기초를 두고 있다. 즉, 다른 종교를 악한 세력의 조성물로 보고, 다른 종교에는 구원이 없다고 보는 것이다. 이들에게 모든 종교는 인간의 타락한 성질에서 비롯되었는데, 이방인은 하나님의 계시에서 벗어나 구원받지 못하는 암흑의 상태에 머물러 있으며, 진정한 신(God)이 없이 자기 욕망을 충족시키기 위해 신들(gods)을 만든다고 보았다.

모든 종교가 인간의 타락한 성질에서 비롯되었다고 보는 견해뿐만 아니라, 사탄 혹은 마귀들이 직접 그 종교들을 조정하고 있다는 또 다른 견해가 있다. 이방 종교 체계는 모두 사탄이나 다른 악한 영들에 의한 속임수와 궤계로 가득 차 있다는 것이다. 19세기 동양 종교의 영적 훈련과 깊은 전통을 알게 된 이후, 동양의 유서 깊은 종교들에 대하여는 완전한 진리에 도달하기 전의 부분적인 진리라고 평가하였다. 그때까지 기독교만이 정경을 가지고 있다는 주장은 아시아 종교들을 만나면서 무색해졌다. 클라크(James Clarke)는 기독교는 아시아 종교를 깊이 있게 연구하여 그리스도를 위한 '몽학선생'으로서의 가치를 발견해야 한다고 주장하였다. 그는 '비교 신학(comparative theology)'을 하나의 선교신학으로 제시하였다. 그는 기독교만이 다른 종교보다 완전한 영적 조화를 가지고 있고 종족을 초월한 보편성(transethnic universality)을 소유하고 있다고 평가했다. 즉, 힌두교는 영적 실재에 대한 감각은 뛰어나나 피조된 물질세계에 대한 찬사에는 부족하다. 불교는 인간의 고귀함을 중요시하나 신의 측면을 무시한다. 유교는 종교적 조화를 강조하나 역사적 역동성이 부족하다. 그러나 기독교는 모든 부분에서 완전하고 우주적이며 특정 부분에 치우치지 않는다. 왜냐하면 기독교의 하나님은 초월적이며 성육신하시는 분이고, 진리의 인간적인 면과 신적인 면을 가지고 있고, 삶의 역사적 측면과 인간적 측면 모두 가지고 있기 때문이다. 복음주의 선교신학은 타종교와의 대화를 말하지만 복음의 본질을 대화하기보다는 타종교에 대한 태도의 개방성을 강조한다. 처음에는 다른 종교들의 야만성이나 불합리성을 강조하여 무시하였으나, 차츰 다른 종교에도 신적인 것이 있음을 인정하지만 구원을 얻기에는 부족함을 지적하고 있다.

4) 성결교회 선교신학: 성결의 복음을 온 세계에 전하는 사도적 선교

그러면 성결교회 선교신학의 정체성은 무엇인가? 복음주의 선교신학의 전통을 따르는 것으로 끝나는가? 우리 성결교회만이 독특하게, 그리고 자신 있게 내세울 수 있는 선교신학이 있어야 하지 않겠는가? 우리 성결 선교신학이 지난 1970~80년대 해방신학, 민중신학적 선교신학과 1990년대 타종교와의 대화를 시도한 종교 신학의 뒤만을 허겁지겁 좇아갈 수만은 없는 것 아닌가? 이제 정치·경제적 불평등과 억압의 1970~80년대가 지났고, 1990년대 종교의 시대 역시 지나갔지 않는가? 현 시대는 21세기 극도의 세속화된 사람들이 하나님 없이 인간의 힘으로 생명을 창조하려고까지 하는 시대가 아닌가? 이러한 21세기에 성결교회 선교신학은 성결의 복음으로 선교하는 사도적 교회라는 선교신학이다.

21세기 포스트모던의 영향으로 다원주의, 상대주의 세속화가 급속도로 진행되어 완성되어 가고 있다. 1960년대 이후 하비 콕스의 『세속도시』의 출간 이후, 교회는 세속화의 물결에 휩싸여 그 대응책으로, 한편으로는 세속화가 시대적 요청이라 하여 세속적인 현대인에게 복음을 비신화화해서 전하자라는 주장에서부터 윤리 실천으로 사랑의 복음을 전하자는 의견에까지 다양한 견해들이 대두되었다. 이러한 세속화에 대한 대응책들은 복음의 본질과 신앙 체험에 대하여 무관심한 동시대인들에게 사랑의 윤리 실천 운동으로 접근하였다는 점에서 매우 큰 기여를 했다. 그러나 세속화된 사람들에게 그들에게 이해되는 부분만을 제시한 결과, 실제적으로 교회의 본질적인 사명인 예수 그리스도의 십자가와 부활에 대한 신앙과 체험에 대하여 소홀히 하게 되었다. 즉, 교회에서 교회다움이 사라지고 교회는 종교 기관이 아니라 복지 기관이 되어 버렸다.

그러나 세속적인 세계에 선교하기 위해서는 이러한 간접적인 대응보다는 직접적인 대응이 필요하다. 즉, 세속적인 사람들이 이해하지 못하는 복음의 본질을 회피하지 말고 오히려 직접 복음의 본질을 신앙하고 체험하도록 하자는 것이다. 21세기 세속적인 사람들은 보이지 않는 세계에 대하여 오히려 열려 있다. 흔히 세속적인 사람들에게서 종교심을 찾아볼 수 없다고 생각하지만, 오히려 각종 종교에 몰두하는 사람들이 늘어가고 있다. 세속적인 사람들은 흔히 비판적인 성향이 강하다고 생각하지만 이들은 신비종교에 심취하기 쉽고 다른 사람의 주장을 곧이곧대로 받아들이기를 잘한다. 이제, 합리적인 것만 믿고 이성적으로 생각하던 현대 계몽주의 시대는 끝이 났다.

지난 1970년대 이후 선교신학은 정치 경제적 사회 구조 개혁 운동이라든지, 사회 윤리 실천 운동, 그리고 타종교와의 대화 등에 교회 외부적으로 폭넓은 관심을 가졌다. 물론, 오늘날도 이러한 영역에 대하여 교회의 선교는 계속되어야 할 것이다. 그러나 이제 시대가 바뀌었다. 교회가 사회 정치 경제 종교적인 외곽 틀을 강조하며 간접 선교를 강조하던 때는 지났다고 본다. 이제 교회가 본질적인 부분인 복음의 본질을 가지고 직접 선교해야 하는 긴박한 때를 만난 것이다.

이러한 때에 우리 성결교회는 전통과 신학에서 잘 준비된 교회라고 생각한다. 역사적으로 성결교회는 1907년 평양 대 부흥운동이 일어났던 때에 성결의 복음을 노방전도와 성별회를 통해 직접 전도하였고, 회개 운동과 성령의 체험적 신앙을 강조하였다. 이러한 성결교회의 전통은 기독교의 본질을 가장 잘 보전한 자랑스러운 전통이라고 생각한다. 성결교회는 세속적인 사람들에게 기독교의 본질인 성결의 복음을 전해야 한다. 성결교회는 이런 의미에서 성결 복음을 지닌 사도적 교회가 되어야 한다.

에즈베리 신학대학원의 조지 헌터(George Hunter)는 전통적인 교회를 사도적인 교회(Apostolic Church)로 변화시켜 동력화시키라고 주장한다. 사도적 교회란 선교적 교회로서 전통적인 신자들의 모임으로서의 교회가 아니라, 예비 기독교인들(Pre-Christians)까지 포함하는 열린 교회를 말한다. 예비 기독교인들은 웨슬리의 개념에 따르면, 선행적 은총(Prevenient Grace)을 받은 사람들이다. 웨슬리의 선행적 은총 개념은 그 해석에 있어서 사도적 교회의 매우 중요한 근거가 된다. 예수 그리스도를 믿기 전에도 세상사람 모두에게 주어지는 선행적 은총은 예수 그리스도를 통해 값없이 주어지는 하나님의 은총이다. 이 선행적 은총은 누구도 예외가 없는 하나님의 순수한 보편적 사랑(pure universal love)의 표현으로서 계급, 인종, 민족, 사회 계급의 차별이 없다. 웨슬리는 이것을 '단순하고 오래된 기독교(plain, old Christianity)'라고 칭했고, '보통사람들을 위한 평범한 진리(plain truth for plain people)'라고 하였다. 이러한 웨슬리의 선행적 은총 개념은 은총의 수여자를 '모든 사람들'에게 두기 때문에 매우 선교적이 되고 있다. 웨슬리는 예비 기독교인들을 속회에 참여할 것을 권장했으며, 3개월 후 신도회에 가입시켰다.

웨슬리가 발견한 이러한 신앙의 원칙을 사도적 교회는 실행하고 있다. 사도적 교회는 세상 사람들이 교회로 들어와 교회를 오염시킨다고 믿는 전통교회와는 전혀 다른 패러다임을 가지고 있다. 전통적 서구 교회들은 교회를 믿는 자들의 모임으로 울타리를 높이 치고 세상 사람들이 믿은 후에만 들어올 수 있도록 담을 높였으나, 사도적 교회는 세상 사람들의 문화와 필요를 인식하고 이들을 교회로 올 수 있도록 구도자 예배(seeker's worship)나 각종 다양한 프로그램들을 제공하고 있다. 사도적 교회는 신자들을 주의 선교명령(마태복음 28:18~20)으로 훈련하여 불신자들에게 마음의 문을 열도록 선교적 마음을 심어준다. 그리고 불신자들을 후일 예수를 믿을 예비 기독교인들로 긍정적으로 바라본다. 사도적 교회는 사회적으로 불신자들이 기독교에 마음을 열도록 지역 사회와 그들이 필요로 하는 것(needs)을 조사 청취하고, 이를 근거로 사람들에게 필요한 프로그램을 제공한다. 교회에 적대적이었던 불신자들이 교회에 마음을 열고 등록하면 사도적 교회는 이들에게 기독교의 기본 진리를 이들의 언어와 문화에 맞게 교육한다.

이제 21세기에는 전통적으로 교회는 믿는 사람들의 모임이고 교회는 신자들을 교육하고 양육하며 친교하는 공동체라는 높고 두꺼운 틀을 깰 때가 되었다. 이제 21세기 새롭게 열리는 새 천년에 교회는 사도적 교회가 되어야 한다. 불신자들을 교회 밖의 사람들이라고 무관심할 것이 아니라, "예비 기독교인들"이라고 사고를 전환할 필요가 있다. 교회가 더 이상 전통적인 신앙의 "게토"가 되어서는 안되고, 세속적이고 불신앙적이며 타종교에 빠져 있는 사람들에게 어떻게 선교적인 될 수 있는가를 늘 생각하며 기도하고 열려있어 준비된 사도적 교회가 되어야 할 것이다.

이러한 사도적 교회는 복음주의 선교학에서 주장하는 미전도종족 선교를 또한 강조한다. 해외에서 미전도 종족을 위한 교회 개척 선교는 이러한 사도적 열정을 가진 교회의 몫이 되고 있다. 국내에서 사도적 열정이 없는 교회는 해외 선교도 할 수 없다. 복음주의 선교의 미전도 종족에 대한 구령의 열정과 세계 복음화에 대한 강력한 원동력이 되고 있다. 그러므로 우리 성결교회는 성결의 복음을 선교하는 사도적 교회가 됨으로써 선교신학의 정체성을 가져야 할 것이다.

사실, 19~20세기 선교에서는 선교의 어원이 "보냄"과 연결됨으로 파송하는 일이 곧 선교라는 잘못된 일반화로 나갔다. 그러나 21세기 선교는 보냄 받은 사도들의 "사도성"에 강조를 두어야 한다고 생각한다. 즉, 무조건 보내는 것만이 중요한 것이 아니고, 누구를 보내는 것이 중요하다는 것이다. 선교는 양적인 일에서 질적인 일로 패러다임이 바뀌어져야 한다. 사실, 마태복음 20장 18~20절의 주님의 지상명령 이해에서, 지금까지 19절의 "가라"는 것을 너무 강조하여 선교가 나가는 일로만 여겨졌다. 그러나 이 선교 명령은 18절에 주님의 권위가 주어지는 것과 20절에 주가 함께 하는 것, 곧 사도성과 연결되어 해석되어야 할 것이다. 즉, 선교에서 주님 없이 하는 일, 즉 사도성이 없는 일은 선교가 될 수 없다. 그러므로 선교는 교회의 주인이신 그리스도로부터 선교사명을 위임받은 사도성에 그 근거를 두어야 할 것이다. 그런데 이 글에서 '사도성'이라고 하는 것은 호켄다이크가 주장한 세상을 향한 사회적 봉사로서의 사도성(apostolate)이 아니라, 예수 그리스도로부터 선교 사명을 위임받은 사도적 인간이 성령의 능력을 받아 온 세상에 하나님의 복음을 전하는 사도성(apostolity)을 말한다.

그러나 마지막으로 우리가 간과할 수 없는 점은 사도적 선교가 그 자체로서 목적이 될 수 없으며, 하나님의 나라를 위한 것이라는 점이다. 지난 19~20세기 선교의 미숙함은 선교가 교회의 선교로만 제한되었다는 것이다. 그러나 21세기에는 교회와 선교의 관계에 있어서 교회의 선교의 목적이 하나님의 나라로 확장되어 이해되어야 할 것이다. 다시 말해서, 선교의 목적이 국내 혹은 국외에서 교회를 개척하고 성도들을 훈련시키고 교회를 성장시키는 일로만 제한시켜서는 안 된다는 것이다. 즉, 선교는 교회의 선교 이전에 하나님의 선교로서, 하나님의 선교는 개인의 영혼 구령(요한복음 3:3; 고린도전서 12:3; 히브리서 6:4)에서 시작해서, 구원받은 무리들인 교회를 중심으로 종말론적인 하나님의 나라를 목적으로 하는, 즉 정치, 경제, 역사, 종교, 문화, 생태계 등 전 인류와 우주의 영역과 더 나아가 미래에 도래하는 하나님의 나라에까지 확장되는 하나님의 일(mission)이다.

에즈베리 신학대학원의 하워드 스나이더(Howard Snyder)는 이 일을 위해 전통적인 교회를 하나님 나라를 위해 살아 움직이게 해야 함(liberating the church for the Kingdom)을 강조하였다. 그는 앞으로 21세기가 제3세계의 경제적 빈곤 문제와 지구의 환경 생태계 오염 문제. 그리고 정보통신의 기계적 물질주의와 새롭게 대두되는 미국적 파시즘(American fascism)의 영향력 아래에 있게 될 것을 예견하고, 교회는 새로운 구조로 갱신되어야 함을 주장하였다. 즉, 새로운 세기에 교회가 하나님의 선교를 계속하기 위해서는 교직제도나 복음의 전도라는 기존의 방식으로만 제한될 수 없고, 은총과 자유함 그리고 정의로움의 하나님 나라를 위함이라는 진정한 목적이 있어야 한다는 것이다(로마서 8:21; 고린도후서 3:17; 갈라디아서 5:13; 베드로전서 2:9~10). 스나이더는 구체적으로 하나님 나라의 16가지 원칙들을 제시하는데, (1) 예수그리스도를 무조건 믿고 성서에 계시된 하나님의 도덕률과 명령에 복종함, (2) 기도를 통한 하나님과의 지속적인 교통, (3) 성서에 명시된 지도자를 선출(디모데전서 3:1~13; 디도서 1:5~9), (4) 개 교회에서 지도력의 공유, (5) 성령의 인도하에 교회 내부 결정과 합의, (6) 청지기로서 만민제사장 원칙, (7) 은사에 맞는 훈련과 사역 그리고 영적 성장, (8) 빈자에 대한 관심, (9) 진정한 기독교 공동체 기반, (10) 행동하는 소그룹 활동, (11) 교회와 가정에서 상호 인정과 복종, (12) 성별 지위 나이 교육 지도자 역할 등에 차별 없이 성령의 은사에 열려 있음, (13) 전도와 새 신자 제자훈련, (14) 상호충고와 훈계, (15) 현대우상들에 대한 협력 대응, (16) 자신의 정치 경제 체제 혹은 이념과 민족을 넘어서 전 세계 모든 영역에 활동하는 그리스도의 몸인 교회에 헌신하는 것이다.

그런데 사도적 선교가 하나님의 나라를 목적으로 한다고 해서, 사람들을 그리스도께 인도하여 회심(conversion)하도록 돕고, 예수를 믿기로 작정한 사람들을 모아 교회를 설립하는 일이 중요하지 않다고 주장하려는 것은 아니다. 사실 1982년 세계교회협의회는 "에큐메니칼 확신: 선교와 전도(Ecumenical Affirmation: Mission and Evangelism)"라는 선교문서를 작성하였는데, 이 내용 중에 일곱 가지 "공동확신"이라는 항에 보면, 가장 먼저 예수그리스도의 구주되심을 믿는 회심을 가장 먼저 강조하고 있다. 이 공동 확신들에는 복음 선포와 예수를 구세주로 믿는 회심(conversion) 외에도, 하나님의 선교를 위한 교회 일치(the church and its unity in God's mission), 그리스도의 방법(mission in Christ's way)으로, 국내와 6대륙에 선교(mission in and six continents), 빈자에게 복음(Good News to the poor)과 살아있는 믿음을 가지 사람들에게 증거(witness among people of living faiths), 그리고 인권, 개발사역, 여성, 생명 등 인간 삶의 모든 영역에 대한 복음(the gospel to all realms of life), 즉 통전적 선교(holistic mission) 등을 확신하였다. 이 선언문에서 보았듯이, 복음전파와 회심 그리고 교회설립은 모든 기독교회의 기본적인 임무일 것이다. 그러나 그것이 선교의 모든 것이 될 수는 없는 것이다. 그것은 또한 선교의 최종목적이 될 수 있는 것이 아니다.

지금까지 교회와 선교의 영역에 있어서 에큐메니칼이나 복음주의는 물론이고 로마 가톨릭 영역에서도 받아들여지고 있는 합의된 사항은 교회의 선교가 하나의 세계교회(a universal church)를 만드는 쪽으로 나아가서는 안 되고, 하나님의 선교요 하나님 나라의 성취를 위한 사역으로 나아가야 한다는 것이다. 이러한 점에서 교회와 선교의 관계는 목적론적 관계가 아니라, 교회가 하나님 나라를 위한 하나님의 선교의 도구임을 다시 한 번 인식해야 할 필요가 있다. 이러한 인식을 통해서 지역 교회들 사이에 하나님의 선교를 위한 교회의 선교 연합이 가능해질 것이고, 세상 사람들에게 분열상으로 인하여 지탄받는 교회가 아니라, 세상을 밝히고 사람들에게 살아갈 맛을 느끼게 해주는 진정한 빛과 소금의 선교 사명을 교회가 감당할 수 있을 것이다.

제26장 예수교 대한성결교회 선교 정책과 전략

한국 성결교회의 뿌리 찾기 운동이 지난 반세기 동안 성결교회 역사신학자들에 의해 진행되어 왔다. 사실, 해방 후 성결교회는 외형적으로 동양선교회와의 관련 없이 재건 총회를 시작했지만, 1960년대까지만 해도 성결교회는 동양 선교회 선교사들에 의해 전수된 교리와 정치의 답습에서 벗어나지 못하였던 것이 사실이다. 성결교회는 동양선교회의 교리와 정치를 비판적으로 극복 수용하기에는 정치적으로나 신학적으로 매우 주체성이 없는 시기였다. 6 · 25 전쟁을 전후해서 동양선교회와의 재회와 경제적 원조 그리고 세계교회의 WCC의 중공가입으로 인한 용공와 반공의 첨예한 대립으로 인한 교단분열 등은 교단 정치적으로나 교단 신학적으로 민족 주체성이 결여된 매우 불운한 시기였다고 본다. 이 시기까지 한국 성결교회는 동양선교회의 교리 답습에 머물렀던 것이다.

우리 한국 성결교회에 신앙을 전수해 준 혹은 우리 전도자가 일본에 갔을 때 가르쳤던 동양 선교회의 선교사들은 19세기 감리교회에서 신앙을 가진 자들이었지만 감리교를 떠나 마틴 냅(Martin Knapp)이 주도하는 만국성결연맹(International Holiness Union)에 소속되어 목사 안수를 받고 일본으로 파송된 자들이었다. 만국성결연맹은 웨슬리언 성결론에서 사랑의 충만이라든지, 사회적 성결의 의미를 찾기보다는 철저한 죄로부터의 분리된 성결한 삶을 강조함으로 급진적 웨슬리언 성결 운동의 양태를 띠고 있었다. 이들은 기존의 기성교회들의 신앙의 미지근함을 비판하면서, 모든 일반적인 교회의 휴거보다는 성결함으로 준비된 자들, 진정한 교회만이 휴거될 수 있다는 블랙스톤의 전천년적인 세대주의 재림론을 따르고 있었다. 이들은 성결의 복음과 재림의 복음을 전하기 위하여 미국 오하이오 주에서 신시내티 시가 내려다보이는 높은 언덕에 "하나님의 성서학원과 선교사 훈련원(God's Bible School and Missionary Training Home)"을 세우고 자신들의 교리에 찬동하는 자들을 교육하였다. 이곳은 신학 교육

기관이라기보다는 성경과 기도 중심의 성경 학교였다. 이 학교의 규율은 엄격하여 학생들에게 수도원적인 경건을 요구하였고, 오늘날까지 현란한 옷이나 다리가 보이는 옷의 착용을 금하고, 화장이나 세속적인 음악이나 영화나 TV 등의 시청을 제한하고 있다. 이곳이 성결교회의 가장 역사적으로 근접한 뿌리인 곳이다.

이곳 이외에 성결교회에 영향을 주었던 또 다른 뿌리로는 사중복음을 제창한 심프슨, 그리스도의 완전과 온전한 성화를 주장한 웨슬레, 정통주의와 형식주의를 배격하고 신자 개인의 체험과 성결을 강조한 독일 경건주의와 영국 청교도주의, 그리고 말씀과 성례전을 강조하는 종교개혁자들, 교부들의 수도원주의, 초대교회와 예수 그리스도, 신약의 교회와 구약의 이스라엘까지 연결될 수 있겠다. 이러한 뿌리 중에서 기성은 웨슬레 신학을 강조하고, 예성은 심프슨과의 연계성을 강조하는 경향이 1970~80년대에서부터 보이기 시작했다. 이는 1970년대 한국 교회의 주류 신학이 장로교의 칼빈 신학과 감리교의 웨슬레 신학으로 나누어져 있었으므로, 한국 성결교회는 칼빈 신학보다는 웨슬레 신학에 소속되어 신학의 정체성을 찾으려고 하였다. 이러한 경향성은 성결교회를 신학적으로 감리교회의 동생뻘로 자타가 인정하도록 만들었다. 이는 한국 성결교회가 "우리도 신학이 없는 것이 아니다. 그것은 웨슬레 신학이다"라고 하면서 한국 주류 교단과 어깨를 나란히 하였다는 데 의의가 있지만, 성결교회 주체성의 입장에서 결점이라고 보여진다. 심프슨과의 연계성도 그가 사중복음을 제창하였다는 점이 부각되어 1980년대 이후 심프슨이 창립한 기독교연합선교회(C&MA)와 선교 협력을 맺고 있으나, 심프슨의 기독론직 사중복음은 우리 예성의 그것과 같지 않음이 발견되고 있다. 특히, 1990년대 일어났던 휴거와 세대주의 논쟁에서 우리 성결교회는 세대주의 전체 신학을 따르기보다는 재림론에서 휴거설과 전천년설을 성경적으로 따른다라고 결론지었다. 또한, 1980년대 후반 1990년대에 이르러 한국 성결교회의 주체성을 강조하는 입장에서 한국 성결교회의 초기 한국인의 개척 사역을 자생성의 증거로 주장하고 있고, 김상준, 이명직, 김응조의 한국적 신학을 탐구하는 단계에 와 있다. 결론적으로, 성결교회는 웨슬레를 따르는 감리교회나 심프슨을 따르는 C&MA 그리고 마틴 냅의 만국성결연맹 등의 구미 교단으로부터 신학적인 영향을 받았고, 그 영향력을 뿌리로 하여 한국의 성결교회로 발전 성장하였다고 보인다.

한국 성결교회의 뿌리 찾기 작업이 일단락된 시점에서 우리는 뿌리 찾기가 옛날로 돌아가자는 식의 수구주의로 나아가서는 안 될 것이다. 우리가 역사를 통해 우리의 뿌리를 찾는 것은 과거의 역사를 통해 교훈을 얻어 미래의 우리 모습에 발전을 가져오고자 함이기 때문이다. 그러므로 성결교회의 근원이 만국성결교회, 감리교회, C&MA 등과 연관된다고 해서 19세기 말 20세기 초의 그 모습으로 돌아갈 필요는 없다고 본다. 성결교회가 맞이할 새 천년은 서론에서 언급한 것처럼 19세기 말이나 20세기 초와 같지 않기 때문이다. 그러나 한국 성결교회는 그 뿌리를 외면할 수 없다. 뿌리가 없는 교회는 외형적으로 문제가 없는 것 같지만 곧 기초가 흔들려 정체성이 없어지고 급기야 무너지고 말 것이기 때문이다. 그렇다면 새 천년을 맞이하는 우리 한국 성결교회가 우리의 뿌리와 어떠한 연관성을 가져야 할 것인가라는 선교신학적인 과제가 우리 앞에 놓이게 된다. 이러한 과제는 우리 성결교회의 뿌리에 대한 역사적이고 신학적인 배경에 대한 깊은 성찰을 통해 해결될 수 있다고 본다.

첫째, 성결교회의 뿌리는 그것이 직접적이든 간접적이든 신앙의 순수(purity)와 연관되어 있다. 성서의 초대교회의 정신은 그리스도를 향한 순수한 헌신이었다. 그러나 시간이 지남에 따라 초대교회의 순수(purity)는 사라지고 교권과 교리에 얽매여, 교회는 형식적인 기관으로 변모해 갔다. 로마 교회가 로마 가톨릭에 의해 부패되었을 때에 종교개혁이 일어났고, 형식적인 정통주의로 흘러간 개혁교회는 경건주의와 웨슬리의 성결의 신앙에 의해 개혁되었으며, 미국의 감리교회를 비롯한 주류 교회가 사회 복음으로 나아갈 때에 19세기 말 만국성결교회는 성결과 재림의 복음을 가지고 선교하였다. 한국 성결교회의 뿌리를 보면 이러한 순수성이 개혁의 과정을 거쳐 계승되고 있는 것을 알 수 있다.

기존의 장로교 감리교가 존재하는데, 성결교회가 필요했을까 라는 의문을 보통 신자들은 가질 수 있다. 그런데 사회학자 리처드 니버의 이론을 살펴보면 그것이 곧 이해가 갈 것이다. 리처드 니버(Richard Niebuhr)는 『교단의 사회적 원천』이라는 그의 저서에서 미국의 교단 분립 배경을 기존의 신학적 접근보다는 사회학적인 접근 방법을 사용하여 분석하고 있다. 그는 교회가 복음의 이상을 조직화하여 하나의 교단으로 되면 교회는 사회적으로 세상의 원칙과 타협하여 자기 권력을 지키기에 급급해 교회의 본질인 복음의 내용을 상실하게 될 수밖에 없다고 사회학적으로 분석했다. 그는 이러한 맥락에서 종파, 교회, 교단을 분석했는데, 즉 복음의 순수성을 지키기 위해 소수의 사람들이 교단을 이탈하여 새로운 종파 운동(sect movements)을 시작하고, 이들이 곧 교회를 조직하며 점차 교단의 조직화로 발전하게 된다. 그러나 교단이 경직화되고 굳어지면, 또다시 복음의 순수성이 조직에 의해 흐려지고 곧 이것이 또 다른 종파의 형성을 불러일으킨다는 것이다. 특히, 조직화된 교회가 복음의 순수에서 멀어질 때 교회는 사회적으로 하층계급인 사람들을 무시하게 되어 있다. 교회는 경제적으로 중산층의 사람들의 문화 종교적인 욕구를 채우기 위한 프로그램을 개발하게 되고 경제적으로 빈곤한 자들을 교회 정치에서 제외시킬 위험성이 높다. 니버는 결론적으로 개혁성을 가진 교회 안의 교회(ecclesiola in ecclesia)를 주장하는데, 즉 교단은 조직화를 통해 거대화를 바라는 교단주의(denomenationalism)에 빠질 것이 아니라, 인간적인 노력보다는 하나님의 은혜에 의지하여 복음을 전달하는 전달체로, 사회를 변화시키는 단체로, 복음의 본질을 지키는 일치된 교회가 되어야 한다고 주장하였다.

이러한 맥락에서 볼 때, 성결교회의 존립 이유는 명백하였다고 본다. 최초의 성결교회 교인들은 장로교 감리교에서 은혜를 사모하여 이명한 사람들이었고, 복음의 본질에 대하여 목말라 하던 사람들이었다. 새 천년의 한국 성결교회는 성서적 초대교회의 순수를 보존하고 선교하는 한국 교회의 누룩과도 같은 교단이 되어야 할 것이다.

둘째, 성결교회는 그 뿌리부터 소외되고 가난한 자들을 위한 종교라는 데 그 특징적인 모습이 있다. 19세기 말 미국 성결 교파들은 슬럼화된 도시민들을 대상으로 선교하였다. 만국 성결 연맹의 마틴 냅은 신시내티의 소외된 도시 빈민들을 복음화 하였고, 동양 선교회의 카우만은 시카고의 빈민들을 위해 복음 선교를 하였고, 정빈, 김상준은 무교동에서 도시 빈민층을 대상으로 선교활동을 하였다. 이처럼 성결교회는 설립 배경부터 기존의 소외된 빈자들이 모인 곳이었다. 기존의 장로교 감리교는 점차 도시 중산층의 종교로 되어가고 있을 때에, 소외된 계층을 위해 성결교회는 그 사명을 감당했던 것이다. 특히, 한국 성결교회는 역사적으로 가난하고 소외된 사람들의 종교였다. 1950~60년대 도시 개발 사역의 와중에서 소외된 사람들과 수재민들을 위해 천막 교회를 개척한 사명자들 중 많은 이들이 성결교회에서 나왔다. 아직도 가난하고 소외된 계층을 돌보는 복음의 본질적인 사역은 우리 성결교회에 남겨진 사역이라고 본다.

셋째, 성결교회는 그 뿌리가 사도적 선교의 열정을 가졌다는 데 그 특징이 있다. 교회의 존재 자체는 선교에 의해 설립된다. 다시 말해, 교회가 먼저 설립되고 선교가 시작된 것이 아니라, 선교를 통해 교회가 설립된다는 말이다. 이는 선교가 교회에 우선됨을 뜻한다. 성서도 이를 증명한다. 하나님이 아들을 보내심(apostellein: sending)과 아들이 제자들을 보내심으로 교회가 설립된다(갈라디아서 4:4~6). 보내심은 곧 사도성(apostolicity)을 의미하며, 하나님의 아들을 보내시는 사도적 선교는 성령을 통해 사도적 교회의 사명으로 이어지는 것이다. 사실, 성결교회의 최초의 모습은 하나의 조직된 교회라고 보기는 어렵다. 성결교회는 하나의 선교회(a mission society)로 존재했었다. 성결교회의 전신은 동양선교회로서 사중복음을 온 세계에 전하려는 선교적 사명을 감당하였다. 이러한 맥락에서 한국 성결교회는 선교적 본질을 망각하고 그 사명 수행을 위해 주어진 틀 속에 갇혀서 교리적 논쟁만 일삼는 "형태론적 근본주의"에 빠지지 않아야 할 것이다. 교회는 교회 자체를 위한 기관이 아니라 온 세상을 위한 선교적 공동체(missional community)이고, 부활의 복음을 전하기 위한 사도적(apostolic) 공동체임을 잊지 말아야 한다.

1. 한국 성결교회 선교 정책

그러면 이상에서 살펴본 내용을 밑바탕으로 해서, 즉 한국 성결교회의 뿌리와 정체성을 인식하고 그것이 복음의 순수성, 빈자를 위한 관심, 사도적 선교 공동체로 연결된다는 사실을 근거로 새 천년 한국 성결교회의 선교 정책을 살펴보자.

1) 복음의 순수를 전하는 선교: 영혼 구원과 교회 개척의 선교

한국 성결교회가 복음의 순수를 갈망하던 사람들의 모임이었고, 이를 세계로 전하는 교회였다면, 새 천년에도 이러한 전통은 계속되어져야 할 것이다. 사실, 영혼 구원과 교회 개척은 지난 서구 선교에 의해 제국주의의 앞잡이로 인식되어 왔으나, 우리 한국 교회는 제국주의가 아닌 식민 통치를 경험한 교회이기에 이러한 오해는 불식되어지고 있다. 교회는 서구 제국주의의 앞잡이라는 등식은 한국 교회의 영혼 사랑을 최우선으로 하는 복음 전도의 순수성으로 인해 사라지고 있다.

20세기 말부터 특별히 서구 일변도인 세계 선교 영역에서 우리 한국 교회가 하나의 주역으로 등장하여 6천여 우리 한국 선교사들이 전 세계의 구석구석에서 하나님의 일(God's

Mission)을 수행하고 있다. 이러한 경향은 새 천년에도 계속해서 진행될 것으로 보인다. 선교 신학자인 헷셀그레이브(David Hesselgrave)는 이미 1980년대에 선교의 중심이 서구 교회에서 제3세계 교회로 옮겨졌음을 언급하기도 하였다. 이러한 점은 서구 제국주의 선교의 막이 내려지고 오히려 피지배자였던 제3세계의 선교의 시대가 도래하였다는 것을 의미한다. 사실, 서구 교회의 선교는 서구 산업화로 인해 새롭게 등장한 제국주의와 그 행보를 같이하였고, 교회는 서구의 식민지 확장 정책과 낙관주의(a spirit of optimism)에 발을 맞추어 선교 확장(missionary expansion)을 했다. 기독교화된 서구는 제국주의가 점령한 식민지에 사는 사람들을 기독교로 개종(conversion)시켰으므로, 당시 식민지에서 압박당하던 사람들은 기독교를 서구 지배자의 종교로 인식했고, 자기 나라의 독립과 더불어 기독교도 같이 배척하였다. 선교라는 말은 제국주의자들의 용어로 동일시되었고, 신생독립국가들의 선교사 입국 금지령(Moratorium)은 일반화되었다.

상황이 그렇다고 하나님의 위대한 선교 사역이 끝을 맞이할 수 있겠는가! 이러한 때를 대비하여 하나님은 한국 교회를 준비해 놓으셨다. 기독교 선교에 있어 비서구권 교회가 선교 사역에 동참해야 될 필연성이 역사적으로 성숙해져가고 있었던 때에 한국 교회는 선교현장에 선교사를 투입하기 시작했다. 세계 기독교회가 지역을 넘어서 영혼 구원 사역을 하고 교회를 설립하는 선교를 포기할 수 없었던 차에, 한국 교회는 이 역사적인 선교 임무에 매우 적절한 나라였다. 한국의 기독교는 전 국민의 25%의 기독교인을 가지고 있고 또 그 선교 열정도 매우 풍부하였다. 한국은 이제 제3세계권에서 가장 많은 선교사를 파송하는 선교 대국이 되었다. 그러므로 한국 성결교회는 새 천년에도 계속해서 영혼 구령과 교회 개척을 통하여 복음의 순수를 전하는 선교 정책을 유지하여야 할 것이다.

2) 소외되고 가난한 자들을 위한 선교: 구호와 개발 사역의 선교

한국 성결교회는 그 뿌리가 가난한 사람들의 종교였다. 이제 성결교회가 성장하여 대학과 교단으로 성장하였으니, 더욱 성서의 법 정신과 그리스도의 사랑의 명령을 따르는 선교하는 교단이 되어야 한다. 성경을 선교적 관점에서 읽으면, 우리는 먼저 하나님의 가난한 자들에 대하여 끊임없이 뜨거운 관심과 사랑을 보이시는 것을 볼 수 있다. 하나님의 아들 예수 그리스도의 사역도 사회의 규범적 지위를 넘어서 가난한 자, 주변인들, 고아, 과부, 어린이, 부녀자들에 대하여 역시 불쌍함을 가졌다. 하나님과 예수님의 제자들로서 우리는 그와 똑같은 '하나님의 불쌍히 여기는 심정'을 가져야 할 것이다. 이것이 선교의 첫걸음이다.

새 천년에는 유전자 개발로 인한 슈퍼 쌀, 옥수수 등의 생산으로 기아 문제 해결, 의학의 발달로 인한 질병의 퇴치 및 인간 수명 연장 등 황금빛 무지개 꿈을 약속하지만, 그 수혜자가 얼마나 될지 의문이다. 현재 지구촌의 가난은 수확의 부족보다는 유통의 문제이고, 세계 8억의 인구가 절대 빈곤에서 살고 있으며, 이들의 자녀 중 반 이상이 5살이 되기 전에 죽는다고 한다. 이는 세계 자원의 40% 이상을 세계 인구의 5%에 불과한 미국인들이 사용한다는 것과 무관하지는 않을 것이다. 특히, 절대 빈곤에 살고 있는 사람들 가운데 24%가 기독교인이라는 사실은 우리 한국 성결교회에 또 다른 선교적 사명을 갖게 한다. 이제 복음주의 진영에서도 새 천년 "통합적 선교(holistic mission)" 개념을 재정립하였고, 가난한 자들을 위한 구호 개발 사역을 새 천년 최우선 사업으로 지정하고 있다. 이에 발을 맞추어 우리 성결교회도 세계 가난한 기독교회들과의 물질적 지원의 연계를 통한 구호 개발 선교 사명을 잘 감당해야 할 것이다.

3) 사도적 선교의 열정을 잃지 않는 선교: 선교학자, 선교부, 선교사, 현지지도자, 선교훈련생 간의 상호 이해와 참여가 있는 선교

성결교회는 사도적 선교의 교회였다. 교회가 사도적 선교이기를 거부하고, 하나의 기관화되어 버리면 그것은 교회의 사명을 다하지 못하게 된다. 하나님이 그의 아들 예수님을 보내시고 예수님이 그의 제자들을 사도로 보내신 것처럼, 교회는 사도적 선교 공동체가 되어야 한다. 이 사도적 선교는 항상 새로운 상황과 문화 종교, 그리고 새로운 사람들을 만나기 때문에 힘들고 어려운 일로 여겨지지만, 이 일은 교회의 사명이 되어야 한다. 사실, 기독교의 복음은 기독교인 외의 다른 사람들, 문화, 종교들을 만나면서, 복음이 점차 전파되는 것인데, 이 일을 통해 하나님 나라의 확장은 물론, 기독교인이 된다는 의미, 즉 정체성이 재확인될 수 있는 것이다.

이러한 일을 위해 사도적 선교의 열정을 잃지 않는 일이 중요하다. 선교적 열정을 잃지 않기 위해서는 하나의 연대감이 필요하다. 각자 맡은 일은 다르다 할지라도 동일한 선교 사역을 한다는 긍지와 동지애, 그리고 협력감이 필요하다. 선교학자는 포괄적인 정책 연구를 통해 선교의 본질과 근거를 계속해서 제시해야 할 것이며, 선교부는 그 정책을 구체적으로 입안하고 선교사를 선발하여 계속적으로 지원해야 할 것이며, 나가서 전하는 선교사들은 선교 정책에 맞게 현지 지도부와 선교 훈련생들과 더불어 사도적 선교에 참여해야 할 것이다. 지금까지 한국 교회 선교에서 선교학자는 학자대로 선교사는 선교사대로, 서로의 분야를 질시하는 태도를 보여 왔다. 서로 학문과 경험사이에서 자신들의 우위성을 주장하였다. 이러한 불필요한 태도는 사도적 선교의 열정을 식게 하는 결과가 될 수 있다. 우리는 선교를 위해 한 배 탄 사람들이라는 인식이 다시 한 번 필요한 때이고, 선교학자는 연구하는 선교사, 선교부는 보내는 선교사, 선교사는 보냄 받은 선교사, 교회는 후원하는 선교사로서 모두 자긍심을 가질 때 사도적 선교의 열정은 계속해서 불타오를 수 있을 것이다.

2. 한국 성결교회의 선교 전략

앞에서 살펴본 한국 성결교회 선교 정책에 따른 그 구체적인 실천 방안인 선교 전략에 대하여 알아보도록 하자. 사실, 군사 용어인 전략이라는 말이 새 천년 선교에 적합한지에 대하여는 논란이 많다. 전략이라는 용어는 헬라어 strategos에서 유래되었는데, 이는 '장군'이란 뜻으로, 어느 군내가 적과의 전쟁에서 승리하기 위해 기본직인 자료들, 경제·징치·심리·군사적인 자원들을 모아 하나의 전략을 세우고, 이후에 강력한 지도력으로 이 계획을 실행시키는 것을 포함한다. 그런데 이러한 군사 용어는 적을 가정하고 있고, 어떠한 수단과 방법을 동원해서라도 적을 물리쳐야 하는 군사적인 목적이 있는데, 이것이 선교에 적용되어야 하는지 의문이다. 우리가 선교해야 하는 대상이 적으로 규정될 수 없기 때문이다. 그리고 전략이라는 용어는 계산을 염두에 두고 있기 때문에, 인간의 경험적인 자료를 분석하여 가장 효과적인 것을 찾는 것이 성령의 역사보다 더 중요하게 차지할 경향성이 있다. 그러나 이러한 결점에도 불구하고 전략이라는 용어만큼 적절한 용어를 찾기가 어렵기 때문에, 전략이라는 용어에서 부정적인 의미를 최소화하여 선교에 적용하기로 하자.

지금까지 실용주의(pragmatism)와 기술에 의존하는 현대 문명의 영향으로 선교 전략에 과학적 방법의 무비판적 수용은 거짓된 과학만능주의와 자연 파괴와 인간 소외를 낳고 말았다. 그러므로 새 천년 현대 후기사회에서는 종교경험의 세계나 죽음의 문제를 다루는 기독교 복음의 선교 전략이 단순히 기술과 과학으로 세워져서는 안 되며, 하나님의 말씀인 성서적 기반에 의해 다시 정립되어야 한다.

1) 메시아적 전략(Messianic Strategy)

메시아적 전략은 예수 그리스도와 사도들의 선교 전략이었다. 예수님은 먼저 "잃어버린 이스라엘"(마 15:24, 10:5ff)을 찾았고, 바울과 바나바는 먼저 유대인과 다음에 이방인을 찾았고(행 13:46~47), 특히 이방 도시 상업 지역에 사는 유대인 디아스포라들을 선교 대상으로 먼저 삼아 하나님의 선교(missio dei)의 도구로 삼았다.

한국 성결교회는 한민족에게 먼저 관심을 가져야 한다. 우선, 북한에 살고 있는 2500만 동포들을 기억해야 한다. 그리고 세계 각국에 흩어져 있는 한민족 디아스포라에 지속적인 관심을 가져야 한다. 1937년 스탈린에 의해 강제 이주 당한 카레이스키가 중앙아시아에 45만 명이 살고 있다. 연변을 중심한 중국에 120만 조선족이 살고 있고, 미국 로스앤젤레스에 50만, 뉴욕 등지에 30만 명이 거주하고 있고, 일본엔 70만 명 이상의 재일 동포들이 살고 있다. 이제 한국 민족의 이민 역사가 오래되었기 때문에 2세, 3세 한인들이 그곳 언어와 문화에 능통하여 세계 선교의 주요한 자원으로 성장하고 있다. 한국 성결교회는 이들에게 복음을 전하여 교회를 설립하고 또한 동시에 구호 개발 사역도 실행하여 자립적인 한인 공동체 설립을 도와야 한다.

2) 상황화 문화 전략(Contextualized Cultural Strategy)

시대별로 선교 전략은 변해 왔다. 그 상황과 문화에 맞는 새로운 선교 전략들이 계발되었기 때문이다. 1950년대 이후 1970년대까지 빌리 그래함 전도 집회 등 대형 부흥 집회가 유행하였다. 큰 집회에 가서 성도들이 은혜를 받고 개 교회에 와서 부흥의 불을 일으켰다. 여의도 광장에 100만 명 이상 운집했던 부흥 집회는 이제 시들해지고 있다. 그러나 남미 브라질이나 아프리카 케냐 등지에서는 대형 부흥 집회가 계속되고 있다. 1980년대에서 1990년대까지 총동원 전도주일, 이웃사랑 예수잔치 등 지역별 잔치를 통한 전도 운동이 활발하게 진행되었다. 이제 한국에서는 총동원 전도에 노인들만이 찾아오는 현실이다. 그러나 이러한 방법은 타지키스탄 등 중앙아시아에서 잔치 문화가 발달된 곳에 잘 적용되고 있다.

이제 새 천년을 맞이하여 문화가 지역 공동체 문화로 되어가고 있다. 지역의 문화가 곧 세계화라는 글로컬리제이션(glocalization)이라는 신조어까지 등장하였다. 선교 전략에 있어서도 2000년대에는 "공동체 문화 운동"이 교회와 선교를 중심으로 전개되어 나가야 할 것이다. 기독교 공동체가 교회를 중심으로 모여, 그 지역 사회 안에서 토착화되고 상황화된 하나의 기독교 문화를 만들어 나가야 할 것이다. 세속 문화에 끌려가는 교회가 아니라 이제는 세속 문화를 이끌어 기독교 문화로 변혁을 시켜야 할 것이다. 기독교가 더 이상 핍박받는 소수의 게토가 되기보다는 사회와 문화를 이끌고 나가는 주요한 세력이 되어야 할 것이다. 그러나 선교지에는 아직도 교회가 핍박받는 소수인 경우가 많이 있다. 각 나라와 지역별로 문화와 상황에 적합한 전략이 계발되어야 할 것이다.

3) 상호 동반자 전략(Inter-partnership Strategy)

IMF외환위기로 인하여 우리는 노사정위원회라는 말을 많이 듣는다. 이는 독일에서 완전 고용을 위해 노동자, 정부, 회사 대표가 경제 정책을 한 방향으로 이끌었던 경험을 우리 정부가 채택한 것이었다. 이는 우리 선교 전략에 주요한 시사성을 던진다. 현재 선교 정책이나 전략에 있어서 선교학자, 선교부, 선교사, 현지 지도자 등이 모인 협의체에서 의견이 다양하게 참조되어야 한다는 것이다. 선교 정책의 우선순위가 이러한 협의체에서 결정되고 이에 따라 선교 행정이 집행된다면 새 천년 선교는 첫 단추가 잘 끼워진 것이다. 특히, 21세기는 인터넷의 발달로 전자상거래가 이루어져서 국경이 별 소용이 없을 것이라 하는데, 이러한 상황에서 인터넷을 통한 상호동반자 전략은 매우 효과적이고 빠르게 진행될 수 있을 것이다.

제27장 선교사회복지 실천의 사중복음 신학적 근거

　선교와 사회복지는 둘 다 인간에 대하여 관심을 가지고 있다. 그런데 선교는 하나님의 (divine) 선교요, 사회복지는 인간의(humanitarian) 사회복지이기에 둘 사이에 커다란 차이가 존재할 수밖에 없다. 즉, 선교는 교회의 부흥과 하나님께 영광을 위한 목적이요, 사회복지는 하나님이나 교회와 상관없이 인간 그 자체가 잘되고 인간 이하의 삶을 사는 사람이 없는 복지 사회가 목적이다. 그래서 사회복지학계에서는 교회성장이나 영혼구원을 위한 교회의 사회복지를 색안경을 끼고 진정한 인간 그 자체를 위한 사회복지가 아닌 유사 사회복지(pseudo-social welfare)로 취급하고 있다.

　사실, 교회가 사회복지 사업을 구한말 이후 근대화의 과정에서 꾸준히 담당해 왔으나, 최근 관공서에서는 교회에서 사회복지 신규 사업을 신청하면 제외시키고 있는 실정이다. 마치 교회가 사회복지 사업을 하는 일이 자체 교회와 교인들만 위한 일이라고 생각하기 때문이다. 그러나 이들의 잘못된 판단은 우리 교회나 교인들이 모두 대한민국의 테두리 안에서 살아가고 있는 한식구라는 사실을 잊고 있는 것이다. 요즘 한국의 분위기와 정서에는 기독교 선교사가 선교 중 피랍되거나 살해되는 경우에도 누구 하나 동정심조차 가져주지 않고 오히려 비난하고 있는 실정이다.

　이들은 교회와 선교를 잘못 이해하고 있다. 교회와 선교의 진정한 목적은 하나님의 영광이지만 그것은 인간의 구원과 사회의 변혁을 통해 이루어진다. 그런데 기독교가 정치적 약자에서 강자가 되고 핍박받는 소수에서 지배하는 다수가 되면서, 선교의 목적이 세 불리기 식 강압적 교회 성장이라고 일반에 인식되기 시작했다. 그러나 현재 기독교는 강해지지 않았다. 대통령과 소위 고소영이라고 하는 강남권 정치인들을 제외하고는 아직도 교회에 나오는 사람들은 소외계층이 많고, 중대형 교회도 무리한 건축으로 인하여 빚에 시달리고 있다. 한국 교회의 90% 이상을 차지하는 작은 교회 역시 형편이 열악한 것이 사실이다.

그러므로 선교와 사회복지 두 사이의 커다란 간격을 메울 수 있는 방법은 선교사회복지로 종합하는 것이다. 선교사회복지는 공통된 점이 있는데, 그것은 모두 인간 구원에 관여한다는 데 있다. 특히, 선교사회복지의 가장 적합한 실천자는 바로 우리 성결교회가 될 수 있다. 사실, 우리 성결교회는 본래적으로 가난한 사람들의 교회로서, 미국의 남북전쟁 이후 애팔래치아 산맥 남부로 피란했던 사람들, 미국의 시카고, 오하이오 신시내티, 뉴욕 주의 나약 등 도시로 몰려온 빈민들 사이에서 시작되었다. 한국에 들어올 때에도 장로교는 새문안, 감리교는 정동, 성결교는 종로 염곡에 들어왔고 셋집에서 시작하였다. 근·현대에 성결교회 목회자들은 동네마다 가난한 사람들이 사는 곳이라면 아골 골짝 어디라도 가겠다는 선교사의 심정으로 교회를 개척하였고 사회약자 빈민들과 함께 인간 구원사역을 하였다. 이러한 사역의 중심에는 언제나 사중복음이 있었다.

우리 성결교회의 Trade Mark는 누구나 사중복음이라고 말할 것이다. 사중복음은 인간 구원의 4가지 종합적인 차원을 말하기에 선교사회복지 실천의 기준(criteria)이 되기에 매우 적합하다. 인간 구원은 영혼구원 중생에서 시작하지만 그것은 인간의 개인과 사회적 성결을 통해 나타나고, 상처받은 영혼과 사회 공동체의 하나님의 만지심 곧 신유를 통해 확증되며, 다시 오시는 재림의 주님이 완성하실 이상국가인 천년왕국과 새 하늘과 새 땅의 하나님의 나라에서 인간 구원의 완성이 실현된다. 그러면 선교사회복지 실천의 사중복음 신학적 근거에 대하여 좀 더 구체적으로 살펴보자.

1. 중생의 복음−선교사회복지 실천의 시작: 선교 사회복지 실천은 중생의 은혜 곧 하나님과의 관계 회복에서부터 시작한다

거듭남, 곧 중생은 하나님의 선행적 은총으로 죄를 깨닫고 회개(시 32:5)하여 예수 그리스도의 보혈의 공로를 믿고(요 3:16; 엡 2:8), 영혼이 거듭나 구원받는 것이다(요 3:3; 벧전 1:23). 거듭남 곧 중생의 은혜에는 두 가지 경향성이 있는데, 그것은 자신의 죄 씻음과 하나님과의 관계 회복 두 가지 차원이다. 루터, 칼빈, 웨슬리 등 서구신학에서는 죄 씻음을 강조하였는데, 이것은 '죄의식'을 강조하는 서구 문화적 특징과 연결된다. 서구인은 세계의 중심을 자기 자신으로 보고 개인의 구원에 초점을 맞추고 있다. 이에 비해 동양 특히 한국인의 세계관은 서구 개인주의가 아니라 공동체를 세계의 중심으로 보기 때문에, 중생의 또 다른 측면인 '하나님과의 관계 회복'을 중요하게 여겼다. 사중복음을 미국의 동양선교회로부터 전수받은 한국 성결교회의 지도자인 이명직, 김응조, 황성택, 이성봉 등은 중생의 은혜를 '하나님과의 관계 회복'이라고 해석하여 성결교회를 부흥시켰다. 이명직은 중생을 '영이신 하나님과의 관계에서 의로움과 거룩함과 자유함과 아들의 만물 상속권과 영생 등의 원상회복'으로 보았고, 김응조는 '그리스도 중심의 구원론적 관점의 영해를 통하여 하나님의 잃어버린 형상을 되찾아 회복함'을 강조하였다.

선교사회복지 실천은 위의 중생의 두 가지 경향성에서, 먼저 죄로부터 씻음을 받는 중생의 실천으로부터 시작해야 한다. 예수님은 사회적 약자들을 죄인으로 정죄하는 상황에서 이들의 죄를 먼저 용서하셨다. 돌 맞아 죽어야 하는 간음한 여인에게 '죄 없는 자가 먼저 돌로 치라'고 말씀하시며 그 여인을 향해 '나도 너를 정죄하지 않노라'라고 말씀하신 주님이시다(요 8:11). 중풍병자를 고치시면서 '네 침상을 들고 집으로 가라'라고 말씀하시지 않고, '네 죄사함을 받았느니라'라고 말씀하셨다(눅 5:23). 선교 사회복지는 사회복지 실천을 하면서 그리스도의 죄사함의 복음을 전해야 한다. 사회에서 죄의식에 사로잡혀 사는 사회 약자들에게 그리스도의 죄사함의 복음을 전해야 한다. 그래서 그들에게 그리스도의 영혼 구원의 생수를 주어 '영원히 목마르지 아니하게 하고, 그 속에서 영생하도록 솟아나는 샘물'이 되게 하여야 한다(요 4:14).

중생에서 중요한 것은 개인의 죄 씻음과 더불어 하나님과의 관계 회복이다. 우리 한국 사회는 서구 개인주의 문화가 침투하여 한국인의 영혼이 메말라가고 있다. 도시화와 경쟁사회 속에서 한국인의 영혼은 쉴 곳을 찾지 못하고 방황하고 있다. 이러한 때에 인간 구원의 중생의 복음은 관계회복의 차원에서 다시 해석되어야 한다.

하나님과의 관계 회복은 무엇을 의미하는 것인가? 하나님은 '영원하신 왕, 곧 썩지 아니하고 보이지 아니하고 홀로 하나이신 분'으로서 존귀와 영광을 영원무궁토록 받으실 분(딤전 1:17)이시다. 그런데 인간은 '마음에 하나님 두기를 싫어하여 합당하지 못한 일'을 하고 있다(롬1:28). 하나님과의 관계회복은 먼저 하나님은 영이시니 신령과 진정으로 예배하는 일이며

(요 4:24) 가난하고 소외된 이웃과 형제를 사랑하는 일이다. 하나님을 사랑하노라 하고 그 형제를 사랑하지 아니하는 자는 보지 못 하는바 하나님을 사랑할 수 없으며(요일 4:20), 심지어 이들은 하나님께 속하지 아니한 마귀의 자녀들이 된다(요일 3:10).

2. 성결의 복음─선교사회복지 실천 강령: 선교 사회복지 실천은 성결의 은혜 곧 하나님이 성결하다 인정하심에 근거하여 실천한다

성결교회는 성결의 복음을 온 세상에 전하는 사도적 선교의 사명을 가지고 출발했다. 그 이름에도 나타나 있듯이 성결교회는 성결을 중요하게 생각하고 그것을 전하는 교회이다. 성결은 무엇인가? 성결이란 완전 성화(entire sanctification)로서 '내재된 죄성, 곧 원죄로부터 정결하게 되는 온전한 성결'을 말한다. 장로교에서는 완전 성화에 대하여 비성서적이며 인간의 노력으로 될 수 없는 것으로 죽어 천국에 가서야 이루어질 것으로 보고 있다. 그러나 이것은 오해이다. 성경에서는 완전 성결을 증언하고 있다.

> 악은 어떤 모양이라도 버리라. 평강의 하나님이 친히 너희를 온전히 거룩하게 하시고 또 너희의 온 영과 혼과 몸이 우리 주 예수 그리스도께서 강림하실 때에 흠 없게 보전되기를 원하노라. 너희를 부르시는 이는 미쁘시니 그가 또한 이루시리라(살전 5:22~24).

주님은 산상 수훈의 결론으로 '그러므로 하늘에 계신 너희 아버지의 온전하심과 같이 너희도 온전하라'(마 5:48)고 명령하고 있고, 하나님은 인간적인 노력을 하여 하나님의 역사를 제한한 아브라함에게 '너는 내 앞에서 완전하라'고 준엄하게 말씀하셨다(창 17:1). 그리고 완전 성화를 요단강 건너 가나안을 정복한 것을 비유하는데, 여호수아가 가나안 정복을 한 이후에도 가나안 7족과 싸웠듯이, 가나안은 죽은 후 내생에서 이루어지는 것이 아니라, 이생에서 죄와 싸워 이겨야 하는 성결의 은혜를 말하는 것이다.

장로교회가 성결의 은혜를 오해하는 것은 바로 인간적인 노력으로 성결케 되려고 한다는 것이다. 즉, 하나님의 은총이 아닌 도덕적이고 율법적인 거룩이라고 오해하는 것이다. 그러나 성결교회의 완전 성화는 인간의 노력으로 되는 도덕적 결과가 아니라 하나님의 은총으로 되는 하나님의 선물이다. 그리고 하나님처럼 완전무흠한 거룩이 아니라, 하나님이 인정해 주시는 상대적인 거룩이다. 우리가 몸이 건강하다고 하는 것은 의학적인 기준 수치에 따른 것처럼, 우리가 성결하다고 하는 것은 하나님의 기준에 따른 것이다. 하나님이 부족한 우리들을 완전하다고 인정해주시면 우리는 부족하지만 완전해지는 것이다.

하나님의 사랑을 아가페로 표현하는데, 이것은 '가치 없는 것을 가치 있게 여기는 것'이라는 뜻이다. 이것이야 말로 진정한 하나님의 은총 아니겠는가! 만일 우리 눈이 건강하다면, 그 눈에 계속해서 들어오는 먼지와 오물을 지속적으로 눈물이 씻어주어 청결함을 완전히 유지하는 것처럼, 하나님의 은총과 그리스도의 보혈이 죄와 허물의 먼지를 깨끗하게 씻어주어 우리를 완전하게 성결[건강]하게 만들어 주시는 것이다.

왜 가난하고 못 사는 지역에 성결교회가 존재하는가? 그리고 왜 가난한 사람들의 교회인 성결교회가 반듯하고 완전한 성결의 복음의 대변자가 되어야 하는가? 오히려 이 세상에서 주류 기독교로서 전 세계적으로 강력한 장로교회는 완전 성화에 대하여 부정하고 인간의 불완전함과 죄를 완전히 제거할 수 없다고 주장하고 있다. 왜 그런 것인가? 이것은 성결교회가 가난하고 약하고 힘이 없기 때문에 불완전한 인간의 도움보다는 완전한 하나님의 은총에 더 의지하고 나약하고 거짓된 인간의 사랑보다는 강하고 진실한 하나님의 사랑에 더 의지하게 되기 때문이다. 세상에서는 비록 허름한 집, 빈곤, 무교육, 거친 삶 속에서 살아가며 세상의 가진 자들에 의해 무시당하지만, 진정한 사랑의 근원이신 하나님은 그러한 심령이 가난한 자를 완전하다고 여겨주시기 때문이다.

우리 성결교회는 이러한 하나님의 완전 성화, 곧 성결의 복음을 개인을 넘어 사회로 실천하여야 할 것이다. 사회 약자들의 심정을 누구보다도 잘 이해할 수 있는 성결교회는 사회약자들에서 선교사회복지 실천을 통하여 그들을 무시하거나 정죄하기보다는 하나님의 사랑 특히 성결의 은혜를 깨닫게 하여 하나님 앞에 완전한 자로 설 수 있도록 격려하고 동기부여 하여야 할 것이다. 세상에서 버림받아도 하나님은 완전하게 인정해 주시는 성결의 은혜를 우리 성결교회 선교사회복지를 통하여 실천하여야 할 것이다. 우리는 이러한 근원적이고 본질적인 하나님의 완전한 사랑과 완전 성결의 진리를 포기하지 말고, 선교사회복지 실천으로서 지속적으로 가난한 이웃들과 함께 하나님의 완전한 사랑, 완전한 성결의 진리를 사수해나가야 할 것이다.

3. 신유의 복음–선교사회복지 실천 방법론: 선교 사회복지 실천은 신유의 은혜 곧 하나님께서 "치유"해 주신다는 신유의 방법론을 가지고 실천한다

신유는 병든 몸과 마음을 하나님이 치유해 주실 뿐만 아니라 우리 몸을 건강하게 살 수 있도록 유지하게 하시는 하나님의 은혜이다.

> 이러므로 너희 죄를 서로 고하며 병 낫기를 위하여 서로 기도하라 의인의 간구는 역사하는 힘이 많으니라(약 5:16).

예수 그리스도의 주되심은 죄를 사하여 성결케 하실 때뿐만 아니라 병을 고쳐주실 때에도 나타난다. 요한복음에 갈릴리 가나에서 물로 포도주를 만드신 기적 이후에 예수께서 한 왕의 신하의 아들을 먼 거리에서 고쳐주신 사건이 기록되어 있다(요 4:46~54). 이 사건을 통하여 많은 이들이 주님을 구주로 믿게 되었다. 주님은 환우를 거리를 초월하여 고쳐주셨는데, 왕의 신하가 내려가는 길에서 그 종들을 만나 아이가 살아 있다 하는 소식을 듣고, 그 나은 때를 물어보니, 그때가 바로 예수께서 고쳐주신 어제 일곱 시였음에 놀라고 예수님을 주님으로 믿게 된다.

이 사건 외에도 죽은 나사로를 살려주신 일(요 11:44), 시각장애인의 눈을 뜨게 하신 일(요 9:7), 12년 동안 혈루증을 앓던 여인을 고쳐주신 일(마 9:22), 한센씨 병을 낫게 하신 일(마 8:3), 한 백부장 하인의 중풍병을 고치신 일(마 8:7~10), 베드로의 장모의 열병을 고치신 일(마 8:15) 등 예수님은 각색병자를 고쳐주시는 사역을 하셨다. 예수 그리스도의 신유의 사역은 온전한 복음의 전파에 대한 근거가 될 수 있다. 그리스도의 구원의 복음은 영혼의 구원뿐 아니라 몸의 치유도 포함되는 것이다. 이러한 구원의 통전성은 1989년 필리핀 마닐라 로잔 제2차 대회에서 세계 교회로부터 공인받은 것으로, 선교 사회복지 실천에 주요한 기준이 된다.

서구 신학은 대체로 인간의 육체를 부정적으로 보아왔다. 그래서 육체를 죄의 몸, 사망의 몸으로 보고 육체의 금욕을 통하여 구원에 이르려고 하였다. 그러나 이것은 성경을 오해한 것으로, 육체는 소마(soma)로서 하나님의 기뻐하시고 온전하신 뜻을 행하는 거룩한 산 제물이지(롬 12:1), 육신(사르크스)의 정욕(13:14, 요일 2:16)과 일치하는 것이 아니다.

우리가 알거니와 우리의 옛 사람이 예수와 함께 십자가에 못 박힌 것은 죄의 몸이 죽어 다시는 우리가 죄에게 종노릇 하지 아니하려 함이니, 이는 죽은 자가 죄에서 벗어나 의롭다 하심을 얻었음이라(롬 6:6~7).

오호라 나는 곤고한 사람이로다. 이 사망의 몸에서 누가 나를 건져내랴(로마서 7:24).

이상에서 죄의 몸, 사망의 몸은 육체를 가리키는 것이 아니라, 인간의 육신의 정욕을 가리키는 것이다. 그러므로 선교 사회복지 실천을 위해서 인간의 몸, 즉 육체를 부정적으로 보거나, 인간의 질병을 부정적으로, 즉 천형이나 저주의 상징으로 보아서는 안 되고, 예수께서 말씀하신 대로, '이 사람이나 그 부모의 죄로 인한 것이 아니라 하나님이 하시는 일을 나타내고자 하심'을 위한 선교 목적성의 관점에서 보아야 한다(요 9:3). 이처럼 선교 사회복지 실천은 인간의 몸과 질병을 부정적으로 혹은 운명적으로 보아서는 안 되고, 신유의 은혜 곧 하나님께서 "치유"해 주신다는 신유의 방법론을 가지고 인간의 몸을 치유해야 한다.

4. 재림의 복음—선교사회복지 실천의 세계화: 선교 사회복지 실천은 재림의 은혜, 즉 주님의 재림으로 세계가 회복됨을 믿고 하나님의 나라를 위하여 실천하는 것이다

재림의 복음은 인간의 모든 문제, 질병과 전쟁, 기근, 재난 등이 그리스도께서 재림하실 때에 해결되고 세계가 천년왕국으로 회복 되리라는 복된 희망의 소식이다. 이 복음은 선교를 통하여 기독교의 세계화를 이룩하였다. 감리교의 아펜셀러, 장로교의 언더우드, 성결교회의 마틴 냅, 길보른, 카우만 등은 재림의 복음을 우리 한국에 전하였다. 이들은 천국 복음이 세상 끝 모든 족속에게 전해져야 주님의 천년 왕국 도래가 이루어진다는 주님의 말씀대로 선교에 동참하였다(마 24:14).

재림의 복음은 선교와 사회복지 통합의 근거를 제공하고, 선교사회복지 실천의 세계화에 그 근거를 부여한다. 선교 사회복지 실천은 전 세계 모든 민족에게 나아가 주님의 종말 사상을 전파하여, 기근, 전쟁, 질병, 재난 속에 고통 받고 있는 전 세계인들에게 천년완국의 희망의 메시지를 전하는 선교 사역을 할 뿐만 아니라, 구호개발 사역을 통하여 행동으로 그들을 구조하는 사회복지 사역을 동시에 해야 한다. 이것은 하나님 나라의 임재와 더불어 하나님 나라를 확장해 나가는 선교 사회복지 실천의 통합을 통하여 성취될 수 있다.

지금까지 성결교회와 같은 보수적인 기독교는 성경적 전천년설을 믿고 하나님 나라의 임재를 기다려 왔다. 이것은 주님이 천년왕국 전에 오셔서 인간의 모든 문제를 해결해 주신다는 믿음이다. 그래서 보수적 기독교인들은 주님의 재림을 앞당기기 위하여 복음전파 세계 선교에 매진하고, 복음을 받아들인 자들을 제자화시키는 데 앞장서 왔다.

이에 비해 진보적 기독교인들은 천년왕국을 우리 인간이 준비하고 그 후에 주님의 재림을 맞이하는 후천년주의를 신봉하면서, 인간의 노력과 준비로서 즉 사회개혁을 통하여 천년왕국을 이 땅에 이룩해야 하는 하나님 나라 운동을 해왔다. 그래서 인간 사회를 복지 사회로 개혁하는 사회복지에 대하여 장로교 통합 측이나 감리교회에서는 반세기 전에 이미 관심을 가지고 사회 소외계층과 빈곤층에 대하여 사회선교를 실천하고 있다.

물론, 우리 성결교회는 사회복지선교에 대하여 1960년대 사회복음이라 하여 이단시하였고, 1970~80년대 도시산업선교 등에 대하여 부정적으로 생각해왔다. 그러나 1989년 필리핀 마닐라 로잔 2차 대회 이후 복음전도와 사회참여가 함께 가야 한다는 복음주의 진영의 '마닐라 선언' 이후, 1990년대 들어서면서 총회에 사회복지국이 설립되고 사회복지위원회가 발족되면서, 교단 내의 사회복지 관련 전문가들이 함께 모여 교단의 사회복지 사업을 협력하여 진행하고 있다. 우리 성결교회는 성경적 보수신앙을 중심으로 주님의 재림을 고대하면서도, 주님의 재림을 준비하는 선교사회복지 실천을 통하여 하나님 나라의 확장에도 함께 참여하여야 할 것이다.

이상에서 고찰한 선교사회복지 실천의 4가지 신학적 근거를 우리 성결교회의 사중복음을 접목시켜 논의하였다. 오늘 참여한 우리 성결교회의 목회자들은 선교사회복지 실천을 통하여 21세기 새로운 선교 목회의 가능성을 모색해 보았으면 한다.

제28장 성결의 복음을 전하는 성결 문화 전도 시스템

복음은 그 본질상 전파되는 곳의 문화라는 옷을 입게 된다. 우리는 그것을 복음의 문화화(inculturation)라 부른다. 그러나 지금까지 성결교회를 비롯한 복음주의권 교회에서는 세속문화에 대한 거부감으로 복음 전도 시 "문화"라는 말을 사용하기조차 힘들었다. "문화화"라는 용어는 천주교회에서 자주 사용하는 용어로서, 자유주의 신학자들에 의해 복음의 세속화 경향과 맞물려 사용되어 왔기 때문이다. 그럼에도 불구하고 복음 전도에서 문화에 대한 논의를 제외시킬 수 없는 이유는 복음전도의 대상이 문화 속에 살고 있는 사람들에 대한 것이기 때문이다. 그러므로 앞으로 성결교회에서 복음전도의 차원에서 문화에 대한 이야기를 할 때에 복음주의적 문화화(evangelical inculturation)라는 용어를 사용하게 된다면 성결교단의 보수적 정서에 무리가 없는 선에서 문화에 대한 접근이 가능하리라 생각된다.

사실, 우리 성결교회에서는 전통적으로 문화적 접근을 터부시 해온 경향이 있었다. 성결교회는 생태적으로 세속문화에 저항적인 특성을 갖고 있다. 이는 리처드 니버의 "반문화 그리스도(Christ against culture)"라는 입장을 따른 것이라 볼 수 있다. 그 한 예로, 1930~40년대 성결교회 교인들은 미국의 성결파 지도자들의 영향으로 화장이나 과도한 장신구로 치장을 할 수 없었다. 그들은 하나님을 반역한 이세벨이 화장을 하고 예후에게 비참하게 살해되었던 것을 근거로 여성도들의 화장을 금지하였다. 열왕기하 9장 30절에는 "예후가 이스르엘에 이르니 이세벨이 듣고 눈을 그리고 머리를 꾸미고"라며 이세벨의 화장하는 모습이 기록되어 있다. 그러므로 화장이나 장신구로 치장하는 것은 당시에 하나님께 대한 반역과 매춘부의 상징으로 여겨졌던 것이다. 우리나라의 보수적 성결교회에서도 이러한 경향성이 짙어, 1960~70년대 한창 TV와 라디오가 보급되기 시작할 때에도 엄격한 보수적 성결교회 전통대로 성결교회의 교인들은 TV 시청과 라디오 청취를 교회와 가정에서 금기시하였으며, 극장에서 영화를 보거나 오락장 출입 또한 제한되었다.

그러나 2010년의 대한민국은 더 이상 19세기적 반문화 정서로는 포괄할 수 없는 거대하고 다양한 문화의 시대를 맞이하고 있다. 1990년대 이후 지방 자치의 활성화로 지역마다 자신들의 문화유산을 발굴하고 만들어 나가기 위한 노력들을 펼치고 있으며, 이제까지 미신으로 치부되어 왔던 지역적 토속문화들을 앞다투어 내세우며 심지어 상품화하는 경향마저 발생하고 있다. 그리고 도시화와 산업화로 소외된 사람들은 무너진 자신들의 공동체를 만들기 위해 온라인과 오프라인을 넘나들며 어떻게든 같은 취미, 동향, 교육, 생활에 따른 공동체를 형성하기 위해 노력하고 있다. 1960, 70년대 교회를 중심으로 이루어졌던 지역적 삶의 공동체적 문화도 이제는 아스라한 옛 추억으로 넘겨진지 오래다. 이제 교회는 삶의 전부가 아닌 다양한 문화중의 일부분으로 전락된 느낌마저 들게 되는 실정이다. 이제 사람들이 해야 할 일이나 가야 할 곳 그리고 일터마저 다원화되었고 사람들의 삶은 그만큼 복잡해졌으며 그에 따른 문화 또한 다원화되었다. 이러한 시대 속에서 성결교회의 전통적 전도전략인 노방전도와 가가호호 방문 전도 전략만을 고집할 수는 없다. 이제는 각 사람들의 삶의 영역에 대한 이해와 그 속에 녹아 있는 문화에 적합한 복음 전도 전략을 세우고 그 방안을 문화전도 시스템으로 활성화해야 할 역사적 시점에 와 있다.

사실, 문화란 사람들이 살아가는 삶의 방식으로 그 문화의 사람들이 자신들의 행복을 추구하며 그 방안을 고안하는 것과 연결되어 있다. 예를 들어, 한국에는 마을 어귀에 돌을 쌓아놓고 성역화하는 문화가 있다. 그것의 유래를 살펴보면, 그것은 공동체의 행복을 위협하는 외부의 적을 막기 위한 방어 시스템 중 하나로 고안된 것이라 한다. 즉, 외부 적의 침입 시 적과 싸울 무기가 필요할 때, 돌을 무더기로 마을 입구에 쌓아놓아 만지지 못하도록 성역화시킴으로써 유사시 그 돌들을 방어 도구로 사용하기 위한 것이라고 한다. 즉, 마을 어귀의 돌쌓기 문화는 공동체를 지키기 위한 방어 시스템 중 하나였던 것이다. 또한 태국에서는 마지막 남은 음식을 먹으면 결혼하지 못한다는 음식 규례가 있는데, 이는 공동체의 연장자 보호를 위한 것이라고 한다.

이처럼, 사람들은 자신들의 행복과 사회통합을 위하여 문화를 고안해 내기 때문에, 우리 성결교회는 복음 전도에 있어서 삶을 풍성하게 하고 사람들에게 행복을 전달하는 문화적 접근을 시도하여야 한다. 요한복음 10장 10절에 예수님은 "양으로 풍성한 생명을 얻게 하기 위하여" 이 땅에 오셨음을 기억해야 한다. 예수님의 복된 소식은 이 땅의 사람들에게 행복한 뉴스가 되어야 하고, 문화의 옷을 입고 전달되어야 한다. 예수님은 유대 문화의 옷을 입으시고 유대 땅에서 하나님의 말씀을 전하셨다. 예수님은 광야의 빈들 문화, 부자와 나사로의 문화, 세리 문화, 어부 문화, 제사장 문화, 바리새인 문화, 갈릴리 문화, 예루살렘 문화의 한 가운데서 하나님의 나라를 선포하셨다. 하나님 나라는 겨자씨, 누룩, 빛, 물, 바람, 어장, 들판, 백합화와 참새, 마음 밭 등 인간의 문화, 즉 삶의 방식에서 이해될 수 있도록 묘사되었다. 이처럼 우리 성결교회의 성결의 복음도 사람들의 문화에 맞게 설명되고 전파되어야 한다. 사람들이 이해할 수 없는 성결의 은혜는 사람들의 삶을 풍성하게 하는 성결복음의 본질과는 먼 죽은 복음이 될 것이기 때문이다.

최근 들어 한국 교회가 사회로부터 예전만큼의 신뢰를 받지 못하는 이유는 교회가 세상의 문화를 제대로 읽어내지 못하고, 과거 전통에 얽매여 사람들의 삶과 분리된 채 사람들을 행복의 세계로 초대하지 못하기 때문이다. 그렇다면 지금 바로 이곳에 있는 사람들은 그들의 행복한 삶을 위해, 또 자신들의 공동체의 안녕을 위해 무슨 생각을 하며 어떻게 살고 있는가? 이것이 우리들이 복음을 전달해야 할 사람들의 문화의 핵심이고 이러한 문화를 정확하게 이해하게 될 때 효과적인 복음 전도가 이루어질 수 있는 것이다.

19세기 중·후반 미국에서 위대한 부흥을 일으켰던 D. L. 무디 선생의 예를 살펴보자. 위대한 부흥사 무디 선생이 활동하였던 19세기 중후반 시카고는 도시화와 산업화로 인하여 수많은 이주노동자들이 잘살아 보겠다는 꿈과 희망을 가지고 도시로 몰려들고 있던 때였다. 이주노동자들이 피곤한 몸을 이끌고 술집이나 도박판에 가지 않고 무디의 설교와 생키의 복음성가를 들으러 천막집회에 간 것은 그들의 고된 삶과 꿈을 이해하는 무디의 탁월한 문화 이해와 이를 바탕으로 한 복음 전도였다.

무디는 자신의 전도 설교를 듣고 있는 사람들을 누구보다 잘 이해할 수 있었다. 그 역시 뉴잉글랜드 작은 농촌 출신이자 초등학교 교육밖에 받지 못하였고, 아버지 없이 어머니와 8남매와 함께 어린 시절 지독한 가난을 체험했기 때문이었다. 그는 행복을 찾아 시카고로 이주하여 제화점에 취직하여 일약 백만장자로 성공하였으나, 참된 행복을 성경말씀과 예수님에게서 찾고 전도자로 헌신하였던 것이다. 당시 무디는 시카고의 문화를 철저히 파악했고, 시카고 사람들이 가장 필요한 일이었던 빈민가 자선사업과 청소년 교육을 통하여 전도 활동을 지속적으로 펼쳤다. 이것은 무디 부흥운동의 기반이 되었고 사람들의 마음을 움직였다. 특히, 무디의 문화적 경험이 녹아있는 재담으로 가득찬 전도 설교는 종종 철자와 문법이 틀렸지만, 시카고의 문화 속에 그리스도를 위해 결단을 촉구하는 그의 강한 메시지를 성령 충만하게 만들었다. 사람들은 그의 전도 설교를 듣고 "술(spirits)에 취하지 않아도 성령(Spirit)으로 취하여" 행복한 사람들이 되었다. 거친 흙덩이가 하나님의 그릇으로 빚어지는 순간이었다.

또 다른 예는 현대 후기 문화에 적합한 문화 전도 프로그램으로 유명한 알파코스이다. 우리 교단에서도 1990년대 후반 국내선교위원회에서 이를 인정하고 개 교회에 보급하여 왔다. 알파코스는 1970년대 중반 영국 교회의 심각한 침체를 벗어나기 위해 영국 성공회 찰스 만함 신부가 시작하였고, 이후 존 어바인과 니키 리, 니키 검블에 의해 1990년대 전 세계로 보급되었다. 알파(ALPHA)는 'Anyone can come(누구든 올 수 있다)', 'Learning and laughter(배우며 웃기)', 'Pasta(파스타 먹기)', 'Helping one another(서로 돕기)', 'Ask anything(무엇이든 묻기)'의 머리글자를 딴 것으로, 교회의 높은 담을 헐고 세속적인 사람들을 교회로 초청하여 그들의 문화로 그들의 눈높이에 맞게 복음을 전달하는 새 신자 전도 프로그램이다.

한국 교회에도 1990년대 이후 교회의 침체 현상이 찾아와 이를 극복하기 위해 알파코스를 적용한 결과 교회 성장을 경험한 교회가 400여 곳에 이르고 있다. 그런데 문제는 알파코스를 한국 교회의 문화와 실정에 맞게 적용해야 하는데, 무리한 적용으로 인하여 교회 성장과 성숙이 아니라 오히려 교회에 상처를 주고, 교회를 알파파 비알파파로 분리하고 성도들을 떠나게 하는 등 전혀 의도하지 않은 결과도 초래하였다. 이는 한국 교회의 싱도들의 문화를 이해하지 못하고, 영국 교회처럼 교회가 세속적인 방법을 사용하여 세속적인 사람들을 주께 인도하려고 했기 때문이다. 왜 알파코스가 잘되는 교회가 있고, 안 되는 교회가 있을까? 그것은 교회마다 문화가 다르기 때문이다. 알파코스는 세속화된 사람들을 전도하기 위한 프로그램이기 때문에 상대적으로 전통적이고 보수적인 교회에서는 성공하기가 힘들다. 오히려 삶을 새롭게 시작하는 신도시의 젊은 교회, 세속적인 사람들이 와서 친근하게 적응할 수 있는 신생교회에서 성공할 가능성이 높은 것이다.

한국의 보수적인 전통 교회 사람들은 아직도 교회는 거룩하다고 생각하며, 교회는 세상과 달라야 한다고 생각한다. 한국 전통 교회가 이 땅에 뿌리를 내리게 된 근저는 영국 교회와는 사뭇 다르다. 영국 교회는 기독교 국가에서 기독교의 본질인 사랑의 복음이 세속화로 인하여 침체된 것이지만, 한국 교회는 종교다원주의 사회에서 다른 종교들과의 영성 경쟁 그리고 세속화의 위협 그리고 정부의 정교분리 정책의 결과, 침체되고 있는 것이다. 한국 교회의 부흥과 성장은 단순하게 영국 교회처럼 세속화된 사람들에게 세속적인 방법으로 파스타 먹으면서, 영화 보면서, 복음을 15가지 주제로 토론하는 알파코스로만 되지 않는다. 이러한 방법은 기존의 교인들이나 새 신자들에게 교회 접근성은 높여주는 것이지만, 그만큼 교회의 거룩성은 훼손된다고 하는 것을 염두에 두어야 한다. 새로운 세속적인 사람들이 거룩한 교회로 들어오는 것은 환영할 만한 일이나, 기존의 성도들이 교회를 떠나간다면 이것이 더 큰 문제인 것이다. 이를 보완하기 위해서, 세속적이 음악과 노래 등은 가능한 한 기독교 찬양으로 바꾸고, 주제 토크와 주말 수양회에 성결에 대한 주제를 중심에 두는 노력을 해야 한다. 그리고 코스 이름도 성결 코스로 바꾸어 적용하면 더욱 좋을 것이다.

또 다른 예는 미국의 새들백 교회의 새 신자 훈련 및 전도 프로그램인 "목적이 이끄는 40일"이다. 40일 동안 신앙생활의 다섯 가지 목적, 즉 예배, 교제, 제자도, 사역, 전도에 대하여 교회 전체가 설교, 교육, 예배, 찬양, 소그룹, 전도 프로그램을 통하여 매달리게 된다. 이 프로그램은 40일 동안 그리스도인의 정체성과 성도의 교제를 훈련시키는 데 매우 탁월한 새 신자 양육 및 전도 프로그램이지만 한국 문화에는 잘 맞지 않는다. 이것은 미국의 중산층 사람들이 살고 있는 캘리포니아 어바인 지역에서 릭 워렌의 교회에 잘 맞는 프로그램이다. 릭 워렌이 자신의 교회 예배에서 전통적인 찬송가를 더 이상 부르지 않기로 결정하고 이를 실행하였을 때에 전통적인 교인들은 교회를 떠났다. 그리고 새로운 세속적인 사람들이 교회로 대거 들어왔다. 새로운 미국적 세속 문화의 중심지로 떠오르는 어바인 도시 외곽 새들백에 릭 워렌의 교회가 세워지자 핵가족과 이혼 등으로 공동체가 파괴된 세속적 사람들이 그들의 영적 공동체를 형성하기 위하여 새들백 교회로 몰려들었다. 릭 워렌은 전통적인 파이프 오르간보다는 기타와 드럼을, 거룩한 전통 예배실보다는 체육관 같은 넓은 홀을, 그리고 비신자도 외부 휴게실에서 예배를 참간할 수 있도록 야외 커피숍과 대형 TV를 설치하였다. 릭 워렌은 극단적 이기주의에 물든 사람들에게 자신만을 위해 살아온 개인주의자들인 중산층 미국인들에게 "목적이 이끄는 삶"을 살도록 훈련하고 교육하였다. 이들은 서로서로 사회와 교회의 연결망을 형성하였고, 도시화로 인하여 소외되고 상처받은 영혼들을 주님께 인도하고 있다.

릭 워렌의 목적 중심의 전도 전략은 목적과 성공 중심의 삶을 살아가려고 하는 중산층 한국인이 살아가는 일부 신도시 중산층 교회의 전도전략으로는 성공할 수 있을지 몰라도, 대부분의 한국 사회의 정서에는 맞지 않을 수 있다. 대부분 한국인의 정서와 문화는 목적이 중심이 아니라 과정을 중요하게 생각하기 때문이다. 일반적으로 한국인은 목적과 과정을 나누지 않고 목적이 곧 과정이고, 과정이 곧 목적인 삶을 살아가고 있다. 무엇인가 목적을 추구하는 삶은 비정하고 야박한 인상을 사람들에게 주는 것이다. 한국 교회가 일반 사람들에게 주는 이미지는 무엇일까? 그것은 너무 목적과 정체성만을 강조하는 삶의 현장과 유리된 말씀 중심적 도덕적 교회의 모습이 아닐까! 한국 교회가 삶의 목적만을 강조하여 소그룹 제자훈련을 통하여 목적도 없이 헤매는 불쌍한 영혼들을 선도하겠다는 엘리트주의적 발상을 하루 속히 벗어버려야 한다. 한국 교회는 더 이상 신앙의 엘리트를 양성하는 교회가 아니라 일반적인 사람들이 들어와 하나님의 평강과 참 자유를 느낄 수 있는 성결한 하나님의 교회가 되어야 한다.

한국 사람들에게 교회는 그 본질상 세속적이지 않는 성결한 하나님의 공동체이다. 성결한 하나님의 공동체는 무엇인가? 그것은 어떤 임무가 주어졌을 때에 그 특정 목적을 달성한 사람들만의 공동체가 아니고, 하나님께 소속된 사람들의 공동체라는 것이다. 즉, 우리가 성결한 것은 무엇을 하기 때문에 성결한 것이 아니라, 성결하신 하나님께 속하였기 때문에 성결하다는 것이다. 그래서 하나님의 성결한 나라는 율법을 지켜 목적 달성한 바리새인과 유대인들 곧 엘리트만의 나라가 아닌 목적도 개념도 없는 거리의 부랑아, 거지, 창녀, 빈자, 혹은 심령이 기난힌 자들 모두의 나라인 것이다. 하나님 나라는 목직을 이루고 목적이 나 되면 갈아치워야 하는 소모품들이 모여 있는 나라가 아니다. 성결교회의 전통은 바로 중산층의 목적 중심의 세속화된 교회가 아니었다. 성결교회는 늘 하나님 나라의 공동체를 열망하였고, "세상의 미련한 것들, 약한 것들, 천한 것들과 멸시 받는 것들과 없는 것들을 택하사 지혜 있고 강하고 있는 것들을 폐하려 하시는" 성령의 역사를 믿어 왔다(고전 1:27~29).

그러므로 교회에서 세속화된 모습으로 세속화된 사람들에게 접근하려고 하는 전도 방식은 성결교회의 방식으로 받아들일 경우 심사숙고하여 그 내용과 방법을 성결교회에 맞게 비판적으로 적용(critical application)해야 할 것이다. 그러면 성결교회는 어떻게 성결 문화전도 전략을 세울 것인가?

2010년 성결교회는 복음 전도에 있어서 사람들의 문화를 적절하게 이용하면서도 효과적으로 사람들에게 접근하는 성결 문화 전도 시스템을 계발해야 한다. 무조건 세상 문화를 백안시하고 부정하려고만 해서는 안 된다. 『화해의 아이』의 저자 돈 리처드슨은 문화를 구분하면서, 하나님의 사역에서 척결해야 하는 죄악 문화인 '소돔 문화'와 하나님의 사역을 위하여 사용할 수 있는 '멜기세덱 문화'를 말하였다. 우리 성결교회는 세상의 문화를 무조건 소돔 문화라고만 부정하지 말고, 그것을 정확히 진단하여 '멜기세덱 문화'를 찾아내어 복음 전도에 효과적으로 이용하여야 한다. 우리 세대의 멜기세덱 문화는 무엇인가? 그것은 이 시대의 문화 키워드 3가지, 즉 저출산, 고령화, 사회 양극화로 집약할 수 있다.

이제 우리 성결교회는 2010 한국 사회의 문화에 대한 대응 전도 전략으로 교단 차원의 성결 문화 전도 시스템 개발을 해야 할 시점에 와 있다. 우리 성결교회는 현 시대적 문화 상황에 매우 적합한 전도 표제를 가지고 있다. 그것은 바로 성결의 복음인 것이다. 가치관의 혼란과 과도한 상대주의로 혼탁해진 이 시대에 그리고 저출산, 고령화, 양극화의 사회 문화 속에서 성결교회는 "성결한 삶"이 진정 행복한 삶이라는 사실을 전해야 한다. 그 전달 방식은 박제화된 교리적 대응이 아닌 문화적 삶의 실천으로 증명하는 것이다. 성결하게 살았더니 가정이 행복해지더라, 성결하게 살았더니 마음에 기쁨이 넘쳤더라는 행복한 고백이 나와야 한다.

그러면, 성결의 복음을 전달하기 위한 문화 전도 시스템은 구체적으로 무엇인가?

첫째, 성결의 복음을 먼저 문화적으로 해석하는 일이다. 즉, 성결의 복음이 우리 한국 사람들의 삶에 적합한 것인지를 우선 해석해 보아야 한다. 한국 사람들은 자신들이 죄인이라는 사실을 늘 염두에 두고 살고 있다. 그래서 약속 시간을 맞추지 못했을 때나, 사소한 실수를 했을 때에라도 늘 입버릇처럼 "죄송합니다"라는 말을 사용한다. 죄송하다는 말은 우리나라에만 있는 독특한 용어이다. 미국인은 잘못했을 때에 "I am sorry!"라고 말하며, 독일인은 "Es tut mir leid!"라고 말하는 반면, 우리는 "죄송합니다(I have sinned)."라고 말한다. 이만큼 우리는 성결의 복음에 가깝다는 것이다. 죄 지은 것을 용서해 달라고 평상시에도 이야기 하는 민족이 어디 있는가! 성결의 복음이 인간의 도덕적인 노력의 결과가 아닌 성령 하나님의 역사로 죄를 회개하고 하나님과 관계를 완전하게 회복하는 의미라면, 우리 한국 사람들의 "죄송합니다" 문화는 성결의 복음을 매우 일상적이고 친근하게 해석할 수 있는 문화적 코드가 될 수 있다. 성결의 복음은 완벽한 도덕적 행위를 요구하는 도덕주의나 율법주의로 해석될 필요가 없다. 오히려, 어떠한 작은 실수를 저질렀어도 "죄송합니다"라고 말하면 용서가 되는 것처럼,

하나님은 누구라도 하나님 나라에 죄를 회개하고 들어올 수 있다는 것이 성결의 복음인 것이다. 야고보서 4장 8절에, "하나님을 가까이하라. 그리하면 너희를 가까이하시리라. 죄인들아 손을 깨끗이 하라. 두 마음을 품은 자들아 마음을 성결하게 하라"고 말씀하신다.

둘째, 성결의 복음을 문화의 상징으로 표현하는 것이다. 성령 충만을 강조하는 1980년대 이후 성결의 복음은 성령의 불로 상징되어 왔다. 성령의 불은 죄를 태워 소멸하는 상징이지만, 오늘날 생명의 본질을 찾는 시대에는 성결의 복음의 상징이 새롭게 계발되어야 한다. 혹자는 성결의 복음을 무균질의 상태로 보는데, 이것은 성결의 복음이 가지는 생명의 역동성의 측면에서 바람직하지 못하다. 무균질은 백혈병 무균 병동을 떠오르게 하여 회피하게 한다. 혹자는 성결의 복음을 인간의 성품으로 상징화하려는데, 이것은 인본적이고 매우 도덕적인 면이 강조되어 도덕군자 성인의 유교적 이미지가 너무 강하다. 오히려 우리는 이 시대에 모토인 생명의 상징을 사용하여야 한다. 생명의 상징 중에 창세기 에덴동산에 나오는 생명나무는 성결의 복음을 효과적으로 전할 수 있는 상징이 될 것이다. 생명의 창조주 성령의 바람도 "깨끗한 생명의 바람"으로 상징화할 수 있고, 예수 그리스도의 샘솟는 생수도 "맑은 생명샘"으로 상징화할 수도 있겠다. 이렇듯, 성결의 복음의 본질인 하나님과의 관계 회복을 통한 풍성한 생명의 회복을 상징하는 풍성한 생명나무, 깨끗한 생명의 바람, 맑은 생명 샘은 이 시대 사람들에게 시원함과 풍성함 그리고 삶의 기쁨을 선사할 수 있을 것이다. 이 일을 위해 국내선교위원회와 총회 전도국은 성결 문화의 상징 혹은 이미지 계발을 하여 전국 교회에 보급하고, 이를 통해 성결교회의 이미지 강화 전도전략을 실행하여야 한다.

셋째, 마지막으로 성결의 복음으로 이 시대 문화에 대응하는 전도 전략을 세우는 일이다. 성결의 복음은 복음 선포로만 존재하고 전달되는 것만이 아니다. 과거 1980년대 성결의 복음은 부흥회에서 성령 충만의 옷을 입고 사람들에게 기쁨을 선사했다. 오늘날 사람들은 세계화의 무한 경쟁시대에서 돈과 물질적 풍요가 줄 수 없는 보다 근본적인 생명력을 원하고 있다는 사실을 인식해야 한다. 그래서 성결의 복음은 물질 축복의 옷이 아니라 생명 자체, 생명 자체이신 성령의 함께하심, 풍성한 생명, 생명의 나눔 등의 본질적인 성결의 복음의 옷을 입어야 한다. 성결교회는 세계화의 부정적인 측면인 물질문명의 확산과 정신문명의 위축에 대하여 하나의 확실한 대안, 즉 생명의 근원이신 하나님의 성결의 복음을 내 놓을 수 있다. 만일 성결교회가 이 일에 무관심하거나 실패한다면, 혹 비성경적 물질주의 가치관을 확산하는 데 기여한다면, 많은 사람들이 성결교회의 순수성에 대하여 의심할 것이고 결국 성결교회는 사멸의 길로 갈 것이다.

실제적으로, 이 시대적 문화 키워드인 "저출산," "고령화," "사회 양극화"에 대하여 성결교회는 심각하게 생각하고 문화전도 전략을 마련해야 한다. 저출산으로 인하여 주일학교 교육의 위기가 다가오고 있다. 교회마다 영유아 주일학교를 특성화할 필요가 있다. 그리고 작은 교회들은 연합하여 영유아 교육을 실행하여야 한다. 성결한 아이들은 태아에서부터 시작된다. 태아 말씀 교육, 생후 2세 아기 성장 스킨십 교육 등은 새롭게 계발되고 있는 전도 양육 프로그램들이다. 그리고 고령화로 인한 교회의 문화 전도 전략도 매우 시급한 실정이다. 교회는 경로당이나 노인학교의 세속화된 프로그램을 무비판적으로 적용하여 일반 노인교육을 실행하고 있는데, 이것은 교회의 거룩성을 훼손하여 기존의 크리스천 노인들에게 실망과 소외감을 주고 있다. 노인학교를 운영할 때에는 세속적 노래나 과도한 댄스 등은 자제하고 성결의 복음으로 노인학교를 운영하여야 한다. 또한 사회 양극화에 대응하여 문화적으로 소외되고 있는 저소득 빈곤층, 외국인 노동자와 가족, 북한 이주민, 중국 러시아 동포들에 대한 문화 전도전략이 마련되어야 한다. 성결교회의 전통대로 "떡과 복음"이 함께 가는 전도 전략을 세워야 한다. 현재 나눔과 기쁨 운동이 지역 교회에서 활성화되고 있는데, 우리 교단도 소외 계층 전도를 위하여 각 지방회의 큰 교회들이 나서서 작은 교회에 지원을 하여 작은 교회들이 소외 계층을 찾아가 전도하여 교회 부흥을 이룩할 수 있도록 도와야 할 것이다.

현재 성결교회는 빠르게 변화하는 세속 사회 문화를 정확히 파악하지 못하고, 오히려 이에 적응하느라 어려운 줄타기를 하고 있다. 성결교회마다 성결의 복음은 문화의 옷을 입지 못하고 일 년에 한두 번 설교나 행사로 그 명맥을 유지하고 있다. 성결성 회복을 위한 각종 세미나와 과거 발표된 논문이나 글의 재탕으로 점철된 성결의 논고들은 책으로 만들어지고 강사료와 출판비용만 소모되는 악순환이 반복되고 있다. 성결의 복음이 과거의 것으로만 남아 박제화된 것이다. 성결의 경험은 기독교의 최고의 경험이자 진리의 확신으로서 종교다원주의 시대에 타종교의 경험주의가 득세하는 이 시대에 유일한 대안으로 제시될 수 있는 기독교의 탁월한 복음이다. 이 성결의 복음을 문화에 맞게 해석하고, 문화의 상징으로 표현하며, 문화에 대응하는 성결 전도 전략 시스템으로 구성하는 것이야 말로, 사람들에게 성결의 복음을 가장 효과적으로 전달하는 방법일 것이다.

제29장 선교 논평 및 기사

신화석 박사의 「한국 교회 갱신과 그 과제들」에 대한 논평

새 천년을 60여 일 앞두고 "한국 교회 갱신과 그 과제들"에 대한 주제로 추계세미나를 열게 됨을 먼저 하나님께 감사를 드린다. 특히, 본 세미나 강사는 지난 98년 11월 한국 교회 갱신을 위해 뜻을 같이하는 13개 교단의 중견 목회자들이 한국기독교목회자협의회를 구성하였을 때, 성결교단의 "성결성 회복을 위한 목회자협의회" 회장으로 이 모임에 적극적으로 참여하였다. 참고로, 우리 성결교단도 교회갱신 단체가 설립되어 있다는 점과 이 단체가 타교단과 어깨를 나란히 하며 교계 연합 운동에 참여한다는 사실은 성결교단에 소속된 교수로서 매우 기쁘게 생각한다.

오늘 우리 교단의 갱신운동 단체의 회장이 「한국 교회 갱신과 그 과제들」을 발표하면서, 먼저 한국 교회 현실에서 출발하고 있다. 그는 한국 교회 현실에서 한국 교회 갱신의 필요성을 인식하고, 문화인류학자인 안토니 월러스(Anthony Wallace)의 갱신 이론을 인용하여 사회학적 측면에서 갱신 운동에 대한 5가지 단계를 제시하면서, 이것을 교회 역사와 한국 교회에 적용시키고 있는데, 이는 매우 고무적이라고 생각한다. 발제자는 교회 갱신의 방법을 구체적으로 제시하였는데, 이는 동기의 순수성으로 인한 마음의 개혁, 신령과 진정으로 그리스도의 희생과 성령의 응답이 포함된 예배의 개혁, 전도와 사랑의 실천에 힘쓰는 개혁 등이었다.

또한 마지막으로 발제자는 목회 갱신을 위하여 목회자의 경건 훈련을 통한 영성 갱신, 하나님 나라의 복음 진리, 목회자의 거룩성과 성령의 인도하심, 그리고 현재적 적용으로 연결시키는 설교 갱신, 법과 윤리 도덕을 준수하는 목회자의 진실성의 갱신, 단순함과 청렴함으로 인한 목회자의 물질관의 갱신, 주님의 목양 사역을 위해 희생할 수 있는 목회성공관의 갱신,

훈련된 자만이 교회를 개척하고 그를 교단적으로 후원하는 개척관의 갱신, 섬김과 희생정신이 강조되는 직분관의 갱신, 가정 목장의 단순 조직을 통한 교회 조직의 갱신, 해결 중심의 신학 교육과 목회자 연장 교육의 활성화, 계층별 단계별 제자훈련을 통한 평신도 교육의 갱신, 마지막으로 젊은 피 수혈론 및 깨끗한 정치를 통한 교단 정치의 갱신을 주장하였다.

이제 논평자가 발제자의 글을 읽고 다음과 같이 한 두 가지 건설적인 제안과 질문을 함으로써 논평자의 소임을 다하고자 한다.

첫째, 발제자의 글을 통해 교회 갱신에 대한 긴급성과 또 그에 대한 구체적인 방향성을 알게 되어서 매우 기쁘고 이에 대하여 감사를 드린다. 그리고 선교학자의 한사람으로 이 논문을 읽고 감동받은 것은, 선교에 대한 갱신 분야를 교회의 존재 목적을 재확인하는 분야에서 예배 다음으로 전도와 사랑 실천이 강조되고 있다는 점이다. 물론 발제자는 논문의 마지막 부분에 선교분야(해외선교)에 대하여 언급하지 아니한 점은 지면 부족으로 인하여 라는 양해의 말씀도 있었지만, 그는 일반적인 선교에 대하여 언급하고 있으며 또한 강조하고 있다. 우리 복음주의자들에게 선교는 국내외 선교를 망라해서 1974년 로잔대회와 1982년 그랜드 래피즈에서 개최된 "복음전도와 사회적 책임"에 관한 협의회, 그리고 지난 1989년 마닐라 회의에서 "온전한 복음"으로 재천명된 것처럼, 선교는 국내외적으로 행해지는 복음전도와 사회적 책임을 모두 포함한다. 특히, 발제자가 교회 존재 목적을 예배 다음으로 선교(전도와 사랑 실천)에 두었고, 전도와 사랑 실천이라는 용어를 사용하면서, 전도는 성인이 자식을 낳는 것과 같은 유비로 성령 충만의 강조와 사랑으로서 사회 참여를 강조하고 있는 점은 매우 적절한 것이라 생각된다.

둘째, 논문의 맨 처음 부분에서, 발제자는 "문화인류학적 갱신 운동의 모델(anthropological model of revitalization)" 이론을 언급한 것은 매우 적절한 인용이라고 생각한다. 그래서 논평자는 그 이론을 한국 교회 갱신 운동에 적용하여, 작게는 우리 성결 교단을 평가하고, 크게는 한국 교회의 갱신 운동의 방향성을 제시할 것으로 예견하였다. 그러나 월러스의 이론은 단지 처음에만 언급되었을 뿐, 그 이론을 이론적 틀(frame of reference)로 하여 한국 교회 갱신에 대하여 서술하는 것이 좀 부족하였던 것 같다.

사실, 안토니 월러스는 1956년 American Anthropologist 4월호(264~281)에 「갱신 운동 (revitalization movements)」이라는 논문을 발표하였는데, 이 논문은 교회 성장과 선교학 분야에서 교회 갱신의 사회학적 측면을 분석하는 데 자주 인용되고 있다. 장로교 선교학자인 Paul Long(1981)은 월러스의 개념을 가지고 브라질 장로교회의 성장과 갱신에 대하여 평가하였고, 라틴 아메리카의 선교학자 Joao Lopes(1989)는 월러스의 개념으로 브라질 감리교회의 성장과 갱신을 분석하기도 하였다.

월러스가 그의 논문에서 주장한 것은 종교 변화나 사회 변화는 동일한 기본 형태를 가지는데 이것이 "갱신(revitalization)"이라는 것이다. 사회나 종교 구성원들은 기존의 문화나 종교에 만족하지 않을 경우, 더욱 만족할 만한 문화나 종교를 찾는데, 이것이 기존의 문화나 종교 내에서 일어날 경우 "갱신"이라 할 수 있다. 그래서 갱신 운동이 일어나기까지 기본적으로 3가지 요소가 나타나는데, (1) 기존 문화를 하나의 구조로 인식함, (2) 기존 구조에 대한 불만족, (3) 조직적인 기존 구조에 대한 변화 요구 등이라 한다. 월러스는 갱신 운동이 그 사례마다 특징이 있지만, 그 기본적인 과정은 동일하다고 보았으며, 그것을 5단계로 나누었다: (1) 안정 단계(Steady State): 조직이 안정되어 부족함이 없어 변화가 거의 없는 단계, (2) 개인적인 불만이 증가하는 기간(Period of Increased Individual Stress): 조직이 경제적으로 개개인의 필요를 채우지 못하여 불만이 고조되는 단계, (3) 문화의 뒤틀림 기간(Period of Cultural Distortion): 개개인의 경제적인 불만이 마약이나 알코올 등의 뒤틀린 방법으로 해소되는 기간으로 기존의 가치관과 방향성(mazeway)이 깨어지는 기간, (4) 갱신의 기간(Period of Revitalization): 새로운 가치관과 방향성을 잡는 기간으로 6가지 기능을 포함한다(규범 형성, 규범 전파, 새로운 조직 구성, 발진 및 적응, 새로운 문화 변혁(cultural transformation), 문화 지속], (5) 새로운 안정 단계(New Steady State): 불안정기에서 안정기로 이양된다.

이러한 월러스의 갱신 이론에 우리 성결교회나 혹은 우리 한국 교회는 어느 단계에 있고, 만일 갱신의 기간에 속한다면, 6가지 기능 중 어느 기능에 와 있는지, 새로운 종교 규범 형성이 되었는지, 아니면 이미 되어서 조직이 구성되어 전파되고 있는지 등에 대하여 발제자의 의견을 듣기 바라며 논평을 마친다.

김길 박사의 TEE/SEAN 성경연장교육 평가

새 천년을 맞이하여 2000년 세계 선교대회를 한국에서 개최하게 됨을 선교의 주인 되시는 하나님께 영광을 돌린다. 논평자는 예수교 대한성결교회가 운영하는 성결대학교의 선교학 교수로서 신학부 선교학 전공 학생들과 선교대학원, 신학대학원 학생들에게 선교의 비전을 넣어주고 이들을 국내외적으로 선교 전문가로 파송하는 막중한 책임을 감당하고 있다. 학생들 가운데, 지금 국내의 선교 기관에서 그리고 인도, 아프리카, 중국, 터키 등지에서 선교의 사역을 감당하고 있다.

오늘 논평자가 맡은 주제는 우리 성결교회와 자매교단인 C&MA 한인 총회 감독의 주제발표인 TEE/SEAN 성경연장교육 프로그램에 대하여 평가하는 것이다. 논평자는 이 프로그램에 대하여 선교학적인 측면에서 평가하고, 그 중요성을 함께 나누고자 한다. 이를 위해 먼저 선교의 개념 변화에 대하여 살펴보고, 요즘 제기되고 있는 신사도 운동(New Apostolic Movement), 사도적 교회(Apostolic Churches), 선교적 교회(Missional Churches), 국내 선교(Domestic Missions) 등의 관점에서 이 프로그램을 평가하려고 한다.

1) 21세기 통전적(holistic) 협력 선교시대:
19~20세기 제국주의, 민족주의 선교시대를 넘어서

지구촌이 일일 생활권으로 접어들고 국가와 민족 간에 상호 교류가 활발해지는 통합의 시대인 새 천년 21세기를 맞이하였다. 새 천년 21세기는 정보화, 세계화, 다원화의 시대로 지구촌 한 가족 협력의 시대가 되었다. 이 새로운 세기에 선교의 영역에 있어서 어느 특정 나라가 선교의 주도권을 잡던 시대는 지났음을 본다. 이제 모든 나라와 민족이 각각 지구의 중심이되어 선교의 주체자가 되는 세기를 맞이한 것이다. 지난 세기 선교의 수혜국이었던 태국이나 인도, 필리핀 등의 제3세계 나라도 자국의 선교사를 타국에 파송하고 있고, 또한 지난 세기 선교의 주체국이었던 미국이나 유럽의 나라들은 타국의 선교사를 받아들이고 있는 실정이다.

이제 새 천년 21세기 선교는 국내외적인 선교의 협력시대로 이해하여야 한다. 지난 19~20세기 제국주의, 민족주의 선교시대는 지났다고 본다. 이제 세계 교회는 서로 협력하여 선교를 해야 한다. 이러한 21세기 세계 선교 협력 시대가 된 데에는, 지난 19세기, 20세기 수많은 선교사의 희생으로부터였음을 기억하자. 즉, 지난 세기의 선교사들의 헌신으로 5대양 6대주에 있는 수많은 나라와 민족이 주님의 복음을 받아들여 현지 교회를 설립하고 토착 지도자들을 가지게 되었고, 그 결과로 이제 국내 토착 지도자들과 국외 선교사들이 함께 협력하여 주님의 복음을 전파하게 된 것이다.

이러한 선교 협력의 중대한 선교 개념의 측면에서 볼 때, 본 TEE/SEAN 프로그램은 21세기 선교에 매우 큰 역할을 감당할 것이다. 특별히, 이 프로그램은 South American Missionary Society에 소속된 선교사들이 남미의 성공회(Anglican) 소속 교회에서 교재를 개발하게 되었는데, 이것은 한국 교회에 협력 선교의 차원에서 받아들이고 비판적으로 적용해야 할 것이다. S.E.A.N은 Study by Extension for All Nations의 약자로서 모든 민족에게 적용될 필요가 있는 프로그램으로서, 복음주의자 John Stott와 전도학의 권위자인 Michael Green 등이 추천(Patrons)하는 프로그램이다. 그러므로 이 프로그램이 남미에서 시작되었다고 배타적으로 볼 필요는 없다. 이제 식민주의 민족주의 시대가 아니기 때문에 형제 교단들이 그곳 배경을 가지고 만든 프로그램을 우리 한국 문화에 적절하게 비판적으로 받아들여 적용하면 될 것이다. 다른 민족 혹은 다른 교단에서 만들어진 프로그램이라고 무조건 배척해서는 안 될 것이다. 서로가 좋은 면은 받아들이고 비판적으로 적용하여야 할 것이다.

2) 선교와 전도에 대한 이분법적 편견을 넘어: 지정학적 범주에서 문화인류학적 범주로

우선, TEE/SEAN 성경연장 프로그램에 대하여 우리 한국에 적용하려면 일반적으로 가지고 있는 선교와 전도에 대한 이분법적 편견을 시정하여야 할 것이다. 교역자들은 일반적으로 선교에 대하여, 선교란 국외에서 하는 복음 전도 활동이고, 전도란 국내에서 하는 복음 전도 활동이라고 생각한다. 이러한 이분법적 사고는 오늘날 일반 교인들 사이에서도 쉽게 고쳐지지 않고 있다.

이러한 선교와 전도를 지정학적으로 나누는 방식은 지난 19세기 제국주의 선교의 구분 방식이다. 즉, 서구 열강들이 자신들의 식민지에 교회를 세우고 선교사를 파견하는 것을 선교(missions)라 하였고, 서구에 복음 전파 활동을 전도(evangelism)라 하였다. 사실, 선교(mission)

란 용어의 기원은 서구 식민주의와 긴밀한 연관이 있다. 예수회(the Jesuits)가 처음으로 이 용어를 사용했는데, 기독교화 된 유럽이 점령한 식민지에 사는 이방인들을 개종(conversion)시키고 개신교인들을 재개종(reconversion)시키는 임무를 가리키는 데 쓰였다는 점을 인식할 필요가 있다.

그런데 자신들의 동일 지역권 안에서의 복음 전파를 전도의 개념으로 자신들과 다른 타 지역권에서 전도개념을 선교로 규정하였던 선교와 전도의 지정학적 구분은 몇 가지 난제를 가지는 약점이 있다. 그것들 중 하나는 한 나라의 경계선 안에 여러 하위 문화권이 존재하고, 이들에 대한 복음 전파를 전도라는 용어로 다 설명할 수 없다는 것이다. 인도의 경우, 수천 개의 언어와 문화가 존재하는데, 선교와 전도라는 용어를 적용하기가 어렵다. 또한 같은 언어권의 민족인 북한의 경우 한국과 분단된 지 반세기가 지나서 다른 문화권이 형성되어 있기에 전도보다는 선교의 개념이 적용된다고 본다. 또한 같은 나라 지역 내에서도 청소년 문화나 기성세대 문화가 존재하고, 우리나라만 하더라도, 386세대, 베이비부머 세대(baby boomer generation), X세대, Y세대, N세대 등 수많은 하위 문화권의 세대들이 존재하고 있는데, 이들에 대한 복음 전파 사역을 기존의 전도 개념으로 다 설명할 수 없는 것이다. 그러므로 21세기 새천년에는 선교와 전도의 개념을 지정학적 범주보다는 문화인류학적 범주로 나누어야 한다.

문화인류학자 루즈베탁(Louise Luzbetak)에 따르면, 문화는 인간의 육체적・사회적・이상적 삶을 위해 사회적으로 합의된 일련의 규범이나 기준 혹은 인간의 행동 근저에 있는 가치나 신념체계들의 총화라고 한다. 선교에 이러한 문화 개념이 중요한데, 이는 선교의 주체와 대상이 모두 문화의 영향력을 받고 있고, 선교라는 것은 결국 문화 속에서 하나님의 복음으로 사람들을 변화시키는 작업을 가리키기 때문이다. 그러므로 선교와 전도를 지정학적으로 나누기보다는 전도를 문화인류학적 관점으로 선교화시키고 통합시키는 통전적인 관점이 요구된다고 본다. 즉, 19~20세기의 선교의 개념이 단순히 복음을 해외에서 전하는 것이었다면, 21세기 새 천년에는 선교가 단순히 복음을 전하는 정도의 수준이 아니라, 이제는 복음을 듣는 사람들의 하위 문화(sub-cultures)와 필요(needs)에 맞게 해석하고 적용하는 선교적 전도(Missional Evangelism)가 되어야 한다는 것이다.

이러한 선교적 전도의 차원에서 한국 목회도 선교의 한 부분이 될 수가 있다. 즉, 목회도 선교의 마음으로 해야 한다는 것이다. 선교사가 타국에 가서 그들의 언어를 배우고 문화를 습득하여 복음을 전하는 것처럼, 한국의 목회자들도 한국 문화의 하위문화들을 배우고, 그들의 언어를 습득할 필요가 있다는 것이다. 이것은 에즈베리 신학대학원의 조지 헌터 교수의 사도적 교회 개념과 맥을 같이 한다. 21세기 교회는 사도 시대의 교회가 되어야 한다는 것이다. 사도적 교회는 선교를 가장 우선적으로 하는 교회로서, 세속화된 사람들에게 사도적 열정을 가지고 복음을 전하고 양육하고 그들을 지도자로 훈련하며 파송하는 교회를 말한다. 전통적인 교회는 교회 울안에 있는 양들만 교육하는 체제라면 사도적 교회는 교회 밖의 사람들을 예비 기독교인(pre-Christians)으로 보고, 그들의 문화를 이해하고 그들에게 맞는 방법으로 복음을 제시하고 양육하고 지도자를 만들어 재파송하는 교회를 말한다.

이러한 선교적 교회와 사도적 교회의 패러다임은 TEE/SEAN 프로그램의 목적인 대사명교회의 패러다임과 그 맥을 같이한다. 즉, 건강하게 자라는 대 사명교회(Growing Healthy Great Commission Church)의 패러다임은 잃어버린 영혼을 전도하는 것(Winning the lost), 신자를 양육하는 것(Building the believer), 일군을 육성하는 것(Equipping the worker), 지도자를 증식시키는 것(Multiplying the leader), 부름 받은 사람을 파송하는 것(Sending the called ones)을 포함한다. 그러므로 TEE/SEAN 프로그램은 선교학적 측면에서 매우 바람직한 21세기 사도적 교회 패러다임을 성취시키는 데 기여할 것으로 기대된다.

3) 또 하나의 비평: 교회 선교 프로그램을 넘어서 교회의 본질 선교로

TEE/SEAN 프로그램에 대하여 선교학적인 측면에서 하나의 비평을 하고자 한다. 이 프로그램이 한국 교회를 전통적 교회에서 선교하는 교회로 대 사명을 감당하는 교회로 발전시키리라는 것을 믿어 의심치 않는다. 그러나 또 하나의 우려를 낳는 것은, 이 프로그램이 교회의 본질적인 활동과 연결되지 못하고 그저 한번 실행해 보는 또 다른 복음 전파 활동을 위한 프로그램 정도로 규정되지 않을까 하는 점이다.

이 프로그램은 프로그램 자체로 끝날 것이 아니라, 현지 문화 적응, 종교 이해, 예배, 교육, 봉사, 친교, 음악, 미술, 건축, 사회에 대한 해석, 사회봉사, 구호개발사역 등 구체적이고 전문적인 교회 사역과 연결되어 총체적으로 진행되어야 할 것이다. 만일, 이 프로그램이 이 일을 하는 사람들만의 일이 되어버리면, 교회의 사역 중 하나의 부분적인 영역으로 제한될 수밖에 없을 것이다. 그래서 이 프로그램이 교회 여러 사역과 관계할 수 없도록 폐쇄적으로 운영되면 안될 것이다.

다시 말해서, 교회는 예배, 교육, 봉사, 친교, 선교의 사명이 있는데, 교회는 일차적으로 모여서 예배와 교육, 그리고 친교와 봉사, 선교에 힘쓰고 후에 여력이 되면 이 프로그램을 하자고 하는 것이다. 대부분의 지역 교회는 이러한 제한적 태도를 지니고 있을 것이다. 지역 교회는 교회의 성장과 발전을 위하여 예배를 최우선적인 교회의 사명으로 설정한다. 그리고 예배실을 단장하고 예배를 위해 교회 건축, 악기의 구입, 성가대의 육성 등의 정책을 실행한다. 그 이후 지역 교회가 어느 정도 성장하면 교회 교육에 관심을 가지고 그 다음에는 교회와 지역사회를 위한 봉사의 활동을 시작한다. 그 이후 여유가 생기면 이 프로그램을 한번 실행할까 생각한다.

그러나 이러한 제한적이고 지엽적인 태도는 21세기 새 천년의 통합적 시대에 맞지 않고, 또한 성서의 중심 사상과 맞지 않고 있다. 대 사명 교회를 감당하는 교회를 만들자는 이 프로그램은 교회의 사명 가운데 맨 마지막에 힘이 남아돌면 하는 하나의 주변 영역이 아니다. 그리고 대 사명을 완수하기 위해서는 나가서 전하는 것만이 모두가 아니다. 마태복음 20:18~20의 주님의 지상명령 이해에서, 지금까지 19절의 "가라"는 것을 너무 강조하여 선교가 나가는 일로만 여겨졌다. 그러나 이 선교 명령은 18절에 주님의 권위가 주어지는 것과 20절에 주가 함께하는 것과 연결되어 해석되어야 할 것이다. 즉, 대 사명은 하나님과 인간의 친교를 통한 활동에 근거한 것이어야 한다. 주님 없이 대 사명을 완수할 수 없다. 그러므로 이 프로그램은 교회를 살아 있게 하고 활력 있게 하는 삼위일체 하나님과 인간의 친교의 활동을 근간으로 해야 한다.

예를 들어 예배를 살펴보자. 예배는 이 프로그램과 상관없는 것이 아니다. 대 사명이 예배의 핵심이 되면, 예배는 선교적 예배가 된다. 예배는 더 이상 예배를 위한 예배가 아니다. 예배가 지역 교회 예배이든, 타문화권에 세워진 선교교회 예배이든 선교적 예배란 만민에게 복음이 재해석되고, 각 나라 민족 상황에 맞게 변화된 토착화(indigenization)된 예배를 의미한다. 토착적 예배란 상황에 맞는 예배, 즉 선교적 예배를 말한다. 좀 더 구체적으로 말하면, 선교적 예배란 지금 IMF로 실직하고 있는 교회 안과 밖의 모든 사람들에게 그들의 삶의 현장에서 용기와 희망을 가질 수 있도록 준비된 예배를 말한다. 우리는 각종 예배의 홍수 속에 살고 있다. 그런데 그 예배가 형식화되어 그 현장과 사람들에게 아무런 의미도 제공하지 못하는 경우가 많이 있다. 이것은 선교적 예배가 아니다. 그러나 선교적 예배는 예배를 드리는 사람들의 필요(needs)를 생각하는 예배이다. 목사는 하나님의 말씀을 해석하여 사람들의 상황에 적절하게 적용할 때, 예배는 활성화되고 생동감이 넘치는 선교적 예배가 되는 것이다. 이렇게 교회의 사명들이 선교와 결합될 때 교회는 선교적 교회가 되어 살아 꿈틀거리게 되는 것이다.

무조건 남들이 하는 것을 그대로 복사하여 사용하는 것은 선교가 아니다. 선교는 무조건 다른 문화권에 가서 서구 문화나 한국 문화에서 만들어진 신학이나 교회를 이식시키는 것이 아니다. 선교는 국내외적으로 교회 내외적으로 문화권 내외적으로 자신이 하나님과의 만남을 통해 얻은 말씀을 사람들의 상황에 맞게 해석하고 적용시키는 것이다. 이런 의미에서 선교는 바로 텍스트(the text)를 컨텍스트(contexts)와 만나게 하는 해석학(hermeneutics)의 작업이다. 그러므로 교육, 봉사, 친교의 영역도 모두 마찬가지로 선교적이 되어야 한다. 선교란 복음을 단순히 전하는 것만이 아니라, 복음 내용을 민족과 상황에 맞게 재해석하여 지역 사람들에게 적용하는 것이다. 그러므로 TEE/SEAN 프로그램의 한국 교회 적용에 있어서, 하나님의 말씀과 복음을 한국 상황과 종교 문화 속에, 즉 한국 사람들이 살아가고 있는 현장에 얼마나 잘 해석하고 적용시킬 수 있는가 라는 점이 이 프로그램의 성공 여부에 매우 큰 자리를 차지할 것으로 본다.

지금까지 논평자는 TEE/SEAN 성경연장교육 프로그램을 선교학적인 측면에서 평가하였다. 이 프로그램은 21세기 세계 협력 선교 시대에 적합한 프로그램이다. 우리 한국 교회는 19~20세기 제국주의 민족주의 관점을 고집하며, 이 프로그램이 다른 문화권에서 만들어진 것이라고 무조건적으로 배척하지 말고, 한국 상황에 맞게 비판적으로 적용해야 한다. 그리고 이 프로그램의 목적인 대사명 교회 패러다임은 21세기 선교학의 특징적인 면모인 사도적 교회—선교적 교회의 패러다임과 잘 맞는다. 그러므로 본 프로그램의 한국적 활용을 통해 한국 교회가 전통 교회의 틀을 깨고 사도적 교회, 선교적 교회가 되기를 바라며 평가를 마친다.

권오성 박사의 「구세군 교회의 과제와 선교적 전망」에 대한 논찬

논찬자는 성결교회 선교신학자로서 한국 구세군 100주년 기념 학술대회에 초청된 것을 기쁘게 생각한다. 그 이유는 구세군과 성결교회는 본래 19세기 영미 성결 부흥운동의 뿌리요, 동류이기 때문이다. 논찬자가 미국 성결파 초교파 신학교인 에즈베리 신학대학원에서 유학할 당시, 에즈베리에는 19세기 성결 부흥운동의 후예들인 구세군, 연합감리교회, 자유감리교회, C&MA 기독교선교연합교회의 출신 교수들과 학생들이 함께하였었다. 한국에서 지난 10여 년 간 성결대에서 선교신학을 가르치면서, 우리 학생들을 같은 동류 교단인 구세군으로 소개하기도 하였고, 구세군 출신 학생들이 와서 공부하기도 하였다. 그동안 구세군교회와 성결교회가 한국에서 크게 교류가 없었던 것에 대하여 아쉽게 생각하던 차에, 이번 100주년 행사에 초청해 주신 것에 대하여 크게 감사를 드린다.

논찬자는 또한 본 주제논문을 발표해주신 발제자께 감사를 드린다. 본 주제논문을 통하여 발제하신 분은 한국 구세군 교단의 강점과 특징들을 한눈에 알아볼 수 있도록 일목요연하게 정리해주셨고, 현 시대적 요구에 대응하는 효과적인 선교 전략과 선교적 전망을 또한 조목조목 제시해 주었다. 그는 구세군의 "부흥운동과 사회적 책임"이라는 통전적 선교신학과 정체성의 확립, 이에 근거한 선교 방향과 정책 수립, 그리고 이를 실천하기 위한 교회조직의 효율적 조정을 향후 구세군의 과제로 제시하고 있다. 특히, 발제자는 구세군의 정체성을 선교로 시작하고, 선교가 중심이 된 교단으로 파악하고, 그 선교적 정체성을 더욱 강화할 것을 제안하고 있다. 그는 이 근거를 구세군의 창립이 윌리엄 부스의 영혼구령과 빈민선교에 대한 열정에서 비롯되었음을 주지시키고 있다. 부스는 런던의 빈민가의 영혼구령을 위하여 1865년에 기독교선교회(Christian Mission)를 설립하였고, 1878년 구세군(Salvation Army) 명칭을 사용하며 영혼 구령과 빈민구호활동에 그의 활동을 집중하였다.

발제자는 또한, 구세군의 선교방식의 특징을 부흥운동과 직접전도운동, 금주운동과 사회개혁운동, 대중음악과 문서 활용, 그리고 성례전의 단순화와 군대식 직제개편 등으로 파악하고, 구세군의 선교 전략의 특징을 교회 성장을 목적으로 하는 교회 중심 선교가 아니라, 개인과 사회의 죄를 회개하는 회개운동, 영혼구령운동, 그리고 소외계층에 대한 사회봉사 등으로 명확하게 제시하고 있다. 이를 근거로, 발제자는 아래와 같이 구세군 교회의 다섯 가지 선교적 과제를 제안하고 있다: (1) "섬김과 부흥"을 통한 영혼 구령의 열정 회복, (2) 사회와 종교의 통념을 초월하는 기독교 실용주의 고수, (3) 군대식 편제로부터 초래할 수 있는 관료주의와 비창조성의 극복과 긍정적인 측면에서 목적지향적인 지휘명령 체계의 선교적 활용 및 종교적 검소, 절제 및 청렴성의 상징과 이미지 확산, (4) 불의한 사회 현실에 대한 분노와 사회 약자의 고난에 대한 민감한 반응, 그리고 사회복지선교를 통한 교회의 사회적 신뢰 지수 향상 및 환경, 평화, 생명 윤리, 이주노동자, 세계적 빈곤 문제에 대한 세계교회와의 책임연대, (5) 개교회 교파 중심주의의 극복과 그리스도의 몸으로서 교회 모델과 목회 방법론의 제시 등이다.

논찬자는 본 논문을 읽으면서, 구세군 교회의 100년의 역사와 향후 과제 그리고 교회성장과 선교적 전망을 다시 한 번 생각하게 되었다. 발제자께서 앞서 모든 것을 정확하게 짚어주셨기 때문에, 논찬자는 선교적 교회론의 관점에서 본 주제에 대하여 덧붙이는 것으로 논찬을 대신하고자 한다. 논찬자는 구세군 교회의 정체성과 선교신학 그리고 과제와 선교적 전망을 "교회론"의 대가인 한스 큉의 분석틀(a frame of reference)로 제시해 보고자 한다. 그의 교회론적 분석틀은 매우 선교적(a missional perspective)이어서 이 논찬에 매우 적합하다고 여겨진다. 한스 큉은 그의 저서 『교회론(Die Kirche)』의 2007년 한국어판 서문에서 모든 교파 기독교인들에게 21세기 교회의 방향성을 4가지로 제시하는데, 본 논찬에서 그것을 사용하고자 한다.

첫째, 교회는 역행적으로 중세나 종교개혁시대 또는 계몽주의 시대로 회귀해서는 안 되고, 현재의 과제들에 집중하는 [신교직] 교회가 되어야 한다.

구세군 교회는 과거회귀성에서 벗어나서 과감히 현재 교회의 현실 문제를 직시해야만 한다. 물론, 과거의 위대한 구세군의 유산을 거부하라는 것이 아니다. 과거의 화려한 업적은 19~20세기 역사적 현장에서 문제해결의 사건으로 일어난 것이다. 이제는 21세기 포스트모던 문화와 종교다원주의 그리고 극도의 세속주의 향락문화에 교회가 노출되어 있다. 구세군은 1865년 윌리엄 부스의 창립 이래 언제나 선교 현장의 요구에 민감했고, 그 결과 빈자인 동시에 사회 약자인 노숙자, 극빈자, 범죄자, 매매춘 여성, 알코올 및 마약 중독자, 미혼모, AIDS 환자, 보육아동, 치매 노인, 등에 관심을 보여 왔다. 구세군은 21세기에도 한 단계 차원 높은 신앙(the higher Christian faith)의 선교 실천을 통하여 한국 사회에 교회가 과거회귀적인 지향성을 현장(context) 중심성으로 돌려놓기를 바란다.

둘째, 교회는 결코 틀에 박힌 여성상, 배타적인 남성적인 언어, 과거의 성적 분담에 집착하는 가부장적 교회가 되어서는 안 되고, 여성과 남성이 동등한 협력관계로, 모든 직무에 여성을 받아들이는 [선교적] 교회가 되어야 한다.

한국의 구세군은 1908년 로버트 호가드 정령과 번워, 밀턴 등의 동부인 등이 10월 1일 서울 서대문 평동에 자리를 잡은 이후, 100년의 역사를 지내면서, 교회 안에서 여성과 남성을 동등한 협력관계로 이해하였고, 교회의 모든 직무에 여성을 받아들이는 교회로서 일찌감치 남녀 성별 가부장적 권위주의에서 탈피하였던 교회였다. 현재, 한국의 구세군은 260개의 교회, 258개의 병설시설, 80개의 전문시설, 그리고 34개의 특별기관이 있다. 이 교회와 기관에서 여성 사역자들이 얼마나 활발하게 사역하고 있는가는 여성의 선교적 리더십의 활성화에 대한 바로미터가 될 수 있을 것이고, 21세기 구세군 교회의 과제와 선교적 전망에 큰 변화의 바람이 될 수 있을 것이다. 왜냐하면, 구세군의 정체성과 선교신학이 "섬김을 통한 구원" 혹은 "부흥과 섬김"이라면, 그것은 21세기 소외된 이웃을 위한 영혼구령과 사회 돌봄에 적합한 여성 리더십의 카리스마가 더욱 요구되기 때문이다.

셋째, 교회는 교파적 배타성을 넘어서 교회 일치와 연합을 이루는 개방적 [선교적] 교회가 되어야 한다.

구세군은 1947년 이후, 교회 연합과 일치 운동, 사회적 공동 증언과 선교운동에 적극적으로 참여하고 있다. 21세기에는 구세군이 그 협력과 일치의 지평을 더 넓혀 19세기 성결부흥운동의 동류인 성결교회와 상호 교제와 협력을 이루어 나갔으면 좋을 듯하다. 사실, 구세군과 성결교회는 19세기 영미 성결 부흥운동의 같은 뿌리로서, 영혼구령과 사회적 책임을 강조하는 교단이다. 본래 두 교단은 교회나 교단으로부터 파생되거나 시작된 것이 아니라 순수한 복음전도 열정을 가진 초교파 선교회로 시작되었다. 두 교단은 19~20세기 사회적 위기 상황을 맞이하여 교파에 메이지 않고 빈곤의 사슬과 죄의 억압에 고통받고 살아가는 사람들에게 하나님의 형상과 도덕성을 회복시키는 회개운동과 부흥운동을 통하여 영혼구원과 사회변혁을 이루어내는 데 커다란 기여를 하였다. 그러므로 구세군과 성결교회는 신학적 연구와 학문적 교류, 교회 연합 운동과 환경, 평화, 생명, 빈곤 문제 등에 대한 사회적 책임 감당, 그리고 성결의 개인적 혹은 사회적 성격에 대하여 상호 배움 등을 함께 모색해 보는 것이 좋을 듯하다.

넷째, 교회는 유럽중심이 되어서는 안 되며, 제국주의를 대변해서도 안 된다. 교회는 관용적이며 보편적인 [선교적] 교회가 되어야 한다.

구세군은 유럽, 북남미, 호주, 아시아, 아프리카 등 전 세계 약 115개 국가에서 선교활동을 하고 있다. 구세군이 영미권에서 시작되었고 발달했다 하더라도, 구세군은 더 이상 영미 서구 중심의 교단으로 머물러 있어서는 안 될 것이다. 구세군이 관용적이고 보편적인 선교적 교회의 역할을 계속해서 감당하려면, 제국주의적인 간섭주의(pateralism)를 최소화하고, 지역성과 자율성을 극대화해야 한다.

이 과제를 성취하기 위해서는 한국 구세군의 역할이 매우 중요하다. 한국 구세군 교회의 독특성이 세계 기독교 보편성의 완성에 기여를 해야 한다는 것이다. 한국 구세군은 21세기 한국의 다문화 선교 현장에서, 본 발제에서 제안되었던 것처럼, 자신들의 "영성 표현 방식의 창조적 발전이라는 선교적 과제"를 안고 있다. 한국 사회는 더 이상 포스트모던 경향성에서 제외될 수 없는 다문화 사회가 되었다.

한국 사회는 북한에서 온 새터민들과 외국인 이주민들, 그리고 다문화 가정들에 대하여 관용을 베풀도록 요청받고 있다. 그리고 한국 사회는 수없이 많은 종교적 · 정치적 · 문화적 집단들과 단체들로 넘쳐나고 있다. 이러한 때에 한국 구세군은 21세기 포스트모던 다문화 시대에 선교하기 위하여 복음 선포를 위한 다양한 전략들, 예를 들어 다종교 다문화성에 대한 기독교 신학의 창의적 접근, 인문학적 지원, 사회복지실천, 음악 예술 공연, 정치 경제적 지원, 인터넷, iPod MP3 등 가상공간 매체의 사용 등을 통하여 현 시대의 하위 문화권에 퍼져나가고 있는 포스트모너니즘의 나원주의 다종교 사회에 지혜롭게 대처해 나갈 수 있는 방법들을 모색해야 할 것이다.

논찬자는 본 주제 논문을 통하여 구세군의 정체성과 선교신학 그리고 향후 과제와 선교적 전망에 대하여 간단명료하게 이해할 수 있게 되었음을 다시 한 번 감사드리며 논찬을 맺는다.

조영석 박사의 「뉴비긴의 종교신학 연구」에 대한 논평

종교다원주의에 대한 논의는 그 본질상 선교학적인 함의를 가지고 있기 때문에, 기독교 선교 분과에서 다루어져야 한다. 그리고 21세기는 종교다원주의와 세속화의 물결이 범람하는 시대이기에 선교학은 기독교 변증 선교에 그 관심의 폭을 넓혀야 한다. 그러나 21세기를 맞이하여 한국 선교학의 경향은 종교다원주의에 대한 논의보다는 주로 교회성장, 사회참여, 연합과 일치, 치유와 환경, 커뮤니케이션, 사회복지 등에 더욱 관심을 보였다. 이러한 때에 발제자의 "네슬리 뉴비긴의 종교 신학에 대한 연구"는 선교학 분야에 종교다원주의에 대한 경각심을 새롭게 일깨워주는 가치 있는 시도라고 볼 수 있다. 그리고 선교학 분과 이외의 다른 학문 영역에도 종교다원주의를 향한 선교학의 변증사명에 대하여 관심을 불러일으키는 데 본 논문은 중요한 역할을 하고 있다. 또한 에큐메니칼 진영의 선교사요, 선교신학자인 네슬리 뉴비긴에 대하여 그의 저작을 중심으로 편견 없이 분석하고 그를 복음주의적 포괄주의자라고 폭넓게 평가해주는 발제자의 시도를 높이 평가하고 싶다.

본 논평에서는 발제자의 논지에 대하여 다음과 같이 발제자의 의도를 질문하고자 한다.

첫째, 발제자는 본 논문의 목적을 한국의 다원종교 간 사회 속에서 선교의 회복을 위하여 뉴비긴의 종교 신학을 연구하는 데 있다고 보았다. 그런데 실제 논문에서는 뉴비긴의 종교신학만을 이론적으로 제시할 뿐, 그 이론을 적용할 한국의 종교 다원 사회의 구체적인 특징에 대하여 언급하고 있지 않으며, 뉴비긴이 살았던 인도와 영국 그리고 그의 종교 신학을 적용해야 할 한국의 종교다원주의 사이에 존재하는 서로 다른 차이점을 전혀 언급하고 있지 않다. 그리고 한국의 종교 다원 주의자들의 도전에 대하여 실천적인 선교 응전 방법론에 대하여 구체적으로 제시하지 않고 있다. 다만 뉴비긴의 종교신학적 주제인 "사고의 출발점으로서 믿음"과 "공적 진리로서의 복음"에 대하여 강조할 뿐 그 선교적 실천 적용은 독자들의 몫으로 남겨두고 있다. 그 이유는 무엇인가?

둘째, 발제자는 네슬리 뉴비긴을 복음의 유일성을 긍정하는 진리의 배타주의자요, 하나님의 구원의 은총을 교회 밖의 전 세계인으로 넓히는 포괄주의자며 인간 존재의 삶 안에서 보편적으로 역사하는 하나님의 은총을 믿는 보편주의자라고 주장한다. 그래서 발제자는 뉴비긴을 기존 종교 신학의 분류 틀로 분석할 수 없는 그리스도 중심의 복음주의적 포괄주의라고 평가했다. 발제자의 이러한 견해는 선교사요 복음의 전도자라고 불리며, 무슨 주의자라고 불리기를 꺼리는 뉴비긴에 대하여 '~주의'를 두 번이나 붙여 평가하는 우를 범하지 않을까 생각된다. 혹, 뉴비긴을 어떤 주의자라고 규정하기보다는 뉴비긴의 종교신학에 대하여 복음 진리의 배태독특성(exclusivity), 그리스도중심의 구원의 포괄성(inclusivity), 은총의 보편성(universality)을 주창한 복음의 선교사라고 평가하는 것이 마땅한 표현이 아닐까 질문한다.

셋째, 발제자는 뉴비긴이 "사고의 출발로서 믿음"에 대하여 사회학자 피터 버거의 '타당성 구조'로 설명하면서, 사고 체계는 개인의 전제와 입장, 그리고 공동체와 연관된다고 하였음을 강조하였다. 그리고 이것을 뉴비긴이 사고 체계의 전제와 입장으로서 기독교인의 믿음과 교회 공동체와 연결시켰음을 높이 평가하였다. 그리고 마이클 고힌의 주장대로 뉴비긴은 증거 없는 맹목적인 신앙주의에 빠지지 않았고, 계몽주의의 긍정적 유산인 이성의 합리적 사용을 거부하지 않았음에 동의하였다. 그러나 뉴비긴이 정말로 사고체계가 믿음에서 출발하는데, 그 믿음이 "이성의 합리적인 증거를 가진 믿음"이라면 계몽주의자의 후예와 다를 바가 무엇이겠는가! 뉴비긴에게 믿음은 이성이 아니라 신앙과 성령 그리고 십자가 사건과 연결된다. 뉴비긴은 그의 『요한복음 강해』에서 인간의 지혜는 세상의 죄에 종속되어 영원한 하나님을 알 수 없다고 한다. 그래서 인간은 하나님의 성령으로 십자가의 복음을 믿게 되고, 또한 신앙으로 성령을 받게 된다. 이러한 역동성은 그리스도가 갈보리에서 성취하신 십자가 사건을 통해서라고 분명하게 주장했다. 인간은 이에 대하여 겸손하게 반응함으로써 하나님의 거룩한 성령의 생명수 부여의 역사가 인간의 영혼에 들어와 인간을 다스리는 것이다. 이것이 뉴비긴이 말하는 "증거를 가진 믿음"이 아닐까 질문한다.

넷째, 발제자는 뉴비긴이 삶의 다원성은 사실의 차원으로 문화다원주의이고, 종교의 다양함은 가치와 이데올로기 영역으로 종교다원주의라고 분석하였음을 서술하였다. 발제자는 뉴비긴의 "공적 진리로서 복음"을 설명하면서, 계몽주의의 "가치/사실"이라는 이분법적 구조가 복음을 사적인 영역으로 제한시켰음을 지적하였고, 복음을 공적영역에서도 담대하게 선포할 것을 강조하였다. 논평자가 질문하고 싶은 것은 뉴비긴이 공적 진리로서 복음을 이야기한 것이 계몽주의의 "가치/사실" 이분법뿐만 아니라, 고대 이교의 "영과 육"을 구분하는 이분법적 사고에서 성경적인 가르침으로 나아가고자 하는 의도였다는 점이다. 인도 세계에서 선교활동을 한 뉴비긴은 인도 종교가 경험과 사고 및 실천 등이 섞여 공적인 영역의 세계로부터 무관심한 상태로 되어 있음을 목격하였다. 그리고 그는 그러한 이분법적 경향성이 기독교에 나타나고 있음을 깨닫고 영혼과 육체의 분리 이분법이 성경적 세계관과 맞지 않기에 기독교가 사적인 영역에 머무르지 말고 공적인 사회 참여에 실천해야 함을 주장했다. 그는 『기독교의 새로운 출발을 위하여』에서 인간의 존재 확인은 자아 영혼의 실존에서가 아니라 사람들과 함께 영위하는 공동체의 공동 삶에서 이루어진다고 분명하게 지적했다. 그는 기독교가 항상 사적인 영역에 머무르지 말고, 공적인 삶의 영역을 그리스도의 왕권 아래 변화시킬 수 있도록 교회의 사회참여를 권고하고 있다.

다섯째, 발제자는 뉴비긴의 타종교 이해를 하나님의 은총의 보편성과 선교의 특수성의 용어로 해석했다. 타종교도 하나님의 은총의 보편성의 영역에 있기에, 기독교인은 타종교의 "풍요로운 영적 열매들"을 존중할 뿐만 아니라 하나님의 선교 명령을 실천할 특수한 사명이 있다고 보았다. 그 사명은 타종교인과의 만남과 대화에서 자신을 비우는 십자가의 길을 갈 때에 완성된다고 한다. 여기에서 질문하고 것은 "보편성과 특수성"에 연결된 것으로, 보편성과 특수성의 연결고리는 "희생과 봉사"가 아닐까라는 점이다. 그래서 뉴비긴이 십자가를 그의 종교 신학의 중심에 놓는 것이 아닐까 질문하고 싶다. 하나님의 은총의 보편성은 늘 그리스도의 십자가의 특수성에 의해서 드러나게 된다는 점이다. 그러므로 타종교와의 관계에 있어서 복음의 유일성과 특수성을 전하려면 십자가의 헌신과 희생이 있어야 한다는 점이다. 만일 기독교 선교가 타종교인이나 비종교인들에게 기독교 자체 부흥을 위한 것으로, 즉 기독교 이권의 확장을 위한 것으로만 인식된다면 타종교와의 관계와 대화에서 배타주의라는 낙인을 쉽게 벗어버릴 수 없을 것이다. 그리스도의 십자가의 사랑과 실천만이 기독교 복음의 특수성을 세계인들이 믿을 수 있는 보편적인 진리로 만들 수 있을 것이다.

최근에 우스토르프(Werner Ustorf)와 커크(Andrew Kirk) 등 에큐메니칼 선교학 교수들이 『A Scandalous Prophet: The Way of Mission After Newbegin』이라는 제하의 연구 서적을 출간하였는데, 뉴비긴을 4가지 주요 주제, 즉 "우주적 교회와 에큐메니칼 운동", "삼위일체 선교학", "계몽주의, 후기 현대성, 그리고 선교", "세계화와 복음" 등의 범주로 분석하고 뉴비긴의 선교 사상과 공헌을 기리면서도 뉴비긴을 넘어설 것을 주장하였다. 사실 뉴비긴은 에큐메니칼 선교신학자들의 눈에 비추어 볼 때에 많은 한계점을 지닌 선교학자였다. 뉴비긴은 다원주의 시대에 성경의 주장대로 특정인물인 예수 그리스도를 구세주로 주장하였다. 그는 복음의 내용이 결코 선교지의 듣는 사람들의 종교 문화적인 상황에 따라 결정되지 않고 예수 그리스도의 죽음과 부활 사건으로부터 결정된다고 주장하였다. 그가 주장한 상황화는 역사적 예수 그리스도의 중심성을 훼손하지 않는 범위 내에서의 상황화였다. 그는 하나님의 구원 의지의 보편성(universality)과 예수 그리스도 구원 사건의 특별성(particularity)을 하나님의 선택(election) 안에 결합시켜 그리스도 중심성을 지켰다. 그는 한 사람이 세상을 구하기 위하여 선택되었고, 특별한 사람이(the particular) 세계인(the universal)을 위해 선택되었음을 믿었다. 뉴비긴은 예수 그리스도의 중심성을 훼손하는 종교다원주의 운동이나 선교지의 종교 문화 상황을 무시하는 기독교의 세계화(globalization) 운동을 모두 거부하였다는 점을 다시 한 번 강조하며 논평을 마친다.

방동섭 교수의 「로마서를 로마서 되게 하라:
선교신학적 시각에서 보는 로마서의 새로운 지평」에 대한 논평

오늘 발제자는 기존의 개신교 신학의 로마서 연구가 주로 16세기 종교개혁자들의 전통에 따라 신학적이고 교리적인 시각에서 진행되어 왔음을 비판하고, 선교신학적 관점에서 로마서를 연구하여야 한다고 주장하고 있다. 발제자는 교리 서신으로 해석되어 왔던 로마서를 본래의 선교 서신으로 바로 해석하여 "로마서를 로마서 되게 하라"고 본 논문에서 제안적 명령을 하고 있다.

이러한 제안의 근거로 연구자는 로마서가 기록될 당시의 선교적 상황과 서신을 기록한 사도 바울의 자기 정체성 등을 설득력 있게 제시하고 있다. 그는 바울이 로마서를 기록했던 사회, 역사적인 상황을 기독교가 유대적 특성을 넘어 소아시아와 유럽에 하나님의 공동체를 건설해 갔던 선교적 상황이었음을 부각시키고, 바울의 자기 정체성의 면에서도 바울이 주후 1세기 그리스도의 선교 명령에 순종하여 일평생을 기독교의 세계화를 위해 선교 사역했던 선교사임을 강조하고 있다.

그리고 그는 덴마크의 요하네스 멍크(Johannes Munck)와 스웨덴 출신의 크리스터 스텐달(Krister Stendahl)의 연구를 적절하게 인용하여, 로마서가 어거스틴과 루터 등 서방교회의 우울한 양심에 근거한 신학 경향으로부터 해방되어야 한다고 주장하고 있다. 즉, 바울은 개인적이고 내면적인 도덕적 고통의 해결을 위해 "이신칭의"를 주장한 것이 아니라, 이방인의 구원을 위한 선교적인 목적으로 이를 주장하였음을 시원하게 밝히고 있다.

이 밖에도 럿셀(W. B. Russel III), 존 머레이(John Murray), 던(James Dunn) 그리고 쉬르마허(Thomas Schirmacher) 등의 주장을 근거로 로마서는 교리적 구조가 아니라 선교적 구조를 가지고 있음을 밝히고 있다. 즉, 로마서의 서론인 1:1~15는 선교적 서론으로서, 하나님의 선교적 관심과 이의 실천 방안이 포함되어 있는데, 곧, 이방인의 "믿음의 순종"을 이끌어내려는 바울의 "이방인을 위한 사도성"이 강조되고 있다고 보았다. 또한 로마서의 본론인 1:16~15:13은 바울의 선교적 메시지로서, 복음의 정체성을 로마 교회 성도들에게 제시하여 미래 선교 사역의 내용과 방향성을 인식시키는 내용으로 해석하고 있다. 구체적인 내용은 복음이 모든 민족에게 구원을 주시는 하나님의 능력과 의(1:16~17)가 된다는 것뿐만 아니라, 하나님의 의의 필요성(1:18~20), 하나님의 의의 근거(롬 3:21~5:21), 하나님의 의의 수여 (6:1~8:39), 하나님의 의의 섭리와 주권(9:1~11:36), 그리고 하나님의 의의 실천(12:1~15:13) 등이 포함되어 있다고 보았다. 로마서 결론 부분인 15:14~16:27절 역시 서론에서 언급된 선교 적 사명에 대하여 평행적으로 바울이 언급하는 것으로 보아 로마서 전체 구조가 철저하게 선 교적임을 방 교수는 주장하고 있다. 방 교수는 결론적으로 로마서가 주후 1세기 선교적 상황 속에서 이방인에게 복음을 제시하려고 했던 이방인의 사도로서의 바울의 선교적 서신이기 때 문에, 로마서를 선교적 관점에서 연구해야 함을 확실하게 강조하고 있다.

발제자는 이 논문을 통하여 복음주의 선교신학을 연구하고 가르치는 선교신학자들에게 몇 가지 점에서 도전을 주고 있다.

첫째, 본 논문은 선교학의 정의에 대하여 다시 생각할 수 있도록 도전을 주고 있다. 혹자는 선교학은 교리나 성서 연구가들이 정립해 놓은 주제들을 어떻게 하면 효과적으로 전달할 수 있는 방법론을 연구하는 전달학이지, 교리나 성서 자체를 연구하는 학문이 아니라는 편견을 가지고 있다. 다시 말해, 신학은 전달 내용을 연구하는 학문이고, 선교학은 전달 방법을 연구 하는 학문이라는 것이다. 그래서 교리적인 것이나 성서적인 연구는 성서 신학자나 조직신학 자에게 일임하고 선교신학자들은 복음 전달 방법론에 전념하라고 주장하는 사람들이 있다. 그러나 본 논문은 이러한 편견에 대하여 방향 수정이 필요함을 적절하게 지적하는 데 기여하 고 있다고 보인다. 발제자는 로마서를 교리 신학적 틀에서 해방시켜 그 본래적 의미인 선교신 학적 서신으로 재해석하고 있는 것이다. 그러므로 선교학은 성서와 교리를 선교지향적인 교리 와 성서연구로 진행되도록 "선교학적 관점(missional perspectives)"을 제시할 뿐만 아니라, 더 나아가 "선교적 관점"에서 직접 교리와 성서를 재해석하는 일종의 "선교 해석학(a missionary hermeneutics)"이 되어야 한다는 데 전적으로 동의한다. 즉, 선교학은 조직신학이나 성서신학 이 발견해낸 주제들을 전달하는 방법에 머무르지 아니하고, 직접 신학의 내용을 종교문화와 상황에서 전달하기 위해 "선교적 관점(Missional Perspective)"으로 재해석하여 신학적 내용 을 토착화시키고 상황화시키는 연구를 동시에 진행해야 한다고 본다.

둘째, 본 논문은 복음주의 선교신학의 방향성에 대하여 새로운 접근법을 제시함으로써 도 전을 주고 있다. 복음주의 신학은 그 역사적 전통과 근본을 어거스틴과 종교개혁자들의 신학, 특히 이신칭의 사상에 그 뿌리를 내리고 있다. 복음주의 신학의 전통은 지난 16세기 이후 20

세기까지 개인의 죄책과 부패성에 대하여 죄로부터의 구원이라는 칭의와 중생의 교리를 고수하고 있다. 그런데, 발제자는 스텐달의 주장을 받아들여, 로마서의 이신칭의 해석이 "서방교회의 우울한 양심에 근거한 어거스틴이나 루터의 도덕적 고통으로부터 탈출하려는 신학 경향"과 연결되었음을 날카롭게 지적한 것은 매우 탁월하다고 보여진다. 그는 이신칭의 교리가 개인 도덕적인 차원이 아니라, 이방인의 구원이라는 선교신학적 차원으로 재해석되어야 한다고 폭넓게 주장하고 있다. 즉, 로마서는 바울 개인이 죄책에서 고민하고 해결하는 차원이 아니라, 어떻게 하면 이방민족들을 영적인 이스라엘로 들어오게 하려는 하나님의 보다 넓고 큰 구원의 계획과 연결되어야 한다는 것이다. 이러한 방교수의 주장은 복음주의 신학의 경향성이 극도로 개인 경건 근본주의로 나아가려고 하는 시점에서 매우 중요하다고 평가된다. 복음주의 신학은 개인 경건의 차원에서 머무르기보다, 선교적 차원에서 복음주의 선교신학이 되어야 한다고 생각한다. 신학을 위한 신학이 아니라 선교를 위한 신학이 되어야 한다고 본다.

셋째, 발제자는 로마서 연구에서 "믿음의 순종"이라는 용어를 채택하여 바울의 선교 목적을 설명하였는데, 이것 또한 복음주의 선교신학의 목적과 내용에 대하여 커다란 도전을 주고 있다고 평가된다. 복음주의 선교신학은 선교의 목적을 예수 그리스도의 주되심을 믿고 개종시키는 것으로 보아왔다. 그런데 방 교수는 "믿음의 순종"을 해석함에 있어서, 믿음과 순종을 동격으로 보는 것과 순종하다 보면 믿게 된다는 것보다는, 순종이 믿음으로부터 흘러나온다는 견해를 바울의 본래 의도로 해석하고 있다. 즉, 믿음과 순종은 원인과 결과라는 것이다. 이것은 복음주의 선교신학의 내용에서 기존의 "오직 믿음만"을 강조하였던 배타적인 관점에서 매우 진일보한 것으로서, 믿음과 순종이 결코 배타적인 것이 될 수 없음을 인정하는 것으로 보여진다. 이것은 복음주의 선교신학이 종교개혁자들의 "오직 믿음으로만"의 개인 경건적인 차원만을 강조하는 것에서, 믿음의 결과는 순종이라는 것을 받아들임으로써, 선교에 있어서 개인 구원뿐만 아니라, 사회 참여적인 봉사의 헌신도 복음주의 선교신학에서 매우 중요한 주제임을 다시 확인시켜 주고 있다. 그러나 한 가지 아쉬운 점은 동양의 종교문화 상황에서 "순종하다 보면 믿게 된다"라는 해석도 복음주의 선교신학에서 참고해야 되지 않을까 생각한다.

위에서 제시한 연구 논문의 복음주의 선교신학에 대한 도전과 기여 외에도 몇 가지 아쉬운 점들이 나타나고 있다.

우선, 용어의 선정에서 몇 가지 부주의함이 나타나고 있다. 로마 가톨릭을 가톨릭으로, 기독교를 개신교로, 복음의 세계화를 기독교의 세계화로 등 용어 사용에 세심함이 부족하였다. 그러나 글의 흐름상 오해의 소지가 보이지는 않았다.

다음으로, 본 논문의 논지가 로마서에 대한 선교신학적 해석이기에 그에 걸 맞는 구체적인 로마서 본문에 대한 선교신학적 해석을 기대하였는데, 그 내용상 너무 방법론에만 치우치지 않았나 하는 느낌을 받았다. 로마서가 그 구조상 선교적 서신이라는 주장은 설득력이 있으나, 그 내용이 되는 본론(롬 1:16~15:13)부분이 서론과 결론 부분에 비해 너무 약화되어 있다고 보여진다. 로마서가 진정으로 선교적 서신이라면, 선교적 주제인 문화 종교 상황에서 그리스도의 복음이라는 주제를 다루고 있는 로마서 2:6~7의 "복음을 듣지 못한 자들의 구원" 문제나 로마서 9~11장의 "이스라엘의 구원" 문제 등이 다루어졌으면 논문이 더욱 빛나지 않았을까 사료된다. 그리고 지난 9월 30일 "신학과 교회성장"이라는 주제로 열린 아시아신학회(ATA) 동북아 제2회 국제 학술 대회에서 타카노리 고바야시 박사가 「교회 성장과 이신칭의에 대한 새로운 이해」의 논문에서 언급했던, 종교 개혁의 핵심인 로마서 3:22~25의 "그리스도의 믿음(faith in Jesus Christ)" 문제 등도 심도 있게 다루어졌으면 하는 바람이 있다. 기독교 선교에 있어서 신자의 믿음만을 강조하는 것과 그리스도의 믿음을 강조하여 이를 따르는 헌신을 강조하는 것 사이에는 매우 큰 차이가 있기 때문이다.

마지막으로, 로마서를 선교신학적 관점으로 접근한 많은 저술과 논문들을 소개했는데, 이것이 소개로만 끝닌 감이 없지 않다. 스텐달이나 리셀, 던, 쉬르마히 외에도 스티브 모셀(Steve Mosher)이나 맥클렁(Grant McClung) 등의 연구도 소개되었으면 더욱 깊이 있는 논문이 되지 않았을까 아쉬움이 남지만, 이것은 동료 선교신학자들의 남은 몫이라 생각하고 좋은 논문을 발표하신 발제자께 치하를 드리며 논평을 마친다.

김은홍 교수의 「통일 패러다임에서의 북한선교 전략:
"선교로서의 비즈니스" 제안」에 대한 논평

오늘 발제자의 「통일 패러다임에서의 북한선교 전략: "선교로서의 비즈니스" 제안」에 대하여 논평을 하게 됨을 매우 기쁘게 생각한다. 발제자는 본 논문에서 통일 패러다임의 북한 선교 전략을 강구하면서, 서구 제국주의 선교 접근 방법론을 배격하고 성육신적 선교 접근 방법론으로 선교 비즈니스 방식을 제안한다. 그것은 북한 사회의 사회, 문화, 정치, 경제적인 정황에 따라 통일과 선교를 통전적으로 다루는 방식이다. 그는 본 논문에서 통일과 북한 선교(복음화)의 완수를 위해서 소위 "통일 패러다임에서의 북한선교 전략"을 제시하였는데, 그것들은 다음과 같다; (1) 국내외 관 교계 선교 단체 등의 계획 통합 실시와 분권화 전략, (2) 복음으로 통일된 민족공동체, 곧 '동질성을 회복한 한민족 재통일' 목표 추구 전략, (3) 예수 그리스도의 십자가 희생으로, 하나님과 죄인인 인간을 화목하게 하신 성경적 원리와 신학적 기초 위에 세운 '복음적 화해 추구 전략', (4) 한국 교회의 성육신적 공동체로서 성화된 삶의 추구 전략 등이다.

그리고 발제자는 북한 선교의 실천적 과업을 아래와 같이 제시하고 있다; (1) 영의 양식과 육의 양식을 함께 '주고 나누는 디아코니아적 과업, (2) 미국 시민권을 갖는 재미 교포 선교사나, 실업인(CEO)들이 북한에 체재 하면서 성도다운 실제적 삶을 주민들에게 보여줌으로써 전도하는 체제 전도, (3) 북한의 고위 간부와 지도자들을 통한 위로부터 접근과 고통받고 굶주리며 헐벗은 북한 대내외 주민들을 대상으로 한 아래로부터의 접근, (4) 북한주민의 성분별, 세대별 대상 분석에 따라 선교의 방법을 달리하는 문화적 접근법, (5) 민족화해와 민족의 통일 등 남북의 정치·사회적 이슈에 대한 보다 많은 관심과 연구, 그리고 행동적 노력을 기울이는 과업과 성경에 기초한 "복음적인 통일 신학 정립", 그리고 "정황적 성육신적 북한 선교" 과업, (6) 탈북자 선교의 모델 개발과 적용 과업, (7) 선교 기금의 통합적 조성 및 효과적 운용 과업, (8) 국경, 인종, 이데올로기, 종교 등을 뛰어넘을 수 있는 비즈니스 선교 등이다.

본 논문에 대하여 논평하자면, 먼저 발제자가 통일과 선교 문제를 다룸에 있어서, 정치·경제·사회적인 측면과 복음전도의 선교적인 입장을 양분하여 이원론적으로 분리하여 다루지 않고, 그 방법론에서 물질(material)과 영적(spiritual)인 통합, 세속화(secular)와 거룩성

(sacred)의 통합, 그리고 이원론(dichotomy)을 극복하기 위한 통전적 방법론을 사용했다는 점은 높이 평가하고 싶다. 특히, 개혁주의 신학의 기초위에 사회학적인 접근 방안의 하나로서 경제적인 접근을 사용하여 북한 선교 사역을 위한 비즈니스 선교를 주창한 것은 매우 독창적인 시도로 보인다. 그리고 탁상공론, 즉 이론에 빠지기 쉬운 선교 전략 수립에 있어서 독자들이 선교 현장에서 구체적으로 실천할 수 있도록 논문 전체에 배려한 노력은 이 논문의 강점이라고 생각한다.

그러나 본 논문은 논지의 전개상 논평자를 포함하여 독자들에게 몇 가지 오해를 불러일으킬 만한 점들을 가지고 있다. 첫째, 북한의 종교에 대한 입장이다. 발제자는 "1.1. 종교적 성격의 사회 체제"에서 "북한은 해방 후 종교말살 정책으로 사실상 '지구상에서 종교가 없는 유일한 나라'"라고 단언하며 "김일성 유일사상 곧 김일성주의만이 존재한다고 해도 과언이 아니다"라고 주장하고 있다. 이는 그가 고태우의 『북한의 종교정책』(서울: 민족문화사, 1988)에서 참고한 주장이지만, 이미 십수년 전의 자료라고 생각된다. 물론 논평자는 북한의 종교가 정권 유지의 하나의 수단에 불과하다는 점에는 동감하지만, 발제자의 지적대로 북한에 종교가 없다는 점에는 동의할 수 없다. 1980년대 후반 이후 북한의 상황은 변화하고 있다. 소련의 해체와 동구권의 붕괴, 한국의 북방 외교와 국제사회의 핵사찰 압력, 94년 김일성 사망 등의 국내외적인 변화는 기독교에 대한 북한 당국의 변화를 가져왔다. 1992년 북한의 개정헌법 68조 1항에는 종교 건물의 건축과 종교의식의 허용에 대한 내용이 첨가되었고, "반종교선전의 자유"가 삭제되었다. 물론, 북한 당국의 기독교 인식 변화는 통일전선의 관점에서 이루어지지만, 북한 사회에서 기독교 신앙인들에 대하여 미제국주의 앞잡이라는 편견은 사라지고 있다. 그 예로, 1981년 『현대 조선말 사전』에서 종교를 "인민 대중의 혁명의식을 마비시키고 착취와 억압에 무조건 무저항주의를 고취하는 아편"이라고 정의하고, 예수교를 "허황된 천당을 미끼로 … 지배계급에게 순종할 것을 설교하는 종교"라고 했으나, 1992년 『조선말대전』에서는 종교란 "초자연적이고 초인간적인 존재에 대한 절대적인 신앙"이라고 설명하고, 예수교는 하나님의 아들로서 인류를 구원하기 위하여 하늘에서 내려온 예수가 십자가에 못 박혀 죽었다가 다시 부활한 그리스도의 교훈을 잘 지키면 천당에 간다는 것을 설명하는 종교라고 평가한다.

다음에 살펴볼 것은, 사실 우리 복음주의자들에게 체제 전도(presence evangelism), 디아코니아 실천, 비즈니스 선교는 하나의 선교 전략으로 받아들여지고 있지만, 발제자는 본 논문에서 북한 문화 상황에서 선교하기 위하여 복음 선포를 위한 다양한 전략들을 모색하였으면 더욱 좋았으리라 생각된다. 예를 들어, 음악, 예술, 무대 공연, 체육, 드라마와 영화 등의 사용을 통하여 북한의 하위 문화권에 퍼져 있는 주체사상에 대처해 나갈 수 있는 방법을 모색해야 한다고 본다. 우리 복음주의자들은 성경적 설교뿐만 아니라, 문화적 도구들을 사용하여 성경적 복음 진리를 표현하는 데 앞장서야 할 것이다.

셋째로, 본 논문에서 오해의 소지가 있는 부분은, 「통일 패러다임에서의 북한선교 전략: "선교로서의 비즈니스" 제안」이라는 논문 제목 부분이다. 논문 제목만 보면 논문의 내용에 선교 비즈니스를 통한 구체적인 선교 전략 제시와 그 사례가 보고되는 것으로 독자들은 예상할 수 있다. 그러나 비즈니스 선교 부분은 실제로는 맨 마지막 부분에서만 간략하게 언급될 뿐이다. 이를 보완하기 위해서는 선교 비즈니스의 성경적 근거, 역사적 고찰, 그리고 선교 현장의 실제 등에 대하여 보다 깊이 있는 내용들이 제시되어야 할 것이다. 그리고 비즈니스 선교 전략을 다루는 데에 있어서 비즈니스 선교의 긍정적인 측면뿐만 아니라 부정적인 측면 또한 고려해야 할 것이다. 경제의 효율성과 이윤을 남기는 비즈니스의 속성과 희생과 나눔 헌신이라는 복음 선교의 정신이 서로 부합되지 않을 경우 나타나는 부정적인 영향력은 매우 파괴적이라 할 수 있다. 만일, 비즈니스 선교를 통하여 경제적인 실패와 절망을 북한 주민들에게 초래했을 경우, 혹은 비즈니스 선교가 성공했으나 부의 창출에만 집중되었을 경우, 양자 모두 복음 전도에 장애가 될 수도 있음을 명심해야 한다. 북한 주민들은 한국 선교의 물질적인 과시욕과 성취욕의 대상이 아니다. 무조건 남한의 자본주의 사회에서 뿌리내린 자본주의적 기독교의 신앙 양태를 북한 사회에 무비판적으로 심어서는 안 될 것이다. 자본주의 사회의 무한 경쟁 속에서 살아남기 위해 파행적으로 시도되었던 신앙 양태들, 곧 교파주의, 개교회주의, 기복신앙, 물질주의, 개인주의 신앙 등이 비즈니스 선교라는 미명하에 북한 기독교에 심겨져서는 안 될 것이다.

마지막으로, 선교 비즈니스의 제안을 통하여 새로운 통일 선교 패러다임을 제시하여 주신 발제자께 감사를 드리며 논평을 맺는다.

홍기영 교수의 「선교사가 중도에서 탈락하는 원인과 대안」에 대한 논평

논평자는 홍기영 교수의 「선교사가 중도에서 탈락하는 원인과 대안」이라는 발표에 대하여 논평하게 됨을 기쁘게 생각한다. 홍 교수는 본 발제를 통해 한국 선교사들의 중도 선교 사역 포기 현상에 대하여 10가지로 그 원인을 다음과 같이 분석하고 있다: (1) 복음에 대한 확신 결여, (2) 선교지의 문화이해 부족, (3) 기도 및 말씀 집중 약화, (4) 연합정신 결여, (5) 가정 불안정, (6) 파송 교회와 기관의 불충분한 지원, (7) 신체 건강 문제, (8) 문화충격 미 극복, (9) 선교사 개발 프로그램 부족, (10) 선교지 지역주민들과 미 융합 등이다. 홍 교수는 이러한 10가지 원인에 대하여 선교사 중도 탈락 방지를 위하여 그 원인들을 해결하면 가능하다고 본다.

본 발제는 지금까지 선교학계에 주요 논점이 되지 못했던 선교사의 중도 탈락 문제에 대하여 중견 선교학자의 깊이 있는 원인 분석과 대안 제시라는 측면에서 높이 평가할 만하다. 사실, 선교학계에서는 지금까지 종교 문화 상황과 선교 전략이라는 차원에서 서구 선교학으로부터 한국적 선교학의 정립이라는 폭넓은 주제를 가지고 씨름해 왔다. 그래서 선교사 허입과 훈련, 후원과 중도탈락 문제 그리고 이를 극복할 선교사 토털 케어 시스템 구축에 대한 연구는 몇 몇 선교 단체에 한정되어 연구될 뿐 매우 미진했다고 볼 수 있다. 이러한 때에 홍 교수의 발제는 한국 선교에 큰 의의를 가진다고 볼 수 있다.

그러나 본 발제는 그것을 읽는 독자들에게 몇 가지 오해의 소지를 불러일으킬 만한 것이 있음을 지적하지 않을 수 없다.

첫째, 선교사에게 복음은 세일즈맨에게 상품과 같은 것이라는 오해이다. 홍 교수는 한국 선교사들의 중도 선교 사역 포기 현상에 대하여 10가지로 그 원인을 분석하면서 그 첫 번째로 선교사의 복음에 대한 확신 결여를 꼽았다. 홍 교수는 선교사가 복음을 확신하지 못하여 세일즈맨과 같이 상품 이해와 판매 전략 수립을 통하여 효율적으로 전달하지 못한다고 보았다. 무엇을 전달한다는 측면에서 복음과 상품은 비교될 수 있지만, 하나님의 복음은 물질적으로 판매되어야 하는 상품이 아니라고 논평자는 본다. 복음은 판매되어야 하는 그 무엇이 아니고 이 세상에서 전 생애 동안 하나님의 뜻을 행하며 살아가야 하는 실천이라고 생각한다. 세일즈맨은 상품을 팔고 이윤을 남기면 되는 것이지만, 선교사는 세속적인 이윤과 상관없이 복음의 성육신적 삶을 살아내야 한다고 본다.

둘째, 선교사의 중도 이탈이 선교지 문화 이해 부족과 연결된다는 지적은 매우 공감한다. 선교사가 문화우월의식을 가진다거나 자민족중심주의를 표방하는 것은 오히려 선교에 장애가 되기 때문이다. 문화 우월주의에 따른 결과는 선교사가 선교지 문화를 경멸하여 떠나든지, 아니면 선교지의 사람들에게 배척을 받아 쫓겨나든지 두 가지일 것이다. 이에 대하여 선교지의 구체적인 사례들이 제시되고 분석되었다면 좀 더 설득력 있는 발제가 될 수 있었을 것이다.

셋째, 홍 교수는 선교사 중도탈락의 주요 요인으로 물질만능주의와 성 개방 시대의 사탄의 유혹이라고 분석하고 말씀과 기도에 전무하라는 대안을 제시하였으나, 그 대안이 너무 선교사의 개인 윤리 차원에서만 다루어지고 있다. 성적인 타락과 경제적 범죄는 개인 윤리 차원뿐만 아니라 선교단체나 교단에서 체계적인 감독과 치료가 병행되어야 할 것이다. 선교 단체나 교단에서 선교사의 갱신이 치료와 훈련을 통해 긍정적으로 개선되었을 때에 선교 사역 재개가 이루어져야 한다.

넷째, 홍 교수는 선교사 중도탈락의 주요 요인으로 가정 불안정, 파송 교회와 기관의 불충분한 지원, 신체 건강 문제, 문화충격 미 극복, 선교사 개발 프로그램 부족, 선교지 지역주민들과 미 융합 등의 내용들을 제시하였는데, 이 모든 것이 선교사 토털 케어와 연결된다고 본다. 그러므로 선교사 중도탈락 요인 분석과 더불어 구체적인 선교사 토털 케어 대안이 나왔으면 하는 바람이다.

다섯째, 본 발제에서 좀 더 보완되기를 원하는 부분은, 본 발제에 사용된 자료나 통계에 관한 것이다. 이것이 최근의 것으로 보완된다면 좀 더 완전한 발제가 되었을 것이다. 그리고 선교사 중도 탈락에 대한 주요 참고문헌 예를 들어, 윌리엄 테일러의『잃어버리기에는 너무 소중한 사람들(Too Valuable To Lose)』등의 책자나 기타 연구 자료들이 포함되었으면 하는 바람이 있다. 마지막으로 귀한 논문을 발제해주신 홍 교수께 감사를 드리며 논평을 마친다.

정흥호 교수의 『칼빈의 신학에 비추어 본 선교신학의 본질』에 대한 논평

정흥호 교수는 본 발제를 통하여 선교 전략과 방법의 다변성을 인정하지만, 선교 본질인 복음의 불변성을 칼빈의 신학으로 논증하고 있다. 발제자는 칼빈의 신학이 "복음의 핵심을 회개와 죄사함을 지속적으로 전하는 데 있다"고 John Calvin의 『기독교 강요』의 내용을 인용하며 주장하고 있다. 그는 칼빈의 "신앙의 목표(scopus fidei)"가 죄사함과 성화(sanctification)를 통하여 구원을 얻고, 마지막 날에 하나님 나라에 입성하는 것임을 강조하고 있다. 그는 이러한 칼빈의 신학이 스티븐 B. 비반스 & 로저 P. 슈레더가 주장한 기독교 선교가 보존하고 방어하며 선포해야 할 "교회의 전통적인 불변수(constants)"이자, 선교상황 속에서 창의적이고 담대함으로 반응해야 할 "선교신학의 기초"라고 주장하고 있다.

정흥호 교수는 서론 부분에서 복음진리, 곧 영혼구원을 위한 하나님의 뜻을 전파하는 선교의 본질을 구약의 노아, 아브라함, 모세로부터, 신약의 예수 그리스도, 그리고 선교 역사에서 20세기 학생자원운동 등의 예로부터 설명하고 있다. 이에 반해 그는 선교의 본래적 의미의 변질 및 퇴색을 1928년 예루살렘 대회의 하버드 대학 교수 윌리엄 호킹(Hocking)의 혼합주의 및 다원주의 양상을 대변하는 선교신학적 발제, 1948년 세계교회협의회의 태동과 봉사와 연합을 강조하는 에큐메니칼 운동, 1952년 빌링엔 대회의 "하나님의 선교(Missio Dei)"에 관한 개념 및 그 적용, 1968년 웁살라 대회의 타자를 위한 세상 중심적(world-centric) 선교, 1973년 방콕대회의 정치 경제적 차원의 구원 개념, 1980년 멜버른 대회의 구원의 인간화 개념, 1986년 "도시-시골 선교(Urban-Rural Mission)" 대회의 고통받는 사람들과의 연대, 1989년 샌 안토니오 세계 선교와 전도 협의회의 "아래로부터(from below)"의 상황신학 전개, 1991년 캔버라 WCC 총회의 경제적 불평등과 사회적 분파 극복을 위한 그리스도 안에서의 하나 됨 등의 사회구원을 목적으로 하는 선교운동에서 찾았다.

발제자는 본 논문에서 선교의 본질, 즉 회개와 죄사함을 통한 영혼구원의 복음의 본질이 사회구원, 즉, 정치, 경제, 사회 구조로부터의 인간의 해방을 추구하는 것으로 변질 왜곡됨으로써, "땅 끝까지 복음 선포의 선교사 사명 훼방, 교회의 약화, 하나님의 교회 개척 사명 약화"로 이어졌음을 개탄하였다. 그래서 그는 요하네스 베르쿠일의 선교 정의처럼, 선교의 본질을 "개인 회심을 통한 하나님의 나라의 확장을 위한 삼위일체 하나님의 구원 役事"라고 주장하고 있다. 그는 예수 그리스도의 하나님의 나라 개념은 영적, 윤리적 변화의 하나님의 구원 활동이지 로마의 식민통치로부터의 정치적 경제적 해방이 아니었음을 지적하고 있다. 여기서 그는 하나님의 복음의 초월성을 강조하며, 복음 자체가 어떠한 문화적 형태의 제한을 받지 않는 초월적 진리로 존재해야 함을 강조하고 있다. 그는 선교의 본질 곧 복음의 초월성을 되찾는 것만이 종교다원주의나 혼합주의의 위험에서 교회와 신학교를 선교지향적으로 강화시킬 수 있고 교회도 성장할 것이라고 주장한다.

발제자는 본론에서 선교신학의 본질적인 문제의식을 근본적으로 이 세상의 죄인들을 향한 하나님의 구원 의지를 어떻게 이해하고 적용하느냐에 대한 해석으로 보며, 칼빈의 신학을 그 해석의 기준으로 삼고 있다. 칼빈은 "하늘의 심판대(a heavenly tribunal)"를 인식하는 것이 기독교 종교의 시작단계라고 보고 있다. 기독교 선교는 멸망의 실재성과 보편성(the reality and universality of perdition)의 인식에서 복음전파의 필요성과 긴박성이 제기된다고 보았다. 멸망과 심판을 피하기 위한 회개와 죄사함은 칼빈에게 중요한 종교경험으로서 "영혼구원"과 깊은 관계가 있다고 한다. "하나님 앞에 선(Coram Deo)" 존재로서 자신의 죄악성을 회개하는 경험은 바로 칼빈의 신학의 요점이라고 할 수 있다고 한다.

본 논문의 기여도는 칼빈이 종교적 경험을 경시하는 종교철학적 사상가 혹은 이론적인 신학자라는 오해를 불식시켰다는 점이다. 흔히 하나님을 만나는 경험을 말하면, 올더스게이트에서 마음이 뜨거워지는 회심 경험자, 존 웨슬리를 떠오르게 하지만, 발제자는 하나님의 주권과 예정을 이야기하는 칼빈에게서 인간의 죄악성을 회개하고 죄사함의 경험을 통해 성화로 나아가게 된다는 점을 찾아내고 있다. 어떻게 보면, 칼빈과 웨슬리의 차이는 머리카락 하나 차이이고, 그 중심은 모두 하나님 경험을 통하여 인간의 의를 내세우지 못하고, 타락과 부패(depravity and corruption)를 마땅히 느끼며(properly feel), 불안과 괴로움뿐임을 분명히 느끼며(must feel only disquietude and torment), 구원에 있어서 인간의 무력함(a conviction of our misery)을 인정하는 것이다.

또한 발제자는 혹자들이 종교개혁의 이신칭의 사상을 오해하여 선행 없는 신앙, 즉 무율법주의(anomism)로 억측하는 것을 칼빈의 신학을 중심으로 바로잡아 주고 있다. 칼빈은 구원과 선행의 중요한 연관성에 대하여 가르쳤는데, 발제자는 이것이 모라비안 운동과 웨슬리언 운동으로 이어진 것으로 보았다. 물론 이것은 웨슬리언 운동에 대하여 긍정적으로 평가하는 한철하 박사의 주장을 재인용한 것이었다. 한철하 박사는 "한마디로 말해서 예수 믿음으로 말미암아 우리의 무거운 죄를 사함도 받고 선행도 하게 된다는 것입니다. 주 예수를 믿으면 그 산 신앙 안에서 '선행'까지도 하게 된다는 것입니다"라고 주장한 바 있다.

이러한 주장을 정홍호 교수는 선교신학자로서 선교의 본질과 연결하여 더 강화하여 해석하고 있다. 그는 '이신칭의'는 오늘날의 포용주의(Inclusivism)나 종교다원주의(Religious Pluralism)를 극복하는 기독교의 근본 기초이지만, 그것으로만 머물러서는 안 되고, 회개와 중생의 경험으로 직결되어야 함을 칼빈의 신학으로 논증하고 있다. 즉, "以信稱義" 신앙은 선한 행위, 즉 聖化(sanctification)와 반드시 연관되며, 칼빈은 선행이 없는 신앙을 꿈꾸어 본 일도 없다고 주장하였다고 한다. 칼빈은 죄인이 회개하고 죄의 용서함을 받아 중생하여 다시 죄 가운데 빠지지 않기 위해 계속해서 하나님께서 죄를 용서해 주시는 사랑(pardoning love) 안에서 있음으로 선한 열매를 보여주어야 한다고 강조하였다.

정홍호 교수는 선교의 본질을 칼빈의 신학에서 찾으면서, 회개와 죄사함의 경험, 그리고 믿음과 선행의 강조를 넘어서 최종적으로 칼빈의 성경과 교회 중심성에서 결론을 맺고 있다. 칼빈은 성경 말씀 중심의 교회를 통한 인류 구원을 강조했으며, 성경 안에서 복음을 찾고, 교회에서 선포되는 복음 설교를 통해, 그 복음을 믿어 구원을 얻고 영원한 복락을 누리도록 해야 한다고 주장하였다. 발제자는 이 부분에서 칼빈의 신학 특히 구원론에 있어서 16세기 계몽주의와 이성주의의 시대에 살아왔던 칼빈에게서 부족하게 여겨져 왔던, 인간의 하나님 경험, 인간의 도덕적 선행 등의 신앙 요소들을 찾아냈다는 데 큰 기여를 했다고 본다.

결국 선교의 내용이자 기초인 하나님의 인간 구원은 하나님으로부터 오는 은총을 받아들이는 인간의 믿음으로 가능한 것인데, 발제자는 칼빈의 신학을 구원론적으로 분석하여 믿음을 정의하는데, 인간 이성의 합리적인 동의를 넘어서서 죄에 대한 정서적 회개와 중생 후 하나님의 뜻을 의지적으로 실천하는 것이라는 전인적 구원의 3요소를 모두 강조하고 있다.

본 논문에서 일반적으로 보통 생각해 왔던 칼빈의 신학과 극단적 칼빈주의 신학이 어떻게 다른가에 대하여 심각하게 생각하는 기회를 가지게 되었다. 칼빈의 신학은 발제자의 발제대로 회개와 죄사함의 경험의 신학이요, 신앙과 선행의 중생과 성화의 신학이며, 성경 중심의 교회를 통한 선교의 신학이다. 그러나 한국의 극단적 칼빈주의를 따르는 몇몇 교회의 경우, 칼빈의 신학을 극단적 칼빈주의 신학으로 오해하여 칼빈의 신학을 선교적 신학으로 해석하지 아니하고, 이중 예정론(double destination)과 제한적 속죄(limited atonement) 사상을 극단적으로 강조하여 선교에 걸림돌이 되고 있음을 반성해야 한다.

본 논문에서 언급하였듯이 하나님은 "모든 사람이 구원을 받으며 진리를 아는데 이르기를"(딤전 2:4) 지금도 원하고 있기 때문에, [특정한 사람들 혹은 제한된 사람들에게만 아니라] 온 인류에게 "구원"의 복음이 더욱더 절실하게 필요로 다가가야 한다는 것이다. 칼빈은 universal salvation의 위험성을 극복하기 위하여 고육책으로 limited atonement를 주장하였으리라 본다. 선교신학에서는 칼빈의 본래 뜻을 이해하여 universal salvation을 반박하지만 limited atonement가 아니라 universal atonement에 대한 분명한 성경의 메시지, 즉 요한일서 2장 2절 "그는 우리 죄를 위한 화목 제물이니, 우리만 위할 뿐 아니요 온 세상의 죄를 위하심이라"를 강조해야 할 것이다. 이것이야 말로 온 세상의 구원을 위한 선교의 신학이 될 수 있을 것이다. 선교신학은 보편구원론, 즉 "모든 사람들이 궁극적으로 구원을 받는다"를 주장하는 비성경적인 종교다원주의를 배격하지만, "예수님을 믿는 모든 사람들이 궁극적으로 구원을 받는다"라는 하나님의 구원 선교 사역의 기초를 제공해야 하기 때문이다.

발제자가 결론적으로 본 논문에서 주장하는 "칼빈의 신학에서 비추어본 선교신학의 본질"은 정치 경제적 사회구원이 아니라 개인의 회개와 죄사함의 복음을 통한 하나님 나라 입성이라는 영혼구원이다. 그러나 선교신학의 본질이 영혼구원으로만 머물러 있다면, 논평자의 의견으로는, 성경 이사야 53장 5절의 "그[예수 그리스도]가 징계를 받음으로 우리는 평화를 누리고 그[예수 그리스도]가 채찍에 맞음으로 우리는 나음을 받았도다"의 말씀대로 구원의 온전한 차원, 관계적 차원과 육체적 차원을 간과하는 우를 범할 수 있다고 본다. 구원은 회개와 죄사함을 통한 하나님 나라 입성의 복음뿐만 아니라, 이 세상에서 관계의 평화와 육체의 질병에서 구원받는 신유의 복음도 있기 때문이다. 선교신학의 본질을 "회개와 죄사함의 복음"뿐만 아니라 평화의 복음과 신유의 복음을 포함하여 온전한 복음으로 확대하면, 선교의 지평과 열매가 더욱 풍성해질 것이다. 예수님은 "내가 온 것은 양으로 생명을 얻게 하고 더 풍성히 얻게 하려는 것이라"(요한복음 10:10)라고 말씀하셨기 때문이다. 영혼구원과 더불어 풍성한 구원을 얻게 하는 온전한 구원이 선교신학의 본질이 되어야 할 것이다.

마지막으로, 회개와 죄사함의 복음의 선교신학적 본질은 오늘날 특수 선교현장에서 회개와 죄사함의 복음을 경험할 수 없는 정신지체 장애우와 영유아, 그리고 알츠하이머 노인들에게 하나님의 은총과 구원의 복음을 어떻게 전해야 하는가에 대한 선교신학적 딜레마를 안겨주고 있다. 이 딜레마는 인간의 전적 타락(total depravity)과 하나님의 절대주권을 강조하는 칼빈의 신학의 딜레마이다. 이 딜레마를 극복해야 할 책무는 현장의 신학자인 우리 선교신학자들에게 고스란히 남겨지고 있다.

안희열 교수의 「종교 신학적 관점에서 본 말콤 펜윅의 구원론과
초기 한국교회의 선교적 성과」에 대한 논평

　　안희열 교수는 2010년 남아공 케이프타운 제3차 로잔운동의 과제인 "포스트모더니즘 시대
의 그리스도의 유일성"을 언급하면서, 한국 교회의 침례교 선교사 펜윅의 선교 사상과 실천에
서 하나의 힌트를 찾으려는 시도를 본 논문에서 하고 있다. 그는 펜윅이 "유일주의 구원론"을
주장하며, 복음의 변질이 없는 한, 타종교를 '악'이 아닌 '친구'로 보아 접촉점을 찾아냈고,
'프로젝트'보다 '사람'의 세움에 그 중점을 두었다고 분석하였다. 그는 펜윅의 유일주의 구원
론 신앙의 영향으로 초기 한국 교회에서 순교정신 배양, 토착적 지도자 양성, 교회개척 증가
등으로 선교적 성과를 가져다주었음을 본 논문에서 논증하였다.

　　펜윅 연구에 있어서 독보적인 선교학자인 안 교수는 펜윅의 구원론을 종교신학적 관점에서
접근하여, 펜윅이 인간 구원에 있어서 예수 그리스도의 유일성을 주장하는 종교신학적 유일
주의자라는 사실을 밝혀냈다. 안 교수는 이에 머무르지 않고, 펜윅의 신학사상을 선교적인 관
점에서 평가하여, 작금의 한국 교회가 선교 125년 이후 미래를 여는 데 따라야 할 하나의 선
교신학으로 제시하고 있다. 또한 안 교수는 세계 선교의 긴박성을 되찾는 21세기 선교신학의
바른 정립만이 한국 교회 선교 "감사의 125년, 미래의 125년"을 준비하기 위해 한국 교회가
지향해야 할 것이라고 주장하고 있다. 그는 한국 교회가 서구 유럽의 약화된 교회와 무능력한
선교 현실을 답습하지 말고, 펜윅처럼 순교의 정신으로 무장된 "현실적 유일주의자들" 곧 토
착화 지도자들을 배출하여 교회개척을 확대해야 한다고 본 논문을 통하여 강력하게 주장하고
있다.

　　논평자는 논문을 읽으면서 펜윅 연구가인 안 교수의 치밀한 연구 자료 수집 및 탁월한 분
석에 찬사를 보낸다. 그는 펜윅의 저서 『Life in the Cup, The Church of Christ in Corea:
A Pioneer Missionary's Own Story』, 『사경공부』 등 20세기 초반 기독교 원 자료에 근거하여
논지를 전개하고 있다. 그리고 그의 종교신학적 방법론과 선교신학적 방법론의 조화로운 해
석을 통한 현대 무능력한 교회에 대한 선교 동력화 제안에 대하여 선교신학자의 한 사람으로
서 감사의 마음을 전한다. 그는 밀라드 에릭슨(Millard Erickson)과 찰스 핫지(Charles Hodge),
제임스 게릿(James Leo Garrett) 등의 복음주의 신학자들과 헨드릭 크래머(Hendrick Kraemer)

등 복음주의 선교신학자의 견해로 클락 피녹크(Clark H. Pinnock)과 존 샌더스(John Sanders)의 포용주의, 가브리엘 팍크리(Gabriel Fackre)의 사후전도(postmortem evangelism) 등의 종교신학적 견해들을 반박하며, 견고한 복음주의 신학의 구원론을 제시하는데, 이것이 펜윅의 유일주의 구원론이라고 논증하고 있다. 그는 에비 스미스(Ebbie C. Smith)의 네 가지 형태의 유일주의, 즉 완고한 유일주의, 불명확한 유일주의, 희망적 유일주의, 현실적 유일주의 가운데 펜윅이 현실적 유일주의에 속한다고 보았다. 이것은 예수 그리스도를 믿는 확실한 신앙만이 구원을 가져올 수 있다는 신학적 입장으로서, 타종교에도 접촉점으로서 어떤 가치와 좋은 점이 있을 수 있으나 구원은 제시하지 않는다는 입장이다. 그는 펜윅이 유교의 특징적인 가치인 교육, 가정, 국가, 사회적 의무와 책임, 강한 인간의지, 도덕성과 책임감 등을 복음의 접촉점으로 사용하여 복음을 효과적으로 전파하였음을 본 논문에서 논증하고 있다.

논평자로서 논문을 읽으면서 아쉬웠던 점은 다음과 같다.

첫째, 유럽교회의 약화와 무능력한 선교의 현실에 대한 예증으로, 서구 유럽 교회의 2010 에든버러 100주년 기념대회의 단독 개최 능력 미비와 각 권역별 개최를 결론에서 제시한 것은 논자의 논지 전개에 있어 논리의 비약이 있다고 생각한다. 에든버러 100주년 대회의 단독 개최의 여부가 유럽 교회의 무능력이라고 자의적으로 판단할 수는 없다고 본다. 작금의 교회와 선교 현실은 지구촌 글로벌 커뮤니케이션 시대로서, 한 지역에 수많은 사람들이 막대한 여행 자금을 들여서 호텔에 머물며 "선교"를 논한다는 것은 선교의 본질에 매우 가깝지 못하다고 생각한다. 현 선교 상황은 과거 100년 전이 아니기 때문에 인터넷이나 글로벌 네트워크를 통하여 충분히 파악되고 논의될 수 있다고 본다.

둘째, 논자가 유럽교회의 약화 원인을 대내외적 요인 중에서 특히 구원론의 문제를 거론하며, 그 시초를 1910년 제1차 세계 선교사대회인 에든버러 대회에서 교리적 포괄주의, 즉 성취설을 받아들인 것으로 평가한 것은 너무 성급한 평가로 사료된다. 그리고 이러한 평가는 로잔 대회가 복음의 유일성을 주장하는 반면에, 에든버러 대회는 종교다원주의적인 경향을 주장하는 것으로 일반 독자에게 오해를 야기시킬 수 있다고 본다. 1910년과 2010년 에든버러 대회가 과연 종교 신학적 의미의 포용주의를 수용하였는가에 대한 논의는 좀 더 자세하게 다루어져야 할 것이다. 특히, 1910년 에든버러 대회의 슬라터(T. E. Slater)와 호그(Alred George Hogg)의 성취설이 오늘날 종교 신학에서 논의되는 것과 동일한 것인가에 대해서는 좀 더 심도 있게 다루어져야 할 것이다. 또한, 갓프레이 필립스(Godfrey Philips)와 슬라터의 주장이 세계 모든 종교의 쇠락과 기독교의 완성이라는 의미에서 성취설이지, 세계 종교와의 습합으로 인한 성취설은 아니지 않는가라는 의문도 해결해야 할 것이다. 그리고 1910년 에든버러 대회에서 "복음 전파를 위한 '교파' 간의 일치의 강조"가 나아가 "종교 간의 일치와 로마가톨릭교회와 그리스정교회와도 연합과 일치의 가능성의 선포"로 연결되었다는 논자의 논증은 좀 더 확실한 예증이 필요하다고 보여진다.

마지막으로 생각해야 할 점은, 선교사가 종교다원주의적인 "구원의 다양성"을 가지고 사역한다면, 10~20년 후 선교지 영적 토양을 변질시킬 수 있다고 논자가 서론에서 우려하고 있는데, 그러한 우려가 선교현실에서 실제로 나타나고 있는지 아니면 우려에 그치는 것인지 심도 깊게 논의해 보아야 한다. 물론, 다양성이 강조되는 포스터모더니즘의 영향을 받은 종교다원주의 신학자로부터 선교사가 신학생 시절에 신학교육을 받을 수는 있다. 그러나 논평자가 생각하기에는 "종교다원주의 구원론을 가진 선교사"라는 말 자체에 모순이 있다고 보여진다. 종교다원주의 구원론을 가지고 있는 자가 어떻게 선교사로 지원하여 훈련받고 선교사가 될 수 있으며, 그가 혹 자신의 신학사상을 속이고 선교사가 되었다고 할지라도, 어떻게 예수 그리스도의 복음을 전하는 선교의 사명을 다할 수 있겠는가라는 점이다. 혹시 한국 선교사 중에서 이러한 선교사가 있는지 알고 싶고, 지난 88년 올림픽 이후 20여 년이 지난 현재 선교의 현장에서 이러한 선교지 토양의 변질이 실제적으로 이루어진 사례가 있는 지 선교신학계의 새로운 연구 과제로 남는다고 본다.

종교다원주의로 인하여 그리스도의 유일성이 훼손 받고, 선교의 장벽이 높아가고 있는 때에 펜윅의 신학사상을 재발견하여 유일주의 선교신학을 제시하고, 향후 한국 선교의 방향성을 제시한 안 교수의 공헌에 찬사를 보내며 논평을 마친다.

안봉호 박사의 「21세기 문화와 복음주의 신앙」에 대한 논평

오늘 발제하여 주신 안봉호 교수는 21세기 문화의 본질을 인간 본성의 야수성과 이로 인한 역사의 죄악성과 연관되었다고 분석하고, 이러한 시대에 대응할 새로운 삶의 지평을 주 성삼위 하나님의 복음으로 열어가기를 촉구하고 있다. 좀 더 구체적으로, 안 교수는 21세기 문화를 3가지로 구분하는데, 정보지식 사회의 도래, 생명공학으로 인한 장수사회의 꿈, 세계화의 장밋빛 환상 등이며, 이러한 것들은 피상적인 인류발전과 번영에 대한 갈구일 뿐, 보다 근원적인 생명의 복음을 제시해 주지 못한다고 피력한다. 안 교수는 인류에게 영원한 생명을 주는 것은 오직 하나님의 영생의 복음뿐이므로, 죄악의 소용돌이 속에서 진통을 토하는 21세기 문명과 문화 앞에 복음의 나팔을 불자고 복음주의자들에게 호소하고 있다.

안 교수는 그 방법론으로 첫째, 정보 혁명 세기에 즈음하여, 인류의 길과 진리와 생명의 복음을 디지털 시대에 맞게 간단하고 총체적으로 표현하고 전달해야 한다고 주장한다. 그것은 구체적으로 하나의 원안에 십자가 그려진 에베소 초대교회 상징을 이용하는 것인데, 이것은 예수는 그리스도시요, 하나님의 아들이고 구세주라는 의미이고, 붉고 푸른색은 십자가와 부활을 의미한다고 한다. 그리고 이 상징은 역시 성부 성자 성령을 상징한다고 하는데, 안 교수는 이 상징을 그의 성경신학과 연결시킨다. 즉, 계시되신 주 성삼위 하나님을 우러러 믿고 우러러 사랑하라는 것이다.

두 번째 방법론으로 인 교수는 "생명과학과 정의라는 허울을 쓴 반생명, 반인류의 폭거에 즈음하여", 죽음의 문화에 참 생명 문화를 주입하자고 제안한다. 구체적으로 그는 구약의 제사법 중 속죄죄, 번제, 화목제의 준거 틀을 이용하여 각각 "인간 실존적 차원의 회개", "정치, 경제, 사회, 문화의 모든 영역에서의 거룩한 사랑의 봉사", 그리고 "영원한 예수 사랑의 공동체"를 건설하자고 주장한다.

세 번째 방법론으로 안 교수는 "세계화의 영원히 새로운 정향(orientation)"은 "영원한 예수 사랑의 공동체"를 향한 것이어야 한다고 제언한다. 이 공동체는 주 성삼위와 주 예수를 믿는 성도들 간의 사랑의 공동체로서, 영생 복락을 누리는 영원한 공동체, 신국, 즉 하나님의 나라이다.

안 교수는 이 논문을 통해 21세기 문화에 대한 탁월한 분석과 복음주의 신학의 향방에 대하여 몇 가지 중요한 방향 제시를 주고 있다.

첫째, 안 교수는 21세기 문명에 대하여 탁월한 통찰력으로 명쾌하게 분석하고 있는데, 논평자는 전적으로 동의하는 바이다. 21세기 정보 혁명, 생명과학, 세계화는 본질적으로 그 안에 참 생명이 없는 죽음의 문화임으로 인류를 죽음과 절망에서 구해내지 못한다는 것이다.

둘째, 안 교수는 이러한 절망과 죽음의 시대에 사도적 진리 생명 전승인 "주 예수의 십자가와 부활"을 여전히 변함없이 전하여야 한다고 주장하는데, 논평자 역시 이러한 생각에 동감한다. 21세기는 더욱 세속화가 진행될 것이고, 이에 더불어 인류는 참 생명을 주는 영생의 진리 복음을 더욱 갈망하게 될 것이기 때문이다.

셋째, 안 교수는 복음주의자들에게 먼저 우리를 위해 예비하신 참 진리의 길, 참 삶의 길, 영원한 사랑의 길인 복음을 체험하고, 이 영생하는 복음의 진리를 전도함으로써 선교와 세계 복음화를 이룩하여야 할 책임이 있다고 주장하는데, 논평자는 이에 전적으로 동의한다.

그러나 안 교수의 발제에는 위에서 살펴 본 긍정적인 장점 외에도 논평자 혹은 독자들에게 오해의 소지가 있는 부분들이 있다.

첫째, 하나의 원안에 십자가 그려진 상징에 대하여 안 교수께서 의도하신 대로, 그것이 과연 성경 신학의 표현으로 독자들이나 일반에게 쉽게 이해될 수 있을까 하는 점이다. 이 상징은 불교의 수레바퀴 상징과 비슷하며, 교통 도로 안전 표지판과 흡사하기도 하다. 또한 이 상징이 성삼위 하나님을 상징한다고 한다면 그리스 정교회에서 사용하는 아이콘의 역할을 감당하는 것인데, 이것이 과연 상징을 터부시하는 복음주의 신학에서 받아들여질 수 있을지 의문이 간다.

둘째, 안 교수께서 제안하신 인간 실존의 속죄제, 사랑과 봉사의 번제, 그리고 영원한 예수 사랑의 공동체가 드려야 할 화목제 등 3가지 가운데서, 화목제에 대한 논리 전개가 좀 더 진행되었으면 하는 바람이 있다. 이 3가지 개념들은 개인, 사회, 세계로 각각 논리적으로 발전되어 가는데, 마지막 화목제 부분에서 요즈음 이슈가 되고 있는 이슬람 문명권과 기독교 문명권의 종교적 화해, 제1세계와 제3세계와의 경제적 화해, 그리고 인간 세계와 자연 세계와의 환경적 화해가 필요하지 않을까 사료된다.

셋째, 안 교수께서 제안하신 "예수 사랑의 공동체"는 구체적으로 현존하고 있는 교회와 어떠한 관계가 있는지, 교회를 넘어서는 개념인지, 아니면 성도의 마음에만 존재하고 있는 개념인지, 현세에서 실현 가능한 공동체인지, 아니면 천상의 공동체인지, 혹은 예수 그리스도의 재림으로 이루어질 천년 왕국인지, 심판 후 열리는 새 하늘과 새 땅인지 좀 더 설명이 필요하다고 사료된다.

마지막으로 장밋빛 꿈으로 다가왔던 21세기 신문명을 예리하게 분석 비판하고 이에 대한 참 생명의 복음, 사도 시대의 복음으로 돌아가기를 촉구하는 성경 신학의 주창자이신 안 교수께 치하를 드리며 논평을 마친다.

A Response to Dr. Ahn, Bong–Ho's Article on
"The 21st Century Culture and the Evangelical Faith"

I am very pleased to have an opportunity to review Professor Ahn's article regarding "the 21st Century Culture and the Evangelical Faith." He calls upon us to lead the 21st Century with the gospel of the holy Trinity, after analyzing its culture as closely connected to the brutality of human nature, which has brought sins into history. More specifically, Prof. Ahn has classified these cultures of the 21st Century into three categories as info-technology, life-science, and globalization, which can be considered the superficial wishes of humankind and do not give us fundamental life essence. He suggests that if it is only the gospel of God that can provide eternal life to us, then we, evangelicals, should blow a trumpet of the gospel. Prof. Ahn proposes such methodologies as (1) communicating the gospel with a simple and holistic approach, using a symbol of a circle with a cross inside to represent Jesus as the Christ, the son of God, and the Saviour; (2) bombarding the 21st Century culture with the gospel, in order to make us repent of our sins and being a servant of holy love to the world; and (3) building up the eternal community of love in Jesus as the kingdom of God in which believers in Jesus love each other and enjoy eternal happiness.

In the article, Prof. Ahn gives us an excellent sense of direction toward 21st Century evangelical theology with his analysis of its nature of darkness, failure, and death. I fully agree with him that 21st Century info-technology, life-science, and globalization cannot be the gospel of life that saves humankind out of death and failure. I also have a consensus with him in that we, evangelicals, should evangelize the world of death and failure with the gospel of cross and resurrection of Jesus. In order to accomplish this, we, evangelicals, should have a deep experience in the gospel of Jesus.

In the article, however, I find some points which may lead the readers, including myself, into some misunderstanding of it. First of all, concerning the symbol of a circle with a cross inside, which Prof. Ahn has intended to communicate the content of the gospel to the people; I wonder if it can successfully deliver the meaning of the gospel to secular people since it is a symbol that seems to bear a lot of similarities to the symbol of Buddhism or to the traffic sign that I see while driving my car. Futhermore, I wonder if it is acceptable for us to use as a symbol for representing the holy Trinity like the Greek Orthodox icon does. As far as I know, such symbols or icons are considered not as means of grace, but taboo in the evangelical area. Second, I wish Prof. Ahn could have more explanations and applications regarding "peace offering", which might include such as the religious reconciliation between Islamic civilization and Christianity, the economic reconciliation between the first world and the third world, and environmental reconciliation between humankind and the universe. Thirdly, I would like to know more deeply the concept of "the community of Jesus' love" that Prof. Ahn has suggested in his article. Is it related to the Church or is it above the Church? Can it be only in believers' souls and hearts or can it be actualized in the current days? Will it be the heavenly community or the kingdom of the Millenium, established by the Second Coming of Jesus Christ? Will it be any relation to "a new heaven and new earth" coming after the final judgment of Jesus Christ?

Finally, I give thanks to Prof. Ahn who has a successful work for analyzing the 21st Century culture and suggesting a way of direction toward evangelical theology with the gospel of the holy Trinity providing the way, the truth, and the life to secular people.

김승호 교수의 「포스트모던 문화 상황에서 한국 복음주의 교회의 선교」에 대한 논평

오늘 발제자의 「포스트모던 문화 상황에서 한국 복음주의 교회의 선교」에 대하여 논평을 하게 됨을 매우 기쁘게 생각한다. 그는 본 논문에서 포스트모더니즘의 주요 특징들을 상대주의, 관용, 그리고 다원주의와 연결시켜 분석하고, 21세기 포스트모던 문화를 십자가의 복음으로 변화시켜야 함을 주장하고 있다. 좀 더 구체적으로 그는 포스트 모더니티를 3가지 범주 곧, 역사적으로 "계몽주의 프로젝트의 극복," 철학적으로 "절대 진리의 부정," 그리고 신학적으로 "창조주보다 피조물 숭배"로 분석하였다. 그는 결론적으로 복음주의자들에게 복음 진리를 설교하는 것을 세상에 매력적으로 보이게 하는 것과 타협해서는 안 되고, 오히려 그것을 더욱 성경적으로 선포해야 한다고 제안하고 있다. 그렇게 할 때에, 복음 진리의 선포를 통하여 포스트모던 문화에 살고 있는 사람들은 마음에 역동적인 성경 진리와 만남으로 충격을 받고, 성령의 능력에 의하여 자신들의 죄를 회개하게 되는 것이다.

본 논문의 강점은 발제자가 포스트모더니즘을 상대주의, 관용, 다원주의라고 하는 핵심적인 본질을 찾아내어 설명해주고 있다는 점이다. 논평자는 포스트모던 문화가 한국 기독교회에 하나의 위협으로 도전해 오고 있다는 사실에 전적으로 동감한다. 그리고 우리 복음주의자들이 그에 대한 응전으로 십자가의 복음을 성경적으로 선포하여 포스트모던 사람들을 구원으로 인도해야 한다는 사실에 의견을 같이한다. 그러나 본 논문은 논평자를 포함하여 독자들에게 몇 가지 오해를 불러일으킬 만한 점들을 가지고 있다.

우선, 첫째로, 독자들에게 포스트모더니즘에 대하여 개념의 복잡성을 불러일으킨다. 발제자는 포스트모더니즘, 포스트모더니티, 포스트모던 문화 등의 개념을 사용하고 있다. 물론, 주 1)에서 그에 대한 차이를 설명하고 있지만, 포스트모더니즘이 하나의 문화적 표현 양식이라면 그에 대한 구체적인 설명이 부족함으로써 독자들이 포스트모더니즘에 대한 실제적이고 문화적인 이해가 어렵다고 보여진다. 그는 문화적 측면에서 포스트모더니즘을 구체적으로 설명하기보다는 너무 모더니티에 대하여 설명이 길었다고 본다. 만일 포스트모더니즘을 영화, 예술, 그리고 음악 등의 실례를 들어서 설명하였다면, 독자들이 훨씬 쉽게 포스트모던 문화에 대하여 이해할 수 있었을 것이다.

다음에 살펴볼 것은, 사실 우리 복음주의자들에게 복음 선포는 하나의 선교 전략으로 받아들여지고 있지만, 발제자는 본 논문에서 포스트모던 문화에 선교하기 위하여 복음 선포를 위한 다양한 전략들을 모색하였으면 더욱 좋았으리라 생각된다. 예를 들어, 음악, 예술, 무대 공연, 체육, 드라마와 영화 등의 사용을 통하여 현 시대의 하위 문화권에 퍼져나가고 있는 포스트모더니즘의 사상과 영성에 대처해 나갈 수 있는 방법을 모색해야 한다. 우리 복음주의자들은 성경적 설교뿐만 아니라, 문화적 도구들을 사용하여 성경적 복음 진리를 표현하는 데 앞장서야 할 것이다.

셋째로, 본 논문에서 오해의 소지가 있는 부분은 우리 복음주의자들은 포스모더니즘의 핵심 세계관인 상대주의, 관용, 그리고 다원주의에 대하여 무조건 부정해야만 되는 것처럼 생각하는 점이다. 그러나 한국 사회는 더 이상 포스트모던 경향성에서 제외될 수 없는 사회가 되었다. 대한민국은 주변 강대국들의 제국주의로부터 상대적으로 자유로워지려고 노력하고 있다. 한국 사회는 북한 사람들에 대하여 관용을 베풀도록 요청받고 있다. 그리고 한국 사회는 수없이 많은 종교적, 정치적, 문화적 집단들과 단체들로 넘쳐나고 있다.

사람들을 복음화할 때에, 선교학적인 관점에서 사람들의 세계관을 부정하고서는 그것이 불가능하다는 사실은 당연하다. 그러므로 발제자는 본 논문에서 십자가의 복음이 어떻게 포스트모던 세계관에 역사하여 그것을 변화시킬 수 있는가에 대하여 제안을 했었다면 더욱 좋지 않았을까 생각한다. 논평자의 견해로는, 십자가의 복음은 예수 그리스도의 사랑을 나타내고, 그것은 설교로 선포되어질 뿐만 아니라 포스트모던 사회에서 실천되어야 한다고 생각한다. 우리가 소유하고 있는 진정한 절대 진리는 어려움에 처한 사람들에게 전달되어야 하는데, 만일 기독교 선교가 그 자체만의 이익을 위한 부흥과 교세 확장으로만 집중된다면, 포스트모던 사회의 사람들은 배타주의라고 비판할 것은 자명하다. 그래서 우리 복음주의자들은 십자가의 복음을 선포할 뿐만 아니라, 개인적인 헌신과 사회봉사를 통하여 그 복음을 실천해서 복음을 보편적인 진리로 만들어야 할 것이다.

마지막으로, 포스트모더니즘의 이해와 분석을 통해 한국 복음주의 신학에 십자가의 복음으로 방향성을 제시할 뿐만 아니라, 그것을 통하여 포스트모던 사회의 사람들에게 길과 진리와 생명을 제시하여 주신 발제자께 감사를 드리며 논평을 맺는다.

A Response to Dr. Kim, John's Article on "Missions of Korean Evangelical Churches in a Postmodern Culture"

I am very pleased to have an opportunity to review professor Kim's article regarding "Missions of Korean Evangelical Churches in A Postmodern Culture." He calls upon us to change a postmodern culture in the 21st Century with the gospel of the cross, after analyzing the major features of postmodernism as closely connected to relativism, tolerance, and pluralism. More specifically, prof. Kim has analyzed the postmodernity into three categories as "overcoming the enlightenment project" historically, "denying absolute true truth" philosophically, and "worshipping the creature rather than the Creator" theologically. He suggests in conclusion, that we, evangelicals, should not compromise preaching the gospel with appealing it to the world but make it more biblical. Then it can bombard the hearts of people in the postmodern culture with the dynamic biblical truth and make them repent of their sins by the power of the Holy Spirit.

In the article, prof. Kim gives us an excellent sense of understanding regarding the postmodernism with his analysis of its nature of relativism, tolerance, and pluralism. I fully agree with him that the postmodern culture can be a threat toward Christian churches in Korea. I also have a consensus with him in that we, evangelicals, should understand its dangerous tendencies and try to evangelize the postmodern world by proclaiming the gospel of the cross biblically in order to lead them into the salvation.

In the article, however, I find some points which may lead the readers, including myself, into some misunderstanding of it. First of all, it is complicated for the readers to understand these concepts like postmodernism, postmodernity, and a postmodern culture. I know his explanation about it on footnote 1. But if postmodernism molds its culture and refers to an array of cultural expressions, the author could have explained some cultural aspects of it for better understanding rather than having so much efforts to speak about the modernity. He could have also given them such cases as contemporary movies, arts and the music. Then, it can be more helpful for them to understand postmodernism and the postmodern culture.

Futhermore, although it is acceptable for us, evangelicals, to use a biblical preaching for a missional strategy, prof. Kim could have developed some evangelical strategies by using other genres like arts, music, theatrical performance, physical exercise, and drama and movie. As we know, postmodernism is a kind of culture in the 21st century. It spreads out its ideas and spirituality throughout the current subcultures. Why don't we, evangelicals, express our biblical truth by using the cultural tools as well as the biblical preaching.

Thirdly, it can be misunderstood that we, evangelicals, should deny the core worldview of postmodernism like relativism, tolerance, and pluralism. As we know, the korean society can not be exempt from the postmodern tendencies. The nation tries to be relatively free from the surrounding imperialism. The korean society needs to be tolerant to the north korean people. And the society tends to be divided into numerous classes and groups in terms of religion, politics, and cultures. From the missiological point of view, it can not be completed to evangelize people by denying their worldviews. The author could have suggested how the gospel of the cross could work inside the postmodern worldview and change it. In my opinion, the gospel of the cross represents the love of Jesus Christ. It should be practiced in the postmodern societies as well as be preached. The true absolute truth, we have, should be reached out to the people in needs. If the Christian missions focuss on only its revival and its expansion for its own profits, the postmodern people will criticize it as exclusivism. We, evangelicals, have to preach the absolute truth, that is, the gospel of the cross. Also we, evangelicals, have to practice the gospel of the cross with the personal sacrifices and the social services in order to make it universal.

Finally, I give thanks to prof. Kim who has a successful work for analyzing the postmodernism and its culture and suggesting a way of direction toward evangelical theology with the gospel of the cross providing the way, the truth, and the life to the postmodern people.

미전도 지역/분쟁지역 선교의 나아갈 방향성

최근 아프간 피랍 사건으로 인하여 한국 교회와 한국인들은 세계 선교의 필요성과 목적에 대하여 깊이 생각하게 되었다. 지금까지 한국 교회에게 세계 선교의 목적은 세계 선교 그 자체였다. 세계 선교는 의심할 여지없는 하나님의 뜻이고, 주님의 명령이며, 성령의 능력으로 가능한 것이었다. 한국 교회에게 세계 선교는 그리스도의 명령을 준행하고, 하나님을 사랑하며, 복음의 빚을 갚아야 하는 거룩한 부담감으로 늘 남아 있어 왔다. 그래서 평생에 한번은 단기간 세계 선교에 참여하리라는 신앙의 열정이 한국 성도들에게 있어 왔다.

이제는 아프간 피랍 사건을 통하여 세계 선교가 진정 누구를 위한 선교인가에 대하여 깊이 생각해볼 시점에 온 것 같다. 선교가 하나님을 위한다지만 하나님은 젊은 청년들의 피를 요구하시는 분은 아니신 것 같다. 그리고 아프간의 난민들을 위한다지만 그들의 순교의 피는 아프간의 난민들을 전쟁의 위협에서 보호해 줄 수 없다고 본다. 이번 아프간 피랍 사건을 통해 한국 교회는 미전도지역/분쟁지역에 있어서 한국 선교의 목적과 방법 그리고 방향성을 새롭게 정립하는 계기를 마련해볼 필요가 있다.

첫째, 한국 선교의 목적은 한국 교회 "자체 세 불리기 식" 교회성장이나 혹은 세계 선교 그 자체가 되어서는 안 된다. 특히, 분쟁 지역이나 미전도지역 등 위험 지역에서 선교하기 위해서는 분명하고도 구체적인 선교목적이 지혜롭게 설정되어야 한다.

지금까지 선교의 목적을 하나님 중심으로 교회 중심으로 해석하였다면, 이제는 그 패러다임을 이 땅의 사람들에게 돌릴 때가 되었다. 하나님이 진정 이 땅의 사람들에게 원하는 바를 알아야 한다는 것이다. 하나님이 원하시는 바는 바로 이 땅의 모든 인류가 구원함에 이르는 것이다(딤전 2:4). 그렇다면, 이 시대에 구원의 의미는 무엇인가? 물질주의 실용주의의 영향으로 20세기 형성된 "건강과 부의 복음(wealth and health gospel)"인가? 아니면 19세기 "하늘은 스스로 돕는 자를 돕는다"라는 계몽주의 프런티어 개척정신인가?

21세기 이 땅의 모든 인류가 바라는 구원은 바로 "평화"일 것이다. 평화는 21세기 지구촌 누구나 염원하고 바라는 바이다. 더 이상 전쟁이 없고 싸움이 없으며 상호 인정하는 세상을 원한다. 이것은 가만히 있는다고 이루어지는 것이 아니다. 이것은 만민이 평강의 하나님의 보호하심 속에 서로 "나눔의 실천"을 통하여 누릴 수 있는 것이다(시 57:7~11, 66:1~8, 67:1~7, 69:34). 이런 의미에서 21세기 선교의 목적은 편협하고 독선적인 마음으로 자신들의 풍요로움을 자랑하고 선전하는 것이 아니라, 오히려 모든 민족이 서로 나눔을 통하여 하나님의 긍휼하심과 평화를 누리는 것이다.

그런데 문제는 이것이 선교 제국주의로 오해되었다는 데 있다. 대체적으로 선교에 나섰던 민족들은 제국주의를 추구했던 나라들이었다. 영국이나 독일 그리고 미국은 세계의 주도권을 잡기 위하여 제국주의의 팽창과 더불어 선교도 함께 갔다. 이들은 아프리카와 터키, 인도, 필리핀, 중동을 지배하고 부를 착취했다. 그래서 기독교는 힌두교와 이슬람 세계에 적대적인 종교로 남아 있다. 다른 종교를 믿는 사람들이 기독교의 하나님을 온 땅을 다스리는 큰 왕이시라 찬양하도록 하기위해서는 제국주의 선교의 종말을 고하고 새롭게 온 땅을 섬기는 선교의 시대를 열어야 한다. 이런 의미에서 이번 아프간 피랍 청년들과 순교한 분들은 평화의 사도(apostles of peace)로서의 역할을 감당하였고 본다. 이들은 제국주의 이권 쟁탈의 전쟁 속에 세계 약소국들에 대한 연대와 핍박받고 있는 세계인들과의 '평화적 연대'를 위하여 작은 선교적 발걸음을 내디딘 것이다.

한국인은 식민 지배를 경험하고 민족 전쟁을 통하여 천만 이산가족과 수백만 명이 사상자를 내며 전쟁의 고통이 무엇인지 경험한 민족이다. 한국 민족은 서구 열강과 제국주의 선교와는 다르다는 인식을 온 세계에 특히, 기독교인들뿐만 아니라 비 기독교자들에게도 인식시켜야 할 것이다. 이번 아프간 피랍사태로 인하여 결코 한국 교회 선교가 위축되거나 여론몰이 재판에 빠져들어 가서는 안 될 것이다. 오히려 하나님의 선교백성으로서 담대하게 세계평화를 위해 나아가는 한국 교회의 모습을 보여야 할 것이다. 아프간 탈레반 납치 사건의 본질은 "무모한 청년들의 과시적 일회성 선교"에서 비롯된 것이 아니라, 선교와 봉사로서 서구 열강의 침략주의 전쟁에 대항하는 "작지만 조그마한 평화의 사도들"로서 해석되어야 할 것이다.

둘째, 한국 교회는 미전도지역/분쟁 지역 선교에 있어서 19-20세기 서구 제국주의적인 '홀로 행함의 선교(doing alone mission)' 방식을 자제하고 '함께 있음의 선교(being together mission)'로 나아가야 한다.

기독교는 본래 동양 종교임에도 불구하고, 중세와 근세에 서구인들의 종교가 되어버렸다.

서구인들은 성경을 정복주의의 경전으로 삼고 세계를 식민통치하였는데, 세계 선교도 그 서구적 특징을 벗어버리지 못하고 정복주의 양상으로 진행되었다. 즉, 서구인들은 세계에서 유일하신 하나님에 대한 신앙을 근간으로, "모든 민족을 제자로 삼으라"는 예수 그리스도의 지상 대명령(the Great Commission)을 따라 모든 인종들을 서구화 혹은 근대화시키는 오류를 범하였다. 물론, 초대 교회의 열심을 회복하여 새로운 세계에 그리스도의 복음을 전하였으나, 이것이 신세계 개척과 식민지 정복에 이용되었으며, 문화 순응(adjustment), 문화 변용(change), 문화 적응(accommodation), 문화화(acculturation)로 변형되었다. 그래서 서구 선교사가 가는 곳마다, 그 지역과 민족의 전통 윤리와 공동체의 삶은 파괴되었고, 새로운 기독교 윤리는 "값싼 용서"의 복음으로 대체되어 사회 질서를 혼란하게 만들었다.

하버드 대학에서 선교학을 강의했던 영국 선교회 소속의 레슬러 목사(Titus Presler)는 80평생 선교와 목회 그리고 교수 사역을 돌아보면서 행함의 선교가 가지고 있는 약점을 고백하였다. 서구 선교는 너무 문제해결식 행함의 선교에 치중하였다. 그래서 가난과 질병 그리고 인권 탄압 등에 대항하여 교육, 의료, 농경, 기술 등으로 문제를 해결해 왔다. 그러나 그가 발견한 것은 문제를 해결한다고 선교하다 보니 현지 문화와 충돌하여 또 다른 문제를 야기시킨다는 점이다. 가난의 문제를 해결하기 위하여 개발 선교를 진행시키자 현지 문화의 너그러움이 사라졌다. 자연은 황폐화되었고 사람들의 인심은 사나워졌다. 토착종교는 초토화되었고 세계종교도 귀신의 종교로 비도덕화시켰다. 기독교 선교는 가난 대신에 부유함을 선사했지만 윤리와 도덕과 협동심을 사라졌다. 선교로 인하여 현지 문화와 윤리적 정체성이 훼손되었다는 점은 기독교 선교가 "함께 있음의 선교"보다는 너무나 "홀로 행동하는 선교"에 치중하였던 결과이다. 이제라도 기독교 선교는 서구적 변혁의 가치관에서 탈피하여야 한다. 인간과 자연을 변화시키려는 인위적이고 위협적인 행동을 재고해 보아야 한다. 그리고 자연과 인간 그리고 둘 사이에 협력하여 선을 이루는 진정한 성경적 "함께 있음의 선교"를 추구해야 할 것이다.

기독교 신앙이 의미하는 것이 무엇인가? 기독교 신앙의 본질은 예수 그리스도의 절대 사랑, 절대 진리, 절대 용서, 절대 신뢰, 절대 공의 등 거룩한 삶의 의미와 능력이다. 그러면 선교란 무엇인가? 그것은 성령 안에서 체험하는 사랑의 능력, 화해의 능력, 치유의 능력, 새로운 재창조의 능력이 단순한 마술이나 초능력이 아니고 그들 가운데 현존하는 하나님의 임재라는 것을 삶으로 증언하는 것이다. 그러므로 기독교 신앙은 하나님을 믿는 신앙이 인간의 삶의 자리에서 구체적인 선교로 나타날 때에만 그 참된 의미가 있는 것이다. 이런 의미에서 아프간에서 피랍된 청년들의 희생과 고난은 하나님 사랑에서 시작되어 성령의 역사하심에 따라 그리스도의 사랑, 헌신, 희생, 자기 부정이 구체적인 선교 현장에서 나타났고, 결국 "함께 있음의 선교"를 실천했다고 본다.

셋째, 한국 교회는 미전도지역/분쟁지역 선교에 있어서 기독교가 미국 종교라는 등식을 제거해야 하며, 이를 위하여 2/3 세계 교회와의 선교 연대가 필요하다. 미전도지역/분쟁 지역에서 한국 교회는 그 지역 교회와 선교 단체 간의 선교 협력이 매우 중요한 것이다.

미전도지역/분쟁지역에 속하는 동남아나 중동, 남미, 아프리카 등지의 공산권과 타종교권역 에서는 아직도 지역교회가 다른 세계 종교의 탄압 속에서 생존을 위해 고전분투하고 있고, 한국의 경우 지역교회는 국민의 반미감정과 민족주의 정서에 부응하지 못하고 빠르게 변화하는 세속 사회 문화에 적응하느라 어려운 줄타기를 하고 있다. 이제, 미전도지역/분쟁지역에서 한국 선교는 기독교가 미국을 비롯한 서구 사람들의 종교라는 등식을 없앨 필요가 있다. 그리고 한국 선교는 친미 서구주의 전파가 아니라 생명 자체, 풍성한 생명, 생명의 나눔, 사회 변혁 등의 본질적인 선교 주제로 나아가야 한다. 기독교도 유교와 불교, 힌두교 못지않게 세계화의 부정적인 측면인 물질문명의 확산과 정신문명의 위축에 대하여 하나의 확실한 대안을 내 놓을 수 있다. 만일 그렇지 않고 기독교가 미국적 기독교의 실용주의적 양태를 좇아가고 미국적 물질주의 가치관을 확신하는 데 기여한다면, 많은 사람들이 기독교의 순수성에 대하여 의심할 것이고 결국 기독교는 사멸의 길로 갈 것이다. 사람들은 기독교 없이도 세속사회에서 풍요로움과 물질적인 복을 얻어 누릴 수 있기 때문이다. 혹 세계화의 덫에 걸려 빈곤해진 사람들조차도 복 받기 위하여 교회를 찾기보다는, 이러한 빈익빈 부익부 구조를 창출한 미국적 세계화의 매판으로 미국적 가치를 찬양하고 전파하는 기독교를 역시 저주하고 떠날 것이다.

지구촌의 사람들은 세계화로 인하여 더욱 물질문명의 노예가 되고 있다. 세계화가 진행되면 진행될수록 우리 기독교는 세계화의 덫에 걸려 부화뇌동하다가 함께 사멸하지 말고, 기독교의 본질을 찾아 혼돈과 공허로 삶의 의미를 찾지 못하는 사람들에게 참 생명이신 예수 그리스도를 전해야 할 것이다. 이것은 한국 교회 홀로 가능한 문제가 아니다. 전 세계교회와 선교

단체들 간의 연대가 필요한 것이다. 앞으로 한국을 비롯한 2/3 세계 교회와 선교단체들은 서로의 경험을 나누는 상호 의존을 통하여 협력 선교로 나아가야 할 것이다. 지난 2005년 3월에 유사 문화 민족권인 페르시아계의 타지키스탄(타직종족), 아프가니스탄(파슈툰, 타직, 하자라 종족), 이란(페르시아, 쿠르드 종족)에서 사역하고 있는 선교사들이 "페르시아 창 연대(Persian Window Association)"를 결성한 것은 하나의 좋은 시도라고 보여진다. 세계 교회와 선교단체들은 서로의 경험과 신학을 나눔으로써 극도로 세속화되는 21세기의 도전에 올바르게 응전할 수 있을 것이다.

이제 서구 중심적 패러다임에서 벗어날 때가 되었다. 미국의 패권주의가 기승을 부리고 있는 21세기에 기독교는 미국 종교라는 등식이 아랍권과 제3세계에 급속히 퍼져가고 있다. 이제 기독교가 미국의 종교라는 등식은 기독교 선교에 커다란 악영향을 끼치고 있다. 미국의 식민주의와 제국주의의 숨겨진 얼굴이 서서히 드러나고 있기 때문이다. 이번 아프간 피랍사태도 그 맥락을 이와 같이한다. 한국 기독교뿐만 아니라 세계 기독교의 미래는 하루속히 서구적 기독교 혹은 미국적 기독교의 이미지를 벗고, 자신들의 삶의 경험과 역사에 근거한 자신의 고유한 이미지를 개발하느냐에 달려 있다.

온전한 성결: 예수님과 동행하기

시편 32편 9절에 "너희는 무지한 말이나 노새같이 되지 말지어다. 그것들은 재갈과 굴레로 단속하지 아니하면, 너희에게 가까이 가지 아니하리로다"라고 했다. 말은 성미가 급해 기다리지 못하고 후다닥 뛰어 나아가는 성질이 있고, 노새는 고집이 있어 가라고 명령해도 꿈쩍도 하지 않고 제자리에 버티는 기질이 있다. 이와 같이 우리 안에 있는 성급한 기질은 무지한 말과 같고, 우리 안에 있는 은근한 고집은 무지한 노새 같다. 사소한 일에는 급하지 않아도 되는데, 성급한 말같이 급하고, 신속하게 처리해야 할 긴급 사안에는 무지한 노새처럼 움직이지 않는다.

그리스도 안에서 새 사람이 된 우리 성결인들은 어떻게 살아야 하나? 우리는 고삐 풀린 말이나 통제 불능인 노새처럼 제멋대로 살아가서는 안 되며, 하나님의 인도하심을 받아, 길과 진리와 생명이신 예수 그리스도와 함께 동행해야 한다. 하나님께서는 예수 그리스도의 보혈의 피 공로로 인하여 죄인인 우리를 성결인으로 부르시며, 주님과 동행하며 살라고 성결의 은혜를 베푸신다. 그런데 혹자는 예수님과 동행하며 사는 온전한 성결의 삶이, 자갈과 굴레를 메는 부자유스러운 삶이라고 생각하기도 한다. 그러나 우리들의 삶에 있어서 주님과 동행하는 온전한 성결의 삶은 거추장스럽고 얽어매는 일이 아니라, 하나님의 은혜요, 참된 복임을 알아야 한다. 사실, 우리의 삶에서 고삐 풀린 성급한 말과 책임 없는 고집스러운 행동으로 인하여 얼마나 많은 상처와 아픔이 생성되고 있는가! 만일 우리가 온진히 예수님과 동행하면 하나님의 성결의 은혜로 우리의 말과 행동이 자정되며 은혜롭게 될 수 있다.

19세기 중·후반에 영미 성결 부흥운동의 한 가운데에서, 여러 가지 신학적인 논쟁이 들끓었다. 그중의 하나가 성령 충만에 대한 것인데, 성령 충만하면 모든 죄가 사라진다(제거설), 죄가 억압된다(억압설), 방언을 해야 한다(오순절파), 능력을 받아야 한다(케직파) 등의 경험적인 학설이 많이 나왔다. 그래서 교파가 갈리고 분열되고 서로 아픔이 컸다. 이 가운데, 심프슨(A. B. Simpson)은 성령 충만이 예수 그리스도의 충만이고 화평과 평강의 충만임을 말했다. 즉, 여러 가지 자기들의 경험만이 최고라고 주장하는 자리에서 그는 예수님 중심을 말했던 것이다. 예수님과 항상 동행하는 삶이 성령 충만이라는 주장이다.

심프슨이 작사 작곡한 찬송가 중 "주와 같이 길 가는 것 즐거운 일 아닌가. 우리 주님 걸어

가신 발자취를 밟겠네. 한 걸음 한 걸음 주 예수와 함께. 날마다 날마다 우리는 걷겠네."라는 곡에 그의 이러한 신앙이 잘 표현되어 있다. 이 찬송의 우리말 번역에서는 "한 걸음 한 걸음 주 예수와 함께 날마다 날마다 우리는 걷겠네."라고 하여 매일의 반복되는 날을 걸어가야 하는 성도들의 고단함이 묻어나는 느낌이 든다. 그러나 원문 가사를 보면 주와 같이 가는 것은 step by step, 즉 어린아이가 걸음마를 배울 때부터 차근차근 걸어가는 의미가 들어 있다. 우리 찬송 번역에 '가는 것'이 강조되었다면 원문에서는 예수님을 따라 차근차근 step by step으로, 즉 '가는 방법'이 강조되고 있다. 또한, 후렴에서, '날마다 날마다'로 번역된 'all day, all the way'는 매일매일 반복되는 규칙적인 시간이 아니라, '하루 동안, 목적에 도달할 때까지'라는 뜻이다. 즉, 예수님과 함께 '오늘 하루 동안 주님의 목적을 이룰 때까지' 동행하자는 뜻인 것이다. 이것은 우리 성결한 성도들이 우리의 계획 속에, 우리가 계획하지 않았으나 발생하는 모든 상황 속에, 우리의 시간과 공간적 제약 속에 우리와 동행하시는 예수님께 먼저 상의하고 예수님이라면 어떻게 하실 것인가 라고 생각하며 그 목적을 이루기까지 행동하려고 노력하라는 것이다.

이처럼 주님과 동행하면 하나님의 은혜를 헛되이 여기지 않을 수 있다. 우리 성결교회의 핵심가치인 온전한 성결, 온전한 구원의 은혜를 받는 길이 무엇인가? 그것은 자신의 부족함을 그대로 인정하고 하나님의 도우심 곧 성결의 은총을 기대하며, 주님과 동행하면 되는 것이다. 그러면 우리는 하나님의 은혜에 따라 살아가게 되고 '지금 여기서(here and now)' 하나님의 온전한 구원을 경험할 수 있게 된다. 우리 성결인의 신앙 핵심은 하나님으로부터 성결의 은혜를 받아들이는 것, 즉 나의 부족한 모습을 있는 그대로 하나님 앞에 내어 놓으며, 하나님을 전적으로 의지하며 동행하는 "온전한 성결의 삶"인 것이다. 그러면 하나님이 우리의 부족한 삶에 성결의 은총으로 임하셔서, 연약한 부분을 강건(신유)하게 하시고, 부족한 부분을 성령으로 채워(온전한 성결) 주셔서 우리의 삶을 신앙으로 승리케 하실 것이다. 우리는 예수님께서 죄인들을 위해서 흘리신 십자가의 보혈의 피 공로를 온전히 믿고 의지하여, 주님과 함께 동행함으로써 온전한 성결의 삶을 살아가야 할 것이다.

선교에 대한 국내외 연구동향

필자는 대학시절 기독교연합선교회 David Strong 박사와 함께 청년 선교 사역을 하면서 선교가 주님의 지상 명령의 실천임을 깨닫게 되었다. 그 이후, 실제적으로 복음이 종교와 문화 상황에 깊이 뿌리내리려야 한다는 점에 관심을 갖게 되었는데, 뉴욕 나약의 연합신학대학원에서 신학석사과정을 밟으면서 당시 기독교연합선교회의 원로 선교사들과 교수진으로부터 문화 상황과 선교에 대한 폭넓은 가르침을 받았다. 그 이후 미국 연합감리교와 나사렛, 구세군, 자유감리교, 기독교연합선교회 등이 인정하는 초교파 성결 신학대학인 Asbury 신학교의 E. Stanley Jones 세계 선교대학원 선교학 석·박사과정에서 선교종교현상학을 전공하였다. 1998년 성결대 선교학 교수로 임용된 이후 한국, 중국, 필리핀, 인도 등에서 후학들을 가르치며, 특별히 선교학회의 학술대회와 학술지에 「새 천년 기독교 선교 방향성」, 「서양 신학을 향한 한국 복음주의 선교신학의 제언」, 「복음주의 선교 정책 및 방향성」, 「북한선교방법론」, 「21세기 한국 문화 분석 및 선교 전략」, 「종교다원주의 상황에서 선교 전략」 등 종교와 문화 상황에서 선교 전략에 대한 연구논문들을 지속적으로 발표하고 있다.

지금까지 선교 방법론과 전략을 연구하면서 수집된 자료들을 정리하자면, 선교에 대한 국내외 연구 동향은 3가지 주제로 압축될 수 있을 것이다. 우선, 첫 번째 주제는 선교에 대한 학문적 정체성과 선교 교육에 대한 것이다. 국내에서는 한국복음주의선교신학회와 한국선교학회를 중심으로 선교학 관련 교과목 개발 및 선교신학의 정체성을 찾기 위한 시도기 선교학자들의 연구, 공동저술, 교재개발 등으로 그 결과를 내고 있다. 외국에서는 선교학술지 Missiology를 통하여 최근 선교학의 정체성과 선교 교육에 대한 연구 논문들이 게재되고 있다. 1970~80년대 선교학이 사회과학 방법론의 사용으로 통합학문의 경향성으로 갔다면 최근에는 교회의 선교활동에 집중하여 신학의 다른 여러 분야들에게 선교적 도전을 주는 방향으로 그 정체성을 찾아가고 있다.

다음으로, 두 번째 선교에 대한 주제는 선교 전략에 대한 것이다. 선교는 문화를 넘어 복음을 전하는 일(missions)이기 때문에, 각 나라와 문화권에 복음이 어떻게 효과적으로 전달되고 뿌리 내릴 수 있게 하는가에 대한 연구는 그 자료의 측면에서 압도적으로 많다. 국내에서는 선교대학원과 신학대학원에 선교학을 전공으로 하는 석박사과정이 개설되어 있고, 그곳에서

학위과정을 하고 있는 현장 선교사들과 현지인들이 세계 각지에서 쌓아온 선교 경험들을 이론화시키는 작업을 하고 있다. 외국의 경우, 국제선교회보(IBMR)에 따르면, 한국을 비롯하여 베네수엘라, 필리핀, 미국, 라이베리아, 중국, 카메룬, 가나, 노르웨이, 에티오피아, 나이지리아, 유럽, 아프리카, 홍콩 등의 선교 경험과 복음의 현장 선교 전략에 대하여 박사학위 논문들과 저술들이 쏟아져 나오고 있다.

마지막으로, 선교에 대한 최근 연구 동향은 연구 주제의 다양성이다. 최근 선교학자들의 연구 분야가 역사에서 문화와 종교에 이르기까지 다양해졌을 뿐 만 아니라, 21세기 다원화 사회를 맞이하여 선교 주제도 매우 다양해졌다. 국내에서는 북한선교와 외국인 이주노동자 연구가 압도적으로 많다. 외국의 경우, 국제선교회보(IBMR)에 따르면, 선교학의 최근 동향으로, "에든버러 1910", "성령론적 종교신학", "세계 기독교", "오순절 운동과 선교" 등이다. 에큐메니칼 선교 학술지인 국제 선교 리뷰(IRM)에서는 "21세기 지구촌 보건 실태와 교회의 선교"를 주제로 삼았으며, 선교학술지 Missiology에서는 복음의 세계 적용과 문화 상황화에 대한 여러 주제들을 게재하고 있다.

이상에서 살펴본 대로, 선교는 그 연구 영역과 대상이 매우 다양하고 폭이 넓기 때문에 연구 방법에 있어서 다양성(diversity)을 존중하고, 목적에 있어서 통전성(holism)을 매우 가치 있게 생각한다. 그래서 선교는 신학의 인식의 틀을 확대해주며 교회의 활동 영역과 지평을 넓혀주는 역할을 한다. 그런데 일반적으로 선교에 대하여 좁게 생각하여 선교를 복음 전도와 복음전달 방법론 정도로 단순하게 생각하는 사람들이 많은 것 같다. 또한 선교를 복음 전도를 위한 프로그램이나 실천으로 이해하여서 대학에서 연구하고 배우기보다는 직접 선교 현장에 가서 부딪치면 된다고 생각하는 사람들이 많다. 그것은 어느 부분 사실이다.

그러나 선교는 단순히 무조건 현장에 가서 복음을 전하면 되는 것이 아니다. 복음은 현장의 문화와 종교 그리고 언어에 따라 듣는 사람들에게 이해할 수 있도록 전달되어야 한다. 지난 주간에 한 교회에서 선교 세미나를 인도하고 마치는 기도를 한 성도에게 부탁하였다. 그 성도는 갑자기 기도하라는 요청에 매우 당황하며 떨리는 목소리로 다음과 같이 기도하였다. "하나님 오늘 강의를 잘 듣게 하시기 감사합니다. …중략… 하나님, 오늘 강의를 들었지만 남는 것은 없었습니다. 그러나 강사님의 전하려는 열정은 이해하였습니다." 우리가 선교에 대하여 당면하는 딜레마가 바로 이것이다. 현장의 문화와 삶에 대하여 전혀 모르는 상황에서 아무리 배우고 들을지라도 가슴에 남는 것은 없게 되는 것이다.

선교 연구는 복음 전도의 현장과 사람들에 대하여 문화인류학, 종교현상학, 사회학, 커뮤니케이션 등의 사회과학의 도움을 받아 분석하고 선교 전략을 세우는 교회를 위한 주요한 분야이다. 그렇다고 이론으로만 상아탑에 남아있을 수는 없다. 선교 연구는 선교 현장과의 긴밀한 상호 협조체제가 없이는 연구 자체가 불가능하다. 그러므로 선교 연구는 현장 실천 연구로서 항상 이론이 현장에서 검증될 수 있도록 선교학자들이 더욱 분발해야 할 것이다.

2010 에든버러 기념 대회 평가

올해 2010년은 1910년 에든버러 선교사 대회 100주년을 기념하는 해이다. 이를 기념하기 위하여 영국 에든버러와 일본 도쿄 그리고 한국 서울에서 에든버러 선교사 대회 100주년 기념 선교 대회가 개최되었다. 지난 5월 11일 '도쿄 2010 세계 선교 대회'를 필두로, 6월 2일 영국 에든버러 대학에서 '에든버러 2010 세계 선교사 대회'가 열렸으며, 6월 22일 서울 교회에서 '1910 에든버러 세계 선교사 대회 100주년 기념 2010 한국 대회'가 개막되었다.

왜 세계 교회는 1910년 에든버러 세계 선교사 대회를 기념하고 주목하는 것인가? 거기에는 여러 이유가 있을 것이다. 그중에 하나는 100년이라고 하는 시간이 우리에게 주는 상징적인 의미 때문일 것이다. 100은 1에서 시작되는데, 1이라는 숫자는 하나됨, 일치의 상징이다. 1은 우리 기독교의 이미지 그 자체이다. 기독교는 유일신 하나님을 믿는데, 그 의미는 모든 신들의 정복과 이를 통한 세계의 통치, 하나님 나라의 이상 실현을 의미한다. 그리고 1의 10배수인 10은 완전히 하나가 되는 통합을 의미하는데, 10의 완전수가 10배가 되니, 100년의 시간은 완성과 통합 그리고 일치와 결실을 의미한다.

그러면 에든버러 100주년 기념 대회를 결산하면서, 하나님의 선교가 어디까지 진행되었으며 완성되었는가? 아직도 세계교회는 1910 에든버러 대회 이후 세계 선교에 대한 낙관적 전망을 가지고 있는가? 기독교는 하나님을 믿는 유일신 종교로서 세계를 하나되게 하고, 세계인을 통합하며, 세계의 완성을 향해 나아가고 있는 것인가? 교회는 세상을 향해 '하나 되어 사랑하자'는 그리스도의 십자가의 복음을 증언하고 있으며, 그 결과 완성과 열매를 보고 있는가? 이에 대한 논의와 선교 전략이 이번 에든버러 기념 대회에서 진행되었다.

현재 세계 교회는 19세기 초반의 에든버러에서 타올랐던 세계 복음화의 선교 낙관론의 불씨를 꺼지지 않게 하려고 진력을 다하고 있다. 20세기 말 좌우 이념대결이 경제논리로 희미해지고, 세계화와 자유무역주의의 화력이 강력해지면서, 세계 교회는 하나로 모여 세계복음화를 넘어 세계인의 제자화를 모토로 구호를 외치고 있다. 그러나 교회는 세계 경제 문화 종교 환경 변화에 적극적으로 대처하지 못하면서, 지역 교회들은 그 한계와 무력감을 드러내고 있으며 스스로에게 질문을 던지고 있다. 교회가 점점 더 부유해지는 사회 속에서 점점 더 가난해 지는 사람들을 향해 어떻게 선교 전략을 강구할 것인가? 기독교의 복음은 유럽과 미국,

한국 등 부유한 세계 사람들을 위해 일하는 북한, 중국, 몽골, 필리핀, 베트남, 이란, 파키스탄, 방글라데시, 터키, 아프리카 다문화 사람들에게 어떠한 의미가 있는가? 점점 더 소비와 가상공간 속에서 인간 소외를 초래하는 사회 구조 속에서 교회는 어떻게 그리스도의 화해의 복음을 전달해야 하는가? 교회는 탈냉전 시대에 유일한 남북 분단 현실에서 어떻게 분단 극복을 통일로 나아가게 할 수 있는가? 이러한 질문에 대하여 심각하게 생각하고 그 대답을 찾는 선교학자들과 선교사들 그리고 지역 교회 지도자들이 이번 2010 에든버러 기념 선교 대회에서 하나가 되어서 선교 전략을 강구하였다.

1910 에든버러 대회의 정신은 세계복음화를 위한 교회의 협력과 하나 됨이었다. 무엇을 위한 일치였던가? 그것은 선교를 위한 일치였다. 그러면 이번 2010 에든버러 100주년 기념 선교대회의 결산은 무엇인가? 그것은 바로 하나님 나라의 성취를 위한 교회 연합과 하나 됨이라고 생각한다. 이번 대회를 평가하자면, 이번 대회는 더욱 세속화되어 가는 세상 속에서, 더욱 향락적으로 되어 가는 문화 속에서, 더욱 다원화되어가고 있는 종교 속에서, 점점 더 소외되어 가는 사람들에게 교회가 연합하여 그리스도의 복음을 전해야 한다는 교회의 선교 사명을 다시 한 번 확인하고 정립하는 선교대회였다고 본다. 이제 우리는 하나되어 세상 향해 선교에 매진해야 하는데, 그것은 세상과 타협하고 타종교와 일치하려고 시도하는 혼탁하고 혼합적인 하나 됨의 몸짓이 되어서는 안 될 것이다. 오히려 우리는 하나님의 거룩하신 성령의 회개하게 하는 능력을 의지하고, 예수 그리스도의 용서하시는 십자가의 사랑을 실천하며, 하나님의 공의로운 나라의 동치 안에서 신성한 하나 됨의 기쁨(the authentic joy of unity)을 누려야 할 것이다.

미국 다문화주의의 한계: 이슬람은 용납할 수 없다

미국인, 혹은 미국인이 되려고 하는 사람들은 전 세계로부터 미국으로 몰려 들어가고 있다. 미국 엘리트 정치 그룹은 모든 세계 문화를 용광로(melting pot)에 녹여 새로운 미국적 단일 문화를 만들어 내려고 했으나, 결국 그 시도는 그 처음 의도와는 다르게 다문화주의(multiculturalism)로 결론지어졌다. 미국은 모자이크와 같이 세계 모든 인종과 종족 집단들이 함께 모여 살며 자신들의 문화 정체성을 유지할 수 있는 자유와 평등의 나라가 되었다. 20세기는 미국적 다문화주의가 성공한 것처럼 보였다. 그러나 다문화주의의 상황은 평화롭게 유지되지만은 않았다. 미국에 이민자로 사는 모든 민족들은 자신들의 전통적인 종교문화와 미국의 근대화된 기독교 생활 문화 사이에서 문화 변동과 갈등 그리고 해체를 경험했다. 미국 문화에 적응한 미국인 역시 하루가 다르게 변화하는 정보화 사회에서 정치, 경제, 사회, 문화, 기술의 급격한 변화 속에서 개인과 집단, 자아와 우주, 과거와 현재, 현실과 이상 사이에서 문화 혼돈을 겪고 있다. 이러한 혼돈 속에서 미국의 정치 엘리트 그룹은 미국이 더 이상 혼돈 속에 방치되는 것을 용인할 수 없었다. 미국은 21세기에 혼돈에서 통합으로 나아가 전 세계를 영도해야 했다. 사회 문화 통합을 위해, 즉, 다문화주의 상황에서 자신들이 당면한 혼돈(chaos)의 문제를 해결하고 삶의 질서(order)를 찾기 위한 미국의 선택은 대중 기독교(popular Christianity)였다. 이들은 대중 기독교가 문화 변동의 시기에 시간, 장소, 사물, 사람 등에 나타나는 성현(hierophany)을 통하여 인간의 삶에 의미를 부여하고, 혼돈에서 질서를 찾는 등 사회 문화 통합에 기여할 수 있다고 보았다.

미국은 9.11테러로 인하여 문화 변동과 갈등을 심각하게 겪고 있었다. 미국의 이상인 다문화주의로는 문화 변동의 시기에 문화통합을 이루어 낼 수 없었다. 미국은 사회 통합을 위하여 새로운 미국적 부족주의(new american tribalism)를 필요로 하고 있었다. 이러한 미국적 문화 변동의 과정에서 위대한 미국의 패권을 위한 문화통합을 새롭게 시도하고 있는 것이 부시의 출현이다. 부시는 대중 기독교를 이용하고 있다. 그는 일반 대중에게 기독교 신앙으로 호소한다. 그의 기도하는 모습과 신앙적인 멘트는 9.11테러 이후 맨해튼의 세계무역센터가 무너져 내린 충격에서 미국인들을 구해내는 종교적 역할을 충실히 수행하고 있다. 그는 갈등과 해체의 위기에 있는 미국 사회의 문화 통합을 위하여 대중 기독교를 이용하고 있다. 그가 시도하고 있는 미국 문화 통합은 진정한 의미에서 모든 종교를 포함하는 다문화주의가 아니다. 그것은 이슬람의 아랍권 문화를 배제하는 것이고 응징하는 문명 충돌의 수준에까지 발전할 수 있는 것이다.

본래, 미국 문화의 다원주의적 특징은 미국의 이상과 현실의 복합체로서 다양성을 유지하면서도 그와 동시에 사회 통합적인 하나의 일치된 합중국을 형성하는 것이었다. 건국 초기미국 사회 통합의 가치는 범종교적인 것이 아니라 기독교적인 가치와 덕목들이었다. 제퍼슨과 프랭클린(Jefferson and Franklin)은 새로운 합중국의 통합을 위하여 구약의 출애굽 모티브를 이용하여 청교도주의(puritanism)의 이상을 해석하고 하나님과의 국가적인 계약(covenant)을 기치로 내걸었다. 추수감사절은 국가 기념일이 되었고, 성조기에 대한 경례, 국가에 대한 맹세, 게티즈버그 연설문(Gettysburg Address)의 암송 등은 점차 종교적 색채로 흠씬 물들었다. 모든 스포츠 경기 시작 전에 사람들은 국가를 부르며 국기에 경의를 표하는 등 매우 종교적인 의식(ritual)이 치러졌다.

미국의 다문화주의를 통합하는 그 중심에는 언제나 19세기와 20세기에 흥왕했던 복음주의(evangelicalism)의 덕목들이 깊이 자리 잡고 있었다. 물론, 복음주의자들은 공개적으로 예정이나 삼위일체 혹은 예수 그리스도에 대하여 대사회적으로 가르치지 않았다. 이들은 교파적이고 신앙 고백적인 대 사회적 장벽들을 극복하고, 기독교적인 가치들을 일반화하여 시민들의 애국주의와 연결시켰다. 미국은 하나님이 선택한 나라이고, 미국 시민들은 노동과 직업의 신성함을 인식하여 사유 재산을 형성하고 국가를 위하여 봉사하여야 한다는 것이나. 이러한 복음주의자들의 비공식적인 선교 전략은 미국의 대중 기독교를 형성하는 데 매우 지대한 영향을 미치었고, 미국인의 삶의 방식(american way of life)을 형성시켰다. 대다수의 미국인들의 공통된 신념체계에는 (1) 노동과 직업, 그리고 사유재산의 신성함, (2) 개인적 책임과 판단, 그리고 애국, (3) 이와 함께 복음주의자들의 강조점인 금주(temperance)와 주일성수(sabbatarianism)가 포함되었다.

미국의 대중 기독교는 애국주의와 긴밀하게 연결되어 있어, 결국 '기독교 부족주의(Christian tribalism)'로 귀결되었다. 미국 부족주의는 1차 세계대전과 2차 세계대전, 한국전쟁과 베트남전쟁을 거치면서, 앵글로색슨 중심의 개신교 복음주의 전통의 부족주의를 뛰어넘게 되었다. 1차 대전의 발발로 독일계 미국인들이 미국 사회에서 속죄양이 되었고, 결국 그들은 독일 민족성을 지키려는 노력보다는 미국 문화에 동화되려는 노력을 기울였다. 예를 들어, 소금에 절인 양배추를 의미하는 "자우어 크라우트(Sauerkraut)"는 독일계 미국인들에 의해서 미국식으로 "자유 배추(liberty cabbage)"가 되었다. 2차 세계대전의 발발로 미국 내의 일본계 미국인들 역시 자신들의 일본 민족성을 버리고 미국화되려고 하였다. 이들은 미국 병사로 참전하여 자신들의 동족인 일본군과 전쟁을 치러냈다. 한국전쟁은 1950년대 멕카시의 적색 미끼(the McCarthyite red baiting) 상황에서 발발하였고, 한민족은 남북으로 분단되었다. 한국전과 베트남전을 통하여 미국은 애국적인 부족주의(tribalism)와 전세계의 자유를 수호해야 한다는 사해동포주의(cosmopolitanism)가 뒤섞이게 되었고, 초기 전통과 인종에 기초한 부족주의는 점차 그 힘을 잃게 되었다.

그러나 1990년대 이후 미국은 다민족, 다종교, 다문화 사회가 되었고, 21세기 미국은 실제적인 다민족국가로서의 문화변화의 갈등의 시기를 맞이했다. 다원주의, 다문화주의, 다민족사회로의 변화는 미국 사회가 당면한 가장 큰 문화 변화와 갈등이었다. 이때 미국은 모든 종교와 문화의 특징적인 면모인 원형(prototype)을 찾아 결속과 통합을 이루어 내려고 하는 시도를 하기보다는, 앵글로 색슨 중심의 개신교 복음주의 전통의 부족주의로 회귀하였다. 그리고 종교적으로 교화하기 가장 어려운 세력인 아랍권 이슬람을 미국 문화에서 제거하려는 시도를 하였다.

그 선발대가 바로 부시이다. 그는 19~20세기에 미국 사회 문화에서 중심적인 역할을 하였던 앵글로 색슨 계열의 인종적 순수성, 청교도 전통과 개신교 정신에서 벗어나려고 하는 21세기 미국의 다문화, 다종교, 다민족주의 발흥에 쐐기를 박은 것이다. 이것이 세계를 지도하겠다는 부시의 한계이고 미국의 한계이다. 미국 자체의 역사 전통과 종교 유산의 뿌리는 매우 한정되어 약하다. 부시는 문화 변동과 해체의 위기에서 기독교 신앙의 본래의 순수(original purity), 즉 원형을 찾아 과거와 현재, 하나님과 인간, 우주와 자아와의 통합성을 이루려고 하는 시도를 했어야 했다. 그러나 그는 미국 건국 초기 청교도주의와 20세기 대중 기독교의 애국주의에 호소하였고, 미국의 대중 기독교는 그를 지지하였다. 그 결과 미국 내 아랍권 소수민족은 자신들의 이슬람 가치가 미국의 대중 기독교적인 상징과 가치, 즉 자유와 민주의 수호자로서의 상징성에 반한다는 천형을 짊어지고, 대중기독교에 참여하든지 핍박받는 소수로 전락하든지 양자택일을 해야만 하는 막다른 골목에 처해 있다.

기독교신문 인터뷰-노윤식 교수

1) 교수님께서는 선교학을 전공하신 것으로 알고 있습니다. 교수님은 선교학 중 어느 분야에 천착하여 연구하셨는지요? 교수님의 연구에 대한 초점과 관점이 궁금합니다.

저는 선교학의 여러 영역 중에 종교와 문화 부분을 전공하였습니다. 선교학에는 선교 역사, 선교신학, 선교문화인류학, 선교종교현상학, 선교사회학, 선교커뮤니케이션 등의 분야가 있는데, 저는 특별히, 선교종교현상학 부분에서 토착종교와 문화상황에 복음이 깊이 뿌리내릴 수 있는 방안에 대하여 선교 전략적으로 연구하고 있습니다. 예를 들어, 저는 전 세계적인 현상인 다문화주의를 비롯하여 대중종교, 시민종교, 토착종교에 관심을 가지고 있고, 특히 대중종교현상에 대하여 연구하고 있습니다.

사실, 대중종교에 대한 연구는 지성인들의 유럽이나 서구에 대한 문화적 열등 컴플렉스로 인하여 연구가 미비한 상황입니다. 그래서 학자들로 하여금 소위 대중문화나 종교보다는 고급문화나 세계 종교에 대하여 연구하도록 했습니다. 그러나 1990년대 이후 대중종교에 대한 연구는 기독교선교를 위한 주요 연구과제로 대두되었는데, 그 이유는 실제로 기독교 복음이 빈자나 사회약자들의 대중 문화이해나 문화변혁에 더 긴밀하게 연결되어 있기 때문입니다. 대중들은 철학적 사고나 고급문화나 종교를 통해 변화되기보다는 실제적인 초월적 경험과 삶의 역동성을 통해 변화되기 때문에, 이에 대하여 선교학에서는 심도 깊게 연구할 필요성이 있습니다.

2) 교수님께서 선교학(그중 천착하신 분야)을 연구하게 된 동기는 무엇인지요?

선교학을 연구하게 된 동기는 대학시절부터 선교가 주님의 지상 명령의 실천이라는 데 그 매력을 느꼈었고, 실제적으로 복음이 종교 문화 상황에 깊이 뿌리내림에 관심을 갖게 되었던 것은 미국 뉴욕 주 나약의 연합신학대학원에서 신학석사과정을 다닐 때였습니다. 당시 기독교연합선교회의 원로 선교사들과 교수님들로부터 선교학에 대한 폭넓은 배움을 얻었습니다. 그 이후 미국 연합감리교와 나사렛, 구세군, 자유감리교, 기독교연합선교회 등이 인정하는 초교파이자 성결과 신학대학인 에즈베리 신학대학의 선교대학원에서 선교학 석사와 박사과정을 이수하면서 선교종교현상학을 전공하였고, 프리드리히 하일러의 종교현상학을 방법론을 사용하여 토착종교를 선교 전략적으로 분석하였습니다.

3) 선교학에 대한 국내외 연구 흐름이 궁금합니다. 이에 대해 소개해 주시지요.

선교학에 대한 국내외 연구 동향은 3가지 주제로 압축할 수 있습니다.

우선, 기본적으로 선교학의 학문적 정체성과 선교 교육에 대한 것입니다. 국내에서는 한국복음주의선교신학회와 한국선교학회를 중심으로 선교학 관련 교과목 개발 및 선교신학의 정체성을 찾기 위한 시도가 선교학자들의 연구, 공동저술, 교재개발 등으로 그 결과를 내고 있습니다. 외국에서는 선교학술지 Missiology를 통하여 최근 선교학의 정체성과 선교 교육에 대한 연구 논문들이 게재되고 있습니다. 1970~80년대 선교학이 사회과학 방법론의 사용으로 통합학문의 경향성으로 갔다면 최근에는 교회의 선교활동에 집중하여 신학의 다른 여러 분야들에게 선교적 도전을 주는 방향으로 그 정체성을 찾아가고 있습니다.

다음으로, 선교학은 문화를 넘어 복음을 전하는 일(mission)에 대한 전반적인 연구이기 때문에 각 나라와 문화권에 복음이 어떻게 효과적으로 전달되고 뿌리내릴 수 있게 하는가에 대한 연구가 압도적으로 많습니다. 국내에서는 선교대학원과 신학대학원에 선교학을 전공으로 하는 석박사과정이 개설되어 있고, 그곳에서 학위과정을 하고 있는 현장 선교사들과 현지인들이 세계 각지에서 쌓아온 선교 경험들을 이론화시키는 작업을 하고 있습니다. 외국의 경우, 국제선교회보(IBMR) 올 10월호에 따르면, 한국을 비롯하여 베네수엘라, 필리핀, 미국, 라이베리아, 중국, 카메룬, 가나, 노르웨이, 에티오피아, 나이지리아, 유럽, 아프리카, 홍콩 등의 선교 경험과 복음의 현장화에 대하여 박사학위 논문들과 저술들이 쏟아져 나오고 있습니다.

마지막으로, 선교학의 최근 동향은 연구 주제의 다양성입니다. 선교학자들의 연구 분야가 다양할 뿐만 아니라, 21세기 다원화 사회를 맞이하여 선교 주제도 매우 다양해졌습니다. 국내에서는 북한선교와 외국인 이주노동자 연구가 압도적으로 많습니다. 특히, 올 여름 한국선교신학회와 복음주의선교신학회가 공동으로 "토착종교와 선교"에 대하여 공동 세미나를 개최한 바 있습니다. 외국의 경우, 국제선교회보(IBMR)에 따르면, 선교학의 최근 동향을 특집 주제로 선정하는데, 올해의 이슈들은 "에든버러 1910", "성령론적 종교 신학", "세계 기독교", "오순절 운동과 선교" 등입니다. 에큐메니칼 선교 학술지인 국제 선교 리뷰(IRM)에서는 올해 "21세기 지구촌 보건 실태와 교회의 선교"를 주제로 삼았으며, 선교학술지 Missiology에서는 복음의 세계 적용과 문화 상황화에 대한 여러 주제들을 게재하고 있습니다.

4) 선교학을 연구하시면서 특별히 느끼신 점이 있다면 무엇입니까?

선교학에 대하여 선교학을 복음 전도학 혹은 복음 전달학 등으로 단순하게 생각하는 사람들이 많은 것 같습니다. 또한 선교학을 복음 전도를 위한 프로그램이나 실천으로 이해하여서 대학에서 배우기보다는 직접 선교 현장에 가서 부딪치면 된다고 생각하는 사람들이 많습니다. 그것은 어느 부분 사실입니다. 그러나 선교학은 복음 전도의 현장과 사람들에 대하여 문화인류학, 종교현상학, 사회학, 커뮤니케이션 등의 사회과학의 도움을 받아 분석하고 선교 전략을 세우는 교회를 위한 주요한 학문분야임을 알아주었으면 합니다. 그렇다고 이론으로만 상아탑에 남아 있을 수 없습니다. 선교학은 선교 현장과의 긴밀한 상호 협조체제가 없이는 학문자체가 불가능합니다. 그러므로 선교학 연구는 현장 실천학문으로서 항상 이론이 현장에서 검증될 수 있도록 선교학자들이 더욱 분발해야 할 것입니다.

5) 현재 선교학 부문에시 논쟁중인 사항이 있으면 소개해 주시지요.

최근 문화인류학은 문화발전론을 넘어서 문화상대주의로 그 자리매김을 하고 있는데, 그것은 문화의 다양성과 각기 문화의 고유성을 인정하고 존중해주자는 것입니다. 문화인류학의 발전을 통해 문화의 고유성은 그 문화의 특정 종교와 깊이 관련되어 있고, 종교적 활동이나 종교 상징체계는 특정 사회의 문화 통합에 기여하고 있음이 밝혀졌습니다. 그래서 현재 선교학 부분에서 논쟁적인 부분은 현지 문화 종교 전통을 유지하면서 기독교 복음의 전달과 실천이 어느 정도까지 가능할 것인가에 대한 것입니다.

복음주의 진영에서는 존 트라비스(John Travis)의 상황화 레벨 C1에서 C6까지 어느 단계까지 허용해야 하는 것인가가 논쟁입니다. 복음주의 교회는 C1(외래어 사용교회), C2(현지어 사용교회), C3(현지어 사용 및 중립적 문화형태 사용), C4(현지어와 성경적으로 허락되는 현지문화 사용), C6(비밀 지하교회)까지는 허용되지만, C5(현지어와 비기독교적 현지문화 사용) 형태는 아직 논란 중에 있습니다. 예를 들어 C5에 속하는 이들이 무슬림 문화권에서 삼위일체를 인정하지 않는다든지, 모스크에서 이슬람식으로 기도한다든지, 쿠란을 하나님의 말씀으로 인정하며, 쿠란 독경 시 하나님을 경험한다든지 하는 것은 매우 논란의 여지가 많습니다. 무슬림식 기독교인이라고 주장하는 이들을 기독교 선교에서 인정을 해야 하는가 아닌가 하는 것은 아직 논쟁 중입니다.

에큐메니칼 진영에서는 지난해 9월 독일 브레쿨름에서 "21세기 지구촌 보건 실태와 교회의 선교"에 대하여 국제 협의회를 개최하였는데, 결론은 상황화에 대한 종교문화적 접근보다는 보건 의료적 접근 방식으로 "지구촌 사람들의 보건"에 교회의 선교 관심을 집중하자는 것입니다. 그리고 2005년 아테네 세계 선교와 전도협의회(CWME)에서는 오순절 성령 운동의 관심 주제인 "성령, 치유, 화해"에 대하여 논의했는데, 결론은 신학적 다양성 속에서 일치와 화해를 통하여 치유하는 통전적 선교(the holistic mission)로 나아가자고 했는데, 통전적 선교에 대하여서도 복음의 영성보다 실천적인 면이 강조됨으로 보수적인 선교신학자들과의 논쟁이 계속되고 있습니다. 통전적 선교라는 미명아래 복음의 영성은 다 사라지고 사회복지적 실천만 남는 것은 아닌가라는 우려입니다.

6) 교수님께서는 한국 교회의 분열을 극복하기 위한 교회일치운동(에큐메니칼)이
   어떠한 방향으로 진행돼야 한다고 보시는지 말씀해주십시오.

교회일치운동은 분명한 목적이 있어야 합니다. 그 목적은 선교입니다. 2010은 1910년 에든버러 선교대회 100주년을 기념하는 해인데, 세계 교회가 2010년을 준비하고 있습니다. "국제 선교 회보"(IBMR) 2006년 10월호에서는 특집으로 "에든버러 1910년"을 회고하고 2010년을 에든버러 선교 정신을 되살리자는 운동을 일으키고 있습니다. 우리는 에큐메니칼 교회일치운동이 교회의 선교를 위하여 일치하였던 것을 명백하게 기억해야 합니다. 그러므로 교회일치운동은 교파주의를 넘어서 민족과 세계의 가난하고 소외된 사람들에게 그리스도의 사랑을 몸으로 실천하는 선교의 목적을 분명히 할 때에 한국 교회의 분열상을 극복할 수 있을 것입니

다. 저는 개인적으로 선교만이 한국 교회 일치를 이루어낼 수 있다고 믿으며, 한국 선교는 하나님을 사랑하는 경건과 종교적 헌신에만 머무르는 분리주의 선교를 지양하고, 그리스도의 사랑을 온 세상에 몸으로 실천하는 선교로 발전해야 한다고 생각합니다. 이렇게 될 때에 한국 교회는 한국 교회뿐 아니라 세계 민족 간 혹은 집단 간에 상호 갈등을 해소시키는 역할을 감당할 수 있게 될 것입니다. 그렇지 아니하면, 고립적인 종교적 헌신과 경건이 북 아일랜드나 발칸반도 그리고 중동에서 보는 것처럼 종종 외부 집단(outgroup)이나 타종교인에 대한 거부와 반목, 심지어 집단 살육으로까지 이어질 수 있음을 명심해야 할 것입니다.

7) 교수님께서는 현재 한국 교회 선교의 문제점이 무엇이라고 생각하시고 이를 해결하기 위해서 나갈 방향은 무엇이라고 보십니까.

한국 선교의 문제는 지난 2006년 6월 세계선교대회(NCOWE IV)에서 휘튼 대학 선교학 교수인 스콧 모루(Scott Moreau)의 지적대로, "호전적인(aggressive)" 것입니다. 한국 선교는 적극적이고 열정적인 것도 좋지만, 그것이 타자 중심적인 이해와 배려의 모습이 결여되어 있는 호전적인 양태로 진행되어서는 안 될 것입니다. 그러나 한국 선교는 무조건적으로 차이와 다양성을 모두 인정하여 가치의 혼란으로 가서는 안 될 것입니다. 다시 말해, 한국 선교가 호전적인 모습을 지양하기 위해서는 문화적 경계를 초월하여 한국 선교 조직 내에서 그리고 현지인들과의 삶의 내화를 통해서 상호 배움과 이해를 실천해야 할 것입니다. 여기에 21세기 한국 선교의 포용성이 요구된다고 봅니다. 그러나 선교의 포용성이 한국 선교 내의 여러 선교 단체들과 선교현장의 고유한 요소들을 무력화시키는 방향으로 나아가서는 안 될 것입니다. 만일 한국 선교가 각 교단과 선교 단체들의 고유한 정체성과 전문성을 약화시켜 특정 거대 교단이나 선교 단체에 소수(minority)가 흡수되는 식으로 통합되는 방식으로 나아간다면 한국 선교의 미래는 바람직하지 않을 것입니다. 한국 선교가 각기 정체성을 무시한 일괄적 통합으로 나아가게 된다면, 요즈음 인터넷 사이트들이 각기 특색을 살려 한 부분을 깊이 파고 들어가지 아니하고, 특성 없이 양적인 콘텐츠만 늘려 종합 포털사이트로만 가려고 하는 경향과 비슷한 방향으로 나아갈 수밖에 없을 것입니다. 이러한 특색 없는 선교 통합은 21세기 한국 선교가 극복해야 할 하나의 문제로 남기 때문에, 각 교단의 선교학자들은 자신들의 고유한 영역을 깊이 있게 연구하면서 학제 간 교단 간 종교 간의 선교 연구를 시도해야 할 것입니다.

8) 교수님께서 선교학 외에도 다른 분야에 대해 말씀하고 싶으신 내용이 있으면
   소개해 주시지요.

한국 교회 신학 연구에 대하여 한국인의 신앙과 경험을 중심으로 전개되었으면 하는 바람입니다. 신학 전반에 대한 체계적 연구에서 한국인의 신앙과 경험 등이 제대로 반영되지 못하였던 것이 사실입니다. 그리고 신학 논문들이 서구의 이론적 잣대를 앞세우는 고질적인 학문적 종속성을 벗어나지 못하고 있는 것이 현실입니다. 이제 한국의 신학자에 의해 창조되어지는 신학 이론은 한국인의 신앙과 경험을 집성한 실천적 선교 활동의 복합적 결과물이 되어야 할 것입니다. 신학 이론은 선교 현실(missional contexts)에서 나와야 하며, 신학 이론 밖의 선교 현실이 변화할 경우, 침묵하거나 텍스트 해석만을 반복하는 것이 아니라, 그 현실에 근거한 새로운 이론을 도출해 내어야 할 것이 우리 신학자들의 몫이라 생각합니다.

9) 교수님께서 현재 중점을 두고 연구 중이신 과제에 대해 소개해 주시기 바랍니다. 그리고
   교수님께서 최근 발표한 논문의 요지와 연구 동기가 궁금합니다.

현재 감리교 창설자인 존 웨슬리를 선교적 관점에서 재해석하는 연구를 진행하고 있습니다. 연구 동기는 웨슬리의 시대상과 현 21세기 선교 상황과 부합되는 면이 많이 있고, 웨슬리가 고급종교에 관심을 가진 것이 아니라 낮은 종교와 사람들에게 선교적 관심을 가지고 있었다는 사실이 그의 선교관에 대하여 연구하게 하는 동기가 되었습니다.

우선적으로 "Wesley의 영혼 구원 선교"에 대한 논문을 학회에서 발표하였는데, 웨슬리의 영혼구원 선교 사상이 21세기 다원주의 선교 상황에 적용될 수 있는가?에 대하여 대답을 찾아보았습니다. 사실, 21세기는 톨레랑스(Tolerance)의 다름을 인정하는 다원주의 시대입니다. 기독교는 점차 공적 종교에서 사적 종교로 자기 매김 당하고 있고, 소수화 주변화의 길로 내쫓기고 있습니다. Wesley와 같이 영혼구원을 위한 회심과 성결의 은혜를 추구하는 기독교 선교는 사회로부터 경고와 의혹 심지어 두려움의 대상이 되고 있습니다. 그것은 관용과 상호

인정의 시대에 자신의 신앙 체험만을 강요하는 강압적이고 독선적인 모습으로 사회 심리에 비치고 있기 때문입니다.

심지어 영적 체험 중심적인 Wesley의 방식은 현 시대와 맞지 않으므로 폐기처분 되어야 한다는 주장까지 나오고 있습니다. 미국 뉴왁(Newark) 교구에서 24년간 봉직하고 은퇴한 스퐁(Spong) 감독은 Wesley의 영혼 구원에 중심을 둔 선교 방법은 구시대적 방식으로 폐기처분하고 새로운 시대에 맞는 전략을 개발해야 한다고 주장합니다. 그는 성령잉태, 동정녀탄생, 부활, 승천, 재림 등의 전통 교리와 초자연적인 유신론을 더 이상 믿을 수 없다고 주장하고, 하나님 체험의 용어는 새로운 시대에 부합하는 용어, 즉 "생명의 원천이나 존재의 근거"로 재해석되어야 한다고 주장했습니다. 그리고 이방인들을 개종시키려는 복음주의 선교활동들을 우월감과 적대감의 표현으로서 비천하다고 평가절하하고 있습니다. 그러나 Spong 감독이 놓치고 있는 것은 그가 사역했던 뉴왁을 비롯한 세계 도시에는 존재의 근원이신 하나님을 인식하며 믿으려 하는 사람들보다, 아직도 공동체에서 하나님의 사랑을 경험하며 실제적인 삶의 현장에서 하나님의 임재를 더욱 갈망하는 사람들이 많다고 하는 점입니다. 한국을 비롯한 비서구권에서 하나님의 초자연적인 개입으로 인하여 예수를 믿게 된 사람들이 많이 있고, 그들은 예수님이 죽음에서 부활하셨기에 영생의 소망을 줄 수 있다고 믿으며, 또한 주님이 승천하셨기에 천국의 처소에 영원히 주님과 함께 거할 소망을 가지고 재림의 소망을 가지고 죽음의 공포를 이기고 있습니다. 또한 한국을 비롯한 동양권의 복음주의 선교사들은 우월감과 적대감으로 이방인을 억지로 개종하는 선교를 하는 것이 아니라, 소외되고 낙후된 지역을 찾아가 그리스도의 사랑의 실천하며, 현대 후기 사회에서 버림받은 '강도 만난 이웃'을 치유하며 돌보는 사역을 감당하고 있습니다.

이처럼, Wesley의 영혼구원에 대한 강조와 실천은 오늘날 변화하는 시대에도 적용될 가능성이 있다고 보는 것이 제 논문의 논지입니다. 그의 시대가 문화의 세속주의. 교회의 정통주의, 지성의 자연주의로 기독교 선교의 가능성이 희박했던 때였지만, 그는 그 돌파구를 하나님 체험을 통한 개인 영혼의 신생과 하나님의 사랑을 실천하는 성결한 생활을 통해 사회를 개혁할 수 있다는 확신을 가지고 이를 실천하였던 것처럼, 오늘날의 상황도 그 시대의 상황보다 선교의 환경이 더 낫다고 볼 수 없지만, Wesley가 영혼 구원 사역을 완성함에 있어서, 복음 전파와 그로 인한 회심자들을 소그룹인 구역으로 조직하고, 그들을 돌보고 목양하도록 지도자들을 제자 훈련한 것처럼, 오늘날 교회와 선교에 Wesley의 영혼 구원의 선교 방법론이 계속적으로 강화되고 실천되어야 할 것을 주장했습니다.

10) 교수님의 약력(저서 포함)을 부탁드립니다.

저는 한국외국어대학교 독어과와 성결대학교를 나와 서울신학대학원과 미국 뉴욕의 연합신학대학원(Alliance Theological Seminary)에서 신학석사를 마치고, 미국 에즈베리(Asbury) 신학대학원에서 선교학으로 석·박사 학위를 취득하였습니다. 교내에서 성결대학교 선교신학 교수, 학술정보관장, 학생처장, 성결신학연구소장, 교수협의회장, 성결신학대학원장, 신학전문대학원장, 총장 직무대행 등을 역임하였습니다. 교외에서 제일교회 협동목사, 동북아선교회 대표회장, 사단법인 IDF돕는 사람들 법인이사, CMP Korea 대표 등을 역임하였습니다.

한국 학술진흥재단 연구 프로젝트 심사위원을 비롯하여 한국기독교학회, 한국복음주의신학회, 한국선교신학회, 한국복음주의선교신학회 학술논문 심사위원 및 대만 대북송산중국인 교회 선교집회 강사, 인도 윌리엄 캐리 침례교회 및 신학대학 세미나 강사, 인도네시아 및 필리핀 선교대회 강사, 중국 천진 사범대학 국제 문화 친선 체육 교류단장, 베를린 늘 푸른 침례교회 선교집회 강사, 폴란드 바르샤바 한인교회 선교집회 강사, 활석 중국선교훈련원 강사, 세계한민족복음화 협의회 특강 강사, 예성 선교사훈련원 강사, 수원구치소, 서울구치소 종교 교화강사, (사)한국기독교의료선교협회 서울의료선교 교육훈련원 강사, (사)한국전문인선교회 선교사 훈련원 강사, (사)한국세계 선교협의회 전문위원, 21세기 선교출판부 전문위원, 2000 세계 선교대회 분과별 세미나 강사 "성경연장교육(TEE)", KWMA 사이버 세계 선교대회 2001 세미나 강사 "선교지의 영적 전쟁 이해", 2006 세계 선교대회(NCOWE IV) 선교사토탈캐어 위원회 논평, 광림교회 평신도선교훈련원 세미나 강사 "선교를 위한 복음 이해", 호남신학대학교 종교개혁강좌 연사 "초기 개신교 선교사들", 한영신학대학교 종교개혁강좌 연사 "영적 전쟁", 여의도순복음교회 의료선교회 세미나 강사, 주안장로교회 특별 세미나 강사, 백석대학교, 한세대학교, 서울신학대학교 특강 및 강사로 활동하였습니다.

* 학술 발표 및 논평

1998년 한국 선교신학회 정기학술대회 발표 "이중헌신에 대한 선교신학적 고찰"

1999년 한국 선교신학회 정기학술대회 발표 "신적 치유에 대한 선교신학적 고찰"

2000년 제29차 한국 기독교 학회 정기학술대회 발표 "새천년 시대의 인간 이해와 기독교 선교"

2001년 제8회 숭실대학교 개교 104주년 기념 국제 학술 심포지엄 논평 "21세기 문화와 복음주의"

2001년 제37차 한국 복음주의 신학회 정기학술대회 "사도적 선교의 이상을 향하여: 서양 신학계에 대한 한국 복음주의 선교신학의 제언"

2002년 제1회 영암 국제 학술세미나 발표 "성결교회 선교신학의 정체성"

2004년 한국 선교신학회 정기학술대회 발표 "북한사회에 대한 선교접근 방법론과 전략"

2005년 제3차 국제 복음주의 신학 학술 대회 논평 "포스트모던 시대와 복음주의"

2005년 제19차 개혁 신학회 정기 학술 심포지엄 발표 "존 웨슬리와 영혼 구원 선교"

2006년 한국 복음주의 선교신학회 한국 선교신학회 공동 학술대회 발표 "한국 토착종교의 영성과 기독교 선교"

2007년 한국 선교신학회 한국 복음주의 선교신학회 공동 학술대회 발표 "21세기 한국 사회의 문화굴절 상황에서 한국교회의 선교적 과제"

2008년 한국복음주의신학회 학술대회 발표 "복음주의 선교학의 정체성과 과제"

2009년 제51차 한국 복음주의 선교신학회 정기논문발표회 발표 "현대 사회 문화와 선교"

2010년 제57차 한국 복음주의 선교신학회 정기논문발표회 발표 "땅 밟기" 기도에 대한 선교신학적 평가

2010년 1910년 에든버러 세계 선교사대회 100주년 기념 2010 한국대회 발표 "종교다원주의로 인한 사회 문화적 가치 변동에 따른 선교 전략"

저술로는 Indigenous Christian Response to the Challenge of Contemporary Korean Shamanism within the Protestant Churches of Korea(U.M.I, USA), 『새천년 성결선교신학』, 『성경에 선교가 있는가: 선교신학담론』, 『종교현상학 이론과 실제』 이외에 『선교학개론』, 『선교학대전』, 『선교학사전』, 『21세기선교신학의 동향』, 『선교문화인류학』 등 다수의 공역 및 공저가 있습니다.

* 노윤식 교수의 성결교회 선교신학에 관한 논문 및 저서

노윤식. 「사중복음의 선교신학적 고찰」. 『성결신학연구소 논문집』 제1집(1998. 11).

노윤식. 「새천년을 향한 한국 성결교회 선교 정책 및 전략」. 『성결교회와 역사연구소 논문집』 제1집(1999. 11).

노윤식. 「요한 웨슬레의 선교」. 『성결신학연구』 제4집(1999. 12).

노윤식. 「성결교회 선교신학의 정체성과 과제」. 『제1회 영암국제학술대회 기념논집』(2000. 9).

노윤식. 「새 천년 시대의 인간 이해와 기독교 선교」. 『한국기독교신학논총』 제19집(2000. 10).

노윤식. 「성결에 대한 선교신학적 고찰」. 『성결교회와 역사연구소 논문집 제2집』(2000. 11).

노윤식. 「중생과 선교」. 『성결신학연구』 제5집(2000. 12)

노윤식. 『새천년 성결 선교신학』. 성결대학교 출판부, 2001

노윤식. 「사도적 선교의 이상을 향하여: 서양신학계에 대한 한국 복음주의 선교신학의 제언」. 『성경과 신학』 제30권(2001. 10)

노윤식. 「영암의 선교사상」. 『성결교회와 역사연구소 논문집』 제3집(2001. 12)

노윤식. 「세속화 시대를 맞이하는 성결교회의 선교신학적 대응 방안」. 『성결대학교논문집』제31집 (2002. 12)

노윤식. 「요한 웨슬레의 그리스도인의 완전론에 대한 소고」. 『성결신학연구』 제7집(2002. 12)

노윤식. 「예수교 대한성결교회 선교의 방향성에 대한 연구」. 『성결신학연구』 제8집(2003. 12)

노윤식. 『성경에 선교가 있는가: 선교신학담론』. 한들출판사, 2005

노윤식. 「성결의 영성과 선교 교육」. 『개혁신학』 제17집(2005. 4)

노윤식. 「요한 웨슬리의 영혼 구원 선교」. 『개혁신학』 19집(2006.4)

노윤식. 「한국 성결교회 100주년과 동북아 선교 전략」. 『성결신학연구』 제13집(2006. 12)

노윤식. 「성결과 선교윤리」. 『성결신학연구』 제18집(2007. 12)

노윤식. 「21세기 한국 사회의 문화굴절 상황에서 한국교회의 선교적 과제」. 『선교신학』 제18집 (2008. 4)

노윤식. 「복음주의 선교학의 정체성과 과제」. 『성경과 신학』 제47권(2008. 7)

노윤식. 「종교다원주의로 인한 사회 문화적 가치 변동에 따른 선교 전략」. 『복음과 선교』 제12집 (2010. 11)

노윤식. 「"땅 밟기" 기도에 대한 선교신학적 평가」. 『복음과 선교』 제14집(2011. 5)

제 6 부

선교 영어 논문

제30장 Rethinking Pietism: A Case Study of Gerhard Tersteegen and August H. Francke

Pietism has been frequently misunderstood, in spite of its huge influence on Christian lives and thoughts. For many twentieth-century theologians, including Karl Barth, pietism has been identified negatively as emotionalism, mysticism, subjectivism, quietism, and separatism.[693] They accused pietism of hostility toward the world and otherworldliness.[694] It has been also accused of "gathering in pious conventicles rather than praising God in the midst of the world; of fleeing rather than conquering the sinful world; and of retreating to the world of private piety rather than facing social responsibility."[695]

Contrary to these accusations, the pietists were not the heathen mystic and ethically irresponsible, but more concerned about the Scripture as the Christian revelation and about social responsibility as a Christian duty. The leaders of pietism like Gerhard Tersteegen and August Hermann Francke could be the good examples. Tersteegen as a reformed pietist had a clear understanding of the reformed churches and took the Scripture as a means of grace and as the final standard of inner experience. He was not belonging to the subjectivism of the quietistic mystic.[696]

---

693) Dale W. Brown, *Understanding Pietism* (Grand Rapids, Michigan: Eermans Pub., 1978), 9-10. This kind of misunderstanding was also directed toward Tersteegen. H. Forsthoff asserted that Tersteegen's religion would be "the heathen mystic, not the Christian revelation." cf. F. Winter, "Die Froemmigkeit Gerhard Tersteegens in ihrem Verhaltnis zur Franzoesisch-quitistischen Mystik," *Theologische Arbeiten aus dem Wissenschaftlichen Prediger-Verein der Rheinprovinz* (Neuwied, 1927), 14-20, as cited in O' Malley, J. Steven, *Wayfaring and Warfaring: Pietist Sources on Discipleship and Sanctification Influential in Early German American Evangelicalism* (Willmore, KY: Asbury Theological Seminary, 1992), 180f.
694) Dale W. Brown, *Ibid.*, 10.
695) *Ibid.*, 120.
696) Cornelius Pieter van Andel, *Gerhard Tersteegen* (Neukirchen: Neukirchener Verlag, 1973), 117.

Francke as a Lutheran pietist had emphasized a duty and responsibility to the poor. In fact, it was at Halle, where Francke was a leader, that the pietists developed social concerns like health education, the creation of jobs for the unemployed, and education for the poor. He ran an orphanage, two homes for widows, and a school for poor children. In addition, he supplied free food for needy students, a home for beggars, hospital services, free medicine for the poor, regular visits to prisons and hospitals, and care for the handicapped.[697]

Now, this chapter would like to deal with some following questions; what was Tersteegen's distinctive way of viewing the Scripture and interpreting the Bible? Was he really a heathen mystic who had an inadequate understanding of the Bible? Was Francke ethically irresponsible, being more concerned with heaven than earth? Before answering these questions, overviews of Tersteegen's and Francke's backgrounds can be reviewed to get a better understanding of their positions.

1. Their Backgrounds

1) Tersteegen's Background

Gerhard Tersteegen was born in 1697 in the little town of Meurs. After his father's death, he was sent to Latin school at Meurs, where he studied the classics and learned Hebrew and French. In 1713, young Gerhard was sent to Muelheim to learn business with his brother-in-law. After being in the town for a few years, Tersteegen was to come under the influence of reformed pietism as mediated to him by his pastor, Wilhelm Hoffman.

In 1717, when he was nearly twenty years old, he was converted and decided to

---

697) Gary Sattler, "Moving on Many Fronts," *Christian History*, vol. 5, no. 2 (1986), 20.

follow God fully.[698] After his conversion, he took time for a life of meditation and ministry to the poor. In 1724, his second conversion took place when the divine grace in Christ took the first place in his life. He made a personal covenant with Christ in writing the letter with his own blood.[699] His personal conversion experiences were connected with "the presupposition about the objective validity of Christ's saving work and God's initiative in the matter of forgiveness and religious renewal of the individual ."[700] The same year, he wrote "*Urparteilisch Abriss Christlicher Grundwahrheiten*" in which he insisted that the Bible be the means of knowing God.[701]

After experiencing deliverance from the intense spiritual darkness, he began to write songs and hymns, and he came out of his solitude to preach as a "guide of souls"[Seelenfuehrer].[702] In the typical pietistic fashion, he insisted that man must experience a conscious inner renewal through God's forgiveness and regenerating power. Soehngen saw Tersteegen as the preacher of conversion.[703]

In 1727, he gave up his weaving trade, set up his community of brotherhood named "pilgrims' hut" for prayer and devotional reading.[704] At that time, he devoted his life to holding conventicles, writing and counseling, and freely dispensing medicine to the poor.[705] He wrote "*die Wahre Theologie des Sohnes Gottes*" in which he organized the words of Jesus systematically and tried to understand the Bible from a Christo-centric basis.[706]

In 1732, he was invited to Amsterdam by a connection of Wilhelm Hoffmann. From then, he visited Holland to conduct preaching tours almost every year.[707] During that

---

698) Harvey and Tait, *Gehart Tersteegen : Life and Letters*, Vol. 1 (Shoals, Indiana: Old Paths Tract Society, 1990), 5-15.
699) *Ibid.*, 23.
700) Ernst Stoeffler, *German Pietism During the Eighteenth Century* (Leiden: E. J. Brill, 1973), 199.
701) Winfried, Zeller "Die Bibel als Quelle der Frommigkeit bei Gerhard Tersteegen", edited by Kurt Aland, *Pietismus und Bibel* (Luther-Verlag Witten, 1970), 171.
702) *Ibid.*, 27.
703) Stoeffler, *op. cit.*, 198.
704) *Ibid.*, 34
705) O' Malley, *op. cit.*, 172.
706) Winfried Zeller, *op. cit.*, 172-174.
707) W. R. Ward, *The Protestant Evangelical Awakening* (Cambridge: Cambridge University Press, 1992), 234.

time, he wrote "*Anweisung zum Rechten Verstand und nuetzlichen Gebrauch der Heiligen Schrift*" in which he suggested the use of the Bible for faith and piety. He defined the Scripture as the way of knowing God, the witness of the inner experience of believers. He also emphasized the reading with prayer under the influence of the Holy Spirit as well as the linguistic and historical knowledge.[708]

In 1768, he expressed his opinion about mysticism in his article "*Kurze Bericht von der Mystik.*" He insisted that the mystic should be reconciled with the immovable ground of the biblical truth.[709] Until his death in 1769, Tersteegen was engaged in writing hymns, counseling people and preaching the gospel humbly, simply, and faithfully.

2) Francke's Background

On March 22, 1663, August Hermann Francke was born in the city of Luebeck. In the year of 1666, Francke's father was employed by Herzog Ernst, the Pius of the Thueringian house of Gotha as his legal counsel. At that time, Gotha was a center of religious and moral reform. Francke grew up in an environment in which Lutheran orthodoxy and a progressive understanding of a Christian's ethical obligations were officially promoted to set the standard for both public and private lives.[710]

While attending Leipzig University, he studied the Bible devotionally following Spener's advice. After his conversion in 1687, he joined the Spenerian circle at Hamburg.[711] In 1691, he became a pastor at Glaucha and a professor of oriental studies at University of Halle upon Spener's intercession. He preached whenever the opportunity presented itself. His concern was not "pure theory[reine Lehre]" but "usefulness[das Nuetzliche]" relevant to Christian lives. His goals of teaching and preaching were practical and missional for "lives changed, a church renewed, a nation reformed, a world evangelized.[712]

---

708) W. Zeller, *op. cit.*, 172-174.
709) W. Zeller, *Ibid.*, 180.
710) Ernst Stoeffler, *op. cit.*, 1.
711) *Ibid.*, 4-5

He asserted that Christians should be the people of God not only called out from the world, but also sent forth into the world which represented his missional thoughts.[713] In the world, Christians ought to witness and serve the real needs and concerns of the world without compromising with the world. While he was suspicious of worldly activities like games and dancing, he was concerned about the real needs of the world. To him, the standard of Christian doing depended on God's glory and neighbor's good. Thus, worldly activities were forbidden unless by them "God will be honored and your neighbor aided, and your own need provided."[714] Some activities such as games, dancing, overeating, drinking, and laughing over jokes were considered as activities for self-love without love of neighbor and God.[715]

Francke, furthermore, suggested self-denial from the pleasures of the world in order to put Christians off of the world and to serve the real needs of the world. The self-denial, however, did not mean to deny works for the world. His emphasis on self-denial was always connected "God's glory" and "neighbor's good."[716] In his defense of Francke's asceticism, Beyreuther claims that Francke had a legitimate reaction to the uninhibited eroticism of his day and a positive emphasis on the correct stewardship of time.[717]

2. Tersteegen and Scriptures

1) Scriptures and Experience

Protestant orthodoxy had attempted to protect the objective truth of "pure doctrine"

---

712) *Ibid.*, 6–7.

713) Francke, "Rules for the Protection of Conscience and for Good Order in Conversation or in Society", in *Pietist: Selected Writings*, edited by Peter Erb (New York: Paulist Press, 1983), 108.

714) *Ibid.*

715) *Ibid.*, 109.

716) Francke, "A Letter to a Friend Concerning the Most Useful Way of Preaching," *Ibid.*, 125.

717) Beyreuther, *August Hermann Francke*, 124–126. as cited in Dale Brown, *Understanding Pietism*, 127.

and the Scripture became the source of it. Thus, there was a need for the Bible to become alive through freedom from rigid and dogmatic formulations. Pietism stressed the teleological application of the Scriptures in the daily lives.[718]

Tersteegen as a reformed pietist also emphasized an inner experience of the Word of God and application in the daily lives. In his writing of "Select Lives of Holy Souls" (1733-53), Tersteegen emphasized truths of faith grounded in God's Word and in the believer's experience.[719] He accepted the protestant orthodox concerns for the objectivity of the Scripture, but he emphasized more life-giving reading with the divine illumination. For Tersteegen, the function of Scripture must not be as an abstract manual of the biblical principles whose "empty, impersonal use could in itself give life," but as a road map for the Kingdom-bound pilgrim in the daily lives.[720]

In fact, Tersteegen saw "walking with God in daily life" as the chief message of the Bible. He explained that our walk[Wandel] must be demonstrated to conform to the witness of the Scripture based on the life and the message of Christ. Thus, believers should find the "imago Christi" through the reading of the Bible. For them, the biblical narrative is to become the narrative of the lives of the disciples of Christ[Nachfolge Christi]. Therefore, Tersteegen insisted that the meditative reading of the Scripture has its ultimate importance as an aid in "Nachfolge Christi" and every reading in the Bible must be helpful to seek after Jesus.

Thus, Scripture becomes a resource for piety[Froemmigkeit] and a "true spiritual discipleship to Jesus."[721] Due to this Christo-centric understanding of the Bible and focusing upon the disciplines in community, we can regard Tersteegen as the pietist rather than the mystic and the quietistic.

---

718) Dale Brown, op. cit., 64.
719) W. R. Ward, op. cit., 233.
720) O' Malley, op. cit., 182.
721) Winfried Zeller, op.cit., 171-172.

2) Scriptures and Hermeneutics

Forsthoff criticized that Tersteegen opened the door to subjectivism and made a sacrifice of the Scripture to his mystical tendency through the fundamental renunciation of the historical understanding of the Scripture.[722] Friedrich Winter, however, disagreed with Forsthoff. He made a distinction between the mysticism of Tersteegens and the mysticism of the Quiets. Contrary to the subjectivism of the quietistic mystic, Tersteegen took the Scripture "as a means of grace and as the final standard of inner experience [Erfahrung]." Conelius Pieter van Andel also pointed out that Tersteegen's sayings about the Bible followed the contemporary orthodox's understanding. And J. I. Good regarded Tersteegen as a reformed pietist who had the understanding of the orthodox church[kirchlich-orthodoxe Schriftverstaendnis].[723]

When Tersteegen interpreted the Scripture, he adopted the hermeneutics from the Cocceian tradition of the covenant theology[federalism]. In his approach to the biblical interpretation, Tersteegen regarded the Scripture as a series of prophecies and their ongoing fulfillments. He interpreted the prophetic fulfillments in a pastoral sense by relying upon the distinction of the "outward" and "inward." When he interpreted everything outward, especially in the prophecies of the Scripture, he tried to find its purpose and basis within and upon the spiritual realm.[724]

Although Tersteegen emphasized more inward or spiritual meanings of the Bible than outward meanings, he did not underestimate the historical understanding of the Scripture. He issued a warning about the danger of the allegorical interpretation of the Bible in his article, "*Anweisung zum Rechten Verstand und nueztlichen Gebrauch der Heiligen Schrift.*"[725]

---

722) H. Forsthoff, "Tersteegens Mystik," *Monatshefte fuer Rheinische Kirchengeschichte*(Essen–West, 1918), no. 5–6, 129–191. as cited in O' Malley, *op. cit.*, 158.
723) *Ibid.*, 181.
724) *Ibid.*, 181, 184.
725) Zeller, *op. cit.*, 175.

His approach to interpreting the Scripture led to focus upon the role of the Holy Spirit. As Pietism taught that true exegesis is the work of the internal testimony of the Holy Spirit, Tersteegen insisted that it is the Holy Spirit who demonstrated the concordance between the outward and the inward Word. Thus, it is important that for the deepest understanding of the Bible, the pietist needed to crucify one's natural, self-serving appetites and to read under the Holy Spirit's direction with the empathy of the author.[726]

3. Francke and Social Ethics

August Hermann Francke, a father of Lutheran pietism, understood the Scripture as the practical framework of Christian love. Francke's social ethics started with the biblical basis.[727]

> But whoever has the world's good, and beholds his brother in need and closes his heart against him, how does the love of God abide in him(1 John 3:17).

He followed the Johannine claim that "if someone says, 'I love God', and hate his brother, he is a liar"(1 John 4:20). To him, God's call to active love should be expressed both toward God and toward the neighbor.[728] Thus, two phrases like "God's glory" and "neighbor's good" can be key terms in Francke's ethics. He esteemed "neighbor's good" as evangelization, edification, and physical well-being. To him, one's neighbor was not only the person next door or the friend in one's small group, but also the poor and disadvantaged in one's village. In his sermon, "the Duty to the Poor," he called for

---

726) *Ibid.*, 183.
727) Kurt Aland, "Der Pietismus und die Soziale Frage," in *Pietismus und Moderne Welt*, edited by Kurt Aland (Witten: Luther-Verlag, 1974), 107.
728) Sttoeffler, *op. cit.*, 20.

responsibility to the poor. He urged every Christian to give something to those less fortunate which was an imperative.729)

In his sermon of "Pure and Unblemished Worship," he emphasized the genuineness of church members, mentioning threefold duties of Christians: duty toward ourselves in the purity of heart, toward neighbors in love which is ignited in the heart by the Holy Spirit, and duty toward God. He pointed out that these threefold duties are not to be distinguished from each others. The duty toward God must be continuous with the duty toward ourselves and with the duty toward our neighbors.730)

While pietism manifested the social concerns, it's ethics has been charged to be limited to the individual level as by-products of its inner life. It has been portrayed as almost exclusively preoccupied with the inward devotion and the private moral standards, and uninterested in the larger social issues. These charges are not true. Francke's ethics was not merely the by-products of the personal, individualistic, and spiritual devotion. He thought of the church-society transformation. It had something to do with transforming the living conditions of the poor and the oppressed, initiating the educational reforms, establishing the philanthropic institutions, and increasing the missionary activities.731) Francke saw in his institutions a means to individual and community improved. He believed his educational institutions would help reduce theft, robbery, and the other crimes. He was confident that his orphans would prove to be useful servants, "promoting the good and advantage of church or state."732) The purposes of the widows' home was not only to help the poor widows, but to teach them how they ought to pray for society and the world.

Gawthrop evaluates Francke that he worked "for the simultaneous transformation of both the church and the social order."733) Beyreuther also summarizes Francke's views on

---

729) Sattler, op. cit. 20–22.
730) Erb, op. cit. 159–162.
731) Brown, op. cit. 131–132.
732) Francke, Pietas Hallensis, 61. 104. as cited in Understanding Pietism, 134.
733) Richard Gawthrop, For the Good of Thy Neighbor: Pietism and the Making of Eighteenth-Century Prussia (Ph.D. diss., Indiana University, 1984), 192.

social ethics in one sentence: "conversion and regeneration should lead man in to service on behalf of the social betterment of the world."[734]

Therefore, Francke's ethics must not be limited to private ethics, but extended to participation in the transformation of the social structures. The examination of his writings and institutional works demonstrates that the goal of his ethics is the transformation of the world as well as conversion of the individual.

4. God's Glory and their Neighbor's Good

For Testeegen, the Scripture should be a resource for piety, "Nachfolge Christi," and knowing God with the influence of the Holy Spirit. He believed that the Bible had been communicated to people's daily lives in order to console and to encourage them as a devotional source. He also affirmed that the Holy Spirit can enable the outward Word to become a living Word within believers. Thus, one must not only come outwardly to an understanding of Scripture, but inwardly to an understanding through the heart.

Although he stressed the spiritual or inward meanings of the Scripture, he would not be classified as a mystic or a quietist. Rather, his Christo-centric and life-applying understanding of the Bible should distinguish him from them. For him, the direct communion with God must come through the Bible by the Holy Spirit. Therefore, it should be concluded that Tersteegen was the pietist, rather than the mystic or the quietist.

In the case of Francke's social ethics, he emphasized self-denial, God's glory, and neighbor's good. The source of his ethics should stem from love toward God and neighbors, which tended to be omitted in the Lutheran orthodoxy at his time. His ethical thoughts were proved by his ministry which was related to social reformation as well as church reformation. To him, the reformation of the church had to start within the

---

734) Beyreuter, *August Hermann Francke*, 181. as cited in *Understanding Pietism*, 134.

Christian churches, flowing out to the society and the world. Therefore, it can be concluded in the case of Francke's social ethics that although the pietists were not involved in the protest marches and the violent revolution, they were concerned about social responsibilities in the 17th and 18th centuries. With God's glory and their neighbor's good as the pietists' main concerns, they intended to reform the entire world through the conversion of all people in their missional fields.

제31장 The Great *Pyung-Yang* Revival 1907:

A Case Study on a Religious Change

As you know, Christian missions must go together with some religious changes in the host cultures. A study on the religious change has a significant meaning for spreading the gospel into the cultures of the world. A religious change can not be isolated from society and culture, because religions are part of larger socio-cultural system. Thus, in order to study a religious change, I will deal with a specific aspect of social change during that period.

In this chapter, I will develop a case study of a religious change in Korea such as "the Great *Pyoung-Yang* Revival Movement" in 1907. First of all, I will describe the religious and cultural background of the movement in terms of Shamanism. Then, I will refer to the socio-political situations such as the *Tonghak* movement, the Japan-China war, the japanese oppression, the Russo-Japanese war, and the cultural and Christian influence from the west. Furthermore, I will analyze the Great *Pyoung-Yang* Revival Movement with an analytical tool of Wallace's revitalization theory. It includes five stages such as steady stage, period of increased individual stress, period of cultural distortion, period of revitalization, and new steady state.

1. The Religious and Cultural Background

In order to find the religious and cultural background, which Protestant Christianity encountered when it came to Korea, we have to deal with Shamanism. It had shaped korean lives and thoughts and has penetrated other major traditional religions like Buddhism, Confucianism, and Taoism.[735]

Since Shamanism stems from preliterate societies and has lacked a systematically expressed doctrine, it is difficult not only to comprehend it but also to isolate it from other religions. Moreover, because of its very nature, it has easily borrowed from others and has tended to vary in its expression in different times and places. Because of its adaptability and accommodation, it has penetrated and become a part of other religions without any great resistance.[736] Through the korean history, Shamanism has adapted itself to other religions and became a part of other religions such as Buddhism, Confucianism, and Christianity.

As Ji Hun Cho defines korean Shamanism as the oldest folk religion of the korean people.[737] Shamanism has been the pervasive religious custom and culture of the Korean *Minjung*[the common people or folk] formed in the lives of the ordinary people before foreign religions invaded the Korea.

According to a tradition, korean history dates back to 2332 B. C. when *Tangun*, "the son of heaven", founded *Kochoson*[Korea]. The founder of Korea, *Tangun* had a role of a great shaman as a king and a priest.[738] After Buddhism came to Korea from China in the fourth century, it became the official religion of *Silla* and *Koryo* dynasties. Shamanism, however, penetrated Buddhism in forms of syncretism. For example, the king *Jinheung*(540-576) in *Silla* commanded the construction of a Buddhist temple, *Hwang-Yong Sa*, but *Hwang-Yong* was a dragon god of Shamanism. During that time, the official religion was Buddhism, but Shamanism still existed in its internal content of Buddhism.

---

735) Pong Bae Park, "Christianity in the Land of Shamanism, Buddhism, and Confucianism," *South East Asia Journal of Theology* 14(1): 33.
736) Dong Shik Ryu, *Korean Religions and Christianity* (Seoul: The Christian Literature Society, 1961), 345.
737) Ji Hun Cho, *Hankuk Munwha Seosel* (Seoul: Tamgudang, 1964), 78.
738) Hung Youn Cho, "Mu: Koreaniscer Schamanismus," *Zeitschrift fuer Missionswissenschaft und Religionswissenschaft*, 1985: 129.

When Confucianism came to Korea, it became the official religion of *Choson* dynasty (1392-1910). More than any other religion, it shaped the social and political forms of Korean culture. Confucianism, properly speaking, is not a religion but a system of moral teaching, but it has molded the korean culture as if it were a religion. From its first coming, Confucianism steadily and gradually increased in strength until it became eventually the official teaching of the *Yi* Dynasty. Even though it was the official religion in Korea, Shamanism gave to the korean people the certain conceptions of supernatural God or gods, the idea of a savior, of a future world, and of faith. Even korean Neo-Confucianism was influenced by Shamanism, it did not reject th spirit worship of Shamanism.[739] They practiced ancestor worship in order to bring prosperity and security of their families and communities. This would be the influence of Shamanism in which ancestor spirits had a great role to bring healing, prosperity, and security.

Although korean Shamanism was extremely destroyed and degenerate by Protestant missions and modernization, a shamanistic worldview has penetrated Koreans with which they do not separate the physical world from the spiritual world.[740] It is believed that not only human beings but also lower animals and inanimate things have souls or spirits. Above all spirits stands "*Hananim.*" "*Hananim*" seems to dominate the lives of the korean people, for his name is continually on their lips. Curiously, however, they never really seem to worship Him. Koreans believer that "*Hananim,*" the creator, remains remote form the events of the world and rules the world through power delegated to lesser gods.

Then, Shamanism believes in a three-story cosmos. In the upper story, the bright heavenly world above, *Hananim* and benevolent spirits reside. The present world where man and all animate and inanimate things live constitutes the middle story. In a lower story, hell, live all evil spirits. It is said that man, after this present life, will either ascent to the upper story or descent to the lower one.[741] Thus, Koreans seem to take

---

739) Dong Joo Lee, "The Gospel and Syncretism of Shamanism," *Reformed Theology* 1988:90-91.
740) Roy E. Shearer, "Shamanism," *Wildfire: Church Growth in Korea* (Grand Rapids, MI: Eerdmans Publishing Company, 1966), 30.

immortality of some sort for granted, and the later form of Buddhism has helped to give more content and meaning to this belief.[742] In the actual practice of Shamanism, people are primarily concerned with freeing themselves from the ever present, harassing spirits and the discomfort which they bring, and have little interest in the weightier matters implied in the shamanistic belief. The characteristics which Koreans have developed in the practice of Shamanism are fatalism, moral indifference, self-centered interest, escapism, and also external fanaticism in its ceremonial rites. However, two factors should be noted. First, the beliefs of Shamanism in many way have enabled Koreans more easily to comprehend the references in Christianity to the idea of God, to evil in the world, to heaven and hell, and to benevolent and evil spirits. Second, the above characteristics developed through belief in Shamanism greatly affected the korean appropriation and expression of Christianity through revival enthusiasm and an other-worldly orientation.

In summary, the korean Shamanism has been survived throughout the korean history as the oldest folk religion by adapting itself to other religions and became the religious and cultural soil on which Protestant Christianity came to Korea. Shamanism was the religious and cultural background of a religious change in Korea such as "the Great *Pyoung-Yang* Pentacostal Movement" in 1907.

2. The Socio-Political Situation

1) The Tonghak Movement and the Japan-China War(1894~1895)

The *Tonghak*[the Eastern Teaching] or *Chundokyo*[the Teaching of the Heavenly Way] was one of the important movements of Korea in forming the ethos of the lower classes in Korea.[743] It began as a messianic cult in an effort to save the nation from internal

---

741) Peggy Billings, "Major Religions," *Fire Beneath the Frost* (New York: Friendship Press, 1983), 49.
742) Charles A. Clark, *Religions of Old Korea* (Seoul: The Christian Literature Society, 1961), 218.

corruption. In the year of 1894, it led a rebellion against the official corruption and intolerable oppression of the central government.

Its founder was a man named *Je-Woo Choi*, who had travelled widely and examined all existing religions in Korea, including Roman Catholicism, seeking in them some doctrine for the salvation of his nation and people. After agonizing inner turmoil, he came to believe that he had received divine guidance to reject all other religions and to establish a new one, *Chundokyo*[the Teaching of the Heavenly Way]. It is also known as *Tonghak*[the Eastern Teaching] in contrast to *Suhak*[the Western Teaching], the name given to Roman Catholicism.

It's doctrine affirms the unity of man and the universe which together reveal the greatness of God. Since it denied inequality among human beings and rejects a structured class system in society, *Chundokyo* or *Donghak* contained powerful political ideas, and its advance made it a social movement of liberation.[744] It predicted the downfall of the existing political and social structures and turned people against the existing social structure and led to the *Tonghak* rebellion in 1894.

Ironically, the *Tonghak* rebellion, subdued by the Korean government with the assistance of foreign powers like Japan and China, caused the Japan-China War in 1984 in which they sought their long-held dream of occupying Korea. While the war was going on between Japan and China(1894~95) the *Tonghak* movement continued to spread. The movement was finally put down by the aid of the japanese troops. As the occasion of the Japan-China war, it increased the discontent and misery of the people, and hastened the process of social disintegration out of which it had sprung.

2) Japanese Oppression

The program of reform and modernization was sponsored by the japanese government

---

743) Sun Kun Lee, *Hankuk Sasang* (Seoul: Hakwonsa, 1967), 67.
744) *Ibid.*, 118~147.

and formally accepted in the solemn manner by the king in the late nineteenth century. Enacting the program of reform, however, violated and made unnecessary interference with some korean customs which gave needless offence to the sentiments of the people. For example, according to a korean custom a boy wore his hair in a plait down his back until engaged to be married. After that it was worn in a top knot on his head. Only the buddhist monks, a despised class, wore the hair closely cropped. It is not strange that the command to cut the hair following the japanese fashion provoked opposition and riots.[745] The murder of the korean queen, which took place in October, 1895, also caused riots. Since the queen, a woman of great ability and influence, favored China rather than Japan, a new japanese minister demanded to kill her for the interests of Japan. This was accomplished during a night attack on the palace by the japanese troops.

3) Russo-Japanese War(1904~1905)

The last great political event of this period was the war between Japan and Russia. After the murder of the korean Queen in 1895, the king took refuge in the Russian legation and lived there for over a year. This situation gave Russia a position of advantage. She secured a valuable timber concession along the *Yalu* river, introduced russian advisers into various governmental positions, and attempted to obtain control of korean finances.[746]

The two rivals, Japan and Russia, kept watchful eyes on each other's moves. Russia's interests were mainly political and strategic. Her great desire was to obtain an ice-free port in the waters of Korea. Japan's interests were economic as well as political and strategic. She valued Korea as a source of food and raw materials and a market for japanese manufactures. Her trade developed rapidly and she invested large sums in

---

745) Alfred Wasson, *Church Growth in Korea* (New York: International Missionary Council, 1934), 134.
746) Sun Kun Lee, *op. cit.*, 134.

korean railways and other utilities. Finally the rivalry resulted in the war of 1904-1905. During the war, the position of Korea was difficult and humiliating.

The year 1905 was a fateful year for the korean people. That year Korea lost its independence and became a protectorate of Japan. The treaty of the protectorship robbed the kingdom of Korea of its diplomatic rights to deal with foreign powers, for the Japanese established the office of governor general under the korean king to control the korean government. For the korean people this meant that their historical situation now provided a new external focus. Independence and the expulsion of the japanese power from Korea became the main concern of the korean people.[747]

4) Cultural and Christian Influence from the West

After Korea opened the doors of the hermit kingdom, signs of westernization soon began to appear. Concessions were given to foreign firms to work mines, build railways, install telegraph lines, etc. The first railway, opened to traffic in 1899, was built by an american firm to connect the capital and *Chemulpo*. That same year american-made street cars appeared on the streets of Seoul, and in 1901 the ancient capital was lit by electricity from an american-built powerhouse. [748]

The court and government recognized the western culture in ways that tended to create a receptive attitude toward it. For example, as early as 1884 and electric light plant was ordered for the palace from the Edison Company, the first missionary Dr. Allen was employed as court physician in 1884. Efforts were made to organize on western lines various departments of the government, such as the army, the educational system, post office, law, customs, etc. From time to time western experts and advisers were employed.[749]

---

747) Yong Bok Kim, "Korean Christianity as a Messianic Movement," In *Minjung Theology* (Maryknoll, NY: Orbis Books, 1983), 88.
748) Wasson, *op. cit.,* 45.
749) Ibid., 34-35.

It should not be thought, however, that the influence of western civilization met with no opposition. Many examples might be given of vigorous resistance. Mobs of angry people attacked the first street cars in the capital. The minister of education at one time issued a book entitled *The Warp and Woof of Confucianism*, which was so abusive of the west that it called forth a protest from the foreign representatives. The missionary, however, did not have to meet this opposition alone. On April 5, 1885, Mr. Underwood, a presbyterian missionary, and Henry Appenzeller, a methodist missionary, joined Dr. Allen. As time passed, the missionary community in Seoul grew and carried out a considerable amount of medical work and education. During this period the missionaries made a major breakthrough. Discovering that *Hangul,* the korean vernacular script, was being despised and neglected, they picked it to study and to use to communicate to the people of Korea. The Bible was translated into *Hangul.* The translation of the New Testament began in 1882, and by 1900 the entire Bible was translated into the Korean vernacular. The circulation of the Bible became the most effective strategy of the missionaries in spreading the gospel of Jesus Christ.

The lower people in Korea responded to the Christian message. The motives and reasons for the response, in great measure, were divided into three categories. D. E. Sharp divided the motives which led the Koreans to become Christians into three categories in 1906. First of all, there were those who were actuated by the "desire for protection and power." Another motive would be connected with the fact that the Christianity was the one that possessed the highest civilization and culture. They were seeking the new western culture and education. But there was also a third motivation for believing Christianity that was a real soul hunger and a real work of God's Spirit in the hearts of many people.[750] The believers who became Christians without a real work of the Holy Spirit were challenged through the Great *Pyoung-Yang* Revival Movement in 1907.

---

750) George Baik, *The History of Protestant Missions in Korea, 1832–1910* (Seoul: Yonsei University Press, 1970), 357.

3. The Great *Pyoung-Yang* Revival Movement

I think the Great *Pyoung-Yang* Pentecostal Movement can be analyzed by the Anthony Wallace's revitalization theory.[751] According to Wallace, the process of religious change follows the basic pattern which he defines five stages: steady stage, period of increased individual stress, period of cultural distortion, period of revitalization, and new steady state.

1) The Steady State Period

Prior to the introduction of the Christian gospel, three major religions, Confucianism, Buddhism, and Taoism, existed in a state of harmony for several centuries. These three major religions also came to Korea from other countries and took their roots in a shamanistic religious environment. These religions in the courses of time became syncretized in such a way as to create a new environment, sufficiently fertile to support the Christian evangelism.

2) The Period of Increased Individual Stress and Cultural Distortion

Around the end of the nineteenth century, the korean lower class of people experienced tremendous turmoil and individual stress. With the tragic circumstances surrounding the end of the *Yi* dynasty, the traditional culture was challenged by the japanese colonial invasion and the cultural influence of the west. The social structure was beginning to change with a new consciousness towards a more egalitarian society.[752] Up to that period, korean peasants and slaves had been deprived of their basic human rights in the

---

751) Anthony Wallace, "Revitalization Movemnets," *American Anthropologist* 58:264-282.
752) Byong Suh Kim, "The Explosive Growth of the Korean Church Today," *International Review of Mission*, 74(293):62.

highly stratified system of *Yangban*[nobility], *Sangmin*[commoners] and *Cheonmin*[slaves]. In particular, the *Donghak* peasant revolt of 1894 shook the stratified system of the korean society. In addition, the impact of the japanese victory over China in the Sino-Japanese war of 1894-95 shocked the confucian rulers of the *Yi* dynasty, who had relied on the power of China for centuries. They saw Japan's victory, with its westernized military system, and began to question the confucian value system that had been the fundamental basis for the consciousness of the korean people for centuries.

3) The Period of Revitalization and New Steady State

Beginning in 1895 and lasting for an entire decade, the korean people suffered through tragic military conflicts between China and Japan as well as between Russia and Japan. Throughout these years of chaos and social upheaval many Koreans looked to the Christian churches for comfort, protection, unity and support.

The year of 1907, the revitalization period began with a great awakening, which was called "the Great *Pyoung-Yang* Revival Movement" followed by a nationwide evangelistic campaign known as "The Million Movement."[753] The korean churches became the important symbol or the national popular movement.

According to Wallace, he lists six vital functions in the process of revitalization.[754] The first function is the "formulation of a new code" by an individual or a group of individuals. In the case of the Great *Pyoung-Yang* Revival Movement, a new code was formulated through the confession of sins by individuals. This revival movement brought a deep sense of fellowship among Christian communities and a moral transformation of individual lives.

As the second function in the process of revitalization is the "communication of the

---

753) George Paik, *op. cit.*, 370–371.
754) Wallace, *op. cit.*, 264–281.

new code." The people who experienced the revival began to witness their experiences to their fellow believers. While the message was carried form place to place, longing and desire for the same spiritual experience were created in the minds of the people.

The third function in the process of revitalization is "organization." After the Great Revival Movement, the Christian missions were organized for close union and co-operation. And the close contact between the missionary groups and the korean Christians during the revival movement afforded new opportunities for close cooperation and correlation. They learned to know and appreciate each other at their true value, without thought of denominational distinctions.

The fourth function in the process of revitalization is the "adaptation" that comes as a response to opposition, resistance, and criticism. The Great Revival Movement faced not so much criticism by missionaries and korean Christians. In the political arena, however, it is criticized that korean Christians were depoliticized through the Great Revival Movement. Some church historians like Yong-Bog Kim and Jae-Yong Choo, evaluated the Great Revival Movement as it did not provide Christians with principles for socio-political issues. It concentrated on "the redemption of souls," eliminating "a social sense from korean religious life." I disagree with their perspectives. Kenneth M. Wells in his recent study on the link between korean Christianity and korean nationalism points out that since Christianity was introduced into Korea, individual and spiritual revival was always the basis for a social and national renewal.[755] This means that the purpose of the evangelistic gatherings was for social and national renewal as well as individual and spiritual revival. It was true that korean Christians were not involved in protest marches and violent revolution, but the church has always been concerned about social responsibilities and believed in reforming society through the conversion of all people and the community development. In fact, it were the Christian churches which responded

---

755) Kenneth Wells, *New God, New Nation: Protestants and Self Reconstruction Nationalism in Korea 1896–1937* (Honolulu: University of havaii Press, 1991), 41.

to social concerns like running orphanages, hospitals, widow's homes, and relief and development works.

The fifth function of the revitalization process, "cultural transformation," happened after the Great Revival Movement. The Revival changed the moral tone of the Christian community. A missionary reported that "the power of the Holy Spirit has made weak men strong and taught the faltering women a life of purity … Wrongs were righted, stolen money returned."[756] Another missionary said that "the revival brought upon the heart of the church a deep impression of the exceeding sinfulness of sin and of the everlasting obligations of righteousness."[757]

The last stage of the revitalization process is "routinization." The spirit of the Great Revival Movement continued to be routinized into "the Million Movement" in 1901-1910. Through this routinization, the new steady state appeared in the korean Christianity. The western Christianity could be adapted to the korean people and her environment to meet the spiritual and physical needs of the people.

4. Revival Movements Always Lead to World Missions

Through the case study on the Great *Pyoung-Yang* Revival Movement in Korea, I reconfirmed the fact that a religious change can not be isolated from society and culture, because religions are parts of larger socio-cultural system. And I found that the Great *Pyoung-Yang* Revival Movement can be analyzed by the Anthony Wallace's revitalization process of religious change.

The one thing I like to mention in conclusion is that the revival movements always lead to evangelism and world missions. During the Great Revival, korean Christians felt a strong

---

756) Kyung Bae Min, *The History of Korean Churches* (Seoul: The Christian Literature, 1989), 253.
757) *Ibid.*, 254.

responsibility to witness for their Savior, Jesus Christ. A new convert would not remain silent about his or her faith, but would tell his or her friends and relatives about it.

It was the tremendous event in korean Churches that the korean presbyterian church sent the reverend *Kwan-hul Choe* to Siberia, *Sok-chon Han* to Japan, and *Hwa-chun Pang* to California and Mexico in 1909. It was true that the Great Revival Movement made korean Christians to realize that korean missionaries were needed in the task of world missions.

제32장 Evangelical Missionary Work:

Tension between Evangelism and Social Concern

In the mission field, a missionary could find himself or herself in very sensitive and delicate situations. This could occur whenever he or she met the people as partners who were concerned about crucial issues like social concern.[758] The national churches in the third world have been trying to make Christianity relevant to their social situations. Among them, however, conservative Evangelicals in general have been passive or even negative toward Christian social concern.

In the case of korean churches, conservative Evangelicals have showed the same tendency. They remained passive during the political unrest of the 1970s and the 1980s, turning away from the socio-political reality of the country. They claimed that the church should be politically neutral, while liberal Christians were more fully involved in the struggle for social justice.[759]

Having approached this point, we can raise a question for the evangelical churches in the mission fields: "Is the Christian faith only provided for the salvation of individual souls and thus not relevant to socio-political problems today?" And this question leads to the other question like the missionary work: "How should a missionary respond to do in this situation?"

In this chapter, I would like to deal with these questions about the social concern

---

758) Herbert Kane, *The Making of Missionary* (Grand Rapid, MI: Baker Book House, 1975), 86–87.
759) Sun–Ki Bang, *A Recent Development of an Evangelical Theology of Social Concern* (Ann Arbor: U. M. I., 1988), 1–3.

related to the evangelical missionary work by discussing to what extent evangelical missionaries take part in the social issues. To do this, the relation between evangelism and social concern will be discussed. Then, I will suggest the missionary's role regarding the social concern. Without being accused of "theological imperialism," the evangelical missionary should help people who will be able to cope with this issue.

1. Evangelicalism and Social Concern

1) Definition of Evangelicalism

In the english-speaking worlds, evangelicalism indicates a distinct movement that emerged from the religious awakenings of the eighteenth century which had taken clear shape in America, in England, as well as in many mission fields.[760] Nearly two centuries of massive missionary efforts succeeded in planting evangelical churches in most of the nations of the world.

Since evangelicalism has been a movement of the Evangelicals, it is to follow the position of them regarding the Scripture. Evangelicals tend to make confession of the verbal and plenary inspiration of the Bible and its infallibility and inerrancy in the original manuscripts(cf. 2 Tim. 3:16). They believe all the Scriptures should be considered as Word of God. Thus it can not be challenged to be the status of the Bible as authoritative Word of God.[761]

Then, evangelicalism became to be contrasted to liberal and ecumenical Christianity. According to Martin Marty's "two-party" analysis of the historic divisions of America Protestantism, one is the "private protestant" party which has emphasized individual

---

760) George Marson, "Evangelical and Fundamental Christianity." in *The Encyclopedia of Religion*, Vol. 5, ed. by Mircea Eliade (New York: MaCmillan Pub., 1987), 190.
761) Mark Ellingsen, *The Evangelical Movement* (Minneapolis, MN: Augusburg Publishing House, 1988), 205–206.

salvation and the other is the "public protestant" party which has focused the social order.[762] Since the foundation of the World Council of Churches, the Evangelicals have been called non-conciliar churches because most of evangelical churches do not take part in the World Council of Churches. Such a polarity between these two groups of Christianity can also be observed in many other parts of the world.

In a specific sense, however, evangelicalism is different from fundamentalism. The issue of social concern was one of the major factors which has increased the gap between evangelicalism and fundamentalism. The commitment to social action is the single most important difference between evangelicals and fundamentalists.[763]

2) Biblical Basis for Social Concern

Social concern is not a new word for Evangelicals. It was actually in the original evangel. The very ministry of social concern of the Evangelicals is recorded in the gospels. Jesus confirms his mission in the Gospel According to St. Luke. "The Spirit of the Lord is on me[Jesus], because he has anointed me[Jesus] to preach good news to the poor. He has sent me[Jesus] to proclaim freedom for the prisoners and recovery of sight for the blind, to release the oppressed, to proclaim the year of the Lord's favor(Luke 4:18-19). In fact, a recent biblical study shows that Jesus would be of direct significance for social ethics. The case for considering Jesus is "not only relevant but also normative for a contemporary Christian social ethic."[764] At least, there was no dichotomy between preaching the gospel and sharing material possessions in the early churches(Acts 2:43-47). In reality, what they had done can be called the evangelical and social concern is today's sense.

---

762) Martin Marty, *Righteous Empire* (New York: Dial Press, 1970), 177-87. cited in *Mainline Churches and the Evangelicals: A Challenging Crisis?* Richard G. Hutcheson, Jr. (Atlanta: John Knox Press, 1981), 26.
763) *Ibid.*, 38.
764) John Howard Yoder, *The Politics of Jesus* (Grand Rapids: Eerdmans Publishing, 1972), 23.

Therefore, if one is committed to the authority of the Bible, he or she cannot avoid the injunctions of social concern recorded in the gospels. It must not be ignored that the churches were actively involved in helping people both within and without the Christian community.

3) Evangelical Attitude on Social Concern

Even though social concern has been in the heart of the teaching of the Bible, the Evangelicals tended to be negative toward social concern. They argued that the mission of the church is exclusively preaching, converting, and teaching. Since the Wheaten Congress in 1966, however, social concern has always been one of important issues. The congress on evangelism had impacted the Evangelicals regarding social concern. For example, John Stott, a leader of the Evangelicals, changed his negative position on social concern and asserted that the actual commission itself must be understood to include social responsibility as well as evangelistic responsibility.[765]

Through significant evangelical gatherings, such as the Lausanne Congresses in 1974, the spirit of evangelical social concern was revived. Evangelicals had introduced the theme of social concern in their official gatherings and developed it as the responsibility of Christians and the mission of the church. According to Roger Bassham, the Lausanne Covenant showed that evangelicals have finally produced a mature, positive and well-rounded theology of mission.[766]

Since Lausanne, Evangelicals have been facing the issue concerning the relationship between evangelism and social responsibility, both of which had been affirmed as the mission of the church. The standard position of the Evangelicals with regard to this issue had been John Stott's position which was stated in the Lausanne Covenant: "Evangelism

---

765) John Stott, *Christian Mission in the Modern World* (Downers Grove: Inter Varsity Press, 1975), 23.
766) Roger Bassham, *Mission Theology* (Pasadena: William Carey Library, 1979), 293.

and socio-political involvement are both part of our Christian duty"(article 5); "In the church's mission of sacrificial service evangelism if primary"(article 6).[767] David Bosch criticized John Stott's "separate but equal view" of the relationship between the two, because he perceived dualism as remaining in Stott's position. He would not call evangelism and social action separate components or parts of mission, but dimensions of the one and indivisible mission of the Church.[768] In other words, there is a social dimension in all authentic evangelism and there is also an evangelical dimension in all truly Christian social involvement.

In spite of Bosch's critique, the major achievement of the Lausanne Congress lies in its clarified understanding of the mission of the people of God which includes their social as well as evangelistic activities. Both were essential and neither was secondary.

> Although reconciliation with other people is not reconciliation with God, nor is social action evangelism, nor is political liberation salvation, nevertheless we affirm that evangelism and socio-political involvement are both part of our Christian duty.[769]

This is the theological affirmation of the Lausanne Congress which gave a new agenda to evangelicals. It was the beginning to transcend the unholy dichotomy of evangelism and social concern.

4) The Degree of Social Concern

Differences on social concern between the two camps of the churches, Evangelicals and Ecumenicals, seem to disappear after the Lausanne Congress. For the Lausanne

---

767) "The Lausanne Covenant" in *New Directions in Mission and Evangelism 1*, edited by James Scherer and Stephen Bevans (New York: Orbis Books, 1992), 255-6.
768) David Bosch, "In Search of a New Evangelical Understanding," in *In Word and Deed*, edited by Bruce Nicholls (Grand Rapids: Eerdmans Publishing, 1985), 79.
769) J. D. Douglas ed., *Let the Earth Hear His Voice* (Minneapolis: World Wide Publishing, 1975), 1139-40.

Covenant does not look to be very different from any of the ecumenical documents. The differences, however, still remain between two of them.

Although Evangelicals use the term "socio-political involvement," they do not accept the terms "social action" and "political liberation," because the term "social action" includes political and economic activity seeking to transform the structures of society.[770] This should be a traditional thought that Evangelicals have limited social action to the individual level and rejected the church's involvement in politics whereas the ecumenical circle often has been involved corporately.

Waldon Scott classifies the category of social concern into three levels: relief, development, and liberation.[771] Evangelicals tend to limit their socio-political involvement to relief and development. They cannot accept "political theology" or "liberation theology." In short, they tend to determine everything from the viewpoint of the Bible. They do not look at the viewpoint of what it has to contribute to the carrying out of current social and political tasks.[772] They also deny the method of structural changes through the revolutionary violence. In the evangelical perspective, the structural changes should be based on Jesus Christ's love and non-violence. They believe in that the biblical conversion can transform the self-identity and the character of people with the personal relationship with the risen Jesus Christ.[773]

In this sense, there needs to be a model of the missionary work of education for social concern. Evangelical missionaries should give more attention to training and encouraging groups of Christians to take up tasks of evangelism and social concern through the participation of the Christian's vocation.

---

770) Klaus Bockmuehl, *Evangelicals and Social Ethics: A Commentary on Article 5 of the Lausanne Covenant* (Downers Grove: Inter Varcity Press, 1979), 14.
771) Waldon Scott, *Bring Forth Justice* (Grand Rapids: Eerdmans Publishing, 1980), 266–268.
772) Dorothee Soelle, *Political Theology* (Philadelphia: Fortress Press, 1974), 55–70.
773) Robert Hancock ed., *The Ministry of Development in Evangelical Perspective* (Pasadena: William Carey Library, 1979), 35–59.

2. A Model of Missionary Work for Evangelism and Social Concern

In the mission fields, the missionaries need a model of their work for evangelism and social concern. The author believes that the following model would be more helpful for them to accomplish the missionary task for evangelism and social concern.

First, the purpose of the missionary work in this model, I think, would be the kingdom of God. According to Howard Snyder, the kingdom of God is a key thread in the Scriptures, tying the whole Bible together.[774] Mortimer Arias points out that the kingdom of God is not only the main theme of Jesus' preaching but also the central category unifying biblical revelation.[775] Therefore, missionaries should teach those interested in evangelism to be also interested in the kingdom theme, because the two belong together. Also, the missionary work is more than encouraging the growth of the institutional churches through evangelism.[776] It should include social works for the whole world which is the area of God's kingdom.

There is, however, the tension between emphasis on the kingdom theme and emphasis on evangelism which has always corresponded to the tension between the emphasis on socio-political involvement and the emphasis on evangelism. In other words, emphasis on the kingdom theme has been almost identified with a theological expression of socio-political concern. In fact, Orlando Costas said that "the Kingdom serves as the frame of reference for the mission of God."[777]

The kingdom becomes the foundation of an evangelical theology of mission. In the paper "Consultation on the Church in Response to Human Need," in Wheaton, 1983, the World Evangelical Fellowship broadens the definition of the kingdom: present and future, societal and individual, and the physical and spiritual.[778] Also, it is asserted that the

---

774) Howard Snyder, *A Kingdom Manifesto* (Downers Grove: Inter Varsity Press, 1985), 12.
775) Mortimer Arias, *Announcing the Reign of God* (Philadelphia: Fortress press, 1984), XVI.
776) Paul Hiebert, "Evangelism, Church, and Kingdom," 160–161.
777) Orlando Costas, *Christ Outside the Gate* (Maryknoll: Orbis Books, 1982), 91.
778) "Consultation on the Church in Response to Human Need," ed. by James Scherer and Stephen Bevans, *op. cit*, 290.

kingdom of God is the starting point and the goal of the churches. Consequently, it is appropriate that evangelical missionaries consider the kingdom as the vision and the purpose of their missionary work. Therefore, if missionaries understand the kingdom in this perspective, the missionary work will be more than a simple biblical study and evangelism. There is a need for discipleship for the kingdom of God in order to fulfill Christian social concern as well as evangelism.

Second, the process of missionary work in this model would be "making discipleship." The fourth article of the Lausanne Covenant on "The Nature of Evangelism" says: "in issuing the gospel invitation we have no liberty to conceal the cast of discipleship"(Luke 14:25-33).[779] In this statement, discipleship that was Jesus' design for his followers, is understood as the goal of the Great commission commanded by Jesus Christ. Discipline, the process of missionary work, has been increasingly focused on among evangelical missionaries.

The discipline is neither to study the Bible in an ecclesiastical ivory tower nor simply to be involved in socio-political struggles. It includes a dialectical interaction between what God revealed in the Bible and what God is revealing today in historical reality. For example, as Waldon Scott suggests, he puts Bible study first by emphasizing a new reading of the Bible.[780] Then, through the eyes of the poor, he recommends to an exploration of the Bible in a perspective gained from sociology, anthropology, politics, economics and even the daily newspaper and television.[781] Based on this study, a biased understanding of the gospel can be corrected, along with a concern for the poor being aroused. These convictions will lead inevitably to a new commitment to the poor in the context of a fresh act of dedication to the Lord and His kingdom.[782]

Another excellent example of the disciple-making work would be that of the Navigators.

---

779) *Ibid.*, 255.
780) Waldon Scott, *op. cit.*, 239-247.
781) *Ibid.*, 242.
782) *Ibid.*, 244.

LeRoy Eims summarized the disciple-making process.[783] The process is divided into the four stages. The first stage is "evangelizing," in which we witness to Jesus Christ and His work in our lives in obedience to His command of evangelism. The next stage is "establishing." In this stage, we follow up the new convert, building into his/her life the characteristics of a disciple's life contained in the training objectives. The third stage is "equipping." Here we work person- to-person with the disciples, leading him or her through the training objectives. The final process is "in-depth personal training" after the pattern of Jesus. In this training, we utilize the "with him" principle of spending concerned and quality time with the worker, taking him/her through the training objectives. Ultimately, a servant-leader subordinates himself or herself to the guidance of the Holy Spirit and reproduces the kind of ministry in which he or she was raised. This method and process should be applied to many evangelical churches in the mission fields.

Third, the place of missionary work would be community. It is a group of disciples who are committed to God's mission to witness the kingdom in the world. This community of disciples is the setting of this missionary work. While ecumenical Christians proposed "Missio Dei" as the catchword for the mission, evangelicals emphasized the role of the church in the mission. In the Lasaunne Covenant, however, it was affirmed that the church is the community of God's people rather than an institution.[784] In this statement, the term "community" almost replaced "the church." This replacement in terminology reflects how evangelicals have changed in viewing the nature and the mission of the church. The Church becomes the kingdom community for the world.

These elements of the missionary work should be properly emphasized and located in the local churches, through which missionaries can encourage Christians to be involved in evangelism and Christian social concern.

---

783) LeRoy Eims, *The Lost Art of Disciple-Making* (Grand Rapids: Zondervan Press, 1978), 181–182.
784) "Lausanne Covenant" in *New Direction in Mission and Evangelism*, 256.

3. Balance between Evangelism and Social Concern

Evangelism as the communication of the gospel has been understood in a comprehensive context. Apostle Paul's missionary motto, "Jesus Christ and his cross only"(Corinthians 2:2) has never been ignored in his evangelism, but it has been extended to cover the whole world.

Evangelical missionaries have not tended to identify evangelism with socio-political involvement, but they cannot think of evangelism apart from socio-political reality. Because they have begun to see that souls reside in the body and persons in human societies. It does not mean, however, that Evangelicals have been changed in their essence. Evangelicals have become different from Ecumenicals. They have to modify their perspectives. They have begun to develop a way to look at the Bible and to interpret it relevantly to socio-political situations, so that the Bible can be source of the authentic social concern. To them, salvation is understood holistically. So, evangelical missionaries can keep the balance between an primary task, namely the proclamation of the Gospel, that is evangelism, and an equally important task, that is social concern.

In the case of Korean evangelical churches, however, they were not involved in socio-political actions. They were, in fact, involved in various forms of "social service," either directly or indirectly by running mission schools and hospitals which the early missionaries had established. In the seventies, liberal Christians became increasingly involved in the work of social justice by opposing the tyrannical government through demonstrations and through declaring official statements. Evangelical Christians have kept aloof from such socio-political actions. In this atmosphere, it was hard for evangelicals to include social action and political involvement in their agenda as the mission of the churches. The situation of the eighties was not very different from the seventies. This was the circumstance of the evangelical churches in Korea in terms of social concern which is also the context of the missionary work.

Since he participated in Lausanne Congress in 1974, Chong-Nam Cho, one of only a few who tried to implement the spirit of Lausanne Covenant, has been active in developing evangelical social concern to the Korean evangelical churches.[785] Presently, Korean Evangelicals maintain that the missionary task should involve evangelism and social concern holistically. Nowaday, the evangelicals in Korea try to participate in social concerns in a way of using Non Profit Organization.

I firmly believe that evangelical missionaries should feel a great burden for the sake of all people. It is their responsibilities to deal with both evangelism and social concern. I hope that evangelical missionaries will act their roles as helping people to be Christian disciples so that they can become like a mustard seed in their societies. They can transform their societies in the vision of the kingdom of God.

---

785) Chong-Nam Cho, *The Spirit and the History of the World Evangelization Movement* (Seoul: Korea Intervarsity Press, 1990), 7-37.

제33장 A Missional Strategy toward the Cultural Changes of the Social Values Generated by the Religious Pluralism

The year 2010 is the centennial anniversary of Edinburgh World Missionary Conference in 1910. Kenneth Scott Latourette evaluated the 19th-20th Century as "the Protestant Era" in which the Christian gospel had been spread to all of the world, especially Asia, Africa, America, and Pacific islands.[786] The Edinburgh Conference had to be the historic meeting, because it made a report on the 19th century western missionary works and the directions toward the 20th century missions of the West. About 1200 representatives and participants of the world had discussed the problems of the 19th century missionary works and concluded by making the directions toward the 20th century Christian missions such as "fear on the spread of Islam and cope with it, unity and cooperation, establishment of national churches, plans to conquer the world"[787]

100 years after the days in Korea, a small and calm nation of the East, is held the 2010 International Missionary Conference of Korea celebrating centennial of Edinburgh conference under the Korean Association of Mission at Presbyterian Theological Seminary during June 23 to 24. The official name of the conference is "the International Missionary Conference

---

786) Kennett Scott Latourette, *Christianity in a Revolutionary Age: A History of Christianity in the Nineteeth and Twentieth Centuries*, *vol. I: The Nineteen Century in Europe* (Grand Rapids, MI: Zondervan, 1969), vii–viii. When he prescribed the 19th and 20th centuries, Latourette made the year of 1815, the end of Napoleonic wars, be the beginning year of the 19th century and the year 1914, the end of World War I, be the beginning year of the 20th century. He made a point that the Western Christian missions were activated with the expansion of the western imperialism. He also evaluated that the western Christianity was expanded to the whole world along with the independence out of the colonial domination in the 20th century.

787) Timothy Yates, *Christian Mission in the Twentieth Century* (New York: Cambridge University Press, 1994), 28–33.

of Korea 2010 celebrating centennial of 1910 Edinburgh World Missionary Conference." The main theme of the conference is "Witness Jesus Christ Today!"

While 100 missionaries and scholars are organized into 10 seminar groups according to the specific topics, the author has a topic of "cultural changes of the social values generated by the religious pluralism" in part 8 named "culture, religion, and social changes." Then, the author has an opportunity to present the article of "A Missional Strategy toward the Cultural Changes of the Social Values Generated by the Religious Pluralism" at the conference.

The chapter deals with a strategy of communicating the gospel effectively in the changing society generated by the religious pluralism in the 21st century, so that the International Missionary Conference of Korea 2010 can be meaningful to refocus on "the necessity of unity and cooperation for the world missions" that was the final report on the 19th century Western missionary works in the Edinburgh World Missionary Conference 1910.

1. Cultural Changes of the Social Values Generated by the Religious Pluralism

The religious ideal of the 19th Century had to be the conquest and rule over the world religions under the Western Christianity. Charles R. Darwin's theory of evolution had been spread all over the social, cultural, and religious spheres as well as over the domain of science. Especially, the development of cultural relativism and comparative religion had implanted self-confidence and hope in the people of the 19th Century that all the religions including Animism, Buddhism, and Hinduism would be unified into the superior religion as Christianity. The obvious example of it could be the first World Parliament of Religion held in Chicago, 1893. The conference made a solemn declaration on the ideal of unification among the world religions which had to be a result out of United American,

Protestant, and free value of minds.[788]

In the era of the 19th Century religious unification, the Western missionary had reached out to the undeveloped nations with the tools of civilization and enlightenment in order to spread the gospel of Christianity, the superior to the other world religions. The result of the 19th Century missionary work came to be revealed in the 1910 Edinburgh World Missionary Conference with about 1,200 delegates from all over the world. They thought that the 20th Century seemed to be the time of God's rule over the world and realization of the ideal of Christianity, that was, the ruin of the world religions and the evangelization of the whole world. [789]

In the 20th Century, however, the colonized nations by the West in Asia, Africa, and Latin America became unified into a worldwide group of the third world through the national liberation and independence out of the Western control. At the same time, the newly independent nations had a strong antipathy to Christianity as the Western religion and they had developed their traditional cultures and religions which came to have the process of revitalization of the religions. Struggling with the traditional cultures and religions, Christianity became gradually the indigenous Christianity adapted to the national identity. The 21st Century must be the era of completion of Christian indigenization coping with the revitalization of the traditional religions which will request the different level of the missional strategy responding it.[790]

When Christianity became a world religion from the religion of the West and Europe in the 19th Century by the works of Western missionary, Christendom had diffused the ideas of enlightenment and Western civilization as well as the gospel of Christianity toward Asia, Africa, and Latin America etc. Thus, the cultures and religions of the world had been influenced by Western civilization and attacked by the challenge of secularization

---

788) Michael Collins, *The Story of Christianity*, trans. by Seung Cheoul Kim (Seoul: Sigong Sa, 2003), 89.
789) Timothy Yates, *Christian Mission in the Twentieth Century*, 30−31.
790) Louis J. Luzbetak, *The Church and Cultures: New Perspectives in Missiological Anthropology* (Maryknoll, NY: Orbis, 1995), 106−108.

in a surging mass. In the process of it, the traditional religions had refused the secularization or had been mixed up with it and became a part of the new religious movements.[791] Following the trend of neo- liberalism and globalization in the late 20th Century, the traditional religions and new religions of the world made inroads into the world out of their own spheres. The world made its way into the era of religious pluralism.

Religious pluralism was quickened by the romantic longing for the Eastern religion as an alternative religion when Christianity was provoked for people to have antipathy by the increase of enlightenment movement after French Revolution. During the religious wars and cultural conflicts in the 20th Century, the exclusive superiority and absoluteness of Christianity had been criticized by other religious people. In these days, religious pluralism is spread out outside the church as well as inside it.[792] By the influence of religious pluralism, Christianity has been recognized by the common people as a religion relatively and requested by some Christians not to have an exclusive attitude toward other religions. In the 21st Century, religious pluralism tends to be spread out quickly and widely by the extension of the world religions toward the Western world like Europe and America. The phenomena of religious pluralism seem to help the world religions to restore their religious and cultural identities distorted by the West, but to show their special and unique characteristics of their cultures and religions toward the Western world. The world religions, including Confucianism in North-East Asia, Hinduism and Buddhism in South-West and South-East Asia, Islam in the Northern Africa, Middle-East, Near-East, and Central Asia, and Shamanism in Amazon, Africa, and the Northern Asia, have been trying to develope and diffuse their own religious values that can be adapted to the global standards such as community value, cause and effect value, purity value, and value of living together.

---

791) David Burnett, *Clash of Worlds* (Nashiville, TN: Nelson, 1992), 138–143. cf. David Martin, *On Secularization*, trans. by Seung Ho Kim et al. (Seoul: Hanwool Academy, 2008), 41–56. The late 19th Century Christian missional triumphalism and the 20th Century secular−liberal triumphalism had to be Christian correspondence on the new situation of secularization. In the 21st Century, Christianity has coped with it by Christian development of the spiritualization.
792) Jung Suk Lee, *The Challenge of the Current Society and the Response of the Churches* (Seoul: New Wave Plus, 2008), 106−107.

Especially, the newly developed values come to the fore as the remedies for the negative effects generated by modernism and Western civilization. The values rediscovered by the world religions can be the challenges to Christianity, the religion of foundation for Western civilization. The world religions try to make up their values and to have them be the universal values for the salvation of human beings. Thus, responding their efforts, first of all, their religious and cultural values should be understood in order to find out an effective missional strategy on the phenomena of religious pluralism.

1) The Cultural Context of Confucianism: The Community-centered Value

East Asia like Korea, China, Japan, Singapore, and Taiwan can be the cultural context of Confucianism which continues to make an influence toward the society with the status system of hierarchy order of Confucian culture. Since Asian people in the 20th century had an admiration on the modern Western values such as freedom, equality, and human rights, they tended to put away the traditional confucian values focusing on the hierarchy and ranking system of the society. Although the confucian value of the status system of hierarchy order does not exist officially, it continues to make an influence on the people of East Asia. Nowaday, Confucianism as the main religion of East Asia has developed a new hermeneutics on the community-centered value in order to remove misunderstanding as a traditional religion of anti-human rights.

As South Korea, China, Japan, Singapore, and Taiwan has achieved their economic growth, the basis of East Asian Capitalism has been researched by scholars and concluded that it should be due to the 'confucian value system.'[793] Indeed, there are the idea of predominance of men over women, vertical relationship, a status system, old fashion convention, and family favoritism in the values of Confucianism. However, the value of community in Confucianism has been reexamined as a newly leading value of the 21st

---

793) Ha Kyung Song, *East Asian Spirit before the Wind of Globalization* (Seoul: Dounsam, 2009), 13-27.

Century, while the Western value of individualism became changed into the extreme selfishness in the current society.[794] The four virtues of Confucianism as benevolence, righteousness, courtesy, and wisdom are reinterpreted into the values of community such as charity, justice, relationship, and communicable wisdom. The value of community makes the people get together and cooperate each other in the extremely selfish society.[795]

Julia Ching advocates the values of Confucianism as humanity and equality. She makes an emphasis on Confucian teaching on the human equality and King's way of whole personality. Indeed, Confucius taught the vertical order of relationship that should be interpreted by the perspective of human responsibility and co-reliance.[796] Herman Kahn insists that Confucian Capitalism can substitute the place of Western Capitalism that has its limitation because of its selfishness and the law of the survival of the fittest. He finds out that Confucianism has a value of community such as control of profits by righteousness. Confucius asserts in the Analects of Confucius that it can be a social evil to follow the profit without righteousness.[797] It would be an alternative idea of Confucian Capitalism that can be successful at the era of neo-liberal globalization in Asian markets. Its proposal overcomes the law of the survival of the fittest that the strong preys upon the weak.

M. E. Tucker of Yale University asserts that the Confucian values should be rooted as cultural DNA at the soil of the society, because they focuses family and community values and the cooperation of human relationship. Professor Chun Ming of People's University confirms that the idea of Cofucianism makes a solution not by collision but cooperation with the view of harmony regarding oneness of the entire community. Professor Kang Shao Gwang of Ching Wha University points out that China should bring a solution by enforcing the values of Confucianism to the problems such as the gulf between the rich and the poor and the loss of morality after the open-door policy toward the Western

---

794) Seok Joon Hong and Chung Sung Lim, *Culture of East Asia and Cultural Identity* (Seoul: Han Wool, 2009), 27–31.
795) KBS Insight, *Confucianism: Power of Asia* (Seoul: Yea Dahm, 2007), 8–9.
796) Julia Ching, *Christianity and Confucianism*, trans. by Yim Chan Soon (Seoul: Sea Kwang Sa, 1993).
797) KBS Insight, *Confucianism: Power of Asia*, 150–151.

Capitalism.[798] Indeed, Confucianism tries to present its values to the post-modern society in the global ages by which the human dignity can be recovered at the harmonized community.

Post-modern community becomes a cold society sustained not by the mutual cooperation but by the egoistic contracts. It seems to protect human rights of individuals, but they tend to be alienated at the edges of laws and contracts. The post-modern people are likely to go near toward the values of Confucianism such as harmony of family, community centered, and formation of relationship. What kind of efforts of Christian missions should be done at the ages of egoism and heartless society? Nowadays, the Christian missions have to develop a new effective strategy for the people who try to seek the community values of Confucianism.

2) The Cultural Context of Buddhism and Hinduism: The Value of Cause and Effect

South West Asia of India and Sri Lanka and South East Asia of Thailand, Myanmar, Laos, and Cambodia have been influenced by the cultural context of Buddhism and Hinduism. Their worldview consists of the value of cause and effect which makes to develop the idea of reincarnation, the cycle of reincarnation (*Samsara*), and the state of complete absence of reincarnation(*Nirvana*). Being in progress of globalization in China and India, the culture of Buddhism and Hinduism has been spread out toward the Western culture after the late 20th Century. The therapy of one's previous life or *Yoga* meditation can be examples of the culture of Buddhism and Hinduism transmitted in the West.[799] Indeed, the culture influenced by Buddhism and Hinduism has been spread to the West in the name of "Theosophy" in 1875 and "New Age Movement" in the late 20th

---

798) KBS Insight, 104-105.
799) Seung Yeon Cho, *Culture and Religion of India* (Seoul: Minsok Won, 2005), 114-127.

Century.

The basic doctrine of Hinduism is based on the law of cause and effect. The ultimate deity *Brahma* created all things including human spirits that should be reincarnated in a cosmic cycle of reiteration. Its period must be repeated until the time of entering into the *Nirvana* after dissolving *Karma* generated by one's deeds in the previous existence. The law of cause and effect is connected with "*Kal Chakra*" in Sanskrit which means the doctrine of time.[800] In the circle of Buddhism and Hinduism culture, the term between yesterday and tomorrow is not different but one word like "*Kal.*" To them, yesterday is to be today, today is also to be tomorrow. That's why tomorrow is indeed yesterday. In this way, Buddhism has accepted the doctrine of reincarnation and rebirth, even though it has not accepted the being of the highest deity. Nowadays, the doctrine of reincarnation based on the law of cause and effect tends to appeal to the common people with the therapy of one's previous life or *Yoga* meditation.

The therapy of one's previous life tries to trace the root of sickness not from one's present life but from one's previous life. After the negative attachment of one's previous life can be found, the sick can be healed by the transcendent meditation or *Yoga* meditation. The process of it can be useful in propaganda of Buddhism and Hinduism. They also take advantage of New Age Movement which makes use of free energy, out of body experience, trance as hypnotic state, and alternative healing. They are to believe in reincarnation, oneness in all, deity in all, and human nature of deity.

The therapy of one's previous life can be accepted by the post-modern society as a scientific way of healing approach, although it has been traced to Buddhism and Hinduism. The common people have a tendency to admit the doctrine of reincarnation which can be a challenge toward the Christian missions. Indeed, according to HGSHS: A (Harvard Group Scale of Hypnotic Susceptibility, Form A) test, the memory of one's previous life must be not from one's previous life but from fantasy and illusion by the

---

800) Do Young Kim, *Indian Culture and People* (Pusan: Sansini, 2009), 149-150.

hypnotic allusion.

3) The Cultural Context of Islam: The Value of Purity

There are many Islamic countries like Saudi Arabia, Iran, and Iraq in Middle East, Jordan, Syria, and Palestine in Near East, Kazakhstan, Uzbekistan, and Afghanistan in Central Asia, and Pakistan, Bangladesh, Indonesia, and Philippines Mindanao etc. Generally the common people have a negative tendency to Islam which has been connected to the image of terrorist after 911 terror.[801]

Islam, however, tries to delete its negative image out of the common people by propagation of its identity of 'peaceful religion'. In fact, Iran is not the Arabic and Egypt's constitution guarantees human rights of women and there are about 2 million government employees of women. Kuwait has established friendly relations with U.S.A. and Turkey tries to become a member of the European Union. It becomes clear that terror, violence, infringement of human rights has been committed by the Islamic fundamentalists and Islam itself is the religion of peace saying 'Itsalam Alaiqum'.[802]

The central idea of Islamic religious culture is the idea of 'purity'. Muslims try to purify themselves for achieving Alla's will. First of all, they try to keep themselves from the sexual desire. In the Islamic society, any attitudes or gestures of stimulating one's sexual desire can not be allowed and the extramarital sexual relations can be punished by the law.

In 2007 March, Hala Sarhan, a Egyptian TV MC called by Middle East's Oprah Winfrey, fled abroad to seek safety from the terror of the Islamic fundamentalists, because she was criticized to entice people to be obscene and to damage the social peace and order. Indeed, she was threatened by terrorists, because she reported Muslims' secret debauchery and prostitute to the public for the advocacy of Arab's women's human

---

801) Hee Soo Lee and Won Sam Lee, *Islam: 911 Terror and Understanding the World of Islam* (Pazu: Cheong Ah, 2009), 17–46.
802) Jung Min Suh, *Human Land, Middle East* (Seoul: Jung Ang Books, 2009), 286–287.

rights.[803]

Especially, Muslims are not allowed to eat pig meat or dead meat and also not to drink wine or alcoholic liquor in order to keep their purity from the carnal desire and covetousness.[804] Futhermore, they are prohibited from the addictive gamble and sports, voluptuous dance, movie, and internet for protecting the social purity. For example, an internet blog named 'Saudi Eve' was shut down in 2006, June, because it seemed to spread out free love and the decadent trend.[805]

Islam's five pillars of faith including *Shahadah*(confession of faith)*, Salah*(five times prayer), *Zakat*(charity fund), *Sawm*(Ramadan fast), *and Hajj*(pilgrimage) are to be closely connected to the idea of purity. Among them, *Zakat* means 'purity' and 'purification'. When Muslims give *Zakat* to Alla who can purify Muslim's property and wealth. Islamic *Jihad*(holy war) has been also misunderstood as Arabic terror or murder by the general, but its authentic interpretation should be 'battle or war for one's purification'. Indeed, the authentic *Jihad* is not the bomb terror of the Islamic fundamentalists, but the conqueror of one's greedy desire for Alla. Especially, the law of *Sharia*(the great way) based on *Quran* and *Ijma*(agreement of lawyers' community) makes a rule of death penalty to those who commit adultery and apostasy.[806] The common Muslims try to purify themselves from the secular desires and tendencies. Nowadays, the Christian missions have to develop a new effective strategy for the people who try to seek the value of purity of Islam.

4) The Cultural Context of Shamanism: The Value of Living Together

Shamanism has been regarded as superstitious beliefs or magical skills in the perspectives of world religions. Recently, it is asserted that Shamanism can be originally traced to the

---

803) Jung Min Suh, 348.

804) Masakatsu Miyazaki, *The History of Middle East*, trans. by Kyuwon Lee (Seoul: Random House, 2009), 48–49.

805) Jung Min Suh, 306–307.

806) Won Sam Lee, *Islamic Principles of Law* (Seoul: Acanet, 2001), 19–52.

religion of deity called '*Shinkyo*' flourishing in the ancient North East Asia near Lake Baikal.[807] While its supreme deity is the heavenly god, it has also a belief system of polytheism that serve various deities of mountain, valley, lake, tree, liver, and sea etc. It tends to have a similar belief system to Japanese Shintoism and African or South Amazon folk religions which serve ancestor souls and natural spirits.

The word *Baikal* as the birthplace of *Shinkyo* can be interpreted into 'the great lake'. *Bai* means etymologically 'great', 'high', and 'big' similar to *Byge* in Mongolian and *Boi* in Buryat that became the name of Siberian Shaman and the powerful authority. *Kal* means lake that contains water. Therefore, *Baikal* can be interpreted as 'the Lake of Shaman'.

The origin of Korean, Mongolian, and Tungus can be connected to the lake of *Baikal* that they call it 'the Heavenly Lake'. In the lake of *Baikal* there are 25 islands among which the biggest is *Arhon* island. It preserves the prototype of Shamanism located on the South West of *Baikal*. Around *Arhon* island, there are some places for sacrifice like *Mankan, Zanigkan, Tailagan* in which people made sacrifices to the heavenly deity. Also, there are some trees tied with blue ribbons, the altar for a tutelary deity(*Serge*), a pile of stones(*Obu*), a totem pole at the village entrance, and a white birch on the house of shaman which are to be the exact characteristic of Shamanism.[808]

Shamanism has influenced a new ethnic Korean religion like *Jeungsan Kyo* that has been developed and systemized into a formal religion having doctrines and practices. It has a operating system as a religion and runs a TV channel. It has the concept of the high god, '*Tanggri*'(the deity of heaven) and tries to justify Shamanistic beliefs and practices not as mere superstitions. It tends to defend its religiosity like polytheism and way of harmony and living together. It asserts that the world can be white light world by unification of various religions as the colours of red, blue, and green make white. It

---

807) Kyung Jeon Ahn, *This is the Beginning of the World* (Seoul: Dae Won, 2003), 357.
808) Jae Seoung Jeong, *Baikal, Finding Out the Origin of Korean Roots* (Seoul: Jeong Shin Sekyesa, 2003), 14–15; 167–178.

tries to criticize Christianity as an exclusive religion. Nowadays, the Christian missions have to develop a new effective strategy for the people who try to seek the value of living together of Shamanism.

2. Missiological Response to the Cultural Changes of the Social Values Generated by the Religious Pluralism

1) A Missional Strategy toward the Cultural Context of Confucianism: a Missiological Hermeneutic on the Community—centered Value

Christianity was introduced to East Asia with the western civilization and has been regarded as the western religion emphasizing the values of individualism and effectiveness. Becoming Christians meant denying the traditional Confucian order and family relations and becoming an individual person under the grace of God instead of family and community. Christians have been isolated from the traditional society and community. In the 21st Century, Christianity in East Asia can not deliver the modern civilization, since the society has been developed and do not need it through Christianity.

The confucian values, however, are refocused and revived as the confucian capitalism has been successful with the value of community, while the Christian values have been connected to selfishness, effectiveness, and individualism. Then, Christianity in East Asia has to response to it and to develop a new value of community based on the Bible so that Christians in East Asia can rediscover the 'community-centered value' and reach out to the people of Confucianism by it. If the churches of East Asia have been revived through rediscovery of the community value, they can do missions for the people of Confucianism.

The nature of salvation need to be reinterpreted by the East Asian perspective so that the value of community can be found in the Scriptures. The Western theology tends to interpret the regeneration as an individual born again in terms of personal salvation. But in order to reach out to the East Asian people, it needs to be reinterpreted by the community value.

In the Old Testament, God's election and salvation have to be connected to God's calling on community and mission. According to Exodus chapter 19 verses 5-6, God's election and salvation are to be based on the ethnic community. The people of Israel should be 'the nation of priest', and 'the holy people' having the community mission toward the world. According to Book of Jonah, the people of Nineveh repented and believed in God. They were not perished and saved without ruins and disaster(Jonah 3:10, 4:11).

In the New Testament, the salvation of God is destined to the 'all Israelites' since 'Israel has experienced a hardening in part until the full number of the Gentiles has come in'(Rom. 11:25-26). According to Revelation 7:9, God's salvation will be given to 'a great multitude that no one could count, from every nation, tribe, people and language, standing before the throne and in front of the Lamb'. And God has called 'chosen people' to give the roles of 'a royal priesthood', 'a holy nation', and 'a people belonging to God' so that they may 'declare the praises of God who called them out of darkness into his wonderful light'(1 Peter 2:9).

God's election and the gospel of salvation have the special feature of 'community-centered aspect' as God's people and Christ's churches. It can make a missiological interpretation on the gospel of salvation to be community-centered.[809] Also, it can make a preparation for reaching put to the cultural context of Confucianism with a missiological hermeneutic on the community-centered value. Therefore, Christian churches as the people of God should be the local and global communities of the Christian believers to

---

809) Younsik Noh, "The Centennial Anniversary of Korean Sungkyul Churches and the Missional Strategy on North East Asia," *The Studies of Sungkyul Theology,* vol. 13 (2006. 9): 257–280.

get together for the kingdom of God.

2) A Missional Strategy toward the Cultural Context of Buddhism and Hinduism: A Missiological Hermeneutic on the Value of Cause and Effect

What kind of role has Christianity for the Christian mission in the context of Buddhism and Hinduism? The therapy of one's previous life or *Yoga* meditation are the ways of Buddhist and Hindu strategies to the people who lost their identities and spirituality. Christianity, however, as the religion of grace and praxis has not been interested in *Yoga* or Transcendent Meditation. Especially, the Protestant has focused on the grace of God instead of the principle of cause and effect. The nature of Christian faith is that sinners forgiven by God should give thanks to God and do good in God's love.

Then, Christian missions have to do with finding the value of cause and effect in the Scriptures and interpreting it missiologically in order to reach out the people influenced by Buddhism and Hinduism. In the Bible, the value of cause and effect tends to be related to the concept of afterlife instead of one's previous life or reincarnation in Buddhism and Hinduism.

In the parable of the Kingdom of Heaven, it teaches about qualification of becoming the people of God's Kingdom: preparing oil in jars along with their lamps(Matt. 25:1-13), gaining more talents(Matt. 25:14-30), and caring for the poor and the weak(Matt. 25:31-46). The wise virgins enter the wedding banquet with oil and the servants with five and two talents share their master's happiness because of their profits. The sheep on the right get the eternal life because of their good deed.

However, the others those who do not prepare oil, put the talent in a hole, and avoid the needy people can not participate in God's Kingdom. Their false behaviors are because of that they do not know that their Lord harvests where He has sown and gathering where He has scattered. They do not also know that their Master recognizes doing good things for Him. If they could understand the law of cause and effect in God's Kingdom, they would have done good things for their Lord.

According to Corinthians 3:11-15, the idea of cause and effect appears. On the Day, the fire will test the quality of each man's work which has been done with gold, silver, costly stones, wood, hay or straw. If what he has built survives, he will receive his reward. In the above parable, Jesus Christ can be high-lightened as the foundation and basis for the reward. It means that the law of cause and effect can be effect on the basis of Jesus Christ.

Therefore, Christian missions should rediscover the value of cause and effect focused on Christ in the Bible and reach out the people influenced by Buddhism and Hinduism. Christian missions should take the value of cause and effect to connect the concept of afterlife in Christ instead of one's previous life or reincarnation in Buddhism and Hinduism.

3) A Missional Strategy toward the Cultural Context of Islam: A Missiological Hermeneutic on the Value of Purity

The central idea of Islam is to be obedient to Alla's will and its religious practice is to keep one's purity. Muslims try to keep away from the desire of flesh and to remain faithful to one's allegiance to Alla by abstinence from drink and practice of asceticism. Some of them tend to sublimate their excessive loyalty to Alla into religious suicide.

Muslims' efforts to keep their purity have been spread into all areas of Islamic society for its revival.[810] The Islamic religious culture of purity becomes a religious substitute for the secular and pleasure seeking society. Through the globalization, the western people of England, Europe, and America are likely to be fascinated on the Islamic religious purity

---

810) Joo Young Sohn, *Islam: Doctrine, Ideas, and History* (Seoul: Iljogak, 2007), 752-756.

reacting the western Christianity. To them, Islam is better than Christianity because it is more understandable without the doctrine of trinity and more practical religiosity with purity.

Then, what is a missional strategy toward Islamic focus on purity? It would be a way in which Muslims may have experience the authentic purity not by their religious efforts but by the Holy Spirit and Christ's death and resurrection power. In facts, salvation is closely related to be pure by the blood of Jesus Christ, because 'He is the atoning sacrifice for our sins, and not only for ours but also for the sins of the whole world' and 'the blood of Jesus purifies us from all sin' (First John 1:7, 2:2). According to Romans 8:13-14, the Holy Spirit makes believers be pure in their lives; 'If someone live according to the sinful nature, he or she will die, but if by the Spirit he or she puts to death the misdeeds of the body, he or she will live.'

Therefore, it can be the missional strategy toward Muslims who have emphasis on the value of purity that the authentic purity has to be possible in Christ Jesus and by the Holy Spirit.[811] Waleed Nassar asserts that stumbling blocks in missions toward the Muslims are following: ignorance on Islam, looking down upon Muslims, shortage of prayer and spirituality, insulting remarks on Quran, and impure life style etc.[812] Indeed, Muslims tend to feel hatred against Christianity if they are forced to believe in Christendom by the material or secular methods of missions without understanding the central principle and ideas of purity. Therefore, it is a starting point of missions toward Muslims from understanding 'purity' and its practicing by the power of the Holy Spirit in the *Sitz im Leben*.[813]

---

811) Younsik Noh, *Sungkyul Theolgy of Mission in the New Millenium* (Anyang: Sungkyul University Press, 2001), 101–102.
812) Keith E. Swartley ed., *Encounter Islam*, trans. by Okbae Jeong (Seoul: YWAM, 2008), 268–270.
813) Paul–Gordon Chandler, "Mazhar Mallouhi: Gandhi's Living Christian Legacy in the Muslim World," *International Bulletin of Missionary Research*, Vol. 27, No. 2: 54–59.

4) A Missional Strategy toward the Cultural Context of Shamanism: A Missiological Hermeneutic on the Value of Living Together

The value of primal religion like Shamanism is harmony with nature and various spirits including ancestors. Christianity, however, has been an agent of destruction on nature to develop civilization which makes global warming as a disaster. In these days, the value of Shamanism, 'living together' can be meaningful to the contemporary people. For instance, Daniel Everrett, Dean of Arts and Sciences, Bentley University and former Dean of Languages- Literatures-Culture Department at Illinois State University, was converted to the primal religion of Pirahã. He was a former SIL evangelical Christian missionary who had failed to convert Pirahã tribe at the mouth of the Maici River in the Lowland Amazonia region for more than 20 years. Finally, he was moved by their happy lives with their noble minds and innocent primal faiths. He found that Christianity could not provide answers to the problems of the collapse of marriage, excessive possession, racial discrimination, and empty education. Hem however, evaluated that the primal religion of Pirahã could be better than the faith of Christianity, because it has emphasized the harmony with nature and the world and loved each other without worrying something.[814]

Shamanism or primal religion can not be regarded as a mere superstition but as a rival to the Christianity. Responding to it, Christianity should discard the imperialistic concept of destruction and control. The Christian missions should find the concept of preservation and care on nature in the Bible. God's cultural mandate of Genesis 1:28 has to be reinterpreted into caring and preservation of nature according to the purpose of God's creation. The first human being, *Adam,* was living together with nature and had them their own names(Gen. 2:19). God did not destroy all human beings and nature but preserved 'every wild animal according to its kind, all livestock according to their kinds,

---

814) Daniel Everrett, *Don't Sleep There are Snakes: Life and Language in the Amazonian Jungle* (New York: Vintage Books, 2009).

every creature that moves along the ground according to its kind and every bird according to its kind, everything with wings'(Gen. 7:14-15).

Indeed, it is found in the Bible that animals are used in being blessed by metaphor. When Jacob blessed his own sons in Genesis chapter 49, he made a metaphor on Judah like a lion, Issachar as a donkey, Dan as a serpent, Naphtali as a doe, and Benjamin as a ravenous wolf. Animals also can be used by means of God's grace. When Jesus came up out of water baptism, 'at that moment heaven was opened, and he saw the Spirit of God descending like a dove and lighting on him'(John 1:29). When Jesus entered Jerusalem, he 'seated on a donkey's colt'(John 12:15). Peter repented after listening to the crowing of a rooster(Matt. 26:75).

God does not command the destruction of nature but destruction of the idols. God's people should not make for themselves 'an idol, an image of any shape, like any animal on earth or any bird that flies in the air, or like any creature that moves along the ground or any fish in the waters below'(Deut. 4:16-18). Therefore, Christian missions toward Shamanism or primal religion should rediscover 'God-centered value of living together' with nature.

3. Missions and Evangelism toward Other Religious People

What does it mean that we believe in Jesus Christ in the religious plural society? And how can we make Christian missions toward other religious people with the gospel of Christ? The paper is to find out a missional strategy for those who are living within the various religious cultural contexts such as Confucianism, Hinduism, Buddhism, Islam, and Shamanism in the era of the cultural changes of the social values generated by the religious pluralism.

First, the 'community-centered value' can be rediscovered through which Christianity can reach out to the people of Confucianism. The church should be a community of the Christian believers to get together for the kingdom of God. It can be a way in which the Christian community value with the concept of church community can overcome the negative aspect of Confucian community value such as exclusive family relation and regional relation.

Second, the 'value of cause and effect' can be rediscovered through which Christianity can reach out to the people of Buddhism and Hinduism. The church should have an emphasis not on the karma or previous existence of lives but on the eternal life of the coming kingdom of God on the basis of Christ's 'cause and effect.' It can make correction of false understanding on the concept of life within Hinduism and Buddhism.

Third, the 'value of purity' can be rediscovered through which Christianity can reach out to the people of Islam. The church should have a focus not on the abstinence of body but on the practice of the authentic purity fulfilled by the Holy Spirit's love and forgiveness.

Lastly, the 'value of living together' can be rediscovered through which Christianity can reach out to the people of Shamanism. The church should have an emphasis not on the idolatry of the nature but on the preservation of the creature on the basis of God's loving kindness. It makes Christians practice the authentic 'value of living together'.

In the era of cultural changes generated by the religious pluralism, the direction and tasks of Christian mission should be on such values as 'church as community', 'cause and effect based on Christ's death and resurrection.' 'purity coming from the Holy Spirit', and 'God centered practice of living together'. Christianity does not remain to advocate the modernism of 19~20th Century but to find out the authentic values in the Bible for reaching out to the other religious people in the pluralistic society.

제34장 Comparison between the Qur'an and the Bible on Moses(Musa)

The twenty first century expects Korean Christians to reach the people influenced by Islam who live in Central Asia and Western parts of Northern Asia including Kazakhstan, Uzbekistan, Kyrgyztan, Turkmenistan, and Tajikistan, Mongolia, Northern China, and Russia east of the Urals.[815] When the nation of Korea achieves the reunification of Korean peninsula, the missionary enterprises will be able to have access to the people by walking through the silk road. Korean missionaries will give witness of the gospel to them on behalf of their salvation. Thus, a special task of Christian witness of Korean missionaries in the twenty first century is to interact with the people influenced by other religions such as Islam in order to bring about an encounter of them with the gospel of Jesus Christ who gave us "the Great Commission" (Matthew 28:19-20). To take part in the mission of witness to other religious people such as Muslims, first of all, we need to understand who they are and what they believe in without any prejudice. In the case of witness to those who have been influenced by Islam, a comparative study of the Qur'an and the Bible is an essential task for understanding their significant beliefs, ultimate values, and worldview. In this comparative study, I will specifically examine the biblical character of Moses(Musa) depicted in both the Qur'an and the Bible.

In this chapter, I will apply a phenomenological methodology and a comparative

---

815) Patrick Johnstone, *Operation World: The Day-by-Day Guide to Praying for the World* (Grand Rapids, MI: Zondervan Publishing House, 1993), 40.

perspective in order to establish similarities and differences between Islamic and Christian Scriptures on Moses(Musa), derived inductively from canonical knowledge, not deductively from my own philosophy. By this "Comparison between the Qur'an and the Bible on Moses(Musa)," we can see what is common between two sacred texts and see what is different about either one of them. Through this discussion, we can also fully understand our own uniqueness as well and find some points of contact for witness to Muslims. In the process of this comparative understanding of Islamic and Christian sacred writings will help us to find some points of contact for Christian witness to people influenced by Islam.

1. Understanding Sacred Scriptures from a Phenomenological Method and a Comparative Perspective

The rise of the phenomenological approach to comparative religion has had considerable impact on the Western study of other religions. Historically, the science of Phenomenology was developed by Edmond Husserl and adapted to Religious Studies by the Dutchman Gerardus van der Leeuw (1890-1950).[816] Phenomenology of religion determines what is real or not in certain religious phenomena through the ideal of "epoche" (bracketing) or suspension of the subjectivity of the interpreter. Since it is not a philosophy or a theology, there is no judgment of values and beliefs on such religious phenomena. Phenomenology of religion provides us with the inner structure and meaning of the religious phenomena or essence of religions.[817]

In his article, "Phenomenology as Mission Method," Dean Gilliland, a professor of contextualized Theology at Fuller Theological Seminary, uses it in a mission area, saying

---

816) Willian Paden, *Religious World: The Comparative Study of Religion* (Boston: Beacon Press, 1994), 1-5.
817) W. Brede Kristensen, *The Meaning of Religion: Lectures in the Phenomenology of Religion*, trans. by John Carman (The Haque: Mouton, 1960), 1-3.

it is an approach or a method of objective study of the essence of religious phenomena. He suggests that Christian missionaries use phenomenology of religion to understand other religions at a deep level before they communicate the gospel.[818]

In their book, *The Holy Book in Comparative Perspective*, Denny and Taylor suggest with a phenomenological perspective that sacred scripture has a divine origin and a special sacred authority that gives people the patterns of belief and behavior in their community lives.[819] Through this phenomenological understanding of one another's scripture, we could remove some negative attitudes toward other scriptures as human-made cultural creations or the product of human's sinful servitude to the Devil. If we try to understand other religious sacred writings, we should recognize that their scripture also has some transcendent and ultimate reality.

Then, a comparative perspective will be also applied as a process of understanding in a way that does not prejudge a religious phenomenon such as a category of scripture. I do not use a comparative perspective in order to interpret the Qur'an as degeneration or plagiarism from the Christian Bible and to present the superiority of Christianity.[820] Rather, it will be used to understand the Muslim's significant beliefs, ultimate values, and worldview, and our own uniqueness in order to find some points of contact for witness to Muslims.

Therefore, I think that the phenomenological and comparative understanding of scriptures is the starting point for comparison between the Qur'an and the Bible on Moses/Musa. Now, I turn my attention to specific similarities and differences between Islamic and Christian scriptures on Moses, derived phenomenologically from canonical expressions, not deductively from my own philosophy.

---

818) Dean Gilliland, "Phenomenology as Mission Method," *Missiology* 7(4): 451–459.

819) Frederick Denny and Rodney Taylor, *The Holy Book in Comparative Perspective* (Columbia: University of South Carolina Press), 1–2.

820) William Paden, *Religious World*, 15–33.

2. Similarities and Differences between Islamic and Christian Scriptures on Moses(Musa)

Both the Qur'anic and the biblical accounts of Moses(Musa) agree that he is the great prophet of God, the leader of the Hebrews in the Exodus from Egypt, and the mediator of the Law at Sinai.[821] In both traditions, there are many similar stories about his childhood and the prophetic call and task of Moses(Musa). In these accounts, there are also many differences in details.

The similar accounts of Moses(Musa) between both sources are as follows:

(1) A threatened child rescued from the basket of reeds and raised under Pharaoh (cf. Exodus 2:1-10).

Remember how We delivered you from Pharaoh's people, who had oppressed you cruelly, slaying your sons and sparing only your daughters (Surah 2:49). ⋯ Put your child in the ark and let him be carried away by the river. The river will cast him on to the bank, and he shall be taken up by an enemy of Mine and his. ⋯ Your sister went to them and said: "Shall I bring you one who will nurse him?" (Surah 20:39-40).

(2) Moses' murder of a Egyptian, his flight to Median, and his called from God including orders to take off his shoes, the message to Pharaoh, the signs of his mission, his difficulty of speech, accompany of Aaron(Harun), Pharaoh's reproach, and the miracles of God (cf. Exodus 3:1-10:29).

---

821) Ludwig Hagemann, *Propheten-Zeugen des Glaubens: Koreanische und Biblische Deutung* (Koeln: Styria Verlag, 1985), 65-89.

Have you heard the story of Moses? When he saw a fire, he said to his people: "Stay here, for I can see a fire." ··· When he came near, a voice called out to him: "Moses, I am your Lord. Take off your sandals, for your are now in the sacred valley of Tuwa." ··· "I am God. There is no god but Me. Serve Me." ··· Moses threw it down, and thereupon it turned into a scurrying serpent. ··· Now put your hand under your armpit. It shall come out white, although unharmed: another sign. ··· Go to Pharaoh; he has transgressed all bounds." "··· Free my tongue from its impediment. ··· Appoint for me a counsellor from among my kinsmen, Aaron my brother" (Surah 20:9-32).

··· He showed Pharaoh the mightiest sign, but he denied it and rebelled. ··· (Surah 79:19-24). ··· We plagued them with floods and locusts, with lice and frogs and blood ··· (Suran 7:130-137).

(3) The climax of Israel's deliverance at the Red Sea, Israelites' complaint about their hardships in the wilderness, God's meeting of their needs with manna from heaven, or quails or water from a rock (cf. Exodus 14:1−17:16).

··· We bade Moses strike the sea with his staff, and the sea was cleft asunder, each part as high as a massive mountain. ··· (Surah 26:61-66).

··· We caused the clouds to draw their shadow over you and sent down for you manna and quails, ··· Strike the Rock with your staff. Therefore twelve springs gushed from the Rock, and each trive knew their drinking-place. ··· (Surah 2:57-61).

(4) At the mountain of God, the Law given to Israel through Moses, the covenant between the people and their God, and the account

of golden calf (cf. Exodus 19-20).

Children of Israel, ⋯ Keep your covenant, and I will be true to Mine (Surah 2:40). We made a covenant with you and raised the Mount above you ⋯ (Surah 2:63, 4:154). ⋯ The Samiri did the same and forged a calf for them, an image with a hollow sound. "This," they said, "is your god and the god of Moses ⋯" (Surah 20:77-98).

The Qur'an, however, has many differences in some details from the biblical story as follows. In the Qur'anic account of Moses(Musa), the wife of Pharaoh instead of Pharaoh's daughter adopts him as her son.

"His wife said to Pharaoh: This child may bring joy to us both. Do not slay him. ⋯ we my adopt him as our son" (28:9).

Not like biblical passages, Moses(Musa) refuses the milk of other nurses and he kills an Egyptian but repents of this crime to which Satan had tempted him. At a well, Moses(Musa) waters the flocks of two shepherdesses instead of seven and receives one of them as his wife at the price of 8-10 years service. ⋯ We had caused him to refuse his nurses' breasts. ⋯ The old man said: "will give you one of these two daughters ⋯ if you stay eight years in my service; but if you wish it, you may stay ten. ⋯ (Surah 28:11-28).

At the Pharaoh's palace, the magicians profess their belief in God and are slaughtered in punishment (Surah 7:109-126; 20:57-76; 26:35-51). Moses(Musa) performs nine miracles instead of ten plagues (Surah 17:101; 20:57-76; 27:12). Moses(Musa) strikes twelve springs out of the rock, one from each tribe (Surah 2:60).

The divergence is greater when Haman is made minister to Pharaoh who wishes prayers to be offered to God, and orders Haman to build him a tower so that he can reach the God of Moses(Musa).

> ··· Pharaoh said, "··· Make me, Haman, bricks of clay, and build for me a tower that I may climb to the god of Moses. ···" (Surah 28:36-38).

The Qur'an also contains unknown features in the Bible and the ancient literature, such as the journey of Moses and his servant to the end of the world and the story of a believer at the court of Pharaoh who wants to save Moses(Musa) (18:59-81; 40:28).

The Encyclopedia of Islam explains a possible reason for these similarities and differences that came from something mixed up of biblical, haggadic, and new elements of folklore.[822] It asserts that Muhammad adapts the biblical tale of Jacob's labor for Laban inserting its years as those of Moses' employment by Shuayb(Jethro) in order to gain the hand of his daughter (Surah 28:27). It is also assumed that Muhammad adds details from the Haggadah. In the Haggada God forbids the infant to be suckled by an Egyptian mother (Surah 28:11-12). Moses(Musa) is offered to all Egyptians suckling others; but the mouth that is to speak with God cannot take in anything impure.[823] Futhermore, according to John van Seters in *The Encyclopedia of Religion*, it is believed that there are additional details applied to Moses(Musa) with parallels from folklore as well as borrowed from biblical stories and the Haggada (cf. Surah 28:4-43; also 7:104-158, 20:10-98, 26:11-69).

This explanation of similarities and differences between both scriptures seems to be connected with tracing influences or borrowing from, especially, Jewish and Christian literatures in order to prove the Qur'an as merely "imitative, repetitive, unoriginal, with differences presented often as distortions or misunderstandings."[824] Wilfred Smith criticizes

---

822) D. B. Macdonald, "Musa," in *The Encyclopedia of Islam*. vol. 7. Bosworth, Fleinrichs, and Pellat ed. (New York: E. J. Brill, 1993), 638–639.
823) D. B. Macdonald, "Musa," 639.

this attitude of interpretation, because it comes from Western cultural presuppositions about the Qur'an. According to him, this is a prejudgment and a prejudice of Westerners arising out of the Reformation and the Renaissance, with its rejection of all centuries of Christian history after the first and its insistence on "going back to the original texts."[825] He asserts that this kind of interpretation of scripture has a tendency to neglect the developing or enriching aspect of canonical process in community.

Instead of that interpretation, we can see the story of Moses(Musa) in terms of its full canonical surroundings in which the account becomes gradually sacralized and put together to become a scriptural account. According to Peter Mckenzie, all sacred scriptures are born by a religious community.[826] Mathias Zahniser, professor of Asbury Theological Seminary, also points out that the canon of scripture is validated "in community" and represents "a divinely chosen and Spirit inspired, and culturally relevant truth."[827] In this aspect, it is important to examine the relationship of community to a text document of faith recognized as having divine authority accepted by the believing community.[828] Therefore, Moses(Musa) between two traditions has to be interpreted in terms of Chrsitan and Muslim communities.

Moses in the New Testament can be interpreted as a parallel to Jesus: the infancy narrative in Matthew is modeled on the Moses biographies; Jesus' feeding of the five thousand is directly associated in John's gospel with Moses giving the manna in the wilderness (John 6:25-34); his forty days of fasting in the wilderness parallel Moses' fast at Sinai (Matthew 4:1-2); and the Sermon on the Mount is parallel to the receiving of the law at Sinai (Matthew 5-7).

The Christian community concludes that Jesus is superior to Moses, because "the law

---

824) Wilfred Smith, "A Note on the Quran from a Comparativist Perspective," in *Islamic Studies Presented to Charles J. Adams*, Hallaq Wael and Donald Little ed. (Liden: E. J. Brill, 1991), 185.
825) Wilfred Smith, 189.
826) Peter Mckenzie, *The Christians: Their Practice and Beliefs* (Nashville: Abingdon Press, 1988), 177.
827) Mathias Zahniser, "Culture and Community: A Trinitarian Hermeneutic," *Unpublished Article* (Wilmore, KT: Asbury Theological Seminary), 4-5.
828) Philip Stine ed., *Issues in bible Translation* UBS Monographs Series, no. 3 (New York: United Bible Society, 1988), 214.

came through Moses but grace and truth came through Jesus Christ" (John 1:17). Moses appears as God's faithful servant, but Jesus is God's son, and Moses seals the covenant with the blood of animals, but the Messiah's covenant is sealed by his own sacrifice (Hebrew 3:5-6, 9:11-22).

In the Qur'an, Musa can also interpreted as a parallel to Muhammad. Musa is regarded as the great model of Muhammad. Musa is his predecessor and believed that he had been foretold by Musa and his religion is also Musa's religion (Surah 7:157; 42:13). In the Muslim community, however, the story of Musa contributes to supporting monotheism that Musa establishes by real contact with God.

Therefore, we can conclude that the communities of Christians and Muslims develop the Christian and the Islamic accounts on Moses(Musa) to fit in their religious lives. Then, we can get some values and worldviews of both traditions from the accounts of Moses(Musa). That is monotheism. Such similarities and differences of the Qur'an from the Christian Bible contribute to understanding the crucial Muslim's worldview such as monotheism which can be a good point of contact for witness to Muslims.

2. Finding a Point of Contact in the Qur'an and the Bible on Moses(Musa)

I think that the purpose of the Christian witness is to help the other religions to fulfill their authentic desire for the transcendent in accordance with the revelation of the divine love revealed in Jesus Christ. In this point of view, it is important to find some of God's works that prepare other religious people to encounter the finality of the eschatological kingdom announced by Jesus and His gospel.[829]

Wesleyan understanding of religions supports this standpoint based on the prevenient grace of God. According to Wesley, God is working in the lives of all people even prior

---

829) C. E. Braaten, *No Other Gospel* (Minneapolis: Fortress Press, 1992), 67–73.

to salvation.[830] In other words, we can find some kinds of understanding of God's general revelation in other religions without any connection with the Christianity, because God is generally experienced in all religions. Therefore, there would be a room for some points of contact to other religions.

In the comparative study of the Qur'an and the Bible on Moses(Musa), we can find some points of contact for Christian witness to Muslims. The Qur'an does not deny many things about God. As children of Abraham, both Muslims and Christians are sharing a unique understanding of the nature of God. Both groups put great emphasis on their scriptures being the word of God. In this sense, we can find "monotheism" as a point of contact.

Therefore, I think that monotheism is a good point of contact, because God is emphasized in both scriptural accounts of Moses(Musa). In fact, the story of Moses(Musa) in the Qur'an contributes to supporting monotheism that Moses(Musa) is God's prophet established by the real contact with God.

3. Some Directions for Attitudes toward Muslims for Witness

Thus far, I have presented a comparative study of the Qur'an and the Bible on Moses(Musa) for witness to Muslims. Both the Qur'anic and the biblical accounts of Moses(Musa) agree that he is the great prophet of God, the leader of the Hebrews in the Exodus from Egypt, and the mediator of the Law at Sinai. In both traditions, there are many similar stories and also many differing details. These similarities and differences, however, should not be a tool for proving one another's superiority or originality, but a means of understanding each other.

In conclusion, I will suggest some directions for our attitude toward Muslims for

---

830) Colin Williams, *John Wesley's Theology Today* (New York: Abingdon Press, 1960), 45–46.

witness resulting from the comparison between the Qur'an and the Bible on Moses(Musa).

First, we should remove some negative attitudes toward the Qur'an as a human-made cultural creation or the product of human's sinful servitude to the Devil. If we try to understand the Muslim worldview from their sacred writings, we should recognize that the Qur'an has some transcendent and ultimate reality.

Second, we should not prejudge the Qur'anic similarities and differences from the Bible in order to prove the Qur'an as imitative, repetitive, unoriginal, distorted, and misunderstood accounts.

Lastly, we should recognize that similarities and differences of the Qur'an from the Christian Bible contribute to understanding a Muslim's worldview including significant belief and ultimate value: monotheism in both traditions is a good point of contact for witness to Muslims.

제35장 A Christian Witness to Other Religious People

The task of the Christian witness is to interact with people influenced by other religions in order to bring about an encounter of them with the gospel of Jesus Christ who did "the Great Commission"(Matthew 28:19-20). To do the mission of witness to other religious people, first of all, we need to understand who they are and what they believe in without any prejudices. Misunderstanding leads into a false strategy for missions. Then, we need some points of contact with which we could understand God's working in other religious people. Finally, through the intimate dialogue, we proclaim the gospel of Jesus Christ for the fulfillment of the authentic desire for the transcendent that is present in other religious people and the fulfillment of God's work among them. Therefore, for Christian witness to other religious people, we should understand their religions from their points of view and find some points of contact in their religions and proclaim the gospel of Jesus through intimate dialogue.

1. Understanding their Religions from their Points of View

1) The Phenomenological Approach to Comparative Religions

The rise of the phenomenological approach to comparative religions has had considerable impact on the Western study of other religions. Historically, the science of Phenomenology was developed by Edmond Husserl and adapted to Religious Studies by the Dutchman Gerardus van der Leeuw(1890-1950).[831] Phenomenology of religion determines what is real or not in certain religious phenomena through the ideal of "epoche"(bracketing) or suspension of the subjectivity of the interpreter. Since it is not a philosophy or a theology, there is no judgment of values and beliefs on such religious phenomena. Phenomenology of religion provides us with the inner structure and meaning of the religious phenomena or essence of religions.[832] In his article, "Phenomenology as Mission Method," Dean Gilliland, a professor of contextualized Theology at Fuller Theological Seminary, uses it in a mission area, saying it is an approach or a method of objective study of the essence of religious phenomena. He suggests that Christian missionaries use phenomenology of religion to understand other religions at a deep level before they communicate the gospel.[833] In his book, *From Temple to Meeting House*, Harold Turner tries to discover the phenomena of religions in their own perspective. He concludes that religions are authentic phenomena, universal phenomena, and both ideal and actual.[834]

Through the phenomenological understanding of one another's religion, one could remove some negative attitudes toward other religions as man-made cultural creations or the product of men's sinful servitude to the Devil. He or she could begin to understand other religious faiths and practices from their points of view and to find that they also have some transcendent and ultimate reality. Therefore, it is a starting point for witnessing to understand other religions phenomenologically. Now, I turn my attention to specific religious traditions such as Judaism, Islam, Hinduism and Buddhism. In the chapter, I will use my experiences in the field trip to Chicago for meeting other religious people in the fall of 1994.

---

831) Willian Paden, *Religious World: The Comparative Study of Religion* (Boston: Beacon Press, 1994), 1–5.
832) W. Brede Kristensen, *The Meaning of Religion: Lectures in the Phenomenology of Religion*, trans. by John Carman (The Haque: Mouton, 1960), 1–3.
833) Dean Gilliland, "Phenomenology as Mission Method," *Missiology* 7(4): 451–459.
834) Harold Turner, *From Temple to Meeting House* (New York: Mouton Publishing House, 1979), 348–349.

(1) Judaism

M. A. Fishbane asserts that Judaism must be "a living historical phenomenon including a system of ideas about God, the world, and persons and a system of values directing action and feeling within society."[835] Through my field trip to Chicago in 1994, I understood deeply that kind of phenomenon. I realized that Jews really believed in God and love the Torah, and Judaism might their community religion for their peoplehood. I also came to see a Jew not as a stereotype, but as a real person who has a real life and beliefs with his or her own tradition and tries to apply it to his or her life.

(2) Islam

Ordinary people have a tendency that they have a negative attitude toward Muslims as the descendants of Ishmael and terrorists. They do not really understand who Muslims are and what they really believe in. According to Suzanne Haneef, who was converted from Christianity to Islamic beliefs, "Islam, which means submission to God, is not a mere belief system, but it is a total way of life, a complete system governing all aspects of man's experience."[836] In fact, Haneef intended to use the word God rather than *Allah* in order to indicate the sameness between God and *Allah* in her book. In the Arab area, *Allah* is adapted to translate the name of God in the Bible.

(3) Hinduism

David Knipe makes a point that a typical Hindu can be identified as "one who would accept *karma*(the personal consequences or destiny that accrue from action) and *samsara*(this-worldly realm of rebirths) in the belief system, uphold certain sacred texts and deities, admits to class and caste status within a broader social system, express certain symbolic overt or ascetic practices such as fasts or vows, and consider important the

---

835) M. A. Fishbane, *Judaism* (San Fransisco: Harper, 1987), 25.
836) Suzanne Haneef, *What Everyone Should Know About Islam and Muslims* (Chicago: Kazi Publication, 1982), vii.

pursuit of goals toward ultimate release."[837]

Through the field trip, I understood deeply that kind of phenomenon. I realized that Hindus really believe in Brahman and other deities and love the Vedas, and Hinduism is their community religion for their peoplehood. I also came to see Hindus not as a stereotype, but as real people who live and believe in their own tradition.

(4) Buddhism

Some westernized people have a negative attitude toward Buddhism as a fearful religion. As for me, I had this kind of attitude during my childhood. Whenever I as a child passed by a Buddhist temple, I felt uncomfortable because of the smell of incense and the horrible pictures on the wall. After I knew who Buddhists are and what they really believe in, I could see them as real people who have concern for ultimate reality.

According to Robert Lester, Buddhism is "a system of beliefs and practices developed from the life and teachings of *Siddhartha Guatama* and actualized by interplay with the existing beliefs, patterns of behavior, and the social system in other cultural settings."[838] In Japan, *Mahayana*(the Great Vehicle) Buddhism is more than just a set of principles. It is part of a total way of life or civilization.[839] For most Japanese people, the primary significance of Buddhism lies in the rituals for memorializing spirits of the family ancestors and the secondary significance in seasonal and special visits to temples for various blessings.[840] Through the field trip, I saw that also Theravada(the Way of the Elders) Buddhism in Thailand would be closely connected with their social system and peoplehood.

---

837) David Knipe, *Hinduism* (New York: Harper & Collins, 1991), 118.
838) Robert Lester, *Buddhism* (New York: Harper & Collins, 1987), 56, 102.
839) Byron Earhart, *Religions of Japan* (New York: Harper & Collins, 1984), 32.
840) Earhart, 17.

2) Finding Some Points of Contact in Their Religions

After the phenomenological understanding of other religions, we need to find some points of contact in them in order to make an intimate dialogue with them. I think that the purpose of the Christian witness is to help the other religions to fulfill their authentic desire for ultimate reality in accordance with the revelation of the divine love revealed in Jesus Christ. In this point of view, Wesley's concept of "the prevenient grace" is very helpful in finding some of God's works and preparing other religions for encountering "the finality of the eschatological kingdom announced by Jesus and His gospel."[841]

(1) Wesleyan Understanding of Religions

The basis of a Wesleyan understanding of the world of religions is based on the prevenient grace of God. According to Wesley, God is working in the lives of all people even prior to salvation.[842] In other words, we can find some understanding of God's general revelation in other religions without any connection with Christianity, because God is universally experienced in all religions. Therefore, there would be room for some points of contact to other religions.

(2) Elenctic Question: *What Have You Done with God?*

Since all religions are full of stories of people who try to search for the truth and the meaning of both their own life and all realities, they have done something with God. So it is meaningful to ask them "*what have they done with God?*"[843] The answer to that question would be good points of contact in order to share witness the gospel with them.

---

841) Carl Braaten, *No Other Gospel* (Minneapolis: Fortress Press, 1992), 46–47, 80.

842) Collin Williams, *John Wesley's Theology Today* (New York: Abingdon Press, 1960), 45–46.

843) Herman Bavinck, *An Introduction to the Science of Missions* (Philadelphia: Presbyterian and Reformed Publication, 1960), 223.

① Judaism

In the witness to Jews, I appreciate that there are so many points of contact that God brings forth witnesses to His power and glory within Judaism and Jews have so many things done with God. I think that there would be three points of contact: Children of Abraham, Torah and Messiah.

First, as children of Abraham, both Jews and Christians are sharing a unique understanding of the nature of God. Second, both Jews and Christians believe in Torah as God's Word. Jewish people really love Torah that is the center of their lives and religion. I saw during the field trip that a rabbi holding a Torah was marching with it and people was touching it. Now I suggest that sharing of Torah between Jews and Christians would be a kind of point of contact with Jews. Third, the concept of Messiah would be a good point of contact in witnessing to Jews. Christians have been adopted into the family of God through the faith in Jesus as the Messiah of Israel. Therefore, in witnessing to Jews, we are reminded that Judaism and Christianity are both messianic religions. For Christians, Jesus is the Messiah; but Jews are still waiting for the coming of the Messiah. This Messianic reference, therefore, unites Jews and Christians.

② Islam

In the witness to Muslims, I also appreciate that there are so many points of contact that God is working within Islam and Muslims have so many things done with God. I think that there would be three points of contact: Children of Abraham, j*ihad* and Jesus.

First, as children of Abraham, both Muslims and Christians are sharing a unique understanding of the nature of God. Both of them put great emphasis on the God-conscious individuals. Second, the concept of *jihad* would be a good point of

contact. *Jihad* simply means "striving" which the Muslim must carry on within himself or herself in a never ceasing effort at self-improvement and self-purification. In an article of Thomas Harvey, "Conversation of a Pakistani Muslim," the Islamic concept of "self-purification" leads to the Christian concept of cleansing from sin in Christ.[844] Third, Jesus is a good point of contact. The *Qu'ran* contains explicit teaching about Jesus. Muslims are not opposed to Jesus. For Muslims, Jesus is a prophet and messenger of *Allah*, even the Messiah(*Sura* 4:172). The *Qu'ran* declares Jesus as a confirmation of the Torah(*Sura* 5:46). The *Qu'ran* even speaks of the resurrection of Jesus from the dead, and there is also a reference to Jesus's ascension into heaven. In some sense, Muslims affirm that Jesus is alive, that he was taken up body, soul, and spirit into the life and glory of God in heaven. Here we have a point of contact for witnessing to Muslims about the gospel.

③ Hinduism

In the witness to Hindus, there are so many points of contact, that God brings forth witnesses to His power and glory within Hinduism. First, both Hindus and Christians are concerned about the primacy of the soul and the spiritual world (Seamands 1981:156). In the *Bhagavad Gita*, the soul is everlasting, omni-present, never-changing, and eternal(2:17-4). It suggests that Hindus be warriors to kill desires or temptations, the powerful enemy of the soul, and to get freedom from the attachment to this world of age and death for eternal life. In the Bible, Christians have to "seek first the kingdom of God, and his righteousness" and to "set their minds on things that are above, not on things that are on earth"(Matt. 6:33, Col. 3:2).

Second, both Hindus and Christians have an emphasis on the devotional worship with pure love as the way of salvation. In Hinduism, by love man is able to see Brahman, know Him, and come to End Supreme, who is the One source of Being in all beings, God of gods(*Gita* 10:2-10, 11:54, 12:18, 18:68). In the Gospel of John, it is by love that men can come to God and abide with Him(John 14:23).

Third, Hindus have a similar concept of the Lord to Christians. In Hinduism, Krishna

---

844) Thomas Harvey, "Evangelism: Case Study on Mehdiraza," *Christian Witness Class at Asbury*, 1984.

is the holy Word, the holy Food, the holy Fire, the Father of this universe, the Creator of all, and the Way(9:16-19). *Krishna* is incarnate in the human body, but people do not know Him(9:11). In Christianity, Jesus is also the Word, the Creator, the Light, the living Water, the Bread, the Life, and the Way(John 1:1-9, 6:35, 11:25). Jesus

became flesh(John 1:10). These points of contact can serve for dialogue with people influenced by Hinduism.

④ Buddhism

In the witness to Buddhists, there are so many points of contact: A higher standard of ethics, emphasis on inner peace, and belief in heaven and hell especially in Mahayana Buddhism. First, we take "a high standard of ethics" in Buddhism as a point of contact. In the *Dhammapada*, it commands truth-speaking, purity of mind from selfish desires, and charity(1:7, 16-17, 3:37-39). They believe that men can reach the peace of *Nirvana* by practicing "Four Great Truths" and "Eight-fold Path." Second, we can consider the peace of *Nirvana* as a point of contact. In Nantachai's testimony about his conversion from Buddhism, I knew that he sought inner peace as a Buddhist. As a devoted Buddhist and scholar, he sought the inner peace within Buddhism. But he encountered a Korean missionary in Thailand and received the Bible. As he read it, he found a new way of getting the inner peace through the faith in Jesus Christ. Third, in Mahayana Buddhism, the belief in heaven and hell with future rewards and punishments, can be a good point of contact. It is similar to the Christian view of the future life. Now, having these points of contact in other religions. we will try to proclaim the gospel of Jesus through intimate dialogue.

3) Proclaim the Gospel of Jesus through Intimate Dialogue

Christian witness today is challenged in the context of the world religions. There would be two responses to the challenge of other religions: the rejection of other religions or the toleration of other religions. John E. Sanders is very close to the spirit of tolerance about other faiths. He concludes that people who never hear the gospel could be saved by grace if they trusted in God because all believers have Christ implicitly.[845] His assertion seems to have something to do with Karl Rahner's "anonymous Christian." According to his assumption, all religions have their own saving mediators, those are, their Christs. In other words, Christ can be many and Jesus is one of them.

I think, however, Christian gospel declares that the divine reality was only revealed in the person of Jesus(John 3:16, Acts 4:12). The gospel does not say about some anonymous Christ principle but the concrete reality and historical person of Jesus as the Christ. Thus, the absolute claim of Christianity is placed on God's eschatological self-revelation in the person of Jesus Christ.[846] Then, in the aspect of asserting the uniqueness of Jesus Christ, people are likely to anticipate that there would be some negative attitudes like intolerance, arrogance, superiority, triumphalism, colonialism, crusades. Evangelicals of witnessing to other religious people could be criticized as egocentricity. In other words, Evangelicals tend to regard other religious people as "fishes" that should be caught. They tend to put a bait on a hook to catch these "fishes." To avoid this tendency toward egocentricity, I think that Christians should have a humble mind toward other religious people.

This is a pattern for witness toward other religious people which we learn from Jesus and Paul. When we make a witness to them, we have to be "sitting among them" comfortably, to be "listening to them," humbly, to be "asking them" for understanding their values and worldviews in a deeper level, and to be "proclaiming" the gospel in terms of their languages and their points of view. Finally, we have to rely on the Holy Spirit, who "will convict the world concerning sin, righteousness, and judgment"(John 16:8).

In order for Christian witness to Jews, Muslims, Hindus, and Buddhists, Mathias

---

845) John Sanders, "Is Belief in Christ Necessary for Salvation?" *Evangelcal Quaterly* 60: 259.
846) Braaten, 46.

Zahniser, professor at Asbury Theological Seminary, suggests the method of "proclamation through intimate dialogue." This method includes understanding and appreciation of other religions based on the conviction of the work of the Holy Spirit and the close encounters with vulnerability.[847] I think that this method of an intimate dialogue is very important to understand each other's religious beliefs and behaviors without any hidden goal for conquering others. I believe that the Holy Spirit must be working through the intimate dialogue to convince the world of sin, of judgement, and of righteousness.

2. Not Destroying But Fulfilling the Religions

Until now, I have discussed on the Christian witness to Jews, Muslims, Hindus, and Buddhists on the basis of such convictions: God is working within the religions, Jesus is the Christ, and the gospel of Jesus Christ does not destroy but fulfills the religions. In this point of view, for the personal witness to other religious people, we should understand their religions from their points of view and find some points of contact in their religions and proclaim the gospel of Jesus through intimate dialogue.

---

847) Mathias Zahniser, "Close Encounters of the Vulnerable Kind: Christian Dialogical Proclamation Among Muslims," *The Asbury Theological Journal* 49, no. 1, 72–76.

제36장 Attitudes of Dialogue with Other Religions among the WCC, Evangelicals, and Roman Catholics

In the field of theology of mission, the issue of dialogue with other religions would be a very important and unavoidable matter, because many of those who live in the two-thirds world believe other religions and Christians have the responsibility to reach them with the gospel of Jesus Christ.[848] Especially, in the 21st Century, the necessity of dialogue with other religions comes to be a main issue of theology of mission. Knitter expressed "the Century of the plurality" in which Christians would live with other religious people such as Buddhists, Muslims, and Hindus as neighbors.[849] For the witness to the neighbors, we can not avoid dialogue with other religions.

This chapter, therefore, deals with comparison of attitudes toward dialogue with other religions among the World Council of Churches, the Evangelical Churches, and the Roman Catholic Churches. For this comparison, I will use the materials such as "Mission and Evangelism: an Ecumenical Affirmation" of the WCC, "The Lausanne Covenant" of the Evangelical Churches, and "Ad Gentes" (To Nations) and "Evanglii Nuntiandi" (Evangelism to the Modern) of the Roman Catholic Churches. After comparison, I will suggest some directions that we Evangelicals should follow when we are in dialogue with other religious people.

---

848) Colin Chapman, "The Challenge of Other Religions," *World Evangelization* (Nov.– Dec. 1989/ Jan. 1990): 16.
849) Paul Knitter, *No Other Name?* (New York: Orbis Books, 1986), 1–21.

1. Rise of Concern for Mission and Evangelism among the WCC, Evangelicals, Roman Catholics

In 1975, the World Council of Churches held its Fifth Assembly at Nairobi, where mission and evangelism were maintained to be urgent tasks for the church. After the Nairobi Assembly, the Central Committee of the WCC asked the Commission on World Mission and Evangelism to prepare a document containing the topic of mission and evangelism. In 1981, the Central Committee received the document entitled "Mission and Evangelism: An Ecumenical Affirmation" which became "the single most important ecumenical statement" on mission.[850]

Evangelicals in the world, 2,700 participants from 150 countries, held the International Congress on World Evangelization at Lausanne in 1974. They produced a document known as "The Lausanne Covenant."[851] This document has become the "basis for cooperation in mission among evangelicals and the benchmark statement for evangelical mission theology."[852]

The Roman Catholics' concern for mission is expressed officially in "Ad Gentes." This document was declared on December 7, 1965, by Vatican II and is to be understood as the official position of the Roman Catholic Church on Christian missions.[853] In 1974, the Roman Bishop's Synod confirmed that "the task of evangelizing all people constitutes the essential mission of the Church" and asked Pope Paul VI to consider further the meaning and task of mission in the modern world. The response of Paul VI was the document called Evangelii Nuntiandi, that means "On Evangelization in the Modern World."[854] This

---

850) Jean Stromberg ed., *Mission and Evangelism: An Ecumenical Affirmation* (New York: NCC in the U.S.A., 1983), 3.
851) J. D. Douglas ed., Let the Earth Hear His Voice: International Congress on World Evangelization, Lausanne, Switzerland (Minneapolis: World Wide Pub., 1975), 3–9.
852) James Scherer and Stephen Bevans ed., *New Directions in Mission and Evangelism 1: Basic Statements 1974–1991* (New York: Orbis Books, 1992), 253.
853) Authur F. Glasser and Donald A. McGavran, *Contemporary Theology of Mission* (Grand Rapids: Baker Book House, 1983), 180.
854) Pope Paul VI, *Apostolic Exhortation, Evangelii Nuntiandi,* "On Evangelization in the Modern world" (Rome: Congregation for the Evangelization of Peoples, n.d.). Cited in James A. Scherer, *Gospel, Church, and Kingdom* (Minneapolis: Augsburg Pub., 1987), 40.

document stands for all subsequent Catholic mission statements.

These documents point the churches within the WCC, Evangelicals, and Roman Catholics toward the fulfillment of their common tasks of mission and evangelism. Before comparing the attitudes of the WCC, Evangelicals, and Roman Catholics toward dialogue with other religions, I would like to consider three attitudes toward other religions for better understanding.

2. Three Attitudes toward Other Religions

There are three main types of attitudes on other religions according to their explanations and interpretations of the relationship between Christianity and other religions.

Exclusivism

To the first type, exclusivism, belong those theologians who think that the devotion to Christ excludes other religions. For them, Christianity is not one of many religions but the only true religion. The main supporter of this type are Karl Barth, Hendrik Kraemer, and Lesslie Newbigin.[855] As Barth said, religion is "unbelief" and the revelation is the "cancellation (Die Aufhebung)" of the religion.[856] He focused Christocentric theology by stressing the uniqueness of Christ.

Inclusivism

To the second type, inclusivism, belong those theologians who hold that Christ is in some measure already present in other religions. Although they admit the workings of God in other religions, they are not good enough for salvation. Christianity is the religion

---

855) Alan Race, *Christians and Religious Pluralism* (New York: Orbis Books, 1982), 10-37.
856) Karl Barth, *Church Dogmatics*, vol. 1 (Edinburgh: T. & T. Clark, 1962), 302.

which fulfills what other religions are seeking. The main representatives of this type are Karl Rahner, Heinz Robert Schlette, Raymond Panikkar, who are Roman Catholics.[857] Even among Protestants, however, there was a man J.N. Farquhar, who wrote The Crown of Hinduism (1913).[858] As Rahner said, other religions are "anonymous Christianity." This type is universalistic but does not neglect the importance of Christ, for Christ alone is Savior. But it is inclusive because it recognizes the operation of God's spirit outside of Christianity. It is Pneumacentric or Spiritcentric theology.

Pluralism

To the third type, pluralism, belong those theologians who consider the different religions as independently valid communities of faith. They do not say, therefore, that Christianity is the only way to God. Christianity is one of many ways to God. Chief advocates of this type are Ernst Troeltsch, William Hocking, John B. Cobb, and John Hick who are liberal Protestants.[859] Even among Catholics, there is a man like Paul Knitter. As Hick says, "God has many names." This type is Theocentric theology. It tends to be universalistic, denying the uniqueness of Christ.

Among these three types, pluralism is most eager to have the interreligious dialogue. For the pluralistic type, the identity of each religion may be changed by the dialogue. Inclusivism is also eager, not more than pluralism, for the dialogue. For the inclusive type, interreligious dialogue goes much further than the exclusive type, but less than the pluralistic type, so that Christianity may be changed externally but not internally by the dialogue. Exclusivism is the most difficult to come to the dialogue. For the exclusive type, interreligious dialogue remains on an international and intercultural level for mutual understanding so that the identity of Christianity will never be affected by the dialogue.

From the perspective of mission and evangelism, I think pluralism is not adequate to

---

857) Alan Race, op.cit., 45–55.
858) Ibid., 57.
859) Ibid, 70–90.

support Christian mission, because it regards other religions as many ways of salvation. The inclusive type, however, can let other religions meet Christianity for the purpose of Christian mission, because it sees other religions as tutors leading people to Christ. Exclusivism as the traditional method of Christian mission would be able to support Christian mission, when Christians participate in their needs of other religious people with the concern for their culture and customs.

Now, we turn our attention to attitudes of the WCC, Evangelicals, and Roman Catholics toward dialogue with other religions.

3. Attitudes Toward Dialogue with Other Religions among the WCC, Evangelicals, and Roman Catholics

The WCC's attitude: dialogue through "Presence"

The WCC's proposal about dialogue focuses "the deepest levels of human life." The aim of dialogue is ⋯ the enabling of a true encounter between those spiritual insights and experiences which are only found at the deepest levels of human life.[860]

This emphasis on "the deepest levels of human life" is also expressed in terms of "the context of neighbors" on the document of "Mission and Evangelism: An Ecumenical Affirmation." The document points out that Christians have responsibility to bring the gospel to other religious people in their context.

Christians owe the message of God's salvation in Jesus Christ to every person and to every people. Christians make their witness in the context of neighbors

---

860) Alan Race, op.cit, 11.

who live by other religious convictions and ideological persuasions.[861]

The document declares that the witness to other religious people starts in a humble and repentant spirit. It calls Christians for confessing negative attitudes on other religions. It admits that Christians have often looked for the worst in

others and have passed negative judgement upon other religions. It shows us when Christians discard the negative attitude toward other religions, witness and dialogue can start.[862]

This attitude of the WCC toward dialogue with other religions is the dialogue with "persuasion of presence" like the way that Jesus of Nazareth became a human being. Christians should use every opportunity in their presence to "join hands with other religious people" to dialogue.[863] It is possible to get more intimate dialogue when Christians work together for freedom, peace, and the human rights in communities.

This attitude of the WCC, "dialogue through presence," however, lost its purpose for the witness to other religious people. They do not take a responsibility to witness the gospel, rather are concerned only about justice and peace of the communities, and interreligious understanding. In the WCC, the dialogue does not serve the purpose of witness. The assertion of "Mission and Evangelism: An Ecumenical Affirmation" " Within a spirit of openness and trust, Christians are able to bear authentic witness," -- lost its goal "authentic witness."

The Evangelical Attitude: Dialogue for Proclamation

The International Congress on World Evangelization at Lausanne 1974 has a significance for emphasizing evangelical mission efforts and a challenge to non-evangelicals.[864] It

---

861) Scherer and Bevans ed., *op.cit.*, 50.
862) *Ibid.*
863) *Ibid.*

manifested a document "The Lausanne Covenant." In part three of the Lausanne Covenant, "The Uniqueness and Universality of Christ," it mentions about the attitude toward dialogue with other religions.

> We also reject as derogatory to Christ and the gospel every kind of syncretism and dialogue which implies that Christ speaks equally through all religions and ideologies.[865)

This attitude is exclusivism and denies inclusivism and pluralism. The Lausanne Covenant asserts that there is no other name except Jesus Christ by which we must be saved (Acts 4:12). It does not affirm all religions offer salvation in Christ.[866)

This exclusive attitude toward other religions leads to dialogue with other religions for the purpose of "proclamation." Evangelicals do not deny dialogue and listening from other faiths for the understanding of other religions.

> Our Christian presence in the world is indispensable to evangelism, and so is that kind of dialogue whose purpose is to listen sensitively in order to understand.[867)

To Evangelicals, dialogue seems to be a means in order to open the opportunity to proclaim the gospel and persuade people to be reconciled to God. Dialogue always serves evangelism as a means. This characteristic of dialogue as a means is well expressed in the Lausanne Covenant at part nine "The Urgency of The Evangelistic Task."

> The goal should be, by all available means and at the earliest possible time, that

---

864) Scherer, *Gospel, Church, and Kingdom*, 40.
865) "The Lausanne Covenant," Scherer and Bevans ed., *op.cit.*, 254.
866) *Ibid.*, 255.
867) *Ibid.*, 255.

every person will have the opportunity to hear, understand, and receive the good news.[868]

This kind of attitude of Evangelicals toward dialogue with other religions can be criticized as "egocentricity." In other words, Evangelicals tend to regard other religious people as fishes that should be caught. They tend to put a bait on a hook to catch fishes. To avoid this tendency toward "egocentricity," the Lausanne Covenant emphasizes the humble attitude of missionaries.

In sum, the meaning of dialogue with other religions expressed in the Lausanne Covenant is always for the proclamation of the gospel. For proclamation, it needs to understand other religions through dialogue. Dialogue is a means of proclamation to Evangelicals.

Roman Catholics: Dialogue Through Presence For Proclamation

Roman Catholic theology of mission is officially set forth in "Ad Gentes" which was declared by Vatican II in 1965. It is understood as the official position of the Roman Catholic Church on Christian missions. "Ad Gentes" states that mission ought to be defined as intentionally persuading non-Christian men and women to believe that Jesus is the Christ, the sacrifice for sin, the Savior of the world.[869]

"Ad Gentes" focuses "presence" for "proclamation." in cultural and religious traditions.

Let them be joined to those men by esteem and love, and acknowledge themselves to be members of the group of men among whom they live. Let them share in cultural and social life by the various exchanges and enterprises of human

---

868) *Ibid.*, 257.
869) Glasser and McGavran, *op. cit.*, 185.

living. Let them be familiar with their national and religious traditions.[870]

"Ad Gentes" also states that "the religious endeavors of men may lead one to the true God and be a preparation for the Gospel."[871]

The 1974 Synod of Roman Bishops met on the topic "Evangelization in the Modern World" Evangelii Nuntiandi. The Synod confirmed that "the mandate to evangelize all people constitutes the essential mission of the Church." The Synod commanded the pursuit of the dialogue with other faiths:

> …to achieve a deeper understanding of the gospel's newness and of the fullness of revelation, and to be able to show them thereby the salvific truth of God's love that fulfills itself in Christ.[872]

Paul VI accepted the challenge from the 1974 Bishops Synod in the apostolic exhortation "The Evangelization of the Men of Our Time" (Evangelii Nuntiandi, 1975).[873]

As seen above, the attitude of Roman Catholics toward other religions is close to inclusivism. Since Catholics have been more concerned for social responsibility after Vatican II, they focus also "presence" for "proclamation" in the dialogue with other religious people.

4. Learning from Jesus and Paul

Throughout this chapter, we have considered three attitudes on other religions namely exclusivism, inclusivism, and pluralism. To exclusivists, Christianity is not one of many

---

870) "Ad Gentes," in Abbott, *Vatican II*, 587. Cited in *Ibid.*, 188.
871) Austin Flannery ed., *Vatican Council II* (Dublin: Dominican Pub., 1975), 814. Cited in Alan Race *op.cit.*, 44.
872) "Declaration from the Roman Bishops Synod of 1974," 263. Cited in Scherer, *op.cit.*, 202.
873) *Ibid.*, 201.

religions but the only true religion. To inclusivists, Christianity is the religion which fulfills what other religions are seeking. To pluralists, Christianity is one of many ways to God.

We have also discussed three attitudes on dialogue with other religious people: the WCC, Evangelicals, and Roman Catholics. The WCC emphasized "dialogue through presence," Evangelicals insisted "dialogue for proclamation," and Roman Catholics focused "dialogue through presence for proclamation."

I think these attitudes of the WCC, Evangelicals, and Catholics toward dialogue with other religious people lead us to some important points toward the 21st century theology of mission. First, we should keep in mind that dialogue with other religions must be a crucial issue in the theology of mission. Second, we should admit that dialogue must be not the purpose but a means of witnessing the gospel. The real goal of dialogue should have something to do with proclamation of the Good News to other religious people to be saved. Third, for doing dialogue, there is a need for a humble mind to be a servant to them. Lastly, in connection with dialogue, I would like to conclude with some practical directions that we Evangelicals should follow when we are doing dialogue with other religious people.

I think the method Jesus used is very helpful for the model of dialogue with other religious people. At the age of twelve, Jesus Christ was "sitting" in the midst of the teachers, both "listening" to them and "asking" them questions in the Jerusalem temple (Luke 2:46-47). In this picture, we can see the model of dialogue.

First, it is important for dialogue to be "sitting among them." The very first stage of dialogue with other religious people is "sitting among them." By sitting, man can create a comfortable feeling and make others feel at home. The position of sitting is not for battle but for dialogue. Before dialogue, men should first sit down comfortably.

Second, it is crucial for dialogue to be "listening to them." Jesus listened to the teachers. The attitude of listening is closely connected with humility. Unless one listens to others, dialogue can not be continued. Christians should listen to other religious people carefully and understand their values and worldviews.

Third, it is significant for dialogue to be "asking them." After listening to them and understanding their values and worldviews, one can ask them about their real problems and solutions in a deeper level. At this stage, Christians can prepare to proclaim the gospel as the real solution.

Fourth, I will add Apostle Paul's method that is important for dialogue with other religious people. It is to be "proclaiming" in terms of their language and their points of view. We see the model of this method in Paul's speech in Athens. Although Paul was deeply troubled by all the idols he saw everywhere throughout the city, he did not use a negative note toward them. Rather, he addressed them from their points of view: "Men of Athens, I notice that you are very religious" (Acts 17:22). Then, Paul adopted their words and terms when he proclaimed the gospel:

> As one of your own poets says it, "We are the sons of God." If this is true, we shouldn't think of God as an idol made by men from gold or silver or chipped from stone. God tolerated man's past ignorance about these things, but now he commands everyone to put away idols and worship only Him (Acts 17:28-30).

This is a practical pattern for dialogue with other religious people which we learn from Jesus and Paul. When we dialogue with other religious people, we have to be "sitting among them" comfortably, to be "listening to them" humbly, to be "asking them" for understanding their values and worldviews in a deeper level, and to be "proclaiming" the gospel in terms of their language and their points of view. Finally, we have to rely on the Holy Spirit who "will convict the world concerning sin, righteousness, and judgment" (John 16:8).

참고문헌

제1장

김승일, 이은우. 『한반도와 동아시아 세계』. 서울: 지식마당, 2002.

김은수. 『비교종교학개론』. 서울: 대한기독교서회, 2006.

김열규. 『한국의 신화』. 서울: 일조각, 1976.

김태곤. 『한국 무속의 연구』. 서울: 집문당, 1995.

손진태. 『조선 상고 문화의 연구』. 서울: 태학가, 1981,

서영대. 「한국 고대종교 연구사」. 한국종교학회 편. 『해방 후 50년 한국 종교 연구사』. 서울: 도서출판 창, 1997.

서정범. 『무녀별곡1』. 서울: 한나라, 1992.

_____. 『무녀별곡2』. 서울: 한나라, 1992.

_____. 『무녀별곡3』. 서울: 한나라, 1993.

신광영. 『동아시아 산업화와 민주화』. 서울: 문학과 지성사, 1999.

신광철. 「한국 종교문화의 지역성과 세계성」. 새천년준비위원회 편. 『동북아시아 문화의 지역성과 세계성』. 서울: 범신사, 2000.

유동식. 『한국 무교의 역사와 구조』. 서울: 대한 기독교 서회, 1975.

이능화. 『조선 무속고』. 서울: 동문선, 1995[1927].

이장호. 「노윤식의 한국토착종교와 기독교 선교 전략에 대한 논찬」. 『2006년 제2차 한국 복음주의선교신학회 한국선교학회 공동학술세미나 논문집』. 2006년 8월 19일.

장수근. 『한국의 신화』. 서울: 성문각, 1961.

조동걸. 『한국 근현대사의 탐구』. 서울: 경인 문화사, 2003.

조흥윤. 『무와 민족 문화』. 서울: 민족 문화사, 1994.

최길성. 『한국 무속의 역사』. 서울: 아시아 문화사, 1990.

_____. 『한국 민간신앙의 연구』. 대구: 계명대출판부, 1989.

최남선. 「단군고기잔역」. 『사상계』. 1954년 2월호.

최래옥. 『한국 문화와 기독교』. 서울: 한양대학교 출판부, 1994.

최문형. 『한국을 둘러싼 제국주의 열강의 각축』. 서울: 지식산업사, 2002.

한규무. 「1900년대 서울지역 기독교회와 민족 운동의 동향」. 한국민족운동사연구회 편. 『한국 민족 운동과 종교』. 서울: 국학자료원, 1998.

Eliade, Mircea. *Shamaism: Archaic Techniques of Ecstasy.* New York: Bollingen Foundation, 1960.

Heiler, Friedrich. *Erscheinungsformen und Wesen der Religion.* vol. 1. Christel Matthias Shroeder ed. *Die Religionen der Menschheit.* Stuttgart: W. Kohlhammer Verlag, 1961.

Lee, Jung-Young. *Korean Shamanistic Rituals.* New York: Nouton Publishers, 1981.

Park, Andrew Sung. *The Wounded Heart of God.* Nashville, TN: Abingdon, 1993.

Snyder, Howard A. "The Babylonian Captivity of Wesleyan Theology." *Wesleyan Theological Journal* vol. 39 no. 1 (Spring, 2004): 7-34.

Spittler, R. P. "The Pentecostal View." In *Christian Spirituality.* Donald L. Alexander, ed. Downers Grove, IL: InterVasity Press, 1988.

제2장

김동욱. 「다문화주의의 도전과 응전」. 『미국학 논집』, 제30집 1호(1998): 29-49.

노윤식. 『종교현상학 이론과 실제』. 서울: 한울림, 2000.

이 진. 『나는 미국이 딱 절반만 좋다』. 서울: 북 & 월드, 2001.

최병헌 외 2인. 『미국문화와 사회』. 서울: 대우출판사, 2000.

태혜숙. 『문화로 접근하는 미국』. 서울: 중명, 1998.

_____. 『미국 문화의 이해』. 서울: 중명, 1997.

Blum, Lawrence. "Multiculturalism, Racial Justice, and Commumity." In *Contemporary Philosophical Perspective on Pluralism and Multiculturalism.* edited by Lawrence Foster & Patricia Herzog. Boston: Amherst University of Massachusetts Press, 1994.

Campbell, Neil & Alasdair Kean. 『미국문화의 이해』. 정정호 외 5인 공역. 서울: 학문, 2002.

Emerson, Ralph Waldo. "The American Scholar." in Robert E. Spiller ed. *The American Literary Revolution 1783-1837.* Garden City, New York: Doubleday Anchor, 1967.

Hunsberger, George. *Bearing the Witness of the spirit: Lesslie Newbigin's Theology of Cultural Plurality.* Grand Rapids, MI: Eerdmans Publshing Company, 1998.

Luzbetak, Louis J. S. V. D. *The Church and Culture: New Perspective in Missiological Anthropology.* Maryknoll, NY: Orbis, 1995.

McLaren, Peter. "White Terror and Oppositional Agency: Towards a Critical Multiculturalism." In *Multiculturalism: A Critical Reader.* edited by David Theo Goldberg. Oxford: Basil Blackwell, 1994.

Olnect, Michael. "Can Multicultural Education Change What Counts as Cultural Capital?". *American Educational Research Journal.* Summer 2000. 37(2): 317-348.

Rhodes, Stephen. *Where the Nations Meet: The Church in a Multicultural World.* Downers Grove, IL: InterVarsity Press, 1998.

Williams, Peter. *Popular Religion in America: Symbolic Change and the Modernization Process in Historical Perspective.* Chicago: University of Illinois Press, 1989.

제3장

Bednarowski, Mary F. *New Religions: The Theological Imagination in America.* Bloomington and Indianapolis: Indiana University Press, 1989.

Bowman, Jr. Robert. *Orthodoxy and Heresy: A Biblical Guide to Doctrinal Discernment.* Grand Rapids, MI: Baker Book House, 1993.

Enroth, Ronald. *Evangelizing the Cults.* Ann Arbor, MI: Servent Publications, 1990.

Galanter, Marc. *Cults: Faith, Healing and Coercion.* New York and Oxford: Oxford University Press, 1989.

Gesy, Lawrence J. *Today's Destructive Cults and Movements.* Huntington, IN: Our Sunday Visitor Publishing Division, Our Sunday Visitor, Inc., 1993.

Martin, Walter. *The Kingdom of Cults.* Minneapolis, MI: Bethany House, 1996.

Mather, George A. and Larry A. Nichols. *Dictionary of Cults, Sects, Religions and the Occult.* Grand Rapids, MI: Zondervan, 1993.

McDowell, Josh and Don Stewart. *The Deceivers.* San Bernardino, CA: Here's Life Publications, 1992.

Saliba, John A. *Understanding New Religious Movements.* Grand Rapids, MI: William B. Eerdmans Publishing Company, 1995.

Stamm, Hugo. 『사이비 종교』. 송순섭 역. 서울: 홍성사, 1997.

Tucker, Ruth A. *Another Gospel: Cults, Alternative Religions and the New Age Movement.* Grand Rapids, MI: Zondervan, 1989.

Watson, William. *A Concise Dictionary of Cults and Religions.* Chicago: Moody Press, 1991.

대뉴욕지구 한인교역자회 신학윤리위원회. 『이단 사이비 자료집』. 1996년 10월.

심창섭외 3인. 『기독교의 이단들』. 서울: 대한예수교장로회총회출판부, 1993.

조선일보. "MBC 폭력사태". 1999년 5월 13일.

한국종교연구회. 『종교 다시 읽기』. 서울: 청년사, 1999.

제4장

김대원. "기감 감독 10인 성윤리 바로 세우자". 크리스천투데이. 2003. 8. 4.

정화열. 『몸의 정치』. 박현모 역. 서울: 민음사, 1999.

"한국선교사현장사역보고서". 한국세계 선교협의회, 2001.

Anderson, Neil. *The Bondage Breaker*. Eugene, OR: Harvest, 1990.

Bosch, David. *Transforming Mission: Paradigm Shifts in Theology of Mission*. Maryknoll, NY: Orbis, 1993.

Grosvenor, Mary ed. *A Grammatical Analysis of the Greek New Testament*. Rome: Scripta Pontificii Instituti Biblici, 1988.

Hiebert, Paul. "Spiritual Warfare and Worldview." edited by William D. Taylor. *Global Missiology for the 21st Century*. Grand Rapids, MI: WEF, 2000.

Kittel, G. *Theological Dictionary of the New Testament*. vol. 7. Grand Rapids, MI: Eerdmans, 1976.

Kraft, Charles. "What Kind of Encounters Do We Need in Out Christian Witness?" *Evangelical Missions Quarterly* 27(7): 258.

Luzbetak, Louis. *The Church and Cultures*. Maryknoll, NY: Orbis, 1995.

Murphy, Ed. *The Handbook for Spiritual Warfare*. Nashville, TN: Thomas Nelson, 1992.

Scherer, James A. and Stephen B. Bevans ed. *New Directions in Mission and Evangelism: Basic Statements 1974-1991*. Maryknoll, NY: Orbis, 1992.

Tippett, Alan. *Solomon Island Christianity*. New York: Friendship, 1967.

_____. *People Movements in Southern Polynesia*. Chicago: Moody, 1971.

_____. "Evangelization Among Animists." in *Let the Earth Hear His Voice*. Minneapolis, MI: Worldwide, 1975.

Wagner, C. Peter. *Engaging the Enemy: How to Fight and Defeat Territorial Spirits*. Ventura, CA: Regal, 1991.

_____. ed. Territorial Spirits. Chichester, England: Sovereign World Limited, 1991.

Warner, Timothy. "Power Encounter with the Demonic." in *Evangelism on the Cutting Edge*. edited by Robert Coleman. Old Tappan, NJ: Revell, 1988.

_____. *Spiritual Warfare: Victory Over the Powers of the Dark World*. Wheaton, IL: Crossway, 1991.

_____. *Warfare Prayer*. Ventura, CA: Regal, 1992.

"Exorcism Flourishing Once Again." *Los Angeles Times*. Oct. 31, 2000.

"Exorcists in demand to purge Mexico's demons." *The Guardian (England)*. Feb. 15, 2001.

"Exorcists." *The Guardian (England)*. Jan. 15, 2001.

"Mexican exorcists busy in land of witchcraft, pagan rituals." *CNN/AP*. Nov. 26, 2000.

"Religious group awaits resurrection." Sunday Star Times (New Zealand). Jan. 7, 2001.

제5장

Allen, E. Anthony et al. *Health, Healing and Transformation.* Monrovia, CA: MARC and World Vision International, 1991.

Anane-Asane, Andrew et al. "Paul G. Hiebert's 'the Flaw of the Excluded Middle'." *Trinity Journal* (2009): 189-197.

Capps, Walter H. *Religious Studies.* Minneapolis, MN: Augusburg Fortress, 1995.

Hiebert, Paul et al. *Understanding Folk Religion.* Grand Rapids, MI: Baker Books, 1999.

Kendrick, Graham and Steve Hawthorne, *Prayerwalking.* 최요한 역. 『땅 밟기 기도』. 고양: 예수전도단 출판부, 2008.

Kraft, Charles. "Christian Animism" or God-Given Authority?" In *Spiritual Power and Missions.* edited by Edward Rommen. Pasadena, CA: William Carey Library, 1995.

Larkin, Jr. William J. *Culture and Biblical Hermeneutics.* Grand Rapids, MI: Baker Book House, 1988.

Murphy, Edward F. *The Handbook of Spiritual Warfare.* Nashville, TN: Thomas Nelson Publishers, 1992.

Priest, Robert J. et al. "Missiological Syncretism: The New Animistic Paradigm." In *Spiritual Power and Missions.* edited by Edward Rommen. Pasadena, CA: William Carey Library, 1995.

Springer, Kevin ed. *Power Encounter.* San Francisco: Haarper & Row, 1988.

Terry, John Mark et al. ed., *Missiology.* Nashville, TN: Broadman & Holman Publishers, 1998.

Wagner, C. Peter et al. *Engaging the Enemy: How to Fight and Defeat Territorial Spirits.* Ventura, CA: Regal Books, 1991.

김단옥. "할로윈축제 한국귀신 등장! 한국을 알리기 위한 '할로윈 고구려 프로젝트'". 〈한경닷컴 bnt뉴스〉. 2010년 11월 1일.

김 문. "'봉은사 땅 밟기' 갈등 속 종교간 소통 모색". 〈서울신문〉. 2010년 11월 3일.

김민수. "독사의 새끼들아!" … 그들이 당신들 아닌가? '봉은사 땅 밟기,' '동화사 땅 밟기' 등 일련의 기독교인 행태를 보며". 〈뉴스앤조이〉. 2010년 10월 29일.

김봄솔. "봉은사 땅 밟기 논란 주도한 찬양인도자학교 공식 사과". 〈경기북부일보〉. 2010년 11월 4일.

김치중. "개신교 불교폄훼 '이것이 문제다' ① 불교폄훼 근원 '개신교 근본주의'". 〈주간불교〉. 2010년 12월 30일.

남수연. "봉은사 경내서 '파괴되라' 기도 '찬양인도자학교' 소속 기독교신자들 '봉은사 땅 밟기' 동영상 충격". 〈법보신문〉. 2010년 10월 26일.

노윤식. 「기독교 선교의 영적 전쟁 방법론」. 『성결신학연구』제19집(2009, 12): 157-172.

박수진. "봉은사 땅 밟기 이후… 온라인 종교 갈등 재 점화". 〈헤럴드경제〉. 2010년 10월 28일.

여수령. "땅 밟기는 영적 전쟁 전략…포기 말아야: '인터넷으로 확산' 주장에 불교계 감시 필요한 때". 〈불교포커스〉 http://www.bulgyofocus.net. 2010년 12월 14일.

유연석. "땅 밟기가 뭐가 문제? 인터콥 최바울 대표, '절간 아니라 집까지 방문해서라도 기도해야'". 〈국민일보〉. 2010년 10월 28일.

윤효정. "봉은사 땅 밟기… 불교 폄하 동영상 파문". 〈MBC 뉴스데스크〉. 2010년 10월 27일.

이대웅. "라이즈업 코리아 919 D-2, 준비상황은". 〈크리스천투데이〉. 2010년 9월 17일.

이지희. "스티브 호돈 하나님의 목적 향한 기도해야". 〈크리스천투데이〉. 2009년 2월 16일.

이호승. "'땅 밟기는 영적 전쟁 전략, 포기해선 안 돼' 노윤식 성결대 신학대학원장, 세미나서 망언 '용어 바꿔 지속해야' … 불교계, '지도자 부적격'". 〈법보신문〉. 2010년 12월 22일.

임민용. "윤락녀도 사랑하는 하나님… 그들을 빛으로". 〈크리스천투데이〉. 2007년 3월 23일.

전세화. "'봉은사 땅 밟기' 파문, 사과로 진화될까?" 〈한국일보〉. 2010년 10월 28일.

최기숙. 『처녀귀신 : 조선시대 여인의 한과 복수』. 서울: 문학동네, 2010.

허난세. "부산 청년들 '회개, 기도, 그 다음은 나눔'". 〈크리스천투데이〉. 2007년 7월 14일.

"선교 현장-한국교회 이어주는 징검다리 되고 싶어". 〈크리스천투데이〉. 2007년 12월 5일.

"아마존 현지인들에게 하나님 사랑 전한 아웃리치". 〈크리스천투데이〉. 2010년 8월 13일.

"일부 종교인들의 소영웅주의적 행동 부적절". 〈크리스천투데이〉. 2010년 10월 26일.

"온누리교회, 선교센터 완공 눈앞 … 공정률 83%". 〈크리스천투데이〉. 2009년 10월 27일.

"'봉은사 땅 밟기' 개독열전, 불교국가 버마사원 예배테러". 〈인터넷 미주불교〉 http://cafe.daum.net/budda.usa. 2010년 10월 27일.

"땅 밟기는 영적 전쟁의 한 전략으로써 포기하면 안 된다". 〈선교신문〉. 2010년 12월 13일.

"사설: 상생 외면한 선교 전략, 갈등만 조장할 뿐". 〈법보신문〉. 2010년 12월 22일.

제6장

Burnett, David. *Clash of Worlds*. Nashiville, TN: Nelson, 1992.

Chandler, Paul-Gordon. "Mazhar Mallouhi: Gandhi's Living Christian Legacy in the Muslim World." *International Bulletin of Missionary Research* Vol. 27. No. 2: 54-59.

Ching, Julia. 『유교와 기독교: 동서문화의 비교연구』. 임찬순 외역. 서울: 서광사, 1993.

Christians, Michel. 『성서의 상징 50』. 장익 역. 왜관: 분도출판사, 2002.

Collins, Michael. 『기독교 역사』. 김승철 역. 서울: 시공사, 2003.

Everett, Daniel. 『잠들면 안 돼, 거기 뱀이 있어: 일리노이 주립대 학장의 아마존 탐험 30년』. 윤영삼 역. 서울: 꾸리에, 2009.

KBS 인사이트 아시아 유교 제작팀. 『유교 아시아의 힘』. 서울: 예담, 2007.

Latourette, Kennett Scott. *Christianity in a Revolutionary Age: A History of Christianity in the Nineteenth and Twentieth Centuries. vol I: The Nineteen Century in Europe*. Grand Rapids, MI: Zondervan, 1969.

Luzbetak, Louis J. *The Church and Cultures: New Perspectives in Missiological Anthropology*.

Maryknoll, NY: Orbis, 1995.

Martin, David. 『현대 세속화 이론』. 김승호 외 6인 역. 서울: 한울 아카데미, 2008.

Miyazaki, Masakatsu. 『하룻밤에 읽는 중동사』. 이규원 역. 서울: 랜덤하우스, 2009.

Nassar, Waleed. 「무슬림 전도의 열가지 걸림돌」. Keith E. Swartley ed. 『인카운터 이슬람』. 정옥배 역. 서울: 예수전도단, 2008.

Niesel, Wilhelm. 『칼빈의 신학』. 이종성 역. 서울: 대한기독교서회, 1989.

Yates, Timothy. *Christian Mission in the Twentieth Century*. New York: Cambridge University Press, 1994.

김도영. 『인도인과 인도문화』. 부산: 산지니, 2009.

노윤식. 『새천년 성결 선교신학』. 안양: 성결대학교 출판부, 2001.

_____. 「한국성결교회 100주년과 동북아 선교 전략」. 『성결신학연구』 제13집(2006. 9): 257-280.

박정진. 『단군신화에 대한 신연구』. 파주: 한국학술정보, 2010.

서정민. 『인간의 땅, 중동』. 서울: 중앙북스, 2009.

손주영. 『이슬람: 교리, 사상, 역사』. 서울: 일조각, 2007.

송하경. 『세계화의 바람 앞의 동아시아 정신』. 서울: 다운샘, 2009.

안경전. 『이것이 개벽이다(상)』. 서울: 대원, 2003.

이원삼. 『이슬람 법 사상』. 서울: 아카넷, 2001.

이정석. 『현대 사회의 도전과 교회의 대응』. 서울: 새물결 플러스, 2008.

이희수, 이원삼. 『이슬람: 9.11 테러와 이슬람 세계 이해하기』. 파주: 청아, 2009.

이희재. 『터키』. 서울: 리수, 2008.

정수일. 『이슬람 문명』. 파주: 창비, 2008.

정재승. 『바이칼, 한민족의 시원을 찾아서』. 서울: 정신세계사, 2003.

조승연. 『인도에서 만나는 종교와 문화』. 서울: 민속원, 2005.

지원용 편. 『루터 사상의 진수』. 서울: 컨콜디아사, 1989.

홍석준, 임춘성. 『동아시아 문화와 문화적 정체성』. 서울: 한울, 2009.

제7장

Cole, Neil. *Organic Church: Growing Faith Where Life Happens*. San Francisco: Jossey-Bass, 2005.

Frost, Michael and Alan Hirsch. *The Shaping of Things to Come*. Peabody, MA: Hendrickson Publishers, 2003.

Gibbs, Eddie and Ryan K. Bolger. *Emerging Churches: Creating Christian Community In Postmodern Cultures*. Grand Rapids, MI: Baker Academic, 2005.

Ott, Craig, Stephen J. Strauss and Timothy C. Tennent. *Encountering Theology of Mission: Biblical Foundations, Historical Developments, and Contemporary Issues*. Grand

Rapids, MI: Baker Academic, 2010.

Rainer, Thom S. and Eric Geiger. *Simple Church: Returning to God's Process for Making Disciples.* Nashville, TN: B & H Publishing Group, 2006.

김철웅. 『추적! 마틴 루터도 CCM을 사용하였는가?: 16C 마틴 루터의 관점에서 바라본 21세기의 CCM』. 서울: 예영 커뮤니케이션, 2009.

노윤식. 『새천년 성결선교신학』. 안양: 성결대출판부, 2001.

송재룡. 「포스트모던 '문화적 전환'과 기독교」. 『21세기 문화와 문화선교』. 정원범 편. 서울: 한들출판사, 2008: 39-63.

윤진섭. "초등학생 수 '급감' … 6년 만에 백만 명 줄어". 〈이데일리〉. 2011년 6월 21일.

정원범. 「21세기 문화의 시대와 문화선교」. 『21세기 문화와 문화선교』. 정원범 편. 서울: 한들출판사, 2008: 15-38.

최동규. 「GOCN의 선교적 교회론과 교회성장학적 평가」. 『선교신학』 제25집(2010): 231-261.

최인식. 「사이버 문화와 기독교」. 『21세기 문화와 문화선교』. 정원범 편. 서울: 한들출판사, 2008: 95-143.

제8장

Brown, Dale W. *Understanding Pietism.* Grand Rapids, MI: Eerdmans Pub., 1978.

Burnett, David. *Clash of Worlds: A Christian's Handbook on Cultures, World Religions, and Evangelism.* Nashville, TN: Nelson, 1990.

Cox, Harvey. *The Secular City.* 손명걸 외 5인 공역. 『세속도시』. 서울: 대한기독교서회, 1967.

Hall, Edward. *The Silent Language.* New York: Anchor Press, 1973.

McGavran, Donald. *Understanding Church Growth*, 3rd Edition, C. Peter Wagner ed. Grand Rapids, Michigan: Eerdmans Publishing Company, 1990[1970].

Steer, Roger. J. *Hudson Taylor.* 윤종석 역. 『중국복음화의 문을 연 사람: 허드슨 테일러』 (하). 서울: 두란노서원, 1990.

Stoeffler, Ernest. *The Rise of Evangelical Pietism.* Leiden, Holand: E. J. Brill, 1965.

Taylor, Dr. and Mrs. Howard. *Hudson Taylor's Spiritual Secret.* London: China Inland Mission, 1955.

Williams, Peter W. *Popular Religion in America: Symbolic Change and the Modernization Process in Historical Perspective.* Chicago: University of Illinois Press, 1989.

Wood, Laurence Willard. "Wesley's Epistemology." *Wesley Theological Journal* 10: 56-57.

White, Leslie. *The Science of Culture.* New York: Farrar, Straus and Company, 1949.

노윤식. 『새천년 성결선교신학』. 안양: 성결대학교 출판부, 2001.

오강남. 『예수는 없다』. 서울: 현암사, 2001.

이학종. 「데스크 칼럼-우담바라 현상을 보는 시각」. 『디지털법보』 582호.

한국선교연구원(KRIM). 『파발마』 259호. 260호. 264호. 269호. 272호. 277호. 279호.

한용상. 『교회가 죽어야 예수가 산다: 한용상 테마 에세이』. 서울: 해누리, 2001.

제9장

김생기, 이은익. 『한국의 역사와 문화』. 서울: 청룡문화사, 2001.

김승일, 이은우. 『한반도와 동아시아 세계』. 서울: 지식마당, 2002.

문승숙. 『군사주의에 갇힌 근대』. 이현정 역. 서울: 또 하나의 문화, 2007.

유성준. 『미국을 움직이는 작은 공동체 세이비어 교회』. 서울: 평단문화사, 2005.

이동현. "단월드-한국기독교총연합회 고소 상태". 〈문화일보〉. 2005. 04. 30.

이병천. 『개발독재와 박정희 시대』. 서울: 창작과 비평사, 2003.

이희성 편. 『국어대사전』. 서울: 민중서림, 1982.

임지현. 김용우 편. 『대중 독재』. 서울: 책세상, 2004.

정기선. 「경기도 코시안(국제결혼 이민자)의 실태와 지원정책 방안」. 『코시안의 정착과 선교 방안』. 안양: 성결대학교 동아시아센터, 2007.

정문길 외 3인. 『발견으로서의 동아시아』. 서울: 문학과 지성사, 2000,

정윤섭. "외국인 노동자 인권. 주거실태 열악". 〈연합뉴스〉. 2004. 1. 30.

한분수. 「이주노동자 상담사례」. 2003. 7. 7.

허호익. 『단군사상과 기독교』. 서울: 대한기독교서회, 2003.

Docrocq, Francoise 편. 『나눔』. 길혜연 역. 서울: 솔 출판사, 2007.

Ember, Carol R. and Melvin Ember, Cultural Anthropology. Englewood Cliffs, N.J.: Prentice Hall, 1993.

McGavran, Donald A. *Understanding Church Growth*. Grand Rapids, MI: Eerdmans, 1990.

Noh, Youn Sik. "The Vision of Reverend Gordon Cosby." *The Sungkyul News*. vol. 12. no. 1. (April, 2007).

Schapiro, Leonard. 『전체주의 연구』. 장정수 역. 서울: 종로서적, 1983.

Sweet, Leonard. 『나를 미치게 하는 예수』. 김종석 역. 서울: IVP, 2004.

Weber, Max. *The Protestant Ethic and the Spirit of Capitalism*. New York: Scribner's, 1958.

Williams, Peter. P*opular Religion: Symbolic Change and the Modernization Process In Historical Perspective*. Chicago: University of Illinois Press, 1989.

http://www.inkwon.or.kr/maybbs/view.php?db=inkwon&code=case11&n=36&page=4

http://news.empas.com/show.tsp/20040130n02102/?s=335&e=513

http://news.media.daum.net/society/affair/200504/30/munhwa/v8972287.html

제10장

Burnett, David. *Clash of Worlds*. Nashiville, TN: Oliver Nelson, 1992.

Holmes, Arthur F. *Contours of A World View: Studies in a Christian World View.* 『기독교 세계관』. 이승구 역. 서울: 엠마오, 1991.

Marsden. 『기독교적 학문연구』. 조호연 역. 서울: 현대학문세계, 2003.

Martinson,, Paul Varo. "Social Capital and the New Missionary Pragatics." *Mission at the Dawn of the 21st Century: A Vision for the Church.* edited by Paul V. Martinson.. Minneapolis, MN: Kirk House, 1999.

Row & Khan. *Successful Aging.* NY: Random House, 1998.

Williams, Peter W. *Popular Religion in America: Symbolic Change and the Modernization Process in Historical Perspective.* Englewood Cliffs, NJ: Prentice Hall, 1989.

강영실. 「노인과 기독교 사회복지」. 『한국 기독교 사회복지총람』. 한국기독교사회복지협의회, 2007.

김선희 외. 『노인학대 전문상담』. 시그마프레스(주), 2005.

김은수. 『기독교 사회복지』. 서울: 형지사, 2008.

노윤식. 『성경에 선교가 있는가: 선교신학담론』. 서울: 한들출판사, 2005.

박동수. 「노인범죄 특성에 관한 연구」. 『2008년 한국노년학회 춘계학술대회 자료집』, 2008.

이정서, 서상철, 류종훈. 『재가노인복지론』. 서울: 유풍출판사, 2005.

최성재, 장인협. 『노인복지론』. 서울: 서울대학교 출판부, 2004.

한국교회 사회사업학회. 『교회사회사업편람』. 서울: 인간과 복지, 2003.

제11장

Ember, Carol R. and Melvin Ember. *Cultural Anthropology.* Englewood Cliffs, NJ: Prentice Hall, 1993.

Griffiths, Michael. 『선교 사역에의 헌신』. 권행자 역. 서울: 새순출판사, 1986.

Jones, E. Stanley. 『인도의 길을 걷고 있는 예수』. 김상근 역. 서울: 평단, 2005.

Kraft, Charles. 『기독교 문화 인류학』. 안영권, 이대헌 역. 서울: 기독교문서선교회, 2005.

_____. *Christianity in Culture.* Maryknoll, NY: Orbis, 1991.

McConville, J. G. 「God's Aim, A Holy People」. 『제3회 영암국제학술세미나 자료집』. 성결대학교 영암신학연구소, 2002년 10월 2일.

Mooshian, C. Helen. 『하나님의 부르심을 받아』. 권명달 역. 서울: 보이스사, 1977.

Paton, David MacDonald. *Christian Missions and the Judgment.* Grand Rapids, MI: Eerdmans, 1996.

Phillips, James M. and Robert T. Coote eds. 『선교신학의 21세기 동향』. 한국복음주의 신학회 선교분과회 편역. 서울: 이레서원, 2001.

Williams, Peter. *Popular Religion: Symbolic Change and the Modernization Process in Historical Perspective.* Chicago: University of Illinois Press, 1989.

노윤식. 『성경에 선교가 있는가: 선교신학담론』. 서울: 한들출판사, 2005.

홍기영 외 20인. 『선교학 개론』. 서울: 대한기독교서회, 2004.

제12장

이성주. 『사중복음』. 안양: 성결교신학교출판부, 1988.

한국복음주의선교신학회. 『선교를 위한 문화인류학』. 서울: 이레서원, 2001.

Cox, Dermot. "Learning and the Way of God: the Spiritual Master in the Wisdom Literature of Israel." *Studia Missionalia*. vol. 36(1987): 1-15.

McConville, J. G. 「God's Aim, A Holy People」. 『제3회 영암국제학술세미나 자료집』. 성결대학교 영암신학연구소. 2002년 10월 2일.

Robinson, H. Wheeler. *Religious Ideas of the Old Testament*. London: Duckworth, 1964.

Ryle, J. C. *Holiness*. Durham, England: Evangelical Press, 1991.

Simpson, A. B. *The Best of A. B. Simpson*. compiled by Keith M. Bailey. Camp Hill, PA: Christian Publication, 1987.

Walker, Allice. 「세계 지성과의 대화」. 『당대 비평』, 27. 2004년 가을호.

Wesley, John. "An Earnest Appeal to Men of Reason and Religion." *The Works of John Wesley*. edited by T. Jackson. 14 vols. Grand Rapid, Michigan: Zondervan Publishing House, 1872.

Woodberry, J. Dudley, Charles van Engen, and Edgar J. Elliston eds. *Missiological Education for the 21st Century*. Maryknoll, NY: Orbis Books, 1996.

제13장

김영선. 『존 웨슬리와 감리교 신학』. 서울: 대한기독교서회, 2002.

김홍기. 「웨슬리의 생애 연대표(1703-1791)」. 한국웨슬리신학회 편. 『웨슬리와 감리교신학』. 서울: 감리교신학대학교출판부, 1999.

노윤식. 『성경에 선교가 있는가: 선교신학담론』. 서울: 한들출판사, 2005.

이동주. 「웨슬리의 복음주의 운동과 선교 사역」. 협성신학연구소 편. 『웨슬리신학과 오늘의 교회』. 서울: 기독교대한감리회 홍보출판국, 1997.

이원규. 「웨슬리의 선교 이해와 사회 개혁론」. 『그 말씀』. 1993, 10월.

장성배. 「웨슬리와 실천: 선교론」. 한국웨슬리신학회 편. 『웨슬리와 감리교신학』. 서울: 감리교신학대학교출판부, 1999.

조종남. 「웨슬레의 선교운동의 특징」. 『신학과 선교』 제15집. 1990.

Abraham, William J. "Saving Souls in the Twenty-first Century: A Missiological Midrash on John Wesley." *Wesleyan Theological Journal*. vol. 38. no. 1. Spring, 2003.

Bundy, David. "Pauline Missions: The Wesleyan Holiness Vision and the Early Oriental Missionary Society." 이영기 역. 『성결교회와 신학』 제4집. 2000.

Gilliand, Dean S. ed. *The Word Among Us: Contextualizing Theology for Mission Today*. Dallas: Word Publishing, 1989.

Guy, David. "John Wesley: Apostle of Social Holiness." In *John Wesley: Contemporary Perspectives*. edited by Frank Baker. London: Epworth Press, 1988.

Henderson, D. Michael. *John Wesley's Class Meeting*. Nappanee, IN: Evangel Publishing House, 1997.

Kirlew, Marianne. *The Story of John Wesley for Young People*. Salem, OH: Schmul Publishers, 1984.

Kraft, Charles H. *Anthropology for Christian Witness*. Maryknoll, NY: Orbis Books, 1996.

Maddox, Randy L. *Responsible Grace*. Nashville, TN: Abingdon Kingswood, 1994.

Philips, James M. and Robert T. Coote ed. *Toward the 21st Century in Christian Mission*. Grand Rapids, MI: Eerdmans Publishing Company, 1993.

Oswalt, J. N. 「성결은 기독교인의 생득권입니다」. 『성결교회와 신학』 제10호. 2003, 가을.

Outler, Albert C. ed. *John Wesley*. New York: Oxford University Press, 1964.

Rankin, Stephen W. "A Perfect Church: Toward a Wesleyan Missional Ecclesiology." *Wesleyan Theological Journal*. vol. 38 no. 1 Spring, 2003.

Schmidt, Martin. *John Wesley: A Theological Biography*. vol. 1. trans. by Norman P. Goldhawk. Nashiville: Abingdon Press, nd.

Severson, Eric R. "Ethical Dialogue: Trinitarian Externality as a Pattern for Evangelism and Missioons." *Wesleyan Theological Journal*. vol. 38. no. 1. Spring, 2003.

Spong, John Shelby. 『기독교 변하지 않으면 죽는다』. 김준우 역. 서울: 한국기독교 연구소, 2001.

Strong, Douglas. *Perfectionist Politics: Abolitionism and the Religious Tensions*. New York: Syracuse University Press, 1999.

Tuttle, Jr. Robert G. *John Wesley: His Life and Theology*. Grand Rapids, MI: Zondervan Publishing House, 1978.

Wesley, John. *The Bicentennial Edition of the Works of John Wesley*. vol. 18. *Journal and Diaries I*. 1735-38. edited by W. Reginald Ward and Richard P. Heitzenrater. Nashville, TN: Abingdon Press, 1988.

_____. *The Heart of Wesley's Journal*. edited by William J. Petersen and Warner A. Hutchinson. New Canaan, CT: Keats Publishing, 1979.

_____. *The Letters of John Wesley*. vol. 1. 1721-1741. edited by John Telford. London: Epworth, 1960.

_____. *The Works of John Wesley*. vol. 1. Kansas City, MI: Beacon Hill Press, 1984.

_____. *The Works of John Wesley*. vol. 8. Kansas City, MI: Beacon Hill Press, 1984.

_____. *The Works of John Wesley*. vol. 9. Kansas City, MI: Beacon Hill Press, 1984.

Wigger, John. *Taking Heaven by Storm: Methodism and the Rise of Popular Christianity in America*. Urbana. IL: University of Illinois Press, 1998.

제14장

Blauw, Johannes. *The Missionary Nature of the Church: A Survey of the Biblical Theology of Mission.* 전재옥 외 2인 역. 『교회의 선교적 본질』. 서울: 한국장로교 출판사, 1988.

Braaten, Carl E. *No Other Gospel!: Christianity among the World's Religions.* Minneapolis: Fortress Press, 1992.

Ember, Carol R. and Melvin Ember. *Cultural Anthropology.* Englewood Cliffs, NJ: Prentice Hall, 1993.

Engen, Charles van. *Mission On the Way: Issues in Mission Theology.* Grand Rapids, MI: Baker Books, 1996.

Hick, John and Paul F. Knitter eds. *The Myth of Christian Uniqueness: Toward a Pluralistic Theology of Religions.* Maryknoll, NY: Orbis, 1995.

Knitter, Paul F. *No Other Name?: A Critical Survey of Christian Attitudes Toward the World Religions.* Maryknoll, NY: Orbis, 1986.

Maddox, Randy L. *Responsible Grace: John Wesley's Practical Theology.* Nashiville, TN: Abingdon Press, 1994.

Nissen, Johannes. *New Testament and Mission: Historical and Hermeneutical Perspectives.* 최동규 역. 『신약성경과 선교』. 서울: 기독교문서선교회, 2005.

Parker, David. *Discerning the Obedience of Faith: A Short History of the World Evangelical Alliance Theological Commission.* Bangalore, India: Theological Book Trust, 2005.

Parshall, Phil. *New Paths in Muslim Evangelism: Evangelical Approaches to Contextualization.* 채슬기 역. 『무슬림 전도의 새로운 방향』. 서울: 예루살렘, 2003.

Phillips, James M. and Robert T. Coote eds. *Toward the 21st Century in Christian Mission.* Grand Rapids, MI: William B. Ferdmans, 1993.

Ross, Kenneth R. "The Centenary of Edinburgh 1910: Its Possibilities." *International Bulletin of Missionary Research* (2007, Oct.): 177-179.

Senior, Donald and Carroll Stuhlmueller. *The Biblical Foundations for Mission.* Maryknoll, NY: Orbis, 1994.

Taylor, William D. ed. *Global Missiology for the 21st Century.* Grand Rapids, MI: Baker Academy, 2000.

Williams, Peter W. *Popular Religion in America: Symbolic Change and the Modernization Process in Historical Perspective.* Chicago: University of Illinois Press, 1989.

Zuck, Roy B. ed. *Vital Missions Issues: Examining Challenges and Changes in World Evangelization.* Grand Rapids, MI: Kregel, 1998.

교회성장연구소 교회경쟁력연구센터. 『한국교회 경쟁력 보고서』. 서울: 교회성장연구소, 2006.

김영한. 「새천년과 한국 신학의 새 패러다임」. 『성경과 신학』 제28권(2000. 10): 372-397.

김의환. 「21세기 한국 복음주의 신학의 방향과 과제」. 『성경과 신학』 제32권(2002. 10): 15-29.

박창식, 이우성 편. 『한국교회여, 미래사회를 대비하라』. 서울: 기독교산업사회연구소, 2006.

소기천. "유대인 선교와 이방인 선교의 상관관계". 한국선교신학회 세미나 발제. 2001년 6 월 16일.

전호진 외 23인. 『2006 세계 선교대회/NCOWE IV 주제발제 자료집』. 한국세계 선교협의회, 2006.

통계청. 『인구동태통계』. 2006.

한신대학교 학술원 신학연구소 『한국 개신교와 한국 근현대의 사회 문화적 변동』. 서울: 한울, 2003.

한국복음주의선교신학회. 『복음과 선교』, 제6권 1호(2006). 제7권 2호(2006).

한국선교신학회. 『선교신학』, 제15집 2권(2007). 제16집 3권(2007). 제17집 1권(2008).

『한국일보』. 2007년 8월 30일. A5면.

제15장

김상준. 『사중교리』. 경성: 동양선교회성서학원, 1921.

김성영. 「영암 김응조 목사의 영해 이해」. 『성결신학연구』 2집, 1997.

김응조. 『성서적 정통신학』. 서울: 성광문화사, 1969.

_____. 『말세와 예수의 재림』. 서울: 성청사, 1973.

_____. 『은총 90년』. 서울: 성광문화사, 1983.

노윤식. 『새천년 성결 선교신학』. 안양: 성결대학교 출판부, 2001.

박현명. 「성결교회는 왜 해산되었는가?」, 『활천』 신년호, 1946. 1.

성기호. 『이야기 신학』. 서울: 국민일보사, 1997.

_____. 「재림론을 중심한 심프슨의 사중복음」. 『믿음으로 일하며: 광영 한강수 장로 명예 신학박사 학위 취득 및 팔순 기념 논문집』. 안양: 성결대학교출판부, 1996.

손택구. 「한국 성결교회의 역사와 전망」. 예성원로목사회 공저. 『성결의 생명강수』. 서울: 들소리, 1997.

이명직. 『기독교의 사대복음』. 서울: 기독교대한성결교회출판부, 1952.

이성주. 『사중복음』. 안양: 성결교신학대학출판부, 1993.

_____. 「사중복음의 전래에 관한 연구」. 『사중복음』. 안양: 성결교신학대학교출판부, 1993.

_____. 『웨슬리 신학』. 서울: 성광문화사, 1987.

조종남. 『요한 웨슬레의 신학』. 서울: 대한기독교출판사, 1984.

"타지키스탄의 복음의 열기 가득". 〈한민족타임즈〉. 제3권 제10호. 1995. 7.

Bosch, David. *Transforming Mission: Paradigm Shifts in Theology of Mission.* Maryknoll, New York: 1993.

Haegglund, Benget. 「루터의 의인론의 배경으로서 중세 후기 신학」. 지원용 편 『루터사상 의 진수』. 서울: 컨콜디아사, 1989.

Knipe, David. *Hiduism.* New York: Harper-collins Publications, 1991.

Marsden, George. *Fundamentalism and American Culture: The shaping of Twentieth Century Evangelicalism: 1870-1925.* New York: Oxford University Press, 1980.

Neill, Stephen. *A History of Christian Missions.* New York: Penguin Books, 1990.

Niesel, William. 『칼빈의 신학』. 이종성역. 서울: 대한기독교서회, 1989.

Schreiter, Robert. *Constructing Local Theologies*. Maryknoll, New York: Orbis, 1993.

Seong, Ki Ho. "The Doctrine of the Second Advent of Jesus Christ in the Writings of A. B. Simpson." Ph. D. dissertation. Drew University, 1990.

Simpson, A. B. 『사중의 복음』. 손택구 역. 서울: 한국복음문서간행회, 1997.

_____. "The New Testament Pattern of Mission," *Missionary Messages*. New York: The Christian Alliance Publishing Co., 1925.

_____. "Aggressive Chrsitianity," *The Christian and Missionary Alliance Weekly* 23, September 23, 1899.

_____. "The Lord's Coming and Missions," *The Challenge of Missions*. New York: Christian Alliance Publishing, 1926.

_____. *The Best of A. B. Simpson*. Camp Hill, PA: Christian Publications, 1987.

Thomas, T. and Ken Draper. "A. B. Simpson and World Evangelization." In *The Birth of A Vision: Essays on the Ministry and Thought of Albert B. Simpson*. eds. David Hartzfeld and Charles Nienkirchen. Alberta, Canada: Horizon House Publishers, 1986.

Yocum, Dale. 『기독교 신조 대조』. 손택구 역. 서울: 예수교 대한성결교회출판부, 1988.

제16장

가진수 편. 『마스터플랜 2000』. 서울: 국민일보사, 2000.

_____ 편. 『마스터 처치 100』. 서울: 국민일보사, 2000.

강성진. 「선교사 기도편지」. 1997년 7월 16일.

강주성. 「아버지의 순교 정신 따라 나 주를 위해 살리라」. 『선교 21세기』, 1995년 3, 4월호.

김한주. 「선교사 기도편지」. 1996년 2월 13일.

노태철. 「세계한민족복음화협의회 취지문」. 1991. 10. 3.

_____ "세계한민족복음화협의회 설립목적과 목표사업". 〈세계한민족타임즈〉. 1999년 여름호.

_____ "진리 깃발 더욱 높이". 〈국민일보〉 제3789호, 2001년 4월 24일.

_____ 『빛을 발하라: 노태철 칼럼』. 서울: 들소리, 1996.

모정천. 「종합선교보고서(1995년도)」. 1995년 12월.

박애숙. 「선교사 기도편지」. 1989년 6월 17일.

박용규. 『부흥의 비결』. 서울: 복음문서선교회, 1976.

서태원. 「선교사 기도편지」. 1995년 12월 20일.

이구홍. 「해외동포는 한국의 전략 무기이다」. *Win*. 1996. 1:130-136.

이재경. 「선교사 기도편지」. 1993년 7월 1일.

장요나. 「선교사 기도편지」. 1995년 12월 13일.

한현숙. 「제일교회 사회봉사국 활동 보고서」. 『물 한그릇』, 2000년 제2호.

「순교자적 각오로 세계를 향해 부흥의 불길을 일으킨다.”『크리스찬 21세기』. 1997. 3.

Apuzen, Valmike B. 「목사 기도편지」. 1987년 2월 3일.

Myers, Bryant L. *The New Context of World Mission*. Monrovia, CA: MARC, 1996.

Rev. Ric B. "Recla's Prayer Letter". March 17, 1993.

Wagner, Peter. *Frontiers in Missionary Strategy*. 전호진 역. 서울: 생명의 말씀사, 1978.

제17장

Birkey, Del. *The House Church*. Scottdale: Herald, 1988.

Snyder, Howard. *The Problem of Wine Skins: Church Structure in a Technological Age*.
      Downers Grove, IL: InterVarsity, 1975.

Moreau, A. Scott ed. *Evangelical Dictionary of World Missions*. Grand Rapids, MI: 2000.

김경모 외 3인. "기획특집(1) 미자립교회". 〈크리스찬 뉴스위크〉. 176호, 2003년 3월 8일자.

김태연. 『전문인 선교사로 살아라』. 서울: 치유, 2003.

김태희. 『세계 각국 주요 데이터 』. 안양: 서전지구, 2003.

노윤식. 『새천년 성결 선교신학』. 안양: 성결대학교 출판부, 2001.

이구홍. 「해외 동포 대 통합으로 가는 길」. Win. January 1996.

예수교 대한성결교회 총회. 「2000년 예수교 대한성결교회 선교사 요람 및 사역 현황」. 2000.

예수교 대한성결교회 총회. 「제70회 총회록." 1991.

_____. 「제71회 총회록」. 1992.

_____. 「제72회 총회록」. 1993.

_____. 「제73회 총회록」. 1994.

_____. 「제74회 총회록」. 1995.

_____. 「제77회 총회록」. 1998.

_____. 「제78회 총회록」. 1999.

_____. 「제79회 총회록」. 2000.

_____. 「제80회 총회록」. 2001.

「등촌 제일교회 주보」. 제31권 34호, 2003년 8월 24일자.

제18장

강승삼 편. 『KWMA 한국 세계 선교 총람』. 서울: 한국세계 선교협의회, 2003.

김승일, 이은우. 『한반도와 동아시아 세계』. 서울: 지식마당, 2002.

김회창. 『성결교회 역사와 선교』. 서울: 새순출판사, 1999.

노윤식. 『새 천년 성결 선교신학』. 안양: 성결대학교, 2000.

박명수. 『초기 한국성결교회사』. 서울: 대한 기독교 서회, 2001.

신광영. 『동아시아 산업화와 민주화』. 서울: 문학과 지성사, 1999.

안수훈. 『한국성결교회 성장사』. L. A.: 기독교미주성결교회 출판부, 1981.

엄복용 편. 「예수교 대한성결교회 해외선교 정책」. 서울: 예수교 대한성결교회 선교국, 2003.

이천영. 『한국성결교회사』. 서울: 기독교대한성결교회 출판부, 1970.

이현희. 『이야기 한국사』. 서울: 청아출판사, 2003.

정구선. 『한국사의 새로운 인식』. 서울: 국학자료원, 2003.

정문길 외 3인 편. 『발견으로서의 동아시아』. 서울: 문학과 지성사, 2000.

조동걸. 『한국 근현대사의 탐구』. 서울: 경인 문화사, 2003.

조종남. 『요한 웨슬레의 신학』. 서울: 대한 기독교출판사, 1984.

지원용 편. 『루터사상의 진수』. 서울: 컨콜디아사, 1989.

최문형. 『한국을 둘러싼 제국주의 열강의 각축』. 서울: 지식산업사, 2002.

하일식. 『연표와 사진으로 보는 한국사』. 서울: 일빛, 1998.

한규무. 「1900년대 서울지역 기독교회와 민족 운동의 동향」. 한국민족운동사연구회 편. 『한국민족운동과 종교』. 서울: 국학자료원, 1998.

Wilhelm Niesel. 『칼빈의 신학』. 이종성 역. 서울: 대한기독교서회, 1989.

제19장

Bornkamm, G. "The Acts of Thomas." Wilhelm Schneemelcher and R. M. Wilson eds. *New Testament Apocrypha*. vol. 2. Tuebingen: Lutterworth, 1975.

Crim, Keith ed. *The Perennial Dictionary of World Religions*. Nashiville, TN: Abingdon Press, 1989.

Eusebius. *Ecclesiastical History*. trans. by C. F. Cruse. Peabody, MA: Hendrickson, 1998.

Elliott, J. K. *The Apocryphal Jesus: Legends of the Early Church*. Oxford, NY: Oxford University Press, 1996.

Harnack, Adolf von. *What is Christianity?* Philadelphia: Fortress, 1986.

Moffett, Samuel Hugh. *A History of Christianity in Asia: Volume I: Beginnings to 1500*. New York: Harper SanFrancisco, 1992.

Moraes, G. M. *A History of Christianity in India*. vol. 1. Bombay: Manaktalas, 1964.

Neill, Stephen. *A History of Christian Missions*. London: Penguin Books, 1986.

Schaff, Philip. *History of the Christian Church*. vol. 2. Grand Rapids, MI: Eerdmans Pub. 1976.

노성기. 「시리아-동방 교회의 기원」. 『신학전망』 제152호(2006 봄): 25-52.

_____. 「페르시아에 정착한 시리아 동방 교회의 역사(485-651)」. 『신학과 사상』, 제61호(2008 여름): 162-191.

노윤식. 『새천년 성결 선교신학』. 안양: 성결대학교 출판부, 2001.

배종수. 「디아테사론에 의한 막 16:9-20의 진정성에 대한 논증」. 『신학과 선교』, 제32집(2006): 126-169.

이동진 편역. 『제2의 성서: 아포크리파 신약시대』. 서울: 해누리, 2003.

이장식. 『아시아 고대 기독교회사: 1-16세기』. 서울: 기독교문사, 1990.

황정욱. 「에데싸 교회의 기원에 대한 연구」. 『신학 연구』, 제41집(2000): 369-424.

_____. 『예루살렘에서 장안까지: 그리스도교의 당 전래와 경교 문헌과 유물에 나타난 중국종교의 영향에 대한 연구』. 수원: 한신대학교 출판부, 2005.

제20장

Anderson, Gerald H. ed. *Biographical Dictionary of Christian Missions*. Grand Rapids, MI: Eerdmans, 1998.

Galli, Mark. "Fury Unleashed." *Christian History*. vol 15. 52(4): 31.

Hunter III, George. *How to Reach Secular People*. Nashville, TN: Abingdon Press, 1992.

_____. *Church for the Unchurched*. Nashville, TN: Abingdon Press, 1996.

Kane, Herbert J. *A Concise History of the Christian World Mission*. Grand Rapids, MI: Baker Book House, 1994.

_____. "J. Hudson Taylor 1832-1905: Founder of the China Inland Mission." *Mission Legacies*. edited by Gerald H. Anderson et. al. New Haven, CT: Overseas Ministries Center, 1994.

Latourette, Kenneth S. *The Great Century: North Africa and Asia. vol. 6 of A History of the Expansion of Christianity*. Grand Rapids, MI: Zondervan, 1970.

Legrand, Lucien. *Unity and Plurality: Mission in the Bible*. Maryknoll, NY: Orbis Books, 1990.

Neill, Stephen. *A History of Christian Missions*. New York: Penguin Books, 1986.

Snyder, Howard A. *Liberating the Church: the Ecology of Church and Kingdom*. Pasadana, CA: Wipf and Stock Publishers, 1996.

_____. *A Kingdom Manifesto: Calling the Church to Live Under God's Reign*. Pasadana, CA: Wipf and Stock Publishers, 1997.

Steer, Roger. J. Hudson Taylor. 윤종석 역. 『중국복음화의 문을 연 사람: 허드슨 테일러』(상) 서울: 두란노서원, 1990.

_____. 윤종석 역. 『중국복음화의 문을 연 사람: 허드슨 테일러』(하) 서울: 두란노서원, 1990.

_____. "Pushing Inward" *Christian History,* vol 15. 52(4): 10.

_____. Hudson Taylor-Lessions in Discipleship. 안보현 역. 『허드슨 테일러에게서 배우는 100가지 교훈』. 서울: 생명의 말씀사, 1998.

Taylor, Dr. and Mrs. Howard. *Hudson Taylor's Spiritual Secret*. London: China Inland Mission, 1955.

Tucker, Ruth. *From Jerusalem to Irian Jaya*. Grand Rapids, MI: Zondervan Publishing

House, 1983.

_____. *Guardians of the Great Commission: The Story of Women in Modern Missions*. Grand Rapids, MI: Zondervan Publishing House, 1988.

_____. "Unbecoming Ladies". *Christian History*. vol. 15. 52(4): 28.

Williams, Peter. *Popular Religion in America*. Chicago, IL: University of Illinois Press, 1989.

노윤식. 『새 천년 성결 선교신학』. 안양: 성결대학교, 2000.

박명수. 『근대복음주의의 주요 흐름』. 서울: 대한 기독교 서회, 1998.

제21장

김두식 편. 『'88 세계 복음화 대성회 기록문집』. 서울: 세계복음화중앙협의회, 1989.

김상복. 「세계 선교 마지막 주자의 소원」. 『한국선교 KMQ』. vol. 5. no. 3(2006, 여름 가을호).

노윤식. 『종교현상학 이론과 실제: 형태론적 입장에서 본 비교종교학 방법론』. 서울: 한울림, 2000.

박상은. 「선교지 병원의 현황과 전망」. 『2000년 세계 선교대회 평신도/전문인 선교대회』. 서울: 한국세계 선교협의회, 2000.

박용규. 『한국교회를 깨운 복음주의 운동』. 서울: 두란노, 1998.

박홍일. 「21세기 직장 선교와 세계 선교」. 『2000년 세계 선교대회 평신도/전문인 선교대회』. 서울: 한국세계 선교협의회, 2000.

이창기. 『1903-1907 한국 교회 초기 부흥운동』. 서울: 보이스사, 2006.

장승기. 「의료 선교」. 『2000년 세계 선교대회 평신도/전문인 선교대회』. 서울: 한국세계 선교 협의회, 2000.

Berger, Peter ed. *The Desecularization of the World: Resurgent Religion and World Politics*. 『세속화냐? 탈세속화냐?: 종교의 부흥과 세계 정치』. 김덕영, 송재룡 역. 서울: 대한 기독교서회, 2002.

Duewel, Wesley. *Revival Fire*. 『세계를 뒤바꾼 부흥의 불길』. 안보현 역. 서울: 생명의 말씀사, 1996.

Edwards, David. *Christianity: the First Two Thousand Years*. Maryknoll, NY: Orbis Books, 1997.

Grider, J. Kenneth. *A Wesleyan Holiness Theology*. Kansas City: Beacon Hill Press, 1994.

Han, Yong-Chul. *The Acts of Pentecost*. Seoul: Hanyeong Theological University, 1998.

Jenkins, Philip. *The New Faces of Christiantiy: Believing the Bible in the Global South*. New York: Oxford University Press, 2006.

Jones, R. B. *Rent Heavens*. London: Stanley Martin & Co., 1930.

Joyner, Rick. *The Power to Change the World*. 『세계를 변화시키는 능력』. 김주성 역. 서울: 순전한 나드, 2006.

Kane, J. Herbert. *Understanding Christian Missions*. Grand Rapids, MI: Baker, 1974.

Lindstroem, Harald. *Wesley and Sanctification*. London: Epworth Press, 1946.

Marsden, George. *Fundamentalism and American Culture*. New York: Oxford University Press, 1980.

McGavran, Donald A. *Understanding Church Growth*. Grand Rapids, MI: Eerdmans, 1990.

Nichols, James H. *History of Christianity 1650-1950: Secularization of the West*. 『현대교회사』. 서영일 역. 서울: 기독교문서선교회, 1994.

Phillips, James M. & Robert T. Coote ed. *Toward the 21st Century in Christian Mission*. Grand Rapids, MI: Eerdmans, 1993.

White, Jr. Ronald C., Louis B. Weeks, and Garth M. Rosell ed. *American Christianity*. 『미국 기독교: 사례중심연구』. 맹용길 역. 서울: 한국 장로교 출판사, 1998.

World Missions Seoul 2000. "International Consultation on Global Partnership." International Missions Cooperation Committee and Korea World Missions Association, 2000.

제22장

Capps, Walter H. *Religious Studies: the Making of a Discipline*. Minneapolis, MN: Augusburg Fortress, 1995.

Gilliland, Dean. "Phenoenology as Mission Method." *Missiology: An International Review* Vol. VII No. 4 (Oct. 1979): 451-459.

Heiler, Friedrich. *Erscheingungsformen und Wesen der Religion*. Stuttgart: W. Kohlhammer Verlag, 1961.

Hekman, Susan J. *Hermeneutics and the Sociology of Knowledge*. 윤병희 역. 『해석학과 지식사회학』. 서울: 교육과학사,1993.

Jenkins, Philip. *The New Faces of Christianity: Believing the Bible in the Global South*. New York: Oxford University Press, 2006.

Krueger, Marlis. *Wissenssoziologie*. 심윤종 역. 『지식사회학』. 서울: 경문사, 1981.

Leeuw, Gerardus van der. *Inleiding tot de Phaenomenologie von den Godsdienst*. 손봉호, 길희성 역. 『종교현상학 입문』. 왜관: 분도출판사, 1995.

Lopes, Joas Carlos. "Revitalization and the Church." D. Miss. Dissertation: Asbury Theological Seminary, 1989.

Luzbetak, Louis J. *The Church and Cultures: New Perspectives in Missiological Anthropology*. Maryknoll, NY: Orbis, 1995.

Michaud, Yves. Universite de Tous Les Savoirs: *Qu'est-ce que la Culture?* 강주헌 역. 『문화란 무엇인가 1』. 서울: 네오 아카데미, 2003.

Scherer, James A. and Stephen B. Bevans eds. *New Directions in Mission and Evangelization 1: Basic Statements 1974-1991*. Maryknoll, NY: Orbis,1992.

Schreiter, Robert J. *Constructing Local Theologies*. Maryknoll, NY: Orbis, 1993.

Shorter, Aylward. *Toward a Theology of Inculturation*. Maryknoll, NY: Orbis, 1995.

Wallace, Anthony. "Revitalization Movements." *American Anthropologist*(April 1956): 264-281.

Williams, Peter W. *Popular Religion in America: Symbolic Change and the Modernization Process in Historical Perspective*. Chicago: University of Illinois Press, 1989.

노윤식. 『종교현상학 이론과 실제: 형태론적 입장에서 본 비교종교학 방법론』. 서울: 한울림, 2000.

송호근. 『지식사회학』. 서울: 나남, 1990.

제23장

김경호. 『현대북한사회연구』. 부산: 세종출판사, 2003.

김철웅. 「피아니스트 김철웅 간증」. 제일교회. 2004, 7. 4.

김흥수. 류대영. 『북한종교의 새로운 이해』. 서울: 다산글방, 2002.

노윤식. 『새천년성결선교신학』. 안양: 성결대학교출판부, 2001.

리영희. 「남북한 화해와 북한의 변화」. 『인제통일논총』 5. 인제대학교 인문사회과학연구소(2000, 10).

송두율. 「북한 사회를 어떻게 볼 것인가」. 『사회와 사상』 4(1988, 12): 104-116.

송두율. 「북한: 내재적 접근법을 통한 전망」. 『역사비평』 54(2001. 2): 115-125.

염홍철 외 12인. 『북한사회의 구조와 변화』. 서울: 경남대학교 극동문제연구소, 1987.

우 정. 『북한 사회 구성론』. 서울: 진솔북스, 2000.

이서행. 『새로운 북한학』. 서울: 백산서당, 2002.

이태건 외 3인. 『21세기 북한학 특강』. 고양: 인간사랑, 2003.

좋은 벗들 편. 『북한 사회 무엇이 변하고 있는가』. 서울: 정토출판사, 2001.

하종필. 『북한의 종교문화』. 서울: 선인, 2003.

한국복음주의 선교신학회. 『선교를 위한 문화인류학』. 서울: 이레서원, 2001.

한국선교연구원. 『한국선교핸드북 2003-2004』. 서울: 한국선교연구원, 2004.

Donnelly, Jack. "Ethics and International Human Rights." *In Ethics and International Affairs. edited by Jean-Marc Coicaud and Daniel Warner.* New York: United Nations University Press, 2001.

Luzbetak, Louis. *The Church and Cultures*. Maryknoll, NY: Orbis, 1995.

Malinowski, Bronislaw. *Argonauts of the Western Pacific*. New York: E. P. Dutton, 1953.

Mauss, Marcel. *The Gift: Forms and Functions of Exchange in Archaic Societies*. London: Cohen & West, 1966.

제30장

Aland Kurt ed. *Pietismus und Bible*. Witten: Luther-Verlag, 1970.

_____ ed. *Pietismus und Moderne Welt*. Witten: Luther-Verlag, 1974.

Brown, D. W. *Understanding Pietism*. Grand Rapid, Michigan: Eermans Publishing, 1978.

Erb, Peter. ed. *Pietists: Selected Writings*. New York: Paulist Press, 1983.

Gawthrop, Richard. *For the Good of Thy Neighbor: Pietism and the Making of Eighteenth-Century Prussia*. Ph. D. Dissertation. Indiana University, 1984.

Harvey and Tait. *Gehart Tersteegen: Life and Letters*. vol. 1. Shoals, Indiana: Old Paths Tract Society, 1990.

O' Malley, J. S. *Wayfaring and Warfaring: Pietist Sources on Discipleship and Sanctification Influencial in Early German American Evangelism*. Wilmore: Asbury Theological Seminary, 1992.

Pieter, van Andel Cornelius. *Gerhard Tersteegen*. Neukirchen: Neukirchener Verlag, 1973.

Sattler, Gary. "Moving on Many Fronts." *Christian History*. vol. 5. no. 2. 1986.

Stoeffler, F. F. *German Pietism During the Eighteenth Century*. Leiden: E. J. Brill, 1973.

Ward, W. R. *The Protestant Evangelical Awakening*. Cambridge: Cambridge University Press, 1992.

제31장

Billings, Peggy. "Major Religions." *Fire Beneath the Frost*. New York: Friendship Press, 1983.

Cho, Hung-Youn. "Mu: Koreanischer Schamanismus." *Zeitschrift fuer Missions- wissenscahft und Religioswissenschaft*. 1985.

Cho, Ji-Hun. *Hankuk Munwha Seosel[An Introduction to the Korean Culture]*. Seoul: Tamgudang, 1964.

Clark, Charles A. *Religions of Old Korea*. Seoul: The Christian Literature Society, 1961.

Kim, Byong-Suh. "The Explosive growth of the Korean Church Today." *International Review of Mission*. Vol. LXXIV, NO. 293.

Kim, Yong-Bok. "Korean Christianity as a Messianic Movement." In *Minjung Theology*. Maryknol: Orbis Books, 1983.

Lee, Dong Joo. "The Gospel and Syncretism of Shamanism." *Reformed Theology* 1988: 79-97.

Lee, Sun-Kun. *Hankuk Sasang[Korean Thoughts]*. Seoul: Hak Wonsa, 1967.

Min, Kyung Bae. *The History of Korean Churches*. Seoul: The Christian Literature, 1989.

Paik, George. *The History of Protestant Missions in Korea, 1832-1910.* Seoul: Yonsei University Press, 1970.

Park, Pong Bae. "Christianity in the Land of Shamanism, Buddhism and Confucianism." *South East Asia Journal of Theology.* 14(1): 33-39.

Ryu, Dong-Shik. *Korean Religions and Christianity.* Seoul: The Christian Literature Society, 1961.

Shearer, Roy E. "Shamaism." *Wildfire: Church Growth in Korea.* Grand Rapids, Michigan: Eerdmans Pub. Company, 1966.

Wallace Anthony. "Revitalization Movements." *American Anthropologist.* 58: 264-281.

Wasson, Alfred. *Church Growth in Korea.* New York: International Missionary Council, 1934.

Wells, Kenneth. *New God, New Nation: Protestants and Self-Reconstruction Nationalism in Korea 1896-1937.* Honolulu: University of Hawaii Press, 1991.

제32장

Arias, Mortimer. *Announcing the Reign of God.* Philadelphia: Fortress Press, 1984.

Bang, Sun-Ki. *A Recent Development of an Evangelical Theology of Social Concern.* Ann Arbor: U.M.I., 1988.

Bassam, Roger. *Mission Theology.* Pasadena: William Carey, 1979.

Bockmuehl, Klaus. *Evangelicals and Social Ethics.* Downers Grove: Inter Varsity Press, 1979.

Cho, Chong-Nam. *The Spirit and the History of the World Evangelization Movement.* Seoul: InterVarsity Press, 1990.

Costas, Orlando. *Christ Outside the Gate.* Maryknoll: Orbis, 1982.

Douglas, J. D. ed. *Let the Earth Hear His Voice: International Congress on World Evangelization, Lausanne, Switzerland.* Minneapolis: World Wide Pu., 1975.

Eims, LeRoy. *The Lost Art.* Grand Rapids: Zondervan, 1978.

Eliade, Mircea ed. *The Encyclopedia of Religion.* Vol. 5. New York: MaCmillan Pub., 1987.

Ellingsen, Mark. *The Evangelical Movement.* Minneapolis, MN: Augusburg Publishing House, 1988.

Hancock, Robert ed. *The Ministry of Development in Evangelical Perspective.* Pasadena: William Carey Library, 1979.

Hutcheson, Richard Jr. *Mainline Churches and the Evangelicals: A Challenging Crisis?* Atlanta: John Knox Press 1981.

Kane, Herbert. *The Making of a Missionary*. Grand Rapids: Baker Book House, 1975.

Nicholls, Bruce ed. *In Word and Deed*. Eerdmans Pub., 1985.

Scherer, James and Stephen Bevans ed. *New Directions in Mission and Evangelism 1: Basic Statements 1974-1991*. New York: Orbis Books, 1992.

Scott, Waldon. *Bring Force Justice*. Eerdmans Pub., 1980.

Snyder, Howard. *A Kingdom Manifesto*. Downers Grove: InterVarsity Press, 1985.

Soelle, D. *Political Theology*. Philadelphia: Fortress, 1974.

Stott, John. *Christian Mission in Modern World*. Downers Grove: InterVarsity Press, 1975.

Yoder, Howard John. *The Politics of Jesus*. Grand Rapids: Eerdmans Pub., 1972.

제33장

Ahn, Kyung Jeon. *This is the Beginning of the World*. Seoul: Dae Won, 2003.

Burnett, David. *Clash of Worlds*. Nashiville, TN: Nelson, 1992.

Chandler, Paul-Gordon. "Mazhar Mallouhi: Gandhi's Living Christian Legacy in the Muslim World." *International Bulletin of Missionary Research*. vol. 27. No. 2: 54-59.

Ching, Julia. *Christianity and Confucianism*. trans. by Yim Chan Soon. Seoul: Sea Kwang Sa, 1993.

Cho, Seung Yeon. *Culture and Religion of India*. Seoul: Minsok Won, 2005.

Collins, Michael. *The Story of Christianity*. trans. by Seung Cheoul Kim. Seoul: Sigong Sa, 2003.

Everrett, Daniel. *Don't Sleep There are Snakes: Life and Language in the Amazonian Jungle*. New York: Vintage Books, 2009.

Hong, Seok Joon and Chung Sung Lim. *Culture of East Asia and Cultural Identity*. Seoul: Han Wool, 2009.

KBS Insight. *Confucianism: Power of Asia*. Seoul: Yea Dahm, 2007.

Jeong, Jae Seoung. *Baikal, Finding Out the Origin of Korean Roots*. Seoul: Jeong Shin Sekyesa, 2003.

Kim, Do Young. *Indian Culture and People*. Pusan: Sansini, 2009.

Latourette, Kennett Scott. *Christianity in a Revolutionary Age: A History of Christianity in the Nineteeth and Twentieth Centuries*. vol. I: The Nineteen Century in Europe. Grand Rapids, MI: Zondervan, 1969.

Lee, Hee Soo and Won Sam Lee. *Islam: 911 Terror and Understanding the World of Islam*. Pazu: Cheong Ah, 2009.

Lee, Jung Suk. *The Challenge of the Current Society and the Response of the Churches*. Seoul: New Wave Plus, 2008.

Lee, Won Sam. *Islamic Principles of Law*. Seoul: Acanet, 2001.

Luzbetak, Louis J. *The Church and Cultures: New Perspectives in Missiological Anthropology*. Maryknoll, NY: Orbis, 1995.

Martin, David. *On Secularization*. trans. by Seung Ho Kim et al. Seoul: Hanwool Academy, 2008.

Miyazaki, Masakatsu. *The History of Middle East*. trans. by Kyuwon Lee. Seoul: Random House, 2009.

Noh, Younsik. "The Centennial Anniversary of Korean Sungkyul Churches and the Missional Strategy on North East Asia." *The Studies of Sungkyul Theology*. vol. 13 (2006. 9): 257-280.

____. *Sungkyul Theolgy of Mission in the New Millenium*. Anyang: Sungkyul University Press, 2001.

Sohn, Joo Young. *Islam: Doctrine, Ideas, and History*. Seoul: Iljogak, 2007.

Song, Ha Kyung. *East Asian Spirit before the Wind of Globalization*. Seoul: Dounsam, 2009.

Suh, Jung Min. *Human Land, Middle East*. Seoul: Jung Ang Books, 2009.

Swartley, Keith E. ed. *Encounter Islam*. trans. by Okbae Jeong. Seoul: YWAM, 2008.

Yates, Timothy. *Christian Mission in the Twentieth Century*. New York: Cambridge University Press, 1994.

제34장

Braaten, C. E. *No Other Gospel!* Minneapolis: Fortress Press, 1992.

Denny, Frederick and Rodney Taylor. *The Holy Book in Comparative Perspective*. Columbia: University of South Carolina Press, 1985.

Hagemann, Ludwig. *Propheten-Zeugen des Glaubens: Koranische und Biblische Deutungen*. Koeln: Styria Verlag, 1985.

Kassis, H. E. *A Concordance of the Qur'an*. Bekley: University of California Press, 1983.

Macdonald, D. B. "Musa." in *The Encyclopedia of Islam*. vol. 7. Bosworth, Fleinrichs and Pellat, eds. New York: E.J. Brill, 1993.

McKenzie, Peter. *The Christians: Their Practice and Beliefs*. Nashville: Abingdon Press, 1988.

Paden, William. *Religious Worlds: The Comparative Study of Religion*. Boston: Beacon, 1988.

Stine, Philip ed. *Issues in Bible Translation*. UBS Monographs Series, No. 3. New York: United Bible Society, 1988.

Seters, John van. "Moses." in *The Encyclopedia of Religion*. Vol. 10. Mircea Eliade, ed. MaCmillan Press, 1987.

Smith, Wilfred. "A Note on the Qur'an from a Comparativist Perspective." in *Islamic Studies Presented to Charles J. Adams*. Hallaq Wael and Donald Little, eds. Leiden: E. J. Brill, 1991.

Williams, Colin. *John Wesley's Theology Today*. New York: Abingdon Press, 1960.

Zahniser, A. Mathias. "Culture and Community: A Trinitarian Hermeneutic." *Unpublished Article*. Wilmore, KY: Asbury Theological Seminary, 1995.

The Bible. Revised Standard Version. New York: American Bible Society, 1970.

The Koran. trans. by N. J. Dawood. Baltimore: Penguin, 1993.

The Koran Interpreted. trans. by Arthur Arberry. London: Oxford University, 1964.

제35장

Bavinck, J. Herman. *An Introduction to the Science of Missions*. Philadelphia: Presbyterian and Reformed Publication, 1960.

Braaten C. E. *No Other Gospel!* Minneapolis: Fortress Press, 1992.

Earhart, Byron. *Religions of Japan*. New York: Harper & Collins Publication, 1984.

Fishbane, M. A. *Judaism*. San Fransisco: Harper, 1987.

Haneef, Suzanne. *What Everyone Should Know About Islam and Muslims*. Chicago: Kazi Publication, 1982.

Harvey, Thomas. "Evangelism: Case Study on Mehdiraza Conversation of a Pakistani Muslim." *Christian Witness Class at Asbury,* KY: Wilmore, 1984.

Knipe, David. *Hinduism*. New York: Harper & Collins Publication, 1991.

Lester, Robert. *Buddhism*. New York: Harper & Collins Publication, 1987.

Radice, Betty ed. *The Dhammapada*. New York: Penguin Books, 1973.

_____. *The Bhagavad Gita*. New York: Penguin Books, 1962.

Sanders, J. E. "Is Belief in Christ Necessary for Salvation?" *Evangelical Quarterly* 1988:60.

Turner, H. W. *From Temple to Meeting House*. New York: Mouton Publication, 1979.

Williams, C. *John Wesley's Theology Today*. New York: Abingdon Press, 1960.

Zahniser, A. Mathias. "Close Encounters of the Vulnerable Kind: Christian Dialogical Proclmation Among Muslims." *The Asbury Theological Journal*. (1994) Vol. 49, No. 1.

제36장

Barth, Karl. *Church Dogmatics*. vol. 1-2. Edinburgh: T. & T. Clark, 1962.

Chapman, Colin. "The Challenge of Other Religions." *World Evangelization*. Nov.-Dec.

1989/ Jan. 1990.

Douglas, J. D. ed. *Let the Earth Hear His Voice: International Congress on World Evangelization, Lausanne, Switzerland.* Minneapolis: World Wide Pub., 1975.

Glasser, Authur and Donald McGavran. *Contemporary theology of Mission.* Grand Rapids: Baker Book House, 1983.

Knitter, Paul. *No Other Name?* New York: Orbis Books, 1986.

Race, Alan. *Christians and Religious Pluralism.* New York: Orbis Books, 1982.

Scherer, James. *Gospel, Church, and Kingdom.* Minneapolis: Augsburg Pub., 1987.

Scherer, James and Stephen Bevans ed. *New Directions in Mission and Evangelism 1: Basic Statements 1974-1991.* New York: Orbis Books, 1992.

Stromberg, Jean ed. *Mission and Evangelism: An Ecumenical Affirmation.* New York: NCC in the U.S.A., 1983.

노윤식

한국외국어대학교 및 성결대학교 졸업(문학사)

서울신학대학교 신학대학원 및 미국 Alliance Theological Seminary 졸업(신학석사, 목회학석사)

미국 Asbury Theological Seminary 졸업(선교신학석사, 선교학박사)

성결대학교 신학대학 및 대학원 선교학 주임교수, 선교체육교육과 학과장, 성결신학대학원장, 신학전문대학원장, 영자신문사 주간, 성결신학연구소 소장, 학생처장, 학술정보관장, 교수협의회장, 총장 직무대행, (사)IDF돕는사람들 법인이사, 정책위원장, (사)한국세계선교협의회 전문위원, 동북아선교회 이사장, (사)한국성령운동중앙협의회 신학위원장, 한국연구재단 논문 평가 심사위원, 한국복음주의선교신학회 감사, 예성 총회 신학위원회, 사회복지위원회, 국내선교위원회, 해외선교위원회 위원 역임

현) CMP(China Mission Partner) Korea 이사장

　　한중국제교류재단(Korea China Foundation) 자문위원

　　예수교대한성결교회 제일성결교회(담임목사)

『새천년 성결 선교 신학』

『종교 현상학 이론과 실제』

『성경에 선교가 있는가: 선교신학담론』

『새천년과 한국 성결 교회』(공저)

『한국 성결 교회와 사중복음』(공저)

『초기 개신교 선교사들』(공저)

『선교학 개론』(공저)

『선교학 사전』(공저)

『선교를 위한 문화 인류학』(공저)

『선교 신학의 21세기 동향』(공역)

『선교학 대전』(공역)

『A Suggestion of Korean Evangelical Theology to Western Theology』(공저)

『Indigenous Christian Response to the Challenge of Contemporary Korean Shamanism within the Protestant Churches of Korea』(UMI)

종교다원주의 사회 속의
기독교 선교

초판인쇄 | 2012년 4월 8일
초판발행 | 2012년 4월 8일

지 은 이 | 노윤식
펴 낸 이 | 채종준
펴 낸 곳 | 한국학술정보㈜
주　　소 | 경기도 파주시 문발동 파주출판문화정보산업단지 513-5
전　　화 | 031) 908-3181(대표)
팩　　스 | 031) 908-3189
홈페이지 | http://ebook.kstudy.com
E-mail | 출판사업부 publish@kstudy.com
등　　록 | 제일산-115호(2000. 6. 19)

ISBN　　978-89-268-3158-8 93230(Paper Book)
　　　　　　978-89-268-3159-5 98230(e-Book)